CRÓNICA DEL PODER

VIDA Y PENSAMIENTO DE MÉXICO

CROSLCA DEL PODER

LUIS L. LEÓN

CRÓNICA DEL PODER

En los recuerdos de un político
en el México revolucionario

FONDO DE CULTURA ECONÓMICA

MÉXICO

Primera edición, 1987

PRÓLOGO

LAS MANIOBRAS Y LOS ACTOS

LUIS JAVIER GARRIDO

La brumosa mañana del 10 de abril de 1936, cuando el general Plutarco Elías Calles y sus amigos Luis L. León, Melchor Ortega y Luis N. Morones, eran conducidos por el general Rafael Navarro Cortina, jefe de operaciones de la zona del valle de México, al avión de la Compañía Mexicana de Aviación que los llevaría al exilio, la historia mexicana posrevolucionaria parecía dar un vuelco: en la abierta oposición entre los dos proyectos que habían dividido durante dos años a las principales fuerzas sociales, el cardenismo parecía emerger triunfante y la vía hacia una política nacionalista, de reformas y de apoyo a la organización de campesinos y trabajadores estaba entonces abierta.

Los cambios que se produjeron en México a lo largo de los años siguientes fueron múltiples y profundos, y transformaron de manera importante las estructuras sociales del país. El presidente Cárdenas respondió con actos a las expectativas, y aunque el poder presidencial se fortaleció notablemente entonces en detrimento del régimen constitucional, el reparto de tierras, la nacionalización del petróleo y la actividad presidencial de respeto y de diálogo hacia todos los mexicanos abrió nuevos cauces al país. El México posterior a 1940 no siguió sin embargo la huella de ese proyecto popular y es muy probable que la herencia callista, recogida por el alemanismo, haya sido a fin de cuentas la que haya prevalecido en el Estado mexicano moderno.

Este libro de memorias contribuye en todo caso a esclarecer no pocos acontecimientos de esos días en que todo era esperanza y a mostrarnos, en ocasiones de manera transparente y en otras por lo que escamotea, a una de las personalidades más destacadas de esa corriente que dominó al país durante más de una década: el callismo.

El género autobiográfico ha sido sin duda poco frecuentado en México por quienes se han dedicado a la política partidista, y por este motivo todo nuevo texto tiende a romper esa tradición de casi dos siglos. Los libros de memorias, testimonios, diarios y autobiografías han sido en nuestro país más excepcionales que en otras latitudes latinoamericanas, acaso porque las prácticas políticas han tenido aquí un carácter mucho más marcado por el secreto. Al nombre ilustre de fray Servando Teresa de Mier hay que agregar los muy disímiles de Antonio López de Santa Anna, Guillermo Prieto, Benito Juárez, Sebastián Lerdo de Tejada, Porfirio Díaz y José Ives Limantour, quienes están entre los pocos que intentaron algunas de las vertientes del género a lo largo del siglo XIX. Los rasgos que conservó el ejercicio de la política a la mexicana en los años de consolidación del Estado posrevolucionario no propiciaron probablemente que en los tiempos recientes se hubiesen producido obras menos escasas o de mayor calidad que las publicadas en la centuria anterior. La obra maestra del género la siguen constituyendo los cuatro tomos de Vasconcelos —*El Ulises criollo, La tormenta, El proconsulado* y *El desastre*—, en los que al mismo tiempo que su relampagueante itinerario interno, nos dejó un formidable testimonio de su lucha política contra el callismo.

Más que la ausencia de un número importante de testimonios autobiográficos de valor literario en la tradición nacional, lo que debe ser también subrayado es sin embargo la limitación intelectual de quienes han sido integrantes de la alta burocracia política mexicana y no han tenido la vocación de relatar sus experiencias. Pocos han sido quienes como Jaime Torres Bodet, Jesús Silva Herzog, Víctor Manuel Villaseñor, Emilio Portes Gil, Eduardo Villaseñor o Valentín Campa, habiendo participado de manera destacada en la vida pública del país, nos han permitido conocerla mejor a través de sus testimonios memoriales.

¿Vale la pena escribir, en todo caso, libros de memorias políticas? La lectura de los que han aparecido nos hacen pensar que desde cualquier punto de vista tal práctica es positiva para la vida pública de una nación. Es cierto que por lo general buena parte de los textos de este género tienen un carácter justificativo, y están permeados de un tono que va de lo apologético a lo didáctico, pero aun así constituyen ventanas excepcionales que contribuyen al mejor conocimiento de un régimen y de las prácticas políticas que lo caracterizan, propician el debate y esclarecen en no pocas veces los hechos históricos.

Luis L. León (1890-1981), político chihuahuense nacido en la antigua Paso del Norte, fue aficionado práctico, torero, agricultor y periodista antes de graduarse como ingeniero agrónomo en la escuela de San Jacinto y dedicarse de lleno a la que iba a ser su verdadera vocación: la política. Prototipo de la nueva generación de hombres públicos que caracterizaron a la década de los veinte, fue un orador notable, lo que le valió muy pronto vincularse al grupo sonorense. Tras ser diputado suplente a la XXVIII Legislatura (1918-1920), participó en la campaña para gobernador de Adolfo de la Huerta e, identificado como obregonista, fue diputado federal por el Partido Cooperativista Nacional (PCN) a la XXIX Legislatura (1920-1922), siendo reelecto a la XXX Legislatura (1922-1924) en la que le tocó participar en importantes debates, y en particular justificar el asesinato del senador Francisco Field Jurado.

Cuando ocupó la subsecretaría de Hacienda y Crédito Público en 1923, León había ya asumido la filiación política que lo marcaría por el resto de sus días: la callista. Luego de la campaña presidencial del general Plutarco Elías Calles en 1923, el chihuahuense fue designado su secretario de Agricultura y Fomento (1924-1926), cargo que dejó pocos meses después, en los días de su escandaloso romance con la primera tiple del Teatro Lírico, Celia Padilla —la célebre rival de Celia Montalván y María Conesa—, que escandalizó entonces a México con su "no me caso porque amo la libertad, sobre todas las cosas". La fastuosa mansión de estilo neobarroco que el ingeniero León obsequiara a Chela en la nueva zona residencial de Chapultepec Heights en pleno Paseo de la Reforma, y a la que el pueblo atribuía tener "las llaves de oro", se convirtió muy pronto en el símbolo de la nueva moral "revolucionaria" y deterioró su figura política, pero no fue obstáculo para que conservara la amistad de Calles.

Era entonces León el político callista por excelencia, adinerado y fanfarrón, que frecuentaba las reuniones que el líder laborista Luis N. Morones organizaba en su finca de Tlalpan —en las que se decía que las bataclanas del Iris y del Principal solían nadar en champaña—, y que en sus autos norteamericanos último modelo ejemplificaba bien el triunfo de la burocracia callista sobre las otras facciones surgidas del movimiento armado. En los años de esplendor del callismo, León seguía siendo uno de los hombres de confianza de don Plutarco, quien en los días que siguieron a la crisis política de 1928, ocasionada por el asesinato del general Álvaro Obregón, lo colocó como secretario general del comité organizador del Partido Nacional Revolucionario (1928-1929), el organismo político con el que Calles buscó disciplinar a todas las facciones políticas que se reclamaban "de la Revolución". Secretario general del primer comité ejecutivo nacional del PNR (1929-1930), León fue uno de los responsables de darle a la nueva formación política la organización y las funciones que Calles pretendía, y su labor fue determinante en ese sentido. Gobernador constitucional interino de Chihuahua (1929), fue también a lo largo del periodo del "maximato" titular de la cartera de Industria, Comercio y Trabajo (1930-1931) y director-gerente del periódico *El Nacional Revolucionario* (1931-1932), órgano oficial del PNR.

El callismo era ante todo una forma de hacer política y una manera de concebir al país y a sus problemas, y su legado seguramente enraizó no sólo en el proyecto de Estado sino en las prácticas del poder. Como los radicales europeos, Calles y sus amigos tuvieron un anticlericalismo primario, un agrarismo retórico y una convicción de la urgencia de construir al Estado nacional; pero de la misma manera que aquéllos, su proyecto reformista no pasó en ocasiones de las declaraciones y su moral pública constituyó una afrenta para las fuerzas populares que en esos años pugnaban por llevar al gobierno a las metas originales de la Revolución y exigían el reparto de la tierra, el respeto a los derechos de los trabajadores, prácticas democráticas y una política nacionalista: esto es, todo aquello a lo que el callismo se resistía con los hechos.

Luis L. León apareció de manera relevante en la política nacional al menos en cuatro ocasiones, y en todas ellas como exponente fiel de la facción a la que nunca abandonó. Actor y testigo privilegiado de una época y de esa visión política que dejaría una fuerte huella en el México moderno, el ingeniero León fue siempre y ante todo un callista recalcitrante. Miembro del gabinete del sonorense, fue el encargado de impulsar una política agraria que pasó por el desarrollo de la pequeña propiedad y los primeros intentos de mecanización y de irrigación antes que por el reparto de los latifundios. Dirigente fundador del PNR, participó de manera preeminente en la definición de ese proyecto político centralizador que fue delineando al nuevo Estado. Amigo leal, en la crisis política de junio de

1935, desencadenada por la ruptura de Cárdenas con el que aún se pretendía "el hombre fuerte de México", en unión de un grupo de callistas se entregó a diversas maniobras, y entre ellas a la fundación de un partido violentamente anticardenista y con marcados tintes fascistas: el "Partido Constitucional Revolucionario", cuyo órgano de difusión, El Instante, constituía un verdadero vehículo de provocación. Y, por último, la noche del 9 al 10 de abril de 1936, cuando tras una serie de atentados dinamiteros fue detenido, conducido al aeropuerto capitalino, y expulsado del país en unión de Calles, Morones y Ortega. La histórica fotografía en la que, con una cobija bajo el brazo, León camina por una de las pistas de Balbuena, muestra a un político pleno, todavía seguro de sí mismo, que no acepta que en los años del cardenismo el país tome un rumbo distinto al que le había fijado el "jefe máximo de la Revolución".

Las maniobras del callismo por conservar el poder se habían estrellado ante la decisión del presidente michoacano. Durante los años de Cárdenas, dos de los grandes reclamos de la Revolución, convertidos en parte del nuevo programa de gobierno, pudieron entonces ser puestos en vigencia: el reparto de la tierra y la política nacionalista. El régimen se olvidó de darle una real vigencia a la parte orgánica de la Constitución, pero aún así durante poco más de cuatro años el país entero vivió inmerso en un proceso de reformas que trataron de hacer realidad las demandas que dos décadas atrás habían sostenido los ejércitos campesinos; el grupo callista fue marginado de los asuntos públicos, y muchos latifundios fueron repartidos, se nacionalizó el petróleo y la "educación socialista" recibió un nuevo impulso. En 1938, sin embargo, cuando las principales fuerzas conservadoras del país consolidaron una acción conjunta de rechazo a esa política, el gobierno, que se había olvidado de la politización de sus bases sociales reorganizadas en el Partido de la Revolución Mexicana (PRM), no encontró más que un limitado respaldo en ellas.

La experiencia de Cárdenas en el México posrevolucionario permanece sin embargo como un símbolo en la memoria popular: fue el suyo el mayor intento por hacer vigentes las demandas del pueblo armado que había hecho la Revolución. Acaso, a fin de cuentas, no fue sino una tentativa frustrada, como la de la Revolución misma, pero quedó a pesar de todo como el hito estelar de la historia posterior a ella: ese momento único e irrepetible en el que un pueblo y sus dirigentes irrumpieron en la historia. Fue asimismo el inicio de un proceso que se truncó —el de las reformas—, el fin de un ciclo —el de la posrevolución— y la experiencia sobre la cual los gobiernos que le sucedieron iban a fincar, con un proyecto muy distinto, la legitimidad de su acción.

En el período de la historia de México que se abre en 1940, los callistas retornaron, aunque ya no como grupo, a puestos dirigentes de la política nacional. En los años del diazordacismo, la reintegración de León a un alto cargo, como senador por Chihuahua a la XLVI y a la XLVII Legislaturas (1964-1970), constituyó también la realización de un postulado callista: la unión de "la familia revolucionaria". En un Estado fincado en la conciliación, la vieja oratoria de León sonó en la casona de Xicoténcatl con acentos que no estaban distantes del tono de los nuevos tiempos. Pocos años después, lo traté por única vez durante una entrevista que me concedió en sus oficinas particulares del edificio de La Mariscala, hoy en ruinas tras el sismo del 19 de septiembre de 1985. Estaba yo llevando a cabo una investigación sobre los orígenes del PNR y aceptó recibirme el mediodía del 13 de enero de 1976. Eran ya entonces muy pocos los sobrevivientes del callismo y su conversación me permitió reflexionar sobre los motivos que animaban a los políticos de aquellos años, que acaso siguen siendo los mismos. Los callistas, aparentemente vencidos en la lucha por el poder, cuatro décadas después sabían que, en buena medida, su proyecto de Estado había prevalecido. La lectura de estas páginas es la mejor explicación.

I. "... el bloque incondicional y personalista del señor Carranza ..."

TARDE empiezo a escribir mis recuerdos sobre la vida, y lo intentaré a pesar de que es difícil que los termine.

El leve surco que ha ido quedando con la huella de mi paso por la vida se inicia en Ciudad Juárez, Chihuahua, en aquel tiempo la modesta ciudad fronteriza que orgullosamente ya se honraba con el nombre del gran Benemérito de las Américas, pues apenas dos años antes había dejado de ser la heroica Villa de Paso del Norte.

Fue declarada ciudad el 16 de septiembre de 1888 con el Decreto del 30 de julio, por el coronel Mauro Cándamo. Como se sabe, la fundación de la Misión de Guadalupe tuvo lugar el 8 de diciembre de 1659 por fray García de San Francisco, concurriendo el "Señor don Juan", que era gobernador de los indios mansos. El nombre de Villa de Paso del Norte se le concedió en 1826.

Nací en la casona que mi padre había construido en un pequeño predio del barrio de "El Barrial", donde estableció un establo y sembró alfalfa y árboles frutales. Vine al mundo la tarde del 4 de julio de 1890. A esa hora estallaban los cohetes en la cercana población de El Paso, Texas, celebrando la Independencia de Estados Unidos.

Siempre me he sentido orgulloso de ser chihuahuense, y particularmente juarense. Amo el desierto y me seduce la dura vida de aquellos rancheros, vida que endurece al hombre y dignifica a la mujer, cuyos hijos siempre rinden culto a la virilidad, a la firmeza de carácter y a la lealtad, como se ha demostrado en nuestra historia. Soy de Paso del Norte, último reducto de la República cuando la intervención francesa, villa que se enorgullece cuando desde ella le escribe Benito Juárez a su yerno: "Que estén tranquilos, porque se encuentra en esta tierra donde no hay traidores."

Soy del estado de Chihuahua, donde se inicia la lucha armada del maderismo contra la dictadura porfirista, y miles de cadáveres de bravos chihuahuenses quedaron regados en toda la República en las luchas revolucionarias.

La tradición de mi familia siempre fue liberal. Mi abuelo don José María Uranga era el jefe político y comandante militar del cantón Bravos, y le tocó el honor de recibir al presidente Benito Juárez y a su comitiva, durante dos ocasiones en 1865. Juárez permaneció en la población hasta el 13 de noviembre. Regresó a Chihuahua y de allí a Paso del Norte por el avance de una columna francesa. Volvió a Chihuahua cuando las fuerzas organizadas en Paso del Norte y otros lugares de Chihuahua tomaron la capital. (Datos de la vida de don José María Uranga.)

Mi madre, Dolores Uranga Montes, era hija de don José María Uranga, y por lo que se refiere a la línea paterna, mi padre Marcelo León, a los 16 años, sentó plaza de soldado en la guardia nacional de Cosamaloapan, Veracruz —pues era originario de esa población—, para combatir a la Intervención Francesa. (Nota sobre la vida de Marcelo León, del libro *Veracruzanos ilustres*.)

A pesar de que mi abuela Dolores Montes de Uranga era fervientemente católica, así como sus hijas, en mi familia nunca fueron "mochas", y siempre fueron juaristas: como mi padre había sido lerdista, nunca hubo en mi hogar mucha simpatía para el general Porfirio Díaz.

Perdí a mi padre en 1897 a la edad de 7 años, y desde entonces mi familia vino pasando por serias dificultades económicas. En la escuela fui un muchacho travieso y muy afecto a las riñas, peleas a puñetazos, pero siempre obtuve buenas calificaciones, siendo el primero de la clase.

Allí me inicié en la costumbre de hablar en público, pues en las fiestas patrias siempre se me designaba para decir las recitaciones. En aquel modesto pueblo de Ciudad Juárez, sólo había educación primaria hasta el 5º año, y mi madre, luchando bravamente con la vida, alquiló nuestra casa y vendió unos terrenos para venir a México, y buscar la instrucción superior para mí y mi hermano menor, Marcelo.

Por tanto, desde chico yo también empecé a luchar por la vida, pues en un tiempo en que fue agente del periódico *El Imparcial* mi hermana mayor, Dolores, yo repartía el periódico en Ciudad Juárez.

En 1905 estudié el sexto año de primaria en esta ciudad de México en la escuela primaria anexa a la Normal, donde nos disputábamos el primer lugar el que después fue notable arquitecto, mi gran amigo Guillermo Zárraga, y yo.

Así que todo lo que he sido se lo debo a mi madre y a mis hermanas, que trabajaban para sostener a la familia.

En 1906 ingresé a la Escuela Nacional de Agricultura y Veterinaria, entonces ubicada en San Jacinto, D. F.

La Escuela Nacional de Agricultura y Veterinaria dependía en aquella época de la Secretaría de Instrucción Pública y estaba muy abandonada. Era muy reducido el número de alumnos; los que estudiaban para perito agrícola ingresaban directamente después de cursar la instrucción primaria.

Para cursar las carreras de ingeniero agrónomo y médico veterinario, se necesitaba haber concluido antes los estudios en la Escuela Nacional Preparatoria, lo que hoy se llama bachillerato, en cursos con duración de cinco años.

En aquel México del latifundismo feudal donde la tierra estaba acaparada por una reducida aristocracia de "hacendados", la agricultura y ganadería se desarrollaban por sistemas primitivos y rutinarios, explotando al hombre más que a la tierra, y, por consiguiente, para nada necesitaban los servicios de agrónomos y veterinarios.

Los agrónomos no tenían más oportunidad que ocupar el corto número de plazas de burócratas de la Secretaría de Fomento, y los veterinarios, en su mayoría, los ocupaba el ejército, dedicándolos a cuidar de sus caballos.

Por fortuna para los estudiantes de agronomía de aquel tiempo, y beneficio de nuestro país, en 1908 pasó la escuela a depender del Ministerio de Fomento, del cual era titular don Olegario Molina, y bajo la dirección del eminente agrónomo mexicano, ingeniero Rómulo Escobar, se reorganizó la escuela sobre bases más modernas y con orientaciones a una ciencia agronómica que iniciaba entonces notable evolución progresista.

Mediante becas del gobierno federal y de los gobiernos de los estados, llegaron a San Jacinto alumnos de todas partes de la República, en su mayor parte de las clases media y pobre, lo que inició la transformación del plantel y las orientaciones del alumnado, cuyo porvenir tenía que fincarse en una reforma agraria que liquidara el latifundismo y permitiera la evolución de la técnica agrícola en una tierra democratizada, donde se multiplicaran los agricultores, y éstos buscaran su mejoramiento económico mediante la adaptación de nuevos métodos agrícolas más intensivos, ya que no podían esperarlos de la explotación de "peones", esclavizados y mal pagados.

Desde 1908 empezaron a exteriorizarse las inquietudes del pueblo mexicano, reaccionando en contra de aquel régimen porfirista, dictadura entronizada por más de 30 años, y que impedía no sólo las libertades políticas, sino también toda evolución progresista en la organización social y económica.

Los alumnos de la Escuela Nacional de Agricultura participábamos con entusiasmo en la agitación que se iniciaba, pero creíamos, como Madero, que derribada la dictadura porfirista, y establecido un régimen democrático, vendría como consecuencia la evolución económica, explosiva, de nuestro pueblo, y tendrían que fraccionarse los grandes latifundios y liberarse de su condición de esclavos a los peones para que el progreso económico de nuestra agricultura se iniciara sobre bases de justicia social. Por eso la enorme mayoría de los alumnos de agricultura fueron entusiastas partidarios de la revolución maderista, presintiendo que su futuro estaba ligado al movimiento de renovación que destruiría al latifundismo, ya que la hacienda no les prometía trabajo ni les concedía lugar en la estructura social.

En 1909 tuve la satisfacción de ser presentado y platicar varias veces, en San Jacinto, con don Francisco I. Madero.

El señor Madero, cuando estaba organizando el partido antirreeleccionista, salía a pasear por las mañanas a caballo por la calzada de Tacuba, y varias veces entró a la escuela a saludar a los alumnos que conocía de La Laguna. Me lo presentó mi compañero Carlos Aguilar, primo del señor Madero, y platicaba con nosotros y los hermanos Aguirre Benavides y Segundo Iturrioz, que eran sus conocidos.

Con nosotros era muy amable, nos aconsejaba que estudiáramos, porque del progreso de la agricultura dependía el futuro de México. A mí me inspiró gran estimación, sobre todo por la fe que tenía en su causa y la seguridad de que México iba a cambiar.

En 1910, y con motivo del centenario de nuestra Independencia, los estudiantes de las escuelas profesionales de la capital de la República, y de algunos estados, organizaron un Congreso Nacional de Estudiantes. En representación de la Escuela Nacional de Agricultura fui delegado en el comité organizador. En septiembre del mismo año se verificó el congreso, habiéndome tocado representar como congresista la escuela particular de agricultura de Ciudad Juárez, para no dejarla sin representación y por recomendación del ingeniero don Rómulo Escobar.

Ese Congreso Nacional de Estudiantes fue la gran oportunidad que tuvo la juventud estudiosa de México para atacar al gobierno porfirista, constituirse en paladines de las ideas revolucionarias e iniciar un movimiento de solidaridad estudiantil. Este movimiento era a fines del año claramente maderista.

A principios de 1911 fui nombrado presidente de la sociedad de alumnos de la Escuela Nacional de Agricultura. Grande era la agitación que había en la escuela con motivo de la lucha revolucionaria, agitación que en abril llegó a su máximo; protestábamos contra la calidad de los alimentos, contra la higiene de los dormitorios, contra el programa de la enseñanza, que creíamos inadecuado, etcétera. En el fondo protestábamos contra aquel régimen vetusto; éramos decididamente revolucionarios y maderistas.

En abril de ese año, un mes antes de la caída del dictador Porfirio Díaz, basándonos en esas razones, realizamos la huelga de la escuela. Las fuerzas del ejército acudieron y la gendarmería montada del gobierno del Distrito rodeó la escuela y se nos expulsó.

Reunidos en el Palacio de Minería, entonces Escuela Nacional de Ingeniería, adonde acudimos a pedir la ayuda y solidaridad de nuestros compañeros de las otras escuelas, nuestro movimiento se desbordó por la pendiente de la política.

Para terminar mi informe verbal ante cerca de dos mil estudiantes de todas las facultades de la capital, dije, más o menos, estas palabras: "La enseñanza agrícola que se nos imparte en nuestra escuela no es una limosna que nos da el gobierno; es un servicio público que está obligado a sostener para capacitar a los técnicos que harán evolucionar nuestra atrasada agricultura; esa enseñanza la pide el país, y la nación la paga. Somos jóvenes y tenemos derecho a ser optimistas. Si la actual administración clausura la escuela de agricultura, tengamos fe en que ya vendrá otro gobierno que nos abra sus puertas."

Mi frase fue acogida con aplausos, pero inmediatamente se desbordó la pasión política y empezaron todos a gritar: "Ya viene Madero, viva Madero."

La huelga se había hecho política y maderista. Mas nuestra fuerza ante la opinión era tanta, que el gobierno cedió, y al día siguiente nos llamó el señor ingeniero Manuel Marroquín y Rivera, secretario de Fomento, para decirnos que el gobierno aceptaba nuestras peticiones y que regresáramos a San Jacinto.

La agitación estudiantil era incontenible y en la reunión que se efectuó en el Casino Nacional de Estudiantes donde informamos, entre aplausos, que la huelga de agricultura se había ganado, tomó la palabra el estudiante de ingeniería civil Enrique Estrada (futuro general de la revolución), para decir que la única forma de terminar con la guerra civil y el derramamiento de sangre de mexicanos, era la renuncia y retirada de la presidencia de don Porfirio Díaz, y se nombró una comisión que en representación de los estudiantes fuera al Palacio Nacional a pedir su renuncia al dictador.

Tuve el honor de formar parte de esa comisión de estudiantes, que fue a pedir su renuncia al presidente Porfirio Díaz.

Más de mil estudiantes se formaron frente a Palacio Nacional y entramos los de la comisión y fuimos recibidos por el secretario particular, licenciado Chausal, a quien le decían "Chausalito" por su baja estatura.

Ni siquiera nos invitó a sentarnos. Parados frente a él nos preguntó: "¿Qué se les ofrece?" Le explicamos que en reunión de estudiantes habíamos tomado el acuerdo de solicitar al señor general Díaz se retirara del poder, para evitar que siguiera el derramamiento de sangre entre hermanos, y le entregamos la solicitud firmada por más de mil estudiantes, que se nos había encomendado.

Muy serio nos respondió: "Se le dará cuenta al señor presidente con esta petición y se les enviará el acuerdo que dicte al Congreso Nacional de Estudiantes." Tal acuerdo, naturalmente, nunca llegó.

Pero con esta actitud nuestra, despertó el civismo de muchas organizaciones de obreros que empezaron a desfilar por el Zócalo pidiendo la renuncia, y hasta el elemento femenil se decidió a desfilar con el mismo objeto como la organización "Hijas de Cuauhtémoc", que encabezaba la señora Muro.

Un mes después, y con motivo de la toma de Ciudad Juárez, renunciaba el general Díaz a la presidencia y abandonaba el país, en el *Ipiranga*.

Es explicable que con motivo de la huelga que me tocó encabezar en agricultura, quedé mal visto por muchos de mis profesores ligados por varios años a la administración porfirista, y que no creían en la transformación revolucionaria.

Por ese motivo, siendo pasante de agrónomo, no me atreví a presentar mi examen profesional para evitarme un fracaso.

Por aquel tiempo era yo un gran aficionado práctico a la lidia de toros, y como estudiante toreé en las corridas organizadas por los estudiantes para recabar fondos para el congreso nacional de los mismos. Toreamos cinco novilladas en la plaza El Toreo, las dos últimas alternando como matadores mi querido amigo Juan Manuel Otero y Gama, estudiante de ingeniería civil y yo, y adquirimos gran cartel.

Alejado así de la escuela y llevado por mi gran afición por los toros, empecé a torear como novillero, habiendo toreado muchas corridas, matando muchos toros, principalmente en las plazas del norte del país.

Cuando empecé a adquirir cartel, hubo naturalmente el gran empeño de contratarme para torear en mi tierra natal, Ciudad Juárez, donde mis paisanos tenían grandes deseos de verme actuar.

Era en noviembre de 1913 y llegué a Ciudad Juárez viajando por el lado americano, la víspera de que tomara la población por sorpresa el general Francisco Villa.

Como los revolucionarios al tomar la ciudad empezaron a matar a los toros que había en los corrales de la plaza, destinados a la corrida, acompañé al empresario a ver al general Villa, que había establecido sus oficinas en la aduana fronteriza; allí fue donde lo conocí, y dictó inmediatamente las órdenes para que se nos dieran garantías y respetaran el ganado.

Dato curioso, en esa ocasión conocí al coronel Plutarco Elías Calles, que había venido de Agua Prieta, Sonora, por el lado americano a saludar a Villa.

Me lo presentó mi paisano y amigo Manuel Prieto; pero entonces, enamorado de mi afición a los toros, completamente alejado de la política, aunque siempre de pensamiento revolucionario, no sospeché nunca que llegaría a ser su colaborador.

Las corridas eran un éxito, pues con los hombres del ejército de Villa se llenaba la plaza. Tomaban las plazas como empresarios jefes militares que traían para lidiar ganado terraceño.

Toreé infinidad de corridas y maté muchos toros en Ciudad Juárez, en Chihuahua, en Torreón, en San Pedro de las Colonias y las plazas que iba ocupando Villa. Los principales jefes villistas se hicieron mis amigos y yo gozaba de una gran popularidad entre la gente de Villa.

Entre aquella gente no se podía ser cobarde y creo que mi cartel se debía a mi valentía con los toros y a que ejecutaba con facilidad la suerte de la muerte: el "volapié".

Como yo era agrónomo y había leído y estudiado la cuestión agraria y obrera, les gustaba mucho a los jefes villistas, en su mayor parte poco instruidos, que yo les explicara los principios del agrarismo, del obrerismo y todo lo que a mi juicio perseguía la revolución. Tuve muy grandes amigos, entre ellos, principalmente, los generales Trinidad Rodríguez, José Rodríguez, Medinaveitia, y coroneles y otros jefes como Carlos Almeida, Baudelio Uribe y también conocí a Urbina y a Fierro. Siendo amigos míos con los que platicaba de los programas revolucionarios, el general Eugenio Aguirre Benavides y su hermano Luis, secretario particular de Villa, ya que yo había sido amigo en la escuela de sus dos hermanos, Alfonso y Raúl.

En la única batalla en que tomé parte invitado por el general Trinidad Rodríguez fue en la toma de Zacatecas.

Al iniciarse la batalla yo estaba al lado de él cuando recibió la herida que le causó la muerte, pero acompañado del coronel Carlos Almeida, de Baudelio Uribe y del general José Rodríguez, entré a las cargas de caballería que se dieron en aquella jornada, terriblemente sangrienta; me tocó conducir en la noche al tren el telegrama que dictó Roque González Garza a Chihuahua y El Paso, dando parte del brillante triunfo.

Al día siguiente recorrimos el campo de batalla y en realidad quedé muy duramente impresionado contemplando tanto muerto, que testificaban el daño brutal que había causado al ejército federal la División del Norte.

Hubo un incidente la víspera de la batalla que me sirvió mucho para orientarme políticamente.

Acompañando al general Rodríguez y al coronel Almeida, visitamos al general Ángeles al pie de una batería situada en un cerro, y sentados en el suelo al pie de los cañones, oí una conversación que me abrió los ojos.

El general Ángeles les comunicó que lo había cesado don Venustiano Carranza como subsecretario de Guerra, y conocí toda la oposición que había mostrado el Primer Jefe para que Villa marchara a Zacatecas, y la desobediencia de éste para ir a tomarla con toda la División del Norte.

El general José Rodríguez le dijo al general Ángeles: "No haga caso del cese que le manda ese viejo testarudo, ya será usted secretario de Guerra en el gabinete de mi general Villa."

Así conocí la división de la revolución entre villistas y constitucionalistas, y procuré alejarme de las pláticas políticas para irme separando de un movimiento que juzgué desde luego injustificado.

Vine a México y de allí marché a torear a San Luis Potosí, y posteriormente, tomada la capital por el ejército constitucionalista, regresé a México, decidido a retirarme del toreo.

Comprendí que por la causa de la revolución, debíamos luchar todos los que creíamos en ella.

A principios de 1916 marché a Sonora, adonde me invitaron un grupo de compañeros míos, encabezados por mi compañero y amigo el ingeniero Juan de Dios Bojórquez.

Mi relevante amigo el general Jesús M. Garza me dio una carta de recomendación para el general Plutarco Elías Calles, donde me elogiaba como distinguido alumno de San Jacinto, instruido en muchos aspectos ideológicos de la revolución, a pesar de mi afición taurina.

La carta se la presenté al general Calles en su cuartel general de Agua Prieta, donde me recibió cordialmente.

Desde luego me dijo: "¿Es usted el torero?", y cuando le afirmé que lo había sido, añadió: "Pero me han informado que usted está muy enterado de las cuestiones sociales, principalmente de la cuestión agraria y vamos a cambiar impresiones."

Hablé cerca de una hora con el general Calles, quien en realidad me estuvo examinando en mis opiniones sobre la cuestión social y la forma de resolver los problemas que tenían planteados los revolucionarios.

Lo que más llamó su atención fue que yo le dijera con toda franqueza: "Creo que ha sido un error de los gobiernos pretender someter a los yaquis por la fuerza militar, en vez de llegar a un acuerdo con ellos reconociéndoles sus derechos a las tierras." Él me contestó: "Es que usted no conoce a los yaquis, pero revela que usted cree en las soluciones democráticas por discusión entre las partes interesadas, y arreglos cuando lleguen a un acuerdo. Muy difícil con los yaquis, pero ese debe de ser un ideal que debemos perseguir."

Me dijo: "Yo entregué el gobierno del estado a Adolfo de la Huerta, y le voy a dar una carta para él, porque yo soy solamente comandante militar del estado y no tengo dónde ocuparlo." Lo que desde luego agradecí.

Pero debo confesar que desde ese momento reconocí la gran personalidad de Calles, su energía, su claridad y franqueza para hablar, y la sinceridad de sus principios revolucionarios, así como la claridad y tino con que conocía y planteaba los problemas.

Marché a Hermosillo a presentarme con el señor De la Huerta, entonces gobernador interino del estado.

Al señor De la Huerta lo conocía desde que yo estaba toreando en Torreón, donde al pasar don Venustiano Carranza con su séquito para instalarse en Saltillo, me lo presentó mi compañero Bojórquez, y conversé repetidas veces con él sobre los problemas de la revolución, y la situación que guardaba el país en la lucha revolucionaria.

Varias veces me insistió en que dejara yo la tauromaquia y me incorporara desde luego al personal constitucionalista, con la ayuda de él, que era encargado de la Secretaría de Gobernación; así que cuando me presenté en Hermosillo, me recibió inmediatamente y me nombró primero administrador del periódico *Reforma Social*, que manejaba el gobierno, haciendo campaña a favor de los principios de la revolución.

Empecé a escribir mis artículos y, un mes después, me nombró director del periódico, donde se hizo una gran campaña en favor del constitucionalismo.

La labor del señor De la Huerta era difícil, sobre todo desde el punto de vista económico.

Precisamente al general Calles lo habían separado del gobierno civil, dejándolo como comandante militar del estado, por la situación económica bonancible que había creado en Sonora, y que fue muy combatida por el licenciado Luis Cabrera, encargado de la Secretaría de Hacienda en el gabinete del señor Carranza.

El general Calles sostenía que Sonora estaba aislada de la República, dado que en aquella época no estaba conectada la vía del Sur-Pacífico, que llegaba solamente un poco al sur por Mazatlán, y fundándose en que los principales productos de Sonora eran de exportación y el mercado exterior los pagaba en dólares, como ganado, metales (sobre todo cobre) y garbanzo, había puesto en circulación la moneda de plata, lo que beneficiaba mucho a los trabajadores, pues tenían que consumir mucho del extranjero y lo que les llegaba por los barcos del sur de México, les salía barato.

Don Luis Cabrera escuchó las razones de Calles, dándole al parecer la razón, pero vino a sostener ante don Venustiano que no era posible que en el mismo país existieran dos clases de moneda, y que era indispensable imponer en Sonora la circulación del "bilimbique"; por esa razón, al recibir el gobierno el señor De la Huerta tenía como principal misión imponer esa moneda, el "infalsificable", que perjudicaba mucho la economía del pueblo de Sonora; tuvimos que ayudarlo, inclusive el general Calles. La campaña en *Reforma Social* fue dura y fecunda y entre los campesinos y obreros tuvimos un gran prestigio el grupo de agrónomos que llevó el ingeniero Bojórquez a Sonora, más o menos quince compañeros, a quienes despectivamente nos llamaban los conservadores de Hermosillo, "los agrios".

Con mis artículos y mis discursos ya había alcanzado yo bastante simpatía entre el pueblo sonorense, así que cuando pocos meses después fui nombrado jefe del departamento de agricultura del estado y presidente de la comisión local agraria, mi popularidad aumentó al entrar en mayor contacto con la gente del campo.

Cuando se inició la campaña para nombrar gobernador constitucional, organizamos el partido que postuló al general Calles, candidato acogido por unanimidad, principalmente en el norte del estado, luchando contra la candidatura del general José Obregón, hermano del general Álvaro del mismo apellido, conocido en el sur del estado y desconocido por completo en el norte.

El famoso decreto número 1 que prohibía la fabricación, distribución, venta y consumo de bebidas alcohólicas en el estado, para combatir el vicio que hacía mucho daño al pueblo y mayormente a los obreros y campesinos, había sido expedido por el general Calles cuando era gobernador provisional. Naturalmente el decreto dañaba los intereses de los fabricantes de aguardientes y "bacanora" y de los comerciantes que había encarcelado y perseguido el gobierno de Calles, en cumplimiento de la disposición citada.

Se decía que muchos vendedores de alcoholes habían sido asesinados, lo que no pudieron nunca probar, porque no era cierto. Sólo se les encarcelaba o se les desterraba del estado.

El decreto número 1 produjo en Sonora grandes bienes al pueblo, principalmente a las clases de bajo poder económico, por eso las mujeres, en su mayoría, fueron partidarias de Calles, ya que a muchos hijos y maridos los habían alejado de la borrachera, llevando sus jornales a sus hogares, sin dilapidarlos en las cantinas.

La otra disposición de Calles en que se basaban los enemigos para decir que era un dictador que pisoteaba las leyes por su pasión anticlerical, fue el decreto que expidió al expulsar del estado al obispo y a una gran mayoría de sacerdotes, por enemigos de la revolución y por su labor contrarrevolucionaria.

A este respecto debo manifestar que los ataques más duros generalmente se contenían y terminaban cuando el general Calles amenazaba indirectamente a los dirigentes del partido clerical con publicar las cartas amorosas del obispo, que había recogido del seminario, al tomar Hermosillo, donde además se veían comprometidas algunas damas muy conocidas en la capital del estado.

En septiembre de 1916, que se convocó a la elección de diputados constituyentes, tuve el gusto de acompañar a mi amigo y compañero, ingeniero Juan de Dios Bojórquez, en su campaña como candidato a diputado constituyente por el distrito del norte del estado, campaña que fue un éxito, obteniéndose un triunfo ruidoso, principalmente en Caborca, distrito de Altar.

No perdimos contacto con Bojórquez, quien desempeñó un papel importante en Querétaro, formando parte del grupo radical, con Monzón, Mújica, Jara y otros.

El periódico *Reforma Social* se había transformado en el periódico *Orientación*, y además, De la Huerta, con periodistas que llevó de México, había establecido un periódico en Nogales, *La Razón*, y otro en Cananea, *La Montaña*, periódicos en donde publiqué varios artículos en favor de la tesis radical del grupo constituyente, que figuraron en un folleto llamado *Orientación*, muy buscado en aquel tiempo y ya completamente agotado.

Para que se vea cuál fue nuestra labor, daré una reseña de los artículos en que defendimos las tesis radicales y principalmente a los diputados "radicales", y al señor general Obregón, que los apoyaba, por lo que indirectamente lo atacaban los llamados "renovadores".

Desde las primeras sesiones del Constituyente, se dividieron los diputados, principalmente desde la discusión de la credencial del ingeniero Palavicini.

Un grupo de viejos amigos del señor Carranza formado por don Manuel Amaya y dirigido por el licenciado José N. Macías y por don Leopoldo Sepúlveda, y un grupo más joven de diputados, precisamente los llamados "renovadores", por haber pertenecido a la XXVI Legislatura, se enfrentaron a la mayoría defendiendo el proyecto de Constitución presentado por el ejecutivo, que carecía realmente de disposiciones revolucionarias, de reforma y justicia social, y que los radicales lograron hacer que se incluyeran en la nueva Constitución esas reformas sociales, principalmente en favor de obreros y campesinos, en los artículos 5º, 123º, 127º y 130º.

La diputación de Sonora fue radical, y nosotros le enviamos a Bojórquez mil ejemplares de los números de los periódicos que defendieron los principios radicales, y que él repartía entre sus compañeros.

El bloque de "renovadores" fue muy atacado, sobre todo en la discusión de las credenciales, y muy defendido por el señor licenciado Luis Manuel Rojas, que era quien presidía las sesiones, aun dirigiendo ataques indirectos principalmente al general Obregón, pues ya ese grupo personalista del Primer Jefe iniciaba la labor de incapacitar a los candidatos con fuerza popular, para imponer un candidato de ellos, abanderándolo con el "civilismo".

Don Venustiano trató de defenderlos diciendo que si algunos diputados se habían quedado en México durante el gobierno de Huerta, lo habían hecho por instrucciones de él.

Mi artículo, titulado "Responsabilidades históricas del Bloque Renovador y de la Cámara en 1913", dice en algunos párrafos:

En febrero de 1913, Victoriano Huerta cometía el crimen más despreciable que se encuentra en nuestra historia política, no sólo contra las leyes, sino contra la patria y contra la humanidad. Ante atentado semejante, ¿qué pudo esperar el pueblo mexicano de sus representantes renovadores? Pudo esperar que se levantarían todos, unidos y compactos en la desgracia como lo habían estado en los buenos tiempos, protestando airadamente contra el criminal y sus secuaces. Pudo esperar que contestarían al brutal sanguinarismo de Huerta con el heroico civilismo de una protesta, o siquiera de una renuncia en masa, de una valiente disolución de la cámara. Pudo esperar que, dominando el murmullo de los egoísmos y el cuchicheo de los enternecimientos, se levantaría la voz gigantesca del patriotismo, ronca y soberbia como la de Dantón, gritando a los cuatro vientos: "Húndase y perezca la personalidad, pero sálvese la República."

En esos momentos, en que se jugaba la vida de la nación, más sagrada con mucho que las vidas sagradas de Madero y Pino Suárez, la mayoría de los personajes ahora discutidos contestaron a las justas aspiraciones del pueblo con una comedia vergonzosa, o con una tardía pose de infantil conspiración. Para hacer eso no se es diputado.

Y no se nos diga que aquello hubiera sido una locura romántica y un sacrificio estéril. Ante una enérgica protesta de la Cámara o su disolución el pueblo hubiera reaccionado más violentamente, serias dificultades se hubieran presentado a los gobiernos extranjeros para reconocer a Huerta, y quizá, muchos elementos de lucha no lo hubieran seguido, ya que se sabe que en Veracruz se negaba a reconocerlo el federal José Refugio Velasco, y sólo lo reconoció después de la pantomima del 19 de febrero.

Ese es el juicio que la revolución elaboró desde el principio de su lucha legalista; y tan es esto así, que cuando se informó sobre la Convención de Monclova (18 de abril de 1913), la comisión dictaminadora pudo decir a la legislatura sonorense las siguientes palabras, que se refieren al Plan de Guadalupe: "Del seno de este honorable cuerpo legislador surgió un decreto tendiente a desconocer la personalidad de Victoriano Huerta como presidente de la República; pero el plan a que hacemos mérito, con más amplitud de miras, señala ante todo al pueblo mexicano la delincuencia no sólo del usurpador Huerta, sino también la de aquellos poderes que servil o cobardemente sancionaron el resultado del más horrendo de los cuartelazos que registra la historia" (sesión ordinaria del 18 de agosto de 1913).

No es el presente, como cree el señor Rojas, el que ataca la conducta de aquella cámara. La condenación no sale del cortejo *de cualquiera de los prestigiosos caudillos militares de la revolución triunfante*; el fallo que se dictó en los primeros campamentos revolucionarios de 1913, se afirmó en lo recio de las batallas sangrientas y se fue esparciendo por todos los ámbitos de la nación al toque de los clarines reivindicadores del constitucionalismo.

Ante esa requisitoria formidable que desde hace tres años palpita en todas las conciencias justicieras, pretenden levantarse ahora con cuchicheos de confesionario, con "nos dijeron", con "creíamos". Pero ya la opinión pública ha dictado su sentencia definitiva y ésta trascenderá la historia.

Repito, que el grupo incondicional y personalista del señor Carranza, que posteriormente tanto lo perjudicó, ya se preparaba a eliminar a los hombres de prestigio de la revolución, principalmente al general Obregón, con la bandera del "civilismo". Por eso escribí otro artículo titulado "La injusticia del sofisma civilista", diciendo entre otras cosas:

Un grupo de civiles empieza a clamar fuertemente contra el "militarismo" y a pedir que los "militares" sean excluidos de los puestos públicos.

...Nada hay de más odioso en la historia de los pueblos que el entronizamiento de una dictadura militar; nada de más despreciable y atentatorio para las libertades humanas, que el imperialismo de una casta de guerreros.

...¿Existe actualmente en nuestro país un militarismo que trate de entronizarse en el poder? ¿Presenciamos en México, en la actualidad, el espectáculo maravilloso de la lucha de un inmaculado grupo de civiles contra los atentados criminales de una casta de guerreros? No, por cierto. Los hechos nos permiten afirmar que los elementos sanos, que los luchadores demócratas, más bien se encuentran, en estos momentos, en el grupo de los hombres armados.

El sofisma civilista nace de una calumnia. Los "militares" del presente no son casta militar, en el sentido de haber hecho de las armas una profesión, un oficio; son civiles que se armaron para combatir, primero, la dictadura del militar Porfirio Díaz; después, la dictadura pretoriana de Huerta, y al último, la amenaza de Villa.

Los "militares" constitucionalistas son civiles que se improvisaron soldados para sostener heroicamente la bandera de sus principios.[1]

Y si ahora se les quiere hacer aparecer como una casta guerrera, impidiéndoles llegar a los puestos públicos, es, tan sólo, para que puedan escalar esos puestos civiles que no tuvieron en los angustiosos momentos de la lucha, ni la resolución, ni la pujanza, ni la valentía necesarias para distinguirse y sobresalir.

---

[1] Todo prueba que no procuran ventajas de su "carácter" militar, desde el momento que la enorme mayoría de ellos, desde los generales más prestigiados hasta el último soldado, están deseando regresar a trabajar independientemente. Debemos anotar que entre ellos mismos son furibundos civilistas, y que el mismo general Obregón pidió desde el principio de la lucha, que se inhabilitaran los revolucionarios militares para ocupar puestos públicos, a lo que no accedió el Primer Jefe porque eso era solamente el vehemente deseo de un hombre que justificaba así la alteza de sus miras, porque era injusto, y porque privaba al pueblo de sus mejores servidores.

Cierto que en el ejército constitucionalista hay malos elementos como existen por desgracia en todas las instituciones humanas, pero no es menos cierto que los hay en muchísimo menor número que en la falange de los revolucionarios exclusivamente "civiles".[2]

¿Qué hacían los hoy desencantados civiles en los momentos en que los militares constitucionalistas exponían bravamente su vida en los campos de batalla? Vegetar intrigando, salvo contadísimas y honrosas excepciones, en los pueblos conquistados por los que ahora calumnian.

El elemento puramente "civil", como en aquellos días no tenía valor intrínseco para imponerse, ingresaba en la cauda deslumbrante de los caudillos militares, y para sobresalir, y para hacerse notar, empleaba a menudo armas bajas e innobles: halagaba las debilidades y las pasiones humanas de los "jefes", atizaba las discordias, alentaba las ambiciones.

Y, de pronto, surgían los grandes momentos difíciles. ¡Ah!, entonces no se era civilista. Todas las miradas pusilánimes y suplicantes se volvían a los caudillos. Desaparecía instantáneamente la *pose* de superioridad civil; y en los corrillos de Veracruz se oía, mientras Villa desfilaba sus miles de hombres por las calles de México: "Ese hombre es nuestra salvación. Ya dijeron que lo van a derrotar en las llanuras del Bajío" (se referían al general Obregón).

Bien pronto, y merced a los sacrificios de los "militares", ha pasado el peligro. Ya no se trata de luchar con las armas en la mano por el triunfo de la revolución y la conservación misma de la vida, tanto colectiva como individual. Ahora se trata de asaltar los puestos públicos, y ahora es necesario no tener contrarios. Basta con imaginar hábilmente un fantasma "militarista"; sobra con atizar una desconfianza para los antiguos luchadores, tantas veces proclamados heroicos por los civiles amedrentados y de esa manera quedan descartados para siempre los rivales de valía.

A pesar de haberse iniciado estas diferencias de los grupos políticos, hay que hacerle justicia al Primer Jefe don Venustiano Carranza, que aceptó la Constitución reformada y la promulgó, dándole al país instituciones verdaderamente revolucionarias, pues en ellas quedaron sentadas las bases de una justicia social que hemos venido ampliando cada vez más por medio de luchas democráticas.

La nueva Constitución de 1917 le fue comunicada al gobierno de Sonora telegráficamente, y allá se recibió con aplauso y entusiasmo y se celebraron mítines laudatorios para el Congreso Constituyente, y de simpatía y apoyo al señor Carranza. Sin embargo, ya de hecho quedó planteada la división y nació la desconfianza para el grupo "personalista" carrancista, que descubría sus intenciones de eliminar a los candidatos populares en la sucesión presidencial, para imponer al que juzgaran defensor de sus intereses.

Se convocó a elecciones tanto para presidente de la República, como para diputados a la XXVI Legislatura, triunfando unánimemente, como era lógico, la candidatura presidencial de don Venustiano Carranza.

En las elecciones para diputado a la XXVI Legislatura, jugaron como candidatos a diputados por el 2º distrito de Sonora (Hermosillo y Guay-

[2] Es verdad que hay casos en que algunas autoridades "militares" cometen atentados, aun procediendo indebidamente contra las civiles, pero eso es la excepción, tratándose de elementos inconscientes que no se dan cuenta de la alta misión que desempeñan.

mas), el general Francisco R. Serrano y el general Carlos Plank, ocurriendo el caso singular de que yo jugué como suplente de los dos candidatos.

En la propaganda acompañé al general Plank, pues de hecho el general Serrano, ocupado en asuntos militares en México, no hizo gran caso de la candidatura, y tuve que usar de mucha prudencia y de mucho tacto para evitar atacarlo o elogiar en su agravio al general Plank.

En el colegio electoral se reconoció el triunfo del general Plank y naturalmente el mío como suplente.

Seguí trabajando en Sonora con el gobierno del señor De la Huerta hasta que, para abril de 1918, se convocó en la XXVI Legislatura a un periodo extraordinario de sesiones, para elaborar la ley electoral, periodo al que concurrí, en suplencia del general Plank, que había aceptado una comisión del Ejecutivo, como comandante de la gendarmería fiscal.

En la sesión efectuada en la Cámara de Diputados el día 10 de mayo de 1918, presté la protesta de ley como diputado suplente, por el 2º distrito electoral del estado de Sonora.

Los ciudadanos diputados estaban ya divididos, unos opinaban en favor del proyecto enviado por el Ejecutivo sobre la ley electoral, y otros sobre el proyecto de ley ya reformado por la Cámara de Senadores. Naturalmente, en el proyecto de ley del Ejecutivo se establecían rígidas formas de control de los actos electorales por el citado poder, mientras que en el proyecto del Senado se habían hecho reformas acordando la intervención de los grupos organizados y de los partidos políticos para garantizar la libertad de los ciudadanos y la efectividad del sufragio, implantándose el voto secreto.

Yo no podía dudar, y desde luego subí por primera vez a la tribuna de la Cámara de Diputados, decidido aunque muy emocionado, a sostener nuestra tesis revolucionaria. Después de enunciar que yo no tenía compromisos con ningún bloque de la Cámara, y que solamente votaría de acuerdo con mi conciencia y de acuerdo con mis comitentes, hablé diciendo que en las actividades humanas se manifiestan siempre, antagónicas e irreductibles, dos tendencias más o menos delimitadas: una tendencia que rechaza todo cambio, toda modificación a su manera de ser, en la que pesan los intereses creados, en la que presionan las ideas adquiridas; y otra, asimismo, que choca con aquélla, que se manifiesta por un instinto superior de la sociedad también, que va buscando, a medida que el progreso cambia las modalidades de vida, cambia el medio y el ambiente social, va buscando moldes nuevos en que florezcan formas nuevas de vida. Y se hace necesario un esfuerzo grande del espíritu para desprenderse de la primera, de la que manda el instinto de conservación, para poder creer, para poder esperar, para poder acariciar un ideal que nos lleve al convencimiento de que nuevas formas de vida, nuevos moldes sociales tendrían que producir el bien de la colectividad.

Informé que venía a sostener el nuevo proyecto de ley, de tendencia progresista y revolucionaria, para explicar por qué era el apoyo tan decidido al proyecto del ejecutivo, no sólo en la Cámara sino en el ambiente nacional y dije, refiriéndome a la opinión oficial:

...Ruedan por la calle los comentarios, las inquinas contra esta nueva ley, diciéndose que carece del conocimiento del medio, que choca con nuestra idiosincrasia y nuestra manera de ser, que es teórica, que es abstracta; pero, señores, ese comentario se ha hecho siempre que se han iniciado todas las leyes revolucionarias e innovadoras del mundo. [Aplausos.] Si venimos nosotros aquí como diputados emanados de la revolución a decir que el pueblo no podrá comprenderla, que somos —como ha dicho el senador Laveaga— un rebaño de inconscientes, entonces, señores, venimos a dar el mentís más formidable a los apóstoles que levantaron la bandera sacrosanta de la revolución, venimos a asentar, ni más ni menos, la vieja teoría que sostuvieron los científicos para justificar la dictadura de don Porfirio: la teoría de nuestra incapacidad para la democracia. Se necesita, por tanto, señores, separarnos por un momento de esas opiniones hechas, separarnos por un momento del medio que forzosamente es reaccionario y conservador, separarnos del ambiente que justifica al instinto de conservación de la sociedad y que nos da las opiniones hechas, las opiniones de cajón, las frases tan traídas y llevadas; es la influencia innegable de que no podemos substraernos.

Es necesario, pues, ese esfuerzo de nosotros para cambiar una nueva modalidad social. Señores, en México se vio que la tendencia conservadora, la retardataria, se impuso por la fuerza y dio un molde social, una manera de ser a la sociedad mexicana: la dictadura. Y rompiendo con esos viejos moldes, porque el pueblo ya dentro de ellos no podía respirar, porque ya dentro de ellos no podía vivir, surgió la revolución salvadora. La revolución —se dice en todos los tonos— ha terminado, y yo voy a procurar demostrar que no es cierto. Las revoluciones podemos dividirlas en dos grandes periodos: el de la lucha enconada, el de la lucha armada, y este es el triunfo que ha conquistado el constitucionalismo, y a la cabeza de él don Venustiano Carranza, en los campos de batalla; y el otro triunfo, señores, el triunfo de romper los viejos moldes y crear los nuevos. Ese es el triunfo que debemos conquistar nosotros: el triunfo legislativo. Se nos dirá: "Ya las ideas revolucionarias triunfaron en el Constituyente." Pero esos son los principios dogmáticos, los principios básicos, de donde tienen que emanar, a la manera de rayos divergentes de un foco luminoso, las otras leyes que faltan, las que los reglamenten, las que los hagan posibles. El Constituyente ha dicho: "Esto necesitamos." Las leyes que emanan de la Constitución deben decir: "De esta manera lo vamos a obtener." Y es necesario terminar ese triunfo. ¿Por qué ahora vamos a tener miedo de llevar a cabo la última parte de la obra? Ya en los campos de batalla se ha triunfado; es necesario darle los nuevos moldes de organización social al pueblo y cristalizar, como decía el señor Álvarez del Castillo, en definitiva, los principios revolucionarios dentro de la legislación mexicana. César nos enseña que vencer "es subyugar al enemigo, es dictar la paz". Señores, el enemigo ha sido subyugado en los campos de batalla; desde el seno de esta asamblea dictemos la paz imponiendo las nuevas formas sociales, las únicas que podrán hacernos presentir a nosotros —porque tal vez no lo veamos—, que en el horizonte lejano del porvenir se vislumbra la aurora de una patria nueva. [Aplausos.] Y esta ley que estamos discutiendo no tiene, en definitiva, más observación profunda, que ser nueva. El señor Álvarez del Castillo, ha hecho la apología y el elogio de ella de manera elocuente. Tres elementos primordiales tiene la ley. El hecho del sufragio, señores, es el único instrumento práctico que se ha encontrado hasta ahora para consultar la opinión pública en la constitución de un gobierno; es el instrumento por excelencia de la opinión pública. Se decía por sus orígenes tradicionales e históricos que el acto de elegir es un acto de soberanía; algo hay de eso, pero no lo es en el fondo. Tradicionales e históricos, porque ha sido el elemento para conquistar el poder por las mayorías y ha sido conquistado por medio de la reivindicación del derecho de los muchos sobre los poderosos que tenía el manejo de la cosa pública. El sufragio es, pues, el único procedimiento que tenemos para formar un gobierno de opinión pública, es decir, que vaya de acuerdo con las ideas de la mayoría de una nación. Se presenta en primer lugar su organización. La organización del sufragio debe hacerse de tal manera que nos garantice que la enorme mayoría de los ciudadanos a los cuales la ley les concede el derecho de electores, puedan ejecutar ese acto. Las listas que se han formado en México —país de improvisadores— han sido siempre improvisadas y a estas listas se les puede aplicar el decir antiguo: "Ni son todos los que están, ni están todos los que son." De esa manera hemos visto nosotros lo defectuoso que esas listas son; han votado los muertos, han votado también los ausentes. Era necesario, pues, concebir una manera práctica de que estas listas no fueran las listas hechas a la ligera por el policía de la presidencia municipal o de la comisaría, no fueran las listas que se pierden y que se evaporan al final de una elección y que después se improvisan para una nueva; era necesario que esas listas se formaran de tal manera que garantizaran, en primer lugar, por su origen, por los elementos que las formaran, una imparcialidad absoluta; en segundo lugar, el derecho que tiene todo elector para poder exigir constar en ellas, y el derecho que tiene también todo ciudadano para exigir que los que estén incapacitados por la ley para el voto, desaparezcan de ellas. Las listas permanentes resuelven el problema; es la primera conquista que nos trae esta ley...

Además, para evitar la presión de los intereses económicos creados sobre empleados, obreros y campesinos, se estableció el voto secreto.

Hablé enseguida de la necesidad de evitar la anarquía e indisciplina, formando partidos políticos de programa y actividad permanente.

Hablé luego de los ataques, de los insultos de la prensa oficial y que si la ley es buena, la votemos, aunque nos digan que es imperfecta y nos llamen ilusos y terminé diciendo:

... Votad, señores, la ley, porque encierra libertad, encierra progreso; votémosla a pesar de todas las críticas, a pesar de todos los insultos, nos lo pide el pasado heroico, nos lo pide el presente convulsivo e inquietante, nos lo pide el porvenir, nos lo pide la voz augusta de la patria que en estos momentos me está susurrando al oído, el mandato austero del pensador: "Levanta la antorcha y enciéndela; con tal que ilumine y alumbre, ¡qué importa que te ardas la mano!" [Aplausos nutridos y prolongados.]

Al terminar ese mi primer discurso en la Cámara de Diputados, fui, como se dice, "muy aplaudido", pero la sesión se volvió muy agitada porque después de mí, habló el ciudadano Cepeda Medrano, personalmente muy adicto al señor Carranza y, por tanto, defensor acérrimo del proyecto del Ejecutivo, y enemigo de la ley electoral reformada.

Las discusiones se acaloraron entablándose una verdadera lucha en que tomaron la palabra el C. Martínez de Escobar, el C. diputado Neri, el doctor Siurob, el C. Alonso Romero y el C. Magallón, en lucha muy enconada; entonces pasó a presidir la sesión el C. Manuel García Vigil, y se escucharon grandes aplausos cuando le concedió la palabra al gran orador

C. Jesús Urueta, "el príncipe de la palabra", quien empezó atacando irónicamente al C. Cepeda Medrano y al proyecto del Ejecutivo; todavía le agradezco que en uno de los párrafos de su elocuente discurso, dijera para liberarse de los ataques personalistas: "...Veamos, pues, la cuestión desde el punto de vista alto, como la vio el señor Álvarez del Castillo, como la vio nuestro novel compañero, este joven diputado a quien me honro saludar en estos momentos como una de las futuras glorias de la tribuna nacional" [refiriéndose al C. Luis L. León]. (Aplausos.)

Y en otro párrafo añadió: "...Hay que tener conciencia de las propias responsabilidades, hay que saber en ciertos momentos sobreponerse al dolor para que el dolor sea nuestro principal auxiliar, para que en vez de vencernos, nos ayude a vencer, para que si nos quema la mano —como dijo el elocuente orador fronterizo—, esta mano siga ardiendo como antorcha."

Siguió la discusión y al terminar triunfamos en la votación los diputados que ya nos llamaban de "izquierda", en contra de los gobiernistas incondicionales, a quienes nosotros llamábamos "los derechas".

El elogio del licenciado Urueta, quien después fue muy buen amigo mío, me sirvió mucho para que me tomaran en consideración en la Cámara y me elevó ante la opinión pública en el aspecto de orador.

Cuando pasé por Nogales para venirme por el lado americano y tomar el ferrocarril en Ciudad Juárez para llegar a la capital, de diputado suplente a la XXVI Legislatura, el señor general Obregón me dio una carta para el señor presidente don Venustiano Carranza, en que le decía que aprovechando mi viaje a México como diputado, le mandaba la carta enviándole saludos afectuosos.

En mi estancia en México —duré un mes durante el periodo extraordinario de sesiones— fui como tres jueves, que eran los días en que el señor presidente Carranza concedía audiencias, pero como nadie me conocía en Palacio, no alcancé a ser recibido, por lo que no le había podido entregar la carta.

A finales del mes de mayo de 1918, ocurrió el sangriento asalto al tren de pasajeros del Sud Pacífico, que hicieron los yaquis alzados en aquella región y mataron a la mayoría del pasaje, incluyendo mujeres, mutilándolas criminalmente.

Con este motivo toda la gente del estado de Sonora fue presa de indignación y el general Calles, nombrado comandante general del estado y jefe de la campaña contra la tribu, vino a México a recibir instrucciones, equipo, elementos, y a organizar el plan de campaña. Todo le fue concedido, hasta tres aeroplanos, de aquella naciente fuerza aérea que por primera vez se emplearon en una campaña en Sonora.

Faltaban pocas sesiones para terminarse el periodo extraordinario, cuando el general Calles me ofreció que me fuera con él en su tren especial hasta Manzanillo, donde se embarcaría en un barco de la armada para Mazatlán y de allí continuar su viaje hasta Hermosillo. El presidente de la Cámara, mi amigo el general García Vigil, me concedió el permiso. Estando en el Hotel Isabel, el general Calles nos informó que iba a despedirse del señor presidente Carranza, preguntándonos si algo se nos ofrecía, pues también iba para Sonora el general Jesús M. Garza.

Yo le conté lo de la carta del general Obregón y le supliqué que se la entregara; el general Calles me dijo: "No, no estaría bien; esta carta se la va a entregar usted personalmente. Véngase conmigo a Palacio." Al terminar la conferencia del general Calles, el oficial de guardia salió a la puerta del despacho presidencial y dijo que pasara el diputado León.

Me recibió el señor presidente Carranza y mirándome fijamente me dijo: "¿Usted es el diputado León?" Pues por el elogio de Urueta y de los fogosos discursos que yo había pronunciado debió de figurarse que debía tener más edad. Hay que aclarar que en la Cámara de Diputados se estaba planteando ya muy apasionadamente la lucha futurista por la sucesión presidencial. La mayoría de diputados peleceanos, cooperativistas y las izquierdas representativas de obreros y campesinos, a las que yo pertenecía, éramos obregonistas apasionados, y ya se habían lanzado ataques en la tribuna de la Cámara al Ejecutivo, principalmente por los peleceanos.

El señor presidente Carranza leyó la carta con mucha atención y me comentó: "¿Cómo está el compañero Obregón, y qué hace?" Yo le contesté: "El general Obregón está muy contento dedicado a sus negocios particulares, muy satisfecho por haber organizado a los productores de garbanzo, los ha liberado de los especuladores y les ha obtenido un precio por saco de garbanzo que nunca antes habían alcanzado; por lo demás, para nada se mete en política y se dedica exclusivamente a sus asuntos personales." Don Venustiano Carranza se quedó mirándome fijamente y me dijo, ya con voz más fuerte: "Pero aquí en la Cámara están tomando su nombre para hacer política contra el gobierno. El otro día un diputado dijo que ya nos veríamos en otro terreno, probablemente se refería al terreno electoral. ¿En qué terreno quieren verme? ¿Y para eso toman como bandera al general Obregón?", me dijo ya exaltado.

Yo le contesté un tanto cohibido, pues yo era diputado obregonista: "Pues estas son opiniones particulares de las que son responsables los diputados que las pronuncian, pero el general Obregón no se mezcla para nada en política, ni las respalda."

El señor presidente Carranza se serenó y me dijo: "¿Y qué no será conveniente que el general Obregón los desautorice?" Después más sereno me dijo: "De todas maneras, joven diputado, cuéntele usted esta entrevista al compañero Obregón y salúdelo afectuosamente de mi parte."

Después me preguntó si necesitaba yo pase o fondos para mi viaje. Yo le di las gracias y le dije que me iba a llevar el general Calles, y me despedí rápidamente, pues lo que yo deseaba era salir de la famosa entrevista.

El general Calles se había quedado en la antesala platicando con otros militares y bajó conmigo en el elevador y al salir solos al patio de Palacio me preguntó: "¿Qué le pareció a usted el Primer Jefe?" Yo le contesté: "¿Quiere que le diga la verdad, general? ¡Qué madera tiene de dictador!" Contestándome el general Calles: "Es que estos son tiempos de imponer con energía la personalidad, porque de otra manera al que manda sin fuerte autoridad se lo comen."

Volví a Sonora. En el viaje de regreso embarcamos en Manzanillo y desembarcamos en Mazatlán, donde se formó el convoy que debía de llevarnos a Sonora. El tren en el que viajábamos con el general Calles llevaba un carro especial con mirador en la parte posterior. Nos detuvimos en la estación de Navojoa, donde se encontraba un gran número de ciudadanos que querían saludar al general Calles y felicitarlo por los elementos que había conseguido para la campaña del yaqui. Allí estaba el general Álvaro Obregón, quien subió desde luego a platicar con el general Calles y empezó diciéndole delante de un gran auditorio: "Bájate y quédate aquí a pasar un día. Estarás muy divertido, en las noches hay 'jugada' con ruleta, albures, póker y gran asistencia de hombres y mujeres muy alegres. Quédate, te vas a divertir."

Inmediatamente el general Calles invitó al general Obregón a pasar al apartamento privado del tren, donde hablaron cerca de media hora; y el general Obregón salió para Huatabampo y nosotros continuamos nuestro viaje hasta estación Fundición, donde el general Calles interrumpió el telégrafo hacia el sur y dio sus órdenes a los jefes militares y a las autoridades civiles de aquel rumbo.

Proseguimos nuestro viaje a Hermosillo; pero esa misma noche con la policía que se movilizó y las fuerzas militares fue rodeada Navojoa y castigados y aprehendidos los que manejaban las "jugadas" y los centros de vicio en una gran feria a la que había concedido permiso y autorizado el gobernador interino Cesáreo Soriano, mediante dádivas de los interesados.

Con esta acción se acabó la "jugada" y los centros de vicio en Navojoa y fueron aprehendidos los principales interesados. Los directores fueron procesados y encarcelados, a la mayoría de tahúres y empleados se les expulsó del estado.

Al llegar a Hermosillo nos fuimos, acompañando al general Calles, directamente al palacio de gobierno del estado; en el despacho del gobernador se encontraba el señor Soriano, que se dijo intentaba sostenerse como gobernador interino apoyado por algunos diputados locales, pero el general Calles de inmediato se sentó en la silla del gobernador y recriminó fuertemente a Soriano, por haberlo traicionado, expulsándolo de la oficina y diciéndole que si no quería que lo procesara que se marchara de Hermosillo.

El incidente fue muy comentado y muy aplaudida la acción enérgica y moralizadora del general Calles.

Así perdió Soriano la gran amistad del general Calles y desde entonces fue nuestro contrario.

Fui líder y orador en la campaña de don Adolfo de la Huerta para gobernador del estado.

En unión del general Jesús M. Garza, del ingeniero Juan de Dios Bojórquez, y muchos otros revolucionarios sonorenses, fundamos el Partido Revolucionario Sonorense, a fines de 1918, y postulamos para la presidencia de la República al general Álvaro Obregón, quien se excusó de no aceptar por considerar nuestros trabajos prematuros y extemporáneos.

En un viaje que hizo el general Obregón a Sonora, siendo todavía secretario de Guerra y Marina del Primer Jefe Carranza, fue cuando tuve el gusto de conocerle, y habiendo leído mis escritos y sabido de las campañas en que había sido orador, me saludó y platicó conmigo con gran amabilidad.

Después tuve muchas ocasiones de platicar con él, cuando regresó a Sonora retirado de todo puesto público, al haber renunciado a la Secretaría de Guerra y Marina, después de la elección del señor Carranza como presidente de la República.

Hubo un incidente que me permitió gozar de mayor confianza con el general Obregón.

Al triunfar el general Calles como gobernador del estado, me mandó a resolver el problema agrario de la tribu de los mayos.

El problema era demasiado claro, pues se trataba de la restitución de ejidos otorgados y concedidos por el gobierno porfirista para procurar la pacificación de los mayos, y científicamente deslindados por una triangulación geodésica de la Comisión Nacional Geográfica Exploradora.

Puse mis oficinas en Navojoa y empezamos a deslindar topográficamente y dar posesión a los indios de los ejidos que estaban todos invadidos por pequeños agricultores y latifundistas.

El ejido de San Pedro en realidad se había convertido en la hacienda del Chúcari, pues los latifundistas habían hecho grandes inversiones en un canal muy amplio para irrigar las tierras, aprovechando las avenidas del río, formando bordos cuadrangulares que se llamaban "bolsas" y que se inundaban, pues no había agua más que en la época de avenidas del río. También habían comprado por muy poco dinero y en fiestas en que les daban licor a los indios, muchos de los certificados de los pequeños lotes de tres hectáreas que les había entregado la Comisión Nacional Geográfica Exploradora.

Los dueños del Chúcari no trabajaban personalmente las tierras, sino que las tenían repartidas en lo que se llamaban "colonos", por un sistema de "aparcería"; es decir, les pedían el 20% de la cosecha por la tierra, y el 35% por el agua, de manera que el colono cuando más, se llevaba la tercera parte del producto de la cosecha, además de haber sido explotado en las tiendas de raya de los patrones, pues para ellas les daban vales para comprar sus alimentos y todo lo que necesitaban para la siembra y la cosecha.

Mi intervención para restituir el ejido de San Pedro fue muy difícil, pues los colonos defendían apasionadamente al latifundista y los indios mayos se consideraban con mayor derecho a las tierras, pues la mayoría habían militado en la revolución como soldados, principalmente del cuerpo Ejército del Noroeste que mandó el general Obregón.

Estábamos en esas discusiones únicamente apoyados en la ley del 6 de enero de 1915, cuando llegaron las avenidas del río Mayo. Los latifundistas cerraron las compuertas y si las tierras no se regaban, se perdería todo el año. Apremiado por el interés de los indios, escoltado por treinta o cuarenta de ellos, me atreví a abrir la compuerta destrozando a balazos la cerradura, y todos regaron sus tierras, ejidatarios y colonos.

Los hacendados acudieron a quejarse con el general Obregón, que entonces radicaba en Huatabampo, haciéndome tremendos cargos.

El general Obregón me mandó llamar con un oficial que fue de su estado mayor, llamado Villagrán, y al día siguiente llegué a Huatabampo como a las once de la mañana. El general descansaba bajo la sombra de los árboles de la plaza, platicando con los amigos, me saludó y me invitó a pasar a su casa, situada como a media cuadra de la repetida plaza. Cerró el portón y en el *hall* que le servía de oficina, estando presente el mencionado oficial Villagrán y su concuño Alejo Bay, me dirigió la palabra, más o menos con los siguientes términos:

"Para hacer lo que andas haciendo, León, se necesita que traigas dos o tres mil hombres contigo, porque el menor día te van a colgar de un 'jito', pues ya sabes que los guardias blancas no perdonan." Yo le interrumpí diciéndole: "¿Pues qué es lo que ando haciendo?" Me dijo: "Andas volando compuertas, destruyendo canales y cercas, es decir, acabando la organización agrícola que hay en la región." Le contesté yo: "Creo que le han exagerado a usted, señor general, yo no he volado compuertas, yo no he destruido canales ni cercas, lo único que hice fue abrir la compuerta del canal de Chúcari, porque si se pasa el agua de la avenida, se quedan tanto colonos como ejidatarios sin sembrar y pierden el año."

Él me contestó: "Pues cada quien tiene su manera de pensar, yo creo que son atentatorios los procedimientos que estás siguiendo, destruyendo la agricultura organizada y causando mucho daño a la región. Y sobre todo, ni tomes mi nombre, ni me metas a mí para nada. Precisamente para no tener responsabilidades en esas cosas yo renuncié al puesto más alto a que podía llegar como soldado, a secretario de Guerra y Marina, y me retiré a la vida privada, por lo que no quiero que me mezclen en estos asuntos. Yo hablaré con Calles y le daré mi opinión."

En aquella época era yo muy joven y creo que muy impulsivo y me decidí a contestarle: "Pues si nosotros andamos repartiendo tierras y destruyendo los latifundios, los responsables son ustedes, los revolucionarios de la generación que nos precede. Son ustedes los que han predicado y sostenido con las armas, que debemos distribuir los latifundios y entregar las tierras a los campesinos, para que el país pueda pacificarse y se cumplan las promesas revolucionarias y la población del campo quede arraigada a su tierra y mejore su condición de vida por su trabajo." Me contestó: "Te repito, cada quien piensa como quiere, yo ya le explicaré estos problemas al general Calles." Y se despidió de esta manera conmigo.

Como se comprenderá, yo volví completamente desilusionado y atemorizado a Navojoa. Comprendí que la amenaza de hablar con el general Calles era mi cese.

Pero mi sorpresa fue grande. Dos días después, en Navojoa, me encuentro a Alejo Bay, concuño del general Obregón y me dijo: "Qué bien estás con Álvaro." "¿Cómo? —le dije—. Después de la regañada que me dio." Me contestó: "Pues por eso. Es que tú no lo conoces. Cuando saliste, nos dijo: 'Estuve examinando a este muchacho, y tiene una gran fuerza. Si no lo matan por atrabancado, puede llegar alto, porque cree lo que predica; yo creí que era puro «guaguarero».' Y te tiene afecto."

Efectivamente, desde entonces el general Obregón me trató con más afecto y con más intimidad. Y creo que esto influyó mucho para que después me aceptara como su acompañante y orador en su gira de propaganda.

En 1918 y 1919 se consolidó el gobierno de la revolución que presidía don Venustiano Carranza, pero estaban ocurriendo grandes y graves acontecimientos.

La situación no era bonancible. Villa y Zapata seguían en su rebeldía contra el gobierno del presidente Carranza, al que combatían con las armas en la mano.

Zapata representaba el clamor de los campesinos del centro de la República, que pedían la liquidación de los latifundios y el reparto de la tierra entre el proletariado del campo. La labor del gobierno de Carranza a este respecto fue lenta y poco efectiva. Se dotaron de tierras a pocos pueblos y las dotaciones se concedieron en extensiones muy exiguas de tierras y no siempre de la mejor calidad. Se incurrió en el viejo error de querer pacificar a los campesinos por la fuerza militar. Campaña de don Pablo González.

Por lo que se refiere a los obreros, tampoco fue el gobierno del señor Carranza muy decidido en favor de sus reivindicaciones, acallando sus demandas por la violencia y acabando las huelgas por la fuerza. (Huelga de México y fusilamiento y encarcelación de líderes.)

Todo esto aunado a los abusos y atropellos que cometían muchos de los jefes constitucionalistas, alentaban el descontento y la oposición de grandes sectores populares en contra del continuismo en el gobierno de las gentes del carrancismo.

Surgía como la personalidad más atrayente y más popular en aquel tiempo, la figura del general Álvaro Obregón, quien se había retirado de la Secretaría de Guerra y Marina, dedicándose a la vida privada en su estado natal de Sonora, y aparecía ante el pueblo como uno de los más destacados y posibles candidatos a la presidencia de la República, tan prestigiado que no necesitaba servirse de la presión de la fuerza militar, ni del apoyo del poder oficial, para llegar a la presidencia.

Y en realidad el general Obregón no necesitaba, ni quería, llegar al poder por la imposición. Los soldados de la revolución lo querían y lo admiraban como el verdadero caudillo del ejército, que los había conducido a la victoria, sin haber sufrido una sola derrota.

Por otra parte, durante los trabajos del Congreso Constituyente se había constituido en el campeón de las reivindicaciones de obreros y campesinos, respaldando a los diputados constituyentes que lograron imponer en la Constitución de 1917, los artículos 3º, 27, 123 y 130, que establecieron las bases de la justicia social, por la que luchó el pueblo en la revolución y contra la intromisión clerical en el gobierno.

Frente a esta figura limpia y atrayente se presentaba como su posible contrincante el general Pablo González, que en lo militar no se podía comparar, ni con mucho con el general Obregón, ya que a pesar de la ayuda y protección de don Venustiano Carranza, había sufrido muy serias derrotas en la guerra civil y era pobre su historia de soldado.

Además, con razón o sin ella, por ese tiempo se suscitaron escándalos por los abusos y desmanes de militares que actuaron en las filas del ejército revolucionario que mandó el general González, como los atracos del llamado "automóvil gris", y otros hechos de saqueos, asaltos y robos nunca bien aclarados, y que la opinión pública achacaba a gente que militaba bajo las órdenes del general González, quien se decía impune por estar abiertamente protegido por el presidente Carranza.

Hubo otros hechos que vinieron a deslustrar el gobierno carrancista, alejándole las simpatías populares a don Venustiano. Para pacificar el país se concedió facultades ilimitadas a los jefes de operaciones, y éstos cometían abusos y atropellos contra la propiedad y las personas que restaban prestigio y simpatías al régimen gubernamental.

Por aquel entonces se emplearon también procedimientos alejados de la ética, tomando como pretexto la pacificación y el restablecimiento del orden. Así se evitaron *manu militari* protestas y huelgas obreras, se aplicó la ley fuga a muchos rebeldes que se rendían.

La tendencia antiagrarista del gobierno, pudimos comprobarla con el infame asesinato de Emiliano Zapata.

Fue una traición preparada y ejecutada por el general Pablo González y llevada a cabo por el coronel Jesús Guajardo, que por esta infame acción fue premiado por el gobierno con su ascenso a general y una gratificación de $ 50,000.00.

Como se sabe, Guajardo simuló estar disgustado con el constitucionalismo y quererse unir al movimiento de Zapata. Para probarlo, Zapata le exigió atacar el destacamento carrancista de Jonacatepec, lo que hizo matando a algunos soldados carrancistas, para convencer a Zapata que realmente estaba con él. Invitó a Zapata a una comida en el casco de la hacienda de Chinameca. Al llegar al casco de la hacienda, Zapata con una pequeña escolta fue asesinado por la guardia que le presentaba armas.

El cuerpo de Zapata fue exhibido en Cuautla y, en declaraciones públicas, hizo gala de su acción el general Pablo González, apoyado por el gobierno.

Todo esto produjo gran descontento popular y despertó la desconfianza de los obreros y campesinos para Carranza y sus hombres, entre ellos el general Pablo González, acrecentando al mismo tiempo la popularidad del general Obregón, que además de caudillo triunfante del ejército revolucionario, aparecía como el paladín defensor de las clases proletarias.

Tres días después de la muerte de Zapata, saludé al general Obregón, en Nogales, Sonora, a quien le dije que era "bochornoso para la revolución aquella forma de asesinar a traición a don Emiliano". El general Obregón me contestó: "Este crimen revela la falta de ética en algunos elementos gobiernistas y también de sentido político, ya que les regalan los votos campesinos a quien juegue en las próximas elecciones como candidato en contra de don Pablo González, con algún otro que quisiera apoyar el presidente."

Además, ya circulaban rumores del intento de imposición de un candidato presidencial que probablemente intentarían las principales personalidades políticas que rodeaban al señor Carranza; para defender sus intereses y continuar abusando del poder se habían llevado a cabo la burla del sufragio y descaradas imposiciones para gobernadores en los estados de San Luis Potosí, Querétaro y Guanajuato, y la escandalosa imposición del ayuntamiento de México, así es que había una gran expectativa, una gran desconfianza pública.

Dentro de esta situación política nacional, el 31 de mayo de 1919, lanza el Partido Revolucionario Sonorense, desde Hermosillo, la candidatura para presidente de la República del general Álvaro Obregón, y al día siguiente,

1º de junio, el general Obregón lanza su famoso "Manifiesto" desde Nogales, Sonora, aceptando esa candidatura.

En ese documento el general Obregón hizo severa crítica de los errores cometidos por el gobierno del señor Carranza, se refirió a la desconfianza de las clases proletarias, principalmente de la campesina, a un gobierno que no cumplía los ofrecimientos de la revolución.

El "Manifiesto" del general Obregón, de hecho, inició la campaña presidencial, presentándose el general como candidato independiente sin liga alguna ni con el gobierno, ni con determinados partidos políticos, sino llamando a una unificación a los partidos liberales y revolucionarios. Desde luego, el grupo de incondicionales del señor Carranza lo declararon como candidato de oposición, por las críticas que en su manifiesto encerraba contra las fallas y errores de ese grupo, formado en su mayor parte por generales y políticos enriquecidos a la sombra del gobierno carrancista, o ambiciosos de retener el poder, que comprendieron, que de triunfar el general Obregón, barrería todo ese lastre político del carrancismo y nada podían esperar de él.

Este grupo fue el que empezó a trabajar el ánimo del Gran Varón de Cuatro Ciénegas, don Venustiano Carranza, cultivando su amor propio, diciéndole que el general Obregón era su enemigo, e instándolo a buscar un candidato que llamaban de transición, pues era muy poca la confianza que tenían en la fuerza política de don Pablo González. Querían un hombre que les debiera la elección a ellos para que se dedicara a defenderlos en sus fortunas y en su poder político.

Pretendieron ocultar toda esta maniobra imposicionista, se recurrió a disfrazarla de "civilismo", diciendo que era necesario enfrentar un elemento civil a la figura que llamaron "militarista" del general Obregón.

El general Obregón no tenía mando alguno de fuerzas militares y, por tanto, no podía imponerse por la violencia de los soldados; y así presenciamos el caso singular de que en nombre del civilismo se pretendiera imponer al señor ingeniero Ignacio Bonillas, por ser civil, por todos los representativos militaristas que mandaban el ejército carrancista: Diéguez, Murguía, etcétera.

El pueblo, que era en su gran mayoría obregonista, no mordió el anzuelo y se dio cuenta de que se pretendía burlar el voto favorable al general Obregón usando el prestigio del señor Carranza, para imponer a un hombre mediocre y desconocido, y sólo porque era civil. El pueblo comprendió que el señor ingeniero Bonillas sólo tendría que ser, si llegaba a la presidencia, un presidente pelele, manejado, más que por el señor Carranza, por la camarilla que se había formado alrededor del antiguo Primer Jefe de la revolución. Ése era el panorama político cuando inició su campaña presidencial el señor general Álvaro Obregón en Nogales, Sonora, el día 27 de octubre de 1919.

La candidatura del general Obregón carecía de todo respaldo oficial; al contrario, su candidatura sería obstaculizada por las fuerzas afines al gobierno del señor Carranza; carecía de elementos económicos, y solo, y seguido de cuatro o cinco jóvenes entusiastas, se lanzó a través de la República, a conquistar el apoyo de la ciudadanía.

Pero la fuerza del general Obregón estaba en su prestigio, en la historia corta pero brillante de su vida, y en su obra; el pueblo estaba con él y creía en él.

Le empezaron a llover cartas y manifestaciones de adhesión al general Obregón, de organizaciones políticas revolucionarias, y principalmente de los grupos de obreros, campesinos, clase media, pequeños industriales y profesionistas, y hubo partidos regionales que desde luego lanzaron su candidatura y muchos grupos populares empezaron a organizarse políticamente, de acuerdo con las instrucciones que daba en su manifiesto.

También fueron a visitar al general Obregón a Nogales, Sonora, muchas comisiones, especialmente de diputados, senadores y partidos políticos.

Como antecedentes, conviene recordar algunos documentos:

El señor presidente Carranza, con referencia a la sucesión presidencial, lanzó un "Manifiesto" con fecha 15 de enero de 1919. Por su parte, el licenciado Luis Cabrera, secretario de Hacienda en el gabinete del presidente Carranza, y que todos reconocían como el cerebro político del grupo en el poder, mañosamente publicó una carta fechada el día 14 de marzo de 1919, dirigida a un supuesto amigo suyo, del cual no daba el nombre, pues era sólo un pretexto para la publicidad de sus ideas. En dicha carta decía que se retiraría de la política al terminar el periodo del señor Carranza, que él no había querido hacer amigos en los puestos públicos, porque ni quería continuar, ni tener lastre político. A esa carta le contestó desde Culiacán, Sinaloa, con fecha 29 de abril de 1919, el señor Clemente Reynoso, haciéndose pasar por el amigo a quien iba dirigida la carta de Luis Cabrera, pero la carta estaba escrita por el general Obregón.

El licenciado Luis Cabrera había explicado en su carta que sólo concediendo favores y privilegios, se fabrican amigos estando en un puesto elevado, y que él nunca quiso hacerlo; que los amigos son el "lastre político", y que él no quiso tenerlo para retirarse tranquilamente cuando saliera el señor Carranza, y se quejaba de que no se lo querían creer y muchos suponían que podía ser candidato a la presidencia. El supuesto Clemente Reynoso le decía que no se alarmara porque dudaran de su sinceridad; "con decirte que la incredulidad con que has tropezado al declarar que te retiras consiste en la sencilla sentencia que sigue, y la cual para aplicársete debe de ser proverbial: *nunca creen en lo que dices, porque nunca dices lo que crees*".

En esa misma carta comentaba el manifiesto del señor presidente; Clemente Reynoso, decía: "Que llamaba prematuros a los trabajos políticos porque *nada de lo que nos halaga es prematuro; nada de lo que nos hiere es oportuno*", y que ya en él se hablaba de que la ciudadanía puede afiliarse ante posibles nuevos candidatos y rectificar su opinión cuando se conozcan los programas políticos de los diversos partidos contendientes. Y comentaba Reynoso: "Es opinión mía, y quizá general, que los candidatos ya conocidos no se han escogido por sí, sino que los ha escogido la opinión pública, por la popularidad que la revolución les ha dado, y esa opinión no favorecerá a los nuevos candidatos, porque sabe que ésta será factura oficial, cumpliendo con el objeto único de salvar el 'lastre político' de la actual administración."

Así es que ya se conocía el peligro de una segura imposición de un candidato fabricado por el grupo de colaboradores del señor Carranza. Y hasta se rumoraba que éste sería el señor ingeniero Ignacio Bonillas, revolucionario maderista y carrancista en aquel tiempo embajador de México en los Estados Unidos. Era un buen hombre y revolucionario, pero sin personalidad y absolutamente desconocido en la República.

Como los candidatos que habían surgido ante la opinión pública eran los generales Álvaro Obregón y Pablo González, la pretendida candidatura bonillista se pretendió abanderar con el "civilismo", en contra de un imaginario "militarismo", y para hacerla aparecer ante el pueblo como una transacción, se le llamó "tercerista".

Indudablemente, el grupo más fuerte organizado por un partido era el peleceano, y en su inmensa mayoría obregonista desde el Constituyente de 1917.

Este grupo político encabezado por el señor general Hill y revolucionarios talentosos como Basilio Vadillo, licenciado Rafael Zubaran Capmany, licenciado José I. Novelo, general García Vigil y muchos y muy connotados revolucionarios, se creían con el derecho de ser el centro director de la campaña del general Obregón y se sintieron un poco lastimados cuando en su manifiesto el general Obregón aceptaba la postulación y el apoyo de todos los grupos que se habían dirigido a él, pero a ninguno le reconocía la hegemonía.

Entre las numerosas comisiones que fueron a entrevistar al general Obregón a Nogales, a raíz de la publicación de su manifiesto, me tocó presenciar la entrevista, muy cordial por cierto, de la comisión peleceana, encabezada por los licenciados Zubaran y Novelo.

Conviene advertir que la gran prensa de la capital de la República, estaba subsidiada por el gobierno, naturalmente la manejaba y presionaba el secretario de Gobernación del señor Carranza, licenciado Manuel Aguirre Berlanga.

En la capital se publicaron seis diarios: El Universal, Excélsior, El Heraldo de México, El Demócrata, El Amigo del Pueblo y ABC. El gobierno decidió tener control político en tres de los principales rotativos; con fondos de la nación, subvencionó a El Universal, Excélsior y El Demócrata. El Heraldo de México aparecía como independiente, un poco inclinado al general Obregón. Lo publicaba el general Alvarado y pasaba muchas dificultades económicas.

El Diario del Pueblo, dirigido por Rafael Martínez, Rip-Rip, era gobiernista. El ABC se decía imparcial.

Los partidarios del general Obregón habían comprado la imprenta que pertenecía a El Nacional, para publicar un diario de la mañana llamado El Monitor Republicano.

Los periódicos de los estados casi siempre estaban manejados por los gobernadores y su grupo en el poder.

Los periódicos gobiernistas criticaron muy fuerte el manifiesto del general Obregón. Pero me parece que el juicio más acertado lo constituye el informe que, sobre el manifiesto, rindió la comisión del peleceano ante la asamblea del mismo partido, y que en la parte conducente dice así:

I. La publicación del Manifiesto fue inesperada y extemporánea, y por tales circunstancias, considerada como una inconsecuencia política cometida a los partidarios del ciudadano Obregón.

II. El Manifiesto constituye una autopostulación.

III. El ciudadano Obregón no acepta programa de gobierno, y ofrece como única garantía de su gestión administrativa, en caso de triunfo, sus antecedentes personales y políticos.

IV. El ciudadano Obregón rehúsa todo compromiso, acuerdo o pacto con los partidos o agrupaciones políticas que lo postulen.

V. El Manifiesto prescribe hasta la forma de organización de las agrupaciones políticas, clubes y ciudadanos que sostengan la candidatura del ciudadano Obregón.

Los anteriores cargos hechos al Manifiesto, y la absoluta desorientación que produjeron, determinaron al Partido Liberal Constitucionalista a nombrarnos en comisión, para exponer al señor Obregón la situación creada con motivo de la publicación de su Manifiesto, para aclarar conceptos dudosos, ratificar o rectificar apreciaciones y fijar, en fin, el verdadero punto de vista y la única significación del importante documento político, que era objeto de la discusión más intensa.

Cumplimos con la mejor voluntad el cometido que se nos confió, y para alcanzar los resultados que motivan este informe, debemos hacer constar, de una manera expresa, la acogida cordial que nos dispensó el ciudadano Obregón, como representantes del Partido Liberal Constitucionalista; la conducta del ciudadano Obregón para con nosotros, presentándose, no como caudillo arrogante que cree tener en sus manos los destinos de la patria, sino como ciudadano consciente de sus derechos y de sus deberes y observador de sus principios y prácticas democráticas, fue factor decisivo para alcanzar esos resultados, ya que el ciudadano Obregón, conocía las objeciones e interpretaciones que había merecido su Manifiesto, e iba al encuentro de ellas antes de recibir de nosotros los referidos cargos y torcidas interpretaciones.

Expuesto lo anterior, concretamos nuestro informe, autorizados por el ciudadano Obregón, en los siguientes términos:

I. La extrañeza que causó la publicación inesperada e imprevista del Manifiesto, debe desaparecer. Esa publicación queda plenamente justificada con sólo considerar que el ciudadano Obregón estaba estrechamente obligado a contestar a numerosos partidos y agrupaciones políticas que aislada y directamente le habían hecho conocer la postulación que hacían de su persona para candidato a la presidencia de la República, exigiéndole pronta y categórica respuesta. En tales condiciones, estimó ineludible deber, contestar por medio de su Manifiesto, no únicamente por la importancia y significación, aislada y colectiva de sus postulantes, sino también, y primordialmente, porque consideró de imperiosa y urgente necesidad, mantener y asegurar su independencia política exigida por la Constitución General de la República y la más elemental probidad, ya que ambas condenan las candidaturas incubadas en la influencia administrativa o que se apoyen en los comandos militares.

II. El cargo de las autopostulaciones que algunos han hecho al ciudadano Obregón resulta injustificado, ya que son reales e incontrovertibles las postulaciones y ofrecimientos reiterados que ha recibido. Llamar autopostulación a la aceptación de las postulaciones numerosas y ofrecimientos reiterados de agrupaciones políticas, que han tenido y conservado una vida real y actuado en la política general del país y de los estados, es el mayor de los absurdos, en el que no creen ni los mismos que han formulado el cargo como un arma política y que, comprometidos a hacer determinada o determinadas postulaciones, están creando en estos momentos, con supremos esfuerzos, los órganos postulantes.

III. La imputación de que el ciudadano Obregón no acepta programa de gobierno y que sólo ofrece por programas sus antecedentes personales, que su Manifiesto es autocrático y que destruye nuestra incipiente democracia, es rechazada con toda energía y en la forma más categórica por el ciudadano Obregón.

La aceptación de un programa requiere la previa proposición de él, y hasta hoy ninguna de las numerosas agrupaciones que han postulado al ciudadano Obregón le ha exigido la aceptación de sus peculiares tendencias, o de sus respectivos programas. A pesar de esto, considerando el ciudadano Obregón que las postulaciones recibidas no están vinculadas a su persona, sino basadas en los principios que caracterizaron su actuación durante la revolución y que han normado su conducta desde que se retiró de la administración pública, no obstante que al postularlo no se sometió a su aceptación concretamente programa alguno de gobierno; reconociendo en sus postulantes a ciudadanos de principios, e interpretando las necesidades nacionales con la aceptación de su candidatura, esbozó postulados que pueden estimarse como médula de un programa cuya realización enorgullecería al mejor gobierno. Entre estos postulados podemos citar: el propósito inquebrantable de moralización administrativa, por la acción directa del poder ejecutivo; la libertad y la efectividad real del sufragio; el respeto absoluto a los credos políticos y religiosos; la reconstrucción de la política hacendaria sobre bases de equidad, y, desde el punto de vista internacional, la restauración del país, en el lugar que dignamente le corresponde en la sociedad de las naciones, como consciente de sus derechos y respetuoso de sus obligaciones, etcétera, y estos postulados constituyen ingentes anhelos nacionales.

En la imposibilidad de aceptar cada uno de los programas de las agrupaciones políticas que lo han postulado, programas que, aun cuando con principios generales semejantes contienen tendencias muy peculiares y conociendo además el ciudadano Obregón la diferencia que existe entre programa de partido político y programa de gobierno, ya que aquél puede realizarse en el transcurso ilimitado de tiempo y que la acción gubernamental tiene necesariamente que desarrollarse dentro del corto periodo que señala nuestra ley constitucional, formuló los principios generales de que, en su concepto, participan las agrupaciones políticas que lo han postulado; y no sólo se limitó a trazar las líneas fundamentales de un programa de gobierno y dar como garantía de cumplimiento sus antecedentes personales, porque es verdad indiscutible que los compromisos políticos tienen únicamente el valor moral de las personas que los contraen, sino el ciudadano Obregón, reconoce explícitamente el derecho que tienen todas, y cada una de las agrupaciones políticas para sostener y desarrollar, dentro de su respectiva esfera de acción, sus finalidades peculiares. En consecuencia, el ciudadano Álvaro Obregón no sólo acepta y está dispuesto a aceptar programa de gobierno, sino que reconoce la legitimidad de los programas de los partidos políticos, y el pleno derecho de estos partidos a la relación de sus ideales; sólo repugna y rechazará cualquier cosa que a título de programa de gobierno se le proponga y esté en abierta oposición con los principios y propósitos que clara y terminantemente ha consignado en su Manifiesto y constituyen su criterio político de gobierno. No dice, como le han atribuido, "El programa soy yo", pero condena enérgicamente la hueca palabrería usada comúnmente por los aspirantes al gobierno, como medio fácil de engañar incautos, de halagar pasiones, de estimular apetitos, a todo lo cual ha llamado "prosa rimada".

IV. Como una consecuencia de lo expuesto en el capítulo anterior, queda desvanecido el cargo hecho al ciudadano Obregón de rehusar un acuerdo o pacto con las agrupaciones políticas y ciudadanos que lo postulan, y a este respecto debemos expresar que el ciudadano Obregón considera que ha contraído con la nación un solemne compromiso, en los principios que contiene su Manifiesto, y se siente ligado con todos los ciudadanos que aceptan esos principios; por lo tanto, podemos asegurar que el ciudadano Obregón no ha rehusado contraer honorables compromisos con sus postulantes.

V. Respecto a la forma que adopten las agrupaciones política para formular y acordar un programa general de gobierno, así como para desarrollar los trabajos electorales, último punto éste relacionado con el quinto cargo hecho al Manifiesto, declaramos que el ciudadano Obregón se ha limitado a insinuar o sugerir, no a imponer, una organización autorizada por las prácticas democráticas; pero es el primero en reconocer el derecho absoluto que tienen los partidos y agrupaciones para aceptar o no el procedimiento indicado en su Manifiesto, para ligarse o convencionarse o acatar nuevas y diversas formas, con el fin de asegurar el cumplimiento del programa que adopte, unificar la acción electoral y llegar a garantizar el debido respeto a la misión del voto. México, 12 de julio de 1919. *José I. Novelo, R. Zubaran Capmany.*

Hubo otro incidente que conviene mencionar:

Con motivo del Manifiesto del general Obregón, el general Pablo González, que se consideraba candidato, le dirigió una carta desde Puebla, el día 25 de junio de 1919, en que le proponía al general Obregón un pacto para el desarrollo de la campaña política: como no usar injurias personales de palabra o por escrito; no emplear procedimientos ilegales, ni burlar el voto, ni aprovechar influencias tanto de "los militares en sus servicios activos", como de "los empleados públicos que se muestren partidarios de nosotros", y que "el triunfador no ejerciera represalias sobre los vencidos".

El general Obregón le contestó al general González el día 5 de julio de 1919, no aceptando el pacto, pues de hecho el pacto nos haría aparecer ante la opinión pública como caudillos que disponían y comprometían a sus partidarios como masa sin voluntad, obligados a seguirlos.

En la parte conducente de su carta, decía el general:

El hecho de promover o aceptar un pacto solemne que nos obligara ante la nación a conducirnos con dignidad, apegados al deber y respetuosos de nuestras leyes desde la fecha en que se firmara dicho pacto, sería una declaración plena de que antes de dicha fecha esa línea de conducta había sido desconocida por nosotros. Por eso la proposición de usted entraña para mí un cargo que desde luego rechazo, porque esa línea de conducta he seguido durante toda mi vida y no puedo aceptar como un esfuerzo transitorio o como una obligación adaptarme a ella por circunstancias especiales.

No quiero ocultar a usted la pena que me ha causado la declaración que por parte de usted implica en tal sentido la carta de que me ocupo, cuya declaración me abstengo de comentar.

Además, hay que considerar que el general Obregón desde que salió de la Secretaría de Guerra y Marina no tenía mando de fuerzas militares, ni cargo público alguno, mientras que el general González seguía mandando grandes núcleos militares y disponiendo de fuertes cantidades del presupuesto nacional, lo que le daba influencia y poder en su campaña. El mismo presidente Carranza se negó, posteriormente, a retirarle el mando de fuerzas en contra de peticiones que le hicieron diputados, senadores y organizaciones políticas.

Más o menos en esas tan desventajosas condiciones, se inició la campaña política del ciudadano Álvaro Obregón. El día 27 de octubre de 1919, le puso desde Hermosillo, Sonora, el siguiente telegrama al señor general Francisco R. Serrano, el general Jesús M. Garza, y es realmente el inicio de mi actuación en la campaña:

> Hermosillo, Sonora, octubre 27 de 1919. Señor general Francisco R. Serrano, presidente del comité de propaganda del Partido Revolucionario Sonorense. Satisfáceme comunicarle nuestro candidato presidencia República, ciudadano Álvaro Obregón, inicia mañana, desde Nogales, gira propaganda destino esa capital, haciendo escala Hermosillo, Guaymas, Río Mayo, Culiacán y Mazatlán. En poblaciones mencionadas y demás que encuéntrense sobre vía de ferrocarril, pueblos de Sonora, Sinaloa, prepárense entusiastas manifestaciones de recepción y despedida.
>
> Ingeniero León y yo salimos Nogales asistir gran mitin esta noche. Saludámosle afectuosamente. El primer vicepresidente del Partido Revolucionario Sonorense, *Jesús M. Garza.*

Ese día 27 de octubre de 1919 en Nogales, Sonora, se efectuó un gran mitin de despedida al señor general Álvaro Obregón, en una manifestación entusiasta y vibrante a la que concurrió toda la población de Nogales. En ese mitin hablamos Carlos Félix Díaz, el general Jesús M. Garza y yo.

El general Garza acordó con el general Obregón que yo le acompañaría en su gira de propaganda a través de la República, como representante del Partido Revolucionario Sonorense, y que éste sostendría mis gastos, pues el general Obregón no quería llevar "lastre político", y no disponía de grandes elementos económicos para pagar los fuertes gastos de una comitiva.

Salimos de Nogales el día 28 de octubre de 1919, y en el viaje a Hermosillo, en todos los pueblos y estaciones se aglomeraban multitudes aclamando a nuestro candidato, cosa nada extraña, porque todo el estado de Sonora, así como Sinaloa, eran obregonistas. Acompañaban también al general, los señores Fernando Torreblanca como su secretario y Manuel Vargas, que manejaba sus fondos.

Llegar a Hermosillo fue muy emocionante, pues en verdad todo el pueblo de la capital del estado de Sonora estaba ahí esperando al general Obregón para aclamarlo entusiastamente.

El candidato desfiló en una valla y después estuvo recibiendo una a una todas las comisiones y organizaciones políticas del estado. En la noche hubo un mitin en el Teatro Noriega, donde fuimos muy aplaudidos varios oradores.

Al día siguiente, salimos de Hermosillo para el sur, y todo el trayecto fue ovacionado el general Obregón en las estaciones y pueblos que acudieron a despedirlo; en Empalme nos esperaba la mayor parte del pueblo de Guaymas. Llegamos el día 30 de octubre al atardecer.

En Guaymas todo el pueblo estaba reunido y se efectuó un gran mitin en el Teatro Escobedo, en donde hablamos varios oradores.

Aclamado por todo el pueblo de Sonora, llegamos a Navojoa, el 31 de octubre y en la noche se celebró un gran mitin.

Recuerdo que para terminar mi discurso, dije, despidiéndonos del pueblo de Sonora: "Volveremos con nuestro candidato. Esta no es una despedida, y como los heroicos guerreros griegos, volveremos con el escudo o sobre el escudo."

Después, en la noche comentó el general Obregón muy sonriente que "si perdiéramos esta campaña, tendríamos que regresar amortajados sobre el escudo, pero eso no pasará. Volveremos con el escudo, probablemente muy abollado, porque nos esperan en toda la República lanzas, flechas y dardos que nos lanzarán los enemigos del sufragio efectivo y la libertad popular, camarilla gobiernista defensora solamente de sus intereses y de su poder".

La gira por Sinaloa fue triunfal, a pesar de que siendo todo el pueblo de Sinaloa obregonista, estaba dividido en la política estatal por las candidaturas a gobernador del estado de los generales Ángel Flores y Juan Carrasco.

Indudablemente el candidato popular con mayores méritos y limpio revolucionario era el general Flores, y al final de la campaña, cuando previó su derrota electoral, el general Juan Carrasco se incorporó a la facción contraria desde el cónclave de gobernadores.

Con una jubilosa manifestación eminentemente popular, recibió el pueblo de Culiacán, el 4 de noviembre, al general Obregón, y después de recibir muchas comisiones, el día 5 se verificó una gran velada en el Teatro Apolo, que a pesar de estar abarrotado de gente hasta en los pasillos, no alcanzó el cupo para la gran muchedumbre que concurrió y que se fcinó en las afueras del teatro.

Los discursos sinceros y emotivos que pronunció el general Obregón e. todas esas ceremonias, eran en verdad un llamado al pueblo para que se uniera a luchar por sus libertades cívicas y se organizara para concurrir a las urnas electorales y hacer triunfar el programa de la revolución democráticamente por el voto en los comicios.

De Culiacán salimos para Mazatlán, siendo aclamado el general Obregón en todos los pueblos y estaciones del trayecto; desde la estación La Cruz nos acompañó el general Flores, continuamos nuestro viaje a Mazatlán, llegando a las cuatro de la tarde. En la estación hubo un gentío inmenso, puede decirse que la recepción en Mazatlán fue única, pues el cariño y entusiasmo con que se aplaudió al general Obregón y el recibimiento en las calles fue extraordinario, los ancianos salían de las casas a vitorearlo, todas las fábricas hacían sonar sus silbatos, lo mismo que los barcos.

En el hotel Central no se podía casi dar paso, estaba invadido por tanta gente que había allí. El general Obregón recibió gente de puntos muy lejanos y de casi toda la región. Para el viernes 7 de noviembre, se organizó una velada en el Teatro Rubio.

En el mitin organizado en el Teatro Rubio —que fue verdaderamente extraordinario—, hubo un incidente que es curioso consignar.

Todos los oradores fuimos muy aplaudidos, pero a petición de la gente influyente de Mazatlán, cantó en honor del general Obregón la gran artista mexicana Mimí Derba el vals *María,* de la zarzuela *Los mosqueteros en el convento.* La artista fue muy aplaudida y una señorita le obsequió un gran ramo de flores; pero yo que estaba entre las bambalinas, esperando mi turno para hablar, pude observar que la artista salió furiosa y tiró el ramo de flores. Y alguien que estaba cerca de mí me dijo que era muy explicable esa conducta, porque la señorita Derba había cantado por compromiso, pues era partidaria y gran amiga del general Pablo González.

Con este motivo salí enardecido al escenario para tomar la palabra y el cronista de *El Monitor Republicano* me hizo este elogio:

Varios fueron los oradores que hicieron uso de la palabra, pero quien más se distinguió fue el señor ingeniero don Luis León, representante especial en la gira de propaganda, nombrado por el Partido Revolucionario Sonorense. ...Es un joven fogoso, que siempre conmueve al auditorio y le arranca aplausos, sin tener que valerse de recursos efectivistas.

...Refiriéndose a las elecciones locales de los estados y al tocar el punto de las imposiciones que se han hecho en algunos de ellos, manifestó que todos los elementos oficiales son pésimos tutores, siempre que se trata de elecciones.

...El señor ingeniero León fue interrumpido constantemente por prolongados aplausos en los diversos periodos de su discurso, y, al terminar, se le tributó sonora ovación.

El 9 de noviembre nos embarcamos de Mazatlán para Manzanillo, en el vapor mexicano, a donde llegamos el día 11 de noviembre, siendo el general Obregón objeto de cariñosa y entusiasta recepción, y después de la gran acogida en Manzanillo, tomamos el tren para Colima, llegando el mismo día 11 en la tarde a esta ciudad. Poco antes de llegar a Colima, nos dijo el general: "La gira en el noroeste, como ustedes vieron, fue una fiesta, pero de aquí en adelante empezará la verdadera lucha, prepárense para la defensa y el ataque."

Posteriormente, corroborando esto que nos dijo el general Obregón, y cuando llegábamos a Colima, el general Serrano, que venía de México, nos dijo al general Garza y a mí: "Como verán ustedes, aquí llegan a recibir al general Obregón grandes figuras de la política y brillantes oradores. Todos ambicionan ser del grupo de líderes que haga la propaganda del general Obregón en la República, eliminando al pequeño grupo de 'jóvenes inexpertos' con quien inició su recorrido por el noroeste: a ustedes. Y principalmente a ti, León, por la publicidad que le han hecho a tus discursos van a tratar de opacarte. No te dejes." Y como se verá después, me picó el amor propio y me enardeció tanto que pude pronunciar uno de mis mejores discursos en Colima. También en esta ocasión el general Obregón con mucho tacto defendió a los "inexpertos" y aplacó muchas ambiciones.

A las cinco y media de la tarde llegamos a Colima el día 11 de noviembre entre una compacta multitud que invadía la estación y las calles, principalmente gente del pueblo que aclamó entusiastamente al general Obregón.

Nos quedamos en el Hotel Carabanchel, situado frente a la plaza principal, en donde se reunió aquella enorme multitud que fue saludada con un fogoso discurso por el general Jesús M. Garza, y después habló el general Obregón, saludando al pueblo de Colima. Para terminar con un discurso el licenciado Roque Estrada, que llegaba como jefe de la representación de la comisión del Partido Liberal Constitucionalista.

En Colima recibió el general Obregón infinidad de comisiones de distintas partes de la República, y se celebró un gran mitin obregonista el día 13 de noviembre en el Teatro Hidalgo, de aquella población, que para mí resulta inolvidable.

Habían llegado a recibir al general Obregón múltiples comisiones de los partidos políticos y muy distinguidas personalidades del PLC; arribaron senadores, diputados, intelectuales, grandes oradores y hombres de prestigio y hubo dos hechos que no puedo olvidar: tanto las palabras que pronunció el general Obregón para defendernos a los idealistas que veníamos acompañándolo, para evitar el aumento de una cauda en su comitiva, como el discurso que pronuncié que, como ya dije, creo es uno de los mejores que pronuncié en esa gira. Me permito reproducir la información a este respecto, de *El Monitor Republicano* de noviembre 14 de 1919, en la parte conducente dice:

El ingeniero Luis León, que viene acompañándonos desde Sonora, dijo en esta noche el mejor discurso de los que le he escuchado. Las bellísimas figuras retóricas del ingeniero León, hicieron de su peroración una pieza pulida, elegante y sugestiva. Elogió magistralmente a los pobladores de Colima y los encantos naturales de tan fértiles regiones. Varias veces el orador fue interrumpido por los aplausos de la concurrencia, quien lo obligó a salir frecuentemente al foro.

...El licenciado Roque Estrada, representante del PLC, entusiasmado por la brillante pieza oratoria, felicitó al ingeniero León, estrechándolo efusivamente entre sus brazos, en tanto que la música tocaba dianas a petición del público.

...En tan inolvidables instantes, el ciudadano Álvaro Obregón se dirige a los allí presentes, quienes lo saludan con una estrepitosa salva de aplausos. Presa de íntimo regocijo, el señor Obregón pronuncia uno de los discursos mejores que se le han oído en el curso de la gira. Con voz vibrante y clara, el candidato popular se muestra complacidísimo por la recepción que le dispensó el pueblo de Colima. Como pocas veces, Obregón diserta acerca de los ideales que lo animan en la presente lucha cívica. Especialmente, el ciudadano Obregón, refiérese a las personas que lo acompañan, a quienes conceptúa como idealistas. Hace hincapié el orador en este detalle de importancia (dice al público), pues todos ellos, abandonando negocios, puestos y hogares, lo siguen en su gira, sufragando cada quien sus gastos personales, conservando en esta forma su independencia más absoluta. Entre dianas y vítores que se prolongan durante mucho tiempo, dio fin el mitin. El corresponsal especial.

Continuamos la gira saliendo el día 13 de noviembre por tren de Colima rumbo a Guadalajara y a pesar de las predicciones de los llamados "terceristas", fue una gira de propaganda triunfal, siendo aclamado el general

Obregón en todas las estaciones por la concurrencia de los pueblos, de hombres a caballo y principalmente de obreros, campesinos y de clase media; llegando a Ciudad Guzmán donde todo el pueblo nos esperaba en la estación y donde se efectuó un mitin; el día 14 salimos en tren ordinario de Ciudad Guzmán entre música y aplausos de todo el pueblo, y al llegar a Sayula, una enorme concurrencia llenaba la estación, formada por los miembros de los clubes políticos que sostenían la candidatura presidencial del general Obregón, por ferrocarrileros, obreros y campesinos.

En la plaza principal habló en representación del Partido Cooperativista Nacional, el señor Rubén Vizcarra y otros oradores.

En nombre del general Obregón contestó el diputado Manlio Fabio Altamirano. El día 15 de noviembre llegamos a Zacoalco, donde fue la recepción muy grande.

Rumbo a Guadalajara encontramos en el camino gruesas comisiones políticas que representaban numerosas agrupaciones y presididas por los licenciados Roque Estrada e Ignacio Ramos Praslow. Llegamos a la ciudad de Guadalajara a las 12:30 p.m. y hasta una hora después no logramos llegar a la plaza de armas, no sin grandes dificultades por impedírnoslo la compacta muchedumbre que no cesaba de aplaudir y aclamar a tan distinguido candidato, teniéndose que lamentar algunos casos de asfixia, originados por la gran aglomeración del público que cerraba el paso al señor general Obregón y a su comitiva.

Desde los balcones de La Fama Italiana, el señor Daniel Cuevas, director del periódico *El Occidental,* dio la bienvenida en entusiasta discurso a nuestro candidato.

Hablando después Manlio Fabio Altamirano y el licenciado Roque Estrada, el general Obregón estuvo recibiendo constantemente comisiones de partidos políticos de Jalisco y comisiones llegadas de México, y por la tarde concurrió a la corrida de toros, provocando, con el anuncio de su presencia, que se llenara la plaza.

Juan Silveti tuvo una buena tarde y recibió un obsequio del general Obregón al brindarle un toro. En la noche hubo una serenata en la plaza de armas y lo que más llenaba de satisfacción a la multitud, es que el general Obregón se paseaba confundido entre el pueblo, y era aclamado entusiastamente en cada vuelta que daba al jardín.

Ya en Guadalajara, se empezó a sentir la propaganda clerical en contra de la candidatura revolucionaria del general Obregón.

Se repartieron en la ciudad y se pegaron en las paredes hojas sueltas que decían:

¡Alerta, tapatíos! El próximo domingo, 16 de noviembre, llegará a esta ciudad el general Obregón. Viene a hacer propaganda por su candidatura para presidente de la República. *Si es usted católico,* y sabe respetar su dignidad y su nombre, absténgase de asistir a la llegada de Obregón, porque usted sabe perfectamente que es un gran perseguidor de la Iglesia, y sería ridículo, absurdo, que los que en muchedumbre entusiasta y abrumadora glorificaron al Pastor perseguido, acudan a hacerle bombo a uno de sus más encarnizados perseguidores. Si usted no es católico, pero es jalisciense, absténgase de asistir al arribo del mencionado Obregón, pues recuerde que él fue quien afirmó

que Jalisco es el gallinero de la República. Tapatíos: Todo por el respeto a nuestra dignidad y a nuestro nombre. ¡Viva Jalisco!

Para contrarrestar muy hábilmente esta propaganda, se lanzó una hoja redactada por el general Juan José Ríos que los clericales no se atrevieron a desmentir; la hoja decía:

Jaliscienses: Habiendo aparecido ayer en la tarde, unos preventivos insulsos, en los cuales se recomendaba a los católicos no asistieran a la recepción del general Obregón; y habiéndose dado a los mencionados preventivos una procedencia equívoca, atribuidos sin duda al clero jalisciense, se hace saber al público católico de Guadalajara, que los aludidos escritos no fueron hechos de acuerdo con ninguna disposición del cabildo eclesiástico de esta ciudad, pues la misión del clero católico, no se compadece, con ninguna práctica en la que estén vinculados los intereses políticos de tal o cual partido militantes. Guadalajara, Jal., noviembre 16 de 1919.

En la velada celebrada en el Teatro Degollado de Guadalajara, en el discurso pronunciado por el general Obregón, instó, como siempre, a los ciudadanos de ideales revolucionarios a unificarse y a organizarse políticamente para defender en las elecciones su libertad cívica con la efectividad y respeto al sufragio y para designar con sus votos, al candidato que creyeran que garantizaba los intereses del país y su desarrollo, de acuerdo con los principios revolucionarios.

Al despedirse, al referirse al grupo que incrustado en el gobierno del señor Carranza quería falsear la elección presidencial, para efectuar una imposición de acuerdo con sus intereses, dijo la siguiente frase: "Los políticos de profesión, como modernos Diógenes, han encendido ya sus linternas y las han hecho girar sobre la República, buscando 'su hombre', y el hombre no aparece, y cuando no han podido encontrar dentro de nuestras fronteras al guardián que venga a cuidar sus intereses a cambio del salario que le fijen, han llevado sus focos hasta nuestra embajada en Washington. Muchos de ellos, los más incapaces para vivir del trabajo, han declarado que prefieren suicidarse a que una mano honrada los desprenda del presupuesto nacional."

En Guadalajara concurrió el general Obregón como invitado a una junta de agricultores en la Cámara Agrícola Nacional Jalisciense, donde sustentó una conferencia.

Creo oportuno repetir algunos de los razonamientos que expresó en esa conferencia. En una junta en la que el mayor número de personas eran latifundistas, porque en esa conferencia demostró el general Obregón los profundos conocimientos que tenía de la agricultura nacional, y con tino y cortesía, también les expresó sus ideas agrarias al hablar de los pequeños agricultores, donde comprendía a pequeños propietarios y a campesinos y ejidatarios:

Siento, pues, placer de ver a ustedes reunidos para escuchar de mis labios mis ideas, pero antes de entrar en materia, quiero participarles que al venir aquí, *no vengo para celebrar tácitamente un pacto*, pues yo sé que a las asambleas de esta naturaleza les está prohibido mezclarse en política. Por lo tanto, no es un interés esencialmente político el que me trae, sino la obligación que tengo, desde que me presenté como pretendiente a hombre público, de que todos mis conciudadanos conozcan mi modo de pensar y que individualmente los que crean que pueda favorecerles mi candidatura, la apoyen, y los que crean lo contrario, que la combatan. Después de este preámbulo que estimo necesario, entro en materia. ...En nuestro país la agricultura adolece de grandísimos defectos, que es necesario de todo punto corregir. La gran mayoría de los terratenientes viven completamente alejados de sus propiedades y de sus negocios, encomendándolos a manos extrañas, y muchos de ellos, ni siquiera las conocen. Eso, en mi concepto, es uno de los principales factores que han detenido el fomento de la agricultura en nuestro país. La mayor parte de los estados necesitan cámaras agrícolas, pero creo que esas mismas cámaras, en donde están establecidas, han descuidado mucho sus obligaciones. ...Yo creo que en Jalisco, la cámara agrícola no ha establecido todavía las necesarias estaciones experimentales. ¿Estoy en un error? Entiendo que no están establecidas. ...Las estaciones experimentales son la base del desarrollo agrícola. En Sonora por mucho tiempo se tuvo la creencia de que las tierras arcillosas no sirven para nada, había grandes extensiones de terreno, perfectamente planas y despojadas de maleza que estaban abandonadas por ese lamentable error. Se estableció la primera estación experimental, y después de dos o tres años de experimentos y de estudios, se llegó a la conclusión de que esos terrenos dan el arroz de mejor calidad en la República. Hace tres años que se hizo la primera siembra y la cosecha en el año actual, será no menor de sesenta mil sacos de cien kilos de arroz. Igual cosa sucedió en Sinaloa. Debemos pues dedicar todos nuestros esfuerzos al establecimiento de estaciones experimentales en todo el país, y aun puede considerarse ello como el primer factor para el desarrollo de la agricultura.

...La experiencia ha demostrado que el maíz, frijol y trigo son una aventura para los agricultores, y si eran una aventura cuando los jornales eran menores, cuando las contribuciones eran de menor cuantía, con mucha mayor razón esos cultivos son aventurados en la actualidad con los jornales altos, las contribuciones crecidas y la dificultad de todo género con que tropieza el agricultor para encontrar mercado a su producto. Llegamos, pues, a la conclusión de que es indispensable que se dedique a esa clase de cultivos, únicamente el terreno que sea necesario para cubrir el presupuesto de consumo en el país y que el resto se dedique exclusivamente a cultivos que produzcan mercancías de exportación.

...Tenemos, en consecuencia, que después de las estaciones experimentales, se necesitan comisiones de investigación. Aquéllas servirán para determinar los cultivos apropiados para cada terreno, y éstas para encontrar los mercados que mejor consumo ofrezcan para la producción.

...Tenemos, pues, dos factores de capital importancia. Pasemos al tercero. Es éste los sistemas de cultivo. He podido darme cuenta, con pena, de que en todos los estados se laboran las tierras empleando el antiguo arado de palo. Esos arados adolecen de grandes defectos. Primero, que el trabajo es muy laborioso; segundo, que es deficiente, por lo cual disminuye mucho la producción. En Sinaloa y Sonora, quizá por su proximidad a los Estados Unidos, ningún agricultor usa esos arados, empleando los sistemas modernos y haciendo de la agricultura en aquellas entidades, verdadero ejemplo para los demás estados de la República.

Yo he sido agricultor durante quince años. Primeramente usé, como todo el mundo, los arados de palo. Dándome cuenta de las deficiencias que presentaban, los sustituí por los *John Deere*, y finalmente, he venido a usar los arados de discos, que son los más adecuados para laborar cualquier clase de terreno. Es, pues, absolutamente indispensable atender a ese factor que es de capital importancia. En cuanto los trabajos de campo se hagan conforme a los adelantos modernos en la maquinaria agrícola, tendremos que con una tercera parte del terreno que se emplea en la actualidad habrá suficiente para producir mucho más, con menores gastos.

Voy a cerrar, pues, lo que podríamos llamar conferencia agrícola, puesto que han quedado sentados los tres factores principales que servirán de tripié para conocer nuestra agricultura sobre un plano de adelanto, que esté mucho más en consonancia con nuestra evolución, y pasaré a hablarles a ustedes del problema agrario.

...Una de las formas de resolver el problema agrario, es sin duda, el fomento de la pequeña agricultura. Yo soy partidario de que la pequeña agricultura se desarrolle, porque soy partidario de que se le dé ayuda a todo aquel que haga esfuerzos por salir de su medio estrecho y mezquino, y que a todo aquel que tenga empeño por lograr su mejoramiento se le tienda la mano; pero no creo de ninguna manera que se deba recurrir al fraccionamiento de propiedades para dotar de ellas a los pequeños agricultores, antes de que se haya logrado el desarrollo evolutivo de la pequeña agricultura. No opino tampoco que para el desarrollo de esa pequeña agricultura se use de la violencia y del despojo. Yo creo que la manera de fomentarla no consiste en desmembrar una gran propiedad y dividirla en fracciones de las cuales corresponderían terrenos a un individuo, el manantial de la hacienda, si lo tiene, a otro, las casas al de más allá, etcétera. En esta forma se destruye sin obtener provecho alguno. Yo creo que la pequeña agricultura debe desarrollarse, fomentarse y contar con el apoyo del gobierno, y de esa manera, México sería uno de los países más productores de la tierra y entonces podríamos lograr nuestra independencia económica, sin que gravitaran enormes impuestos sobre un reducido número de contribuyentes.

No creo que este trascendental problema pueda resolverse mediante un ligero estudio ni con la repartición de unos cuantos terrenos.

Yo pondré todo mi esfuerzo, toda mi voluntad y toda mi modesta inteligencia en la labor de fomentar la pequeña agricultura, pues repito, todos estamos en la obligación de ayudar a aquel que procure mejorar, tendiéndole la mano, sin necesidad de lesionar los intereses de los demás. Todo puede lograrse mediante la lógica que siempre debe ser hermana de la ley.

...Quiero, una vez más, sentar el precedente de que yo soy partidario de que se vaya aumentando esa pequeña agricultura, fomentándola y estimulando los esfuerzos de los pequeños agricultores que verdaderamente estén capacitados para trabajar por su mejoramiento.

...Como al principio dije, no he venido a celebrar un pacto tácito. Vine a exponer mis ideas de acuerdo con la obligación que considero tener, de que mis conciudadanos conozcan mi manera de pensar, para que libremente apoyen mi candidatura aquellos que crean obtener beneficios con esas ideas puestas en práctica, y la combatan los que piensen lo contrario.

Como se verá, el candidato Obregón establecía las verdaderas bases para la organización del problema agrario, que aún hoy, después de más de 60 años, síguense considerando fundamentales: la investigación agrícola para el progreso de la técnica; la organización de los productores para el manejo de los productos, de acuerdo con los mercados consumidores; la primacía al consumo nacional y que el aumento de la productividad permitiera las exportaciones; y la organización comercial agropecuaria, para evitar la especulación, aumentar los ingresos del productor y dar precios justos en beneficio del consumidor nacional.

Creo oportuno aclarar, para los revolucionarios del presente, que en los tiempos a que me refiero, el pensamiento agrarista de los hombres de la revolución, especialmente los del norte, se orientaba principalmente a la formación de los pequeños propietarios, porque aún no se iniciaba la evolución de la técnica agrícola, que esencialmente con el desarrollo de la maquinaria agrícola ha venido a demostrar que la productividad y el provecho económico del minifundio es un fracaso, frente a los resultados obtenidos en la gran explotación de extensiones mucho más considerables, problema al que ahora se están enfrentando con la organización cooperativa de ejidatarios y pequeños propietarios, para poder emplear esa técnica de la agricultura extensiva, que aumenta la productividad y el provecho económico para los agricultores, permitiendo proporcionar al pueblo consumidor precios más bajos.

Hay que tener en cuenta, que entonces todos creían que sobraban tierras y faltaba población, y nadie preveía el advenimiento de la gran presión demográfica.

Conviene también aclarar que en su discurso en el Teatro Degollado estableció la diferencia entre los ciudadanos que luchan legítima y honradamente en política y los que bajo la bandera política sólo pretenden sacar ventajas, aumentando la corrupción.

La aclaración es importante. A este respecto dijo el general Obregón:

Esos grupos de hombres asalariados que giraban alrededor de los tiranos habían obligado a la gran mayoría de los ciudadanos de la República a abstenerse de tomar participación en las luchas políticas, y oíamos estas desconsoladoras frases: "Yo no me mezclo en política porque vivo de mi trabajo", y esa situación creada por ellos había retardado el advenimiento de nuestras libertades. Pero un día se produjo la revolución que todo lo removió, que todo lo destruyó y ahora nos presentamos los vástagos de aquella revolución a reconstruir sobre nuevos cimientos. Ahora venimos a ensayar una política de verdad, venimos a pregonarla y aquí a mi lado no viene el grupo de veteranos profesionales de la política, porque en esta vez ellos han quedado desocupados, no ha habido quién los alquile.

Ante el pluralismo de grupos y organizaciones que sostenían su candidatura, el general Obregón se decidió a organizar un centro de propaganda en Guadalajara, que fue presidido por el ingeniero Camilo Pani.

En vista de las constantes insistencias de sus partidarios de México, el general Obregón tuvo que anticipar su viaje a la capital, poniendo el siguiente mensaje: "Guadalajara, noviembre 20. Señor general Benjamín G. Hill. Paseo de la Reforma 5, México. En vista reiteradas instancias de representantes diversos partidos políticos, de esa capital, he aplazado cumplimentar invitaciones de pueblos, estados Jalisco y Michoacán, para llegar a México, próximo domingo 23 en la mañana por tren directo. Afectuosamente, *Álvaro Obregón*."

En las estaciones de tránsito la gente se reunía y lo vitoreaba y aclamaba a su paso. En Ameca, en Ahualulco y Etzatlán, el entusiasmo del pueblo fue indescriptible, justificando lo que había yo dicho en el mitin de San Pedro Tlaquepaque; que "el general Obregón ha dejado de ser sonorense para convertirse en un anhelo nacional, toda vez que es la esperanza de todo un pueblo, que ahora ve de mala manera a los que han corrompido los principios revolucionarios".

En La Piedad hubo que detenerse, y el recibimiento fue grandioso, celebrándose un mitin entusiasta.

Allí dijo el general Obregón: "Yo no creo que sea capaz un hombre de salvar o hundir a un pueblo. Es la moral sostenida por las colectividades la forma única de salvar al país." Refiriéndose a los michoacanos y a su actuación en los combates de Celaya, dijo: "En Celaya me faltaban soldados para cubrir un flanco de importancia vital y dos jóvenes generales de aquí llegaron en mi auxilio. Sus tropas iban hambrientas y semidesnudas. Para ocuparlos no pude hacer otra cosa que uniformarlos de presidiarios y aquellos valientes conquistaron con su abnegación y heroísmo el glorioso nombre de 'Los Rayados'. Así escribieron los hijos de Michoacán su nombre con su propia sangre y la gratitud lo ha grabado en mi corazón." El jefe de ellos fue el general Joaquín Amaro.

En México, la capital, había un verdadero entusiasmo por recibir al general Obregón, organizando su recepción innumerables grupos de obreros, campesinos y los numerosos partidos políticos revolucionarios, encabezados por el PLC. Pretendiendo enfriar el entusiasmo, se repartieron muchos pasquines de los enemigos atacando al general Obregón, principalmente tratando de alejarle a los obreros y a los creyentes.

A propósito de esto, comenta *El Monitor Republicano*, en noviembre 23, lo siguiente:

> Con esto no han hecho sino demostrar la envidia impotente que causa a berlanguistas, pablistas, bonillistas y todos los demás grupos políticos oficiales, la inmensa y merecida popularidad que disfruta el ciudadano Obregón, como se ha demostrado elocuentemente en el trayecto seguido de Nogales a esta capital.
>
> Nosotros no esperamos otra actitud de nuestros insignificantes adversarios. Ellos son muy dueños de su despecho y de su rabia y nosotros de nuestro regocijo.
>
> Por lo demás les agradecemos cordialmente el amplio anuncio que han hecho de nuestra manifestación.

Nuestra llegada a la capital, después de muchos incidentes, fue de hecho un triunfo definitivo.

La bienvenida que le dio el periódico *México Nuevo*, simpatizador de don Pablo González y dirigido por el caballeroso licenciado Sánchez Azcona, dice así:

> México, noviembre 23 de 1919. Bienvenido ciudadano general Álvaro Obregón. Damos cordial bienvenida en la metrópoli al ciudadano general Álvaro Obre-

gón que nos visita. No es nuestro candidato a la presidencia de la República, pero nos complacemos en reconocer los grandes servicios que, al frente de sus fuerzas, ha prestado a la causa constitucionalista, por lo que es merecedor de todo el respeto de los demócratas, en el terreno mencionado. Deseamos muy sinceramente que su estancia en México sea grata al vencedor de León y de Celaya, y que tenga el convencimiento de que cualesquiera que sean los resultados de la próxima campaña electoral, los demócratas mexicanos sabemos aquilatar siempre los méritos militares del ciudadano general Álvaro Obregón.

En Irapuato, sin ninguna razón, se detuvo el tren por órdenes directas de Paulino Fontes, director de los Ferrocarriles, durante seis horas, para que la multitud enorme que esperaba al general Obregón en la estación de Buenavista de la capital, desde las 8:00 a.m., se desanimara y se retirara, y así hacer fracasar la recepción en la capital, porque el tren no llegó sino hasta las 3:30 p.m.

A continuación, y arriesgándome a alargar estas memorias, transcribo las crónicas de *El Monitor Republicano*, del 24 de noviembre de 1919:

La demostración más evidente de que el ciudadano Álvaro Obregón encarna las aspiraciones populares, es la que presenciaron los habitantes de México, ayer, al mediodía, cuando una muchedumbre compacta y heterogénea invadió en su totalidad las principales avenidas, después de que el noble soldado de la República, hoy simple y verdadero civilista, abandonó los andenes de la estación del Ferrocarril Central, atestados en su totalidad por millares de gentes.

Fue un acto espontáneo, un gesto amplio y significativo que patentizaron los habitantes citadinos, juntamente con los habitantes de las poblaciones foráneas del Distrito Federal, al ciudadano Obregón, cuando el convoy que tripulaba penetró pausadamente a los andenes.

Aquella multitud indescriptible, integrada por todas las clases sociales, sin excepción de ninguna, apretujándose de tal modo, que el tránsito en el interior de la estación y en las afueras era casi imposible. Los guardianes del orden público, estacionados en Buenavista, no tuvieron necesidad de imponerse en lo más mínimo, ya que los partidarios del ilustre ciudadano anhelaban demostrar a tales elementos y prensa metropolitana, reconocidos como sus enemigos, que la decencia, el orden y la moralidad han sido y serán siempre los que norman la conducta de los obregonistas.

¿Cómo definir detalle por detalle los hechos que el público presenció con motivo de la llegada del señor Obregón? ¿En qué forma, por medio de cuáles palabras, debe explicarse bosquejándola siquiera, la animación del pueblo de México, suscitada por la presencia del candidato popular?

Los periódicos que se han distinguido últimamente por sus insidiosas informaciones relacionadas con la gira triunfal del patriota sonorense, no podrán, en esta vez, porque el decoro y la evidencia se los impide, manifestar que el señor Obregón, cuenta con pocos partidarios en la metrópoli.

Todo lo contrario: el héroe de Celaya, el verdadero e íntegro defensor de las clases obreras, el intachable militar y honrado ciudadano, que siempre ha procurado y procura la estabilidad de los principios constitucionales sustentados por la revolución de la que fuera glorioso adalid, es el único civil que, haciendo abstracciones de sus merecimientos como divisionario, reencarna el sentir de la colectividad, siendo para el pueblo, por consiguiente, la única esperanza salvadora en un futuro no remoto. El pueblo de México, pese a la inquina y a la malevolencia de los enemigos acérrimos del ciudadano Obregón, conceptúa su personalidad como la más capacitada para garantizar los intereses públicos y sociales, y, por consiguiente, para presidir el futuro gobierno de la nación.

Quisiéramos consignar las palabras de todas y cada una de las personas que, cediendo a los impulsos de su simpatía para el estimado sonorense, se presentaron desde las primeras horas de la mañana en la estación del Ferrocarril Central, a fin de darle la bienvenida más cariñosa que candidato a la presidencia haya tenido en los últimos tiempos. El hacer crónica pormenorizada de los acontecimientos desarrollados el día anterior nos obliga a pasar por alto por lo pronto, y no sin aquilatarlas después como se debe, las demostraciones de adhesión y afecto de que el pueblo metropolitano hizo objeto a su candidato.

Repetimos, desde las primeras horas de la mañana, las calles colindantes a la estación de Buenavista se vieron sumamente animadas y concurridas.

Millares de personas ocuparon las banquetas de las calles de la estación, con el objeto de dar paso a las diversas comisiones que, de todos los pueblos del Distrito Federal, llegaron con el objeto de tomar participación en el inmediato recibimiento.

Pero, antes de entrar en pormenores acerca de la recepción que en la capital se hizo al patriota sonorense, narraremos las circunstancias que mediaron en el inconcebible retraso del tren que ocupaba la comitiva, y que fue detenido en la estación de Irapuato, durante seis largas horas.

Según nos informaron las personas que acompañaron en su viaje al señor Obregón, el retraso del convoy fue injustificado, pues ni el mismo jefe de estación en Irapuato pudo dar las razones que se le exigían.

Dicen nuestros informantes que la demora se debió principalmente a las instrucciones telegráficas que dio el coronel Paulino Fontes, obedeciendo las órdenes de sus superiores.

Es el caso que el señor Obregón, que en otras épocas tuvo a su disposición innumerables trenes, en esta vez careció de medios de transporte, habiéndose dado el caso de que hubiera esperado, durante mucho tiempo, a que un ex subordinado suyo, como lo es Fontes, ordenara que el viaje prosiguiera.

La conducta observada por Fontes ha sido reprochada con dureza, pues se conceptúa evidente que dicho señor imposibilitó el tráfico, con el objeto de que se desluciera la grandiosa manifestación que en México se preparó al estimable viajero.

El señor Álvaro Obregón, con toda energía, protestó por las irregularidades aludidas, las cuales se deben únicamente a este señor Fontes.

El mensaje de referencia está concebido en los siguientes términos: "Querétaro, Qro., 23 de noviembre de 1919. Benjamín G. Hill. Paseo de la Reforma número 5. Urgente. El tren en que viajamos, fue detenido seis horas en Irapuato, sin explicación ninguna; por este motivo nuestra llegada a ésa será 3 p.m. Si se repite caso Irapuato, me quedaré en Tula, antes de llegar de noche, ya que desconozco propósitos persigue dirección Ferrocarriles con esta maniobra. Comuníquelo nuestros partidarios. Afectuosamente, *Álvaro Obregón.*"

Supónese, desde luego, que el coronel Fontes abrigaba fines un tanto sospechosos y malévolos, al ordenar que se interrumpiera el viaje de la comitiva obregonista. Para que estos hechos injustificados se definan debidamente, transcribimos íntegras las declaraciones que se sirvió hacernos el señor J. C. Zertuche, que fue una de las personas que acompañaron en su gira al señor

Obregón. El mencionado caballero dice lo siguiente: "Procedentes de La Piedad llegamos a Irapuato poco después de las 12 p.m. El despachador de Aguascalientes ordenó una primera demora de quince minutos.

"Después dijo que debería detenerse el tren, dándose preferencia a dos trenes extra (de carga), cosa que contraría los reglamentos ferrocarrileros y acarrea graves responsabilidades a los causantes. Siempre tiene preferencia el tren de pasajeros.

"Pero aún con esto podíamos haber librado dichos trenes en Celaya o Salamanca. Había tiempo sobrado. Se rehusó el despachador, anunciando otro tren, el de la máquina 613, tren imaginario que nunca cruzó con el nuestro. Según informes, esa máquina está en Coahuila.

"Por último, a nueva petición de informes o explicaciones del despac! ador, sólo contestó que no podía correr el tren sino hasta nueva orden.

"Todo el personal de nuestro tren se portó irreprochablemente y puso toda su buena voluntad para zanjar dificultades provenientes de los hechos anunciados.

"Fue así como nos demoramos seis horas, reanudando la marcha a las 6:34 a.m.

"Al llegar a la 'Y griega', del rumbo de esta capital corría un tren de carga (otro más) y el conductor recibió órdenes de Aguascalientes para darle nuevamente 'preferencia', no obstante que podíamos librarlo en la estación siguiente. (No olvidar que trenes de pasajeros tienen preferencia sobre cualquier otro.) Afortunadamente se arregló continuar.

"Según opinión de dos ferrocarrileros que venían acompañándonos, la orden debió partir directamente de la dirección de los Ferrocarriles, pues de otra manera no se hubiera arriesgado el despachador de Aguascalientes.

"Opino yo: que con finalidad meramente política, personas influyentes que no necesito citar quisieron frustrar la manifestación de hoy. Comentarios, los que ustedes gusten. *J. C. Zertuche.*"

Una de las personas que acompañaban al ciudadano Obregón nos dijo al llegar a esta capital que él oyó cómo en Irapuato algunos empleados de la estación, confesaron ingenuamente que las órdenes que se recibieron para detener la marcha del tren emanaron directamente de la presidencia de la República.

Seguramente el propósito era detener el tren hasta la noche para hacer fracasar la manifestación.

Los agasajos de que fue objeto el señor Álvaro Obregón a su paso por las diversas poblaciones que se encuentran a lo largo de la vía, resultaron sumamente animados. En Irapuato, no obstante la terminante consigna que tuvieron las autoridades para impedir toda manifestación en honor de nuestro candidato, un numeroso grupo de comisiones de los lugares cercanos estuvo a saludar al ciudadano Obregón.

Fue en este lugar donde los miembros de la comitiva aquilataron los merecimientos del personal de la división ferrocarrilera de Jalisco, y de los empleados de los mismos ferrocarriles, que al enterarse de las arbitrariedades de Fontes, protestaron con toda energía. Los viajeros, por parte de los ferrocarrileros, fueron objeto de muchas atenciones.

Prosiguiendo nuestro relato interrumpido, manifestaremos que el señor Obregón, a su paso por las poblaciones de Querétaro, Salamanca, Tula, Teoloyucan, Cuautitlán, Nochistongo y Tlalnepantla, se convenció del inmenso aprecio que se le tiene y de las grandes simpatías que su postulación ha despertado en todo el pueblo. En Teoloyucan, un obrero, con frases sencillas y elocuentes, dirigióse a sus compañeros, explicando los merecimientos del candidato popular.

Cuando el tren que tripulaba la comitiva llegó a Tula, cincuenta representantes populares, diputados y senadores, le dieron la bienvenida, habiendo salido de esta capital en un tren especial para tal objeto.

Nuestros entrevistados nos informan que en todas las estaciones del tránsito el pueblo festejó al general Obregón, en forma verdaderamente inusitada. Cada estación ostentaba adornos florales, y hasta los árboles, se nos dice, lucían innumerables banderas tricolores. El candidato no tuvo tiempo para recibir a las innumerables comisiones enviadas por los partidos políticos y clubes y sindicatos obreros de diversos puntos.

Como corolario a las arbitrariedades cometidas por disposición expresa del coronel Paulino Fontes, citaremos un caso, que fue puesto en nuestro conocimiento por uno de los viajeros. Dícenos que más de tres mil obreros del Estado de México, en Progreso, San Ildefonso, La Colmena y otros lugares, no pudieron arribar a la capital, porque el despachador del Ferrocarril de Montealto se negó rotundamente a facilitarles el tren que se les había prometido. El empleado de referencia se excusó diciendo que tenía órdenes superiores para proceder en esa forma.

Sin embargo, los obreros de las fábricas citadas, a la vez que hacen pública protesta, patentizan por nuestro conducto su adhesión al candidato sonorense.

Son tantos y tan pormenorizados los datos que se nos proporcionaron con relación a los agasajos de que fue objeto el ciudadano Obregón, a su paso por los puntos antes citados, que lo que dejamos dicho apenas si es un simple reflejo. En general, los habitantes de las poblaciones visitadas por el señor Obregón, no tienen otro candidato más que él, según se lo manifestaron en formas diversas y significativas en extremo. Más o menos pormenorizada hemos hecho una relación de los festejos que tuvieron lugar en las poblaciones antes citadas; ahora reanudamos nuestra crónica relativa al recibimiento que en la metrópoli se hizo al distinguido viajero.

Eran las dos y media de la tarde, cuando se hizo pública la noticia de que la llegada se efectuaría a las tres. Los manifestantes, cuya animación no decayó ni un solo instante, lanzaron estentóreos ¡vivas! al ciudadano Obregón, en tanto que las bandas musicales tocaban dianas. Finalmente, a las tres y quince minutos de la tarde, el tren especial penetró a los andenes, en medio de la muchedumbre, que, delirante, aplaudía al candidato del pueblo.

Los hurras y vivas se sucedían interminablemente. El júbilo de las masas fue indescriptible cuando los generales Obregón y Hill en la plataforma del convoy se dieron un estrecho abrazo. En esos precisos instantes, las damas, que desde hora temprana se presentaron en la estación, arrojaron flores sobre el distinguido viajero.

Dos carros de primera que condujeron a la comitiva lucían en sus costados primorosos adornos florales. Al frente del carro especial que ocupó el ciudadano Obregón, estaba colocado un retrato de nuestro candidato, al que circundaban una bandera tricolor y gruesas guías de flores. La plataforma y el techo del carro estaban totalmente llenos de personas. Las dianas, los ¡vivas! estruendosos y la oleada humana que se arremolinaba en los andenes, insuficientes, en verdad, para contenerla, eran las demostraciones más claras de júbilo que embargaba todos los ánimos.

Los manifestantes pedían que el candidato Obregón hiciera uso de la palabra. Tal cosa se hizo imposible, puesto que el general Hill, deseoso de que el señor Obregón bajara de la plataforma, indicó la conveniencia de que se formara una valla para que por ella pasara el candidato. Así se hizo, no sin vencer las dificultades consiguientes. El patriota sonorense contestaba a las demostraciones de afecto de sus partidarios, con frecuentes saludos, mientras que la multitud exaltaba sus merecimientos de ciudadano y militar. A los nombres de los generales Obregón y Hill unióse el del gran Partido Liberal Constitucionalista. Y en medio de tanto júbilo, de tanta animación, el ilustre candidato popular dio las gracias a las señoritas del Club Femenil Jalisciense, que continuaban arrojándole flores.

Cerca de veinte minutos transcurrieron para que el héroe de Celaya, delirantemente aplaudido, hubiera abandonado el interior de la estación de Buenavista. Y ya en las calles, henchidas de gente, y de automóviles, los gritos de "¡Viva nuestro candidato!", "¡Viva el ciudadano Álvaro Obregón!", se escucharon precisos, elocuentes por su significación y entusiasmo.

Acompañaron en su gira al señor Álvaro Obregón, los señores generales Serrano, Basilio Vadillo, director de El Monitor Republicano, general García Vigil, general J. M. Garza, D. Palma, J. C. Zertuche, ingeniero Luis León, doctor y senador Cutberto Hidalgo, F. Torreblanca, secretario del general Obregón; M. Vargas, tesorero del mismo; Luis Mata, regidor F. Franco, profesor Urbano Lavín, R. Rodríguez, I. Ortega, profesor Rubén Vizcarra, Bibiano Ibarra, doctor Carlos Dávila, Ignacio Islas, Emmanuel Peña Roja, diputado Luis Espinosa, capitán Daniel E. Trujillo, Joaquín Guerra, Ríos Landeros, Enrique Liekens, F. Villanueva. Estos últimos recibieron a la comitiva en San Juan del Río.

Estuvieron en la estación del Central, a dar la bienvenida al viajero, los señores general Benjamín G. Hill, general Plutarco Elías Calles, licenciado José T. I. Novelo, licenciado Eduardo Neri, coronel Miguel A. Peralta y licenciado Luis Sánchez Pontón, gerente y jefe de redacción, respectivamente, de nuestro diario; Rafael Dávila, generales Higared Reed y diputado José Siurob, senador y licenciado José Inocente Lugo, senador e ingeniero José J. Reynoso, el presidente del Senado, señor Flavio A. Bórquez, licenciado y senador F. Contreras, senador y general Carlos Plank, regidor Jorge Prieto Laurens, Herminio Pérez Abreu, Juan Tirso Reynoso, doctor Daniel Ríos Zertuche, Rafael Ramos Pedrueza, Aurelio Manrique, Andrés S. Castro, licenciado Rafael Martínez de Escobar, Abraham González, Ernesto Velasco, Severino Bazán, Adalberto Concha, Armando Salcedo, licenciado Jesús Acuña, licenciado Juan Zubarán, licenciado José L. Navarro, licenciado Ignacio Ramos Praslow, ingeniero Manuel Urquidi, José María Sánchez, Melesio Jiménez, Francisco Mejía Mora, R. Sánchez Arriola, Isidro Rodríguez Recio, Juan Pastoriza, licenciado Enrique C. Sánchez Tenorio, licenciado Juan Cataño Flores, licenciado Jesús M. González, Rafael Manso, licenciado Manlio Fabio Altamirano, José Mejía, Melitón V. Romero, Zeferino Mares, Hilarión Muñiz, Pedro Madrigal, Clemente A. Basurto, Ramón Velasco, licenciado Crisóforo Rivera Cabrera, Federico Solórzano, Claudio N. Tirado, Luis Ortega Belmont, licenciado Roque Estrada, licenciado Rafael Zubarán, Enrique Colunga, licenciado Antonio Villarreal, licenciado Luis Ilizaliturri, Miguel Álvarez del Castillo, Juan Ramírez Morales, profesor Pedro Peña, Martín Marichi, Javier Fernández, Emilio Pardo, Jr., Daniel V. Tovar, Francisco J. Ortega, José María Amézcua, José A. Vázquez, Luis Pérez Verea, Manuel Uriarte, general Juan Mérigo, Arturo Fischer, Ruperto V. Romero, Jesús Román García, Manuel Martínez, Miguel Castro, Miguel Oliva Santamaría, Eugenio Díaz, Dionisio Montelongo, Isidro Rodríguez Recio, Pedro C. Castillo, Juan Ojeda, Felipe Islas, Luis Castro Moreno, Ernesto Navarro y Gómez, Rubén Álvarez y Sáenz, Abel R. León, Manuel Gurría, José María Ojeda, Inés Olaya, Arturo C. Calderón, Ausencio S. Venegas, Martín F. Reyes, Fernando A. Becerril, Tomás H. Gasca, Francisco Chevanier, Luis G. Ita, ingeniero Alfredo C. Acosta, Juan Tirso Reynoso, Benito Guerra Leal, Manuel Ávila Camacho, Felipe Buenrostro, R. Martínez Bello, José Mejía, José R. Galván, Eduardo Flores, Vicente Esparza Paz, profesor Pedro Luna, Ángel Ladrón de Guevara, Pablo Oliva, Enrique M. Cervantes, general Antonio Mora, Federico Torres, Miguel Rojas, Luis Núñez, Marciano García, Eligio Cedillo, Amado Leal, Trinidad Valdés, Jesús Cortés, Tomás Fuentes, Rafael Paredes, Ezequiel R. Landeros, Juan José Hesles, Luis Escontría Salín, Agustín R. García, Manuel Roldán, Vidal García, Domingo Salazar, Francisco Lima, Francisco López, Bernardo Sánchez, Delfino Puerto, Cayetano Hernández, Humberto García Cano, Fernando Fontaine, Enrique Iraola, Jesús Romero, profesor Juan P. Arroyo, licenciado Ricardo López F., Enrique Segura, doctor Carlos Hidalgo y Terán, Ángel Flores Alonso, R. Rodríguez, Fidencio Soria, I. Castellanos, Juan B. García, Juan Jiménez Castro, Hilario Flores Caporal.

Después de la llegada a la estación, tardó más de media hora el general Obregón y su comitiva en llegar al Hotel San Francis, ya desaparecido, y que fue derribado para prolongar el Paseo de la Reforma. El candidato y sus acompañantes salieron a los balcones frente a la gran multitud que llenaba las calles y se apiñaba alrededor de la estatua de Carlos IV.

Pronunció un brillante discurso el señor Miguel Alessio Robles y se escuchó después el verbo candente del general Siurob. Posteriormente, hablé yo y fui muy aplaudido.

En seguida, y a petición de la multitud, habló el general Obregón, que principió su discurso con las siguientes palabras:

En el curso de mi gira política, había tenido repetidas veces que hacer presentes mis sinceros votos de gratitud a todos los que en manifestaciones de adhesión y de cariño se han venido agrupando a mi paso por pueblos y ciudades; y, al llegar a esta capital, tengo que hacer presentes esos votos de gratitud no solamente a la inmensa muchedumbre que con tanto entusiasmo me da muestras de adhesión y simpatía, sino que se obliga también mi agradecimiento para nuestros enemigos políticos, porque con sus preventivos virulentos, seleccionaron los componentes de esta grandiosa manifestación, ya que a ella no concurrieron, seguramente, los hombres identificados con esos políticos que en estos momentos deben estar bajo la presión de su más absoluta impotencia. Y debemos considerar, entonces, que esta manifestación la integran solamente conscientes y viriles ciudadanos. (*Atronadores aplausos.*)

Desde arriba de un coche dio la bienvenida al general Obregón el señor Luis Espinosa, quien atacó los esfuerzos para deslucir aquella grandiosa manifestación, dirigidos desde la Secretaría de Gobernación; fue muy aplaudido.

Posteriormente, habló el elocuente orador Martínez de Escobar, que se refirió principalmente a las imposiciones hechas en las elecciones burlando la libertad del sufragio, en San Luis Potosí, Guanajuato y Nuevo León.

Cerró el mitin al aire libre un obrero, quien habló en nombre de los trabajadores y su organización.

En seguida, la muchedumbre se dirigió al Zócalo pensando que el general Obregón iría a Palacio Nacional, pero al llegar los manifestantes a la última calle de la avenida Madero, un pelotón de gendarmes les cerró el paso en su intento de disolver la manifestación.

En el Zócalo, se improvisó otro mitin, hablando desde un coche el coronel Miguel A. Peralta, y posteriormente, el señor Claudio Tirado.

A pesar de la presión policiaca, los manifestantes obregonistas demostraron la altura cívica de sus sentimientos, pues no hubo ni disturbios, ni se escuchó un solo "muera" para nadie.

El general Obregón concurrió a distintos mítines, entre ellos, uno que le hizo el Partido Cooperativista y otro que se le ofreció, el día 27 de noviembre; una fiesta campestre en Xochimilco.

Se le dio una comida al general Obregón en Xochimilco, donde hubo discursos entusiastas, y a su terminación, se tomaron varios tranvías especiales para recorrer el Distrito Federal, siendo aclamado el general Obregón a su paso en todas partes. Hubo, sin embargo, un incidente que conviene recordar.

Al llegar a Coyoacán, una gran multitud se había reunido para recibir al general Obregón en la plaza principal, hablando en su representación para dar las gracias, el licenciado Manlio Fabio Altamirano; pero el general comandante de la plaza, que era partidario del general González, había enviado 60 hombres montados de su regimiento, al mando de un mayor, y se armó un escándalo, porque pretendieron aprehender a Manlio Fabio, a pesar de su fuero de diputado.

La excitación y la agitación eran muy grandes, y el general Obregón pidió silencio interviniendo para apaciguar los ánimos, dirigiéndose así al mayor que mandaba la fuerza: "Compañero, yo les hablo como compañero y amigo y correligionario, porque también fui como ustedes soldado de la revolución, y creo que cometen con ustedes un error y una injusticia al mandarlos a suspender un acto de libertad política, porque por eso fueron ustedes a pelear a la revolución. Pero como yo no quiero que el pueblo choque con soldados revolucionarios, voy a proponerle un convenio: yo retiro a la multitud por esta calle que va al sur, desocupamos la plaza y usted retira sus soldados a su cuartel; así no habrá choque ni pleito."

El mayor, que desde el momento en el que le habló el general Obregón, tratándolo de compañero, se cuadró, diciéndole: "A sus órdenes, mi general", aceptó el convenio, agradeciéndolo.

Las fuerzas se retiraron y nosotros lo hicimos siguiéndonos la multitud una o dos cuadras adelante donde pudo realizarse el mitin, hablando dos o tres oradores.

Lo refiero porque revela el respeto que todas las fuerzas, aun las que se decían "pablistas", tenían para el general Obregón.

Nuestra llegada a la capital sirvió para aclarar definitivamente la situación. El presidente don Venustiano Carranza invitó a desayunar a su casa al general Obregón, a quien acompañamos el general Jesús M. Garza y yo.

Desayunaron en el comedor solos el presidente Carranza y el general Obregón, y a nosotros nos pusieron unas mesitas y con dos ayudantes presidenciales desayunamos en el cuarto contiguo y escuchamos perfectamente la conversación.

Al principio hablaron de generalidades, pero el general Obregón le habló francamente al señor Carranza, diciéndole: "Como usted habrá visto, yo he venido realizando mi gira política, dirigiéndome exclusivamente al pueblo, porque quiero que la elección sea libre y si llego al poder, sea democráticamente, por el voto de los ciudadanos. Desearía conocer la opinión de usted sobre esta lucha."

El señor Carranza contestó: "Como usted comprenderá, por mi posición de presidente de la República soy el que menos debe de meterse y opinar en estas cuestiones, pues mi puesto me exige la más absoluta neutralidad."

Contestó el general Obregón: "Desde luego que sí, pero un grupo de funcionarios y amigos que lo rodean a usted, sí están metidos en la lucha, principalmente los generales Murguía y Diéguez y el más decidido es el jefe de su estado mayor, general Juan Barragán, quien llama a los jefes de operaciones y les ofrece dinero, equipo, parque, y respaldo si se muestran dispuestos a una imposición y a perjudicar a mis partidarios. Se lo digo para que usted sepa, señor presidente, que a mí, en distintas partes y generalmente en las altas horas de la noche, me van a ver muchos jefes y me lo cuentan. Me dicen que tienen que transigir con Barragán, pues de lo contrario perderían el mando de las fuerzas y que su obligación es estar con usted y su gobierno, hasta el 30 de noviembre; y al iniciarse diciembre, estarán con el candidato que haya triunfado por el voto popular."

El señor Carranza prometió hacer una investigación para poner fin a esas intervenciones que llamó indebidas, y el general Obregón salió comprendiendo que el señor Carranza estaba decidido a la imposición.

A riesgo de alargar estos apuntes, creo conveniente transcribir algunos documentos muy importantes que revelan la situación a que nos enfrentamos.

Desgraciadamente, el señor Carranza, que fuera una de las más grandes figuras de la revolución, había dejado que influyeran en su ánimo, cultivando su amor propio y su vanidad, el grupo interesado en el continuismo, y que lo obligó a cometer tan graves errores, y para mí fue doloroso, pero estando en la lucha fue necesario atacarlo duramente.

De hecho la administración carrancista estaba ya muy desprestigiada ante el pueblo, pues en el programa revolucionario había traicionado al obrerismo, reduciendo a los huelguistas por la fuerza militar, encarcelando a los líderes y fusilando a uno de ellos en la capital, y trabajando por disolver los sindicatos.

Y por lo que se refiere a la cuestión agraria, había suspendido, como dije, las posesiones provisionales dadas por los gobiernos de los estados; casi eran nulas las reparticiones de tierras y creyeron terminar con el agrarismo con el asesinato a traición de Emiliano Zapata, que indignó a todos los revolucionarios honrados.

Igualmente, había encarcelado líderes y cometido asesinatos para combatir la organización obrera y política de Tamaulipas, aun atropellando a su jefe el licenciado Emilio Portes Gil. Y en Yucatán, había disuelto el Partido Socialista, incendiando su casa en Mérida y disolviendo las cooperativas que tenían establecidas en casi todos los pueblos, con las que habían asegurado la independencia económica de los trabajadores, y fueron incendiadas y saqueadas, habiendo fusilamientos en masa de socialistas, con la viril protesta de su jefe Felipe Carrillo Puerto.

A continuación, voy a publicar alguna documentación que revela la situación que vivimos y por qué, cerrados todos los caminos democráticos, hubimos de llegar a la violencia.

Con fecha 27 de octubre de 1919, escribe una carta el general Plutarco Elías Calles, recién nombrado secretario de Industria del señor Carranza, dirigida al señor don Adolfo de la Huerta, gobernador del estado, en Hermosillo, Sonora, de la cual transcribo los siguientes párrafos:

Desde el momento que llegué a Querétaro, que es donde se encuentra el jefe, recibí una fuerte y desagradable impresión, pues el estado mayor y todos los políticos que acompañan el tren presidencial, nos son enteramente contrarios a todos los elementos partidarios del general Obregón.

El mismo día tuve una conferencia con el jefe, y en ella estaba presente el general Murguía. Yo me concreté únicamente a informarle, en detalle, de la situación de Sonora, en todos sus ramos, sin abordar ningún punto político; pero, lo que yo no hice, lo hizo él en tono enojoso, quejándose amargamente de algunos de los partidarios del general Obregón, y muy principalmente del Partido Liberal Constitucionalista, y se esbozó la conveniencia, por el general Murguía, de que para los intereses generales del país y para su tranquilidad, es necesario que salga de presidente de la República, una persona que no sea ni el general Obregón, ni el general González. Yo creí prudente permanecer reservado, tanto por la presencia del general Murguía, cuanto porque el jefe se encontraba algo excitado, y me pareció mejor abordar la cuestión política a solas y en momento más oportuno.

Al día siguiente en la mañana, tuve una entrevista con el jefe, en su casa particular y en ella le manifesté los conceptos del general Obregón, respecto a la persona del jefe, y que no fueron otros que hacerle presente que el general Obregón es su amigo de siempre y que tiene para él afecto y respeto; que todos los amigos del general Obregón no somos enemigos de su gobierno, y sí los sostenedores más leales del mismo, cosa que es enteramente exacta, pues tú bien sabes que el jefe, en un caso dado, sería con nosotros con los que pudiera contar.

Me pareció que en esa entrevista el jefe había quedado satisfecho en lo que respecta al general Obregón; pero insistentemente ha seguido rumorándose en los círculos oficiales, y entre las personas más allegadas al presidente, que el ingeniero Bonillas será el candidato que sostendrá el gobierno en las próximas elecciones, y como nadie mejor que tú conoces, el ingeniero Bonillas carece en absoluto de personalidad política, de prestigio en el país, y de popularidad para poder aspirar a este puesto; y si el gobierno, saliéndose del cumplimiento de sus obligaciones tratara de imponer al ingeniero Bonillas, estoy seguro, y lo deploro con toda mi alma, de que el país se verá envuelto de nuevo en la guerra civil, pues no es posible que pudiera consentirse eso, estando aún tan frescos y palpitantes los ideales revolucionarios, entre cuyos grandes principios está la efectividad del sufragio.

Me animo a creer que hay algo ya tratado con el ingeniero Bonillas, pues hoy recibió Cosme Hinojosa la contestación del referido ingeniero Bonillas, a un mensaje de él, en el que le pregunta si aceptaría o no su candidatura para la presidencia de la República, la cual, según aquí se decía, le ofrecerían los elementos del gobierno. El mensaje de Bonillas dice lo siguiente...

"Siento no poder contestar su pregunta, pues aunque actualmente no lo deseo, pudieran presentarse circunstancias que demandaran imperiosamente mi anuencia y que fuera imposible eludir." Por el texto de este mensaje, tú puedes comprender que el ingeniero Bonillas está dispuesto a aceptar.

Yo soy de opinión que la única forma que existe para que la sucesión presidencial se verifique sin conmociones y sin trastornos, es la de que se deje en absoluta libertad a todos los candidatos que resulten, y que el gobierno impida con mano firme, que no se cometan ningunos atropellos y que los gobiernos de los estados no tomen ninguna participación. Si esto no sucede, se volverá a dar al mundo entero un espectáculo muy triste.

Carta que el general Plutarco Elías Calles dirigió al señor don Adolfo de la Huerta, gobernador del estado en Hermosillo, Son., con fecha diciembre 26 de 1919, de la cual reproduzco los siguientes párrafos:

Cámara de Diputados. Probablemente por las noticias que te llegan por medio de la prensa, ya te habrás dado cuenta exacta de la labor viril y honrada que ha desarrollado en el seno de la Cámara de Diputados el Bloque Revolucionario Independiente, que es el único que con su actitud ha refrenado, hasta ahora, un poco los desmanes del Ejecutivo, quien, en mi concepto, no tiene ya ningún respeto para las leyes y desprecia en alto grado la opinión pública.

Los sucesos de San Luis Potosí, Guanajuato y Querétaro, dan una prueba que no te dejará lugar a duda, de que el presidente de la República no tiene ningún respeto al voto público, pues en estos estados se han hecho imposiciones verdaderamente odiosas, valiéndose de procedimientos que no fueron usados ni en épocas en que han regido en el país dictaduras verdaderamente abominables, y, para coronar esta obra, vino la imposición del ayuntamiento de la ciudad de México, que es el escarnio más grande que se haya hecho a un pueblo.

El Bloque Revolucionario a que me refiero, ha levantado en todos y cada uno de estos casos, su voz de protesta, aunque sin conseguir nada, porque el ejecutivo siente un profundo desprecio para los representantes del pueblo. Al referirme al Bloque Revolucionario de la cámara sólo me refiero al PLC, que no es sino una parte de este bloque que está formado también por los nacionalistas, cooperativistas e independientes. Mucho nos tememos que al ser clausuradas las Cámaras el día último de este mes, y no existiendo ya una voz autorizada que proteste contra las arbitrariedades del gobierno, éstas tomen mayor incremento y que comience una serie de persecuciones odiosas para todos aquellos que no comulgan o que no están de acuerdo con las tendencias del gobierno. Es tanto el temor que existe por los procedimientos del gobierno, por conducto de su secretario de Gobernación, que prevalece la creencia de que por instrucciones de este ministerio, la minoría gobiernista de la Cámara descompletará el *quorum*, al hacerse la elección de la Comisión Permanente, a fin de que ésta no pueda ser electa; si al terminar el periodo de sesiones del Congreso no se verifica dicha elección, desaparecerá el poder legislativo, caso que será verdaderamente extraordinario y de fatales consecuencias, puesto que el Ejecutivo quedaría convertido en dictador, habiéndose producido un verdadero golpe de Estado.

Información general. No sólo ha habido los atropellos en los estados a que me refiero antes, pues éstos están sucediéndose en otras entidades; y lo que pasa en Yucatán es ya verdaderamente abominable. Como tú sabes, el Partido Socialista de Yucatán había logrado formar un cuerpo que dominaba en el estado en materia política, puesto que las elecciones municipales y generales del estado las ganó dicho partido, y como al Partido Socialista se le reconocieron tendencias obregonistas, el gobierno trató de destruirlo a toda costa, y para esto no ha omitido ningún género de procedimientos reprobables, pues en las últimas elecciones ha hecho imposiciones brutales, por lo que han protestado tanto el pueblo como el gobierno de aquella entidad, y, a pesar de esto, el ejecutivo apoya y sostiene a un esbirro como es el coronel Samarripa, que no sabe respetar ni siquiera el fuero de los diputados.

En Tampico sostiene el gobierno al coronel "huertista" Carlos Orozco, quien ha cometido todo género de atropellos con los gremios obreros, cerrándoles la "Casa del Obrero Mundial", y encarcelando a los *leaders*, únicamente porque los gremios obreros no quisieron apoyar determinada candidatura en las elecciones para gobernador de aquel estado. Todos estos pasos que el gobierno está dando, son los preliminares para las elecciones presidenciales, y se ve claramente, por los procedimientos que se siguen, que el gobierno impondrá, cueste lo que cueste, la candidatura del pobre de don Ignacio Bonillas, o alguna otra, en caso de que ésta no llegue a madurar.

Por demás me parece hacerte presente que todo el elemento revolucionario de valer está con el general Obregón, como está también el pueblo de toda la República, y tanto el uno como el otro, se han dado cuenta exacta de los procedimientos del gobierno y los tolerarán con toda calma, con toda prudencia, con toda resignación, hasta que se verifiquen las elecciones; y si el gobierno, a pesar del triunfo indiscutible que tendrá el general Obregón lleva a cabo la imposición que te anuncio, los revolucionarios y el pueblo se levantarán en armas contra el gobierno, y vendrá una revolución formidable, que no sabemos cuáles serán sus consecuencias; pero *sí puedo asegurarte que esta revolución barrerá con el gobierno de la imposición*; esta idea palpita en todas las conciencias y no podrá detenerse el movimiento que te anuncio.

Yo tengo la esperanza de que el presidente de la República se detenga ante el precipicio a que lo están llevando muchos de los hombres que lo rodean y a quienes culpo yo de lo que está sucediendo, aunque estos hombres, cegados como están por la pasión política, no quieran ver que el pueblo no está con ellos, por lo que nada puede uno asegurar.

...Al llegar yo aquí, el presidente me citó a una conferencia sobre puntos políticos, donde yo me le manifesté francamente partidario del general Obregón; creo que esto ha sido suficiente para que él no vuelva a tratarme ningún asunto que se relacione con el movimiento político del país, y *ahora he confirmado la opinión de que el presidente me trajo a ésta, no por tener en mí un colaborador, sino para sacarme del estado de Sonora.* No se escapará a ti la falsa situación en que me encuentro colocado, pues yo comprendo con toda claridad que no soy un elemento grato a los actuales hombres que rodean al presidente y en todos los asuntos de importancia que he tratado, entre otros la huelga de Orizaba, he tenido la oposición abiertamente franca del ministro de Gobernación, quien ha consentido y ha sugerido que la prensa del gobierno me ataque.

Sin embargo, no creo prudente presentar en estos momentos mi renuncia, pues entonces el rompimiento sería de mi parte y sin resultados prácticos y positivos, toda vez que, dado mi carácter militar, se me pondría a disposición de Guerra; se me mandaría al depósito y no conseguiría mi objetivo, que es el de salir de este medio lo más pronto que me sea posible. Yo entiendo que transcurridos algunos días más, quizá antes del mes, el mismo presidente considere que no es conveniente mi permanencia en el ministerio y de él salga relevarme de este cargo, y en este caso estaré más capacitado para gestionar con más energía mi regreso al estado. Por lo anterior te darás, pues, cuenta exacta de mi situación. Como te dije antes, me cabe la esperanza de que el gobierno cambie sus procedimientos, al ver el éxito formidable que el general Obregón está obteniendo en su gira política, pues puedo asegurarte que el éxito obtenido por él sólo es comparable al que tuvo el señor Madero cuando hizo su propaganda. Pero si a pesar de manifestarse de esta manera tan aplastante la opinión pública, el gobierno sigue sus procedimientos de atropellos y de inmoralidades, no quedará más recurso que volver de nuevo a la lucha, acto que será verdaderamente criminal y que traerá serias y graves consecuencias al país; y para este caso quiero estar convenientemente preparado.

Quiero hacerte la advertencia de que, en caso de que el gobierno te llame para ocupar aquí algún puesto, por ningún motivo debes aceptarlo. Tú debes permanecer en tu puesto de gobernador de Sonora, hasta que esta situación no se aclare de manera definitiva.

El general Ríos te podrá dar amplios detalles de todo cuanto aquí dejo dicho.

He creído conveniente mandar a Juan para entregarte personalmente esta carta, y también para que deje a su mujer en Hermosillo, pues deseo que regrese solo, para estar aquí enteramente expedito para poder salir de México en un caso dado.

Terminada la visita a la capital, continuamos la gira, saliendo el 30 de noviembre para Pachuca por la vía del Ferrocarril Central. En la estación de esa ciudad, nos esperaba una compacta multitud de más de cinco mil personas y en improvisada tribuna habló el obrero Agustín Amador, en nombre del Partido de Trabajadores "Juan Villagrán". Ya en el centro de la población, se organizó por parte del gremio de los trabajadores mineros, una manifestación popular, hasta llegar a la plaza de la Independencia. Hablamos varios oradores y posteriormente, el general Obregón, quien terminó su discurso diciendo: "Ahora debemos decir al pueblo, apréstate a la lucha como un sólo hombre y no temas, en el horizonte de la patria hay una nueva aurora, no habrá en el futuro imposiciones, hagamos votos para que nuestros mandatarios respeten la soberanía nacional. Id a ejercer el voto, sed patriotas como lo habéis sido otras tantas veces, no temáis que vengan los fariseos y os compren con oro u os espanten los machetes oficiales. Los farsantes no son titanes. Nadie debe discutir las victorias del pueblo." Al terminar el orador, el pueblo prorrumpió en estrepitosos aplausos.

Estuvieron a recibir al candidato en Pachuca el general Nicolás Flores, gobernador del estado, el licenciado Eduardo Suárez, secretario general del despacho, a quien allí conocí, posteriormente fue secretario de Hacienda.

Lamentablemente, el general Nicolás Flores, gobernador del estado de Hidalgo, que se manifestó entusiasta y decidido partidario del general Obregón, luego rectificó su actitud y con motivo del cónclave de gobernadores, se pasó al lado del candidato oficial Bonillas.

Salimos en seguida para Real del Monte, pues una comisión obrera vino a invitar al general Obregón en nombre de los trabajadores mineros, que lo recibieron entusiastamente, y en donde se efectuó un banquete muy concurrido. Por la noche se celebró un mitin en Pachuca, en el Teatro Bartolomé de Medina.

De Pachuca salimos para Ixmiquilpan y Actopan, y en ambos pueblos fue objeto de manifestaciones calurosas el general Obregón. Los mineros de la región hicieron presentes sus saludos al viajero y de los pueblos cercanos vinieron multitud de personas, obreros, campesinos, comerciantes e industriales, y representantes de clubes políticos, a presentarle sus respetos.

A nuestro regreso a Pachuca una multitud de correligionarios estaba esperando al general Obregón, quien ha estado recibiendo comisiones y mensajes de adhesión de casi todos los pueblos del estado de Hidalgo.

Como algunos militares de los cuerpos que operaban en Hidalgo hicieron presión en contra de la propaganda obregonista, y atropellaron a algunos ciudadanos, en su discurso terminó diciendo: "... los hijos del estado de Hidalgo no se amedrentan, son conscientes de sus derechos y se han dado cuenta exacta de que la revolución conquistó con su sangre esos principios y que es necesario aplicarlos para evitar una nueva revolución. ... Ayer lo decía y lo repito hoy: creíamos venir en gira de propaganda al estado de Hidalgo y hemos venido a tomar lecciones de civismo, reforzando nuestras energías y ahora vamos mejor impresionados, vamos más serenos, más resueltos a la lucha democrática."

Los obreros de la maestranza le hicieron una amplia y sincera demostración de partidarismo al candidato, diciéndole que, como era el candidato de la clase trabajadora en la República, les permitiera honrarle, imponiéndole una medalla.

El día 3 de diciembre, el general Obregón envió al Senado de la República la siguiente nota:

He tenido el gusto de recibir el atento oficio número 59 girado por la sección segunda de esa H. Cámara con fecha 28 del pasado, enterándome con satisfacción de las resoluciones adoptadas por ese H. cuerpo legislador con referencia a mi nota fechada el 12 de septiembre último.

El acto de justicia que esa alta Cámara acaba de decretar al resolver favorablemente la solicitud presentada por mí al ciudadano presidente de la República el día 1º de mayo de 1917 y ratificada a esa H. representación el día 12 de septiembre del corriente año, en la cual suplicaba, de la manera más atenta, se me relevara toda la investidura militar que con carácter transitorio acepté para combatir la usurpación, es, sin duda, el mayor premio con que la nación ha correspondido a mis modestos servicios durante la lucha armada, porque ese acto me devuelve mis fueros de ciudadano en toda su amplitud, quedando realizado, con la conquista de ellos, el ideal supremo que me impulsó a la revolución. Reitero a ustedes las seguridades de mi atenta y distinguida consideración. México, D. F., a 3 de diciembre de 1919. *Álvaro Obregón.* (Firmado.)

La solicitud dirigida por conducto del señor presidente al Senado de la República, lleva fecha anterior a la publicación de su Manifiesto y revela el deseo del general Obregón de luchar democráticamente por su candidatura a diferencia de su contrario el general Pablo González, que era postulado por varias agrupaciones como candidato y seguía teniendo mando de numerosas fuerzas en muchas regiones.

El sábado 13 de diciembre, el general Jaimes dio una comida al general Obregón en una casa de la calzada Nacional Ixtacalco, que recuerdo porque a ella concurrieron líderes agraristas y obreristas, además de revolucionarios radicales, como Felipe Carrillo Puerto, Morones, Soto y Gama y Lombardo Toledano.

Continuamos nuestra gira de propaganda por el Estado de México; a su paso por Toluca fue recibido calurosamente, visitando posteriormente, Metepec, Mexicaltzingo, Calimaya y Tenango.

En Metepec el entusiasmo fue muy grande y de *El Monitor Republicano* de diciembre 16, copio el siguiente párrafo:

> La guarnición de la plaza, en medio de un desbordante entusiasmo, rompió con el formulismo de la disciplina militar, vitoreando al triunfador de Celaya y de La Trinidad, a quien cada uno de los soldados estrechó la mano, poniendo así de relieve las hondas simpatías que el candidato tiene entre el elemento militar. Todos los pueblos cercanos que pertenecen a la municipalidad de Metepec, enviaron sus delegados. Estos pueblos son: San Felipe, San Bartolo Ocotitlán, San Gaspar, San Sebastián, San Lucas, Santa María, San Miguel Toto, San Lorencito, San Jerónimo y San Salvador, y sus representantes sumaban no menos de ochocientos ciudadanos, que unieron su entusiasmo a los vecinos de Metepec, para demostrar su cariño al candidato.

A las siete de la noche regresamos a Toluca siendo recibidos nuevamente por entusiasta multitud. Volvió a aparecer la propaganda clerical, pues se repartieron unos impresos que decían: "*Católicos.* Hoy llega el perseguidor de nuestras creencias; portaos con él como lo exige la dignidad ultrajada. Ni al perro se le ha visto nunca lamer la mano que lo azota." Propaganda que el público criticó y desdeñó fuertemente.

Posteriormente, partimos en el tren directo a Acámbaro, después de recibir el general Obregón a los representantes de todos los clubes políticos adheridos al Partido Liberal del Estado de México. En todas las estaciones fue aclamado el general Obregón, sobre todo en Ixtlahuaca, donde le dieron un banquete en la estación "Flor de María". Allí se presentaron 280 charros en representación del Club Prosperidad y Paz de Atlacomulco y Temaxcalcingo, quienes vinieron de largas distancias a saludar al general Obregón y efectuaron un pequeño jaripeo en su honor. En Tultenango, estación situada a tres kilómetros de El Oro, México, había muchos mineros, varios líderes obreros y un gran contingente femenino, que aclamó al candidato.

Al llegar al mineral de El Oro, México, todo el pueblo y los trabajadores de las compañías mineras, más de doce mil personas, dieron la bienvenida al general Obregón.

En el gran mitin, hablamos varios oradores, terminando con un discurso el general Obregón, quien recibió una comisión que venía de Tlalpujahua, a invitarlo a nombre de los mineros.

El 17 de diciembre, llegamos a Tlalpujahua. En el límite del estado de Michoacán, más de ocho mil personas nos esperaban. Tuvimos que llegar a la plaza a caballo, pues no podíamos caminar a pie debido a la multitud. Todos los mineros aclamaron al candidato, quien después de su discurso, depositó una corona en el monumento de los hermanos insurgentes Rayón.

Regresamos a El Oro, y más de siete mil obreros acompañaron al general Obregón hasta los límites del Estado de México y Michoacán.

De El Oro, Estado de México, salimos el 18 de diciembre rumbo a Tultenango y continuamos a Maravatío.

En Tultenango nos recibieron entusiastamente los habitantes de ese pueblo y numerosas comisiones de pueblos lejanos que concurrieron a protestarle su adhesión al candidato Obregón. Como a las cuatro de la tarde llegamos a Maravatío, donde hubo una manifestación de todas las clases sociales, dándole bienvenida en nombre y representación del pueblo, el obrero Juan Ramírez.

A instancias de una comisión de los obregonistas de Zitácuaro, no pudimos pernoctar en Maravatío y continuamos hasta Zitácuaro; y a pesar de que llegamos ya de noche, esperaba al general Obregón una gran manifestación; para acompañar a la multitud, el general Obregón hizo el viaje a pie hasta el centro de Zitácuaro.

La recepción resultó brillantísima, pues todos los clubes políticos de Zitácuaro eran obregonistas, y además, se habían reunido en la población, numerosas comisiones de casi todas las regiones del estado de Michoacán.

Al día siguiente por la noche, se celebró un gran mitin en el Teatro Juárez. Hubo serenata, banquete y al día siguiente un mitin.

Al día siguiente regresamos a Maravatío y el 20 de diciembre llegamos por tren ordinario a Acámbaro, donde esperaban al candidato numerosas comisiones, principalmente de los clubes obregonistas de Morelia. El general Obregón habló desde el Hotel Internacional donde pernoctamos, esperando la llegada desde La Piedad, esa misma noche, del gobernador ingeniero Ortiz Rubio, quien deseaba acompañar al general Obregón en su viaje del día siguiente para Morelia.

En la mañana del día 21 de diciembre, salimos de Acámbaro para Morelia. En todas las estaciones de tránsito fue ovacionado el candidato presidencial, encontrándose engalanados todos los edificios de las estaciones.

Acompañaron al viajero desde Acámbaro, tanto los diputados al Congreso de la Unión por Michoacán, Uriel Avilés, Leopoldo Zincúnegui Tercero y Martín Barragán, y los diputados a la legislatura local.

Dice el corresponsal de *El Universal* del 22 de diciembre:

Nuestro paso por los diversos pueblos que atraviesa el ferrocarril fue una sucesión de manifestaciones entusiastas.

En Huingo se organizó un desfile que se acercó hasta el convoy especial, tomando la palabra varios trabajadores del campo y el señor Felipe Rivero.

Hubo vítores y aplausos al candidato.

Una representación de los pueblos de Ozumatán, Arazao y otros, vino a hacer presente al señor Obregón el entusiasmo con que en dichos pueblos se ha acogido la postulación.

En la hacienda de Queréndaro se congregaron muchos jornaleros, habiéndose detenido el tren por algún tiempo. Los señores Luis L. León y Luis Estrada, vecino del lugar, hicieron uso de la palabra, pronunciando discursos de propaganda.

A petición de los manifestantes, que se congregaron en Zuzimeo, el señor Obregón se vio obligado a descender de su carro para saludar a sus partidarios. También en Quirio se tributó cariñosa acogida al ex divisionario sonorense.

El arribo del candidato presidencial a esa ciudad de Morelia, se considera como día de fiesta. Todos los edificios de la población se encuentran engalanados; bandas de música recorren las calles lanzando al aire sones, y los vítores al visitante fueron ensordecedores. En el andén de la estación se congregaron millares de personas y las calles contiguas se vieron, asimismo, muy concurridas.

Cuando el señor Obregón bajó del tren, acudieron a saludarlo los representantes de los clubes políticos Matamoros, Galeana, Agrupación Política de la Villa de Charros, Partido Liberal Michoacano, y demás corporaciones que apoyan la candidatura del ingeniero García de León para gobernador del estado.

Un representante del gran Partido Democrático Benito Juárez, dio la bienvenida al candidato en frases galanas.

Cuando el señor Obregón pudo salir de la estación, partió por las principales calles de la ciudad una monstruosa manifestación.

Puede asegurarse que Morelia ha sido el lugar donde se ha recibido con mayor entusiasmo al señor Obregón, pues las manifestaciones que se le han tributado, superan a las efectuadas en las demás regiones que hemos visitado.

El general Obregón, el general Jesús M. Garza y los miembros más cercanos de su comitiva, nos hospedamos en la casa del señor ingeniero Pascual Ortiz Rubio, gobernador del estado.

En Morelia hubo banquetes, toda clase de manifestaciones y una velada en el Teatro Ocampo, donde además de los discursos, se exhibieron películas cinematográficas, de las manifestaciones populares registradas en esta ciudad, con motivo de la publicación del manifiesto del general Obregón.

El general Obregón recibió comisiones de casi todos los pueblos y partidos políticos del estado y concurrió a una ceremonia para conmemorar la muerte de Morelos, frente al monumento del inmortal insurgente, en donde se depositaron ofrendas florales, de numerosas comisiones, de sociedades literarias y patrióticas, así como los niños de las escuelas de esta ciudad, y una del general Obregón, quien invitado por los estudiantes visitó los colegios de San Nicolás de Hidalgo y el Colegio Primitivo.

Se organizaron banquetes y un baile en honor del general Obregón.

Entre las muchas comisiones recibidas, fueron a visitar al general Obregón un grupo de católicos y el candidato del pueblo, a pregunta especial de uno de ellos, manifestó que respetaría en lo absoluto, dentro de la ley, a la religión, y a todas las creencias.

El día 23 de diciembre salimos de Morelia para Pátzcuaro.

El tren tuvo que ir haciendo paradas para que el candidato saludara a los numerosos vecinos y agrupaciones que estaban congregados en las estaciones como La Huerta, Santiago Undameo, Coapa y Chapultepec.

Al llegar a Pátzcuaro, todo el pueblo en masa se encontraba en la estación y entre una enorme multitud, llegamos al Hotel México, y con motivo de los ataques clericales, el ingeniero Luis L. León tomó la palabra. Reproduzco de *El Monitor Republicano*, del día 24 de diciembre, el siguiente párrafo:

Tomó la palabra dirigiéndose al pueblo congregado, el ingeniero Luis León diciendo entre otras cosas: "Aquí, como en otras partes, hombres de mala voluntad han querido esgrimir como arma política, anónima y traidora, la religión. Pretenden presentar ante ustedes al ciudadano Obregón como un nuevo Diocleciano, como un enemigo enconado de la religión y el azote de los ministros católicos. Pero nada más falso, más calumnioso. El ciudadano Obregón que sufrió la mutilación de su cuerpo por conquistar la libertad, es un verdadero liberal y por lo tanto, respeta la libertad de conciencia. Para él todos los credos religiosos, como todas las opiniones políticas, merecen el respeto de todos los ciudadanos y garantías de todos los gobiernos." Cuando terminó el señor León fue calurosamente aplaudido. En seguida tomaron la palabra dos representantes de los obreros, los señores José Ruiz y Manuel Álvarez, siendo premiados sus discursos con francas demostraciones de aprobación.

Todo el día recibió comisiones el general Obregón en el hotel.

El general Obregón visitó las islas y los pueblos del lago de Pátzcuaro, invitado principalmente, por los grupos indígenas que los pueblan.

Desde Zitácuaro contestó el general Obregón una carta del licenciado Roque Estrada, en que le hablaba de la situación agraria en Zacatecas. Citaremos algunos párrafos de esta carta:

En Zitácuaro, Mich., diciembre 19 de 1919. Señor licenciado Roque Estrada. 2ª de la Palma número 27. México, D. F. Apreciable y buen amigo: Hasta hoy me doy el gusto de contestar su atenta carta fechada en esa capital el 9 de los corrientes, ampliando, con la mayor claridad posible, mi criterio sobre el problema agrario y contestando lo relativo a este problema agrario dentro del estado de Zacatecas. El problema agrario debe ser considerado como fundamental para el adelanto de nuestro país, y para que sirva como factor básico a la conquista de la independencia económica del mayor número posible de ciudadanos; pero, desgraciadamente, ha sido hasta hoy este problema explotado como arma política, por la mayor parte de los revolucionarios (con poquísimas y honrosas excepciones), pues la mayor parte de ellos han considerado resuelto dicho problema cuando han logrado hacer de su propiedad las mejores haciendas de las zonas donde han operado. Predomina este criterio de tal manera entre los hombres de nuestra revolución, que ha sido, indudablemente, uno de los factores mayores de desprestigio para la actual administración. El problema agrario, en nuestra República es, de entre todos los otros problemas, el que exige una resolución más inmediata y reviste, fuera de toda discusión, el aspecto más complicado por las variantes a que está sujeto, según cada estado de la República y las que tiene aún dentro de los mismos estados.

Yo creo que todo esfuerzo para proteger y fomentar la pequeña agricultura, estará siempre justificado y a ello estoy enteramente resuelto si el voto de mis conciudadanos me favorece en la contienda política que tenemos empeñada.

Al decir en mi conferencia dada a la Cámara Agrícola del Estado de Jalisco, que condeno la violencia para la resolución del problema agrario, me refiero exclusivamente a los casos en que jefes militares con mayor o menor buena intención, pero sin sujetarse a ninguna ley, a ningún estudio detenido de la materia, han procedido al fraccionamiento de grandes propiedades, siguiéndose a esta irregularidad, una situación falsa para los mismos agraciados, y desastrosa para el propietario, a quien no se le ha sujetado previamente a un procedimiento legal. Al declarar que no debe destruirse la gran propiedad, sino gradualmente y a medida que se vaya creando la pequeña propiedad, es porque estoy seguro de que en muchos estados de la República, si se hiciere un fraccionamiento total, desde luego muchas de esas propiedades quedarían abandonadas, ya por la falta de conocimiento en agricultura de sus propietarios o por la negligencia de otros; y esto traería naturalmente fatales consecuencias, porque se suspendería una gran parte de nuestra producción agrícola.

Como se ve, declaraba el general Obregón, que estaba decidido a iniciar la resolución del problema agrario, de acuerdo con la ley, como lo hizo, al llegar al poder; y en el primer párrafo alude a los generales que se apropiaban de grandes latifundios, generales entre otros como Murguía y Diéguez, del bando carrancista.

Después de concurrir a varios agasajos y reuniones políticas, el general Obregón en Morelia, salió para Uruapan, donde nos encontrábamos el 31 de diciembre, siendo la recepción en Uruapan una de las más entusiastas de la gira, y concurriendo representantes de toda la región, para protestarle su adhesión a su candidatura.

El día 1º de enero de 1920, salimos para Morelia, donde recibió nueva recepción entusiasta. Allí recibimos la noticia de que, a pesar de tener asegurada la mayoría en la Cámara de Diputados, se había perdido en la elección de la Comisión Permanente y la comisión instaladora. Un fuerte golpe para nuestra causa, que en virtud de que los secretarios tenían marcadas las boletas, supimos que se debía a la traición de 25 obregonistas que según se supo, habían recibido 5 mil pesos oro nacional, cada uno, entregados por Paulino Fontes de los Ferrocarriles Nacionales.

El hecho se comprobó porque en *El Monitor Republicano*, se pudieron publicar los veinticinco nombres de los tránsfugas.

Todavía el 1º de enero, en Morelia, se cambiaron telegramas de felicitación por el nuevo año el general Obregón y el presidente de la República, señor Carranza.

El general Obregón permaneció recogido en su habitación en la casa del gobernador ingeniero Ortiz Rubio, con un fuerte ataque de gripe e inflamación de la garganta; con ese motivo me mandó en su representación a la comida que le ofrecieron los militares, encabezados por el jefe de las operaciones, general Rentería Luviano. En el banquete hubo discursos y yo hablé de la confianza que tenía el general Obregón de que el gobierno respetaría el voto público, cumpliendo con la efectividad del sufragio. Abundaron las bebidas y empezaron las murmuraciones entre los militares. Entonces se acercó a hablar conmigo el llamado general Horcasitas, que en realidad era Enrique Argüelles, hijo de don Camilo Argüelles, familia de Matamoros, Tamaulipas, pero avecindado en Ciudad Juárez, siendo su familia muy amiga de la mía, de muchos años.

El general Horcasitas me preguntó al confirmar que yo era nativo de

Ciudad Juárez: "¿Qué relaciones tiene usted con la familia de don Marcelo León?" Yo le contesté: "Soy hijo de don Marcelo León, quien fue muy amigo del padre de usted, don Camilo Argüelles." Entonces, el general Horcasitas me dijo: "Las cosas se están calentando con las copas y todos están armados. Una parte de los militares que estamos aquí somos carrancistas y no partidarios del general Obregón. Tú también estás armado y sabemos bien que con Obregón sólo andan hombres armados cuando saben defenderse; conviene que te retires." En seguida llamó a un capitán de su estado mayor y le dijo: "Saca al ingeniero León como si fueran al baño, por el patio de atrás, y llévalo hasta la casa del ingeniero Ortiz Rubio, en donde se hospeda." Favor que siempre agradecí.

Después de festejos, mítines y de recibir muchas comisiones, entre otras las de los líderes obreros que llevaron a cabo un mitin de trabajadores el día 2 de enero, organizado por el Partido Laborista Mexicano, en el Teatro Ocampo, donde hicieron uso de la palabra el líder obrero Luis N. Morones, que fue muy aplaudido, y líderes obreros y campesinos del estado y de varios estados de la República.

En el mitin obrero se lanzó la candidatura del general Obregón, quien no pudiendo asistir por su enfermedad, mandó en su representación al general Jesús M. Garza, quien desde entonces cultivó muy estrechas relaciones y tuvo gran influencia con los líderes obreros.

Poco antes de que saliéramos de Morelia rumbo a Acámbaro, llegó el general Francisco R. Serrano, que era diputado y jefe del Bloque Obregonista, a informar sobre la artera maniobra fraguada por la corrupción, para obtener la Comisión Permanente y la comisión instaladora.

A Morelia llegaron comisiones de organizaciones políticas, obreras y campesinas de la mayoría de los estados de la República, y una que vino ex profeso desde el estado de Nuevo León para invitarlo a visitar esa entidad.

La tarde del día 7 de enero, salimos de Morelia con rumbo a Guanajuato, pasando por Acámbaro. Antes había llegado el licenciado José Inés Novelo, presidente del Partido Nacional Obregonista, formado por el PLC y otros organismos. Dijo que estaban terminándose los preparativos para la Convención Nacional Obregonista, cuyas juntas previas principiarían a celebrarse en la capital el día 15 de enero, y añadió el licenciado Novelo que en la referida convención se discutiría ampliamente la plataforma o programa de gobierno que se presentaría al candidato a la presidencia de la República. El día 7 llegamos a Acámbaro, saliendo al día siguiente, donde se repitió la entusiasta manifestación obregonista y al día siguiente salimos para Celaya. La recepción en Celaya fue imponente, y lentamente pudimos avanzar hasta el Hotel Gómez, y desde uno de los balcones del hotel se dirigieron los discursos a la muchedumbre, que ocupaba la plaza y varias calles. Primeramente habló el ciudadano Epigmenio Osorio, en representación de los obreros y después hablé yo.

Reproduzco el siguiente párrafo del periódico *El Monitor Republicano*, de fecha enero 9 de 1920:

El conocido y erudito orador, señor ingeniero Luis León, que ha venido acompañando al señor Obregón, desde el principio de su gira política, hizo en seguida uso de la palabra, empleando en su brillante peroración, frases que le valieron nutridísimos aplausos por su virilidad, expresando entre otros conceptos, el que íntegro transcribimos: "Ciudad de Celaya: si otra vez déspotas y tiranuelos pretendieran pisotear el sufragio efectivo, tomad un puñado de tierra guanajuatense regada con sangre de héroes, fertilizada con los despojos del brazo de Obregón y azotad con ella el rostro de esos fantoches de la revolución, diciéndoles: 'Pasad si os atrevéis'... Y conste que esta protesta contra la imposición es mía. No la hago representando ningún partido político; soy el único responsable de ella."

El entusiasmo del pueblo de Guanajuato para aceptar y propagar la candidatura del general Obregón fue extraordinario, por lo que me permito transcribir, tomado de *El Universal*, de fecha enero 10 de 1920, los siguientes telegramas:

Núm. 11, de Celaya, el 9 de enero de 1920. Recibido en México, 28,12,24, Of. señor licenciado J. Inés Novelo. Reforma 5. Participole con gusto que nuestro éxito en este estado ha sido completo. En todas partes se nos recibe con marcadas muestras de entusiasmo. Pueblo todo muy viril. Afectuosamente, *Á. Obregón.*

Paseo de la Reforma 5. México, 9 de enero de 1920. Señor don Álvaro Obregón. Celaya, Guanajuato. Su mensaje hoy. Celebramos sus amigos el completo éxito de su gira a través de ese histórico estado, cuyo pueblo le recibe con marcadas muestras de entusiasmo. Encontramos esto sencillamente lógico, porque si su triunfo político ha sido incontrastable en todas las entidades políticas que hasta hoy ha recorrido, con mucha más razón deberá serlo a pesar de todo, en esa legendaria entidad federativa, que ha tenido, entre otras muchas, la inmarcesible gloria de haber sido teatro de las grandes batallas por medio de las cuales debió a usted la revolución constitucionalista su triunfo definitivo en lo militar. Afectuosamente. Presidente del Partido Liberal Constitucionalista, licenciado *José I. Novelo.*

Y como documento muy importante que revela que la gira política del general Obregón era democrática y no se trataba de ninguna conspiración, como querían hacerlo aparecer nuestros enemigos, es importante dar a conocer el discurso que pronunció en Celaya el general Obregón, tomado de *El Universal*, de fecha 11 de enero de 1920:

Ante este espectáculo, conciudadanos, late mi corazón con el mismo intenso júbilo que latió en aquellos días memorables en que nuestros clarines tocaban diana en las calles de esta ciudad, después de los combates sangrientos que dieron como resultado el triunfo de nuestras libertades cívicas. Nunca hubiera creído en aquella época, que corriendo el tiempo vendría yo a hablarles a los hijos de Celaya, con el carácter de candidato a la presidencia de la República, y no lo creí, porque nunca pensé cuál puesto público me correspondería cuando ofrecí mi sangre a la patria para defender sus libertades, y porque nunca mi ambición me aconsejó que expusiera mi vida para adquirir puestos públicos; fue el deber el que me trajo a los campos de batalla

en aquellos tiempos nefastos en que la verdad fue apagada por la usurpación, en que los derechos cívicos habían sido pisoteados por los tiranos, y
fui a defender esos derechos con mi carácter de ciudadano, impulsado por mi
deber, y no en busca de puestos públicos.

Y es por eso que cuando terminamos la lucha armada, cuando creímos que
las instituciones democráticas estaban salvadas para siempre, me despojé del
alto puesto en que me colocó la revolución y me despojé de los arreos de
soldado que había conquistado en los campos armados, porque si en el ejército era un general de división, en mi hogar soy un soberano. Pero hasta
allá, hasta mi hogar, en donde me encontraba dedicado a las actividades del
trabajo, me llegó el eco doliente de mis conciudadanos que empezaban a decirme que aquellos derechos defendidos en los campos armados, estaban
siendo violados, y fue entonces conciudadanos, que mi deber me exigió de
nuevo abandonar aquella envidiable tranquilidad de que disfrutaba al lado
de mis hijos y de mi esposa para defender aquellos derechos. Por eso vengo
buscando el corazón del pueblo; y antes de emprender esta contienda política, no consulté cuántos poderosos apoyarían mi candidatura, ni cuántos jefes
militares la impondrían por la fuerza. Yo me dirijí al pueblo en mi manifiesto del primero de junio, a esta inmensa masa que representa a todas las
clases sociales, para ofrecerles mis servicios y el pueblo todo de la República
respondió a mi llamado, porque ha creído que tiene el derecho de depositar
en mí su confianza, porque no me ha visto comerciar con mi dignidad ni con
mis galones de soldado.

Nuestros enemigos, en sus iras de impotencia, gritan en todos los tonos
que viene Obregón queriéndose imponer por la voluntad o por la fuerza.
Yo tuve la fuerza en mis manos, y siempre la rechacé. ¿Para qué voy a im-
ponerme por la fuerza bruta si tengo la fuerza moral, que es la que debe
regir siempre a la humanidad?

Allá que inventen revoluciones los que impotentes para obtener los votos
de los ciudadanos, quieren llegar al poder por cualquier camino, pero los
que como yo, cuentan con la inmensa voluntad popular, con esa majestad
cuya voluntad muy pronto tendrá que hacerse sentir, no necesitamos inventar motines ni disturbios.

La revolución que acaba de triunfar debe cerrar para siempre, ese periodo
de guerras civiles, que ha venido sucediéndose por culpa de los magnates
y de los ambiciosos que no han querido devolver al pueblo el poder que
les ha confiado.

No hay ningún peligro de una nueva revolución, ¡es mentira! Quieren
amedrentar al pueblo, diciéndole que una guerra civil se avecina, ¡esto es
mentira! Las revoluciones las hace el pueblo, y ese pueblo está con nosotros, y estando con nosotros el pueblo ¿quién va a hacer la revolución?
¿Ellos? Ellos no serán capaces, están suficientemente ricos para cuidar lo
que han usurpado y no lanzarse a una nueva revolución.

Pueblo de Celaya, que vives vinculado con los hombres que aquí en esta
ciudad histórica expusimos nuestras vidas para conquistar las libertades de
la República, estás escuchando la verdad, de quien sabe decirla, porque no
le quema los labios ni le ruboriza las mejillas.

Es posible que vengan aquí otros candidatos, es posible que vengan haciendo una ostentación que a nosotros nos avergonzaría usar, es posible que vengan tapizando los muros y los bosques con retratos y cartelones, es posible
que vengan muy pródigos en sus propinas, buscando a los hombres que sean
capaces de corromperse. ¡Pueblo de Celaya!, rechaza a esos hombres, ese
oro que vienen tirando es del pueblo, que adquirieron fácilmente debido a las

posiciones elevadas en que están colocados, rechaza esas tentaciones y no te dejes uncir al carro de la ignominia, donde pretenden llevarte, y cada uno de ustedes debe convertirse en un abanderado de la verdad e ir a los campos en donde los peones pasan el día encorvados, adheridos a la mancera del arado, para conseguir llevarles unas pocas de tortillas a sus hijos, y decirles que la verdad empieza a hacerse oír en todo su esplendor y en todos sus tonos, que la patria muy pronto entrará en una era de democracia y que en sus mandatarios tendrá únicamente servidores, no amos.

Es deber de cada uno de ustedes entrar en acción desde luego, de casa en casa, de choza en choza, de cabaña en cabaña, pregonadlo así, no dejemos que esto lo hagan otros. Estamos frente a un problema en que un grupo de hombres, para defender sus intereses, pretende ponerle al pueblo en el cuello, las cadenas que ayer le quitaron de los brazos. Continuaremos mañana nuestra gira y seguiremos como hasta hoy, de ciudad en ciudad, y daremos un mentís a los enemigos de nuestra causa, porque habían esparcido la noticia alevosamente, arteramente, de que aquí en Guanajuato, los ciudadanos no están preparados para el sufragio, porque pensaban dejar a sus mandatarios la tarea de imponerles gobernantes.

En Celaya acompañé en una gira por la población, al general Obregón y a un grupo reducido de amigos, pues deseaba recorrer los lugares donde se efectuaron los más duros combates, en las dos famosas batallas que dio allí contra el general Villa. Visitamos el templo de San Antonio, en donde estableció su cuartel general y oímos complacidos la narración que hizo el general Obregón de los combates.

Nos dijo que cuando iba a iniciarse la segunda batalla de Celaya, subió a un alto edificio de una fábrica que está pegada al ferrocarril rumbo al norte, y que fue muy grande su impresión cuando vio el avance de Villa y muchísimos trenes y dos poderosísimas columnas de caballería, una por cada flanco, que se venían abriendo para sitiarlo, y calculó desde luego la gran superioridad de Villa en gente y elementos de guerra sobre él, pero habiendo ya formado su cuadro alrededor de la población, se volvió a recorrer las líneas levantando el ánimo de sus soldados, porque su victoria sólo la concebía resistiendo hasta que Villa destrozara sus fuerzas en los alocados ataques a que las lanzaba, que era cuando sufría grandes pérdidas.

Allí nos contó, que había llegado un general con ocho o diez miembros del estado mayor, que venía asustado y que se dirigió a él diciéndole: "Nos van a sitiar y a despedazar los villistas; todavía es tiempo de retirarnos a la Cañada de Querétaro y tomar posiciones más ventajosas, para allí dar la batalla."

Como estaban allí algunos jefes militares, y para evitar que cundiera el pánico, el general Obregón le contestó enérgicamente: "¿Quién le ha dicho a usted que aquí va a haber retirada? Bájense de sus caballos y métanlos en el corral con los nuestros. El que quiera salir y romper el sitio tendrá que salir a pie y echando balazos."

Por supuesto, nos contó el general Jesús M. Garza, que después del triunfo ya no encontraron sus caballos los que los habían dejado, pues los habían tomado algunos oficiales; pero no tuvieron valor para reclamarlos.

A petición de los ferrocarrileros, volvimos a Acámbaro donde se efectuó un gran mitin, hablando principalmente líderes obreros que se quejaban de la hostilidad de las autoridades, tanto civiles como militares, para todos los obregonistas.

Con el mismo éxito estuvimos celebrando mítines en Irapuato, Salamanca y en Puruándiro. Estando en Irapuato, llegó a esa población el general Manuel' M. Diéguez, saliendo esa misma noche para Chihuahua, pero lo acompañó hasta Aguascalientes el general Rafael de la Torre, jefe de las operaciones militares en Guanajuato, un verdadero esbirro, que actuaba criminalmente contra los obregonistas, asustando a algunos, a otros los golpeaba a palos y asesinó a muchos ciudadanos que aparecían enterrados al lado de los caminos.

En Silao se efectuó una gran manifestación y un lucido mitin y de allí llegamos a Guanajuato en enero 18. La manifestación fue muy lucida concluyéndose con un gran mitin en la plaza principal, después de que habían llegado a nuestro encuentro numerosos mineros de los minerales El Cubo, La Luz, La Valenciana, La Peregrina, La Sirena y Santa Rosa. Rodeados de obreros y mineros se improvisó un mitin en una casa particular, hablando desde los balcones los señores Luis N. Morones, Luis León y Ezequiel Salcedo. Naturalmente que los discursos fueron obreristas. Allí las autoridades hicieron estacionar un gran número de gendarmes para amedrentar a la gente, pero éstos se tuvieron que quedar a la expectativa, pues ni hubo desórdenes, ni se atrevieron a atacar a los miles de concurrentes.

En la noche se efectuó un mitin en el Teatro Juárez, sumamente concurrido, pero dominando el elemento obrero, hablando representantes de los partidos Liberal de San Luis Potosí y del Laborista Mexicano. Copio de *El Universal,* del 20 de enero de 1920, lo que sigue:

...Abordó la tribuna el señor Rafael Zubaran Capmany, quien calificó en su discurso de "golpe de Estado" a la convocatoria que lanzaron últimamente los señores gobernadores de Guanajuato, Querétaro, Jalisco y San Luis Potosí, alegando que por medio de ella se pretende que los gobernantes fijen el criterio político que señalará el hombre que ha de suceder al actual presidente de la República. Agregó que esto constituye una violación constitucional, pues nuestra Carta Magna faculta exclusivamente al pueblo para elegir a sus mandatarios, y terminó diciendo que la ley electoral del Distrito Federal es la que realmente da garantía y fija los medios para que el sufragio no sea burlado.

Al terminar, pronunció un discurso el general Obregón y después en el hotel estuvimos comentando con los líderes políticos, la torpe y clara labor de imposición que pretendía efectuar el gobierno con esa junta de gobernadores, pretendiendo obligarlos a imponer la candidatura del ingeniero Bonillas. Conviene aclarar que quienes convocaron a la junta fueron los gobernadores impuestos descaradamente en las últimas elecciones.

De Silao salimos para León, Gto., a donde llegamos la mañana del 20 de enero; gran número de obreros nos esperaba a la orilla del pueblo y agrupaciones políticas con estandartes y comisiones en automóviles que nos condujeron por un largo trayecto lleno de gente, hasta llegar a la plaza principal. Se organizó un mitin en el Teatro Manuel Doblado abarrotado de gente. Hizo la presentación del candidato, el obrero Manuel Rodríguez, después hablaron Luis León y Luis N. Morones.

Como en León volvió a hacerse presente la propaganda oposicionista clerical, dijo el general Obregón al terminar su discurso, lo siguiente (que transcribo de *El Universal,* enero 21 de 1920):

"Respetaré la libertad de cultos", pues sostiene que ésta debe ser la actitud de los liberales. En otro periodo expresó que esta es la base de su actuación. Por último dijo: "Quienes me presentan como activo perseguidor de la libertad de los cultos, y que hoy se fingen ser religiosos, no solamente calumnian nuestros principios, sino que engañan al pueblo, puesto que la base de todo dogma es la moral, y no conociéndola ellos resultan ser amorales." Fue aplaudido.

En el trayecto de Guanajuato a León, nos habíamos detenido en los campos de Trinidad, donde nos refirió la acción de guerra en que perdió el brazo derecho, en la hacienda de Santa Ana.

Recorrimos todo el terreno de las famosas batallas en que perdió la mayor parte de sus últimas fuerzas la División del Norte de Francisco Villa.

Visitamos San Francisco del Rincón, en donde fue recibido el general Obregón entusiastamente.

Mientras tanto, en la ciudad de México, en los salones del Tívoli del Elíseo, se reunieron las agrupaciones de los obregonistas de México y de la mayor parte de la República, continuando sus sesiones preliminares discutiendo y aprobando las credenciales de todos los representantes de los partidos y clubes políticos, que han postulado al general Obregón para la presidencia de la República.

La junta quedó integrada por el licenciado Roque Estrada, licenciado Eduardo Neri, senador Flavio A. Bórquez, licenciado Rafael Martínez de Escobar, profesor Aurelio Manrique, diputado Salvador Saucedo y licenciado Luis Sánchez Pontón; entre las muchas credenciales aprobadas, debe mencionarse la de don Fernando Iglesias Calderón, licenciado Crisóforo Rivera Cabrera, doctor Donato Moreno, senador Antonio Ancona Albertos, y muchos más de grandes representativos de las agrupaciones obregonistas. La convención iniciaría definitivamente sus labores el 1º de febrero.

Al regresar de León, visitamos la hacienda de Santa Ana, en la que fue herido en uno de los combates el general Obregón, perdiendo un brazo, y allí mismo se le dio una comida y continuamos nuestro viaje a la ciudad de Silao, para esperar el tren de Guadalajara a México.

En Santa Ana del Conde se recordaron las famosas palabras del general Obregón, cuando mutilado y casi moribundo por la hemorragia, le dijo al general Murguía: "Diga usted al Primer Jefe Carranza que he caído cumpliendo con mi deber, y que muero bendiciendo a la revolución."

En México, el general Obregón se estuvo ocupando de la organización de su campaña y en la discusión del programa de gobierno con los convencionistas, y de recibir innumerables comisiones de todo el país. El día 1º de febrero de 1920, las clases laborantes reunieron a todos sus representantes en el Teatro Hidalgo, para tomar parte en el mitin que en honor del C. Álvaro Obregón organizó el Partido Laborista Mexicano. Muchísimos obreros quedaron afuera del teatro que estaba repleto.

A su llegada al teatro, el general Obregón fue constantemente aclamado y aplaudido. El compañero Celestino Gasca usó de la palabra, analizando la situación de los obreros y demostrando que la única garantía que tendrían en un gobierno revolucionario, sería con la presencia del general Obregón en la presidencia de la República.

A continuación, copiamos del periódico El Monitor Republicano, fechado 2 de febrero de 1920, lo siguiente:

El señor ingeniero Luis L. León pronunció un brillante discurso, altamente elocuente y significativo. El ingeniero León elogió la ecuanimidad de los trabajadores, sus ideas y su inquebrantable patriotismo. Puntualizando, asentó que la revolución se hizo para derrocar una tiranía y no para imponer otra más ignominiosa y viciada por la politiquería.

Siendo, como es el señor Luis L. León, uno de los más caracterizados defensores de las clases laborantes, nadie se extrañó de que en el curso de su vibrante peroración lanzara terribles cargos en contra de las personas que, en la actualidad, están al frente de los poderes públicos, y quienes en años anteriores hostilizaron tanto y de tal manera a los obreros, que éstos se vieron imposibilitados para reunirse en la Casa del Obrero Mundial, porque los prevaricadores la clausuraron con verdadera saña. Refiriéndose concretamente el orador a los integrantes del gran Partido Laborista, dijo que la unión de los obreros y campesinos era el movimiento más formidable que se ha registrado dentro del mismo obregonismo. Y ese movimiento social no significa otra cosa que la protesta del pueblo por ser pisoteada su libertad. La unificación de los obreros, seguramente, es de suma trascendencia en los momentos actuales, de ahí que los trabajadores se hayan manifestado adictos al ciudadano Álvaro Obregón, por la causa esencial de que los ideales del candidato sonorense son los mismos que sustentan las clases proletarias y la sociedad en general.

Más no se crea, sugiere el orador, que los obreros están con Obregón porque ven en él a un militar vencedor en las batallas; no, se está con el candidato (que con haber sido divisionario es el más grande de los civilistas contemporáneos), porque fue y es, ante todo, un obrero, un agricultor, un ciudadano honrado. Los enemigos del obregonismo se extrañan de que el ciudadano Obregón sea postulado por los millares de obreros que, con anterioridad, lucharon en contra de la opresión militarista. Pero esos obcecados no se dan cuenta del civismo del candidato, y menos de su patriotismo, pues Obregón (comparándolo a Washington) arrojaría su espada victoriosa ante la majestad del pueblo, antes que oponerse a él. Luego, el señor ingeniero León, cuyos periodos son interrumpidos frecuentemente por los aplausos entusiastas, hace notar a los miembros del gran Partido Laborista, que aun cuando existen compañeros remisos, morosos y pálidos de debilidad, ellos les digan que luchan no tan sólo por la libertad a que tienen derecho, sino también por el bienestar de nuestra patria.

Surge, presto, el ridículo civilismo bonillista, engendro de los enemigos del pueblo, consecuencia ineludible del desacierto e incertidumbre que impera entre los asalariados: "¿Qué has hecho tú por el civilismo? ¿Cuántos son tus sacrificios y qué has dado por el verdadero civismo? Nada, absolutamente nada, pues ni el supuesto candidato 'civilista', ni los que se hacen llamar sus partidarios, han contribuido para dignificar siquiera el vocablo. El ciudadano Obregón, luchador y guerrero victorioso, sí es un civilista, más no a la manera de la 'figura inflada del embajador' que, con los suyos, ve en el civilismo un buen negocio lucrativo, en caso de triunfar"...

No, las frases concisas, fáciles y ardientes del orador no pueden ser repetidas por nosotros. Cuando un ciudadano se expresa así, sincera, franca, noblemente, débese escucharlo para aquilatar sus conceptos. Por lo tanto, no haremos otra cosa que referirnos a la excitativa que hizo a los compañeros del Laborista, para que dejaran a un lado a los burócratas irrazonables que tanto hostilizan a los obregonistas, aun cuando no dejan de ignorar que esa clase de procedimientos no consolida las dictaduras, sino que las derroca, cuando vibra en todos y cada uno, el corazón inmenso de la patria.

Felicita el ingeniero Luis León a los obreros y campesinos por su actitud en lo que se refiere a la candidatura del ciudadano Álvaro Obregón; por el entusiasmo con que han iniciado su campaña, y porque han sabido dignificar y apreciar los merecimientos femeninos, puesto que la gracia, la belleza y la virtud de las mujeres que comparten las tristezas, los sufrimientos y las victorias, incitan a la actividad, haciendo gratos nuestros actos. Y al manifestar que las mujeres, careciendo del derecho de usar de los sufragios, estarán siempre del lado de los partidarios del ciudadano Obregón, concluye su brillante pieza oratoria con una figura simbólica: "Los espíritus débiles, los pálidos de energía que recuerdan el cuadro de Alberto Durero, quedarán definitivamente borrados, y la humanidad construirá en el futuro una gran estatua de bronce, y esa estatua será un trabajador en pie."

Los aplausos fueron delirantes durante todo el discurso del estimado orador.

A continuación habla Luis N. Morones, que explicó virilmente cómo nació y desarrolló el Partido Nacional Laborista, en un brillante discurso que en parte reproduzco, tomado del mismo periódico:

No se trata de oponer el Partido Laborista a los obreros; se trata de realizar los programas elaborados en el seno de las instituciones independientes. Por consecuencia, dice Morones, deseamos precaver el peligro que se cierne sobre los obreros; la escisión que pretenden sembrar entre nosotros los individuos que quieren medrar a nuestra costa.

Refiérese el líder socialista, a las causas que influyeron para que los trabajadores y campesinos se declararan partidarios del ciudadano Álvaro Obregón. A este respecto, afirma el que habla, no se puede tildar de borregos, puesto que para nosotros Obregón no es un nuevo sol que se levanta, sino un hombre que llega a nosotros y que nosotros vamos a él, ya que todos somos consecuentes de nuestros actos.

Los enemigos del pueblo se extrañan, y así lo han hecho público, de que los obregonistas no entonemos loas al candidato, resaltando sus merecimientos como militar, y, consiguientemente, haciendo hincapié en las victorias que obtuvo en los campos de Celaya y León. Nosotros no loamos al candidato, le hacemos justicia, puesto que, sin llegar al servilismo, reconocemos que la organización obregonista política y socialmente hablando, está por encima de los grupos y de los hombres.

Los que deseen venir al Partido Laborista, que lo hagan en buena hora; pero rechazamos a los tránsfugas que entran en la lucha con deseos de beneficiarse. No podemos ser consecuentes con esas entidades "transmigradoras" afiliadas al obregonismo, con quienes, cierto, estamos juntos, pero no revueltos, haciendo uso del proloquio vulgar.

Morones vierte otros conceptos, y entre ellos, los siguientes:

Nos encontramos, al iniciar nuestras labores de fundación del Partido Laborista, con tres candidatos a la presidencia. Resolvimos hablar con cada uno, y fuimos a ver al general González, para cambiar impresiones. No nos satisfizo lo asentado por este señor y, además, recordamos las persecuciones de que hizo objeto a nuestros compañeros, cuando estaba al frente del cuerpo del ejército... Fuimos, después, con Bonillas. La conferencia se verificó en Washington. El candidato civilista nos declaró, clara, terminantemente... que él no había aceptado su candidatura y que no había dado su autorización para que se postulasen. Sólo en un caso único, aceptaría su postulación pero siempre y cuando el general González y el señor Obregón, de mutuo acuerdo, resolvieran retirarse de la política; pero si no media esa circunstancia, "no me consideraré —dijo— con suficiente personalidad para postularme". (Aquilátense, en lo que valen, las declaraciones del supuesto candidato oficial civilista.)

Prosigue el orador:

Conversamos con Obregón, y nos convencieron sus palabras. Estamos y estaremos, pues, con él, y con nosotros todo el pueblo; pero no deseamos que la espada vencedora del caudillo se vuelva jamás contra el pueblo, así como tampoco queremos ser cómplices de una revolución en ciernes, a menos que mediaran circunstancias verdaderamente excepcionales, como la imposición." (Vivas, aplausos, dianas.) Al público: "Este compromiso contraído hoy, subrayaráse mañana, más no con las palmas, sino con los hechos de la conciencia, pues basta ya de la farsa de los gobernantes, de los embaucadores que suben al tablado de Arlequín. ¡Dejad que el pueblo se gobierne por el pueblo!"

Tres acontecimientos muy importantes se verificaron en esos días. El desarrollo de la convención nacional de partidos y clubes obregonistas; la renuncia del señor general Plutarco Elías Calles, como secretario de Industria y Trabajo en el gabinete del señor Carranza, y la junta de gobernadores celebrada en la Casa del Automóvil Club, en el bosque de Chapultepec, y que el público bautizó como "El cónclave de gobernadores".

Ya se habían manifestado con toda claridad las intenciones del grupo imposicionista, de hostilizar el gobierno de Sonora, presidido por don Adolfo de la Huerta, y buscaban un pretexto para controlar militarmente aquel estado.

Con motivo de esa constante hostilidad al obregonismo, en el seno del gobierno del señor Carranza, publicamos la carta que con fecha febrero 1º de 1920, envió al gobernador de Sonora el señor general Calles, tomada del libro *Sonora y Carranza*, pp. 77-79:

México, D. F., febrero 1º de 1920. Señor don Adolfo de la Huerta. Gobernador del estado. Hermosillo, Son. Querido Adolfo: Como te participé en mi mensaje de hoy, presenté mi renuncia de secretario de Industria y Comercio ante el señor presidente. Te acompaño copia.

Mi situación dentro del gabinete era insostenible. Tanto por la injustificada y dura oposición que tenemos todos los partidarios del general Obregón, cuanto porque no estoy dispuesto a hacerme cómplice de todos los errores y de todos los actos, de la administración más corrompida que se registra en los anales del gobierno de México. Por otra parte, jamás me ha gustado a mí estar colocado en situaciones dudosas y quiero francamente tomar mi lugar, de una manera más decidida, en las filas del partido político a que pertenezco y participar con mis correligionarios en los peligros que la suerte nos depare.

Yo he hecho cuanto esfuerzo humano ha sido posible para ver si el jefe cambia sus procedimientos dentro de la ley, tal cual su deber se lo exige; pero todas mis gestiones han sido inútiles, pues este hombre, con la terquedad que le caracteriza, está decidido a imponer al país, por cualquier medio, la candidatura del ingeniero Bonillas, y para lograr esto, cometerá las mayores injusticias y los más grandes errores sin respetar a los hombres, cualesquiera que sean sus méritos.

El reducido círculo que rodea a don Venustiano, lo constituyen los hombres más corrompidos que hay en el país, y éstos son los que *no le dejarán* volver al camino de la honradez.

Si no hay un suceso inesperado, yo soy de opinión y con la mía está la de la mayoría de los buenos revolucionarios, que una nueva revolución tendrá que imponerse para barrer con el carrancismo.

A instancias mías y de algunos otros correligionarios, el general Obregón vino a esta capital, para ver si era posible tener algún entendimiento con el jefe, en el sentido de que obrara con rectitud y con imparcialidad, y el general Obregón ha tenido ya dos conferencias con el jefe, pero nada ha sacado en limpio; éste se ha abstenido de hacer ninguna promesa; ha estado "político" con el general y nada más. Si es verdad que por este lado nada se obtuvo, por otro, el viaje del general a esta capital ha sido muy benéfico para la campaña política, porque ya designó el comité que debe dirigir los trabajos en toda la República, y como verás por la lista que te adjunto, está formado por personas caracterizadas y de prestigio revolucionario. Creo que habremos ganado mucho con la designación de ese comité. La opinión política en todo el país, día a día, se afianza más en favor de nuestro candidato, y casi puedo asegurarte que es unánime en todos los estados. Con la entrada del Partido Laborista a la lucha política, hemos adquirido una fuerza incontrastable, pues tú ya conoces la tenacidad y constancia en el trabajo de los *leaders* obreros. Luis Morones ha estado monumental y acompañará al general Obregón en toda su gira. El Partido Laborista se ha organizado con toda rapidez en la República, y para mediados de febrero tendrá su convención en la ciudad de Zacatecas, que será de grandísima importancia, por los puntos que en ella se van a tratar: unos de carácter público y otros de carácter privado.

Me informa Morones que ya se dirigió a Sonora invitando a los trabajadores para que manden sus delegados a la convención, y yo desearía que nuestro estado estuviera representado en la asamblea. Como yo estaré para entonces capacitado, iré a Zacatecas y tomaré parte en esta convención, pues aunque no tengo ninguna representación, el deseo expreso de todos los *leaders* obreros, es el de que yo concurra a aquella asamblea.

Por los nuevos compromisos adquiridos, no podré salir de México sino hasta que sea tiempo oportuno, pues probablemente formaré parte del comité director nombrado por el general Obregón. Mañana se tendrá la primera junta y comenzaré la organización de los trabajos.

Creo que te darías cuenta exacta de la asquerosa combinación del gobierno, cuando, por medio de los gobernadores impuestos en Guanajuato, Querétaro y San Luis Potosí, ha querido sorprender a los demás gobernadores para celebrar en esta capital una junta, la cual no tendrá más objeto que acordar todas las medidas para llevar a cabo la imposición de Bonillas y conocer a todos aquellos gobernadores que no estén de acuerdo con la política inmoral del gobierno, para quitarlos de sus puestos u hostilizarlos en todas formas. Afortunadamente los gobernadores de Zacatecas y Michoacán, públicamente han protestado contra esta farsa inicua, lo que ha desorientado al gobierno y todo el pueblo se ha dado cuenta de los fines que persigue. Por la forma en que contestaste tú, me di cuenta exacta de que comprendiste bien esta maniobra, y si tu contestación no fue tan enérgica como debía, comprendí que se debe a que quieres "capotear" la situación, con la menor suma de dificultades posibles, para que los acontecimientos no se precipiten, puesto que cualquier atentado contra la soberanía de nuestro estado, jamás la permitiríamos, como bien lo sabes. Esta opinión ha sido robustecida con la nota que publica hoy la prensa, relativa a que la Cámara de Diputados del estado no te concedió la licencia solicitada por ti. Es el mismo caso mío, con la diferencia de que yo, por de pronto, no pude descubrir el fondo de los propósitos del jefe.

Dado, pues, que el gobierno se ha convertido en una facción política, que cree disponer de la fuerza bruta para imponernos un gobierno a su antojo, constituido con los elementos inmorales y asquerosos de la actual administración, traicionando los principios de la revolución, burlando la opinión pública, y cometiendo actos de negra ingratitud con los revolucionarios honrados y conscientes, soy de opinión que algunos de los gobernadores de los estados, como los de Hidalgo, Michoacán, Zacatecas, Tlaxcala, Guerrero, Sinaloa y Sonora que no están de acuerdo en constituirse en instrumentos de esta política y en secundar las perversas intenciones del gobierno, formen un pacto formal, en el que se comprometan a protestar, todos en conjunto, contra cualquier acto del gobierno, que sea atentatorio para la soberanía de cualquiera de los estados coaligados en que dicho acto se cometa. Esto dará más fuerza moral a los acontecimientos que, en mi concepto, tendrán que desarrollarse. Espero tu opinión sobre este punto.

El general Obregón continúa su gira por los estados del norte, tocando Zacatecas, Aguascalientes, Durango, Chihuahua, Coahuila, Tamaulipas, y de allí pasará a Yucatán, Veracruz, Puebla y los demás estados del sur; y tengo la absoluta seguridad de que en esta gira el éxito que obtenga será desbordante. El comité se encargará de ir organizando en todos y cada uno de los estados, debidamente, la campaña política, pues todos los partidos están resueltos a acatar sus disposiciones. Esto dará a la propaganda una gran fuerza.

Los atropellos del gobierno siguen cometiéndose tal cual te expliqué en mi carta anterior. Días hace llegó a ésta Felipe Carrillo Puerto, quien me hizo una exposición de los atentados cometidos en Yucatán, los cuales no tienen precedente en la historia de México. El Partido Socialista ha sido desbaratado; su casa en Mérida, incendiada; las cooperativas que tenían establecidas en casi todos los pueblos y que habían asegurado la independencia económica de los trabajadores, han sido saqueadas y quemadas; en los pueblos han sido fusilados en masa grupos de socialistas y han llegado a tal grado las infamias cometidas, que en uno de los pueblos de Yucatán reunieron en la plaza pública, a más de 200 mujeres —que también estaban organizadas— y fueron azotadas por un grupo de soldados. Estos hechos no han sido conocidos en la República, por la despótica censura que existe; pero muy pronto se conocerán, pues se está escribiendo un libro a ese respecto.

No creo que por ahora manden a Murguía a Sonora, pero no será difícil que más tarde se realice este proyecto. Por supuesto que la ida de Murguía con 4 o 5 mil hombres, como se ha proyectado, no tendrá más objeto que provocar la revolución, pues no creo yo que las tropas del estado se dejen desarmar, puesto que el plan no sería otro que sacarlos del estado, traerlos al centro y desbaratarlos aquí; después deponerte a ti del cargo de gobernador y establecer en Sonora el mismo régimen de terror que en Yucatán. Pero ¡qué errados están; todavía no conocen a nuestro estado, quien jamás, nunca, permitirá semejante ignominia!

Por todo lo expuesto, verás tú que yo considero la situación muy grave. Creo que no me equivocaré. Los resultados tienen que ser desastrosos. Pero ten la seguridad que estos Iscariotes tendrán que esconder su vergüenza en el extranjero, pues nuevamente vamos a demostrarles que en México no se sostendrán ya las tiranías.

Para terminar: soy de opinión que los amigos de Sonora deberían escribirle inmediatamente al ingeniero Bonillas, o telegrafiarle, haciéndole ver todos los peligros que sobrevendrían al país con la imposición de su candidatura; candidatura que el pueblo de la República repudia y que, por tanto, se espera de él, que como hombre honrado no se prestará para esta infame maniobra, y pidiéndole además, que haga desde luego, y antes de venir a México, declaraciones de que no acepta su postulación. Háganle también presente, que es la única manera que tiene de reivindicar su nombre de buen revolucionario, y que de no oír la voz de sus amigos, no tendrá derecho, después, a exigir ni a esperar nada de ellos. Yo le escribo al ingeniero Bonillas hoy mismo y le envío la carta con nuestro amigo Cosme Hinojosa, que irá a Washington, para hablarle personalmente, a fin de ver si es posible conseguir lo que se desea.

Con el cariño de siempre, quedo tu amigo afectísimo y seguro servidor. *Elías Calles*. (Es copia.)

Esta carta explica claramente la situación; y como un ejemplo de hombría y civismo, publicamos el texto de la renuncia del señor general Plutarco Elías Calles, tomada del libro *Sonora y Carranza*, p. 87:

Al ciudadano secretario de Gobernación. Presente. Por haber sido verbalmente expuestas por el suscripto, en diversas ocasiones, son bien conocidas del señor presidente de la República mis ideas políticas y los compromisos que en tal sentido tengo con uno de los partidos actuantes. Y como esta situación la estimo incompatible con el delicado cargo de secretario de Estado, con que fui honrado por el señor presidente, puesto que tales funciones deben desarrollarse ajenas de todo partidarismo, con estricta neutralidad política, fuera de toda sospecha, y sólo para servir los intereses del pueblo sin distinción alguna, creo de mi deber presentar la renuncia del cargo de secretario de Industria, Comercio y Trabajo, como tengo el honor de hacerlo, por el conducto de usted, suplicándole que se sirva presentarla a la consideración del ciudadano presidente de la República, a quien hago presentes mis cordiales agradecimientos por la alta muestra de confianza que se sirvió otorgarme.

Protesto a usted mi atenta y distinguida consideración.

Constitución y Reformas. México, D. F., febrero 1º de 1920. (F), general *Plutarco Elías Calles*. (Es copia.)

Y queremos completar nuestra documentación con el texto de la aceptación de esta renuncia por parte del señor Carranza, tomada del libro *Campaña política del C. Álvaro Obregón*, pp. 240-241:

Al ciudadano general Plutarco Elías Calles, secretario de Industria, Comercio y Trabajo, presente.

Tengo el honor de acusar a usted recibo de su atenta nota fechada el primero de los corrientes, en la cual se sirve exponer que habiendo comunicado al señor presidente sus ideas políticas y los compromisos que ha contraído con uno de los partidos militantes, se ve en la necesidad de presentar su renuncia del cargo de secretario de Industria, Comercio y Trabajo, que le ha encomendado a usted.

Habiendo dado cuenta al ciudadano presidente de la República, con la expresada nota, el mismo primer magistrado ha tenido a bien acordar diga a usted, en respuesta, que en atención a los propósitos de usted, de tomar parte activa en uno de los bandos políticos que contienden en la campaña electoral para la renovación de los poderes federales, y a fin de que pueda usted dedicarse a tal función cívica, en los términos que desea, acepta la dimisión que se sirve presentar del cargo que desempeña.

Me encarga el señor presidente de la República que exprese a usted, en su nombre, sus agradecimientos por la atingencia y patriotismo con que ha prestado sus servicios a la nación, en el alto y delicado puesto de secretario de Industria, Comercio y Trabajo, lamentando verse privado de su cooperación en las labores del gobierno.

Al comunicar a usted lo anterior, como resultado de su instancia, me complace significarle mi más distinguida consideración y particular aprecio.

Constitución y Reformas. México, D. F., febrero 4 de 1920. El secretario, *Aguirre Berlanga*. Rúbrica.

En atención a que se está alargando demasiado este escrito, con la reseña de la propaganda presidencial del general Álvaro Obregón, he decidido resumir mi narración a los hechos principales de aquella lucha.

Quise desde un principio dar un informe detallado para que se vea claramente que la propaganda del general Obregón fue exclusivamente democrática, confiando en que el señor presidente Carranza por su pasado y sus antecedentes, haría respetar el voto público, pero los ataques de los imposicionistas se iniciaron debido a las maniobras públicas del grupo que rodeaba al señor presidente Carranza y que empezó decididamente a hostilizar a los partidarios del general Obregón y a usar la fuerza del gobierno y las fuerzas militares para acallar las manifestaciones populares descubriendo con toda claridad su decisión de llevar a cabo la imposición del señor ingeniero Bonillas a toda costa.

He respetado y respeto la gran figura de don Venustiano Carranza por su papel decisivo en el triunfo de la revolución constitucionalista que culmina con la promulgación de la Constitución de 1917.

Lamento mucho el error que sus incondicionales lo hicieron cometer en la elección de 1920, donde lo atacamos con la pasión de la lucha, y que terminó con el sacrificio de su vida; pero tenemos que justificar que nosotros no fuimos los responsables y la prueba es que no terminó el asunto en un "cuartelazo", sino como lo reconocieron al final tanto el licenciado Luis Cabrera como el mismo señor presidente Carranza, como una huelga del ejército que no estuvo conforme con aquella conducta equivocada.

Pasaré por tanto a referir los principales acontecimientos de aquella campaña.

El 5 de febrero de 1920, se efectuó la primera junta preliminar de gobernadores en el Automóvil Club.

El llamado "cónclave de gobernadores" fue secreto y el día 6 de febrero se celebró la primera junta (*El Monitor Republicano* de febrero 6 de 1920).

El líder de la junta fue el general Federico Montes, gobernador impuesto en el estado de Guanajuato.

Como se comprenderá, la junta no tenía otro objeto que comprometer a los gobernadores a imponer en sus respectivos estados la candidatura oficial.

Dice *El Universal* de fecha 6 de febrero de 1920:

Tenemos dicho que la reunión formal será hoy, a las diez de la mañana, contando con la puntual asistencia de los interesados... Esta sesión y las subsecuentes serán privadas. No admitirán la presencia de curiosos. No darán admisión a la prensa. Será un "cónclave", al estilo de los que celebran en Roma los cardenales para elegir sumo pontífice, si bien no se ha llegado al acuerdo de *tapiar* las puertas, tapar las rendijas y poner guardias dobles que impidan que se acerquen los curiosos. ...Forzosamente habrán de concurrir en persona los gobernadores. No se admiten representantes, por cuyo motivo no estará representado el gobernador de Michoacán. Los mandatarios de Colima, Sinaloa y Sonora no concurrirán: han dado aviso de que sus respectivas legislaturas les negaron el indispensable permiso. A la fecha se ignora la decisión del general Nicolás Flores, gobernador de Hidalgo.

Del general Enrique Estrada, de Zacatecas, sí se sabe que no vendrá.

Y se cuenta con la asistencia de los siguientes gobernadores, que ya están en la metrópoli: de Aguascalientes, don Aurelio L. González; de Campeche, Enrique Arias S.; de Coahuila, Gustavo Espinosa Mireles; de Durango, Domingo Arrieta; de Guanajuato, Federico Montes; de Guerrero, Francisco Figueroa; de Jalisco, Luis Castellanos Tapia; de México, Agustín Millán; de Nayarit, Francisco D. Santiago; de Nuevo León, José E. Santos; de Puebla, Alfonso Cabrera; de Querétaro, Salvador Argían; de San Luis Potosí, Severino Martínez; de Tlaxcala, Máximo Rojas; de Veracruz, Cándido Aguilar; de Yucatán, Carlos Castro Morales; total: dieciséis.

El primer y principal punto que trataron fue la reforma de la ley electoral, aquella ley por la que tanto luchamos en 1918 para darle garantías a los partidos políticos y garantizar la libre expresión del voto popular por el voto secreto; y, ¡claro!, querían modificarla para facilitarles la imposición.

El Monitor Republicano de fecha 7 de febrero de 1920, dice:

En la clandestina junta o secreto cónclave, estuvieron presentes los señores general Federico Montes, de Guanajuato; Salvador Argáin, de Querétaro; ingeniero Severino Martínez, de San Luis Potosí; Luis Castellanos y Tapia, de Jalisco; general Francisco D. Santiago, de Nayarit; licenciado Gustavo Espinosa Mireles, de Coahuila; general Domingo Arrieta, de Durango; general Aurelio L. González, de Aguascalientes; general José E. Santos, de Nuevo León; general Agustín Millán, de México; doctor Alfonso Cabrera, de Puebla; general Máximo Rojas, de Tlaxcala; general Nicolás Flores, de Hidalgo; general Cándido Aguilar, de Veracruz; profesor Francisco Figueroa, de Guerrero; licenciado Enrique Arias S., de Campeche; Carlos Castro Morales, de Yucatán, y *mañana* el general Carlos Greene, de Tabasco. Descartáronse de "El cónclave de los diecisiete" a los gobernadores provisionales de Chihuahua, Tamaulipas, Morelos, Oaxaca, Chiapas y los territorios.

Y el gobernador Enrique Estrada, de Zacatecas, en un valiente telegrama protestó por la junta y se negó a concurrir.

Mientras tanto, el general Obregón y su comitiva estuvieron en Encarnación y Aguascalientes, en donde obtuvo un resonante triunfo el general Obregón, por la cantidad de partidarios que concurrieron a las reuniones y por el entusiasmo de los ferrocarrileros.

El llamado "cónclave de los gobernadores" fue una advertencia clara para la opinión pública de la imposición que quería llevar a cabo el grupo oficial que postulaba al ingeniero Bonillas. Como se sabe sólo concurrieron diecisiete gobernadores presididos por los que habían sido escandalosamente impuestos en sus estados y salieron a sus entidades que gobernaban a efectuar la mayor presión en contra de la elección del general Obregón que era el candidato popular. Los citados gobernadores al afirmar su adhesión al señor Carranza le ofrecieron un banquete en el parque Lira, quien les correspondió con otro banquete, el día 13 de febrero en Chapultepec.

Las dos reuniones fueron secretas y se negó la entrada a los reporteros y fotógrafos y a toda persona no invitada; y ya en San Luis Potosí se quiso interrumpir la gira triunfal del general Obregón por la presión y atropellos a los obregonistas llevadas a cabo por la policía y fuerzas del gobernador impuesto.

Tomemos de *El Monitor Republicano* de fecha 14 de febrero de 1920, la siguiente información:

México, 13 de febrero de 1920. M. García Vigil, vicepresidente; C. Rivera Cabrera, secretario. Todavía no se seca la tinta de los compromisos firmados por los gobernadores que se reunieron en esta capital, y encaminados, según las rotundas declaraciones de diecisiete funcionarios a dar plenas garantías a la libertad electoral y al libre y cabal funcionamiento de los partidos políticos, cuando ya se ha registrado el primer atentado sangriento contra el ejercicio libre del derecho de sufragio, pretendiendo impedir por medio de la fuerza bruta, la organización de la lucha electoral de los partidos independientes.

Precisamente el gobierno de San Luis Potosí, presidido por el gobernador impuesto don Severino Martínez, uno de los iniciadores de las juntas del Automóvil Club, ha dado a la República la prueba plena, absoluta e irrecusable, de que el gobierno del centro, auxiliado poderosamente por los gobernadores sin conciencia de sus deberes y de los peligros que pueden desatar sobre el país rompe las hostilidades contra el obregonismo, repitiendo los dramas sangrientos de la tiranía porfirista.

Por el siguiente mensaje de nuestro enviado especial, puede conocer el país, que nuestro candidato el señor Álvaro Obregón, según la patriótica línea de conducta que tanto él como sus partidarios se han trazado en la presente campaña democrática, está haciendo una propaganda electoral pacífica, dentro de la ley estrictamente, usando del derecho inalienable que reconocen las leyes en todos los países civilizados.

Obregón, al frente de sus partidarios los liberales constitucionalistas, trata de organizar el sufragio de los ciudadanos para una transmisión pacífica, legítima y libre del poder en las elecciones generales y sin vacilaciones ante los propósitos infames de los enemigos, aun en los momentos de excitación provocada por la fuerza bruta de las autoridades despóticas, mantiene la serenidad más alta y más noble, persuadido de que le asiste el derecho y la justicia en sus actividades democráticas.

Pero el gobierno de San Luis parece seguir la funesta tradición de los tiempos porfirianos, cuando la penitenciaría de aquel estado se abrió para el mártir de la democracia, ciudadano Madero, y es el primer gobierno que señala con escenas de sangre la actual contienda política.

Nosotros señalamos ante la República entera estos atropellos al sufragio libre, cometidos en San Luis Potosí, como una muestra del espíritu de imposición a toda costa que domina en las autoridades, como un mentís a las declaraciones de imparcialidad y de garantías para todos que ha hecho el gobierno del centro, como especialmente, el gobernador de San Luis Potosí...

Por lo que estuvieron muy justificadas las palabras que pronunció el general Obregón en San Luis Potosí, que en su parte esencial dice lo siguiente:

Cada día recibimos una nueva sorpresa; cada día que pasa, nuestros enemigos demuestran de manera palpable, su decisión de violar el voto popular. Hace unos cuantos días que se reunió en la capital de la República una junta de gobernadores con el deliberado propósito de mencionar previamente una imposición que se viene preparando con poco talento y con menos respeto a la ley. Yo no puedo creer que todos los allí reunidos hayan concurrido maliciosamente; yo creo que allí hubo hombres que por debilidad asistieron a esa junta cuya actuación recogerá la historia para catalogarla donde consigna los grandes atentados a las libertades públicas. Yo no trato de disculpar a todos los gobernadores que acudieron al llamado de los cuatro. Ellos han recogido la responsabilidad histórica; pero sí estoy seguro que muchos sintieron repugnancia al hacerlo y quizá fue una debilidad que mañana tratarán de corregir. (Aplausos.)

A mí se me antoja creer que cuando un periódico de esos en que aparecen las crónicas del cónclave llegue a las Islas Marías y vean los hombres recluidos en aquel retiro que el gobernador de Guanajuato, el de San Luis Potosí y el de Querétaro están hondamente preocupados por preparar un reglamento que garantice la efectividad del sufragio, se me antoja creer que aquellos hombres que están en las Islas Marías, se reunirán también para estudiar un reglamento que garantice la propiedad y acabe con las raterías en la capital de la República. (Estruendosos aplausos y dianas.)

Otro acontecimiento que es preciso narrar en estas memorias a riesgo de alargarlas más, es la fundación del centro director electoral de la candidatura del señor general Obregón.

Para demostrar que no se trataba, como han querido hacerla aparecer nuestros enemigos o poco informados, de una conspiración militar, sino de un acto plenamente popular y democrático, perseguido persistente e injustamente por el grupo de los hombres del gobierno carrancista.

La organización para la lucha electoral de los partidos, clubes y ciudadanos que postulaban al ciudadano Álvaro Obregón, sosteniendo idénticos principios de gobierno y decididos a enfrentarse a la oposición en una lucha democrática, se hizo necesaria para organizar la campaña electoral y llevar al pueblo, democráticamente al triunfo por su voto, velando por el respeto del sufragio, impidiéndose la imposición que trataban de realizar las autoridades.

Del número del periódico *El Universal* de fecha 12 de febrero de 1920, tomamos del manifiesto que lanzó el centro director electoral de la candidatura de Obregón, la parte conducente. En ese documento se explicaba que la organización se efectuaba para defenderse de la intervención de toda autoridad en materia electoral y por obligación ineludible de los ciudadanos por la conservación de sus derechos políticos y, fundamentalmente, la efectividad del sufragio; dice lo siguiente:

...Para cumplir eficientemente este deber, por lo que toca a la próxima designación del presidente de la República y de los diputados y senadores al Congreso de la Unión, ha quedado constituido el centro director electoral de la candidatura del ciudadano Álvaro Obregón, y las comisiones complementarias, por los ciudadanos cuyos nombres van al calce de este manifiesto, y con ese mismo fin nos dirigimos públicamente a los partidos y clubes ya organizados que han postulado y sostienen la candidatura del ciudadano Obregón para la presidencia de la República, e invitamos atentamente a los que en lo futuro se organicen y lancen igual postulación, para que, a su vez, se dirijan a este centro:

Centro director electoral. Presidente, ciudadano Fernando Iglesias Calderón; vicepresidente, general Plutarco Elías Calles; vicepresidente, senador ingeniero Amado Aguirre; secretarios: senador ciudadano Antonio Ancona Albertos, diputado licenciado Enrique Meza, ciudadano Herminio Pérez Abreu; vocales: licenciado Miguel Alessio Robles, licenciado Ramón Castañeda, licenciado Enrique Colunga, licenciado Roque Estrada, licenciado Ignacio Ramos Praslow, licenciado Rafael Zubarán Capmany, licenciado diputado Manuel I. Fierro, licenciado y senador José I. Lugo, ingeniero Víctor E. Góngora, doctor y senador Cutberto Hidalgo, general Arnulfo González, general Heriberto Jara, general y diputado Francisco R. Serrano, senador José Morantes, senador Abel S. Rodríguez, Luis N. Morones.

Comisión de hacienda. Presidente, licenciado Roque Estrada; vocales: Juan Zubarán, diputado y general Francisco R. Serrano, senador ingeniero José J. Reynoso; vocales: José María Zubirán, Rafael Manzo, Luis Navarro, Juan Pastoriza, Federico Navarro (industrial), Juan Tirso Reynoso, Vicente Álvarez (La Barca, Jal.), Isidro Rodríguez, Romualdo Santos Ortega, Victoriano Martín Rivera (Puebla), diputado José María Sánchez.

Comisión de prensa. Presidente, licenciado Miguel Alessio Robles; vocales: doctor Manuel Mestre Ghigliazza, Basilio Vadillo, licenciado Manuel Padilla, licenciado Federico N. Solórzano, licenciado Enrique Meza, regidor Fernando F. Franco, profesor Rafael Ramos Pedrueza, Luis Mata, Rafael Vega Sánchez, Miguel Álvarez del Castillo, Luis Montes de Oca.

Comisión consultiva jurídica. Presidente, Enrique Colunga; vocales: licenciado José I. Novelo, licenciado y senador José I. Lugo, licenciado Enrique Contreras, licenciado y senador Aureliano Colorado, licenciado y diputado Mariano Leal, licenciado y diputado Antonio Villalobos, licenciado Antonio Villarreal, licenciado Francisco Espinosa, licenciado José Mariano Pontón, licenciado Eduardo Neri, licenciado Calixto Maldonado, licenciado José Mª Gutiérrez, licenciado Luis L. Ilizaliturri.

Comisión de censo y organización electoral. Presidente, licenciado y diputado Manuel I. Fierro; vocales: licenciado y diputado Marino Castillo Nájera, licenciado y diputado J. M. Álvarez del Castillo, doctor y diputado Francisco

Reyes, diputado Damián Alarcón, diputado Adalberto Lazcano Carrasco, licenciado Jesús Munguía Santoyo, profesor Rubén Vizcarra, profesor Luis G. Ramírez, Rafael Lara, Claudio N. Tirado; vocales: Martín F. Reyes, Samuel Yúdico (obrero), Cutberto Ramírez.

Comisión de propaganda. Presidente, R. Zubarán Capmany; vocales: licenciado Ignacio Ramos Praslow, licenciado Juan Cataño Flores, licenciado y diputado M. Fabio Altamirano, diputado Jerónimo Hernández, diputado Luis Espinosa, doctor y diputado José Siurob, general Jesús M. Garza, ingeniero Antonio Prieto, ingeniero Luis León, senador José G. Merante, senador Abel S. Rodríguez, doctor Darío López, doctor Donato Moreno, doctor y general Andrés G. Castro, profesor Aurelio Manrique, coronel Miguel A. Peralta, J. Prieto Laurens, Gustavo S. Martínez, Manuel Aguayo, Ignacio Corcuera Palomar, Salvador Barrera, Armando Salcedo (obrero), Carlos Rodríguez (industrial), Dionisio Montelongo (estudiante), Tomás Ramos.

Comisión de información política. Presidente, general Plutarco Elías Calles; vocales: general Heriberto Jara, licenciado Luis Sánchez Pontón, general y diputado Manuel García Vigil, licenciado y diputado Rafael Reyes, diputado Enrique Lickens, diputado Leopoldo Zincúnegui Tercero, diputado Gustavo Padrés, diputado Isaac Arriaga, general Arnulfo González, senador Adalberto Tejeda, Arturo G. Valenzuela, Eduardo Moneda.

Comisión de unificación y armonización de candidaturas. Presidente, Fernando Iglesias Calderán; vocales: general P. Elías Calles, general Arnulfo González, general e ingeniero Amado Aguirre, licenciado Rafael Zubarán Capmany, licenciado Roque Estrada, licenciado Enrique Colunga.

Ciudad de México, a 9 de febrero de 1920. El presidente, Fernando Iglesias Calderón; secretario; H. Pérez Abreu.

Y creí conveniente citar los nombres de los miembros del centro director electoral, para demostrar que fueron los principales representantes, ciudadanos civiles y los más ilustres revolucionarios los que formaron ese centro director electoral, y no militares al frente de las tropas.

Debemos agregar, además, que se había organizado por su parte el Partido Cooperativista Nacional, con elementos jóvenes en su mayoría civiles y valientes luchadores por el sufragio efectivo, presididos por el joven regidor Jorge Prieto Laurens, incansable batallador por su causa.

De San Luis Potosí seguimos nuestra propaganda hacia el estado de Coahuila, donde se nos había vaticinado que sufriría una gran derrota la candidatura de Obregón, por ser el estado nativo del señor Carranza. Afortunadamente para nosotros pasó todo lo contrario, pues en los puntos intermedios entre San Luis Potosí y Saltillo fue aclamado el general Obregón en todas las estaciones y celebramos un gran mitin en Matehuala, y la recepción en Saltillo fue un gran éxito a pesar de los trabajos del gobernador Espinosa Mireles para evitarlo.

El comité directivo obregonista de Saltillo había conseguido del H. Ayuntamiento el permiso para la recepción y que se adornaran las calles y que se tocaran las campanas, pero tuvo que cancelar el permiso porque recibió oficio del gobierno del estado en que pidió nulificar el permiso. Según se puede leer en *El Monitor Republicano* de fecha febrero 17 de 1920.

En Saltillo se organizó, mediante los trabajos del general Jesús M. Garza, el centro local pro Obregón, director de todos los partidos y agrupaciones que lo sostenían en Coahuila, fungiendo como presidente el general Arnulfo González, y primero y segundo vicepresidente los C. Aurelio Mijares y Juan Sáenz Garza; secretarios, diputados J. Mijares e Ismael Espinosa, y tesorero, J. Costilla.

En Saltillo cayó enfermo gravemente de gripe maligna el general Obregón y tuvo que estar recluido varios días en su residencia en el Hotel Coahuila, recibiendo a políticos, delegaciones y comisiones de partidos; entre otros recibió la visita del licenciado Emilio Portes Gil, representante de los obreros, campesinos y organizaciones políticas de Tamaulipas, para informarle del completo éxito de la candidatura de Obregón en aquel estado, según se puede leer en *El Monitor Republicano* de fecha 28 de febrero de 1920, y ya el día 27 se levantó el general Obregón en franca convalecencia y visitó los alrededores de la ciudad en donde fue calurosamente aclamado.

El Partido Laborista Mexicano convocó a una convención en la ciudad de Zacatecas, que se verificaría del 1º al 10 de marzo. Los generales Garza y Serrano concurrieron representando respectivamente a los campesinos del Yaqui y mineros del Nacozari.

Desde entonces empezaron a hacer activa propaganda por la prensa los miembros del grupo imposicionista de la candidatura de Bonillas, pretendiendo desvirtuar la popularidad de Obregón al anunciar que sólo se dedicaba a preparar un levantamiento militar contra el poder público.

Por eso, en su gran discurso en el mitin político celebrado frente al Hotel Coahuila el día 2 de marzo de 1920, terminó diciendo nuestro candidato:

Nosotros no predicamos la sedición. Nosotros condenamos una nueva revolución, ya que traemos en nuestros cuerpos las huellas de los estragos que las revoluciones causan. Nosotros no podemos predicar la revolución, porque la revolución no fue para nosotros una fuente inmoral de especulación. Nosotros queremos, sí, que se recojan los frutos legítimos de la revolución pasada, entre los que debe figurar, preferentemente, la efectividad del sufragio. Queremos que el pueblo conquiste, definitivamente, su emancipación política y que se libre para siempre de las tutelas oficiales que, a la hora del sufragio, resultan farsas sangrientas. (*Nutridos y prolongados aplausos.*)

Después de celebrar un gran mitin en Saltillo el día 3 de marzo de 1920 salimos para Concepción del Oro, Zacatecas; en todas las estaciones, principalmente en Ávalos, los campesinos de la región saludaron al candidato. habiéndose efectuado una tumultuosa manifestación y mitin en el centro de la población de Concepción del Oro, regresando posteriormente a Saltillo y recibiendo numerosas comisiones de trabajadores del campo en las estaciones de paso.

El día 4 de marzo, salimos de Saltillo para Monclova, donde en la estación nos recibió una inmensa muchedumbre, pues ferrocarrileros, trabajadores y campesinos se habían reunido para recibir al candidato popular. Continuamos para Allende, Coah., el día 5 de marzo siendo aclamado en Lampacitos, Barroterán hasta Sabinas. El éxito fue completo. El día 7 de marzo se efectuó un viaje de propaganda muy intenso recorriendo en automóvil por malos caminos los minerales de Sabinas, Cloete, Agujita, La

Rosita, San Juan de Sabinas y Palos, hasta llegar a Múzquiz; todos los mineros de la región y los campesinos aclamaron entusiastamente a nuestro candidato.

El día 8 de marzo de 1920 llegamos por la tarde a la población de Piedras Negras, donde una muchedumbre compacta llenaba los andenes de la estación que recibieron con estruendosas aclamaciones de júbilo al candidato Obregón.

Millares de personas rodearon al general Álvaro Obregón y organizaron una manifestación por las principales calles de la localidad, hasta llegar al kiosco de la plaza principal.

Entre otros oradores, todos muy aplaudidos, me tocó hablar y puede leerse en *El Monitor Republicano* de marzo 10 de 1920, lo siguiente:

> Dirígese al pueblo, en la forma brillante y elocuente que es en él habitual, el señor ingeniero Luis L. León. Puso de relieve el patriotismo siempre demostrado, del candidato Obregón, e hizo en breves conceptos, historia de la vida del candidato, desde que era humilde carpintero, tornero y agricultor, hasta llegar a la época en que se tornó en el defensor de los ideales libertarios, tan villanamente pisoteados, dice el orador, por la plutocracia y aristocracia porfiriana.
>
> El ingeniero León hizo un feliz recordatorio de la actitud asumida por el candidato, cuando la revolución hubo terminado en 1917. Expresó el orador que, hoy por hoy, el señor Obregón, primer ciudadano de la República, incuestionablemente, deja de ser el personaje militar, para ser ante el pueblo, el símbolo que hace temblar a los malos mexicanos que se han ensoberbecido en contra de la voluntad del proletariado. *(La ovación fue delirantísima.)*

Con motivo de los amagos de un ataque o atentado, siempre dormía uno de nosotros en el mismo cuarto que el general Obregón. A mí me tocó acompañarlo en el hotel en Piedras Negras y quiero referir un hecho que revela el control que nuestro candidato tenía sobre su emotividad.

Nos habían llegado noticias de que varios gobernadores que se habían manifestado entusiastas obregonistas, entre otros el de Hidalgo, se habían pasado al bando imposicionista bajo la presión oficial, lo que a todos nos produjo gran nerviosidad y disgusto. Al terminar el mitin pasamos a recogernos a nuestras habitaciones, procediendo el general Obregón a acostarse, mientras yo muy nervioso comentaba indignado la actitud de aquellos gobernadores.

El general Obregón me calló diciéndome: "Mira, León, si seguimos comentando nerviosamente estos asuntos ni podremos dormir ni encontraremos ninguna solución. Acuéstate." Y cinco minutos más tarde estaba durmiendo y roncando el general Obregón.

De Piedras Negras regresamos a Saltillo, durante todo el día 12 de marzo estuvo recibiendo numerosas comisiones y dirigentes de partidos en el Hotel Coahuila, entre ellos conferenció largamente con Felipe Carrillo, jefe de la Liga de Resistencia y presidente del Partido Socialista en Yucatán, que estaba desbaratando el gobierno de aquel estado con la fuerza militar y también habló con el prominente miembro del PLC, y líder del Partido Radical Tabasqueño, José D. Ramírez Garrido.

Felipe Carrillo le aseguró que a pesar de todas las persecuciones y los atentados, su partido se portaría virilmente en la lucha democrática que se avecinaba y que la mayoría de los yucatecos votaría por él. Igualmente le ofreció Ramírez Garrido por lo que se refiere al proletariado de Tabasco.

Al día siguiente salimos para Torreón donde recibió el general Obregón el siguiente mensaje: "De México a Torreón, Coah., 13 de marzo de 1920. Señor don Álvaro Obregón: Con satisfacción comunicámosle convención terminó hoy designación programa gobierno sale esa comisión portadora importante documento. Atentamente. Presidente interino José Siurob; secretario Claudio N. Tirado."

El día 13 de marzo de 1920 llegamos a San Pedro de las Colonias, Coah., donde fuimos recibidos por una gran manifestación y se verificó un gran mitin. Nos hospedamos en la casa de la familia Madero, pues don Julio Madero, hermano del presidente mártir, es uno de los más decididos partidarios de Obregón; el día 14 de marzo llegamos de regreso a Torreón.

El día 17 de ese mismo mes de marzo llegamos a Parras, Coah., regresando a Saltillo ese mismo día después de muchos incidentes desagradables en nuestros viajes por Coahuila en donde se manifestó la ya descarada determinación tomada por los elementos oficiales de entorpecer la gira política del señor Obregón. Véase *El Monitor Republicano* de marzo 18 de 1920. Estando en Saltillo supimos que al día siguiente llegaría en el tren de Laredo el señor ingeniero Ignacio Bonillas, de paso para la capital.

Con motivo de la llegada del señor ingeniero Bonillas a Nuevo Laredo, *El Heraldo de México*, con fecha 17 de marzo de 1920, publicó una carta hablando burlescamente de la imposición, de donde recogemos las frases de introducción que reflejan el choteo con que el pueblo recibía la candidatura oposicionista:

> *¿No será esto debido al mágico pero engañoso conjuro de los magos: Manuel Amaya, Federico Montes, Pliego, Valdés y el gremio de pulquerías?—Una pavorosa interrogación. ¿Cómo terminará la representación de una obra de tesis, en la cual hará el señor Bonillas el papel de protagonista, si los empresarios la están montando como si fuera una obrilla de género chico?—Sólo el arte produce la popularidad.*
>
> *Y el candidato de la imposición ni canta ni toca; ni hace prosa ni versifica; ni pinta, ni esculpe; ni filma, ni torea; ni es campeón de box, ni ha olido la pólvora.*

El general Obregón sabiendo de la llegada al día siguiente del señor ingeniero Bonillas a Saltillo donde nos encontrábamos, llamó a los principales líderes y directores de las organizaciones obregonistas y les suplicó que se abstuvieran de hacer manifestaciones en contra del señor Bonillas y menos hostilizarlo.

Pero el licenciado Manlio Fabio Altamirano le preguntó: "¿Pero podemos ir a ver la manifestación?" Contestándole el general Obregón sonriente: "Sí, porque por ver no se paga."

En su viaje hacia México venía el ingeniero Bonillas en un convoy organizado oficialmente. Lo precedía un tren militar para escoltarlo y era un tren de varios *pullmans* donde él viajaba en unión de sus amigos; todo dirigido por el general Montes y el director de los Ferrocarriles, Paulino Fontes.

En la estación de Saltillo estaba esperándolo el gobernador de Coahuila y diversos grupos de empleados del gobierno del estado y federales, pero había también como observadores un gran grupo de ferrocarrileros y de gente del pueblo, todos obregonistas.

En cuanto bajó el señor ingeniero Bonillas a recibir los saludos de sus amigos, los ferrocarrileros y los grandes grupos populares prorrumpieron en gritos: "Viva Obregón", "Abajo la imposición", así es que rápidamente lo subieron en un automóvil y a las volandas se lo llevaron a un cine donde le tenían preparada la recepción.

En el cine habría 3 o 4 hileras de lunetas ocupadas por empleados públicos y el resto del salón hasta las galerías, lo invadimos nosotros con la gente obregonista.

Habló el general Montes ofreciéndole la candidatura y nosotros interrumpimos el mitin.

Recuerdo el "choteo" de que le hiciera objeto Aurelio Manrique diciendo: "*Míster* Bonillas, para un *gentleman* como usted, estas tumultuosas manifestaciones obregonistas deben de ser un poco...", y se desató la algarabía. Hablé yo y habló Manlio Fabio Altamirano y a pesar del estruendo de las músicas oficiales el mitin quedó interrumpido por nosotros; pero en forma apresurada el señor ingeniero Bonillas, visiblemente excitado, dijo que en vista de las porras que se oponían a la libre expresión del pensamiento de los suyos, aceptaba la candidatura y salió entre una rechifla general.

La muchedumbre obregonista abandonó el cine y se dirigió al Hotel Coahuila en donde se encontraba el general Obregón, y allí se efectuó un gran mitin en favor de nuestro candidato.

Al ingeniero Bonillas le daban una cena en un restaurante del centro de la ciudad y el general Obregón le había enviado una carta, con su secretario particular el señor Torreblanca, donde amigablemente lo invitaba a recorrer la región que él eligiera de la República, los dos solos, sin propagandistas, ni escoltas, y presentarse al pueblo para auscultar la opinión pública y darse cuenta de parte de quién estaban las masas populares. Y le decía: "Si están en favor de usted, me comprometo a retirar mi candidatura y apoyar la suya; pero si se manifiestan en mi favor, espero que usted, como hombre de honor, retire la suya, y no se preste a ser un instrumento de intereses creados alrededor del gobierno."

Inmediatamente que supo el general Obregón que el ingeniero Bonillas había aceptado, mandó recoger la carta, porque ya no tenía objeto entregársela.

De San Pedro de las Colonias, Coah., como ya dijimos, llegamos con grandes dificultades a Torreón por los retrasos intencionales que hacía de los trenes el personal de los ferrocarriles para evitar que llegara a tiempo el general Obregón a Torreón.

En *El Monitor Republicano* de marzo 16 de 1920, se puede leer el siguiente mensaje que resume el gran éxito que tuvimos en Torreón:

Torreón, Coah., 14 de marzo de 1920. Señor Fernando Iglesias Calderón: Ayer tarde llegamos a esta plaza de Torreón, después de haber visitado San Pedro de las Colonias, y en toda esta importante región lagunera hemos sido recibidos con entusiastas muestras de simpatía y adhesión. La manifestación organizada ayer con motivo de mi arribo a esta ciudad fue grandiosísima, y en ella figuraron todas las clases sociales. El viaje de San Pedro a ésta, tuvimos que hacerlo en automóvil para evadir una maniobra de los ferrocarrileros, para que el tren llegara después de las once de la noche, maniobra que nos fue comunicada por un empleado del ferrocarril. Salúdolo afectuosamente.. *Álvaro Obregón.*

De Torreón regresamos a Saltillo y de allí emprendimos el viaje a Nuevo León.

Por tratarse de un periódico neutral e independiente, copiamos algunos párrafos de la información que publicó *El Porvenir*, de Monterrey, de marzo 22 de 1920:

El Porvenir, marzo 22 de 1920. El suceso político de mayor resonancia en la presente lucha electoral ha sido hasta hoy, sin género de duda y por lo que respecta a Monterrey, la recepción que en espontáneo arranque de simpatía y afecto y con un entusiasmo inusitado se hizo al señor don Álvaro Obregón.

Fuera de toda hipérbole, ya que nuestras columnas no reflejan sino la expresión exacta de la verdad por no haber en nosotros ni el más ligero asomo de inclinación adversa o favorable para ninguno de los candidatos, puédese asegurar que concurrieron a la demostración a que aludimos entre ocho a diez mil personas.

Predominando entre ellas el elemento obrero, la masa netamente popular, sin que esto signifique que se hayan abstenido de tomar parte en esos agasajos las demás clases sociales.

Se efectuó una entusiasta manifestación en la villa de San Pedro Garza García, y un poco antes de las diez de la mañana se emprendió la marcha rumbo a Monterrey, siendo aclamado el candidato Obregón en todo el trayecto y seguimos copiando de la misma información los párrafos conducentes:

Al llegar la comitiva al cruzamiento de la calzada con la calle de Villagrán, algunos de los acompañantes del candidato le hicieron notar que se encontraba ahí, en un automóvil, su esposa, la estimable señora doña María Tapia de Obregón en compañía de sus pequeños hijos Álvaro y Mayo. Se detuvo el carruaje un momento para que el señor Obregón saludara a su esposa, y al recibir en brazos a sus hijitos estalló una estruendosa y prolongada ovación. Los gritos de entusiasmo y los vítores repercutían sin cesar a cada momento.

Todo el trayecto estaba lleno de una gran muchedumbre que aclamaba al general Obregón, hasta que se detuvo la manifestación en la plaza Zaragoza frente al Hotel Continental.

Los discursos pronunciados en el gran mitin fueron vehementes y radicales, y sigue la información:

Se dirigió después a los manifestantes el ingeniero Luis León, cuyo discurso fue una condenación "para los militares que pregonan el civilismo derrochando los dineros de la nación". Hizo apreciaciones duras sobre los procedimientos del actual gobierno, llamando facultades super extraordinarias "a las de que ha hecho uso el señor presidente de la República". Emitió duros juicios sobre varios de los jefes de mayor prominencia en el ejército denunciando manejos muy poco edificantes, se refirió también a las imposiciones en San Luis, Guanajuato, Querétaro y... "Nuevo León" —gritó uno de los oyentes— y finalmente hizo amplias consideraciones sobre la trascendencia de la presente lucha electoral para el porvenir de México.

Sucedió en el uso de la palabra al ingeniero León el señor diputado Manlio Fabio Altamirano, teniendo en su perorata periodos tan enérgicos como estos: "Obregón, como Madero, se enfrenta al dictador tremolando la bandera de la honradez que quita el sueño a los bandidos de la revolución." "Hoy ya no podemos temblar, de algo nos han servido diez años de revolución, así se llame el dictador Porfirio Díaz, Victoriano Huerta o Venustiano Carranza." "Obregón no mendiga el poder porque sabe que el único que lo da por la buena o por la mala es el pueblo." Tuvo severas críticas para el señor Bonillas y acres censuras para el general Pablo González, y concluyó su discurso diciendo más o menos textualmente: "Si se quiere imponernos un nuevo mandatario, volved los ojos a esas montañas que se alzan al cielo como el baluarte del pueblo para la conquista de sus derechos."

De los manifestantes partieron gritos pidiendo que hablara el ciudadano Obregón, pero antes de que lo hiciera, dijo un breve discurso, tan enérgico como los anteriores, un representante del Partido Socialista Obrero.

El ingeniero León anunció en seguida que iba a hablar el candidato, no obstante de hallarse enfermo todavía y sólo por corresponder a las demostraciones entusiastas que se le tributaban.

El señor Obregón habló en seguida con voz firme y pausada. De su breve discurso pudimos recoger aunque truncas en partes, estas frases: "Una intensa emoción me hace que les dirija la palabra, no obstante que me siento incapacitado para hacerlo a causa de mi enfermedad. Mucho tendría que decir a ustedes si no fuera que se han presentado ante sus ojos dos cuadros cuya elocuencia supera a la del mejor orador: hace unos cuantos días la ciudad de Monterrey vio desdeñosamente la llegada de un candidato que ni conoce ni estima; hoy se le presenta otro cuadro, el del pueblo que ansioso de libertad, se congrega entusiasta en este sitio. Me siento satisfecho de las pruebas de adhesión y civismo del pueblo regiomontano, ello me estimula para seguir en la lucha contra los que no son sino sus verdugos. Si se colocara en mi camino un patíbulo, no retrocederé, estaré siempre con el pueblo; mi última palabra y mi última mirada serían para mis conciudadanos."

Una atronadora salva de aplausos subrayó las últimas palabras del candidato.

En mi tierra Ciudad Juárez habían lanzado mi candidatura para diputado al Congreso de la Unión todas las organizaciones y partidos obregonistas. Me estaban llamando para que fuera a protestar y de acuerdo con el general Obregón, partí de Monterrey por Laredo vía Estados Unidos a El Paso, Texas, para de ahí presentarme a mi toma de protesta en Ciudad Juárez. El general Obregón me llamó aparte en el hotel para despedirme y me dijo: "Ya sabes que no tenemos dinero y no puedo ayudarte como quisiera para tu campaña. Sólo puedo darte estos $ 500 y otra ayuda indirecta."

Llamó al fotógrafo y él sentado en una silla y yo parado tras del respaldo, fuimos fotografiados, y me dijo: "Con esta fotografía haces la propaganda de tu candidatura y de la mía en tu distrito; así te aseguras que se unificarán los obregonistas y sólo tendrás que luchar contra el candidato bonillista."

Como fue.

En la convención obregonista se me interrogó ampliamente y contesté todas las preguntas, pronunciando un discurso. En seguida copio la hoja en que se publicó una vez aprobada mi candidatura por aclamación:

Los partidos liberales unidos postulan para diputados al Congreso de la Unión, por el cuarto distrito electoral del estado de Chihuahua —Bravos y Galeana, a los CC.:
Para propietario, Ing. Luis L. León
Para suplente, señor Francisco Tovar y Pérez

Extracto del discurso pronunciando por el ingeniero Luis L. León en la asamblea de los partidos liberales unidos de Ciudad Juárez, celebrada la noche del 24 de marzo de 1920. (El ingeniero León fue interrogado sobre su personalidad, su pasado y su presente.) (Extracto de la versión taquigráfica.)

Señores: Si hace un momento, cuando se me pidió que hablara sobre la personalidad del general Obregón, lo hice con ciertos escrúpulos, ¡qué de extraño que ahora sienta cierto desagrado al tener que hablar de mi persona! Pero ya que se me emplaza en ese terreno, acudiré a él, y no me negaré, pese a mi repugnancia, a referirme a mi humilde personalidad.

Yo, señores, soy hijo de este pueblo; procedo de una familia honrada de medianos recursos, que fue a menos por la muerte de mi padre. Quedé huérfano de niño y tuve que formar mi carácter luchando a brazo partido con la existencia. Yo supe de muchos días de pan amargo y difícil. La vida para mí no ha sido un festín; ha sido una lucha.

La abnegación de mi familia me dio una carrera liberal; pude terminar mis estudios de agrónomo. No quiero que esto se tome como una vanidad, pero pueden preguntar a mis profesores y a mis condiscípulos la carrera que hice.

En aquella época bullían en los cerebros y palpitaban en los corazones, ideas y sentimientos de renovación y de mejoramiento social. Los intelectuales de carácter y de corazón formaban en la mente de aquella generación estudiantil el *idearium* del porvenir. Yo nací a la vida intelectual en aquel tiempo, entre 1908 y 1912, entre las ideas del liberalismo clásico mal aplicado que se derrumbaba juntamente con la dictadura, y las ideas socialistas, o, cuando menos, de socialismo de Estado, de democracia y de liberalismo radical, sobre las que se apoyaba el anhelo profundo y nacional de reconstruir al país para el futuro. Y debo de manifestarlo francamente: llevo el sello de mi época, que será un estigma para los conservadores, pero que es un timbre de gloria para los que amamos la revolución. Lo digo claramente, desde aquel tiempo, soy ardiente partidario de los nuevos ideales humanos. (*Aplausos.*)

Ya en las postrimerías de mi vida estudiantil, y siendo presidente de la sociedad de alumnos de la Escuela Nacional de Agricultura, entré en acción de acuerdo con mis principios, encabezando movimientos estudiantiles de rebeldía y de protesta contra el régimen porfirista, como en noviembre de 1910 y como en la huelga antiporfirista de la escuela de agricultura de San Jacinto del 21 de abril de 1911, donde alcanzamos un señalado triunfo sobre el ministro de Fomento del viejo dictador.

Pero donde el grupo de aquellos estudiantes revolucionarios manifestó más claramente su pensamiento y su anhelo, fue, sin duda, en el Congreso Nacional Estudiantil del centenario, donde sostuve nuestro desacuerdo con el régimen político que imperaba entonces, en unión de compañeros que después se distinguieron en las luchas libertarias, unos en los campos de batalla, como Enrique Estrada y el valiente Juan Manuel Otero y Gama; otros en la tribuna, en el periódico y en la actividad civil, como Basilio Vadillo, Francisco Castillo Nájera, Luis Sánchez Pontón y otros.

En las postrimerías de 1911 salí de la escuela a la vida. El señor Madero, por la bondad inagotable de su corazón había dejado en la máquina administrativa a todos los elementos del antiguo régimen. Yo, un revolucionario, no podía ir a servir los intereses latifundistas de los grandes científicos; y yo, un maderista, no podía vender mi criterio ni abdicar mis ideas, convirtiéndome en un servil o en un explotado del grupo de agrónomos "científicos" que controlaban la Secretaría de Fomento. La organización administrativa de aquel tiempo me cerraba las puertas como agrónomo y el viejo régimen me sitiaba por hambre, como en un círculo de hierro. Mi espíritu inquieto y luchador me abrió pronto otros horizontes. Si la sociedad se vengaba en mí por mis ideas rebeldes, yo me burlé de la sociedad de aquel tiempo por sus ideas rancias, y desafiando sus iras, despreciando sus prejuicios y desatendiéndome de sus anatemas, me lancé a ganarme la vida en los redondeles. Fui torero.

Era la edad heroica. Era la bella mañana de primavera en que se despierta, en el fondo de nuestro espíritu, el Quijote que llevamos dentro, se encarama en su viejo Rocinante, se arma de punta en blanco, y sale a recorrer los caminos perfumados y floridos de la juventud en busca de aventuras. (Aplausos.)

Fui torero, sí, antes que resignar mi independencia o entregar la libertad de mi espíritu. Fui torero, porque nunca quise manchar mis manos con el oro de administraciones que compraban no el trabajo, sino la conciencia del hombre. No quise ni siquiera engañarlos. Yo no he engañado ni estafado a nadie; ¡ni a los públicos! (Aplausos continuados.) Porque cuando con las manifestaciones de mi arte humilde no pude conquistar la gloria sonora del aplauso, les di mi sangre a cambio de sus ovaciones. (Aplausos.)

Pasaron, como en un sueño de gloria caduca que se desvanece, los años floridos de emoción y de aventura. Llegó la madurez y con ella vino la reflexión. Mi propia conciencia me reprochó a menudo que no dedicara mis esfuerzos a mis viejos ideales. Dejé los toros y fui a colaborar con los sinceros y honrados revolucionarios del noroeste.

La camarilla carrancista prostituía y desprestigiaba el régimen emanado de la revolución y la honradez revolucionaria se refugiaba entonces en ese hospitalario y querido solar sonorense. Para allá me fui. Los últimos cuatro años de mi vida los he pasado laborando por implantar los principios de la revolución, principalmente en su carácter agrario. Mi obra en Sonora está pronta a someterse al juicio de quien la conozca. Debo decir que todavía no tenía un año de residencia allá, cuando fui honrado por los sonorenses con el nombramiento de diputado suplente por el segundo distrito electoral (Guaymas y Hermosillo) y fui honrado por unanimidad en una elección que se dividió entre dos candidatos propietarios, pero que se unificó por lo que a mí respecta.

Como suplente fui mes y medio a la Cámara de Diputados tomando parte en la discusión de la ley electoral. No está bien que yo haga crónica de mi corta actuación parlamentaria pero sí creo que puedo decir, que no merecí el elogio de los mudos y de los silenciosos. *El Diario de los Debates* me autoriza para decir que no fui un anodino. Con mis errores y mis aciertos supe dejar la huella de mi paso. Apreciado por unos, los independientes de las izquierdas, fui odiado por otros; por las derechas incondicionales. *(Aplausos.)*

El año pasado el torbellino de la lucha política me arrastró como propagandista de la candidatura del general Obregón a través de la República. Creo que me he dado a conocer lo bastante para poder ser juzgado en todo el país, y a ese juicio me atengo. Yo tendré siempre como mi más preciado galardón mi actuación en esta gira inolvidable; porque estimo que en los momentos difíciles y de prueba he sabido estar a la altura de mi deber.

Como considero indispensable que todos se enteren de mis ideas y de mis principios, para que nadie que me dé su voto pueda llamarse engañado o sorprendido, pues yo no trato de cazar votos halagando a unos y otros, para quedar después mal con todos, quiero manifestar aquí sinceramente, con toda claridad y con toda franqueza, fijando de una vez por todas mi posición, cuáles son mis ideas sobre el problema social por excelencia, de nuestro tiempo: el conflicto entre el trabajo y el capital. Para mí el capital en ese choque representa el adversario más fuerte, y es, por tanto, un deber de los revolucionarios estar con el débil. El capital sólo necesita de los gobiernos las garantías que las leyes le conceden para obtener el fruto de sus inversiones. El capital tiene la unión, tiene la organización, dispone de la prensa, de profesionistas, de técnicos, de intelectuales, de políticos profesionales, y de ese gran número de funcionarios que se rinden ante el mágico poder del oro. ¡En un país como el nuestro en que son tantos los que se venden! *(Aplausos estrepitosos.)*

El trabajo no tiene otra fuerza que la de su número; pero las clases trabajadoras en nuestra patria luchan, por culpa de pasados regímenes que no les brindaron el pan intelectual de la instrucción, con los inconvenientes de su ignorancia, de su indisciplina, de su falta de organización y solidaridad. Así es que para mí, el esfuerzo revolucionario, y, sobre todo, legislativo, debe tender a favorecer la organización y defensa de los trabajadores, una vez que los elementos gubernativos, hagan efectivas al capital las garantías que nuestras leyes le conceden. W. Rousseau decía admirablemente que hay que perseguir que el capital trabaje y el trabajo empiece a poseer. Así es, señores, que para no engañar a nadie, quiero declarar desde este momento, que si llego a la cámara, en ella estaré, cuantas veces la justicia lo autorice, de parte del trabajo. *(Aplausos estrepitosos.)* Pero entiéndase bien de acuerdo con la justicia que se interprete según el criterio anterior; de la justicia llena de vida que sabe sentir las palpitaciones del dolor humano y que es muy otra de la justicia que simbolizan las frías, las egoístas, las inconmovibles balanzas del mercader que no conocen más ley en la vida que la oferta y la demanda, sin que nunca un grito trágico de la miseria pueda conmoverlas. *(Aplausos estrepitosos.)*

Hay otro asunto local sobre el que quiero dar a conocer mi punto de vista, aunque su exposición me retire algunas voluntades y me haga perder algunos votos; me refiero a los centros de disipación que la frontera ofrece al vicio americano. Yo creo que un país, un distrito o una población, no deben edificar su vida sobre el deleznable y discutible cimiento de la explotación del placer extranjero. Yo creo que una región que no hace descansar su vida sobre la base fija y estable, ya sea de su comercio, de su agricultura o de su industria, no tiene vida propia o la tiene transitoria y ficticia. Si los "juegos" y las "cantinas" y los "cabarets" se sostienen con el argumento, llamémosle así, del estado de miseria en que se encuentra nuestro erario; si se sostienen porque producen una "corriente de oro", deben de manejarse de acuerdo con ese argumento de pretendida justificación; que la "corriente de oro" se dedique exclusivamente a los servicios administrativos y públicos *(aplausos)*, y sobre todo, que esas fuertes entradas se apliquen con un criterio determinado y lógico, siguiendo un sistema que produzca con el tiempo una base amplia de vida a la región, para que ya no tenga que depender del vicio extranjero, y para que ya no tenga que vender su moralidad por miseria. Así, en esta querida Ciudad Juárez, que debe tener su vida vinculada sobre todo con la agricultura y el comercio, esas entradas deben dedicarse a establecer un sistema de irrigación capaz de asegurarle el florecimiento de su agricultura, a defender sus tierras (que son la patria misma) de las invasiones del río, y a formar una ciudad higiénica, hermosa y limpia. *(Muchos aplausos.)*

Si yo llego a la cámara por el voto de ustedes, quiero prometerles desde ahora, que habrá siempre una voz que se haga oír pidiendo tercamente, con la terquedad que me da el gran cariño que por mi tierra siento, ¡que Juárez tenga su puesto en la vida sin necesidad de avergonzarse por el origen del pan que lleve a la boca de sus hijos! Y con cuánta mayor fuerza, y con cuán gran indignación, se levantará mi protesta si hay gobernantes, como los de hoy, que no sólo hipotequen nuestro pudor, ¡sino que criminalmente lo hipotequen para llenar sus bolsillos de oro fácil y vergonzante! *(Aplausos.)*

Esa es la historia de mi vida humilde; esas mis ideas y esos mis ideales. Yo pido que me apoyen los que piensan como yo y me combatan francamente los que sostengan ideas contrarias. Indudablemente que mi vida es vulgar y mi personalidad humilde y pequeña; no soy más que un hombre igual a los demás y colocado en el mismo nivel de la mayoría. Mi única vanidad es que creo que puedo decir: Que en todas las situaciones de mi vida he cumplido con mi deber.

Para terminar, quiero manifestarles que veré el resultado de esta discusión de candidatos con la ecuanimidad y la serenidad de un espíritu que no se ofusca por ambiciones. Si el voto de los partidos liberales unidos me hace candidato, lucharé en mi campaña electoral como siempre he luchado en política: abierta, franca y decididamente. Si, por el contrario, la decisión me es adversa, me ofrezco desde luego para luchar por el que triunfe con el mismo ardor con que lo haría por mí. Quiero declararles a los partidos liberales unidos que cualquiera que sea su fallo en este asunto, como miembro de ellos, me tienen a su disposición, disciplinado y entusiasta. Y cada vez que luchen por el mejoramiento, el adelanto y el progreso de mi querida tierra, Ciudad Juárez, y crean oportuna mi colaboración, no tienen sino nombrarme en su falange de luchadores, que yo, inmediatamente, pasaré lista de presente. *(Aplausos estrepitosos y prolongados.)* Ciudad Juárez, Chih., marzo de 1920.

Conviene aclarar que mi estancia en Ciudad Juárez fue muy breve, pero no exenta de incidentes y dificultades.

Desde los balcones de un hotel pronuncié unas palabras de propaganda en favor del general Obregón y condenando la administración impuesta en

Chihuahua por el general Murguía, y mi contrincante iba a ser el licenciado Trigos, un incondicional de dicho general.

En el mitin, frente al hotel, se estacionaron para guardar el orden como 30 hombres montados de las fuerzas carrancistas que con un gran descaro y usando sus armas dispersaron la manifestación, después de valiente pero desigual lucha.

Viajando por el lado americano de El Paso, Texas, a Douglas, Arizona, fui a entrevistarme con el general Calles, según me lo había indicado el general Obregón, y le informé ampliamente de la campaña; de la carencia de fondos del general Obregón y de la ya descarada intromisión de gobernantes, policías y fuerzas militares para imponer a Bonillas.

El general Calles reunió a los principales amigos del general Obregón como los ganaderos Gabilondo y Elías que reunieron en la misma noche antes de mi partida, diez mil dólares para enviárselos al general Obregón.

Se extrañaron mucho de que el general Obregón no hubiera girado contra ellos como le habían pedido que lo hiciera cada vez que lo necesitara; pero sus peticiones telegráficas urgentes no habían llegado por la censura.

Además, el general Calles, quien ya había sostenido una conversación en Hermosillo con el general Diéguez en su viaje a Sonora, me dijo que había comprendido que estaban dispuestos los hombres de Carranza a invadir el estado con fuerzas muy numerosas al mando de Diéguez y Murguía; y que como comprendería, los obligarían a hacerles frente con las fuerzas que había en el estado y los voluntarios de Sonora, todos dispuestos y resueltos a defender la soberanía de la entidad y a no permitir el atropello y la imposición. Inmediatamente regresé por la vía Laredo a reunirme con el general Obregón y fue este viaje mío el que al evitarme acompañarlo a Tampico, me salvó de ser aprehendido y golpeado en aquel puerto, como lo fueron mis compañeros oradores en esta campaña, diputado licenciado Manlio Fabio Altamirano, Aurelio Manrique y el licenciado Rafael Martínez de Escobar. Ya de viaje conocí por los periódicos el criminal atentado.

En mi regreso, viajando de Laredo a Monterrey, donde volví a incorporarme al general Obregón, nos cruzamos con el tren que iba de Monterrey a Laredo y en el cruzamiento se pararon los trenes como diez minutos.

Allí saludé al general Salvador Alvarado que salía del país y quien me puso al tanto de los atentados ocurridos en Tampico y de la llegada del candidato Bonillas a México. Me aconsejó mucha prudencia y me dijo que el llamado a México del general Obregón complicándolo en el proceso del general Roberto Cejudo, era con el objeto de nulificarlo como candidato, y que temía que lo aprehendieran o fuera víctima de un atentado, en cuyo caso a todos nosotros nos iban a tratar como rebeldes, por lo que me aconsejó que estuviera muy alerta, pues iba a ser tratado como los aprehendidos y golpeados en Tampico.

Para evitar alargar este escrito, voy a tomar una cita del libro *Autobiografía de la Revolución Mexicana*, del licenciado Emilio Portes Gil, p. 284, en la parte que habla del fracaso de la llegada de Bonillas a México, refiriéndose a la manifestación que trataron de organizar, gastando mucho dinero, moviendo a los empleados públicos y con la presión de las fuerzas militares, los bonillistas para aparentar una popularidad que no existía. Tomo lo siguiente:

La inmensa mayoría de la manifestación organizada por el gobierno en favor de Bonillas se convirtió francamente en obregonista, por lo cual las autoridades aprehendieron a varios diputados y a más de 150 obregonistas.

Basilio Vadillo, Martín Barragán, Ezequiel Ríos Landeros, Francisco Rojas y Enrique Meza, fueron reducidos a prisión sin que se les respetara el fuero de que gozaban.

La Comisión Permanente elevó una protesta por esta violación de la ley.

El cebo del civilismo fue lo que aducían los carrancistas para realizar la propaganda en favor del señor ingeniero Bonillas.

A su vez, los partidarios del general don Pablo González fueron víctimas de los atropellos que cometían las autoridades, los malos militares y los funcionarios inmorales.

En Tamaulipas, el Partido Demócrata, que yo encabezaba; la Federación de Sindicatos Obreros; en Yucatán, las ligas de resistencia que jefaturaba Felipe Carrillo Puerto, y en todos los estados de la República, otros partidos secundaron al candidato presidencial. (Se refiere a Álvaro Obregón.)

El recibimiento que el pueblo de Tampico hizo al general Obregón fue grandioso. Más de 15 000 personas, campesinos, obreros y clase media, se hicieron presentes para aclamar al candidato de la oposición, que estuvo a punto de ser víctima de un atentado por parte de las autoridades militares, como puede verse de la siguiente carta que el candidato dirigió al presidente del comité obregonista de la ciudad de México: "Nuestra entrada a Tampico ha sido uno de los éxitos de mayor significación en nuestra gira política. De todas las clases sociales, predominando naturalmente la obrera que es tan numerosa en este puerto, se congregó para recibirnos una multitud que pasaba de quince mil ciudadanos. Al llegar a la plaza de la Libertad celebróse un mitin habiendo hecho uso de la palabra tres de mis compañeros y yo desde el balcón de mi alojamiento en el Hotel Continental. El entusiasmo de la muchedumbre fue desbordante, habiendo sido constantemente interrumpidos nuestros discursos por las aclamaciones y aplausos de los concurrentes. El mitin terminó dentro del mayor orden no obstante la actitud provocativa de las autoridades militares quienes destacaron gruesas escoltas de gendarmes montados y de soldados de infantería que se mezclaron en la manifestación e interrumpían y molestaban a cada paso a los manifestantes. Momentos después de terminado el mitin fueron aprehendidos dos de mis compañeros, los oradores licenciado Rafael Martínez de Escobar, y Aurelio Manrique, Jr.; una hora después fue asaltado mi alojamiento por un grupo de siete agentes del gobierno, quienes penetraron de improviso levantando sus pistolas y pronunciando injuriosas palabras. El atentado se frustró por haberme encontrado, casualmente en esos momentos, fuera de mi alojamiento. Los agentes no presentaron orden escrita alguna y sólo gritaban que eran enviados del coronel Carlos Orozco y del general Murguía, entablando un altercado con tres de mis compañeros que estuvo a punto de degenerar en riña armada de no haberlo evitado con toda oportunidad y valor el licenciado Emilio Portes Gil. Los agentes del gobierno, sin respetar el fuero constitucional que ampara a los diputados al Congreso de la Unión, aprehendieron con lujo de fuerza al diputado Manlio Fabio Altamirano que se encontraba en mi alojamiento y se lo llevaron a la cárcel en donde estaban ya Manrique y Martínez de Escobar. Estos dos últimos, después de ser aprehendidos fueron golpeados personalmente por el coronel Carlos Orozco e injuriados soezmente. La indignación más justa e intensa reina entre todos los habitantes de Tampico que han presenciado estos actos repugnantes."

Estando en Monterrey, el general Obregón elevó una queja ante el señor Carranza, protestando por la aprehensión y encarcelamiento de los generales Cipriano Jaimes, Manuel B. Román y coronel José López Zuazua.

En el mensaje decía el general Obregón: "Me permito reclamar con todo respeto un espíritu de mayor equidad para mis partidarios, pues mientras se da toda clase de facilidades a los militares que muestran su disposición de incorporarse a la camarilla que constituye el llamado civilismo, entre los que figuran algunos altos jefes del ejército, como el señor general Cándido Aguilar, hijo político de usted, se persigue y se hostiliza a los jefes del ejército que en cualquier forma demuestran simpatías a mi candidatura."

La gira del general Obregón a través de la República fue cada día más intensa; y como los atropellos que se cometían a diario con sus partidarios en presencia misma del candidato aumentaban, los discursos de los propagandistas y del mismo general Obregón eran cada día más violentos y más enérgicos.

Y como la popularidad del candidato se multiplicaba cada día, el gobierno, para tratar de impedir el éxito de esa campaña, recurrió a procedimientos manifiestamente antidemocráticos, tendientes a inhabilitar al candidato.

Trató de complicarlo con el movimiento felicista del general Roberto Cejudo, que estaba levantado en Puebla, atribuyéndole complicidad con ese jefe militar.

En forma autoritaria, la Secretaría de Guerra, encontrándose el general Obregón en Matamoros, Tamaulipas, le ordenó presentarse en un juzgado militar de la ciudad de México.

El general Obregón no tenía cargo militar. Se había separado del ejército desde el año de 1917 y había pedido al Senado de la República no reconocerle ningún grado. Se creyó que el general Obregón rehuiría el llamado que se le hizo, pasándose a los Estados Unidos, con lo cual quedaría inhabilitado. Pero Obregón de inmediato obedeció las órdenes del secretario de Guerra.

El candidato, con tal motivo, declaró en Monterrey: "Iré a la ciudad de México. Posiblemente presentarán muchos testigos, posiblemente dispondrán de muchos jueces, pero el tribunal supremo que es el pueblo fallará en este proceso. Voy escudado en mi conciencia, voy con la tranquilidad del que sabe cumplir con su deber y voy conscientemente al encuentro de todos los obstáculos que se pongan en nuestro camino. Es posible que en unos días más, la prensa que se paga con el dinero del erario, para injuriar al candidato del pueblo, para desorientar al mismo pueblo, dé cuenta a la República, de que pesan sobre mí delitos que nadie conocía, de que se forma alrededor de mí, un proceso que me incapacita para ser candidato a la presidencia de la República, pero me compensará el fallo de mi conciencia y el de la opinión pública.

"Ayer el 'ladrón de Guayule', Francisco I. Madero, fue internado en la penitenciaría de San Luis Potosí. El licenciado J. Natividad Macías, había sido el denunciante del 'delito' y quien había preparado la incapacidad legal de don Francisco I. Madero para continuar su gira triunfal democrática, como candidato del pueblo. Es ahora el mismo licenciado Macías, todos lo sabemos, uno de los mentores de la actual administración. Es posible que ahora el 'conspirador' Obregón, el 'rebelde' Obregón, tenga que ir también a donde fue el 'ladrón de Guayule'; pero ya antes he dicho a qué fallo someteré mi juicio."

Con esa información bajé a la estación del ferrocarril en Monterrey, donde estaba esperando el mismo tren el señor general Obregón; rodeado de miles de entusiastas partidarios con motivo del formidable discurso que había pronunciado anteriormente, del cual son las palabras citadas.

Al saludar al general Obregón le pregunté si sacaba pasaje hasta la ciudad de México a donde él se dirigía llamado por las autoridades militares que lo querían complicar en el proceso del general Cejudo.

El general Obregón me dijo rápidamente: "Saca pasaje solamente hasta Saltillo."

Cuando el tren se puso en marcha, el general Obregón y yo solos conversamos en la plataforma de atrás del último carro, y le informé de lo que me había dicho el general Calles; de la preocupación que tenían por su seguridad y por su vida y que creían conveniente que se cuidara mucho de un atentado. Le entregué los diez mil dólares que le enviaban y me dijo: "¿Por qué no me los diste en la estación de Monterrey?, pues ahí tuvimos que dejar al hermano del general Garza empeñado en el hotel, mientras conseguíamos el dinero que nos iba a prestar el padre de Garza, comerciante de un pueblo cercano."

En aquellos días el tren de pasajeros que venía para México se detenía en Saltillo para pasar la noche y reemprendía el viaje hasta las primeras horas del día siguiente para pasar de día el tramo entre Saltillo y San Luis Potosí, donde solían asaltar los trenes partidas de rebeldes de las fuerzas que pertenecieron a Eulalio Gutiérrez y con el objeto de evitar los asaltos.

Llegamos al hotel en Saltillo y una vez que nos instalamos en un cuarto, el general Obregón nos dijo al general Jesús M. Garza, a Manuel Vargas y a mí: "Creo que me llaman a México para procesarme e incapacitarme para candidato o para cometer cualquier otro atentado, y ustedes desde este momento corren el peligro de ser considerados como rebeldes y perseguirlos como tales, porque esa es la intención del gobierno, pero aquí vamos a hacer lo de las codornices, que en su vuelo se dividen en distintas direcciones." En seguida nos dio instrucciones: al general Garza que se dirigiera a Zacatecas a ponerse en contacto con el general Enrique Estrada; al señor Manuel Vargas que tratara de llegar a la frontera por Piedras Negras para hablar con el general Joaquín Amaro, que estaba de guarnición en Ojinaga, Chihuahua, y a mí, que hiciera lo posible por llegar como candidato a diputado a Ciudad Juárez, hablando en Chihuahua con el general Eugenio Martínez, pues él creía inminente la persecución de todos sus amigos y el arresto de los jefes militares.

Desde luego todos aceptamos sus instrucciones y yo me atreví a decirle: "Pero usted al dirigirse a México es seguro que se dirige a que lo aprehendan para incapacitarlo como candidato o tal vez lo asesinen."

Y el general Obregón tranquilamente nos contestó: "Anoche en Matamoros, Tamaulipas, dormí poco pensando en qué decisión tomar, porque el llamado de la Secretaría de Guerra inmiscuyéndome con los rebeldes me lo dirigían a Matamoros, pensando probablemente que yo me asustaría y cruzaría la frontera, incapacitándome como candidato. Pero mañana que yo llegue a México el que no va a dormir va a ser don Venustiano, pensando qué hacer conmigo; si me aprehende, si me pone en prisión o si me fusila. Por eso determiné ir a México, presentarme ante las autoridades militares y como dicen en mi tierra van a conocer 'la calidad de la panocha'." Al día siguiente él siguió su camino para México y nosotros el nuestro para cumplir sus instrucciones.

Yo pude llegar a Chihuahua y hablar con el general Eugenio Martínez, que estaba en disponibilidad sin ningún mando de fuerza, pero que previendo los acontecimientos se hacía pasar como muy enfermo de reumatismo; y en la casita en la que vivía frente al "Parque Lerdo" salía a tomar el sol en la banqueta sentado y envuelto en cobijas, mientras en el corral de la parte posterior tenía a los caballos ensillados.

Me acerqué a él con sigilo y le di el recado del general Obregón, diciéndole que estuviera muy alerta porque era fácil que lo consideraran rebelde y lo hostilizaran y aprehendieran y que en ese caso obraran con toda energía cualquiera que fuera la situación del general Obregón en México.

El general Martínez me contestó: "No platiques mucho conmigo, ya vete, porque te han de estar siguiendo, aquí todos estamos listos para defendernos en caso de una agresión, y tenemos preparados todos los elementos."

Marché por tren para Ciudad Juárez creyendo que como candidato no me perseguirían; pero en la estación de Villa Ahumada subió Francisco Rodríguez, "Paco", como le llamábamos nosotros, mi amigo y compañero de la infancia, y me dijo que mis partidarios temían que me aprehendieran y urdimos un plan.

El tren antes de entrar a la estación de Ciudad Juárez tenía que cruzar una curva a la altura de El Barrial y la casa redonda, donde perdía mucha velocidad para llegar a la estación. Le entregué mi veliz a "Paco" y me bajé en la curva, cruzando a pie el trayecto entre El Barrial y la isla de Córdova, que entonces eran casi puros terrenos de cultivo y casas aisladas, pero todas de mis amigos y partidarios.

El río Bravo llevaba poca agua y lo crucé a pie por la isla de Córdova.

En el lado americano tomé el tranvía, llegué al centro de El Paso, Texas, prosiguiendo mi viaje por ferrocarril para Douglas, Arizona, de donde pasé a Agua Prieta, Sonora, a informar al señor general Calles.

Allí pude enterarme de la ofensiva injustificada desarrollada contra el estado de Sonora y su gobierno.

El general Calles y los hombres de Sonora estaban muy temerosos de que en un momento a otro se cometiera un atentado contra el general Obregón, pues todos comprendían que no podía ser otro el objeto de llamarlo a México y de querer implicarlo en una conspiración con jefes felicistas como Cejudo; y además, allí conocí que ya empezaban a realizarse las amenazas del gobierno del centro contra el gobierno y el pueblo de Sonora, de invadirlo con fuerzas militares para aplastar el obregonismo, y que los hombres del estado tanto militares como civiles, estaban dispuestos a enfrentarse con las armas si era necesario, pero que por ningún motivo se dejarían atropellar. Que ya se habían cambiado enérgicos mensajes entre el gobernador del estado don Adolfo de la Huerta y el señor presidente Carranza.

Creo conveniente incluir los informes sobre el viaje y proceso del general Obregón en México, antes de mi información sobre lo que pasó en Sonora, pues más o menos mi llegada a Sonora coincidió con la llegada del general Obregón a México, quien pidió a sus partidarios se abstuvieran de hacer ninguna manifestación a su llegada, y en lugar de hospedarse en el hotel fue a hospedarse a la casa del señor licenciado Miguel Alessio Robles, en la calle de Colima número 182, como se puede leer en el número de *El Monitor Republicano* de abril 7 de 1920.

Fueron incomunicados todos los "cejudistas" que estaban presos y para que se efectuara la audiencia con el general Obregón se tomaron preparativos militares casi ridículos que sólo comprobaron el temor que tenían por el apoyo popular a la candidatura del general Obregón con la protesta que podía enardecer a sus partidarios con motivo del atropello que cometían.

En la parte conducente dice el periódico:

En cuanto las autoridades tuvieron conocimiento de que, en contra de lo que muchos esperaban, el señor Álvaro Obregón había llegado a la metrópoli a fin de declarar ante el juez especial que instruye el proceso contra el ex rebelde Roberto F. Cejudo, tomaron grandes precauciones como si temieran una asonada o un motín.

Al efecto, por conducto de la guarnición de la plaza, la presidencia de la República dispuso que tres mil hombres de los que forman la guarnición del Distrito Federal estuviesen listos para cualquier evento, y en dispositivo de campaña.

La guardia de la prisión de Santiago que regularmente cuenta con unos veinticinco hombres, fue aumentada hasta trescientos, y en los corredores, azoteas y pasillos fueron doblados los centinelas, como si se temiera un motín de los reclusos.

Las precauciones tomadas para guarnecer la prisión, no pararon en esto, sino que en el cuartel anexo a ella fueron hospedados seiscientos soldados del tercer regimiento de línea, con el objeto de que a la menor indicación rodearan el edificio del establecimiento penal.

Varios representantes de la prensa capitalina en la mañana de ayer, hicieron una corta visita al candidato del pueblo, señor Obregón, en la casa del señor licenciado Miguel Alessio Robles, calle de Colima número 182, donde se halla hospedado.

El señor Obregón recibió a los periodistas con suma amabilidad y les contestó a las preguntas que éstos le hicieron, con atenta cortesía.

Contestando a las preguntas que se le dirigían, el candidato popular dijo: "Mucho se ha dicho ya de mi llegada a México y del asunto que me trae a ésta, pero, por mi parte, puedo decirles a ustedes que no sé nada absolutamente de lo que se relaciona con el asunto del señor general Roberto F. Cejudo, y en las prácticas de las diligencias para que he sido llamado, contestaré conforme se me pregunte.

"Hoy en la mañana —continuó diciendo el señor don Álvaro Obregón— recibí una cita del señor general Francisco Urquizo, subsecretario de Guerra, para que a las cuatro de la tarde de hoy me presente en el local del juzgado cuarto de instrucción militar a fin de que declare ante el juez Morales y Molina, quien instruye el proceso seguido en contra del ex rebelde Roberto Cejudo."

...Al penetrar en la sala del juzgado el señor licenciado José Cangas, declaró que no podía permitir en ella durante la audiencia más personas que al *acusado* señor Obregón. Algunas de las personas protestaron alegando el derecho constitucional que asistía al señor Obregón para que estuvieran presentes en la diligencia que iba a practicarse, las personas que él nombrara sus defensores, aun cuando no conocía el delito de que pudiera ser acusado. Con este motivo pudieron estar presentes durante la práctica de las diligencias los señores Rafael Zubarán Capmany, licenciado Miguel Alessio Robles y general Francisco R. Serrano.

Una vez aceptada por el juez la presencia de estos señores, se leyó un oficio dirigido con fecha 30 de marzo último por la Secretaría de Guerra y Marina al señor general de brigada, licenciado Pascual Morales y Medina, en que se le ordena proceder en contra del señor Obregón, llamándole general de división, y del teniente coronel Roberto F. Cejudo, por el delito que señala el artículo 315 de la Ley Penal Militar (este delito se refiere a actos de rebelión contra el gobierno constituido). Después de leído el oficio de referencia, el señor Obregón manifestó al juez que estaba incapacitado para hacer declaraciones con el carácter de general de división que se le atribuía en virtud de que desde el día 1⁰ de mayo de 1917, fecha en que terminó el periodo preconstitucional, hizo formal renuncia tanto del puesto de secretario de Guerra y Marina, que hasta entonces había desempeñado, como del grado militar que le fue conferido por el Primer Jefe del Ejército Constitucionalista.

Hizo notar el señor Obregón que el señor Carranza, elevado en esa época a la investidura de presidente constitucional de los Estados Unidos Mexicanos, contestó a su petición relativa diciendo que nada podía resolver sobre el particular porque era facultad exclusiva del Senado ratificar los grados militares que hasta entonces había conferido el encargado del poder ejecutivo; que en esta virtud, el mismo señor Obregón se dirigió oficialmente al Senado, pidiendo que no le fuera ratificado su grado, porque nunca había tenido vocación para dedicarse a la carrera de las armas, que había empuñado hasta aquel entonces, sólo por convicción y para coadyuvar al movimiento revolucionario que traía como principio la vuelta del país al régimen constitucional; que el Senado resolvió en sentido favorable a la petición del señor Obregón, y que por lo tanto, desde entonces, se consideraba relevado de todo cargo militar. Que a mayor abundamiento, la Secretaría de Guerra, a diversas consultas de jefes militares, entre otros el general Rafael de la Torre, jefe de operaciones en los estados Guanajuato, Querétaro y Aguascalientes, y del jefe de operaciones de Jalisco y Colima, general Juan José Méndez, sobre si debían hacerse al señor Obregón, a su paso por aquellos estados, honores militares, contestó que no habiendo sido ratificado por el Senado el grado conferido al señor Obregón durante la revolución constitucionalista, no le correspondían honores de ningún género. En resumen, que no siendo militar, y de acuerdo con el artículo 13 constitucional, mal podría conocer de cualquier juicio que se instruyese en su contra, un juzgado de instrucción militar, puesto que el citado artículo de la ley fundamental, expresa clara y terminantemente, que en ningún caso y que por ningún motivo, conocerán de juicios contra civiles o paisanos, las autoridades militares, y como el artículo 76 de la propia ley fundamental de la Nación, dice que es facultad exclusiva del Senado ratificar los nombramientos que el Ejecutivo haga sobre jefes supremos del ejército, y la Cámara Alta tuvo a bien no aprobar el grado con que había sido honrado por el Primer Jefe del Ejército Constitucionalista, no podía en ninguna forma aceptar jurisdicción alguna, ni del juzgado militar que inició el proceso, ni de la Secretaría de Guerra que por acuerdo del señor presidente mandó instruírselo, pero que estando animado de los mejores deseos para expeditar la acción de la justicia, y a fin de prestar su contingente para el esclarecimiento de cualquier asunto de que él tenga algún conocimiento, se prestará gustoso a rendir todas las declaraciones que estuvieren a su alcance. Con ese propósito hizo rápido viaje desde Matamoros, Tamps., en donde se encontraba en gira de propaganda política, en favor de su candidatura para la presidencia de la República, atendiendo al llamado de la Secretaría de Guerra, a la que, repitió, no consideraba autorizada para requerir su presencia, sólo porque lo animaba el deseo de que quedaran aclarados los asuntos en que se le ha pretendido mezclar.

Hecha la anterior declaración, el señor Obregón fue preguntado en diversas formas si conocía al señor Roberto Cejudo; si había cruzado alguna correspondencia con él; si había tenido conferencias con algunos delegados enviados por él mismo; si había recibido obligaciones de Félix Díaz y si había llevado relaciones de amistad con uno o con ambos jefes rebeldes.

El señor Obregón contestó sonriendo que sólo de nombre conocía a Cejudo, "porque mucha guerra nos ha dado"; con respecto a Félix Díaz, ya en el manifiesto que dirigió al pueblo americano y que reprodujo casi toda la prensa del país, había expresado que si el voto de sus conciudadanos lo llevaba a la primera magistratura, haría un cordial llamamiento a todos los rebeldes que trastornan el orden de la República, excepción hecha a Félix Díaz y otros núcleos que siempre han militado en un campo diametralmente opuesto a sus tendencias.

Nuevamente preguntó el juez si algunas relaciones sobre política o de otra índole había tenido el señor Obregón con Cejudo, a lo que el primero contestó que ninguna conexión ha tenido nunca con el citado señor, desde el momento en que no tiene conocimiento de que Cejudo haya pertenecido jamás al ejército constitucionalista.

Como ratificación a sus propósitos de ayudar a la justicia, para el esclarecimiento de algunos hechos, manifestó el señor Obregón que en repetidas ocasiones, desde que aceptó su candidatura para la presidencia de la República, ha estado recibiendo la visita de muchas personas, diciéndose unas parientes de rebeldes, otras delegados de los mismos, y todas con el fin de cambiar con él impresiones sobre la política general del país. Por toda contestación, e invariablemente dijo el señor Obregón, que les ha manifestado, que no puede aceptar su ayuda en la campaña exclusivamente política y democrática que ha emprendido, porque no puede ni quiere tener trato alguno con facciones rebeldes, y que les ha aconsejado que para poder tomar en cuenta la cooperación que le ofrecen en la lucha cívica, exigía antes que nada, que depongan su actitud y se rindan al gobierno.

El juez dijo entonces que obra en autos una carta firmada por el señor Roberto F. Cejudo, dirigida al señor Obregón, a cuyo documento se dio lectura. Esta carta dice poco más o menos lo siguiente: "Mi comisionado especial en esa capital me ha informado de la plática que con usted ha tenido, y estoy absolutamente de acuerdo con sus deseos. Ultimaré mis negociaciones de rendición con el gobierno del señor Carranza; procuraré permanecer en el estado de Veracruz con objeto de obrar de acuerdo con el general Guadalupe Sánchez. Firmado: R. F. Cejudo." (Prometemos dar a nuestros lectores copia exacta de este documento en nuestra edición de mañana.)

El señor Obregón manifestó que era la primera noticia que tenía sobre el contenido de la citada carta. Al ser terminada la lectura de ésta, se nota de una manera indiscutible, que se trata de una burda intriga, no se sabe con qué propósito urdido, porque la carta en cuestión está escrita en máquina, en papel transparente y la firma burdamente calcada. Como estaba presente el señor Prieto, competente calígrafo, manifestó desde luego, que la firma no podía ser auténtica, haciendo observar que las curvas de la rúbrica, no concuerdan con la firmeza que demuestra al firmar el presunto autor de la carta, en lo que estuvieron de acuerdo todos los presentes.

El juez licenciado Pascual Morales y Molina dio por terminado con esto la audiencia, dándole un fuerte abrazo al señor Obregón al despedirse de él.

... Cerca de las nueve de la noche, pudimos ver que el personal del juzgado y los defensores, así como el señor Obregón, salían del salón, por haberse terminado las diligencias preparatorias, en espera de que si de la secuela o averiguaciones que en lo futuro se hagan, relacionadas con el proceso del general Roberto F. Cejudo, resultan nuevas citas al señor Obregón, éste será nuevamente llamado a declarar.

Cuando los partidarios del señor Obregón vieron que éste salía después de estar por cinco horas en compañía del personal del juzgado especial, comenzaron a lanzar vivas al candidato del pueblo y tales vivas pudimos notar que también las lanzaban los soldados que el coronel Olvera había mandado a fin de vigilar el juzgado, los que dejaban sus armas para aplaudir al candidato nacional.

El leal y noble soldado revolucionario, en esta ocasión, como en otras muchas, ha demostrado sus simpatías por el señor Obregón, al grado de que, exponiéndose a un arresto que tal vez no esté lejos de sufrir, lanzó vivas realmente ensordecedores al candidato popular.

A la salida del local que ocupan los juzgados militares en Santiago, el señor Obregón, montando en su automóvil en compañía de varias personas, emprendió el regreso a su domicilio en medio de vivas que realmente eran interminables, pues ya lejos aún se le seguía vitoreando.

Cada vez se acentuó más la decisión de llevar a cabo el fraguado proceso contra el general Obregón, infamia tramada para procesarle e inhabilitarlo como candidato o aun para suprimirlo.

Además empezaron las persecuciones ya descaradas contra los partidarios del general Obregón y principalmente contra los militares simpatizadores de su candidatura.

El desarrollo de la maniobra. Se le llamó oficialmente en Matamoros, Tamps., para *una cita*, por telegrama del general Urquizo encargado de la Secretaría de Guerra y Marina; después se le llamó *como testigo* a declarar en el proceso de Cejudo, y finalmente el 30 de marzo de 1920, dijo oficialmente el mismo general Urquizo lo siguiente: "Al ciudadano licenciado Pascual Morales y Molina. Por acuerdo del ciudadano presidente constitucional de la República, esta secretaría, con fundamento en la fracción cuarta del artículo séptimo de la Ley de Organización y Competencia de los Tribunales Militares, en relación con el 41 de los Procedimientos Penales en el Fuero de Guerra, y demás relativos, ha tenido a bien dictar orden de *proceder en contra* de los CC. general de división don Álvaro Obregón y teniente coronel Roberto Cejudo, por *el delito* previsto y penado por el artículo 315 de la Ley Penal Militar, a cuyo efecto se designa a usted juez instructor especial militar para que bajo la dirección del mismo inicie el *procedimiento penal* respectivo, concediéndose la asignación de general de división y nombrándose como su secretario al ciudadano José Cangas, asesor de la jefatura de la guarnición de esta plaza, y escribientes a los ciudadanos Vicente Jiménez y Roberto Carrillo. Lo que comunico a usted, acompañándole los documentos respectivos para los efectos legales consiguientes, y reitérole mi atenta consideración. Constitución y Reformas. México, marzo 30 de 1920. El general de brigada subsecretario encargado del Despacho, F. L. Urquizo."

Y así se establecía un procedimiento en contra del general Obregón como posible culpable. Esto, y los preparativos contra él y los suyos al mismo tiempo que el endurecimiento de la situación en Sonora, obligaron al general Obregón, que ya no tenía dudas de que se procedería en atentar contra su vida, a salir de la capital, pues ya se habían dirigido órdenes de aprehensión en contra de los generales Benjamín Hill y Andrés G. Castro, y eso mientras Cejudo declaraba que la carta presentada como prueba era falsificada y que él nunca la había firmado, y que se veía claramente que su firma estaba muy mal calcada en el papel de china.

El general Obregón burló a la policía con uno de sus geniales planes.

Vigilado en la casa donde se hospedaba del licenciado Miguel Alessio Robles, por agentes de la policía que disponían de automóviles y motocicletas para seguirlo a todas partes, salió en la noche y subió a un automóvil, dejándose ver perfectamente de ellos y en una vuelta al jardín de enfrente le pasó al licenciado Zubarán su abrigo y su sombrero de alas anchas, mientras él se bajó y se escondió dentro de los árboles. El automóvil siguió como dando un paseo y todos se confundieron al verlo bajar de nuevo en la casa al licenciado Zubarán, donde todos se despedían de él y le daban las buenas noches como si fuera el general Obregón.

Mientras el general Obregón en un carro Ford que estaba a dos cuadras se fue por las calles desiertas conducido por ferrocarrileros hasta casa del conductor del tren hacia Iguala, Guerrero, Margarito Ramírez, quien en unión del garrotero Alberto Gutiérrez, que había trabajado en el tren del general Obregón, lo disfrazó de ferrocarrilero poniéndole un abrigo para ocultarle el brazo mutilado y una gorra de ferrocarrilero que le cubría la cara y dándole una linterna, así pudo introducirlo a la estación como si fuera miembro de la tripulación del tren; allí lo escondieron bajo los bultos del carro express. En esta forma llegó el general Obregón a Iguala donde lo estaban esperando los dirigentes de sus partidarios en aquel estado y donde lo llevaron a unas laderas emboscadas a esconderlo y descansar.

Además de los directores de su campaña llegaron a verlo el gobernador del estado de Guerrero, Francisco Figueroa, y el general Fortunato Maycotte, jefe de las operaciones y de las fuerzas en aquel estado.

El general Maycotte había sido subordinado del general Obregón y se había portado admirablemente y muy valiente con su caballería en los combates de Celaya y Encarnación.

En Celaya, rodeadas sus tropas por las fuertes caballerías villistas, pues estaba de avanzada en la estación de Guaje, el general Obregón le salvó la vida avanzando valientemente en un tren militar para atraer sobre el tren las caballerías y abrirle salida al general Maycotte.

Al entrevistar al general Obregón que estaba recostado entre los árboles descansando, el general Maycotte lo saludó y le dijo: "¿Qué anda haciendo por aquí, mi general?" Contestándole el general Obregón: "Disfrutando de las garantías que como candidato democrático a la presidencia me otorga el gobierno del señor Carranza."

El general Maycotte le explicó que tenía un telegrama de la presidencia para proceder a aprehenderlo y hacerle un juicio sumario, y que en aquel momento rompía el telegrama y se ponía a sus órdenes.

Ya entonces marcharon organizados a Chilpancingo. En cuya ciudad ya el general Obregón conoció del movimiento de Sonora y empezó a organizar su columna para marchar sobre México, lanzando un "Manifiesto" que dice:

Manifiesto que lanza a la nación el ciudadano Álvaro Obregón, candidato independiente a la presidencia de la República. Al aceptarse que figurara mi nombre como candidato a la presidencia de la República, en mi manifiesto lanzado a la nación desde la villa de Nogales, Sonora, el primero de junio de mil novecientos diecinueve, lo hice con la certeza de que la lucha política se desarrollaría con absoluto apego a la ley y que el actual primer mandatario de la nación, que acaudilló la sangrienta revolución de mil novecientos trece, continuación de la que iniciara en mil novecientos diez el apóstol de la democracia Francisco I. Madero, que tuvo por principio básico la libertad de sufragio, velaría porque en la lucha política, las autoridades todas del país observaran la más estricta neutralidad para que el pueblo todo de la República, pudiera de la manera más libre y espontánea, elegir a sus mandatarios.

Los hechos nos han venido a colocar frente a la más dolorosa de las realidades; hechos que se han traducido en atentados de todo género, inspirados por el primer mandatario de la nación, y ejecutados por muchos subalternos que a la vez de la consigna se han disputado el honor de vestir la librea de lacayo. El actual primer mandatario de la nación, olvidando su alta investidura de suprema autoridad, se convirtió en jefe de una bandería política y puso al servicio de éstos todos los recursos que la nación le confiere para su custodia, y violando todo principio de moral y todo principio legal, ha abierto las cajas del tesoro público, utilizando sus caudales como arma de soborno y para pagar prensa venal; ha tratado de hacer del ejército nacional un verdugo al servicio de su criterio político, y la monserga, la intriga y la calumnia han gravitado alrededor de los miembros de dicho ejército, que conscientes de su honor de soldados y de su dignidad de ciudadanos, se han negado a desempeñar funciones que mancillarían su honor y su espada. El mismo primer mandatario se ha despojado, en su apasionamiento político, del respeto que toda autoridad debe guardar a nuestras leyes, dictando una serie de atentados en contra de los adictos a la candidatura independiente y contra el mismo candidato, actos que lo han exhibido como un ambicioso vulgar; y apartado por completo del camino que marcan el deber y la ley, trata de imponer al país un sucesor que cancele su pasado y sirva de instrumento a sus insondables ambiciones y a las del círculo de amigos que han hecho de la cosa pública una fuente inmoderada de especulación. El mismo primer mandatario, jefe nato del partido bonillista, al darse cuenta de que una mayoría aplastante de los ciudadanos de la República rechazaba con dignidad y con civismo la brutal imposición, provocó un conflicto armado para encomendar a la violencia un éxito que no pudo alcanzar dentro de la ley, y a este conflicto, que fue provocado con el estado de Sonora, han respondido las autoridades y los hijos de aquel estado, con una dignidad que ha merecido aplauso de todos los buenos hijos de la patria. El mismo primer mandatario al sentirse azuzado por la humillación y el despecho que le produjera la actitud de Sonora, creyó detener los acontecimientos y hacer variar el criterio político de aquella entidad con un nuevo plan que se tradujo en la más burda de las calumnias contra el candidato independiente, iniciando un proceso en que aparece el primero como acusador; estableciendo, además, sobre el mismo candidato la más estrecha vigilancia, encomendada a los mismos ejecutores del asalto de Tampico. En tales condiciones se hace imposible continuar la campaña política, e indispensable empuñar de nuevo las armas para reconquistar con las armas en la mano lo que con las armas en la mano se nos trata de arrebatar. Suspendida la lucha política, me pongo a las órdenes del ciudadano gobernador constitucional del estado libre y soberano de Sonora, para apoyar su decisión y cooperar con él hasta que sean depuestos los altos poderes; Ejecutivo, por los hechos enumerados antes, y los otros dos porque han sancionado con su complicidad la serie de dichos atentados. No es por el camino de la violencia por el que pretendo llegar al poder y declaro solemnemente que actuaré, subordinado en lo absoluto al ciudadano gobernador constitucional de Sonora, que ha regido, con dignidad y con civismo, el legado de nuestros derechos, conquistados por el pueblo en una lucha sangrienta que lleva ya diez años y que estuvieron a punto de desaparecer bajo la acción criminal de un hombre que los traicionó. *A. Obregón*.

Ahora pasaré a explicar cómo se desarrollaron los acontecimientos de Sonora desde mi incorporación con el general Calles.

Son conocidos los antecedentes de este conflicto provocado por una serie de medidas hostiles al estado de Sonora por el gobierno federal. Por este motivo el gobernador del estado, don Adolfo de la Huerta, envió el siguiente mensaje al señor presidente Carranza:

De Hermosillo, Son., el 30 de marzo de 1920. Señor don Venustiano Carranza: Presidente de la República, México, D. F. Desde hace algunas semanas la prensa amarillista de los Estados Unidos, ha estado propalando noticias relativas a la sustitución del actual Gobierno Constitucionalista del estado por un gobierno militar que, se dice, impondrá y sostendrá el Ejecutivo de la Federación.

El gobierno de mi cargo ha procurado por todos los medios posibles desvanecer ante la conciencia popular especie tan descabellada; pero dada la repetición uniforme de dichas noticias, se ha llegado a notar cierta intranquilidad y alarma en los vecinos del estado, circunstancia que se traduce en perjuicio evidente para la administración y para el desarrollo regular y marcha ordinaria de todos los negocios.

Acabo de saber que esa superioridad ha dispuesto la movilización de algunas tropas con destino a esta entidad federativa, designando como jefe de las operaciones militares en la costa del Pacífico, con residencia en esta capital, al ciudadano general Manuel M. Diéguez.

Sobre este particular me permito manifestar a usted de la manera más atenta y respetuosa que el orden en este estado es completo; la tranquilidad pública notoria y la agitación política, con motivo de la contienda electoral ya iniciada, se encuentra reducida a su mínima expresión. Con respecto a este último punto, debo comunicar a usted, que todos los hijos de Sonora esperan tranquilamente, sin impaciencias y sin temores, el día de los comicios para depositar su voto en favor del candidato que cada quien considere más idóneo para desempeñar la presidencia de la República; y esta unificación de criterio produce como resultado la ausencia absoluta de choques de opiniones y de partidos, que pudieran traducirse en manifestaciones turbulentas o enconadas luchas periodísticas. El gobierno está dedicado exclusivamente a solucionar problemas económicos y de administración locales, y los gobernados desarrollan las actividades que sus ocupaciones públicas y privadas les imponen.

Además, el problema del yaqui, que ha sido para el estado una fuente inagotable de inquietud, puede considerarse ya solucionado, pues los indios han depuesto su actitud hostil por virtud de convenios que el Ejecutivo de su digno cargo conoce y ha sancionado.

En tal virtud, considero de mi deber manifestar a usted, que el pueblo de Sonora vería con gran aprensión la llegada de tropas al estado cuando no hay motivo alguno que justifique esa movilización; y esta aprensión crece de punto si se toma en cuenta la amenaza de los yaquis sometidos de volverse a rebelar. Esa amenaza no es infundada ni se apoya en deleznables suposiciones, pues el general Diéguez me dijo últimamente en esta capital: "Mi solo paso por el sur del estado entorpecerá grandemente sus esfuerzos en favor de la pacificación del yaqui", advertencia que obedece a la circunstancia conocida por el general de que la tribu yaqui le tiene particular resentimiento y le es enteramente hostil.

El propio señor general Diéguez podrá corroborar ampliamente este punto.

En virtud de lo expuesto, es lógico concluir que la llegada de nuevas tropas a esta entidad federativa en lugar de garantizar la tranquilidad del pueblo y el bienestar del estado, traerá el fracaso de esos arreglos con la tribu yaqui, que de tanta trascendencia son para el pueblo de Sonora y constituirá una fuente de inquietud y un motivo de desconfianza e inseguridad que necesariamente producirá la retracción de todas las actividades y una profunda depresión o crisis económica que podría comprometer seriamente la situación local.

En nombre, pues, del pueblo y del estado de Sonora que siempre recibió a usted con los brazos abiertos y como leal amigo de usted, le ruego atentamente se sirva reconsiderar y suspender la orden de movilización a que se ha hecho referencia, protestándole que velaré cuidadosamente por la conservación del orden y por el imperio absoluto de la ley en esta entidad federativa.

En mi próxima visita a esa capital el mes de mayo, ofrezco a usted ampliar detalladamente las razones que apoyan mi solicitud.

Salúdolo con el afecto de siempre.

El gobernador del estado, *Adolfo de la Huerta*. (Tomado del libro *Sonora y Carranza*, pp. 154-155.)

La agitación en Sonora la promovía sobre todo el que algunos jefes militares estaban proclamando constantemente que el general Diéguez iba con una gran fuerza militar a invadir Sonora.

Como se verá, el señor Carranza evadió una contestación clara; el 2 de abril, al telegrama anterior de De la Huerta, contestó en la forma siguiente:

De México, D. F., abril 2 de 1920. Señor Adolfo de la Huerta, gobernador del estado, Hermosillo, Son.

Su mensaje del 31. Me extraña sobremanera que tanto el gobierno como el pueblo de ese estado, hayan dado crédito a noticias propaladas por prensa amarilla de Estados Unidos, sobre que el Ejecutivo Federal trata de sustituir el gobierno constitucional de esa propia entidad por un gobierno militar, ya que no hay motivo alguno que justifique este procedimiento, debiendo, por lo tanto, desmentir la especie que es completamente infundada.

Respecto a un movimiento de fuerzas a ese estado, como a cualquier otro de la República, manifiesto a usted que no implica en manera alguna que el gobierno federal atente contra la soberanía de las entidades federativas, pues obedecería bien a necesidades de la campaña o a *circunstancias que a juicio de este gobierno así lo requieren,* siendo medidas de orden general de nuestro país.

Por lo que hace a las apreciaciones de usted de que la tribu yaqui volviera a rebelarse si el general Diéguez fuese designado jefe de las operaciones en ese estado, me parecen absurdas, pues si en efecto así llegara a ser, la presencia de determinado jefe en esa región, no justificaría la actitud hostil de los yaquis, pues en todo caso, general Diéguez o cualquier otro jefe operaría siempre de acuerdo con instrucciones de esta presidencia.

Sería conveniente que anticipara para este mes su proyectado viaje para esta capital para informarme verbalmente sobre la situación de esa entidad federativa, ampliándome los detalles que usted me anuncia en su mensaje. Salúdolo afectuosamente, V. *Carranza.* (Tomado del libro *Sonora y Carranza,* pp. 155-156.)

Siguieron cambiando algunos mensajes en los que claramente indicó el señor De la Huerta las medidas hostiles y desconfianza al gobierno del estado, que revelaba claramente la conducta del gobierno federal hasta el grado de reducirles el envío de estampillas y ordenando que los fondos federales fueran enviados a Estados Unidos.

Con este motivo y ante la oposición de los sonorenses al envío del general Diéguez, quien ya se encontraba en Guadalajara organizando la columna de invasión, dicho jefe dirigió un telegrama a los presidentes municipales del estado de Sonora y a los jefes militares, que revela cómo pretendía disfrazar la comisión que se le había encomendado. El telegrama enviado al presidente de la República dice así:

Guadalajara, Jal., abril 4 de 1920. Ciudadano Venustiano Carranza. Palacio Nacional. México. Con esta fecha he dirigido a todos los presidentes municipales del estado de Sonora, a los generales J. J. Ríos, R. F. Iturbe, Ángel Flores, E. Calles, Miguel Piña, Roberto Cruz, Samaniego, R. Manzo y gobernador del estado de Sonora, el siguiente telegrama: "Algunos malos elementos que últimamente se han revelado enemigos del gobierno federal están desarrollando una labor periodística hostil a aquél y a nuestro ejército y para el éxito de su antipatriótica labor han acudido hasta la falsedad y la calumnia atribuyéndome el que iré al estado de Sonora, a deponer por medio de las armas, a las autoridades legalmente constituidas y a ejercer presión obreros, habitantes aquella entidad, para coartar sus derechos en las próximas elecciones. Estas imputaciones que están enteramente en pugna con mi honradez y mi carácter militar y mis antecedentes como revolucionario, me obligan a dirigirme a usted para manifestarle que si la superioridad ordena marche yo a ese estado, me ocuparé única y exclusivamente de atender la campaña militar y todo aquello que sea compatible con mi cargo, asegurando desde luego, que me abstendré en lo absoluto de toda participación en los asuntos políticos, y que esa línea de conducta será la que sigan mis subordinados.

Lo que comunico a usted para su conocimiento y a fin de que no se deje sorprender por las falsas versiones que se han hecho circular malévolamente.

Lo que tengo la honra de insertar a usted para su superior conocimiento. Respetuosamente. El general en jefe, *M. M. Diéguez.*" (Tomado del libro *Campaña política del C. Álvaro Obregón,* tomo III, p. 56.)

Esto se interpretó en Sonora con un viejo dicho: "Satisfacción no pedida, acusación manifiesta."

En contestación al telegrama anterior, el Congreso del estado de Sonora tomó un acuerdo y se lo comunicó al presidente Carranza en el siguiente telegrama:

Hermosillo, Son., 6 de abril de 1920. Señor don Venustiano Carranza, presidente de la República. México, D. F.

Por telegrama circular que el general Diéguez dirige de Guadalajara con fecha 3 del actual, a todos los presidentes municipales del estado, ha quedado confirmado oficialmente que el ejecutivo de su cargo ordenó la movilización de algunas tropas hacia esta entidad federativa, designando al expresado general como jefe de operaciones militares.

Usted afirma que esa movilización obedece a necesidades de la campaña o a circunstancias especiales que, a juicio de ese gobierno, así lo ameritan.

Es público y notorio que en Sonora no existe campaña militar alguna, pues hoy más que nunca el estado goza de completa paz y tranquilidad.

En cuanto a las circunstancias especiales que usted indica, de la nota telegráfica que con fecha 4 del actual dirigió a usted el ciudadano gobernador del estado se desprende, de una manera incontrovertible, que dichas circunstancias no pueden ser otras que el propósito deliberado imperante en las esferas oficiales de la Federación, de realizar impunemente una burla sangrienta al voto popular con motivo de las próximas elecciones para presidente de la República.

En tal virtud, y dadas las circunstancias especiales del caso, el Congreso del estado, en sesión de hoy, ha tenido a bien acordar por unanimidad de votos, se manifieste a usted, de una manera atenta, pero categórica, que el pueblo de Sonora encuentra en la referida movilización un ataque inmediato y directo a su soberanía, y que, si el Ejecutivo de su cargo insiste en dicha movilización, será usted el único responsable de todas las consecuencias, puesto que los sonorenses nos concretamos a cumplir nuestro deber con dignidad.

Protestamos a usted las seguridades de nuestra distinguida consideración.

Constitución y Reformas. Hermosillo, Son., 6 de abril de 1920. Presidente Gilberto Valenzuela. Vicepresidente, Luis F. Chávez. Primer secretario, J. C. Bustamante. Segundo secretario, E. Corella M. Leoncio J. Ortiz. I. G. Soto. Felizardo Farías. Alejo Bay. Miguel C. López. Alfonso Almada. Emilio Mendivil. Florencio Robles. Ramón D. Cruz. Julio C. Salazar. (Tomado del libro *Sonora y Carranza,* pp. 166-167.)

Por su parte, el general Calles le dirigió el siguiente telegrama al general Diéguez:

Nogales, Son., abril 8 de 1920. Señor general Manuel M. Diéguez. Guadalajara, Jal. Enterado su mensaje circular dirigido al Congreso de este estado, puedo a usted asegurar que el pueblo de Sonora ha perdido por completo la confianza al gobierno del centro, tanto por los hechos que relaté a usted en mi mensaje anterior, cuanto por los nuevos atropellos que está cometiendo, pues querer complicar al general Obregón en la asquerosa trama de Cejudo, es algo inicuo, pero que no dará el resultado que buscan, pues todo el pueblo del país está al tanto de los procedimientos empleados por el gobierno.

Sinceramente manifiesto a usted que si mandan tropas a este estado se encenderá una guerra civil que tal vez sea la más sangrienta de todas, y de la que usted será uno de los principales responsables por no atender las justas razones expuestas por el gobierno y Congreso de esta entidad. Atentamente, general *P. Elías Calles*. (Tomado del libro *Campaña política del C. Álvaro Obregón*, tomo III, p. 114.)

Así es que de hecho ya se estaban rompiendo las relaciones entre Sonora y el grupo carrancista sostenedor de la candidatura de Bonillas:

Todavía se cambiaron notas el gobernador y el presidente Carranza, quien se mostró cada vez más enérgico pretendiendo transformar su autoridad en tiranía.

Por fin vino el rompimiento con el centro en el "Manifiesto" al pueblo de Sonora, lanzado por los tres poderes de aquel estado y que dice como sigue:

Manifiesto al pueblo de Sonora. Nuestra condición de representantes legítimos de la soberanía popular nos impone el deber de dar cuenta al pueblo, aunque sea de una manera sintética, de los antecedentes y motivos que determinaron el actual conflicto entre el Ejecutivo Federal y el estado de Sonora; del desarrollo que han seguido los acontecimientos y de los propósitos que animan al gobierno del estado.

A. Que el Ejecutivo Federal preparó y sancionó los fraudes inauditos cometidos en las últimas elecciones de poderes locales de Guanajuato, San Luis Potosí, Querétaro, Nuevo León y Tamaulipas.

B. Que en las elecciones de ayuntamiento verificadas recientemente en la capital de la República, el Ejecutivo Federal observó una actitud notoriamente parcial y delictuosa.

C. Que el presidente de la República apoyó y sancionó el cuartelazo de Nayarit, aun contra la resolución del Senado federal, que mandó reponer en su puesto al gobernador constitucional de aquel estado.

D. Que el mismo Ejecutivo Federal disolvió por la fuerza bruta al gran Partido Socialista Obrero de Yucatán, tratando de ahogar a sangre y fuego la opinión pública de aquella entidad.

E. Que los atentados incalificables perpetrados en Tampico por Murguía y por Orozco contra los obreros de aquel puerto y contra los propagandistas del general Obregón, fueron sancionados en todas sus partes por el presidente de la República, girando circulares a los jefes de operaciones de todas las entidades federales, para que observen la misma conducta.

F. Que la finalidad exclusiva de los actos delictuosos, someramente expuestos, no es otra que realizar una burla sangrienta al voto popular con motivo de las próximas elecciones de poderes federales.

G. Que para preparar la consumación de ese gran crimen se verificó recientemente en la capital de la República una junta de diecisiete gobernadores de los estados.

H. Que el gobierno y el pueblo de Sonora han rechazado siempre con entereza y dignidad propósitos tan inmorales.

I. Que esta actitud honrada y viril del pueblo de Sonora ha causado profundo disgusto al presidente de la República.

J. Que por los motivos indicados y para asegurar la realización de los propósitos expuestos en las esferas oficiales de la federación se creyó necesario sustituir al actual gobierno constitucional de Sonora, por un gobierno militar que secundara gustoso las criminales maquinaciones de Carranza.

K. Que el Ejecutivo Federal inició, desde luego, la preparación de este nuevo atentado, dictando una serie de acuerdos y resoluciones de índole hacendaria, política y militar, notoriamente hostiles al estado de Sonora.

L. Que la ejecución material de este crimen quedó encomendada al general Manuel M. Diéguez, un tránsfuga de la revolución, que se ha constituido en incondicional de Carranza y que irá con Carranza hasta la ignominia.

M. Que para cumplir su comisión el mencionado general Diéguez inició la movilización de fuertes contingentes de tropas hacia esta entidad federativa.

N. Que el gobernador del estado, de la manera más atenta y respetuosa, pidió explicaciones de estos atentados al presidente de la República, y dicho funcionario contestó con evasivas y ambigüedades.

O. Que el gobernador del estado insistió aun en forma suplicante, para que se suspendiera la movilización indicada, y el presidente Carranza ratificó con aspereza y terquedad su acuerdo relativo.

P. Que el Congreso local exhortó también al presidente de la República para que suspendiera la movilización tantas veces citada, y esta solicitud fue desechada asimismo por el Ejecutivo Federal, y

Q. Que agotados todos los medios pacíficos y conciliatorios, el Congreso del estado, por ley número 30, dio facultades extraordinarias al Ejecutivo en los ramos de hacienda y guerra, para la defensa de la soberanía de Sonora.

Promulgada la ley que se acaba de citar, todo el pueblo de Sonora, como un solo hombre, se ha aprestado gustoso y entusiasta para la defensa de su soberanía, y todas las tropas federales existentes en el estado, reconociendo que la razón y la justicia están de parte de esta entidad federativa, se pusieron, desde luego, a las órdenes del gobierno local. Los empleados civiles de la federación, con muy raras excepciones, han tomado, también, la misma actitud.

Y de esta suerte, sin la menor alteración del orden, y sin disparar un solo tiro, este gobierno ha controlado en un momento todo el estado, y continúa recibiendo adhesiones de toda la República.

El gobierno y el pueblo de Sonora se hallan dentro de la ley al defender su soberanía de un ataque arbitrario por parte del Ejecutivo Federal, no hacen más que cumplir una obligación solemne que les impone la Constitución política del estado.

En este concepto, los suscritos, representantes genuinos del pueblo de Sonora, declaramos solemnemente:

Que mexicanos y extranjeros tendrán en el estado todas las garantías que les conceden las leyes.

Que no habrá préstamos forzosos ni requisiciones arbitrarias.

Que se dará toda clase de garantía y facilidades a la industria, el comercio y a todos los negocios.

Que cualquier atentado o abuso que cometan militares o civiles, contra vecinos del estado, será reprimido de una manera enérgica e intransigente; y, por último,

Que todas las autoridades del estado deben oír y remediar, dentro de sus respectivas jurisdicciones, todas las quejas justas de los particulares.

Hermosillo, abril 13 de 1920. El gobernador constitucional del estado.—Flavio A. Bojórquez.—Diputados: Gilberto Valenzuela, Luis F. Chávez, Emilio Mendívil, J. C. Bustamante, E. Corella, M. Ramón, D. Cruz, Florencio Robles, Felizardo Frías, Miguel C. López, Alfonso Almada, Leoncio J. Ortiz, Julio C. Salazar, Alejo Bay, F. L. Paredes. Magistrados del Supremo Tribunal: Manuel Zezati, Luis N. Ruvalcaba, Espiridión S. Ruiz (Rúbricas.) (Tomado del libro *Campaña política del C. Álvaro Obregón*, tomo III, pp. 237 a la 240.)

Como se ve, el rompimiento llegó el 13 de abril de 1920, y como el general Obregón andaba perseguido en la capital de la República, gente mal informada o de mala fe ha publicado la versión que la actitud sonorense fue una falta de lealtad al general Obregón, por encontrarse en peligro su vida en la capital. Con este motivo creo justificado hacer la siguiente aclaración:

En los momentos de despedirme del general Obregón en Saltillo, me llamó aparte y me dijo: "Creo que la ruptura del gobierno con Sonora vendrá de un momento a otro y deseo que le digas a Calles y a De la Huerta que cualesquiera que sean las circunstancias en que me encuentre yo en México, no permitan la invasión militar del estado y obren con toda firmeza, pues cuanto más enérgica sea su acción creo que será menor el peligro que corra yo o más justificada la forma de evitarlo."

Agregó también, como cosa personal, lo siguiente: "Si ves a María (María Tapia de Obregón, su esposa), dile que pase lo que pase y cualesquiera que sean las noticias que tenga de mí, ya sea que me pongan preso, o hasta que me van a fusilar, no se dirija ni le pida nada a Carranza, porque bien sé que nada le concedería y solamente me pondría en ridículo."

Con esto creo que queda desmentida la versión falsa de que en Sonora obraban en desacuerdo con el general Obregón.

De Agua Prieta fuimos en automóvil a Naco el general Calles y otras personas, y en Naco tomamos el tren para Hermosillo.

En Hermosillo informé al señor De la Huerta, como lo había hecho con el general Calles, de la situación que prevalecía en México y de las instrucciones que me había dado el general Obregón para ellos y se discutió en unión de los representantes de la Cámara local de diputados, cómo se daría forma al movimiento de defensa de Sonora en caso de una invasión, y éstas fueron las bases del Plan de Agua Prieta, redactado por los miembros de la diputación del estado y dándole forma el señor licenciado Gilberto Valenzuela, que era el presidente de la misma.

Regresamos en tren de Hermosillo a Naco, y en el carro del general Calles venimos discutiendo el plan ya redactado, pero como en Nogales se nos había incorporado el señor general Francisco R. Serrano, ex jefe del estado mayor del general Obregón y jefe del bloque obregonista en la Cámara de Diputados, y nos informara que el grupo carrancista sostenedor de Bonillas, a pesar de tener la Comisión Permanente, carecía de quórum porque éste lo daría la gran mayoría formada por diputados obregonistas y los partidarios de don Pablo González, propuse modificaciones al plan que fueron aceptadas por el general Calles.

El plan nombraba como jefe supremo del ejército liberal constitucionalista al gobernador constitucional de Sonora, C. Adolfo de la Huerta como jefe supremo interino y desconocía a los poderes de la federación, diciendo que dicho jefe se haría cargo interinamente y al triunfo de nuestro movimiento al ocuparse la ciudad de México, el propio jefe interino obraría como presidente provisional de la República, y procedería a convocar a elecciones de diputados federales.

La modificación que propuse fue que no se desconociera al Congreso federal, sino que se les dieran garantías a los diputados tanto obregonistas como pablistas para sesionar y ser ese poder el que nombrara presidente provisional de la República, legalizando así constitucionalmente el movimiento.

Así fue, porque además hubo la circunstancia de que pocos días después el general don Pablo González y las fuerzas que estuvieron a su mando, evacuaron México y desconocieron al gobierno de Carranza.

Al reunirse el Congreso federal nombró presidente provisional de la República al mismo C. Adolfo de la Huerta.

Como documento informante doy a conocer en seguida el Plan de Agua Prieta que el día 23 de abril de 1920 fue aprobado por una junta presidida por el general Plutarco Elías Calles y por todos los jefes militares que mandaban fuerzas en Sonora, así como por los más representativos civiles que secundaban el movimiento.

A esa junta de militares el único civil que concurrió fui yo, para informarles de la situación del general Obregón, de la campaña que habíamos desarrollado, de las persecuciones de que fuimos objeto y de los atentados cometidos intentando la imposición del ingeniero Bonillas.

Después se reunieron las tropas que se habían concentrado en Agua Prieta (más de 5 mil hombres) y desde el kiosco de la placita principal del pueblo, me tocó leer el Plan de Agua Prieta que fue aprobado y aclamado con mucho entusiasmo por un gran contingente de indios mayos y yaquis que habían pertenecido al cuerpo del ejército del noroeste que mandó el general Obregón, y que se presentaron inmediatamente como voluntarios para defender a Sonora de toda invasión.

El plan dice así:

Plan de Agua Prieta. Considerando:

I. Que la soberanía nacional reside esencial y originariamente en el pueblo; que todo poder público dimana del pueblo y se instituye para su beneficio; y que la potestad de los mandatarios públicos es únicamente una delegación parcial de la soberanía popular, hecha por el mismo pueblo.

II. Que el actual presidente de la República, C. Venustiano Carranza, se ha constituido jefe de un partido político, y persiguiendo el triunfo de ese partido, ha burlado de una manera sistemática el voto popular; ha suspendido, de hecho, las garantías individuales; ha atentado repetidas veces contra la soberanía de los estados y ha desvirtuado radicalmente la organización política de la República.

III. Que los actos y procedimientos someramente expuestos, constituyen, al mismo tiempo, flagrantes violaciones a nuestra ley suprema, delitos graves del orden común y traición absoluta a las aspiraciones fundamentales de la revolución constitucionalista.

IV. Que habiéndose agotado todos los medios pacíficos para encauzar los procedimientos del repetido primer mandatario de la federación, por las vías constitucionales, sin haberse logrado tal finalidad, ha llegado el momento de que el pueblo mexicano asuma toda su soberanía, revocando al mandatario infiel el poder que le había conferido, y reivindicando el imperio absoluto de sus instituciones y de sus leyes.

En tal virtud, los suscritos, ciudadanos mexicanos, en pleno ejercicio de nuestros derechos políticos, hemos adoptado en todas sus partes y protestamos sostener con entereza, el siguiente Plan Orgánico del Movimiento Reivindicador de la Democracia y de la Ley.

Artículo 1o. Cesa en el ejercicio del Poder Ejecutivo de la Federación, el C. Venustiano Carranza.

Artículo 2o. Se desconoce a los funcionarios públicos cuya investidura tenga origen en las últimas elecciones de poderes locales verificadas en los estados de Guanajuato, San Luis Potosí, Querétaro, Nuevo León y Tamaulipas.

Artículo 3o. Se desconoce, asimismo, el carácter de concejales del ayuntamiento de la ciudad de México a los ciudadanos declarados electos con motivo de los últimos comicios celebrados en dicha capital.

Artículo 4o. Se reconoce como gobernador constitucional del estado de Nayarit, al C. José Santos Godínez.

Artículo 5o. Se reconoce también a todas las demás autoridades legítimas de la federación y de los estados. El ejército liberal constitucionalista sostendrá a dichas autoridades siempre que no combatan ni hostilicen al presente movimiento.

Artículo 6o. Se reconoce expresamente como ley fundamental de la República a la Constitución política de cinco de febrero de mil novecientos diecisiete.

Artículo 7o. Todos los generales, jefes, oficiales y soldados que secunden este plan, constituirán el ejército liberal constitucionalista. El actual gobernador constitucional de Sonora, C. Adolfo de la Huerta, tendrá interinamente el carácter de jefe supremo del ejército, con todas las facultades necesarias para la organización militar, política y administrativa de este movimiento.

Artículo 8o. Los gobernadores constitucionales de los estados que reconozcan y se adhieran a este movimiento en el término de treinta días, a contar de la fecha de la promulgación de este plan, nombrarán, cada uno de ellos, un representante debidamente autorizado, con objeto de que dichos delegados, reunidos a los sesenta días de la fecha del presente, en el sitio que designe el jefe supremo interino, procedan a nombrar, en definitiva, por mayoría de votos, el jefe supremo del ejército liberal constitucionalista.

Artículo 9o. Si en virtud de las circunstancias originadas por la campaña, la junta de delegados de los gobernadores constitucionales a que se refiere el artículo anterior, no reúne mayoría en la fecha indicada, quedará definitivamente como jefe supremo del ejército liberal constitucionalista el actual gobernador constitucional del estado de Sonora, C. Adolfo de la Huerta.

Artículo 10. Tan luego como el presente plan sea adoptado por la mayoría de la nación y ocupada la ciudad de México por el ejército liberal constitucionalista, se procederá a designar un presidente provisional de la República, en la forma prevista por los artículos siguientes.

Artículo 11. Si el movimiento quedara consumado antes de que termine el actual periodo del Congreso federal, el jefe supremo del ejército liberal constitucionalista convocará al Congreso de la Unión a sesiones extraordinarias, en el lugar donde pueda reunirse, y los miembros de ambas Cámaras elegirán al presidente provisional, de conformidad con la Constitución vigente.

Artículo 12. Si el caso previsto por el artículo anterior llegara a presentarse con posterioridad a la terminación del periodo constitucional de las Cámaras actuales, el jefe supremo del ejército liberal constitucionalista asumirá la presidencia provisional de la República.

Artículo 13. El presidente provisional convocará a elecciones de poderes ejecutivo y legislativo de la federación, inmediatamente que tome posesión de su cargo.

Artículo 14. El jefe supremo del ejército liberal constitucionalista nombrará gobernadores provisionales de los estados de Guanajuato, San Luis Potosí, Querétaro, Nuevo León y Tamaulipas; de los que no tengan gobernador constitucional y de todas las demás entidades federativas cuyos primeros mandatarios combatan o desconozcan este movimiento.

Artículo 15. Consolidado el triunfo de este plan, el presidente provisional autorizará a los gobernadores provisionales para que convoquen inmediatamente a elecciones de poderes locales, de conformidad con las leyes respectivas.

Artículo 16. El ejército liberal constitucionalista se regirá por la ordenanza general y leyes militares actualmente en vigor en la República.

Artículo 17. El jefe supremo del ejército liberal constitucionalista y todas las autoridades civiles y militares que secunden este plan, darán garantías a nacionales y extranjeros y protegerán, muy especialmente, el desarrollo de la industria, del comercio y de todos los negocios.

"Sufragio efectivo. No reelección."

Agua Prieta, Sonora, abril 23 de 1920.

General Plutarco Elías Calles, siguen las firmas.

Es oportuno aclarar que estuvieron de acuerdo con el plan y posteriormente lo firmaron los generales Ángel Flores, Roberto Cruz y los jefes de Sinaloa que ya habían empezado a operar contra las fuerzas carrancistas que habían pretendido hostilizarlos y desarmarlos, pues el general Ángel Flores era el candidato obregonista del gobierno del estado.

En México y en toda la República empezó el desmembramiento del gobierno imposicionista de Bonillas; no sólo los jefes del estado de Guerrero, como se ha visto, de Zacatecas y de Michoacán, sino en todas partes principiaron a desconocer los actos impositivos del centro.

El general Diéguez nunca pudo formar la columna invasora a Sonora, porque la vanguardia que llegó hasta Casas Grandes, combatió ligeramente con las fuerzas del general Piña que ocuparon "El Cañón del Púlpito", y la mayor parte se rindieron, informando que sus compañeros no querían combatir. Por fin, Diéguez tuvo que quedarse en Guadalajara sin poder organizar la columna expedicionaria contra Sonora, y el golpe de gracia lo dio el general don Pablo González, saliéndose de la capital con todas las fuerzas que estuvieron a sus órdenes y que tampoco quisieron combatir contra un ejército que tenía la razón y defendía los principios de la revolución; y así fue como los principales jefes militares, inclusive los que ocupaban el estado de Morelos y los alrededores de la capital de la República, se pusieron a las órdenes del general Obregón para tomar esta ciudad; el señor Carranza nombró jefe de operaciones en la ciudad de México y de la columna que lo acompañó en la evacuación, al general Francisco R. Murguía.

La mayor parte de las fuerzas militares no desconocían al gobierno sino que no obedecían las órdenes para batir a quienes lo habían desconocido.

Esta situación fue claramente delineada por el licenciado Luis Cabrera, secretario de Hacienda, quien expresó a *El Demócrata,* de mayo 3 de 1920, al ser interrogado:

El alto funcionario nos manifestó en breves palabras, refiriéndose a lo que sucede, que no debe considerarse como rebelde, propiamente, la actitud de los soldados que están en la guarnición en la Angelópolis, desde el momento que ellos mismos manifiestan que no desconocen el gobierno del centro y que están sujetos a su autoridad; pero, al mismo tiempo, desobedecen las órdenes que han recibido, de combatir a los rebeldes, de la Secretaría de Guerra.

Agregó el secretario Cabrera *que más bien que una rebelión se trata de una verdadera huelga militar,* lo que tiene importancia y constituye un problema, tanto más cuanto que no solamente los soldados de Puebla han asumido esta actitud, sino también los de otras partes que pertenecieron al cuerpo de ejército que mandó el divisionario neoleonés.

Para concluir nos manifestó el señor licenciado Cabrera que, en cambio, por lo que toca al general González, sí debe ser considerado y lo es, un rebelde, puesto que este alto jefe militar, sin tener mando de fuerzas y estando alejado del servicio activo, ha aprovechado la "huelga" de los soldados para ponerse al frente de ellos y ejecutar actos que no pueden ser considerados sino como los de un rebelde.

El problema principal, terminó el señor Cabrera, no es el de ahora, sino el que se presentará probablemente cuando la federación, atendiendo a la actitud de los soldados, no entere las cantidades que son necesarias para cubrir sus haberes. (Tomado del libro *Campaña política del C. Álvaro Obregón,* tomo IV, p. 11.)

Como se ve todavía amenazaba con la presión económica el licenciado Cabrera al creer que el movimiento fracasaría por falta de fondos, pues las tropas en huelga no tendrían "haberes".

Ante esta situación, los restos del gobierno del señor Carranza se vieron obligados a evacuar México; y como don Pablo González se movilizó sobre Texcoco acompañado de los generales Jacinto B. Treviño, Zepeda y Arteaga, amenazando la capital, mientras que el general Hill llegaba con sus avanzadas a Xochimilco, Coajimalpa y Teapa, según informa *El Universal* de mayo 7 de 1920, ocho trenes fueron ordenados para la traslación de los poderes a Veracruz, como sigue:

Primer tren, general Barragán; segundo tren, general Bruno Neyra; tercer tren, general Rafael de la Torre; cuarto tren, presidente de la República y su gabinete; quinto tren, estado mayor presidencial y escuadrón de guardias; y los otros dos trenes, para el personal de las secretarías y miembros de los poderes judicial y legislativo.

Estos trenes estuvieron formados y listos desde ayer en la tarde. No incluyen éstos los convoyes en donde van los útiles y mobiliario de diversas oficinas, que fue empacado para llevarlos a Veracruz. (Tomado del libro *Campaña política del C. Álvaro Obregón,* tomo IV, p. 87.)

El periódico *El Demócrata* informa el 7 de mayo de 1920:

Prácticamente puede decirse que a las diez y veinte minutos de la mañana de hoy, terminó la evacuación de la ciudad, tanto por las tropas que sostienen al señor don Venustiano Carranza, como por todos los funcionarios y empleados de su gobierno.

A esa hora partió el tren presidencial, por la estación de Colonia, precedido por otros cuatro trenes militares, con lo que se dio punto final a la evacuación, no quedando en la capital, para el resguardo y conservación del orden, más que las tropas de caballería a las órdenes del general Fortunato Zuazua, encargado de hacer la entrega de la plaza a las tropas del general Treviño. (Tomado del libro *Campaña política del C. Álvaro Obregón*, tomo IV, p. 90.)

El general Treviño tomó la población de manos del general Zuazua, quien había quedado encomendado de resguardar el orden en la capital.

El Universal de mayo 9 de 1920 nos cuenta que hizo su entrada el general Obregón a Tacubaya y se dirigió desde luego al general Luis T. Mireles, jefe de las fuerzas que en unión del general Guadalupe Sánchez cortaron el paso de la comitiva de los trenes del señor Carranza a Veracruz, enviándole el siguiente mensaje:

De Tacubaya para Acapulco. Señor Rafael Escobar, jefe de la oficina inalámbrica. Contesto su mensaje de hoy. En estos momentos acaba de redactar el general Obregón un mensaje dirigido al ciudadano general Luis T. Mireles, que se encuentra con un buen número de fuerzas en Tehuacán, estación de Esperanza y Cumbres de Maltrata, previniéndole de que en caso de que el ciudadano Carranza fuera hecho prisionero por nuestras fuerzas, se le dieran toda clase de garantías y se le respetara la vida.

En virtud, esta orden subsiste para todos los jefes que dependen de este cuartel general.

Salúdolo afectuosamente. El teniente coronel jefe de estado mayor, *Benito Ramírez*. (Tomado del libro *Campaña política del C. Álvaro Obregón*, tomo IV, pp. 131-132.)

Comprendiendo su crítica situación el señor Carranza, y pretendiendo justificarse ante la nación, puede verse en *El Heraldo de México*, de mayo 6 de 1920, el manifiesto que lanzó a la nación, que se lee con tristeza, porque es casi su despedida del poder, pretendiendo justificar el gran error de la imposición bonillista a que lo llevaran sus incondicionales.

El periódico hace un breve resumen antes del "Manifiesto", que revela con extrema claridad la dura situación del presidente Carranza y dice así:

Una parte del ejército, la que se encontraba formada por partidarios de los generales González y Obregón, se ha levantado en armas con el propósito ostensible de adueñarse del poder, para efectuar elecciones de presidente, en las condiciones que ellos crean más favorables a sus respectivos propósitos. Otra parte del ejército permanece, sin embargo, leal al gobierno constituido, aun cuando no es posible todavía, por las dificultades de toda campaña, definir cuáles fuerzas permanecen leales. (Tomado del libro *Campaña política del C. Álvaro Obregón*, tomo IV, p. 57.)

El señor Carranza explica que existieron dos candidatos militares en un principio de la campaña: el general Obregón y el general González, quien teniendo mando de fuerzas aparentaba ser el candidato oficial, mando de fuerzas que él no le quiso retirar a tiempo.

Que la campaña política del general Obregón se inició, siendo prematura, según él creyó, en forma democrática pidiéndole al pueblo el voto y esperando y pregonando que tenía confianza en que el poder federal respetaría el sufragio. Pero luego dice que siendo los dos candidatos militares y temiéndose un conflicto armado, fueron elementos populares los que hicieron surgir la idea de un candidato civil, como impulsados por la opinión pública, y que esta candidatura fue apoyada por civiles y militares del partido constitucionalista y no pocos empleados públicos, afirmando que esa candidatura tuvo apoyo popular, lo que todo el mundo sabe que no fue verdad, pues la candidatura de los civilistas salió de la presidencia de la República y de los incondicionales del señor presidente, como se verá después.

Dice que al surgir esa candidatura empezaron los ataques al gobierno principalmente por parte del general Obregón y de sus partidarios, pero como hemos visto en los datos proporcionados anteriormente, los ataques no eran al gobierno sino a la imposición que los gobiernistas se proponían.

En vista de la actitud de las fuerzas militares, confirma la opinión de don Luis Cabrera al decir:

> Sin embargo, los llamados pronunciamientos de las fuerzas de Cuernavaca y Cuautla no tuvieron propiamente el carácter de una insurrección, *sino que se asemejaba más a una especie de huelga,* supuesto que sin tomar una actitud agresiva contra el gobierno, se rehusaban a batirse. Esta actitud la conservaron las fuerzas gonzalistas mientras el general González permanecía todavía en la ciudad de México, en buenas relaciones con el gobierno y trabajando aparentemente dentro de la ley, por su candidatura. (Tomado del libro *Campaña política del C. Álvaro Obregón,* tomo IV, pp. 69-70).

Y al final del manifiesto afirma que entregará el poder a quien sea legalmente electo por el pueblo, a quien pide y demanda nuevos soldados que presten su apoyo a su gobierno constitucionalista y nuevos esfuerzos para la lucha.

Lo que se lee con tristeza porque revela que el gran hombre se veía ya caído.

Desgraciadamente el señor Carranza negaba en vano su responsabilidad; en el periódico *Orientación,* de Sonora, se leen en su número correspondiente a abril 29 de 1920 las siguientes declaraciones del señor general Plutarco Elías Calles, que igualmente fueron publicadas por la prensa asociada:

> Hoy entrevistaron al general de división Plutarco Elías Calles, comandante de las fuerzas revolucionarias de Sonora y Sinaloa, en su cuartel general de Agua Prieta, Sonora, varios corresponsales de la prensa, entre otros el de la Prensa Asociada.

Preguntado, por este último, el general Calles, sobre los cargos que personalmente pudiera hacerle a don Venustiano Carranza, dijo lo siguiente:

"Hace como ocho meses que Carranza me llamó a la capital de la República, pretendiendo halagarme dándome un puesto en su gabinete como ministro de Industria, Comercio y Trabajo, con el propósito de llevarme fuera de Sonora y tenerme cerca de él y a su disposición, en la ciudad de México, si no aceptaba, como no acepté, hacerme cómplice de él y su instrumento para realizar una burla sangrienta del voto público, en las elecciones para la renovación de poderes federales en la República.

"En Querétaro, en conferencia que tuve con el propio Carranza, y siendo testigo el general Francisco Murguía, me dijo don Venustiano, personalmente, con todo descaro y con sin igual cinismo, más o menos, textualmente, estas palabras: 'Usted comprenderá que el general Pablo González no es candidato viable a la presidencia, y el general Álvaro Obregón, por la política de ataque a nosotros, que viene desarrollando, tampoco puede ser presidente; pero mañana llegarán a esta población los señores licenciados Luis Cabrera y Manuel Aguirre Berlanga y en una junta que celebraremos con ellos vamos a resolver esta situación, determinando quién debe ser el candidato a la presidencia de la República, que el gobierno va a sostener y a imponer, si es necesario, por cualquier medio.' A la salida de la conferencia me manifestó el general Murguía que eso ya estaba acordado, y que el candidato de Carranza sería el ingeniero Bonillas.

"Al día siguiente y antes de que llegaran a México Cabrera y Aguirre Berlanga, me presenté a Carranza en su casa particular, y de una manera franca, leal y sincera, le manifesté que no estaba de acuerdo con los procedimientos electorales que pensaba seguir su gobierno. Le hice ver claramente que siguiendo ese camino se exponía la nación a serios peligros; que el pueblo, en mi concepto, no le permitiría una imposición y aun quise hacerlo desistir de su nefasto propósito, tocando la fibra de su amor propio y de su vanidad, diciéndole que de llevar a cabo el desarrollo de ese plan, su mismo prestigio histórico quedaría perdido para siempre. Le manifesté, igualmente, que mis simpatías personales, por afinidad en ideales, principios y sentimientos me inclinaban hacia el general Obregón, que de ninguna manera podría yo nunca traicionar mis convicciones. En vista de estas declaraciones mías, ya no se me invitó para la junta anunciada, a pesar de que supe muy bien que siempre se verificó. Dos días después se lanzaba la candidatura de Bonillas desde el tren presidencial.

"Durante mi corta estancia en la capital de la República como miembro del gabinete de Carranza, pude darme cuenta exacta de la inmoralidad del mismo y de cómo al lado de ese individuo sin escrúpulos, existe una camarilla corrompida que encabeza el jefe del estado mayor presidencial, general Juan Barragán. Allí, en el estado mayor, se especula con todo, se venden empleos y concesiones, se autorizan robos al erario nacional; se trafica con los bonos de los haberes de los jefes y oficiales del ejército y hasta con las pensiones de las viudas y huérfanos de los soldados de la revolución, quienes, para conseguir el pago de aquéllas, necesitan abonar comisiones a Juanito Barragán.

"Me di cuenta también de que todos los individuos que componen esa camarilla, están ligados entre sí, a la manera de los antiguos científicos, en cuanto negocio sucio se puede hacer con el favor oficial y se reparten las utilidades y dividendos de esta organización ignominiosa. La misma camarilla comete robos verdaderamente escandalosos que la prensa llamó atinadamente 'panamás', como sucede por ejemplo, en la administración de las líneas nacionales, donde el director general, Paulino Fontes, hecho recientemente compadre de Carranza, especula con los durmientes, con la compra del material rodante, habiéndose establecido el sistema de que los hombres de negocios, para conseguir carros para el transporte de sus mercancías, tengan que abonarles gratificaciones de setenta y cinco a cien pesos por cada carro a los empleados y agentes de Fontes, sin lo cual nunca logran les sean ordenados los carros que solicitan; y esto después de cubrir el flete de tarifa. Hasta para conseguir camas del *pullman* hay que dar gratificación a los empleados de Fontes.

"En esa época quedé convencido de que Carranza no tiene ningún respeto ni a la opinión pública ni a las leyes, ni menos a los principios proclamados por la revolución; en México conocí pruebas irrefutables de cómo Carranza violó el voto público en los estados de Querétaro, Guanajuato, San Luis y Nuevo León. Allí mismo me tocó presenciar, en diciembre próximo pasado, el burdo procedimiento con que Carranza pisoteó la voluntad popular y le impuso a la capital de la República un ayuntamiento, valiéndose de la fuerza bruta y sin sentir escrúpulos al exhibirse como déspota vulgar ante los ojos de los representantes de las naciones extranjeras.

"Igualmente quedé convencido, por las pruebas que se me presentaron, de los inauditos crímenes cometidos en Yucatán para destruir la labor revolucionaria llevada a cabo por el general Salvador Alvarado y para dominar políticamente aquel estado, acallando su opinión por la fuerza y el temor que ésta engendra. En Yucatán los esbirros de Carranza a las órdenes del general Zamarripa, asesinaron a las autoridades civiles de algunos pueblos; quemaron, después de saquearlas, las tiendas cooperativas de los socialistas; pegaron fuego a las oficinas del Partido Obrero Socialista en la ciudad de Mérida, llegando su barbarie hasta a obligar a los soldados a azotar a más de doscientas mujeres indefensas, que reunieron por la fuerza en la plaza pública de un pueblo de aquella desventurada península.

La persecución a las fuerzas que marchaban con el señor Carranza se hizo con tesón por las tropas mandadas por el general Treviño y las que de Veracruz vinieron a cortarle la retirada, comandadas por los generales Mireles y Guadalupe Sánchez, y es impresionante la dramática forma en que fueron abandonando al señor Carranza jefes militares, soldados y los civiles que lo seguían, casi todos responsables de haber provocado el drama pretendiendo la imposición de Bonillas.

En *Excélsior*, de mayo 18 de 1920, se lee lo siguiente:

Ciudadanos diputados que regresaron. Los que acompañaron al señor presidente se presentaron en la cámara ayer. El señor Carranza se despidió de ellos. La despedida fue en la hacienda de Zacatepec, resultando emocionante.

Con gran pesar de los diputados suplentes que han ocurrido asiduamente a los pasillos de la cámara del Factor con la esperanza de que, en vista de la ausencia de sus propietarios, fuesen llamados por las juntas previas para integrar el quórum definitivo que debe hacer la elección del presidente sustituto de la República, ayer se presentaron en el salón de sesiones casi todos los representantes adictos al señor presidente Carranza, y que lo habían acompañado en su frustrado viaje a Veracruz.

Hablamos ayer con varios de los diputados que marcharon con el convoy presidencial, y de sus pláticas desprendimos algunos datos que sirven para reconstruir la forma en que los miembros del poder legislativo se separaron de la comitiva presidencial después del desastre de Rinconada.

Refieren nuestros entrevistados, que el día 14 del presente mes corrió en los carros del convoy la voz de que el general Murguía había ordenado que toda la caravana de civiles, mujeres y demás no combatientes se trasladaran con sus equipajes e impedimenta a la cercana población de San Andrés Chalchicomula.

Como la versión llegara a confirmarse, el avance se inició, siendo verdaderamente pintoresca la marcha de los que se alejaban del campo de la próxima lucha. Aun cuando al principio la retirada parecía hacerse con relativo orden, bien pronto la confusión se inició a causa de que desde las posiciones enemigas las tropas del general don Guadalupe Sánchez comenzaron a hacer fuego.

El pánico se hizo más intenso aun cuando al llegar a las avanzadas de vanguardia de la columna del señor general Murguía, los soldados apostados en el punto extremo detuvieron a los que buscaban refugio en Chalchicomula.

Los no combatientes se dispersaron entonces y cada quien buscó la salvación por donde más fácil la creyó. Unos volvieron a los trenes, otros se mezclaron con la tropa y los más se lanzaron por veredas y caminos hacia la sierra, en tanto que no pocos de ellos caían víctimas de las balas.

Un grupo de diputados logró reunirse en el punto de San Miguel y de ahí, fuera ya de la zona de peligro, se encaminó a Pozos y después a la hacienda de Zacatepec, adonde no muy tarde les dio alcance el señor presidente de la República don Venustiano Carranza, a quien seguían los señores licenciados don Luis Cabrera y don Manuel Aguirre Berlanga, don Manuel Amaya, ingeniero don Ignacio Bonillas e hijo, generales don Francisco de P. Mariel y don Juan Barragán y algunas otras personas, entre ellas los diputados don Joaquín Aguirre Berlanga, don Ernesto Alcocer, general don Humberto Villarreal y general don Marciano González.

Por otro camino seguían también rumbo a la sierra los generales don Federico Montes y don Rafael de la Torre, con alguna tropa armada.

Las fuerzas que llevaba el señor Carranza llegarían a quinientos o seiscientos hombres.

Allí, en la hacienda de Zacatepec, el señor presidente se despidió con todo cariño de los diputados y senadores, así como de otros de sus acompañantes, y partió hacia la montaña sólo con los que hasta allí habían llegado con él. A todas las demás personas les dio instrucciones para que regresaran a la capital. La despedida, se nos dice, fue sumamente emocionante. (Tomado del libro *Campaña política del C. Álvaro Obregón,* tomo IV, pp. 306-307.)

En esa forma con tan pequeñas fuerzas se internó en la sierra de Puebla el señor Carranza hasta encontrar su muerte en Tlaxcalantongo.

Creo que el principal error lo cometió el general Mariel al confiar en el felicista que recientemente había amnistiado, llamado Rodolfo Herrero, y a quien encargó guiar en la última etapa por su viaje en la sierra, al señor Carranza.

Como se sabe, Rodolfo Herrero pretextó que había sido herido un hermano de él y que pedía permiso para ir a atenderlo, incorporándose después en Tlaxcalantongo al señor Carranza.

Ése fue el pretexto para separarse, reunir a los suyos y preparar el asalto a Tlaxcalantongo por la madrugada.

El mismo Herrero colocó a don Venustiano en el mejor jacal de aquel pueblo; mientras estaba cayendo una lluvia helada, y los jefes y soldados se distribuían en otros jacales.

El asalto se efectuó directamente al sitio donde estaba el señor Carranza, como lo cuenta en su libro relativo el mismo señor general Urquizo, que habla con toda sinceridad y honradez.

No hubo combate, pues los hombres de Carranza, generales, jefes militares y soldados, corrieron a la desbandada, y la mejor prueba de ello es que sólo murió el guardián de la puerta del jacal en donde estaba don Venustiano; don Venustiano, encontrándose herido y perdido, se suicidó, como lo declararon entonces muchos de los hombres que le acompañaban, aunque después hayan querido justificarse negando el hecho.

De *El Universal,* de mayo 23 de 1920, tomamos lo siguiente:

Cómo asesinaron al presidente Carranza en Tlaxcalantongo. Herrero y sus hombres pertenecían a las fuerzas que lo acompañaban. Telegrama al general Obregón detallando el crimen.

La expectación pública provocada por la muerte trágica del señor Carranza, quedará por fin calmada con las últimas noticias recibidas desde Villa Juárez, donde se encuentra la mayor parte de las personas que acompañaban al señor Carranza.

Como resultado del mensaje que les dirigiera el señor general Álvaro Obregón, y que publicamos en otro lugar, los generales Barragán, Montes, González y Mariel enviaron al mismo general Obregón el siguiente mensaje:

"Villa Juárez, mayo 22. Señor general Álvaro Obregón. México. Nos referimos a su mensaje hoy. Herrero se incorporó en columna desde Patla, ofreciendo seguridades de lealtad; llegados a Tlaxcalantongo, Herrero brindó alojamiento al señor presidente, disponiendo por éste la colocación de las avanzadas como conocedor del terreno; a las cuatro de la mañana gente de Herrero, abusando confianza depositada, rodeó el jacal del presidente, disparándole cuando estaba dormido, siendo el tiroteo muy nutrido. Todos hicieron defensa, aunque con la natural demora por la alevosía inesperada. El general Murguía batióse en la oscuridad valientemente, rechazando a los traidores, quienes sorprendieron a varios defensores al salir de las casas para rechazar al enemigo. Estamos dispuestos a depurar nuestra dignidad militar, comprobando el caso fortuito.

"La defensa fue general a tal grado, que los asaltantes, estando mejor preparados, pudieron hacer cerca de sesenta prisioneros, entre éstos a Mario Méndez, Fontes, Gil, Farías, general Heliodoro Pérez, coronel Che Gómez, general Villela y ayudantes del señor presidente.

"Nuestra conciencia está tranquila y en nuestro dolor por pérdida irreparable del presidente, cábenos la satisfacción de no haberlo abandonado ni un momento. El corto número de muertos y heridos explica que los asaltantes premeditaron su crimen, sabedores del lugar donde dormía el señor presidente, que depositó su confianza en Herrero; nada pudo la lealtad y la valentía en contra la traición de esos criminales."

Firman: J. Barragán, Marciano González, Federico Montes, F. de P. Mariel y demás signatarios.

El telegrama a que se refiere el mensaje anterior, es el siguiente, que publicamos en nuestra primera "extra" de ayer:

"México, mayo 22 de 1920. General Juan Barragán y demás signatarios del mensaje de ayer. Necaxa, Pue.

"Enterado del mensaje que dirigen al señor general Pablo González y que se sirvieron transcribirme y cuyo texto dice: Número 4, Necaxa, el 21 de mayo de 1920. Recibido a la 1.50 a.m. General Á. Obregón. Urgente. Hoy decimos al general Pablo González lo siguiente: Hoy a la madrugada en el pueblo de Tlaxcalantongo, fue hecho prisionero y asesinado cobardemente, al grito de ¡Viva Obregón!, el ciudadano presidente de la República don Venustiano Carranza por el general Rodolfo Herrero y sus chusmas, violando la hospitalidad que se le había brindado. Los firmantes de este mensaje protestamos con toda energía de nuestra honradez y lealtad ante el mundo entero por esta nueva mancha arrojada sobre la patria.

"Cumplida la obligación que nuestra dignidad de soldados y amigos nos impone, nos ponemos a la disposición de usted y sólo pedimos llevar el cadáver de nuestro digno jefe hasta su última morada en esa capital, suplicándole ordenar se nos facilite un tren en Beristáin para tal objeto. Atentamente."

Firmados: Generales Juan Barragán, F. de P. Mariel, Federico Montes, Marciano González; Ignacio Bonillas; coroneles: M. Fernández, S. Lima, Arturo Garza, Librado Flores, Eustaquio Durán, Maclovio Mendoza, Victoriano Neyra, Benito Echauri, Horacio Sierra, Dionisio Mariles Victoriano Farías; mayor Ignacio Meza; capitanes primeros: Pedro Rangel, Ismael García, Raúl Fabela, Juan R. Gallo, Fermín Valenzuela; capitanes segundos: Santiago Helly, M. Velita, Juan Sánchez, Mariano Gómez; tenientes: Pedro Montes, Juan G. Barrón, Manuel Robledo; subtenientes: Pascual Zamarrón, Wenceslao Cáceres, Tirso González.

Es muy extraño que un grupo de militares que, como ustedes, invocan la lealtad y el honor y que acompañaba al ciudadano Venustiano Carranza, con la indeclinable obligación de defenderlo, haya permitido que se le hubiera dado muerte sin cumplir ustedes con el deber que tenían, ante propios y extraños, de defenderlo hasta correr la misma suerte, máxime cuando sabe toda la nación que son ustedes precisamente los más responsables en los desgraciados acontecimientos que han conmovido a la República durante las últimas semanas y que ayer tuvieron el lamentable desenlace de la muerte del ciudadano Venustiano Carranza, muerte que encontró abandonado de sus amigos y compañeros, quienes no se resolvieron a cumplir con su deber en los momentos de prueba. Repetidas ocasiones se notificó al ciudadano Carranza que se le darían toda clase de garantías a su persona si estaba dispuesto a abandonar la zona del peligro y él se negó a aceptar esta prerrogativa, porque creyó, indudablemente, que habría sido un acto indigno de un hombre de honor ponerse a salvo dejando a sus compañeros en peligro. Este acto que reveló en el señor Carranza un rasgo de dignidad y compañerismo, no fue comprendido por ustedes.

Solamente los firmantes del mensaje a que me refiero son treinta y dos militares y un civil, número más que suficiente, si hubieran sabido cumplir con su deber para haber salvado la vida del señor Carranza, si es, como ustedes lo aseguran, que se trata de un vil asesinato; y tengo derecho a suponer que ustedes huyeron sin usar siquiera sus armas, porque ninguno resultó herido. Si ustedes hubieran sabido morir defendiendo la vida de su jefe y amigo, que tuvo para ustedes tantas consideraciones, se habrían conciliado en parte con la opinión pública y con su conciencia y se habrían ahorrado el bochorno de recoger un baldón, que pesará siempre sobre ustedes. *Álvaro Obregón.*

Por otra parte, desde el día 11 de mayo de 1920, había sido aprehendido el general Manuel M. Diéguez en Guadalajara por las fuerzas que comandaba, inclusive su misma escolta, que reconocieron el Plan de Agua Prieta; llevaron al general Diéguez prisionero al cuartel del Carmen, llegando al día siguiente a tomar posesión el general Jesús M. Garza al frente de fuerzas del general Enrique Estrada, quien avanzó de Zacatecas sobre Jalisco.

Como el general Diéguez había convocado a los poderes del estado para hacer resistencia a la columna de Estrada, al ocupar la capital de Jalisco, y en cumplimiento del Plan de Agua Prieta, el general Jesús M. Garza tuvo que desconocerlos con el siguiente manifiesto, tomado del periódico *El Demócrata*, de mayo 18 de 1920:

> *Al pueblo de Jalisco:* En representación del ciudadano Álvaro Obregón, jefe del cuartel general del ejército liberal constitucionalista, y del ciudadano general Enrique Estrada, jefe de la primera división de caballería del cuerpo de ejército del noroeste, y a reserva de que esta determinación sea ratificada por el ciudadano Adolfo de la Huerta, jefe del actual movimiento revolucionario, de acuerdo con las finalidades que éste persigue, así como de conformidad con el criterio del Plan de Agua Prieta, se desconocen los poderes ejecutivo, legislativo y judicial del estado, por su origen espurio, y en virtud de haber violado la Constitución de la República y conculcado los principios revolucionarios, base fundamental éstos, de nuestras leyes e instituciones actuales.
>
> Los innumerables atropellos a la libertad civil y política como las persecuciones contra los candidatos independientes; los atentados contra la vida e intereses de los ciudadanos que no aceptaban la consigna oficial; y, en una palabra, el hecho de haber secundado en todos sus procedimientos el régimen carrancista, estableciéndose así una verdadera coalición de funcionarios para burlar el sufragio popular y dilapidar los fondos del tesoro público, a más de muchos otros delitos meramente del orden común, que en su oportunidad quedarán definidos, justifican plenamente el presente acuerdo.
>
> Guadalajara, Jal., mayo 12 de 1920. El general *Jesús M. Garza*. (Tomado del libro *Campaña política del C. Álvaro Obregón*, tomo IV, pp. 312-313.)

De esta forma se habían adherido al movimiento antiimposicionista las principales fuerzas de los dos jefes militares, los más responsables de este impopular movimiento, los generales Manuel M. Diéguez y Francisco Murguía.

Como se sabe, los generales Álvaro Obregón y don Pablo González pidieron a las autoridades una investigación sobre la muerte del señor Carranza y la responsabilidad de quienes en ella intervinieron.

La investigación fue llevada a cabo en la jefatura de la guarnición de la plaza de México, y obra en mi poder una copia sobre la investigación.

La investigación se inició el día 10 de junio de 1920, y en ella declararon tanto el llamado general Rodolfo Herrero, como el general Francisco M. Murguía, el general Francisco L. Urquizo, el general Juan Barragán, el general Francisco de P. Mariel, y el día 11 de junio, el general Alberto Basave y Piña, licenciado Manuel Aguirre Berlanga y otros militares, ante la autoridad judicial competente.

En esta investigación se relata claramente la alevosa traición del llamado general Herrero, que amnistiado por el general Mariel se presentó en Platla para acompañar como guía al señor Carranza y llevarlo a Tlaxcalantongo a donde llegaron como a las cuatro de la tarde. Poco después, pretextó que había recibido parte de que un hermano de él estaba herido, que se ausentaba para curarlo, recibiendo hasta algodón, vendas y desinfectantes; en la madrugada, como a las tres y media de la mañana, consumó su traición, atacando principalmente el jacal en donde había colocado al señor Carranza y los jacales en donde se encontraban los otros jefes militares, y que según consta en sus mismas declaraciones, huyeron sin hacer resistencia, pretendiendo defenderse. Añadió que del punto cercano a Tlaxcalantongo, "La Unión", envió un propio al general Obregón, de palabra, pidiéndole refuerzos, lo que es ridículo, conociendo la distancia desde ese punto de la sierra hasta la capital de la República.

Igualmente declara que envió un propio al general Lázaro Cárdenas, quien se encontraba con sus fuerzas en Papantla, apoyando al Plan de Agua Prieta, también cosa increíble, por la distancia que separa en plena serranía a esos dos puntos.

Su principal defensa quería fundarla en que había recibido un recado del general Alberto Basave y Piña, en el que le decía que por órdenes del general Álvaro Obregón atacara la columna de Carranza procurando sobre todo hacerlo prisionero vivo. A este respecto, en la misma investigación, declaró el general Basave y Piña, desmintiendo la mentira:

> Que efectivamente mandó recordar al general Herrero su compromiso de adherirse al Plan de Agua Prieta y que se dispusiera a capturar al señor Carranza y a los que lo seguían, manifestando:
> Que esta indicación mía al señor general Rodolfo Herrero fue por iniciativa propia, pues respecto a este asunto nunca recibí indicación alguna del señor general Álvaro Obregón. (Tomado del resumen de la causa instituida en la averiguación de la muerte del señor Carranza, según copia de la jefatura de la guarnición de la plaza de México, página 20.)

En esta investigación, los mismos jefes militares declararon que por la sorpresa y la posición en que se encontraban, huyeron y no pudieron pelear.

El licenciado Manuel Aguirre Berlanga y Paulino Fontes, presionados por Herrero, declararon que levantaron un acta firmada por ellos y otros acompañantes del señor Carranza, declarando que el ex presidente Carranza se había suicidado.

Otra falsedad de Herrero.

Como resultado de esta investigación, figura en la página 26 del expediente de la jefatura de la guarnición de la plaza de México el auto de formal prisión dictada en contra del general Rodolfo Herrero, que dice así:

> En la plaza de México, a las nueve de la mañana del catorce de diciembre de mil novecientos veinte, dada cuenta con esta causa al ciudadano general juez segundo de instrucción militar, licenciado Isidro Guerrero, dijo: vistos para resolver sobre la formal prisión o la libertad provisional del detenido general brigadier Rodolfo Herrero, y *resultando* que dictada orden de proceder por la jefatura de la guarnición de esta plaza, en tres de septiembre del año en curso contra el expresado general Herrero y contra el mayor Herminio Álvarez (que de autos aparece ser Márquez), capitán Facundo Garrido y oficial Ernesto Herrero por violencias contra las personas y homicidio, el once de los corrientes, a las diez y ocho minutos de la mañana, se presentó ante este juzgado el repetido general Herrero, y quedando desde luego dete-

nido, dentro del término constitucional, se le hizo saber la orden de proceder dictada en su contra y por consiguiente el motivo de su detención, así como los nombres de quienes deponen en su contra y el derecho que tiene para nombrar persona que lo defienda. *Considerando primero,* que en autos aparece por las constancias procesales de fojas diecisiete, 112 a 114, 116, 265 y 266 probado con plenitud que la muerte del ciudadano Venustiano Carranza se debió a las lesiones que de arma de fuego recibió en Tlaxcalantongo en la madrugada del veintiuno de mayo del año en curso, durante el ataque que emprendieron sobre dicho poblado las fuerzas del general Herrero, y que éste fue quien ordenó y dispuso cada ataque, según consta por sus declaraciones de fojas 7 vuelta, 15 a 18, 21 y 22 y 152 a 154, y por el informe que con fecha 10 de junio retropróximo rindió a la Secretaría de Guerra y Marina, fojas 82 y 83, todo ello ratificado en su declaración perentoria, y si bien es cierto que asevera que dio órdenes precisas y terminantes a su gente para que se respetara la vida del ciudadano Carranza, y en ese sentido lo favorece la declaración preparatoria del mayor Facundo Garrido, no es ello bastante todavía para destruir la presunción de su responsabilidad en los sucesos materia de este proceso, en lo que a él se refiere; *considerando segundo,* que por lo mismo no consta hasta ahora probada la existencia de circunstancia alguna excluyente, ni aparece que se haya extinguido la acción penal para perseguir los delitos origen de este proceso, delitos que son de los que la ley castiga con pena corporal; por tanto, y con apoyo en los artículos 18 y 19 de la Constitución Política de los Estados Unidos Mexicanos, y 117, 119 y 122, 123, 124 y 125 de la Ley de Procedimientos Penales en el Fuero de Guerra, es de resolverse y se resuelve: Primero. Se decreta la formal prisión del general brigadier Rodolfo Herrero, como presunto responsable de los delitos de violencias contra las personas y homicidio a que se contrae la orden de proceder base de estas diligencias. Segundo: Identifíquese al procesado por los medios legales. Tercero. Estése a lo mandado en autos anteriores sobre la vía en que ha de llevarse adelante este proceso. Cuarto. Notifíquese y comuníquese. Así el ciudadano juez instructor de los autos lo resolvió, mandó y firmó ante el ciudadano secretario con quien actúa. Doy fe. Isidro Guerro. A. Serrano. Rúbricas.

Con el conocimiento de esos datos, pronuncié un discurso como diputado en la sesión celebrada por el bloque nacional revolucionario de la Cámara de Senadores, el día 21 de septiembre de 1932, donde hago el elogio muy merecido, y la admiración que siempre había tenido por la figura de don Venustiano Carranza, y aclaro cuáles fueron los motivos que nos obligaron a levantarnos contra la imposición de Bonillas en 1920.

Mi comisión ante el Senado era suplicar al bloque nacional revolucionario de la Cámara de Senadores, que cuando llegara el expediente del llamado general Rodolfo Herrero, fuera rechazado por unanimidad, por tratarse del hombre que dio muerte a una figura de gran prestigio en la revolución, como lo fue don Venustiano Carranza, y lo asesinó en forma alevosa y criminal, y pude decir, al finalizar, lo siguiente:

Si hay aquí —que creo que sí los hay— algunos hombres de los que acompañaron al general Obregón en 1920, podrán testificar que si alguna vez se desbordó más incontenible y sin control la ira del general Obregón, fue la noche en que supo la muerte alevosa del señor Carranza, cuando protestó airado, diciendo que la causa del Plan de Agua Prieta era tan justa que no merecía que se la hubieran ensangrentado con un crimen.

Y muchas personas también pueden testificar que el general Calles, jefe del ejército del noroeste, conferenció desde Chihuahua con el general Lázaro Cárdenas, ordenándole que diera toda clase de garantías a la vida del señor Carranza, de quien presumía que pasaría por la región de Papantla, donde estaban acantonadas las fuerzas de dicho jefe.

Los hombres afiliados al Plan de Agua Prieta no necesitaban la muerte del señor Carranza. El Plan de Agua Prieta ya había triunfado y no se necesitaba manchar esa noble causa con un crimen innecesario; y puedo decir a ustedes, porque he conocido íntimamente al general Obregón, lo mismo que al general Calles, que éste guardaba, por los conceptos que he vertido en esta tribuna, para el señor Carranza, la misma admiración y respeto que nosotros sentimos por él.

Así pues, él, Herrero, es el culpable de sus actos, y sobre él debe caer la vindicta de los revolucionarios, tanto más cuanto que proviene de una facción enemiga de la revolución. Y lo único que extraña es la imprudencia de los jefes que acompañaron al señor Carranza, al dejar en manos de Herrero la vida de aquél, cuando deberían haber conocido su historia militar que arranca de la formación del batallón Blanquet, de pelones, en Zacatlán, de la sierra de Puebla; es decir, la historia militar de Herrero arranca desde sus servicios en las filas de Victoriano Huerta. (Tomado de la versión taquigráfica de Salvador Vega y Héctor Flores González, taquígrafos parlamentarios de la H. Cámara de Diputados del Congreso de la Unión, hojas núms. 9 y 10.)

Yo vine de Sonora para México en un tren con el general Serrano, donde venían también con nosotros el general Antonio Villarreal y el licenciado José Vasconcelos. En México me incorporé nuevamente al general Obregón y viajamos a San Luis Potosí, llegando a esta población el día 17 de mayo de 1920, donde fue ruidosamente aclamado y aplaudido el señor general Obregón.

En la estación de San Luis Potosí se encontraban esperando al general Obregón jefes rebeldes al gobierno de Carranza, que se habían rendido e incorporado al movimiento de Agua Prieta. Recuerdo entre ellos, principalmente a los generales Almazán y Caraveo.

Yo había conocido al general Almazán desde 1911 siendo estudiante y por conducto de mi compañero Segundo Iturrioz, quien lo había conocido como maderista; en aquel tiempo platicamos muchas veces sobre la revolución, así que en cuanto me vio me reconoció el general Almazán, quien no conocía a ninguno de los otros acompañantes del general Obregón y se dirigió a mí saludándome por mi nombre; yo entonces se lo presenté al general Obregón, al general Jesús M. Garza y demás acompañantes, y recuerdo que el general Garza en tono festivo le reclamó que en uno de sus recorridos de revolucionario había llegado a Terán, N. L., y había saqueado, Almazán, la tienda del padre de Garza, dejándole vales firmados. Garza añadió, riéndose: "Espero que alguna vez hará efectivos esos vales, honrando su firma", y desde entonces los dos se hicieron muy buenos amigos.

Regresamos a México donde la capital estaba prácticamente dividida entre las fuerzas del general Obregón, pequeñas al principio, pero que iban aumentando constantemente y las más numerosas del general Pablo González, que en un principio dominaban la situación. Tanto el general Obregón y sus jefes militares y los jefes militares que eran sus partidarios y el general Pablo González y los suyos, celebraron conferencias en el Palacio Nacional, poniéndose de acuerdo en que según lo establecido en el Plan de Agua Prieta, el poder legislativo no se había desconocido por el movimiento y que debería reunirse y que el Congreso de la Unión, para nombrar presidente provisional, convocara a elecciones y restableciera el poder judicial siguiendo las bases constitucionales. Lo anterior produjo una gran actividad política, pues en el Congreso que iba a reunirse había tres grupos de diputados: los partidarios del general Obregón, que se regían por el Plan de Agua Prieta; los partidarios del general Pablo González, que obedecían al llamado Plan de Texcoco, y los partidarios del gobierno del señor Carranza.

Después de muchas discusiones y para evitar las divisiones en la Cámara, los bloques revolucionarios llegaron al acuerdo de nombrar presidente interino al señor Adolfo de la Huerta, y le enviaron un mensaje dándole a conocer su determinación.

Del periódico *El Demócrata*, de mayo 23 de 1920, tomamos la siguiente información:

El día de ayer, a las once de la mañana, los integrantes del grupo liberal revolucionario de la Cámara baja, se reunieron en el salón verde, en donde tuvieron una importante junta secreta. Cerca de dos horas permanecieron congregados en dicho salón, los señores diputados. Se habló acerca de la conveniencia de elegir al señor general Pablo González o el señor Adolfo de la Huerta, como presidente sustituto de la República. Cerca de las dos de la tarde, los diputados liberales revolucionarios, entre los que se encontraban elementos gonzalistas, tomaron por unanimidad la determinación de firmar un documento que darán a conocer al pueblo del país, en el que los diputados declaran estar dispuestos a hacer triunfar el día de mañana, al integrar el Congreso general, la candidatura del señor Adolfo de la Huerta, como presidente sustituto de la República.

El documento que nos ocupa fue redactado desde luego, y los diputados que estaban presentes en la junta secreta, lo firmaron. Noventa y seis personas, mediante su firma, quedaron comprometidas a emitir su voto por el gobernador del estado de Sonora y jefe de la revolución triunfante.

Idéntico acuerdo, según se pasa a comprobar, fue tomado en el seno de la Cámara alta. Hasta el día de ayer, una mayoría de treinta y cuatro senadores había manifestado sus intenciones de laborar en pro del señor De la Huerta.

Y cuando los miembros de ambas cámaras llegaron a la conclusión indicada resolvieron poner un mensaje al señor Adolfo de la Huerta, mensaje que quedó concebido en los siguientes términos:

"De México a Hermosillo, Sonora, mayo 22 de 1920. Señor don Adolfo de la Huerta. Tenémosle honra de participar a usted que los bloques revolucionarios de la Cámara de Senadores y de la de Diputados por unanimidad de votos resolvieron el día de hoy, sostener su candidatura para presidente sustituto de la República. Afectuosamente salúdolo, el presidente del bloque liberal del Senado, doctor Cutberto Hidalgo; el presidente del bloque revolucionario de la Cámara de Diputados, doctor Ireneo Francisco Reyes, y secretario Justino Alencáster." (Tomado del libro *Campaña política del C. Álvaro Obregón*, tomo IV, pp. 373-374.)

Y el día 24 de mayo de 1920, elegido el Congreso en colegio electoral con la asistencia de 187 diputados y 47 senadores, y en cumplimiento al artículo 10 del Plan de Agua Prieta, fue declarado presidente provisional sustituto por mayoría de 224 votos contra 30, el señor Adolfo de la Huerta, haciéndose la solemne declaración de que el señor De la Huerta fue electo presidente sustituto de la República, para terminar el periodo el 30 de noviembre próximo.

El decreto decía así:

El Congreso General de los Estados Unidos Mexicanos, en el ejercicio de la facultad que le concede el artículo 84 de la Constitución, decreta:

Artículo 1o. Es presidente sustituto de los Estados Unidos Mexicanos, para el periodo que terminará el 30 de noviembre del presente año, el ciudadano Adolfo de la Huerta.

Artículo 2o. Se cita al ciudadano presidente sustituto electo, para que se presente ante el Congreso general y otorgue la protesta respectiva, el día 1º de junio próximo a las 4. p.m. (Tomado del libro *Campaña política del C. Álvaro Obregón*, tomo IV, pp. 416-417.)

Después del triunfo definitivo del movimiento de Agua Prieta, de hecho la propaganda del general Obregón en el resto de la República se convirtió en una gira triunfal, por lo que ya no tuvo caso para mí, puesto que ya no había lucha, y me fui a mi tierra Ciudad Juárez, a consolidar mi triunfo como candidato a diputado por los distritos de Bravos y Galeana, donde ya no tuve enemigo, pues el candidato bonillista se había retirado.

En las elecciones de julio obtuve mi credencial para presentarme oportunamente al colegio electoral, en agosto.

Como había yo acompañado en la lucha al general Obregón durante su propaganda, se me reconocía una gran personalidad en la Cámara.

He querido en estas memorias dar una información extensa y documentada de la primera campaña obregonista, para dejar aclarado que nosotros respetamos en la iniciación al señor Carranza por su gran personalidad, y que sólo atacamos a la camarilla imposicionista bonillista, y así la lucha y los errores cometidos por el gobierno nos llevaron hasta el levantamiento de Agua Prieta.

Hay muchos escritores y politólogos de ahora que pretenden juzgar aquellos acontecimientos o ignorarlos para empequeñecer la heroica y gran figura del general Álvaro Obregón, olvidando que fue una de las grandes fuerzas que concurrieron al triunfo de la causa y de los ideales de la revolución.

Mi exposición es violenta y apasionada, a veces descarnada a secas, para que las nuevas generaciones conozcan la pasión y la violencia de aquellos tiempos precisamente de violencia y de pasión.

Como dato definitivo para juzgar al general Obregón desde el punto de vista revolucionario bastan dos hechos.

Cuando iba a iniciar su periodo de gobierno, hubo alguien que le insinuó que el problema agrario debía de resolverse fraccionando los latifundios por colonización y desechando el procedimiento de los ejidos porque, tesis reaccionaria, se estaban entregando tierras a individuos incapacitados para trabajarlas. Inmediatamente contestó el general Obregón con toda franqueza lo siguiente: "Yo no voy a cometer el error de los anteriores gobiernos de querer aplacar la legítima aspiración de los campesinos zapatistas a balazos; así fracasaron Díaz, Madero y Carranza. Yo voy a cumplirles las promesas de la revolución hechas mandato constitucional en la Constitución de Querétaro de 1917, y voy a pacificarlos dándoles tierras y entrando en franca relación con ellos."

Y así fue. Porque el general Obregón amnistió a los zapatistas y reconoció a muchos de los jefes militares que contaban con gente y realmente es el iniciador de la resolución del problema agrario.

El otro hecho es como consta en la historia, que una de las mayores fuerzas que lo sostuvieron en la campaña con todo entusiasmo y con toda fe, fue la organización obrera que en aquel tiempo representaba el sindicalismo: la CROM. Y él entonces les correspondió invitándolos a formar parte en su administración y entregándoles los talleres militares a esa organización, que dirigía el valiente e inteligente líder Luis N. Morones.

Como fue nombrado presidente sustituto don Adolfo de la Huerta, emprendió el viaje de Hermosillo para la capital, embarcándose en Mazatlán y desembarcando en Manzanillo. Se dispuso que el tren presidencial fuera a encontrarlo en ese último puerto, para trasladarlo a la capital.

Fue nombrado jefe del control del convoy, el señor general Carlos Plank, y el general Obregón me mandó en su representación.

Dada la vieja amistad que yo cultivaba con el señor De la Huerta, se me dio un camarote en el mismo carro presidencial, y realmente le serví al señor De la Huerta de ayudante.

Recuerdo que estacionado el tren en la estación de Guadalajara, se empezaron a recibir comisiones de obreros, de campesinos, de políticos y personalidades que iban a su encuentro desde México.

Yo les anunciaba con el señor De la Huerta, que se decía enfermo y los recibía en su camarote.

Me tocó recibir al señor general Manuel M. Diéguez, que se encontraba detenido y pidió permiso para entrevistarlo. Yo le recibí con toda la atención que se merecía, pues a pesar de la lucha contra la imposición de Bonillas, yo le seguía respetando por sus antecedentes obreristas en la huelga de Cananea, su prisión en San Juan de Ulúa y sus méritos de militar.

Inmediatamente se lo anuncié al señor De la Huerta, quien lo recibió desde luego, platicó con él como media hora y luego ordenó que quedara en absoluta libertad. Aquella revolución era generosa.

Con De la Huerta en la presidencia, yo era un diputado con mucha influencia y desempeñé diversas comisiones; pero al final, en el mes de noviembre, me mandó en su representación a procurar la solución de la huelga de los mineros de la región carbonífera de Coahuila, que ya tenían semanas de estar parados.

Llegué a Sabinas, Coahuila, y una comisión de mineros me pidió que la junta fuera en Nueva Rosita, Coahuila, y para allá me permití citar a los representantes de la empresa, que era la American Smelting Co., y que solicitaron una entrevista en Sabinas y no fueron a la junta, creyendo no tener garantías.

En Sabinas estaba de guarnición el general Urbalejo, con tropas destinadas para garantizar la integridad de las instalaciones de la industria carbonífera; y cuando llegué a Nueva Rosita, me di cuenta de que había caído en una trampa, pues un diputado compañero mío, Mijares, que se había hecho comunista, me tenía preparado un gran mitin, diciéndoles a los mineros que yo no iba a discutir bases de un arreglo, sino que iba a entregarles las minas por orden del presidente De la Huerta.

Se comprenderá lo escabrosa que fue la reunión para mí, y la difícil forma de convencerlos desmintiendo tal versión y diciéndoles cuáles eran las instrucciones que había recibido del señor presidente, en medio de una gran protesta minera.

Me querían mantener como rehén, pero finalmente los convencí a duras penas para que nombraran una comisión que regresara conmigo a Sabinas a tener una conferencia telegráfica con el presidente De la Huerta, en la que naturalmente nada se arregló.

En estas condiciones, me vi precisado a estar ausente de la toma del general Álvaro Obregón a la presidencia de la República, quien inmediatamente me liberó de la comisión, poniéndome un telegrama en el que me decía que sometiera yo el asunto a una comisión de las autoridades del trabajo y que me viniera desde luego a la capital.

Al tomar posesión como presidente de la República, el general Obregón nombró el siguiente gabinete: *Gobernación*, general Plutarco Elías Calles; *Hacienda*, Adolfo de la Huerta; *Comunicaciones*, ingeniero Pascual Ortiz Rubio; *Industria y Comercio*, licenciado Rafael Zubaran Capmany; *Guerra*, general Benjamín G. Hill; y por fallecimiento de éste fue nombrado el general Enrique Estrada; *Agricultura y Fomento*, general Antonio I. Villarreal; *Relaciones Exteriores*, ingeniero Alberto J. Pani.

II. "...el señor De la Huerta nos declaraba que él no sería candidato..."

Como hemos dicho en el capítulo anterior, el señor general Obregón inició la época de las grandes realizaciones revolucionarias; organiza y reglamenta el funcionamiento de las autoridades agrarias, creando desde luego la procuraduría de pueblos y dictando disposiciones sobre el aprovechamiento de tierras baldías y nacionales, así como la reglamentación de la tramitación de los expedientes de dotación, restitución y ampliación de tierras ejidales.

Yo sólo asistí a la iniciación de ese periodo, porque el general Obregón me envió a una comisión a Europa.

Las principales organizaciones obreras le pedían que entablara relaciones desde luego con el gobierno de la Rusia bolchevique, dirigido por sus líderes Lenin y Trotski; pero como hombre más precavido sólo convino con ellos en enviar una comisión a Europa para que fuera a investigar cuál era el programa y la acción del gobierno bolchevique y si convenía establecer relaciones diplomáticas, para lo cual les propuso, y aceptaron, que la comisión la formaran tres miembros, dos propuestos por los obreros (por la crom) que fueron Fernando Rodarte, de los linotipistas, y Eulalio Martínez, de los obreros textiles de Veracruz, y el tercer miembro en su representación, que fui yo.

Salimos directamente a España, donde iniciamos la investigación.

La organización rusa agitaba a través de la Tercera Internacional, y quería imponerse como la directora absoluta de las organizaciones obreras, empezando con esta política a dividir a los sindicalistas europeos.

En España se dividió la más fuerte organización sindicalista, con historia y antecedentes, que dirigía el gran luchador del obrerismo español, don Pablo Iglesias, y fue allí donde empezamos la investigación.

En aquel tiempo habían surgido grandes dificultades en nuestras relaciones diplomáticas con España, y a nosotros nos representaba como primer secretario encargado de la delegación, nuestro gran literato Alfonso Reyes, quien conocía en teoría la doctrina agrarista mexicana, pero desconocía los detalles y su aplicación en la práctica.

El entonces rey de España, Alfonso XIII, había tenido ya serias discusiones con Alfonso Reyes por la afectación agraria a los latifundios de españoles en México, y Alfonso creyó oportuno que se aprovecharan mis conocimientos teóricos y prácticos de las cuestiones agrarias mexicanas, para que yo explicara nuestra doctrina y su fundamento entre los intelectuales españoles, proponiendo y consiguiendo que me escucharan en una sesión del Ateneo de Madrid.

Muchos años después, reviví aquel interesante incidente con la lectura de un libro, *Pinceladas de una obra,* del notable agrónomo español, ingeniero José Luis de la Loma, a quien tanto le deben muchos de los técnicos salidos de la Escuela de Chapingo, donde fue un eminente profesor.

Con motivo de la publicación de su libro, nos cambiamos las cartas siguientes, que recuerdan mis andanzas en Madrid. Yo le dirigí la siguiente carta:

Agosto 9 de 1972. Señor ingeniero José Luis de la Loma, Paseo de la Reforma N. 157-305, México 5, D. F. Muy estimado señor ingeniero y amigo:

Formulo la presente para agradecerle su libro *Pinceladas de una obra,* que tuvo la bondad de obsequiarme.

Mucho me interesó la lectura de su obra, dado que tan sólo conocía de usted la brillante faceta del agrónomo, pero ignoraba las visicitudes del liberal y leal republicano.

El discurso en que se refiere al Ateneo, me recordó la conferencia que tuve el compromiso de dar en el Ateneo de Madrid en 1921. Y no resisto la tentación de referirle este incidente, ya que recordar es obsesión de los viejos.

Viajaba por Europa en comisión del entonces presidente de México, general Álvaro Obregón. Llegué a Madrid y me encontré a mi gran amigo Alfonso Reyes, metido en grave aprieto. Encargado de la embajada de México, las autoridades españolas lo asediaban constantemente con notas y quejas con motivo del desarrollo del programa agrario del gobierno mexicano, ya que se venían afectando propiedades de hacendados españoles, que acudían a pedir la protección de su gobierno.

Alfonso conocía el programa agrario, digamos sólo en teoría, pero no en los detalles, y sufría para dar explicaciones. Recuerdo que me contó indignado que el rey Alfonso XIII, en una entrevista, hablando de estas cosas, le había replicado, cuando Reyes le dijo que en México así era la ley: "Lo sé, pero en México también pasa como aquí y en todas partes; que los gobernantes que hacen el veneno saben aplicar el contraveneno cuando así les conviene." Es decir que el rey, con cinismo borbónico, predicaba la doctrina de que los gobiernos que hacen las leyes deben saber burlarlas cuando les venga en gana.

Yo había trabajado en el desarrollo del programa agrario desde 1915, y había sido verdadero agitador agrarista en la campaña electoral del general Obregón, a quien tuve el honor de acompañar como orador; por todos estos antecedentes, Alfonso creyó que era yo el indicado para explicarles a los intelectuales españoles el programa agrario de la Revolución Mexicana, y me comprometió a dar una conferencia en el Ateneo.

Se fijó la fecha para el acto; pero cuando yo se lo comuniqué a mi siempre respetado amigo el gran viejo español don Pablo Iglesias, éste se alarmó y me dijo que no era el Ateneo un escenario apropiado para hablar de una reforma social tan profunda, que hería tan hondamente el "sagrado derecho de propiedad" a la romana, que religiosamente respetaban la mayoría de los intelectuales españoles del Ateneo, en aquel entonces.

Para salvarme del fracaso, arregló que Indalecio Prieto y Largo Caballero mandaran de público a la conferencia un grupo de muchachos de la Casa del Pueblo.

Fui presentado en el Ateneo como diputado mexicano "de las izquierdas". Y cometí el error de hablar, no como un conferencista sereno y diplomático, sino como el fogoso agitador agrarista que fui en mi impulsivismo juvenil.

Expuse claramente que en el derecho de conquista de España, autorizado por la Bula del papa Alejandro VI, se fincaba el origen de la propiedad territorial en México; expliqué cómo se despojó de sus tierras a los indios con "los repartimientos", luego legalizados por "las mercedes", y cómo se les esclavizó por "las encomiendas", a pretexto de que se les convirtiera a la fe católica. Y luego continué diciendo que de todo esto se originó el latifundismo feudal que creó "la hacienda" y "el peonaje", sistema del monopolio de la tierra por una aristocracia y de esclavitud del pueblo campesino, que provocó la explosión de la Revolución Mexicana, imprimiéndole su incontenible tendencia agrarista.

Durante mi exposición, al observar que algunos ateneístas abandonaban la sala con disgusto, me di cuenta que una atmósfera de inconformidad invadía al auditorio, y temí que se levantara la protesta.

Además, la aflicción del rostro de Alfonso Reyes me convenció de la necesidad de cortar por lo sano; y con dos o tres tiradas líricas, elogiando las "Leyes de Indias", terminó aquella fracasada conferencia, fracaso que trataron en vano de disimular los aplausos con que me despidieron los muchachos de la Casa del Pueblo.

Dos días después vino el desquite. Di una conferencia sobre la Revolución Mexicana ante verdaderos trabajadores españoles, precisamente en la Casa del Pueblo, y "salí en hombros".

Su libro ha venido a remover esos recuerdos que guardo con agrado de aquel inolvidable Madrid "de los veintes".

Perdone que a la gentil dedicatoria de su libro, le corresponda con este cartapacio que espero tenga la paciencia de leer.

Aprovecho la oportunidad para quedar de usted afectísimo amigo y seguro servidor. *Luis L. León.*

Y él la contestó como sigue:

Secretaría de Recursos Hidráulicos. Dirección General de Distritos de Riego, Director de estadística y estudios económicos. México, D. F., a 11 de agosto de 1972. Señor ingeniero Luis L. León, Av. de las Palmas Nº 2070, Lomas Barrilaco, México 10, D. F. Mi respetado señor ingeniero:

No quiero dejar sin respuesta su muy atenta carta del 9 del corriente, en que me hace el honor de acusar recibo de mi modesto libro *Pinceladas de una obra.*

Agradezco muy sinceramente que me haya referido de modo tan ameno, la interesante anécdota de sus conferencias en el Ateneo y en la Casa del Pueblo en Madrid, en aquellos felices tiempos de los años veinte. Muy aleccionadora es la cita de la contestación de Alfonso XIII al gran amigo Alfonso Reyes; así era aquel monarca que se ganó a pulso el repudio del pueblo español. Todo su relato está lleno de añoranzas para mí y ha revivido gratos recuerdos.

No sabía yo que hubiera usted visitado España en aquellos tiempos y es más probable que, sin saberlo y sin conocernos, hayamos convivido en alguna ocasión en aquel inolvidable Ateneo madritense que yo tanto frecuentaba, y en el que traté por primera vez al querido Alfonso Reyes.

Gracias otra vez por su gentileza y nuevamente le reitero el testimonio de mi consideración y amistad.

Ingeniero José Luis de la Loma.

En nuestra estancia en España, nos pusimos en contacto tanto con los miembros del partido de la organización socialista, comandados por don Pablo Iglesias, como con las secciones que se habían separado para declararse comunistas dependientes de la Tercera Internacional, las cuales estaban en minoría.

Yo cultivé mucho la amistad de don Pablo Iglesias, el viejo luchador ya enfermo y cansado, que nos explicaba la situación con toda claridad.

Nos decía que dada la situación de España, no podían someterse a la tendencia hegemónica del bolchevismo ruso, que resolvía las cosas siempre desde el punto de vista de sus intereses y sin tomar en consideración los intereses de los diferentes grupos; por ejemplo, "aquí en España, hablan mucho de efectuar un levantamiento obrero comunista y la verdad no tenemos ni organización, ni elementos, ni suficientes partidarios para llevarlo a cabo; y de hacerlo, sólo nos expondríamos a un fracaso que acabaría con lo poco que tenemos organizado y retrasaría por mucho tiempo el advenimiento de las conquistas sindicales por procedimientos democráticos".

Un día me dijo, en su casa, en forma privada, lo siguiente: "Si en este momento me llamara el rey en una crisis ministerial para darnos a la organización obrera el gobierno, tendría que rehusar con honradez el ofrecimiento, porque no tenemos ni elementos preparados, ni las fuerzas suficientes para imponer un gobierno con nuestras tendencias. Nosotros nos estamos preparando poco a poco y eso llegará después; aunque yo por mis años, comprenderá usted, ya no lo veré."

Fuimos a Barcelona a hablar con las organizaciones anarcosindicalistas que se encontraban muy debilitadas por la dura y criminal persecución de que habían sido objeto por fuerzas militares.

Para hablar con algunos dirigentes anarcosindicalistas, tuvimos que hacerlo secretamente, en la trastienda de un almacén en Sarría.

De nuestra visita a España obtuvimos la convicción de que el pueblo español estaba evolucionando hacia ideas más liberales, y que cada vez estaba perdiendo fuerza y prestigio la monarquía, por lo que no nos extrañó que años después ocurriera a quererse fortalecer con movimientos como el de Primo de Rivera, y que estallara por fin la revolución republicana.

Y ya en México, tuvimos grandes y estrechas relaciones con los revolucionarios republicanos españoles.

De España pasamos a Italia, donde encontramos que ya se iniciaba un movimiento obrero, frente que desgraciadamente fue posteriormente dividido y traicionado por Mussolini.

En Roma hubo dos incidentes que quiero recordar.

En un debate en el Parlamento italiano y para combatir las ideas liberales avanzadas, algunos diputados atacaron a la Revolución Mexicana, diciendo que los progresistas querían provocar una anarquía siguiendo el "método mexicanista", pintando a nuestra revolución como un verdadero movimiento anárquico sin programa.

Hablamos con nuestro representante diplomático, que era el general Hay, y éste hizo una reclamación al gobierno italiano.

El otro incidente fue muy interesante.

Con motivo de las fiestas patrias, los jóvenes mexicanos que estudiaban para sacerdotes en el famoso Colegio Pío Latino, organizaron una ceremonia a la que invitaron al general Hay, y él nos llevó a nosotros.

Un joven seminarista de claro tipo indígena, y entiendo que era oaxaqueño, pronunció un discurso, y valientemente defendió a la Revolución Mexicana, diciendo que era un movimiento inspirado en la doctrina cristiana de igualdad y justicia para los hombres y para combatir las desigualdades sociales, la miseria y la tiranía.

Se comprende que el discurso no agradó a sus superiores porque un poco después cuando quiso inquirir por el joven el general Hay, supo por alguno de los compañeros que había sido enviado como miembro de una misión a los países de Asia, y nunca volvimos a saber de él.

Convencidos de que los movimientos obreros y revolucionarios de Europa se concretaban en aquel tiempo a controversias de unas facciones con otras, comprendimos que nuestra verdadera misión era llegar a Rusia y emprendimos el viaje a Alemania.

Llegamos a Berlín y nos tocó contemplar una Alemania desorganizada y en muy difícil situación económica por su derrota en la primera Guerra Mundial.

La socialdemocracia se había deshecho y había muchos grupos que conspiraban en favor de Rusia y otros en favor de una autoridad fuerte que impusiera el orden usando naturalmente la fuerza militar; ya eran los gérmenes del nazismo que muchos años después organizó Hitler.

Rusia se encontraba aislada de casi todas las naciones, pero en Berlín había establecido una misión rusa tolerada, pero no reconocida oficialmente por el gobierno alemán.

Nosotros concurrimos a esa misión para solicitar pasaportes con que visitar Rusia y allí pudimos comprobar que desde entonces el espionaje y la información de los bolcheviques eran efectivos.

Los compañeros Rodarte y Rodríguez, que llevaron sus credenciales de trabajadores, miembros de sindicatos afiliados a la organización obrera, fueron atendidos desde luego y como a los cinco o seis días consiguieron su pasaporte para entrar a Rusia.

En cambio yo que llevaba un pasaporte y una credencial como inspector de educación pública, diciendo que deseaba entrar a Rusia para estudiar la educación, fui detenido cerca de quince días, mientras les llegaban los informes exactos de mi personalidad. Como a los quince días de estar en Berlín, me llamaron de la misión rusa para decirme: "Usted no es inspector de educación pública, usted es diputado, pero como es diputado de 'las izquierdas' le vamos a permitir la entrada a Rusia como invitado del gobierno." Acepté agradecido, pero comprendí que todo esto era con objeto de controlarme.

Desde luego me pusieron como intérprete a un ruso que había vivido diez años en la Argentina, que me acompañó constantemente y con el cual naturalmente tenía yo que procurar información, siendo ésta la que ellos gustaran. Claro que si pedía yo visitar una escuela, una fábrica, una instalación o una explotación agrícola, tenía que ir a la que ellos desearan y tener la versión que ellos me dieran.

A pesar de esto, me di cuenta de la terrible situación por la que estaban atravesando, faltos de elementos y escasos de alimentos, porque fue el año terrible en que se habían perdido las cosechas del Volga.

La situación política era una dictadura y así tenía que ser, porque todavía luchaban contra algunos ejércitos de la llamada "Rusia blanca", y la cuestión económica y social era desastrosa, escasos de alimentos, faltos de ropa; pero sí pude darme cuenta de que había fe en el pueblo ruso de que era una nación libre y de sacudirse para siempre la oprobiosa esclavitud a que los habían tenido sometidos los hombres del zarismo. No había la libertad, aunque todos confiaban en que vendría después, pero en realidad no era el paraíso obrero que imaginaban en aquellos días los trabajadores de la mayor parte del mundo, ideal que había empujado a nuestros sindicalistas mexicanos a pedir el rápido reconocimiento del gobierno de Rusia.

Como a los quince días de mi estancia en Rusia, pude salir de regreso para Alemania, y de Alemania salir a Italia, cruzando por el Tirol.

Fue entonces cuando empezó para mí una serie de dificultades con motivo de que mi pasaporte estaba visado por la Rusia bolchevique; cruzando de Alemania para Italia, fui detenido en la frontera austriaca y tuve que permanecer dos días en Innsbruck mientras el embajador en Italia, general Hay, aclaraba que yo era un diputado mexicano y solicitaba que me permitieran el paso.

Igual dificultad tuve para salir de Austria y entrar a Italia, hasta que en Roma el mismo señor embajador Hay me dio un pasaporte sin la visa bolchevique, y así pude regresar ya a México vía Francia y Estados Unidos.

A mi llegada a México informé desde luego sobre mis impresiones y la opinión que traía de la iniciación de un movimiento socialista en Europa y la difícil situación por la que atravesaba el pueblo ruso.

Al presidente Obregón, lo mismo que al general Calles y al señor De la Huerta, les di a conocer con toda franqueza mi impresión, pintándoles la difícil situación de Rusia, sus graves problemas, pero afirmándoles que al final los resolverían creándose un pueblo libre, pero que creía yo que no era el paraíso que se creía y que tendrían que constituirlo mediante una dictadura.

El general Obregón me dijo inmediatamente: "Creo que es la verdad lo que dices; pero no lo declares en la prensa, porque se crecerían mucho los reaccionarios."

Durante más de cinco días luché ocultándome a los periodistas que me perseguían pidiéndome mis opiniones, hasta que por fin tuve que hacer unas declaraciones moderadas y corregidas por el mismo general Obregón, debilitando mis críticas sobre la situación y fortaleciendo mi fe y esperanzas que de esas dificultades surgiría un pueblo libre y respetable.

Naturalmente estas declaraciones desilusionaron a los conservadores y desagradaron a los progresistas de avanzada, hasta el grado de que empezaron a hacerme una campaña afirmando que yo no había llegado a Moscú, y que solamente había entrado unos cuantos días a Petrogrado (ahora Leningrado), por lo que no podían ser serias mis opiniones.

Inmediatamente tomé posesión de mi cargo de diputado al Congreso de la Unión, no sin dejar de encontrar alguna oposición de parte de la mayoría peleciana que quería sostener en funciones a mi suplente, por contar con él, y conociendo que yo iría a formar parte del grupo izquierdista opositor, en lo cual tenían absoluta seguridad por mis antecedentes, pues antes de mi viaje a Europa había figurado en ese grupo como diputado.

Desde que se iniciaron las actividades de la xxix Legislatura, se marcó claramente nuestra división con los principales líderes del Partido Liberal Constitucionalista, que tenía la mayoría y pretendía la hegemonía de la política nacional.

La lucha apasionada por los principios se intensificó al tratarse de la credencial del licenciado Emilio Portes Gil, que había triunfado por una aplastante mayoría en Tampico, Tamps., y era tan claro su triunfo que nos ayudaron en la lucha miembros distinguidos del PLC. De esa misma lucha dice el licenciado Portes Gil en su libro *Autobiografía de la Revolución Mexicana*, p. 332, lo siguiente:

...Fui ayudado eficazmente por Luis L. León, por los abogados Neri, Martínez de Escobar, Agustín Arroyo Ch., jefe de la diputación guanajuatense; por Felipe Carrillo Puerto, por Soto y Gama, por Manrique, por los laboristas que jefaturaba Morones y por otros queridos compañeros de aquella época.

La XXIX Legislatura fue pródiga en trabajos y su actuación revolucionaria, después de la XXVIII, dejó una honda huella en los anales de la historia parlamentaria de la revolución. Esta legislatura conservó un alto sentido de decoro, de responsabilidad y de independencia.

El Partido Liberal Constitucionalista, que llegó a dominar la política en la República, estaba integrado por los hombres más distinguidos y de mayor prestigio. El general don Benjamín G. Hill era reconocido como jefe de esa poderosa organización y a ella pertenecían distinguidos políticos que habían luchado y sido precursores de la revolución de 1910. Figuraban en él los tribunos parlamentarios, licenciado José Inés Novelo, Juan Sánchez Azcona, el licenciado don Jesús Acuña, los generales Manuel García Vigil y doctor José Siurob, el doctor Cutberto Hidalgo, los licenciados Eduardo Neri, Rafael Martínez de Escobar, Hermilo Pérez Abreu y otros luchadores de la época que hicieron oír su vez de elocuentes oradores en la tribuna parlamentaria.

Pero llegó el momento en que el Partido Liberal Constitucionalista se engolosinó con sus triunfos y de colaborador sincero del gobierno de la República, se convirtió en opositor solapado del general Obregón. La organización, que tenía ramificaciones en todos los estados, significaba ya un serio peligro para la estabilidad del régimen, ya que algunos de sus altos representativos empezaban a claudicar de los principios revolucionarios que habían sustentado.

En el gabinete, representaban al Partido Liberal Constitucionalista el general Benjamín G. Hill, secretario de Guerra y Marina; el licenciado don Rafael Zubarán Capmany, secretario de Industria, Comercio y Trabajo; el general don Antonio I. Villarreal, secretario de Agricultura y Fomento; el doctor Cutberto Hidalgo, secretario de Relaciones Exteriores; el general don Amado Aguirre, secretario de Comunicaciones; el licenciado Eduardo Neri, procurador general de la República, y una mayoría de altos funcionarios de la federación, de los estados, que de grado o por fuerza, se habían adherido a esa poderosa organización política, de tal manera que representaba una fuerza incontrastable, y ante las exigencias de los peleceanos, algunos de los cuales se habían convertido en negociantes de la política, el general Obregón se vio obligado a tomar una actitud enérgica.

Se iniciaban ya los preparativos para la sucesión presidencial. La mayoría de los miembros del Partido Liberal Constitucionalista se inclinaban en favor de la candidatura presidencial del general Benjamín G. Hill, quien falleció cuando su personalidad era la bandera de los peleceanos. Calles y De la Huerta eran la esperanza de los radicales que teníamos minoría en las cámaras, pero su acción era nula pues de hecho se hallaban arrinconados en las secretarías de Gobernación y de Hacienda, respectivamente.

Luis L. León, Carrillo Puerto, Antonio Díaz Soto y Gama, Luis N. Morones, Jorge Prieto Laurens, Romero Ortega, Aurelio Manrique, Gilberto Fabila, Froylán C. Manjarrez, Candelario Garza, Arturo Campillo Seyde, Apolonio

Guzmán, y el que escribe, nos lamentábamos del apoyo que el general Obregón daba a los peleceanos y no cejábamos en nuestras tendencias de izquierda, que representaban el general Calles y don Adolfo de la Huerta, como hombres más capacitados para suceder al general Obregón.

Los generales Francisco R. Serrano y Jesús M. Garza se sentían también desilusionados ante aquella acometida de los peleceanos. Garza era el motor del grupo que nosotros integrábamos. Su talento, su decisión, su amor a los principios avanzados de la revolución y su patriotismo, lo significaban como el hombre más autorizado para dirigir la acción en favor de las tendencias avanzadas.

Fue en esos momentos cuando regresé de Europa y me asocié en seguida a la lucha de mis compañeros por conquistar la mayoría de la Comisión Permanente.

Y fue en esos días cuando cometieron los peleceanos el error de querer someter al general Obregón a su poder, atacando el proyecto de presupuesto nacional, haciéndole grandes reducciones a título de economías, para obligar al general Obregón a que acudiera a pedirles su auxilio y de hecho someterse a sus deseos, pues ya algunos de ellos hablaban de parlamentarismo, para que el poder legislativo fuera el verdadero gobernante de la República.

Después de una sesión acalorada en que defendimos nosotros el presupuesto, me llamó el general Obregón y me preguntó sobre la lucha emprendida. Desde luego me preguntó por el licenciado Emilio Portes Gil y le dije que estaba separado de la cámara formando parte de la dirección de los Ferrocarriles. Me pidió que lo fuera a buscar y le dijera que quería hablar con nosotros dos, inmediatamente.

Lo hice desde luego, recibiéndonos el presidente Obregón inmediatamente, y en su mismo libro *Autobiografía de la Revolución Mexicana*, el licenciado Portes Gil, en las pp. 334-337, nos proporciona una información clara y sucinta de aquellos hechos que me permito transcribir; al hablar de nuestra entrevista, dice lo siguiente:

...El general Obregón en esa entrevista se expresó más o menos de la siguiente manera: "Considero que no se han dado ustedes cuenta de la situación política que priva en estos momentos y quiero resumirla en los siguientes términos: los dirigentes del Partido Liberal Constitucionalista se han convertido en enemigos solemnes del régimen. A ellos les asusta mi actitud para cumplir el programa de la revolución, pero sobre todo en lo que a repartición de tierras, a la legislación obrera y a petróleo se refiere. Algunos de ellos representan fuertes intereses petroleros y latifundistas y, naturalmente, no comulgan con las tendencias del gobierno para 'meter en cintura' a las compañías petroleras y obligarlas a que cumplan con nuestra legislación. Como resultado de todo ello, en las cámaras se hace fuerte oposición al Ejecutivo. Los proyectos de Ley de Ingresos y de Presupuesto que se han sometido a la consideración de la representación nacional, están siendo saboteados y si dejamos que la situación continúe, posiblemente me imposibilitarán para desarrollar el programa que me he propuesto. Ya han reducido el presupuesto en las partidas de agricultura y de educación pública, para impedir la repartición de tierras y el fomento de la educación. Deseo que me digan ustedes: ¿qué hacen mis amigos en la cámara?"

Respondí al general Obregón: "Señor presidente, nosotros hemos creído que sus amigos en lo político son los peleceanos, puesto que usted les ha dado todo el poder. Nosotros somos una minoría que ni siquiera tenemos acceso a la presidencia de la República. Lamentamos que hombres como el general Calles y el señor De la Huerta, que sí representan el pensamiento radical de la revolución, estén boicoteados y a punto de salir del gabinete porque su situación es ya insostenible. Pero ya que usted nos llama para que le expliquemos nuestra manera de pensar, con gusto lo hacemos. Yo creo que estamos en tiempo para iniciar una campaña en contra de los peleceanos y demostrar ante la nación la inmoralidad de algunos de ellos y la claudicación que en materia social los presenta como enemigos del régimen. Somos muy pocos; pero creemos poder triunfar si usted no ayuda tan ostensiblemente al Partido Liberal Constitucionalista. Tengo pruebas de que alguno de sus ministros está mezclado en un importante negocio petrolero y al exhibir tales pruebas ante la representación nacional, se provocará un escándalo con el que demostraremos la conducta inconveniente de ese colaborador de usted. Usted conoce este asunto, puesto que hace algunos meses se lo traté y creo que ésta es un arma formidable para iniciar una campaña en contra de los elementos de dicha agrupación política."

Después mostré al presidente el documento en que un diputado, hermano del secretario de Industria, Comercio y Trabajo, licenciado don Rafael Zubaran Capmany pedía a una compañía petrolera la suma de 150 millones oro nacional por el arreglo de ese negocio.

Ese mismo día, 22 de diciembre, se inició en la Cámara de Diputados una ofensiva en contra de los dirigentes del Partido Liberal Constitucionalista. Fui el primero en romper el fuego. Denuncié en la tribuna la conducta claudicante y las inmoralidades que algunos dirigentes del poderoso partido en el poder venían ejecutando, con grave perjuicio del programa de la revolución. Luis L. León, Jesús Z. Moreno, Romeo Ortega, Antonio Díaz Soto y Gama y Manrique, me secundaron en la lucha.

Acusé al Partido Liberal Constitucionalista de que algunos de sus más altos representativos traficaban con los intereses nacionales y traicionaban los principios que habían inspirado el movimiento social de México; los acusé de no hacer nada por expedir la Ley del Trabajo, de estar obstruccionando la labor del presidente Obregón en su actividad para resolver el problema agrario y denuncié ante la representación nacional, que algunos dirigentes del partido estaban usando la influencia que les daba el poder para enriquecerse.

El escándalo que se armó en esa memorable sesión fue mayúsculo. Hubo gritos, protestas, amenazas, insultos, improperios. Los peleceanos me amenazaban desde sus curules y muchos se acercaban hasta la tribuna tratando de sacar sus armas. Yo permanecí inmóvil y cada vez que se hacía el silencio seguí mi discurso redoblando el ataque en contra los ministros peleceanos que estaban en el gabinete.

Por fin, el presidente de la cámara, licenciado Eduardo Vasconcelos, levantó la sesión citando para el día siguiente en que se continuó la lucha más enardecida. León, Díaz Soto y Gama, Jesús Z. Moreno, Manrique y yo, continuamos con vigor y apasionamiento el ataque contra el Partido Liberal Constitucionalista.

Con motivo de esa lucha, el licenciado don Rafael Zubaran Capmany, presentó su renuncia irrevocable. El general don Antonio I. Villarreal hacía algunas semanas que había salido también del gabinete. Justo es hacer constar que Villarreal renunció por solidaridad con su partido; pero nadie lo atacó en la cámara, ya que su actuación fue siempre limpia y revolucionaria. Pocos días después renunció también el licenciado don Eduardo Neri, procurador general de la República, a quien nadie había atacado, pues a todos nos constaba su integridad y su hombría de bien, así como sus antecedentes revolucionarios en las luchas por la libertad.

Durante todo el mes de diciembre la lucha fue encarnizada. Los peleceanos, que contaban con los principales jefes militares de la guarnición de la plaza, lograron que la noche del 12, un mayor del ejército seguido de un piquete de soldados, tratara de desalojar del salón de sesiones a los diputados que allí nos encontrábamos posesionados del recinto y en los momentos en que entraban nos levantamos de nuestras curules y encarándome con aquel militar le hice ver lo grave de su conducta, diciéndole: "No saldremos del salón y si usted trata de desalojarnos por la fuerza, le hago ver que no estamos dispuestos a permitir que se nos ultraje. Todos nosotros estamos armados y dispuestos a defender nuestras vidas; pero no permitiremos que usted consume un atropello tan vergonzoso. Si usted trae una orden escrita del presidente de la cámara estará a salvo de toda responsabilidad, en la inteligencia de que aun con esa orden, que sería arbitraria, nosotros defenderemos el salón de sesiones de la representación nacional, que no debe ser pisado más que por los diputados."

Ante aquella actitud, el oficial recapacitó y dio media vuelta sin molestarnos en el resto de la noche. Después supimos que los directores de ese desaguisado que estuvo a punto de ocasionar una tragedia, fueron los diputados peleceanos, que ostentaban grados de generales, y usaron su jerarquía para influenciar al mayor que resguardaba el orden fuera del recinto parlamentario.

En otra ocasión se introdujo en las galerías, con la anuencia del presidente de la cámara, un grupo de soldados armados de rifles y bayonetas, tal vez con el propósito de intimidar a los diputados. Esto originó un nuevo escándalo. Pedí la palabra y protesté con toda energía por aquella intromisión de la fuerza armada, y ante la "bitachera" que se armó, el presidente se vio obligado a ordenar que se desalojara el salón. La protesta fue secundada por los asistentes a las galerías y todo hacía presumir que se desarrollarían actos sangrientos, como sucedió en las sesiones anteriores, ya cuando la mayoría peleceana se había desarticulado y los que quedaban fieles recurrían a actos de terror para amedrentar a los diputados.

Las sesiones eran cada día más tormentosas. La lucha dentro del recinto parlamentario llegó a asumir caracteres trágicos. Los ataques virulentos aumentaban, así como el ardor de los grupos, a medida que se acercaba la elección de la Comisión Permanente. Ya para mediados del mes de diciembre, la mayoría peleceana se había desintegrado y el grupo minoritario, agrarista, laboristas, socialistas y cooperativistas, cobraba mayor vigor. En ocasiones estuvimos a punto de echar mano a las armas y terminar de una manera trágica aquella legislatura. Pero al fin se impuso la serenidad y a iniciativa de don Hermilo Pérez Abreu, senador liberal constitucionalista, se nombró una comisión de cada uno de los grupos contendientes y se firmó un pacto en el que nos comprometimos a no provocar ya ninguna discusión violenta y a acatar el resultado de la votación, al elegirse la Comisión Permanente.

El día 30 de diciembre se procedió a designar los diputados que deberían integrar dicha comisión, habiendo obtenido la mayoría de los votos la planilla que yo encabezaba.

Así terminó aquella lucha que dio al traste con la hegemonía del Partido

Liberal Constitucionalista y desde aquel momento el gobierno que presidía el general Obregón, pudo, sin trabas ni dificultades, reanudar sus labores en bien del proletariado nacional y dictar medidas para hacer respetar los derechos de los campesinos.

Después de este resonante triunfo, acordamos tanto el licenciado Portes Gil como yo reelegirnos en nuestros distritos, para demostrar la fuerza popular que en ellos teníamos.

Marché para Ciudad Juárez, Chih., a iniciar mi campaña, que me resultó bastante dura, a pesar del gran prestigio y muchos amigos con que contaba, porque la gente de Chihuahua es profundamente antirreeleccionista.

Muchos de mis principales amigos me pedían que no me reeligiera, prometiéndome que a la siguiente elección ni tendría que hacer campaña para salir de diputado, pero tanto mi amor propio como mis compromisos de grupo, me hicieron empeñarme en la lucha.

Recorrí todo el distrito electoral, que era el más extenso de la República (distritos Bravos y Galeana), que comprende desde Ciudad Juárez hasta Casas Grandes y Madera.

Realicé reuniones y mitines hasta en las poblaciones más pequeñas, y sólo tuve un grupo de oposición manifiesta en Madera, movido por la compañía maderera extranjera a quien yo ataqué, por los abusos y desmanes que estaba cometiendo, acabando despiadadamente con aquella gran zona forestal que dejó completamente desmontada.

La junta electoral, después de una minuciosa cuenta de votos, me dio el triunfo por fuerte mayoría, y así regresé como diputado por Chihuahua, a la xxx Legislatura.

En esa nueva legislatura se presentían ya las divisiones por intereses de partido y de grupo, y se iniciaba una aspiración del Partido Cooperativista para alcanzar la mayoría y la dirección de la Cámara.

Dentro del mismo partido había divergencias de opinión entre algunos diputados, y con este motivo se inició otra vez un muy serio debate, precisamente por la candidatura del licenciado Emilio Portes Gil, quien había triunfado por una gran mayoría de votos populares de Tampico, Tamps., en contra de la oposición oficial y descarada del gobernador del estado, general César López de Lara. La lucha había sido hasta sangrienta porque las autoridades emplearon fuerzas de la policía y militares para combatir las grandes manifestaciones populares a favor de Portes Gil.

Hablando de esta lucha, dice el mismo licenciado Portes Gil en su ya citado libro *Autobiografía de la Revolución Mexicana*, p. 355, lo siguiente:

La lucha en la Cámara fue aún más reñida. El presidente del Partido Cooperativista Nacional, Jorge Prieto Laurens, que contaba con la mayoría, se empeñó en hacer triunfar la credencial de mi contrincante, no obstante que mi elección había sido apoyada por más del 90% de los votantes.

El Partido Cooperativista Nacional, al que yo pertenecía y del que fui presidente un año después, había adquirido la hegemonía en las cámaras gracias a la lucha que habíamos librado en contra del Partido Liberal Constitucionalista, lucha que encabezamos el formidable batallador y tribuno Luis L. León, los incansables luchadores Felipe Carrillo Puerto, Antonio Díaz Soto y Gama,

Aurelio Manrique, Jesús Z. Moreno y Luis N. Morones, después de unificar a los grupos minoritarios cooperativistas, laboristas y socialistas, para ganar la Permanente.

Las sesiones en la Cámara eran tumultuosas, pues desde un principio se vio claramente que yo contaba con la mayoría de los diputados.

Las juntas del bloque se prolongaron por dos largos meses hasta que al fin, al discutirse en sesión de cámara mi credencial, y después de una batalla parlamentaria en que tomaron la palabra Luis L. León, Aurelio Manrique, Antonio Díaz Soto y Gama, y otros oradores de aquella legislatura, la asamblea, por unanimidad, aprobó mi credencial.

En el fondo, el grupo cooperativista se estaba dividiendo por los preliminares de lucha de la sucesión presidencial. La parte radical se inclinaba por la candidatura del general Plutarco Elías Calles, mientras que los de opiniones centristas o derechistas simpatizaban con la candidatura de don Adolfo de la Huerta, quien trataba a todos los diputados con grandes consideraciones en la Secretaría de Hacienda.

El señor general Calles se sentía enfermo y deseaba salir a curarse a los Estados Unidos y muchas veces nos declaró a grupos de diputados encabezados por el licenciado Portes Gil y yo, incluyéndose algunas veces al mismo general Francisco R. Serrano, que por su enfermedad y por lo peligroso que sería dividir a la revolución y perjudicar la situación del gobierno del general Obregón, él no aspiraba a ser candidato, y que creía que el hombre indicado era Adolfo de la Huerta, conversación que sostuvo muchas veces con De la Huerta, delante de nosotros.

Por su parte, el señor De la Huerta nos declaraba que él no sería candidato y que el indicado era el general Plutarco Elías Calles, desorientándonos tanto a unos como a otros.

El señor presidente Obregón estaba enterado de estas conversaciones y de esta situación, y a todos nos alentaba para que trabajáramos en evitar una división de la revolución, que sería fatal para nuestra causa y para el país, declarando que cualquiera de las dos grandes personalidades, Calles o De la Huerta, en su concepto, estaban bien capacitados para dirigir los destinos de la República y continuar el programa de la revolución.

El presidente Obregón tuvo que enfrentarse a un acontecimiento que pudo considerarse como un verdadero desafío del poder clerical.

Declarando que el centro de la República era el Cerro del Cubilete, en Guanajuato, acordaron los dirigentes del clero erigir en ese lugar el templo que llamaron de Cristo Rey, y convocando a los católicos, hicieron una ceremonia pública, diciendo misas y predicando sermones en una reunión como de cien mil personas, que invadieron todo el cerro, que no era lugar destinado al culto y violando flagrantemente las leyes de Reforma y de la Constitución.

Presidió la ceremonia como delegado papal, monseñor Filipi.

El general Obregón, obligado a hacer respetar las leyes y decidido a no permitir que las burlaran públicamente, faltándole el respeto a la dignidad de su gobierno, tomó la determinación de expulsar a monseñor Filipi del país.

Con este motivo, se inició una gran campaña de protesta de los clericales en contra del gobierno.

Por mi antigua amistad con el señor De la Huerta, yo lo visitaba muy a menudo en la Secretaría de Hacienda, y me hacía asistir a reuniones de acuerdos que podríamos llamar colectivos, por tratarse de reuniones de jefes de la secretaría.

En una de esas visitas y cuando era de actualidad comentar la expulsión de monseñor Filipi, me hizo el señor De la Huerta que tomara lugar en un acuerdo en donde estaban presentes, entre otros, su secretaria, el jefe del jurídico, licenciado Salvador Urbina, y el subsecretario, señor De la Mora; y con motivo de mi presencia, se comentó la expulsión de monseñor Filipi. Yo sostuve que el presidente Obregón tenía toda la razón porque se efectuaron actos del culto en lugares no destinados al mismo, violándose la ley.

Con este motivo comentó el señor De la Mora, por lo demás persona muy honorable, que era muy relativa esa opinión diciendo que los domingos acudían a oír misa al templo de San Cosme, y que muchas veces al estar repleto de fieles en su interior, se veían todos ellos obligados a escuchar la misa en el jardín del atrio, y aun en la banqueta, con lo que no creía que se violaran las leyes; diciendo que aun así él casi todos los domingos oía la misa en la banqueta.

De la Huerta le dijo: "No me diga, señor De la Mora, que a lo mejor usted es 'Caballero de Colón'."

Y con toda honradez le contestó De la Mora: "Sí, señor ministro, soy creyente, 'Caballero de Colón' y a mucha honra."

El señor De la Huerta se violentó y le dijo: "Pues le suplico que me presente desde luego su renuncia. El clero nos está tratando como enemigos y no podemos seguir sosteniendo clericales en nuestras filas."

El señor De la Mora se levantó, diciendo: "Con permiso de ustedes voy a redactar la renuncia para presentársela inmediatamente."

Esto fue a principios del año de 1923, y uno o dos días después de esta renuncia, me llamó el señor De la Huerta para decirme: "Le voy a proponer al general Obregón a usted para subsecretario, pues ya se aceptó la renuncia de De la Mora, porque tengo la seguridad que a usted lo acepta y no quiero que me ponga en la subsecretaría a ninguno de sus amigos, que considera economistas porque son hábiles para los negocios."

Yo le contesté con toda franqueza: "Le agradezco mucho tan alto honor señor De la Huerta; pero yo no soy hacendista, ni economista, yo soy agrónomo y político, no creo estar capacitado para desempeñar tan alto puesto."

El señor De la Huerta me contestó: "Usted tiene capacidad y sentido común para desempeñar ese y cualquier puesto, y yo le aseguro que va a salir adelante; además, yo le ayudaré en todo lo que pueda."

Quedé muy agradecido al señor De la Huerta, en la creencia de que el general Obregón tendría que decirle que yo estaba capacitado para otras funciones, pero no para hacendista.

Con sorpresa mía, al día siguiente me llamó el general Obregón para decirme que me acababa de nombrar subsecretario de Hacienda, y así fue como por ese incidente, llegué a la Subsecretaría.

En la Subsecretaría de Hacienda, el señor De la Huerta me dejó para el acuerdo varios ramos y debo decir que siempre me ayudó en las soluciones, habiendo logrado salir airosamente en ese puesto.

La situación se complicaba cada día más con la lucha política por la sucesión presidencial. Todos sabían que a pesar de mi amistad con el señor De la Huerta, yo, por mis convicciones revolucionarias más radicales, era simpatizante de la candidatura de Calles; pero cumpliendo con mi deber, respetaba a diputados y políticos de ambos bandos.

Por lo demás, De la Huerta siempre nos decía a Portes Gil y a mí, y a varios otros compañeros, que él no aceptaría nunca su candidatura y que su candidato era Calles, por lo que nos hacía salir desorientados.

Un grupo de diputados de los más distinguidos del grupo cooperativista, como Jorge Prieto Laurens, Juan Manuel Álvarez del Castillo, Martín Luis Guzmán, Carlos Argüelles, conferenciaban continuamente con De la Huerta y eran los principales propagandistas de su candidatura.

Yo nunca he gustado de las posiciones indefinidas y decidido como estaba a apoyar la candidatura del general Calles, agradeciendo muchísimo las atenciones y la confianza que me brindaba De la Huerta, me decidí a presentarle mi renuncia como subsecretario, para dedicarme libremente a la propaganda callista.

Mi renuncia fue aceptada y comentándola con el presidente Obregón, y las declaraciones que constantemente nos hacía De la Huerta de que su candidato era Calles, me dijo el presidente Obregón: "Pues dile que si así es, que se defina públicamente."

Con este motivo fui a entrevistar al señor De la Huerta y habiéndome ratificado su decisión de no jugar como candidato, le pedí que se definiera públicamente.

El señor De la Huerta me contestó inmediatamente: "Ahora mismo lo voy a hacer." Me dio sus principales ideas y me dijo: "Enciérrese aquí en el salón panamericano con un taquígrafo mío y redacte usted las declaraciones."

Yo dicté un proyecto de declaraciones, exponiendo las principales ideas del señor De la Huerta, las razones que tenía para no aceptar. Pero al final, añadí lo que consideré haría definitiva su declaración.

Las declaraciones salieron publicadas en la prensa con el título: "El señor De la Huerta no aceptará su candidatura a la presidencia de la República", publicando casi el texto íntegro de lo que yo había dictado, pero suprimiendo los párrafos finales, que eran los que le daban un valor definitivo y que decían más o menos: "Expongo al pueblo de México las razones que tengo para no aceptar la candidatura a la presidencia de la República, pero como revolucionario y como hombre que orienta a un gran grupo de revolucionarios, quiero declarar, para evitar confusiones, que no acepto yo mi candidatura, pero que creo que como candidato garantiza los intereses de la nación y los principios revolucionarios el general Plutarco Elías Calles."

Yo le había presentado al presidente Obregón una copia de las declaraciones dictadas por mí y aprobadas por De la Huerta, pero al aparecer en la prensa al día siguiente y habiéndose suprimido en la publicación los últimos párrafos, que eran los definitivos, el general Obregón me dijo: "Esto ya está definido; quiere decir que De la Huerta aceptará; déjate ya de conversaciones inútiles y vete a unir con el general Calles para que le sirvas de colaborador en su campaña."

Todavía De la Huerta hizo un esfuerzo para detenerme proponiéndome que tuvieran una junta secreta él y Calles, para definir la situación, lo que significaba que quería eliminar de la política al general Obregón.

Volví a entrevistar al general Obregón y me dijo: "Anoche vino De la Huerta a verme pretendiendo que yo rectificara mi opinión respecto a las elecciones para gobernador en San Luis Potosí, declarando legal la elección de Jorge Prieto Laurens; yo le contesté que no podía aceptar hacer la rectificación, porque ya me había comunicado con la legislatura de aquel estado, y entonces verbalmente me presentó su renuncia, diciéndome que ya no podía seguir acompañándome en el gobierno. Hoy es sábado, y no me ha presentado la renuncia, hazme favor de irlo a ver y decirle que lo espero aquí mañana domingo, para que esto quede definido."

Yo fui a ver al señor De la Huerta a la casa del lago donde vivía, y me recibió en su recámara, y me dijo que iría a hablar con toda claridad con el general Obregón.

Como no fue, di por terminada mi intervención y marché a unirme con el general Calles a Monterrey, y mientras en México se comentaba la renuncia verbal a la Secretaría de Hacienda del señor De la Huerta al presidente Obregón, dando como razón que él creía que se había hecho una imposición del gobierno en favor de la candidatura de Manrique para el gobierno del estado de San Luis Potosí, en contra de la candidatura de Jorge Prieto Laurens, y que por eso se veía obligado a renunciar.

Como se ve, yo trabajé hasta el final por evitar la ruptura.

Esta situación de indecisión vino a terminarla Martín Luis Guzmán, publicando la renuncia escrita de De la Huerta en su periódico de mediodía *El Mundo*.

Mientras yo viajaba a unirme con el general Calles, el señor De la Huerta dirigió al general Calles el siguiente mensaje:

Secretaría de Hacienda, septiembre 25 de 1923. General P. Elías Calles, Monterrey, N. L. La resolución presidencial en los casos de San Luis Potosí y Nuevo León, que como lo expresé clara y terminantemente al general Obregrón, constituye de manera flagrante en su fondo una violación bien definida de la Constitución de la República, en lo que se refiere a la soberanía de los estados, me obligó a presentar la renuncia que ya fue aceptada al cargo de secretario de Hacienda. Esta determinación mía *no obedece en ninguna manera a cambio de política* y sí creo que acusa un cambio en el gobierno general que por tus declaraciones de continuidad de las orientaciones del actual orden de cosas, afecta a tu misma candidatura *presentándola con caracteres que no tiene, ni debe tener*. Debo participarte que no fui oído cuando ocurrí en súplica ante nuestro amigo, pidiéndole que retardara veinticuatro horas la publicación de su fallo, esperando que en ese lapso de tiempo, *dada la buena fe que reconozco en el jefe*, reconsideraría su acuerdo.

Me contestó que ya había enviado desde las seis de la tarde, por telégrafo, su comunicación a San Luis Potosí y a Nuevo León, y que para la hora que había hablado —ocho y media o nueve de la noche— era extemporánea mi petición. Le aclaré que podía yo personalmente tomar línea directa con los interesados en el asunto para que no tomaran en cuenta el acuerdo en veinticuatro horas, esperando ratificar o rectificar del señor presidente y que recogería yo de los periódicos los escritos que había enviado Gobernación; ni como amigo, ni como colaborador fui atendido, lamentando positivamente este acto tan trascendental en la vida política de nuestra administración. Esa misma noche comuniqué mi determinación de apartarme de su grupo administrativo para buscarme trabajo particular y la manera de vivir más de acuerdo con mis principios y convicciones. A la prensa he comunicado que sólo trátase de una licencia para evitar cualquier comentario desfavorable para este gobierno que tanto he querido y cuyo bienestar deseo. Si sobreponiéndome a la pena que me causa mi resolución, he dejado mi puesto, es porque habiendo sido la bandera la defensa de la inviolabilidad de la soberanía del estado de Sonora, hoy creo firmemente que se ha cometido un error análogo, aunque en teoría no considero decoroso pasar inadvertida la equivocación en que ha incurrido el señor presidente. Además me he venido sintiendo en estos últimos tiempos como aguijoneado por algunos elementos de la administración y otros afines en lo personal a nuestro amigo, y esas circunstancias, demasiado conocidas por Luis León, con quien tratarás este punto y a quien extrañé no me viera en su marcha para esa, me animaron a confirmar mi renuncia, no obstante la respuesta que a la resolución presidencial se le da, según la prensa de hoy. Por último, me apoyó también en mi determinación, el cansancio real que siento sobre mí y que me tiene a las puertas de una neurastenia aguda, no sólo por el trabajo propio del puesto, sino por la situación embarazosa y difícil en que se me ha colocado, la más penosa de las que en mi vida había sentido. He creído de mi obligación poner al tanto de todos estos acontecimientos *al viejo y leal amigo*, en quien creí encontrar semejanza de opiniones, pero por tu telegrama que leo en la prensa de hoy, parece que tu criterio es distinto del mío, en los casos electorales juzgados por el señor presidente. Salúdote cariñosamente. *Adolfo de la Huerta.* (Transcrito del libro *El último caudillo*, de Luis Monroy Durán, pp. 21-22 de la documentación del apéndice.)

Mensaje que el general Calles contestó en los siguientes términos:

Monterrey, N. L., septiembre 25 de 1923. Adolfo de la Huerta. México, D. F. Me refiero a tu mensaje cifrado de hoy, que he leído con toda atención y entiendo que tu conducta con este caso obedece exclusivamente a tu enfermedad, pues es seguro que por el exceso de trabajo y las especiales circunstancias de que te encuentras rodeado en esa capital no te han permitido obrar con la serenidad que siempre has acostumbrado para con el amigo y jefe. Es de mi deber hablarte en este caso con la misma franqueza y absoluta claridad que he acostumbrado, indicándote que en mi concepto no tienes razón de criticar la resolución presidencial, en los casos de San Luis Potosí y de Nuevo León, pues refiriéndome como ejemplo a este último estado, cuyo caso he observado más de cerca, debo indicarte que se trata de un grupo político formado por las autoridades locales, empeñadas en conservarse a todo trance en el poder y habiendo hecho una burla sangrienta del voto popular para imponer a sus propios elementos en contraposición con otro grupo que justamente reclama su legítimo triunfo, no habiendo podido cumplir con las prescripciones de la ley, por la oposición sistemática y arbitraria, y por el uso de la fuerza bruta que ha hecho el grupo primeramente mencionado. En tal caso, la resolución del señor presidente oponiéndose a que los que pretenden burlar la voluntad popular se adueñen del gobierno del estado, no puede, en manera alguna, significar una violación de su soberanía, ni en el fondo, ni en la forma, sino por el contrario, la más decidida protección para que la verdadera voluntad popular se manifieste. Dejar, por otra parte, la resolución de este asunto a los dos grupos políticos, equivaldría a permitir la alteración del orden público, que el señor presidente de la República está moralmente obligado a conservar. Por todas estas razones, entiendo que no has estado en lo justo, al criticar la resolución presidencial relativa a no haberte permitido tomar directa la línea telegráfica para rectificar su resolución, que dada la ansiedad con que era esperada, se propagó inmediatamente entre los grupos políticos, siendo por tanto, efectivamente extemporánea tres horas después, que solicitabas la rectificación y muy poco airoso el papel en que podía quedar el presidente de la República, si uno de sus ministros se veía autorizado para deshacer lo que poco antes se había dado como definitivo. Nosotros, como colaboradores y amigos leales del señor presidente, tenemos la obligación de velar por el prestigio de su personalidad y porque sus resoluciones tengan todo el apoyo moral que merece *la buena fe con que, como tú reconoces, son siempre dictadas*. En consecuencia, como revolucionario, como *tu sincero y leal amigo*, te excito para que reflexionando serenamente sobre tu conducta, veas que con ella das una poderosa arma *a la reacción que pretende a todo trance dividirnos*, y entrevistes a nuestro amigo y jefe, retirando la renuncia que has presentado, con lo cual lograrás con el criterio sereno y con la sinceridad que siempre lo has hecho, seguro de que él con su nobleza todo lo olvidará. *Tal vez es un sacrificio que te pido, pero te autorizo para que a tu vez me pidas el que tú quieras y estaré pronto a concedértelo*. Te saluda cariñosamente. *General P. Elías Calles*. (Tomado del libro *El último caudillo*, de Luis Monroy Durán, pp. 21-22 de los documentos del apéndice.)

En este mensaje se ve claramente que el general Calles quería a toda costa sostener la unidad revolucionaria y le ofrecía a De la Huerta, a cambio de ese sacrificio que le pedía, que De la Huerta le pidiera a él el que quisiera, estando pronto a concedérselo, lo que significaba que estaba dispuesto a sacrificar la candidatura a la presidencia de la República en aras de la unidad revolucionaria; por lo que se refiere a la elección de San Luis Potosí, no existió tal imposición: Jorge Prieto Laurens, inteligente y hábil político, triunfó en la ciudad de San Luis Potosí, pero en los pueblos y en el campo, apoyado principalmente por los campesinos que encabezaba el general Cedillo, triunfó notablemente la candidatura de Manrique.

La campaña callista se inició en Monterrey, donde hizo unas declaraciones el coronel José Álvarez, jefe del estado mayor del general Joaquín Amaro; dichas declaraciones tenían por objeto mostrarle el camino del deber de fidelidad a las instituciones del ejército, pero por su carácter de militar en activo, el coronel Álvarez fue procesado y absuelto, pidiendo entonces licencia para separarse del ejército y se incorporó al candidato Calles como secretario particular.

De Monterrey salió el general Calles para Guanajuato, iniciándose la gira en San Felipe Torres Mochas, donde tomamos la palabra varios oradores, siendo muy aplaudidos y se demostró la gran popularidad de la candidatura del general Calles, que todavía fue parco en sus declaraciones.

Hubo otro mitin en San Miguel Allende, donde ya empezamos nosotros a atacar al grupo cooperativista que sostenía la candidatura de De la Huerta, lo mismo que en Celaya.

En esta última ciudad había una gran demostración popular de los guanajuatenses que eran los amigos del licenciado Colunga y que públicamente dirigían Agustín Arroyo Ch. y los líderes del Grupo Verde.

Como para entonces ya se veía claramente que el grupo delahuertista, encabezados por Jorge Prieto Laurens, los demás dirigentes de ese partido y fortalecidos por muy distinguidos políticos ex peleceanos que encabezaban el licenciado Rafael Zubarán Capmany, licenciado José Inés Novelo, general Manuel García Vigil, gobernador de Oaxaca, cuando ya se sabía que jefes militares como Enrique Estrada, Guadalupe Sánchez, general Manuel Diéguez y el general Fortunato Maycotte, hacían la oposición al gobierno y se dedicaban a preparar un levantamiento, el general Calles en Celaya hizo declaraciones terminantes sobre su fidelidad a la vieja amistad del general Obregón, y sobre su firme decisión de sostener con sus partidarios las instituciones gubernamentales, añadiendo que por su actuación como secretario de Estado en el gobierno del general Obregón, compartía la responsabilidad de todos los actos del gobierno, y lo hacía público porque para él era una inmoralidad y una falta de dignidad el combatir a un gobierno en el que se había servido como secretario de Estado; como se ve, esta última declaración estaba dedicada al señor De la Huerta.

De Celaya siguió en su gira el general Calles a El Oro, donde tenía de partidarios a más de cinco mil mineros, muchos de ellos venidos de Tlalpujahua.

Al llegar en el tren viajando en la plataforma trasera, una enorme multitud lo aclamaba; pero los líderes del Partido Cooperativista, encabezados por Jorge Prieto Laurens, habían llevado como trescientos individuos de porra y los tenían colocados precisamente donde el tren iba a parar. Tomó la palabra un diputado local para dar la bienvenida al general Calles, pero la porra delahuertista no lo dejó hablar a pesar de que detrás de ellos había miles de mineros y obreros partidarios del general Calles.

El general Calles comprendió la maniobra y pidió que nos trasladáramos rápidamente a un hotel donde entramos sus acompañantes y varios callistas de la localidad; pero la porra delahuertista se colocó frente al hotel y empezó con sus gritos: "Abajo la imposición", a pesar de los miles de partidarios que nos rodeaban detrás de ellos, y haciéndole cargos al general Calles.

El general Calles decidió resolver la situación audazmente y bajamos hasta la entrada del hotel, donde me hizo el honor de decirme: "Usted, León, acompáñeme." Y a Riva Palacio y Melchor Ortega les dijo que cerraran las puertas y no permitieran salir a nadie más. Y entonces dirigiéndose con el sombrero en la mano y un gesto de hombría, el general Calles le gritó a la porra: "Aquí está Plutarco Elías Calles para que todo el pueblo me juzgue." Los mineros reaccionaron y al grito de "Ése es un hombre" y "Viva Calles", en un momento desbarataron la porra y nos condujeron al general Calles, a mí y las demás personas que salieron del hotel para acompañarnos, casi en hombros, hasta la plaza donde tomamos la palabra algunos oradores y habló el general Calles sosteniendo las tesis revolucionarias a favor de obreros y campesinos, y haciendo notar que quienes habían mandado una porra de gente extraña al pueblo, eran quienes pretendían una imposición, ya que él había triunfado estrepitosamente por la enorme mayoría del pueblo.

Fue un triunfo definitivo que se alcanzó por la fuerza popular, principalmente obreros y campesinos.

Los delahuertistas no se atrevieron después a hacer ningún mitin ni reunión en aquel lugar.

Ya he recordado en un discurso que pronuncié en una ceremonia en un aniversario de la muerte del general Calles, lo que voy a narrar.

En Toluca nos hospedamos en el Hotel San Carlos y siempre uno de nosotros dormía en el cuarto del general Calles para el caso de un atentado; y esa vez me tocó a mí.

Muy temprano tocaron la puerta y un motociclista que había salido de madrugada llevando los periódicos de México para el general Calles, me los entregó.

Lo primero que leí en uno de los diarios fue la cabeza de la noticia principal a ocho columnas diciendo que "Adolfo de la Huerta aceptó su candidatura para la presidencia de la República".

El general Calles sentado en su cama leyó detenidamente la noticia.

Yo, que ya venía apasionado en la lucha, le dije: "Es una gran noticia para nosotros, ya tenemos enemigo al frente y no luchamos contra suposiciones y fantasmas, ya que siempre vale más una situación definida."

El general Calles me contestó: "Sí, lucharemos hasta el final y obtendremos la victoria, porque según veo estos señores quieren llegar a la violencia, y de pedrada para arriba siempre ganamos nosotros. Pero no es un día de fiesta para mí, porque siento como si hubiera perdido un hermano, y las divisiones entre los revolucionarios conducen a luchas muy encarnizadas, nos debilitan y sólo favorecen a los reaccionarios."

Divididos ya los campos, la propaganda nuestra, así como las intervenciones del general Calles, se hicieron muy enérgicas y radicales.

Continuamos nuestro viaje a México y el sábado descansamos en la hacienda de Ateneco, para hacer nuestra llegada a la capital de México, precisamente el domingo.

Salimos de Toluca en un tren directo y nos bajamos en la estación de Tacuba, para esperar que nos indicaran los organizadores de la recepción que ya nuestras fuerzas estaban organizadas.

La situación política en la ciudad de México se había hecho un tanto cuanto difícil para nuestra causa. Tenía dominado al ayuntamiento habiendo sido presidente municipal Jorge Prieto Laurens, y movía además los empleados del centro y otros municipios; además, las fuerzas derechistas de la gran ciudad eran delahuertistas para oponerse a lo que llamaban los "extremismos" de Calles, y según sabíamos había movilizado gente de otras partes.

Para contrarrestar esta situación, los nuestros igualmente habían movilizado gentes principalmente agraristas del Distrito Federal (donde todavía existían muchos ejidos), campesinos del Estado de México y del estado de Morelos; así que tenían reunidos y montados como quince mil campesinos. Además, debo manifestar que respondió mucha gente de la capital que era callista y nuestra entrada fue en extremo ruidosa y triunfal, tanto por los miles de campesinos a caballo, como por la gente de banquetas y plazas que se unió a la gran manifestación.

Hablamos desde los balcones del Hotel Francia y el general Calles pronunció un discurso radical revolucionario expresando su lealtad al general Obregón; y las famosas fuerzas delahuertistas no aparecieron. El gran reducto delahuertista de que tanto se afamaban en los periódicos, que en su mayoría eran adictos a De la Huerta, no pudieron actuar ni aparecieron por ninguna parte.

Por lo demás, la agitación política era incontenible en la capital, principalmente por la división que había entre los diputados y las declaraciones que constantemente estaban haciendo unos en favor de De la Huerta y atacando al general Calles, y otros en favor del general Calles y atacando a De la Huerta.

A este respecto conviene recordar tres asuntos que enardecieron y apasionaron la división.

El día 20 de julio de 1923 fue asesinado en Parral, Chih., el general Francisco Villa por un grupo encabezado por el diputado local Salas Barraza, matando al general Villa y a casi todos sus acompañantes.

Con motivo de este asesinato, el diputado Gandarilla, partidario del señor De la Huerta e incondicional de Jorge Prieto Laurens, leyó en la tribuna de la Cámara un anónimo que decía lo siguiente: "Salas Barraza es el asesino del general Francisco Villa; el día 22 del pasado llegó aquí a Torreón y estuvo diciéndoselo a un personaje; estuvo esa tarde y noche en la ciudad, el día 23 salió por el tren que va de Piedras Negras a la ciudad de Monterrey, el día 24 tomó el tren que va a Tampico, bajándose en Terán, lugar de donde salió para Soledad de la Mota, N. L., residencia del general Calles y volvió a tomar el tren el día 25; el 26 estuvo de regreso en Torreón y salió ese día para Durango; estuvo cambiando oro por plata en diversas partes" (tomado del libro *Autobiografía de la Revolución Mexicana,* del licenciado Emilio Portes Gil, p. 355), armándose un verdadero escándalo por el valor que le querían dar al asunto los delahuertistas, acusando de complicidad en el asesinato al general Calles.

Debo decir que todavía la mayoría cooperativista se mantuvo serena.

Pero después se recibió en la Cámara un mensaje del autor del asesinato del general Villa, Salas Barraza, que decía lo siguiente:

Según prensa local diputado Gandarilla dijo ante esa H. Cámara que el general Calles fue el autor intelectual asesinato Villa y que conferencié con él en Soledad Mota; tan pérfidas aseveraciones son absolutamente falsas; no conozco general Calles ni he conferenciado con él, ni he estado Soledad Mota. He manifestado repetidas ocasiones y así declárolo ampliamente, soy único autor intelectual muerte bandolero Doroteo Arango, la cual llevé a cabo auxiliado otras personas por salvar patria monstruo más abominable ha tenido; mis antecedentes pónenme cubierto toda sospecha haber procedido instigaciones otro; quien quiera fuese, pretender inmiscuir general Calles este asunto es una infamia indigna un representante popular. Gandarilla no deberá prevalerse fuero y condición encuéntrome, para calumniarme como hácelo. Contra su incorrecto proceder protesto enérgicamente. *Jesús Salas B.* (Tomado del libro *Autobiografía de la Revolución Mexicana*, del licenciado Emilio Portes Gil, p. 357.)

Sin embargo, los anticallistas siguieron usando esta acusación de Gandarilla como una arma en contra del general Calles.

Años después tuve oportunidad de hablar personalmente con Salas Barraza y él me dijo que el general Calles no había tenido ninguna participación ni había hablado con él, y que el complot fue organizado por él y varias gentes que estaban adoloridas por procedimientos atentatorios para ellas del general Villa, cuando andaba ya finalmente en su papel de guerrillero.

El otro asunto que causó también apasionada discusión política y que juzgo contribuyó en la determinación del señor De la Huerta para lanzarse de candidato, fue el nombramiento que hizo el señor presidente Obregón del señor ingeniero Alberto J. Pani, para sustituirlo en la Secretaría de Hacienda.

En el mismo libro *Autobiografía de la Revolución Mexicana*, el licenciado Emilio Portes Gil, en la p. 360, dice lo siguiente:

En las conversaciones que con De la Huerta teníamos Luis L. León y yo, dejaba ver su exaltación y acusaba al general Obregón de que estaba haciéndose eco de los ataques de sus enemigos.

El general Obregón, por su parte, nos expresaba que De la Huerta ya estaba francamente en contra del régimen y lo acusaba de deslealtad. Sólo el general Calles permanecía imperturbable, lamentando aquella situación de tirantez que amenazaba acabar con la armonía de los tres grandes sonorenses y que traería como consecuencia, además de una segura ruptura, una serie de dificultades que influirían poderosamente en la marcha de la revolución.

Por lo demás, luchaba contra esa división el licenciado Portes Gil desde la presidencia del Partido Cooperativista, quien con su serenidad reconocida y buen juicio, había sido un apaciguador de la división, y conseguido que casi la mayoría de los miembros del Partido Cooperativista, estuvieran con nosotros, al lado del general Calles; y hasta el final combatió la ruptura definitiva de De la Huerta y mayormente su decisión de ir hasta la violencia.

Agravó esta situación de división el incidente de la contestación que Jorge Prieto Laurens, como presidente del Congreso de la Unión, dio al informe del general Obregón el día 1º de septiembre de 1923. El señor Prieto Laurens había prometido al mismo licenciado Portes Gil que se sujetaría a la costumbre siempre seguida de no comentar ni mucho menos censurar, los actos del Ejecutivo en su informe; sin embargo, los cargos principales que hizo fueron los siguientes:

Debemos, pues, confiar en que la sucesión pacífica del poder, uno de los anhelos más hondos de nuestro pueblo, será indudablemente una realidad que permita la cristalización de nuestros bellos ideales de renovación y progreso, cuyos cimientos habéis fundado tan sólidamente.

La representación nacional tan sólo os señala algunos hechos aislados que podrían desvirtuar vuestra obra, a saber: en los conflictos políticos locales de Querétaro y Colima, desgraciadamente ocurrieron hechos sangrientos, que obligaron al Ejecutivo a obrar, siempre dentro de la ley, en forma sumamente enérgica. En el caso de Querétaro, consignando al gobernador; mientras que, en el de Colima, con demasiada tolerancia, pues fue pública y notoria la oficiosa intervención del gobernador en las elecciones de aquella entidad federativa, llegando hasta cometer punibles atropellos en las personas de algunos de los miembros de esta representación. Y por último en la lucha electoral presidencial que ya se ha iniciado, es claro que hay elementos que, abusando de la confianza que en ellos habéis depositado, aprovechan su fuerza oficial y manchan el prestigio de una administración, ostentándose líderes políticos electorales, a la vez que jefes de importantísimos departamentos de gobierno. Nadie mejor que vos está autorizado para comprender la indignación popular que tal hecho despierta y tal parece, cabe la suposición, que esto es un acto deliberado aconsejado por enemigos de la revolución, en contra vuestra y del personaje político a quien aparentemente se halaga y se rodea.

Otro hecho sobre el cual debemos llamar vuestra atención, es lo que podríamos llamar la inmensa llaga que consume al estado de Veracruz desde hace varios años y que, sin atropellar su soberanía, el gobierno federal puede y debe evitar, consignando y persiguiendo a los autores y cómplices de delitos contra el ejército, contra el gobierno federal y hasta contra la enseña nacional; sin contar el sinnúmero de crímenes ordinarios que a diario se cometen, a ciencia y paciencia de las autoridades locales, formando todo esto un caos que amenaza invadir al resto del país y que desprestigia atrozmente a nuestra patria, siendo víctimas los obreros y el pueblo en general de los pseudo líderes, por sus ambiciones bastardas.

Plausible será para el Congreso de la Unión poder colaborar con el Ejecutivo al afianzamiento de una de las instituciones más importantes del organismo administrativo: el municipio libre, y, al efecto, convenimos en la necesidad y urgencia que expresáis, en la parte relativa del gobierno del Distrito Federal, al asegurar que hace falta "una nueva Ley de Organización Política y Administrativa", puesto que todas las fricciones y dificultades obedecen más que a desacuerdo de las autoridades a vaguedades e imprecisiones de la ley; y, no sólo, sino que la representación nacional ha podido ver, con gran pena, de qué modo se han aprovechado dichas "vaguedades e imprecisiones de la ley" por personas que igualmente han abusado de vuestra confianza, lastimando profundamente el principio de autonomía o libertad municipal, en varios de los ayuntamientos del Distrito Federal, haciéndose sentir la influencia e intromisión del último jefe político que la revolución no logró hacer desaparecer, el gobernador del propio Distrito Federal.

El Congreso de la Unión está, seguramente, dispuesto a legislar prudente, discreta y rápidamente para satisfacer esta necesidad ineludible, toda vez que los hechos que ocurren en el Distrito Federal, acerca de la autonomía municipal, no son de una repercusión inmensa en el resto de la República y urge consolidar esta conquista revolucionaria: el ayuntamiento libre, estableciendo al mismo tiempo las obligaciones y responsabilidades de sus miembros.

Algo semejante, aun cuando más grave, tenemos que decir de los hechos sangrientos ocurridos en el distrito norte de la Baja California, donde fue atropellada la libertad municipal, llegando también a cometerse violencias contra el representante de aquel distrito ante esta asamblea. La distancia, y quizá la escasez de comunicaciones, impidieron al Ejecutivo conocer toda la verdad de lo ocurrido, así como evitar dichos atropellos. (Tomado del libro *Autobiografía de la Revolución Mexicana,* del licenciado Emilio Portes Gil, pp. 362-363.)

Lo anterior fue definitivo para el rompimiento de De la Huerta con el general Obregón, y obligó la renuncia del licenciado Portes Gil a la presidencia del Partido Cooperativista.

Y el final de la separación fue la declaración del informe que el ingeniero Alberto J. Pani, como secretario de Hacienda, le hizo al presidente Obregón, sobre la situación administrativa y financiera en que había encontrado aquella secretaría manejada por De la Huerta.

En el informe de Pani, todo comprobado con datos y cantidades auténticas, se demostró el desastre de la gestión financiera de De la Huerta, y como comentario agregó a la publicación del informe el general Obregón, lo siguiente:

El informe anterior revela, con sensible elocuencia, que al hacerse cargo el actual secretario de Hacienda de aquel departamento, lo recibió en una completa bancarrota moral, determinada por el hecho de haber dispuesto su antecesor, sin autorización de los verdaderos dueños, ni aviso previo a esta presidencia, de varios millones de pesos, derivados de las fuentes de ingresos que están destinadas exclusivamente al pago de la deuda exterior y cuyos fondos deben ser para nosotros sagrados; y por haber girado la Secretaría aludida contra nuestra agencia financiera en Nueva York, por varios millones de pesos, sabiendo de antemano que no se disponía de fondos, ni existía una probabilidad, aunque fuera remota, de cubrirlos en su debida oportunidad, como lo aconseja el más elemental decoro.

Nos encontramos, pues, frente a una bancarrota material y moral que antes de ahora no conocíamos, y es indispensable que una acción enérgica y perseverante se haga sentir en forma intensa, para que la administración pública repare tan sensibles errores y recobre la respetabilidad que el buen nombre de la nación exige a los directores de la cosa pública; y que medidas eficaces y prácticas se pongan en vigor desde luego.

El Ejecutivo de mi cargo, entre las diversas medidas que han sido aprobadas para conjurar el mal que viene señalando y que irán siendo conocidas del público a medida que se vayan poniendo en práctica, ha acordado demandar un sacrificio material de todos los servidores de la nación —incluyendo, por supuesto, a los miembros del ejército nacional— equivalente a un diez por ciento de los emolumentos que perciben; y ha dado autorización a la secretaría del ramo para que ordene, desde luego, el descuento del diez por ciento aludido, a reserva de que sea aprobada esta disposición por la H. Cámara de Diputados.

El Ejecutivo de mi cargo espera confiadamente que todos los servidores de la nación aceptarán con gusto el sacrificio que las condiciones de nuestro erario les imponen, porque con este sacrificio, en cambio, se protege y se vigoriza el decoro de la administración pública, con el cual está vinculado el de cada uno de los que prestan a ella su colaboración. "Sufragio efectivo. No reelección." El Fuerte, Jalisco, a dieciséis de octubre de mil novecientos veintitrés. El presidente de la República, *A. Obregón.* (Tomado del libro *El último caudillo,* de Luis Monroy Durán, pp. 83-84.)

En estas circunstancias, la ruptura con De la Huerta quedó consumada a pesar de los grandes esfuerzos que hicimos para evitarla, porque preveíamos las duras consecuencias para el país y para la revolución.

Personalmente no puedo arrepentirme de mis esfuerzos hasta el final por evitar aquella sangrienta escisión, pues empecé a trabajar en esa lucha desde que todavía era subsecretario de Hacienda.

Mi estimable amigo, el licenciado Emilio Portes Gil, hace un admirable resumen con el desapasionamiento que se impuso al escribir su libro citado para darle más bien carácter de historia que de memorias.

Resume así la situación en su libro *Autobiografía de la Revolución Mexicana*, p. 354:

En otra ocasión estuvimos presentes en una conversación de los mismos grandes revolucionarios, mi querido amigo el señor ingeniero Luis L. León, que desempeñaba el puesto de subsecretario de Hacienda y yo. El resultado de la plática, igual que las anteriores: de parte del general Calles el mismo desprendimiento, la misma generosidad. De parte del señor De la Huerta, la renuncia absoluta a cualquier pretensión para ocupar la primera magistratura del país.

Los meses que siguieron fueron de gran agitación parlamentaria. Los miembros del Partido Nacional Cooperativista, que sumábamos el 85%, comenzamos a dividirnos. La mayoría simpatizaba con el señor De la Huerta. Con el general Calles estaban los laboristas, encabezados por Luis N. Morones; los agraristas, que reconocían como jefe a Antonio Díaz Soto y Gama; los socialistas, que se agrupaban en torno de Felipe Carrillo Puerto, con las diputaciones de Yucatán y Campeche, y más de la tercera parte de los cooperativistas, que encabezábamos el que escribe, Luis L. León, Romero Ortega, Candelario Garza, Genaro V. Vázquez, Gilberto Fabila y Apolonio Guzmán.

Por nuestra parte los callistas instalamos un centro pro Calles, ubicado en un edificio que existió en el Paseo de la Reforma y Morelos, donde nos reunimos al principio muchos partidarios del general Calles, pero sólo 25 diputados, y para consolidar la asistencia de éstos, yo que presidía la reunión, propuse para presidente del grupo pro Calles al diputado doctor José Manuel Puig Casauranc, y desde luego lanzamos la candidatura del general Calles, que se encontraba en Soledad de la Mota, N. L.

La política de la Cámara de Diputados seguía con toda actividad, y un grupo pro De la Huerta, lanzó la candidatura de don Adolfo el día 11 de septiembre de 1923.

Nuestra actividad en la pro Calles fue intensa, pues de todas partes de la República y de la misma capital, llegaban las adhesiones de grupos y de organizaciones. Nuestras fuerzas principales eran los obreros y campesinos y nos manifestaban su simpatía jefes militares de prestigio, pues ya se sabía que estaban conspirando con De la Huerta gran número de militares.

A fines de noviembre De la Huerta aceptó su candidatura a la presidencia de la República, en la convención que se celebró en el Teatro Hidalgo, con el ya muy disgregado Partido Cooperativista.

Nosotros enviamos al licenciado Portes Gil a entrevistar al señor general Calles a Soledad de Mota, y exponerle la situación; el resultado de esta conferencia fue un telegrama que recibí del general Calles que decía: "Dada la situación hay que definirla con los diputados que nos quedan, rompa inmediatamente." Y así pasó.

Hay muchas versiones sobre la conducta de don Adolfo en esos días, pues mientras que algunos informan que se veía resuelto, otros, la mayoría, con los que he platicado me han contado que se mostraba indeciso y vacilante, sobre todo con los jefes militares que querían lanzarlo a la rebelión y que constantemente decía que se veía amenazado de atentados y de muerte por parte de nosotros, lo que es absolutamente falso.

Lo cierto es que sus amigos lo obligaron a abandonar furtivamente la capital en los primeros días de diciembre de 1923, llevándolo a Veracruz; se dice que en un *pullman* cerrado lo acompañaron en el viaje el licenciado Rafael Zubaran Capmany y Jorge Prieto Laurens, engañándole y diciéndole que sólo lo llevaban a hacer un gran mitin en Veracruz, donde eran sus entusiastas partidarios el general Guadalupe Sánchez y los jefes militares a sus órdenes.

Tal versión parece cierta. El caso es que al llegar a Veracruz apareció don Adolfo de la Huerta expidiendo un manifiesto en donde desconoció al general Obregón y lo acusaba de querer imponer la candidatura del general Calles, así como de crímenes y de arbitrariedades.

Es muy curioso leer el plan revolucionario de este manifiesto, que tomé de la página 371 del libro del licenciado Emilio Portes Gil, *Autobiografía de la Revolución Mexicana*:

Plan revolucionario:

I. Se desconoce al general Álvaro Obregón en su carácter de Presidente de la República.

II. Se desconoce a los actuales senadores y diputados al Congreso de la Unión, como miembros del poder legislativo.

III. Se desconoce a los actuales magistrados de la Suprema Corte de Justicia de la Nación como miembros del Poder Judicial.

IV. Para los fines de ejecución material de este Plan se reconoce a los ciudadanos generales de división Guadalupe Sánchez, Enrique Estrada y Fortunato Maycotte, respectivamente, como jefes militares de las regiones de oriente y sureste; del occidente y noroeste; y del sur y centro del país.

V. Al ocuparse la ciudad de México y logrado que sea el derrocamiento del actual gobierno, los tres generales de división mencionados designarán por mayoría absoluta de votos un presidente provisional de la República, quien convocará directamente a elecciones de poderes federales que se efectuarán a más tardar a los tres meses de hecha la designación del presidente provisional.

El presidente constitucional de la República, cualquiera que sea la fecha en que el pueblo lo elija, durará en su encargo hasta el día último de noviembre del año de 1928. Los senadores al Congreso de la Unión que sean electos de acuerdo con la convocatoria que al efecto expida el presidente provisional, funcionarán, los de número impar hasta el treinta y uno de agosto de mil novecientos veintiocho, y los de número par hasta el treinta y uno de agosto de mil novecientos veintiséis.

Los diputados al Congreso de la Unión que sean electos de acuerdo con la convocatoria mencionada, durarán en su encargo hasta el treinta y uno de agosto de mil novecientos veintiséis.

Esto robustece la afirmación de que De la Huerta fue manejado por los jefes militares al establecerse que éstos son los jefes del movimiento y que los generales Guadalupe Sánchez, Enrique Estrada y Fortunato Maycotte son las cabezas de él y los que nombrarán presidente provisional, por lo que queda reducida a casi nada la figura de De la Huerta.

Para comentar esta situación, vuelvo a citar el libro del licenciado Emilio Portes Gil, que confirma todo lo que nosotros supimos después, p. 372:

Comentando esta actitud de don Adolfo de la Huerta, dice el escritor Alonso Capetillo, uno de los más entusiastas de sus partidarios, lo siguiente:

"¿Y cómo es posible —se preguntará el lector escéptico— que el señor De la Huerta haya ignorado lo que hasta los más humildes reporteros sabían? ¿Cómo es creíble que los señores jefes de ese movimiento hayan resuelto iniciar la revolución sin el consentimiento siquiera del que habría de ser su cabeza visible?

"Pues es que, como el señor De la Huerta en vez de ser el director y encauzador de sus trabajos políticos, primero, y de los movimientos rebeldes, después, era el sistemático, constante y peligroso obtaculizador de aquellos actos, los líderes delahuertistas resolvieron obrar por cuenta propia y no tomar para nada el parecer del señor De la Huerta, a quien le comunicaban las cosas cuando ya estaban hechas, cuando ya no podía evitar que se hicieran.

"Lo cual demuestra, lamentablemente, que el señor De la Huerta no tiene carácter, carece de energía y respetabilidad indispensables en un jefe de partido; no pudo imponer ni su criterio ni su voluntad.

"Y, ¿era posible la victoria de una facción tan indisciplinada, heterogénea, ambiciosa y arbitraria? Incuestionablemente que no.

"Ab-initio, pues, la revolución no tuvo cabeza. O, en otras palabras: tuvo demasiadas cabezas.

"No fue unitaria ni dúctil en sus procedimientos.

"Por un motivo: porque nunca tuvo jefe.

"Ésa es la fundamental razón psicológica de su desastre."

Según el propio Capetillo, el señor De la Huerta se enteró por El Dictamen, de que era el jefe de la rebelión, y al abandonar el lecho a hora temprana y al revisar la prensa local, leyó en El Dictamen la noticia de la actitud asumida por la División de Oriente, por la flotilla de la armada y por varios elementos políticos en contra del gobierno federal, señalándolo como jefe supremo de la revolución.

Gran sorpresa y desagrado experimentó el señor De la Huerta al enterarse de cosas tan importantes y desconocidas para él.

Platicando con algunos de los antiguos delahuertistas, me decían que don Adolfo, cuando se trasladó a Veracruz, lo hizo con el objeto de presidir un gran mitin que se celebraba en su honor, pero que en realidad, los elementos que lo invitaron ya estaban confabulados con los jefes militares para desconocer al gobierno.

En Veracruz secundó la rebelión delahuertista el general Guadalupe Sánchez, que se apoderó de Jalapa, avanzando rumbo a Oriental y Esperanza. Puebla había sido ya ocupada por las fuerzas rebeldes.

En Jalisco, el general Enrique Estrada, quien semanas antes había sido huésped del general Obregón en Ocotlán, se pronunció también contra el gobierno.

El general Fortunato Maycotte, jefe de las operaciones en Oaxaca, y el general García Vigil, gobernador de ese estado, también lanzaron el grito de rebelión, secundando aquella revuelta el gobernador de Tamaulipas general César López de Lara, que salió de Ciudad Victoria seguido por algunos de sus partidarios.

El día 13 de diciembre de 1923, en Oaxaca, sucedían también acontecimientos importantes. El gobernador, general Manuel García Vigil, promulgó un decreto de la comisión permanente de la XXIX Legislatura del estado, convocando a un periodo extraordinario de sesiones para revisar y aprobar los presupuestos municipales y el del gobierno local, agregando que también debía considerarse la actitud que asumiría la propia legislatura con motivo del movimiento armado iniciado en Veracruz y Jalisco, y secundado en otras entidades federativas contra los poderes de la Unión.

El día 24 del mismo mes, la legislatura expidió un decreto en que se desconocía al general Obregón como presidente de la República, a los senadores y diputados al Congreso de la Unión, a la Suprema Corte de Justicia de la Nación, reconociéndose a los ciudadanos generales de división Guadalupe Sánchez, Enrique Estrada y Fortunato Maycotte, respectivamente, como jefes militares de las regiones de oriente y sureste, del occidente y noroeste y sur y centro del país.

De este plan, que fue promulgado por el general Manuel García Vigil, se desprende, dice el señor Capetillo:

"Que los generales Maycotte y García Vigil para nada tomaron en consideración al señor De la Huerta, ni como jefe del movimiento, ni como bandera política. Con énfasis se declara en la fracción IV del plan oaxaqueño, que se reconocen como jefes del movimiento a Sánchez en Veracruz; a Estrada en el occidente, y a Maycotte, en el sur. Y para mejor comprender la discrepancia que existía entre los rebeldes de Oaxaca y el señor De la Huerta, debemos recordar que cuando Vigil y Maycotte firmaron su plan, ya el señor De la Huerta se ostentaba como jefe supremo de la revolución, y para confirmar lo que hemos dicho acerca del general Guadalupe Sánchez, en el sentido de que junto con Hipólito Villa eran los únicos jefes delahuertistas, y de que nunca mostró ambiciones políticas, apuntaremos la circunstancia de que, tan luego como recibió el plan de Oaxaca, donde se le nombraba jefe de la rebelión en las regiones oriente y sureste del país, declinó el puesto que se le confería, contestando que ya anteriormente había reconocido como jefe del movimiento al señor De la Huerta.

"En tal virtud, cuando los generales Maycotte y García Vigil se levantaron en armas, no sólo no reconocieron como jefe al señor De la Huerta, sino que tácitamente lo *desconocieron,* puesto que dicho señor ostentaba el carácter de jefe supremo y el plan oaxaqueño nombraba jefes a los generales Sánchez, Estrada y Maycotte, sin siquiera mencionar al caudillo de la asonada, en Veracruz."

El levantamiento revolucionario delahuertista creó una situación militar muy difícil, que resolvió al final el genio militar del general Obregón y su valentía, así como el apoyo de la opinión pública y principalmente de obreros y campesinos que se armaron para combatir el movimiento. En esos primeros días de diciembre tuvo que organizar las fuerzas de que podía disponer, unas para avanzar sobre Puebla, ya que la habían tomado los delahuertistas, y otras sobre Ocotlán, para contener el avance de Enrique Estrada.

Según datos oficiales:

Resulta que el movimiento rebelde contó en un momento dado, con poco más o menos 56 mil hombres sobre las armas; en su mayor parte en núcleos fuertes, bien organizados y estratégicamente situados en el territorio nacional. Por contra, el gobierno federal quedó con 34 515 hombres diseminados en toda la extensión del país, desde la Baja California hasta Tabasco, y con multitud de servicios de guarniciones que cubrir, por lo cual era tarea muy árdua, para el Ejecutivo, reunir elementos suficientes para enfrentarse a las columnas enemigas, y detener su avance a la capital de la República, entre tanto se organizaban los contingentes indispensables, para emprender la batida sobre sus propias bases. (Tomado del libro *El último caudillo*, de Luis Monroy Durán, p. 112.)

En la capital sólo quedaron como quinientos hombres a las órdenes del general Arnulfo Gómez, que los movilizaba constantemente de las estaciones al centro para hacer aparecer que le llegaban refuerzos.

La situación se volvió peligrosa. El general Obregón con un grupo de leales y algunos jefes y oficiales, vivía y dormía en Palacio Nacional, y nosotros hacíamos guardia —hasta en la noche— de treinta a cuarenta hombres armados en la casa-habitación del general Calles, situada en las calles de Marsella.

Una de esas noches llegaron dos ministros muy alarmados a conferenciar con el general Calles, diciéndole que el enemigo se había dado cuenta de que casi estábamos indefensos y que creían prudente y conveniente que el general Calles convenciera al general Obregón para que saliera de la capital y lo acompañara él a algún punto donde hubieran fuerzas que pudieran defenderlos.

El general Calles calmó a los excitados ministros y les dijo que hablaría con el general Obregón, aconsejándoles desde luego que guardaran sus temores y no alarmaran a sus amigos.

Corría el rumor de que los elementos de un cuerpo de yaquis se habían levantado y también los alumnos del Colegio Militar en ese mismo día; y como a las diez de la noche el general Calles me envió a mí con el general Obregón para comunicarle la conferencia con los secretarios de Estado y los rumores que estaban llegando.

El general Obregón me recibió en palacio en su despacho, y le di cuenta del recado del general Calles, contestándome con su serenidad de siempr: "Dile a Calles que ya vinieron a verme esos 'asustados' con el mismo cuento; que es mentira que se hayan levantado en el Colegio Militar, porque el general Manzo acaba de estar allí personalmente confirmando que se encuentran en paz. Dile que efectivamente la situación es grave por nuestra falta de fuerzas, pero que cualquiera que llegue a ser, yo no saldré de Palacio Nacional y combatiendo hasta el final con los que me queden, moriré, si es mi destino, con la banda presidencial puesta, con la dignidad de un Presidente de la República."

Luego reflexionó un instante y me dijo: "Lo que sí es conveniente es que cuanto antes saquen de aquí ustedes al general Calles a un lugar seguro protegido por fuerzas amigas, para que en el caso en que les llegue a faltar yo, no se queden sin jefe. Sé que se va a obstinar Calles en acompañarme, pero mañana le daré las órdenes como jefe, voy a mandarlo a

San Luis Potosí con una comisión más bien administrativa y sin mando de fuerzas para que no se incapacite como candidato."

Naturalmente yo me emocioné y le supliqué que me permitiera darle un abrazo, el que me concedió sonriendo y me dijo: "No te creas que es de despedida, es nada más para desearnos buena suerte mientras nos volvemos a ver. Yo saldré de la capital sólo cuando juzgue conveniente dirigir personalmente la campaña."

Efectivamente, uno o dos días después, salimos para San Luis Potosí con el general Calles sin otra fuerza que una pequeña escolta de campesinos armados del estado de Hidalgo, que le proporcionó el gobernador, su gran amigo Matías Rodríguez.

En San Luis Potosí nos estaba esperando nuestro gran amigo Aurelio Manrique, reconocido como gobernador, que se portó muy leal con el general Calles.

Tomamos un hotel como cuartel general y desde allí estuvimos trabajando activamente.

Se instalaron unos talleres con obreros especializados que Luis N. Morones mandó desde la ciudad de México, bajo las órdenes del compañero Samuel Yúdico, para limpiar, revisar y poner en estado de servicio el armamento que se había conseguido en Estados Unidos de rifles que habían permanecido empacados y engrasados desde la Primera Guerra Mundial, y que con gran habilidad supieron poner en estado de buen servicio aquellos trabajadores.

La labor del general Calles en San Luis Potosí fue muy acertada; de ello dice el señor Luis Monroy Durán, en su libro *El último caudillo*, pp. 108 y 111, lo siguiente:

Habiendo impedido, con acierto y energía, que se propagaran las ideas sediciosas, y conservando la paz y tranquilidad en aquellas vastas regiones, asimismo conservó al corriente las líneas ferroviarias que fueron utilizadas para transportar las municiones y armas que adquirió el gobierno en los Estados Unidos.

Es digno de señalarse el hecho de que el prestigio personal del jefe..., entre los obreros y campesinos de la República, produjo el resultado de que el presidente Obregón pudiera disponer de toda las tropas de línea que guarnecían las capitales y poblaciones del norte del país; y no solamente esto, sino que el general Calles formó nuevos contingentes armados, que, después de recibir instrucción militar, fueron enviados a los campos de combate, elevándose el número de esas improvisadas corporaciones a cinco mil hombres.

Siguieron igualmente colaborando con el general Calles... los diputados al Congreso de la Unión, licenciado Romeo Ortega e ingeniero Luis L. León, prestando importantes servicios, aun cuando conservaron su carácter de civiles.

Y creo que es de justicia decir que en realidad nos ayudaron muy eficazmente la mayoría de los campesinos del estado, encabezados por el general Cedillo, y que estuvieron de nuestra parte prestándonos ayuda valiosa los ferrocarrileros y mecánicos de los talleres de San Luis Potosí.

Fue allí donde empezamos a recibir las noticias de los triunfos militares formidables de las fuerzas del gobierno que tomaron Puebla, siguiendo su campaña a Veracruz, y destrozaron por completo a los delahuertistas en la famosa batalla de Esperanza, que nosotros festejamos haciendo desfilar por las calles las bandas de guerra tocando dianas y mandando gente a repicar las campanas de los templos, pues alguna gente de las clases altas de San Luis Potosí, amiga de Jorge Prieto Laurens, era calladamente delahuertista y a cada rato lanzaba rumores alarmantes de supuestos triunfos de los rebeldes.

Igualmente recibimos la triste noticia que consternó al señor general Calles, de que el día 2 de enero de 1924, el coronel Juan Ricárdez Broca, gobernador y comandante militar nombrado por el señor De la Huerta en Yucatán, mandó fusilar en Mérida a Felipe Carrillo Puerto, limpio y sincero líder socialista que había fundado el Partido Socialista del Sureste, creando hondas transformaciones sociales en el estado de Yucatán y en otros estados del sureste.

El sanguinario Ricárdez Broca fusiló junto con Felipe a sus hermanos Benjamín, Edesio y Wilfrido, a nuestro querido compañero licenciado Manuel Berzunza, a Fernando Montes, Pedro Ruiz, Rafael Urquía, Julián Ramírez y Mariano Barrientos, todos de gran prestigio. Felipe Carrillo Puerto tenía prestigio internacional, y sobre su obra habían escrito elogios grandes escritores latinoamericanos.

Felipe murió valientemente declarando que en su obra no tenía cómplices, que él era el único responsable de todo lo sucedido en Yucatán; agradeció que le ofrecieran confesor, contestando que no tenía ninguna religión, lo mismo agradeció que le ofrecieran notario para hacer testamento, contestando que no necesitaba notario puesto que no poseía bienes; la muerte del gran apóstol socialista impresionó tanto al general Calles que, por consejo médico, estuvo en cama.

A continuación se transcriben las declaraciones que desde San Luis Potosí envió el general Calles, las cuales fueron publicadas en el periódico *Excélsior*, de fecha enero 6 de 1924, 2ª sección, 1ª plana:

San Luis Potosí, cuartel general. Las últimas noticias recibidas hasta hoy, desgraciadamente no rectificadas sobre la prisión y el asesinato de Felipe Carrillo Puerto, consumados con lujo de crueldad por los infidentes que formaban la guarnición de la ciudad de Mérida, vienen a corroborar una vez más que la reacción, impotente para defender sus bastardos intereses, ha recurrido a todos los medios que su hipocresía y mala fe le han dictado.

Como caso singular de encono en contra de las ideas de mejoramiento social, como inequívoca demostración de su miedo a todo lo que significa un esfuerzo por la reivindicación de los intereses populares, pueden citarse la actuación de los elementos reaccionarios de Yucatán, que han empleado desde años atrás hasta corromper con el virus de su perfidia, a todos aquellos hombres que no han tenido la suficiente hombría ni entereza para no dejarse envolver en las redes de los reaccionarios de Yucatán. Al sureste de la República habían llegado, venidos de otras regiones del país, hombres que llevaban la santa misión de defender los ideales y conquistas revolucionarias que les habían dado efímero prestigio y preponderancia, y todos ellos, uno a uno, fueron traicionando poco a poco sus convicciones acariciados por la falsía de los retardatarios de la península.

Su labor revolucionaria era para ellos la amenaza constante de hacerles perder definitivamente lo que de modo poco honesto habían adquirido.

El apostolado agrario del gobernador Carrillo Puerto les hacía presentir su próxima derrota. Los campesinos organizados en ligas de resistencia fuertes por la convicción de la nobleza de sus ideales, hicieron de ellos los ejércitos que seguramente defenderían las ideas de mejoramiento y que quitaba día a día, los elementos que hasta entonces habían sido objeto de explotación de los ricos yucatecos.

Felipe Carrillo Puerto supo mantenerse firme en su puesto, y por eso la reacción no sólo de Yucatán, sino del país entero, vio en él al hombre que pondría en peligro la restauración de las viejas ideas; fue entonces cuando los escribas al servicio del capitalista, cuando los mercenarios de la prensa vendidos al oro capitalista, pérfidamente, mañosamente, destilando veneno en el editorial, en la información, se esforzaron estérilmente por presentar a Carrillo Puerto como un monstruo moral, por deformarle espiritualmente, por atribuirle egoísmos y mezquindades que no sintió nunca y fueron los falsos intelectuales de nuestro país, incapaces de comprender la nobleza apostólica del soñador, son ellos los verdaderamente responsables, ellos los que lanzaron inconscientes instrumentos a unos cuantos galeotes sobre el hombre, todo desinterés y firmeza, que había soñado redimirlos.

La rebelión encabezada por los políticos ambiciosos, secundados por militares indignos, acaba de consumar su obra asesinando al gobernador del estado de Yucatán, y a varios de sus compañeros en ideas y en acción.

Los detalles de este crimen inaudito, fraguado en las encrucijadas reaccionarias que encabeza De la Huerta, son los mismos que emplean todos aquellos que carecen de valor moral; la soldadesca infidente pretende ahogar los gritos de su conciencia, cortando la vida de un hombre inerme, consuman el crimen, y los responsables de él, para no sufrir la venganza de los que seguramente sabrán recoger el guante lanzado por ellos.

La consumación de este crimen sin nombre, cometido por los que en no lejana época se llamaban revolucionarios convencidos, ha provocado honda indignación entre todos los elementos trabajadores de la ciudad y de los campos.

Se recuerda a Huerta, el asesino beodo, y no podemos, los que verdaderamente somos revolucionarios, también callar ante la actitud innoble de los eternos traidores, y como soldado de la República, celoso defensor de la pureza del ejército, como soldado de la Revolución que tengo el deber de defender las conquistas adquiridas a costa de tanto sacrificio en beneficio del mejoramiento social y económico de las clases humildes, elevo mi protesta más enérgica y debo de hacer constar que si Felipe Carrillo Puerto ha caído, nunca caerán las ideas que él con toda energía y desinterés supo sostener, y seguramente multitud de hombres que sabrán de las desgracias del irredento, surgirán también para castigar a los asesinos del que no cometió más crimen que servir a los demás; todos estos hombres elevarán también su protesta y sabrán sacrificarse por esas ideas, que nadie, y la reacción mucho menos, logrará que desaparezcan, porque son las conquistas de la humanidad.

Quienes vendieron el armamento al gobierno mexicano en San Antonio, Texas, nos suspendieron los envíos por no haber recibido el último abono por valor de varios miles de dólares. Con ese motivo me envió a mí el general Calles, viajando por el lado americano hasta Mexicali, a entrevistarme con el general Abelardo L. Rodríguez, gobernador de Baja California, que estaba organizando un contingente para invadir Sonora.

Estuve dos días con el general Rodríguez, que me atendió cariñosamente y que consiguió el dinero en un banco y mandó cubrir inmediatamente el abono en San Antonio, Texas, por lo que recibimos todavía a tiempo la última remesa de rifles y parque.

Después de la toma de Veracruz por las fuerzas a las órdenes del general Eugenio Martínez, el general Obregón salió a dirigir las operaciones en el Bajío, estableciendo su cuartel general en Irapuato, para donde salió el general Calles a conferenciar con él y algunos de nosotros lo acompañamos.

Horas después llegó el general Martínez a rendirle parte al general Obregón de su triunfal campaña y nosotros descendimos con el presidente y con el general Calles del tren presidencial para saludarlo.

Como el tren del general Martínez llegaba un poco retrasado, al darle un abrazo, le dijo sonriente el general Obregón: "Su máquina camina más despacio porque el tren viene cargado de laureles."

La recepción fue muy cariñosa y subimos todos a la oficina del tren del general Obregón, con quien conferenciaron largamente el general Calles, el general Martínez, el general Serrano, el general Amaro, el general Escobar y otros jefes.

Los generales Estrada, Diéguez y Buelna, con sus columnas rebeldes, habían tomado la ciudad de Morelia, muriendo en el combate el general Buelna, y por nuestra parte perdimos al general López, *el Chato*, que estando herido fue asesinado por el asistente de Buelna, como venganza por la muerte de su jefe.

En aquella conferencia de los generales me dejaron estar presente y allí se planearon las operaciones contra la columna de Estrada.

Las opiniones y predicciones de los jefes militares no se unificaban; unos opinaban que Estrada pretendería cortar la comunicación entre Irapuato y México, o que avanzaría amenazando la capital.

El general Obregón, por el contrario, sabiendo que las pérdidas de Estrada en gente habían sido fuertes, opinaba diciendo: " 'Pájaro que sufre vuelve al nido', por lo que Estrada se regresará rumbo a Ocotlán, donde se está fortificando para impedir el avance de nosotros", y por su opinión, característica de su genio militar, el general Obregón movilizó su columna rumbo a Ocotlán y efectivamente Estrada, que se regresaba, tuvo que pelear en Palo Verde, donde fue derrotado y se retiró a Ocotlán.

En esa batalla de Palo Verde se distinguió por su valentía mi paisano el general Quevedo, con una carga de caballería, donde destrozó a las fuerzas de Estrada. Allí usaron por primera vez, los jinetes del general Quevedo, las famosas pistolas escuadras Colt 45.

Cada hombre llevaba la pistola con su cargador con ocho cartuchos y cuatro cargadores más en sus bolsillos. Según el truco ideado por el general Obregón, avanzaron con las carabinas terciadas sobre las líneas enemigas hasta unos cien metros de los contrarios; Estrada cayó en la trampa y creyó que eran fuerzas que venían a unírsele, ya que avanzaron con las carabinas en bandolera, pero a los ochenta o cien metros de las líneas enemigas, el general Quevedo se lanzó a la carga con las pistolas en la mano y destrozó a un enemigo que creyó que no venía a pelear. Estrada fue uno de los últimos que salió confundido por aquella argucia y destrozado en su línea de fuego. Fue otra de las brillantes genialidades como jefe militar del presidente Obregón. Posteriormente, Estrada se retiró y reforzó sus defensas en Ocotlán.

Los puentes para pasar el río en Ocotlán estaban minados y las fortificaciones al otro lado del río eran formidables, las tropas pasaron el río frente a Ocotlán sobre balsas improvisadas con maderos y llantas de automóvil como flotadores. El paso del río lo dirigió valientemente el general Cruz a pesar de estar herido y allí murieron o salieron mal heridos la mayor parte de los oficiales de su estado mayor. También concurrieron al cruce del río valientes tropas agraristas, mientras que el general Amaro, jefe de la operación, cruzaba el paso del río un poco más arriba de la población, flanqueando así las fuerzas enemigas que huyeron destrozadas y dispersas; esto aseguró la toma de Guadalajara y la marcha hasta Colima.

Y con las últimas operaciones sobre Oaxaca donde batieron a Maycotte y a García Vigil, y sobre Chiapas donde derrocaron a Diéguez poco antes de cruzar la frontera a Guatemala, de hecho quedó terminada la rebelión delahuertista.

Un incidente enardeció más los ánimos ya en enero.

A pesar de estar levantados y en plena rebeldía, los delahuertistas seguían concurriendo a la Cámara de Senadores y cobrando sus dietas. Senadores partidarios de De la Huerta y enemigos del gobierno, mostraron su oposición al discutirse la aprobación de los convenios celebrados por el gobierno del general Obregón con el gobierno norteamericano, principalmente por el pago de indemnizaciones a las propiedades afectadas de los ciudadanos norteamericanos.

El grupo de senadores oposicionistas lo encabezaba, entre otros, el senador Field Jurado, representante de Tabasco, apasionadamente como tabasqueño, enemigo del gobierno.

El asesinato de Felipe Carrillo Puerto, el 2 de enero, había indignado a todos los partidarios del gobierno, y principalmente a los obreros. Con este motivo, en la sesión del 14 de enero de 1924, y discutiéndose la proposición para que se enlutara la tribuna de la representación nacional con motivo del asesinato de Carrillo Puerto, Morones pronunció un discurso, diciendo en su parte fundamental:

Los responsables de esta hecatombe son los mismos diputados cooperativistas que pretendiendo hacer un sarcasmo de la revolución, escudándose en el fuero, son los mismos que aquí cínicamente se sientan en estas curules y cobran las decenas en la Tesorería. Esta serie de individuos arrogantes ayer, orgullosos, levantados, cínicos que no despreciando ocasión de volcar sus iras en contra del elemento revolucionario, son los cómplices de ese asesinato perpetrado en la persona de Carrillo Puerto. El movimiento obrero lo sabe, y habrá de castigarlos por encima de todas las dificultades que pongan las conveniencias legales del momento.

¿A dónde iríamos a parar si, amparados en el criterio de benevolencia —que en este caso resultaría suicida—, si amparados en un criterio de esa naturaleza permitiéramos que aquí mismo, en el asiento de los poderes federales, continuara esa serie de intrigas, de espionaje y de traición llevados a cabo en la forma más cínica y cobarde?

Pero qué pobre sería el movimiento obrero de México... si no tuviera a su alcance medios eficaces para castrar a esas gentes que no tienen virilidad, ni los tamaños necesarios para castrarlos... Pueden creer los señores cooperativistas... que el tiempo está contado y que más rápidamente de lo que piensan, irán sintiendo la acción punitiva, la acción de castigo, de venganza y de protesta que perpetrará el movimiento obrero de México... Si creen que el fuero va a ser respetado por el movimiento obrero, se engañan de la manera más clara y contundente: el fuero lo respetarán las autoridades; el movimiento obrero no lo respetará... El gobierno nada tiene que ver en esta acción que llevará a cabo el movimiento obrero; él dará las garantías, porque es preciso que las dé; pero a pesar de esas garantías, la resolución, la sentencia del movimiento obrero se cumplirá... y por cada uno de los elementos nuestros que caiga en la forma en que cayó Felipe Carrillo Puerto, lo menos caerán cinco de los señores que están sirviendo de instrumento a la reacción... y este deber es vengar, castigar a los asesinos de Felipe Carrillo Puerto. Yo invito a mis compañeros de bloque, a mis compañeros de filiación política, a que sin vacilación se presten a ayudarnos en esta tarea. Yo pido, yo quiero que mis compañeros, los que comulgan con las ideas del movimiento obrero a este respecto, se pongan de pie.

La pasión se había desbordado y el día 23 de enero de 1924 fue asesinado el senador Francisco Field Jurado y los delahuertistas atribuyeron el asesinato como consecuencia de las palabras y amenazas de Morones, pretendiendo atribuirle complicidad en el hecho al presidente Álvaro Obregón, quien se apresuró a defenderse dirigiéndole el mismo día 25 de enero, al conocer la muerte del senador, una carta dirigida al diputado Morones desde Celaya, donde se encontraba dirigiendo la campaña:

Celaya, Gto., enero 25 de 1924.
Señor diputado Luis N. Morones, Cámara de Diputados. México, D. F.
Muy estimado amigo: Durante dos días he sostenido una lucha interna en la que han contendido por un lado, el deber, y por otro, la amistad y la gratitud para el ciudadano viril que ha compartido conmigo muchas amarguras y muchos peligros para sostener la misma causa; y he llegado a la conclusión de que la voz del primero debe ejercer su más completa autoridad sobre todos y cada uno de mis actos.

Yo no quiero dudar ni por un solo momento de la sana intención que a usted le inspiró la declaración pública que hizo en un viril discurso, en que vigorosamente defendió a la actual administración; pero aquella declaración, que enunciaba los desgraciados sucesos que posteriormente ocurrieron, arroja una solidaridad sobre el gobierno que presido que, de aceptarla, sería su ruina moral y causaría más daños, seguramente, que la traición de los Estrada, Sánchez y Maycotte.

Cuando yo leí su discurso, creí, sinceramente se lo digo, que se trataba de una hostilidad como acostumbran las organizaciones obreras, pero nunca creí que se llegara a semejantes hechos; no sólo creo con la misma sinceridad, que usted no inspiró actos de esta naturaleza, pero el público tiene la obligación de juzgar los hechos por la apariencia que presentan, mientras que no se esclarezcan lo suficiente, para deslindar responsabilidades.

Aun cuando usted no ocupa ningún puesto en la actual administración y su colaboración ha sido espontánea y sin más miras que la de ayudar entusiasta y sinceramente a la elaboración de los elementos necesarios para la organización militar que se ha llevado a cabo, he llegado a la conclusión de dirigirme en lo sucesivo directamente a quien está encargado, con carácter de interino, de los establecimientos fabriles, para que quede de hecho así establecida una independencia entre usted y la administración que presido, que quite a los enemigos del gobierno el arma que están esgrimiendo de que esos atentados fueron anunciados e inspirados por un alto funcionario de la administración pública; rogándole solamente que estudie a conciencia mi situación y que me diga si estoy en lo justo.

Que las organizaciones sociales ejerzan represalias contra los partidos políticos que les han asesinado líderes como Felipe Carrillo Puerto y muchos otros, es asunto que a mí no me corresponde resolver personalmente; pero con mi carácter de autoridad me corresponde tratar de impedirlas y consignar a los autores a las autoridades respectivas cuando esos actos se realicen; pero que aparezca un gobierno constituido aplicando estas medidas para deshacerse de sus enemigos políticos es algo que no cabe dentro de mi conciencia y que figuraría como una mancha sobre mi vida pública a la que he destinado toda mi buena fe y toda mi moral.

Yo me he sentido más obligado que nunca para conservar la más estrecha solidaridad con usted y los míos en estos momentos en que la reacción usa todas las armas de la infamia y de la traición para confundirnos, pero creo fundamentalmente que se faltó a la mutua consideración que nos debemos al anunciar que en defensa del gobierno se ejecutarían actos de esa naturaleza y ejecutarlos después sin sondear previamente mi sentir personal, máxime recordando haber desaprobado actos de mucha menos significación, los que con el mismo carácter se me consultaron por usted.

Le envío un saludo afectuoso y me suscribo como siempre su atento amigo y S. S. *Álvaro Obregón.*

Con lo que queda demostrado que el general Obregón nada tuvo que ver con tan reprobable crimen.

Tomo del periódico *El Demócrata*, fechado el día 1º de marzo de 1924, tomo XVII, p. 8, lo siguiente:

Prácticamente cuando se encontraban derrotados ya la mayoría de los rebeldes delahuertistas, iniciaron gestiones para rendirse, creyendo así evitar que les exigieran responsabilidades por su conducta; con este motivo movilizaron a los comerciantes de Monterrey, en aquel tiempo centro conservador, y la Cámara de Comercio neolonesa se dirigió al presidente Obregón, pidiendo que se firmara un armisticio o que se entrara en tratos con los rebeldes, a lo cual el primer magistrado contestó en los siguientes términos:

"Juan Pérez Gómez, secretario Liga Nacional Pro Paz, Gante 1, ciudad. Heme enterado con satisfacción su atento mensaje ayer, y él revela que usted abarca con más claridad el problema y que justamente considera que es incompatible con el decoro de la administración pública el buscar posibles arreglos con grupos rebeldes contra el gobierno federal. El suscrito más que ningún otro seguramente está vivamente interesado por restablecimiento de la paz en la República; pero considero que esta paz debe consolidarse sobre bases tan sólidas que constituyan una garantía para nuestra naciente democracia y para el funcionamiento definitivo de nuestras instituciones y sobre esa base únicamente podrá tratar tan delicado asunto, con personas que interésense por la pacificación. Diversos grupos rebeldes sometidos al gobierno han sido tratados con generosidad y no existe un solo caso en que háyase cometido con ellos un acto borchornoso, y no puede, por tanto, hacerse ningún cargo a la administración pública de responsabilidades por grupos armados que aún continúan en actitud subversiva. Ejecutivo mi cargo ha considerado ofensivo para el gobierno, que tengo el honor de presidir, el contenido del mensaje que dirigiérale la Convención de Cámaras de Comercio de Monterrey, porque en él preténdese que se suspenda campaña estáse siguiendo contra núcleos alzados y que autorícese a convención aludida para ir a tratar con ellos y ver si existe alguna posibilidad de que lleguen a una inteligencia con el gobierno federal, colocando de hecho en ese mensaje al gobierno República a la altura de grupos alzados que andan cometiendo depredaciones y si hubiera incurrido en el imperdonable error de aceptar las sugestiones que dicho mensaje contiene, habría sido curioso presenciar cómo una comisión de aquella H. Asamblea hubiera pasado a tratar con el 'señor general don Hipólito Villa', y demás socios, para conocer cuántas haciendas más habría de darles el gobierno de las que ya proporcionó el interinato de don Adolfo de la Huerta, y que sumen aproximadamente trescientas mil hectáreas para que entraran con el gobierno federal, y ver si por ese medio llegábase a una inteligencia con 'tan altos jefes'. Afmte. Presidente República *Álvaro Obregón.*

En contestación al telegrama que dirigió al C. presidente de la República la Comisión Permanente de la Convención de Cámaras de Comercio que se estaba celebrando en Monterrey, el primer magistrado le dirigió, con fecha 29 de febrero de 1924, el siguiente mensaje:

Febrero 29 de 1924. Comisión Permanente Convención Cámara de Comercio, Monterrey, N. L. (203 ayer). Enterado sus atentos mensajes ayer. Sobre bases propuestas por ustedes en mensajes que permítome contestar, no puedo aceptar ninguna intervención ni cooperación de Cámaras de Comercio que ustedes representan, para buscar la pronta pacificación del país. Bases aludidas son altamente deprimentes para decoro administración pública, porque colocan al gobierno a la altura grupos de soldados desleales y lo que ustedes intentan que gobierno constituido entre en pláticas por la estimable mediación de ustedes mismos. Es inoportuna su sugestión en lo que refiérese al armisticio, porque equivaldría a dar tiempo a núcleos rebeldes para reorganizarse y para causar mayores daños en lugares en que operan, ya que no están bajo ningún control y obran de acuerdo con tendencias e instintos de jefes que los encabezan, lamento que ustedes dejen a la historia tarea de juzgar si responsabilidad de esta tragedia sangrienta corresponden al gobierno o a los militares desleales y ambiciosos que rebeláronce con elementos que se confiaron a su lealtad —que cometió el error de juzgarlos militares de honor—, sin hacer una investigación sobre el origen del movimiento y nada práctico puede hacerse sin saber sobre quién recaen las responsabilidades, pues todo ciudadano honrado que se precie de interesarse por prestigio su país, tiene obligación de juzgar actos de tan alta trascendencia y condenar a los responsables y si no dispónese del valor civil suficiente para proceder en esta forma no puede ofrecerse ninguna cooperación eficaz porque deben de ser apoyados, en concepto del suscrito, sin ninguna limitación, el gobierno o los rebeldes, según los que a juicio de los que intervienen estén basados en la justicia y la moral. Afmte. Presidente República. *A. Obregón.*

Ya en plena campaña callista, los diputados Francisco González y González, por Nuevo León; Carlos Riva Palacio, por el Estado de México, y Luis León, por el estado de Chihuahua, le enviamos un telegrama que a continuación transcribimos, apoyando la decisión de no celebrar ningún armisticio, ni tratar con los que iniciaron el sangriento cuartelazo:

Torreón, Coah., febrero 29 de 1924. Señor director de *El Demócrata*. Hoy decimos al señor presidente de la República lo siguiente: Por la prensa de esa capital nos hemos enterado de la enérgica y atinada contestación que dio usted a las Cámaras de Comercio que hasta ahora pretenden hacer labor pacifista, labor que dadas las circunstancias en que se inicia, sólo puede favorecer a los que ensangrentaron conscientemente al país valiéndose de la más asquerosa de las traiciones.

Después de la brillante y patriótica argumentación con que usted demuestra el error en que están incurriendo y lo inoportuno de su gestión, huelga añadir razones para condenar esas actividades y únicamente nos permitimos hacer una aclaración que se funda en hechos incontrovertibles y que quizá a usted le está vedado hacerla por el alto puesto en que se encuentra colocado, por suerte para la revolución.

Queremos referirnos a la pretendida buena fe de los organizadores de la Convención Pro Paz de las Cámaras de Comercio. Fuera de las vehementes sospechas que su conducta despierta al compararla, como usted lo hace, con la que estos mismos señores observaron cuando al conocimiento de todo el mundo se preparó el movimiento de la traición reaccionaria y mientras tuvieron algunas probabilidades de éxito los infidentes, durante su sangriento desarrollo, existe el hecho indiscutible de ser el principal partidario de los infidentes, conspirador hipócrita en contra del actual gobierno y uno de los principales autores de los últimos movimientos rebeldes habidos en Nuevo León, ya que clara y directamente de tal lo acusan los prisioneros hechos a las partidas rebeldes por las fuerzas leales, así como algunos amnistiados que militaban en dichas partidas.

Se ve, pues, señor presidente, con toda claridad que no es la confraternidad ni el anhelo de paz lo que mueve a estos señores, sino que conscientes de la derrota que la revolución ha infligido a los rebeldes defensores de sus conservadores intereses, pretenden salvarlos del justo castigo para conservar esos elementos y poderlos utilizar en una nueva aventura revolucionaria.

A mayor abundamiento, observen cómo estos señores de las Cámaras de Comercio, que se dicen tan patriotas, cada vez que el gobierno legítimo de la República tiene necesidad de procurarse ingresos para su sostenimiento, protestan contra todo aumento de impuestos o la creación de nuevos, plenamente justificados y trabajan con toda actividad porque tales medidas fracasen, para herir al gobierno revolucionario en su base económica.

Reciba usted, señor presidente, nuestra sincera felicitación de revolucionarios por su digna y gallarda actitud y nuestro respetuoso saludo.

La transcribimos a usted, suplicándole su publicación en su acertado periódico, diputado por el tercer distrito del estado de Chihuahua, Luis León; diputado por el segundo distrito de Nuevo León, Francisco González y González; por el estado de México, Carlos Riva Palacio.

Asimismo, me permito transcribir la entrevista que le hicieron al general Calles y que el día 5 de marzo de 1924 aparece publicada en el periódico *El Nacional*, en la cual da a conocer la reanudación de sus trabajos de propaganda y dice que el centro director del mismo volverá a funcionar desde el próximo día 20 de marzo de 1924:

Uno de nuestros redactores estuvo a entrevistar al señor general Calles, haciéndole distintas preguntas a las cuales contestó el divisionario, ampliando las de carácter militar tanto como redujo las del orden político. La primera pregunta que le hemos hecho fue la siguiente:

—¿Puede usted decirnos cuándo reanudará sus actividades políticas?

—No puedo precisar la fecha —contestó—. Sólo puedo decir que las reanudaré dentro de los términos constitucionales, es decir, antes del día 1º del mes entrante, abril.

—¿Sabe usted cuándo reanudará sus trabajos el centro director de la propaganda pro Calles?

—El centro comenzará a funcionar nuevamente desde el día 20 del mes actual.

—¿Serán intensas sus labores? Hacemos esta pregunta porque la candidatura de usted es ya ampliamente conocida en la República y la propaganda está muy avanzada.

—No puedo decir si será o no intensa su labor. Esto dependerá de las circunstancias.

—¿Viene usted ya a radicarse en México en espera de reanudar sus trabajos?

—No lo sé todavía. Yo vine llamado por el señor presidente de la República y ahora en la noche hablaré con él sobre la situación militar en el norte. Por lo mismo ignoro lo que disponga; es decir, si vuelvo o no al norte.

—¿Puede usted decirnos cuál es la situación militar en la región que está a su cuidado?

—En el norte no hay problema militar. Francisco Coss, que operaba en Coahuila, fue perseguido hasta que logró internarse en el estado de Tamaulipas.

—¿Y de los villistas?

—Éstos no tienen ninguna importancia. Se levantaron 300 hombres aproximadamente, y la única hazaña que cometieron fue la de asaltar un tren de pasajeros, en Dolores, me parece cerca de la estación de Jiménez. Pocos días después de su levantamiento, el coronel Armenta se posesionó de la hacienda de "Canutillo", en la cual se encuentran sus fuerzas. Procedimos a batir desde luego a los levantados en armas y el general Enríquez los derrotó por completo. Después de esta derrota vino la división entre los jefes que los mandaban.

—¿Por qué fue esa división?

—Manuel Chao llegó a Canutillo diciendo a Hipólito Villa y a Nicolás Fernández que la revolución había dominado todo el país y que el gobierno del señor presidente Obregón había ya caído. Villa y Fernández lo creyeron y entonces se fueron a las maduras, es decir, se levantaron en armas creyendo lo que les dijo Chao; pero al ser derrotados se convencieron de que todo era lo contrario y entonces surgió el disgusto entre ellos formándose tres grupos distintos que son capitaneados por Nicolás Fernández, Hipólito Villa y Manuel Chao; pero ninguno de esos grupos llega a más de 40 hombres. Los tres han sido perseguidos tenazmente y de hoy a mañana las tropas a mis órdenes, que siguen muy de cerca a Villa, les darán alcance.

—¿No volvieron a cometer atentados en los trenes?

—No, desde el primero y único asalto que llevaron a cabo, fue mi mayor preocupación dar garantías a los pasajeros y ordené que los trenes, desde

Torreón, fueran debidamente escoltados. Cada escolta es no menor de cien hombres y llevan ametralladoras. Debido a esto ni siquiera han vuelto a intentar detener otro tren, y todos corren regularmente en esa región.

—¿Qué puede decirnos de los rebeldes de Durango?

—En este estado se levantaron en armas tres grupos, los cuales, sumados, no llegaban a 130 hombres. La partida más grande, que era la que capitaneaba Galindo, fue ya completamente destrozada por las fuerzas del coronel Dávila, del tercer regimiento de San Luis Potosí.

—¿Considera usted pacificado el norte de la República?

—Completamente. En Zacatecas ya no hay un solo rebelde, lo mismo pasa en Aguascalientes y San Luis Potosí, estados que corresponden a la jurisdicción de la división a mis órdenes. La región lagunera está también pacificada y solamente en Chihuahua quedan los tres grupos insignificantes a que me he referido, los cuales serán exterminados dentro de muy pocos días.

—¿Es cierto que organizó usted rápidamente contingentes militares?

—Sí lo es. En menos de dos meses fueron organizados más de cinco mil hombres y todavía podemos enviar efectivos a Jalisco, la huasteca veracruzana y el estado de Hidalgo. Nada menos ahora se están reorganizando en Torreón 300 hombres que mañana mismo saldrán para el estado de Hidalgo.

—¿Es verdad que los campesinos y trabajadores solicitaban con ahínco formar parte de dichas fuerzas?

—Sí lo es. Todos estos contingentes fueron formados por campesinos y hombres de trabajo, muchos de los cuales hasta se daban por sentidos al no ser admitidos inmediatamente, pues todos se ofrecían para cooperar a la pacificación del país. Esto demostrará que no nos encontramos muy apurados.

Por creerlo de interés, me voy a permitir transcribir las primeras noticias que se tuvieron de que los generales rebeldes empezaban a rendirse, según lo publicó *El Demócrata*, de fechas 7, 18 y 24 de marzo de 1924:

Veracruz, Ver., 6 de marzo. Los generales rebeldes Francisco R. Bertani y Ordóñez, se rindieron al gobierno incondicionalmente con mil hombres que tenían a sus órdenes, armados, entregando todos los elementos de guerra de que disponían. La rendición se efectuó en Tlapacoyan, donde se encuentran los rebeldes, habiendo sido comisionados el general Cerrillo por el general Almazán, con autorización del C. presidente de la República para tratar con dichos jefes rebeldes lo relativo a su rendición. Ésta se llevó a cabo, según se indica antes, entregando los generales Bertani y Ordóñez los elementos de guerra que tenían en su poder. El general Bertani es muy conocido en este puerto, pues desde la caída de Carranza estuvo alejado de la política y se dedicó al magisterio, ocupando en este puerto el cargo de director de la escuela Xicoténcatl, hasta el mes de diciembre en que estalló la revolución y abandonó la escuela para tomar parte en el movimiento infidente. ... Con estas rendiciones la zona veracruzana se verá bien pronto tranquila y la prosperidad volverá a reinar, según se espera, en todo el estado que tan duramente ha sido azotado por la rebelión.

Iguala, Gro. A las 9:45 horas de la noche se presentaron ante el general de división Roberto Cruz, jefe de la columna, los generales Rómulo Figueroa, jefe del movimiento rebelde; Crispín Sámano, Amador Acevedo y sus respectivos estados mayores, juntamente con los señores Enrique Morales, José Alva, doctor Soberón y Carlos Lavín, emisarios de paz, por cuyo conducto se arreglaron las rendiciones incondicionales de estos jefes rebeldes con el general Cruz, uno de los más valientes soldados de la revolución.

Los generales rebeldes penetraron en el carro del general Cruz en los momentos en que este divisionario tenía a la vista las cartas topográficas para batir al general Diéguez. Los rendidos, al dirigirse al general Cruz, demostraron gran pena y confusión, las que fueron desapareciendo en cuanto se aseguraron de la generosidad de este jefe, quien en nombre del gobierno les ofreció amplias garantías por sus vidas. A pesar de lo inoportuno de la hora, el general Cruz ha sido felicitado por diversas comisiones de la población por haber conseguido sin derramamiento de sangre debido a su atingencia, la paz en la región y la rendición de los rebeldes. Al despedirse el general Cruz dándole la mano al general Figueroa, éste le dijo: "A usted por su generosidad, y al presidente por magnánimo y noble, se debe la pacificación absoluta de Guerrero." En estos momento da cuenta el general Cruz al C. presidente de la República de las rendiciones de que se trata.

Por informes recibidos en la Secretaría de Relaciones Exteriores, se sabe que los infidentes delahuertistas poseídos de pánico al saber que las fuerzas federales van a recuperar la península yucateca, están abandonando en gran número a su jefe.

Llega a dar cuenta de los vencidos esta noticia.

Por lo que respecta a que el Ejecutivo tiene en su poder pruebas y datos que señalan la injerencia que las compañías petroleras tuvieron en el sostenimiento interesado de la revolución, *El Demócrata*, con fecha 15 de marzo de 1924, da la siguiente información:

Se ha informado en repetidas ocasiones, que no pocos hacendados e industriales de nacionalidad extranjera, prestaron gran ayuda a los rebeldes, con el objeto de derrocar al señor presidente de la República. Entre esos elementos que tuvieron directa injerencia en el último movimiento sedicioso, se rumoraba insistentemente que se cuentan altos empleados de algunas importantes negociaciones petroleras que entregaban a los rebeldes considerables cantidades de dinero para sostenerse en su antipatriótica actitud. Con el objeto de precisar a las personas que en la forma indicada secundaron a los trastornadores del orden público, recurrimos a las oficinas de la presidencia en demanda de informes. Desde luego el señor don Fernando Torreblanca, secretario particular del primer magistrado, ordenó que se nos proporcionara un boletín aclaratorio que reproducimos a continuación: "Por datos que obran en las oficinas de esta presidencia de la República, se ha logrado confirmar plenamente la franca complicidad que los altos empleados de la compañía petrolera El Águila, han tenido con el movimiento subversivo último, y ya se han obtenido los datos concretos que demuestran la parcialidad con que han obrado las dependencias de la citada compañía en favor de los rebeldes. El señor presidente de la República sólo espera obtener las últimas informaciones relacionadas con este asunto para proceder conforme corresponda."

Mientras tanto, el general Calles viajaba a la ciudad de Saltillo, Coah., para luego seguir rumbo a la hacienda de Hermanas, cercana a Monclova, acompañado por el ingeniero Luis L. León y por el gobernador de Sonora, Alejo Bay. El motivo de este viaje es que el general Calles celebre una importante conferencia sobre temas de la total pacificación de los estados de Coahuila, Nuevo León, Chihuahua y Sonora. A esta conferencia asistieron los señores gobernadores de esos estados, así como el presidente de la legislatura, ingeniero Garza García.

En estos días se da la noticia de la llegada a la capital del general Ángel Flores, gobernador del estado de Sinaloa, y según se informa viene para ultimar su programa político y preparar definitivamente la reanudación de sus trabajos electorales, con el fin de lanzar su candidatura para la presidencia de la República.

El bloque callista del Senado discutía cuál sería su actuación en la campaña política, porque la candidatura del general Calles la sostenían la mayoría de los miembros del Senado.

Con fecha 21 de marzo de 1924, quedó suprimida la jefatura de operaciones del norte, que estaba a las órdenes del general Calles, quien declaró que ya no regresaría a Torreón, sino que de la hacienda de Hermanas llegaría a la capital.

Con el título "La clase media, la revolución y el general Ángel Flores", que apareció publicado en *El Demócrata*, con fecha 22 de marzo, por considerarlo de interés, a continuación se transcribe:

Sorpresa y grande ha sido para la opinión troquelada en el antiguo cuño, el ver, cómo por primera vez en los anales públicos contemporáneos, los elementos laborantes organizados requieren el formal concurso de la clase media, en la enorme tarea de reconstruir a México sobre bases de verdadera justicia social y colectiva. Habíase siempre notado una especie de sorda hostilidad entre proletarios y componentes de la múltiple clase media y aunque todavía existen ciertos raquíticos prejuicios a ese respecto, es notable que aquel requerimiento armoniza de un modo preciso con el instante mundial que vivimos, que es de acercamiento espiritual y material entre las clases esencialmente trabajadoras.

Este nuevo estado de la conciencia mexicana es resultado directo de nuestra revolución; a ella debemos el franqueo de barreras que parecían insalvables, y a los obreros organizados toca el honor de haber pronunciado la palabra inicial de contacto.

Cierto es que un grupo de jóvenes entusiastas y probadamente revolucionarios habíase ya constituido en partido político —única forma viable para sostener en abierta lid el principio de fusión entre las clases media y proletaria—, pero por un error de designación, prolijo y secundario en su detalle, ese grupo creyó de buena fe que el general Ángel Flores continuaba siendo como antaño, defensor de las ideas nuevas, y así personalmente lo aseguró el mencionado ciudadano, razón que determinó postularlo para la primera magistratura. Posteriormente, mucho antes de las batallas de Ocotlán y Esperanza, el mencionado grupo que constituye el Partido Nacional Revolucionario, el Partido Nacional de la Clase Media, interpeló al general Flores en términos categóricos, por todos los medios imaginables, acerca se si seguía o no profesando el mismo credo progresista. Como ninguna respuesta diera el general Flores, y al mismo tiempro, representaba y era apoyado por elementos notoriamente conservadores, el referido partido, consecuente con los antecedentes personales y políticos de sus miembros más significativos, adoptó por aclamación la candidatura del C. general Calles, quien siempre se ha manifestado sin ambages ni reticencias como el representante genuino de la causa libertaria.

Hecho este, entre paréntesis, que no aspira sino a explicar nuestra actitud ante quienes no están enterados de la prensa metropolitana de diciembre del finalizado año a esta fecha, sólo nos resta manifestar una vez más cuánto nos congratulamos de que una rama importante de la clase media se identifica con las clases obreras y agrarias en vísperas del encuentro decisivo que se aproxima entre los mantenedores de las dos tendencias orgánicamente opuestas: la avanzada y la conservadora, como dice Miguel Álvarez del Castillo.

Conforme lo había anunciado, el general Plutarco Elías Calles obtuvo licencia para separarse del ejército y desde luego reanudar sus actividades políticas, y con fecha 22 de marzo la Secretaría de Guerra le expide al general Calles la licencia ilimitada que había solicitado para separarse del ejército federal, a fin de consagrar nuevamente sus actividades a la campaña política, siendo el candidato de las más prominentes agrupaciones políticas a la presidencia de la República, en el próximo periodo.

El general Calles al estallar el movimiento rebelde se hallaba separado del ejército, pero no vaciló en ofrecer sus servicios al gobierno y vovió a las filas, donde desarrolló en muy poco tiempo una meritoria labor, pues con los elementos que él mismo pudo organizar, logró la completa pacificación del estado de San Luis Potosí, donde pensaban reconcentrarse los más peligrosos jefes rebeldes. Más tarde, el general Calles pasó al estado de Coahuila, donde había peligro de que los villistas rebeldes desarrollaran peligrosas actividades y en menos de tres semanas logró batir a los principales núcleos al dejar pacificada esa entidad, y por eso el general Calles estimó innecesario permanecer en el ejército y con tal motivo accedió a las solicitudes de sus partidarios, que estuvieron procurando que su candidato reanudara sus actividades políticas y continuara su gira de propaganda a través de la República.

Mientras esto sucedía en la capital de la República, se sabe por unos mensajes radiográficos interceptados, que el señor Adolfo de la Huerta se dirigió hacia Galveston, huyendo de México a bordo del cañonero *Zaragoza*, junto con otros líderes rebeldes. Se ve claro que la fuga de los líderes rebeldes indica el fracaso completo de la revolución delahuertista, no haciendo esfuerzos el gobierno mexicano por aprehender a De la Huerta, sino que se congratula de su salida para el extranjero.

A continuación me permito transcribir los mensajes que se cruzaron entre el señor presidente de la República y el señor general Calles, y que están concebidos en los siguientes términos:

Tengo el honor de transcribir el texto de la comunicación que con fecha de hoy, dirijo a la Secretaría de Guerra y Marina, encareciendo a usted muy respetuosamente, tenga a bien acordar de conformidad la solicitud que contiene: Habiendo terminado prácticamente la rebelión que encabezaran un grupo de altos jefes del ejército y el ex secretario de Hacienda don Adolfo de la Huerta, juzgo desaparecidos los motivos que me impulsaron a ofrecer mis servicios como soldado al supremo gobierno, reingresando al ejército nacional y cooperando en la defensa de nuestras instituciones; y paso a suplicar atentamente a esa secretaría se me permita separarme de nuevo del ejército nacional, otorgándome licencia ilimitada a partir del día 25 del presente mes. Muy respetuosamente encarezco a esa secretaría tenga a bien acordar de conformidad la presente solicitud; y me es grato reiterar a usted, C. Ministro, las seguridades de mi atenta consideración. Hago a usted presentes las seguridades de mi subordinación y respeto. Sufragio efectivo. No reelección. Hermanas, Coah., marzo 20 de 1924. El general de división *P. Elías Calles*. (Firmado.)

El primer magistrado contestó la comunicación preinserta, en los siguientes términos:

Acabo de enterarme de la comunicación, que con fecha del actual se ha servido usted dirigirme y en la que transcribo la que, con igual fecha, elevó usted a la Secretaría de Guerra y Marina, solicitando licencia ilimitada para separarse del ejército nacional a partir del próximo día 25, y me permito participar a usted que el Ejecutivo de mi cargo ha acordado que dicha secretaría resuelva en sentido favorable su solicitud. Quiero aprovechar esta oportunidad para expresar a usted mis más sinceras gracias por la vigorosa y oportuna colaboración que prestó al gobierno que presido, para conjurar la rebelión y castigar a los malos militares que intentaron asaltar el poder por medio de la violencia e impedir que el pueblo, de acuerdo con nuestras instituciones democráticas, eligiera libremente al ciudadano que debe de sucederme en el poder. Me es grato reiterarle las seguridades de mi atenta consideración. Sufragio efectivo. No reelección. Palacio Nacional, marzo 22 de 1924. El presidente de la República. *Álvaro Obregón.* (Firmado.) (Tomado del periódico *El Demócrata*, marzo 26 de 1924.)

El general Calles ratificó en todas sus partes sus declaraciones anteriores acerca de los problemas sociales de México y ratificó también su ofrecimiento de continuar la política social desarrollada por el entonces presidente de la República, porque ella respondía a las exigencias constitucionales.

Como lo hizo al iniciar su campaña, encomendó al centro director, que funcionaba desde octubre de 1923, el manejo y ordenación de la propaganda en favor de su candidatura, dando a conocer que este centro director lo formaban las siguientes personas: doctor José Manuel Puig Casauranc, diputado Luis N. Morones, diputado y licenciado Antonio Díaz Soto y Gama, diputado y licenciado Romeo Ortega, senador Claudio N. Tirado, diputado doctor José Siurob, señor M. R. Rosas, arquitecto Guillermo Zárraga, diputado Juan de Dios Robledo, diputado Luis Torregrosa, senador Manuel Hernández Galván, diputado David Montes de Oca, diputado licenciado Rodrigo Gómez y diputado licenciado Genaro Vázquez. Mencionó también el general Calles que este centro constituía una oficina centrodirectora de dicha propaganda, sin función pública, ni influencia ni intromisión en los asuntos que atañían a los distintos partidos que lo postulaban, cuando era solicitado para ello por dichos partidos.

Y exponiéndome a alargar demasiado estas memorias, transcribo el *Manifiesto* que los partidos Laborista y Agrarista lanzaron a la nación, postulando la candidatura para presidente de la República del general Plutarco Elías Calles, así como las adhesiones que recibió el propio general Calles, por considerar esa información muy importante:

Rompiendo la tradición de los partidos preponderantes de la República, que siempre han pugnado por adueñarse del poder, tratando de abarcar la mayor suma de facultades y fuerza gubernativa, los partidos Laborista Mexicano y Nacional Agrarista, declaran categóricamente que no pretenden de ninguna manera aprovecharse de la próxima lucha electoral que se desarrollará en circunstancias propicias para sus agrupaciones, con el fin de aumentar sin responsabilidad su esfera de acción en el campo de la política, consiguiendo una fuerza que no estaría en relación con el poder electoral efectivamente derivado de sus organizaciones preexistentes.

Los partidos Nacional Agrarista y Laborista Mexicano no constituyen fuerzas organizadas con el único fin de medrar, sino organismos de clase que aspiran la transformación de la sociedad.

Sus ideales, bien conocidos ya, no son de los que se realizan en unos cuantos años; es necesario todo un largo proceso de preparación y evolución y a ello estamos dedicados con todas nuestras fuerzas: organizamos la sociedad del futuro y aspiramos al establecimiento de la verdadera democracia funciona, en la que las clases trabajadoras del campo y de la ciudad alcanzarán la representación a que legítimamente tienen derecho. Tenemos la certeza de que en México, antes de la aparición de los partidos Nacional Agrarista y Laborista Mexicano, no ha existido propiamente ningún partido político. Los que pomposamente se han llamado tales partidos, y aun nacionales, no han sido, en rigor, sino grupos condenados a una vida efímera, supuesto que no tienen sino la fuerza que les da la agitación electoral. Terminados los comicios, desaparecen por inanición. En cambio los partidos Nacional Agrarista y Laborista Mexicano —partidos de clase— miran las cuestiones electorales como meros incidentes que no afectan el fondo de su existencia, sino que sólo logran moverlos un instante. En pocas palabras sostenemos como tesis fundamental que la acción política no es un fin sino un medio.

Para esos grupos burocráticos constituye un éxito definitivo alcanzar puestos públicos, ya que en las cámaras como en otro lugar, ese es el principio y el fin de su actividad. Nosotros pensamos de manera diametralmente opuesta.

Queremos el desenvolvimiento racional y lógico de nuestras agrupaciones como órganos naturales que desempeñen las funciones de vida social de las clases trabajadoras, sin estorbar a las clases intelectuales avanzadas, ni al funcionamiento de las agrupaciones locales, de tendencias francamente revolucionarias, que por el hecho de profesarlas, deben reputarse como órganos naturales de las masas populares que representan.

No se pondrán obstáculos de ninguna clase a esas agrupaciones; antes bien, ayudándolos en todo sentido, pretendemos que por primera vez en la historia política de México, se manifieste libre y espontánea la voluntad de la provincia, que quiere, de seguro, enviar a la representación nacional a sus jóvenes intelectuales, producto ya de la nueva generación revolucionaria; hombres capaces, indudablemente, de abordar sin temores el estudio y resolución de problemas trascendentales como los que entrañan los artículos 27, 123 y 130 de la Constitución federal, que significan la más inmediata aspiración del proletariado en general.

Esto no quiere decir que nosotros desconozcamos el indiscutible derecho que asiste a la clase media trabajadora, para definir sus peculiares aspiraciones y para organizarse en debida forma para hacerlos triunfar. Por el contrario, los partidos Laborista Mexicano y Nacional Agrarista, apoyarán a la clase media en todos los esfuerzos que haga para su mejoramiento social, frente a frente del capitalismo que lo oprime.

Consiguientemente, no estorbaremos en forma alguna los trabajos electorales de los partidos revolucionarios de los estados, sino que apoyaremos con nuestros elementos que vengan a las cámaras colegisladoras, a los candidatos de grupos revolucionarios locales que demuestren una limpia acción.

De una vez por todas, declaramos, a este respecto, que sólo consideramos como revolucionarias a las agrupaciones o partidos que expresamente y sin reserva alguna propugnen por el estricto cumplimiento de los artículos 3, 27, 123 y 130 constitucionales.

Esta nuestra actitud, no es, en forma alguna, renunciación. Vamos hacia nuestro objetivo firmemente, pero sin precipitaciones. No deseamos nada absolutamente artificial. En las cámaras hemos estado en los escaños de la izquierda y ahí continuaremos hasta el momento en que la capacidad de los grandes núcleos se manifieste y justifique su mayor representación.

Tampoco deseamos invadir las demás esferas administrativas, porque no contamos aún con suficiente contingente, debidamente preparado, para cubrir todos los servicios públicos.

Colaborando con los demás elementos genuinamente revolucionarios, y convencidos de que fue un acierto del proletariado escoger en las convenciones celebradas al efecto, como candidato a la presidencia de la República para el próximo periodo de gobierno, al señor general don Plutarco Elías Calles, manifestamos que al reanudarse una campaña presidencial, allegaremos al candidato de la revolución todas nuestras fuerzas; en la inteligencia de que para el más franco triunfo siempre estaremos listos a prestar la ayuda necesaria a todos los grupos dispersos que, con la misma tendencia, se han organizado o se organicen en la República.

En definitiva, los partidos Nacional Agrarista y Laborista Mexicano declaran solemnemente que no constituyen grupos absorbentes que deseen tan sólo hacerse dueños del poder con fines de mejoramiento personal; que constituyen la representación de las grandes masas del campo y de la ciudad, y viven, con el objeto de dar fuerza permanente a las conquistas de la revolución, para beneficio positivo del proletariado... (Tomado del periódico *El Demócrata*, de fecha 17 de marzo de 1924.)

Se activaron los trabajos electorales en Torreón en favor del general Calles. Torreón, Coah., 19 de marzo de 1924. Hoy se efectuará una sesión interesante en la casa del señor Nazario S. Ortiz Garza, en la que se tratará sobre los trabajos de propaganda de la candidatura del señor Plutarco Elías Calles, que de antemano acordaron sostener los partidos unidos, aun las dos ramificaciones en que se encuentra dividido. (Tomado del periódico *El Demócrata*, fechado 22 de marzo de 1924.)

Se efectuó un gran mitin pro Calles en Santiago Ixcuintla, Nay., el día 23 de marzo de 1924. El senador Espinosa Bávara y el diputado ingeniero Apolonio R. Guzmán, llevaron a cabo una gira triunfal por aquella entidad. El domingo 23 de marzo arribaron a esta ciudad procedentes de la de Tepic, los señores diputado ingeniero Apolonio R. Guzmán y senador Juan Espinosa Bávara, habiendo sido recibidos por todos los vecinos de la población y de los pueblos circunvecinos de Mezcatitlán, Sentispac, Tuxpan, Vado de San Pedro, Estación Ruiz, El Venado, Acatlán de las Peñas y otros más. Además formaron parte de las masas populares los peones de algunas haciendas cuyos propietarios pertenecen al sindicato de agricultores, y que sostienen tendencias sociales opuestas a las ya bien conocidas que profesa el proletariado del campo de esta región, siendo su mayor ambición ver que en los próximos comicios triunfe en toda la línea el candidato del pueblo en toda la República y muy particularmente en este tercer distrito electoral, candidato que no es otro que el general Plutarco Elías Calles... (Tomado del periódico *El Demócrata*, fechado 27 de marzo de 1924.)

En una convención política en San Juan Teotihuacán, fue aclamado el general Calles por los convencionistas. A iniciativa del Partido Nacional Agrarista, la Confederación Regional Agraria del Valle de Teotihuacán convocó a todos los pueblos que componen el distrito electoral de Otumba, para que, sin distinción de credos políticos, concurrieran a una convención que tendría lugar el día de anteayer en Purificación de San Juan Teotihuacán. El objeto principal de la citada convención fue el de designar candidato para la presidencia de la República, durante el cuatrienio próximo, así como para diputado propietario y suplente al Congreso de la Unión. Presentados en el pueblo de Purificación de San Juan Teotihuacán los campesinos que estuvieron en representación de los 35 pueblos de que se compone el distrito electoral de Otumba, campesinos que sumaban alrededor de 180, se procedió desde luego a dar cumplimiento a la orden del día, preparada para el efecto. La discusión de candidatos fue el número último. Al hacer la designación, se inscribieron para hablar en pro de la candidatura del general Plutarco Elías Calles 14 oradores. Hechas las interrogaciones de ritual, nadie propuso otro candidato, ni se inscribieron para hablar en contra. Por lo mismo se preguntó a la asamblea si aprobaba la candidatura del general Calles; sin discusión, la respuesta fue unánime, habiéndose aclamado al candidato con vítores... (Tomado del periódico El Demócrata, fecha abril 22 de 1924.)

Intensificación de la lucha electoral en el estado de Coahuila. La candidatura del general Calles queda definida, surgiendo solamente escisiones al nombrar candidatos a diputados. La lucha política se está intensificando en el distrito electoral que es el primero de la nueva división distrital; en esta capital, los partidos políticos habían lanzado ya la candidatura del general de división Plutarco Elías Calles, para presidente de la República, y no existe un solo partido que vaya a trabajar por otro candidato... (Tomado del periódico El Demócrata, fechado el 25 de abril de 1924.)

Ayer se clausuró la convención de partidos revolucionarios de Jalisco que postula al señor general Calles. La Confederación de Partidos Revolucionarios de Jalisco, clausuró hoy a las dieciséis horas, con gran solemnidad, la convención que en el Teatro Principal de esta ciudad se verificó durante los tres últimos días, concurriendo a ella veintitrés delegados que integran los diversos distritos del estado. La candidatura para presidente de la República del general don Plutarco Elías Calles, fue aprobada unánimemente, en medio de una calurosa ovación. Se hizo constar que la convención sólo ratificaba la postulación que desde hace tiempo habían resuelto en favor del general Calles los clubes y partidos revolucionarios del estado... (Tomado del periódico El Demócrata, fecha 7 de mayo de 1924.)

La fundación de un partido que sostendrá la candidatura de Calles. Éste, que es integrado por elementos ferrocarrileros de Durango, se denomina Partido Ferrocarrilero Durangueño. Desde luego ha entrado en plena actividad en lo que respecta a la propaganda de los prestigiados candidatos que postula. Acaba de ser fundado en esta capital de Durango, en su mayoría integrado por el personal de los empleados y operarios de los ferrocarriles de esta división, un partido político... Después de estudiarse debidamente la plataforma que deberá sostener dicha nueva agrupación y discutidas las personalidades de los candidatos para la presidencia de la República, gobierno de este estado y para senador primero propietario también por esa entidad, se aclamó al C. general de división Plutarco Elías Calles... (Tomado del periódico El Demócrata, fecha miércoles 7 de mayo de 1924.)

Fundación de un nuevo partido político en Santiago Tolman. Con el fin de facilitar los trabajos de propaganda que se llevarán a efecto en pro de la candidatura del señor Plutarco Elías Calles para presidente de la República... en el próximo periodo constitucional ... se convocó para el día 4 de los corrientes, a los pueblos que por estar muy alejados del valle de Teotihuacan no pudieron concurrir a la gran convención que se efectuó en dicho punto últimamente y que fue convocada por la Confederación Regional Obrera Agrarista del Valle de Teotihuacan... (Tomado del periódico *El Demócrata,* fecha 8 de mayo de 1924.)

Fúndase un partido político en favor del general Calles. San Juan del Río, Qro. Con verdadero entusiasmo se formó anoche el partido político que tomará parte en los trabajos electorales que defenderá los intereses de nuestro pueblo contra los de la reacción y de acuerdo con los principios sostenidos por el candidato a la presidencia de la República, ciudadano general de división Plutarco Elías Calles y en pro de la misma candidatura... (Tomado del periódico *El Demócrata,* fecha 13 de mayo de 1924.)

Es indudable que fue el general Calles quien despertó el entusiasmo y la decisión de la clase media para tomar parte en la lucha política, dentro de un procedimiento esencialmente democrático.

El Partido Cívico Progresista (el partido de la clase media), que trabajó siempre por la candidatura del general Calles, quizo emplear para su propaganda la difusión por medio de radiotelefonía, de la misma manera que lo hacen ahora todos los políticos de los países europeos y de los Estados Unidos; por primera vez en la historia de México un candidato a la presidencia de la República se dirigió a sus partidarios utilizando la radio, transcribiendo el mensaje que el general Calles envió a sus connacionales:

En esta oportunidad que me brinda el Partido Cívico Progresista para hablar por radio a todo el país, y a los pueblos del extranjero a donde llega esta potente estación, quiero decir en pocas palabras, por qué estoy empeñado en esta lucha electoral para la presidencia de la República, y condensar como mejor pueda, los principios y las bases que normarán mi acción como gobernante, si llego a serlo.

Acostumbro vivir en contacto con los sentimientos y con los dolores del pueblo mexicano; ninguna consideración de naturaleza meramente política me habría hecho aspirar a la presidencia de mi país si no estuviera convencido de que el momento histórico y la obra de preparación de la Revolución Mexicana y muy especialmente la generosa política desarrollada en materia social por el actual presidente de la República, el general Obregón, permitirán al gobernante que le suceda, si se halla animado de propósitos de mejoramiento de las grandes colectividades, que se haga en México la obra redentora y de justicia que se impone, para dar algo de felicidad, no sólo a los privilegiados de la fortuna, sino también a los humildes.

Creo, también, que el programa semejante de acción social, de justicia y ordenación más humanos de derechos y de deberes, traerá en nuestro país, una mayor consolidación de todos los intereses legítimos porque detendrá la ola de protestas que se traducen frecuentemente en movimientos convulsivos, en los pueblos en formación y porque, dentro ya de un ambiente de concordia, resultado del contento de todos, podrá desarrollarse ampliamente la riqueza pública.

No hemos pretendido en México, los que anhelamos una remoción social, convertir en ruinas la propiedad y la riqueza; ni llegan nuestros propósitos hasta invertir valores; pero sí juzgamos que las conquistas que han logrado el proletariado de los campos y de la ciudad, en los países más civilizados de la tierra, puedan implantarse definitivamente en México, librando a millones de mexicanos de la condición actual de parias, por una obra de educación, de estímulo moral y económico y de justa protección por medio de leyes avanzadas.

Creo, firmemente, que la Constitución de 1917 responde, en sus artículos fundamentales, a las necesidades públicas, y que, su aplicación honrada, sin emplearla como arma de destrucción sino como medio de mejoramiento colectivo, puede ayudar de modo poderoso y resolver nuestros hondos problemas sociales.

El problema agrario entendido y resuelto como lo concibo yo, como un problema integral y constructivo que comprende la dotación de tierras, la creación y fomento de la pequeña propiedad, el aprovisionamiento de aguas, y la fundación del crédito agrícola que permita el fomento de la agricultura verdaderamente nacional, lejos de ser un programa suicida, es obra eminentemente constructiva de bienestar y de riqueza, y por lo que toca a las ventajas de naturaleza social que persiguen las masas de obreros, sólo reaccionarios empedernidos y cegados por el odio de facción, pueden resistirse a que se implanten en México métodos y sistemas de trabajo y de protección legal, que han traído en los pueblos más avanzados prosperidad y fortaleza de todas las industrias.

Un robusto nacionalismo, por encima de todo, y un firme y enérgico propósito de hacer patria, estimulando todo lo que signifique alientos generosos y tendencias honradas de reconstrucción, guiarán mis actos como gobernante, si el pueblo de la República me concede su confianza, y abrigo la esperanza de que estarán de mi lado todos los hombres de buena voluntad, que no sólo sepan exigir derechos, sino que sean capaces de comprender los altos deberes que nos impone nuestra condición de conductores de México, para que algún día no sintamos, como hoy, rubor y desaliento mirando, al lado de la prosperidad y de la felicidad de unos cuantos, la caravana interminable de desheredados y de tristes, que son los que han derramado su sangre para darnos patria, en todas las solemnes ocasiones de nuestra historia, sin lograr para ellos sino eterno desdén y perpetua miseria. (Tomado del periódico *El Demócrata*, fechado abril 12 de 1924.)

Fueron preparadas con todo cuidado, las ceremonias luctuosas que para conmemorar el quinto aniversario de la muerte de Zapata, asesinado en San Juan Chinameca por las hordas de Jesús Guajardo, tuvieron verificativo el día de ayer, en la histórica ciudad de Cuautla, Mor. ... Inmediatamente se organizó el desfile cívico que presidieron los señores general Plutarco Elías Calles, Joaquín Pedrero y Córdova, senador Luis Monzón, diputado Antonio Díaz Soto y Gama, Julio Santana y Luis L. León, habiendo hecho el recorrido desde la estación al cementerio municipal. La comitiva, en compañía de aproximadamente cinco mil personas, contó con la concurencia de representaciones de todos los pueblos del estado, de la mayoría de las entidades federativas, del C. Presidente de la República, de las secretarías de Estado, de la mayoría de los gobernadores y jefes de operaciones militares, de partidos y clubes políticos, y en general de todas las actividades sociales de la nación... El ingeniero León fue interrumpido varias veces por atronadores aplausos y para terminar su brillante discurso dijo: "Hijos del estado de Morelos, si otra vez la reacción, por una negra fatalidad, llegase a imponer su mano de hierro, entonces idos de nuevo a las serranías; pero antes venid a Cuautla, destapad la fosa del general Emiliano Zapata y en espíritu lleváoslo para que como siempre os dirija al triunfo como lo hiciera el Cid..."

De nuevo insisten los concurrentes y logran que haga uso de la palabra el general Plutarco Elías Calles. El candidato a la presidencia de la República obedece inmediatamente el mandato popular y se pone de pie, imitándolo todos. Reina un silencio sepulcral y el general Calles dice con su energía peculiar el siguiente discurso: "Ante la tumba del héroe hemos venido a depositar la ofrenda de nuestra gratitud. Hace pocos días que uno de los órganos de la reacción, uno de los periódicos que se llaman de la vida nacional, decía en un editorial que yo venía aquí dizque a ratificar el programa revolucionario de Zapata; eso que decía con mofa es verdad, es cierto. (Grandes aplausos.) Y ahora una vez más, es necesario que sepa la reacción mexicana, y la reacción extranjera, que yo estaré siempre con los principios más avanzados de la humanidad; que sepa una vez más que ese programa revolucionario de Zapata, ese programa agrarista, es mío. (Nutridos y prolongados aplausos.) Que sepa una vez más que los puntos que Zapata no pudo condensar en su plan los continuaremos los buenos revolucionarios. Poco tengo que agregar a esto y únicamente quiero decirles que el héroe descansa en paz, que su obra está concluida y de hoy en adelante las generaciones campesinas presentes y futuras pasarán por la brecha que él abrió en el corazón de la humanidad..." (Prolongados aplausos y sinceras felicitaciones.)

Me permito transcribir el siguiente artículo del periódico El Demócrata, de fecha 12 de abril de 1924, donde habla del general Calles y de la pasada rebelión:

Escribimos estas líneas abstrayéndonos por entero de cualesquiera sugestión que nos pudiera dictar nuestra fe política, ya que tenemos prescrito no "hacer política" en esta sección dedicada a los militares. Emitimos nuestra opinión sobre la labor del general de división Plutarco Elías Calles en la pasada campaña que hubo de librar contra los infidentes, desde un punto de vista meramente militar. A este respecto, queremos referirnos, siquiera sea, como pasando sobre ascuas, al desventurado artículo de un escritor reaccionario sobre la importancia de la misión conferida al divisionario Calles, en que consideraba a este punto menos que insignificante o de valores, así se hacían aparecer, perfectamente negativas y deslustradas.

Aquel articulista se equivoca de medio a medio, pero lo hace a sabiendas persiguiendo su afán dedicado a atacar la personalidad del general Calles; sus ataques son insidiosos, en medio de la ignorancia supina que demuestra en asuntos y problemas militares; aunque, repetimos, tales errores y pruebas de desconocimiento de la materia de guerra, son conscientes, y por consiguiente, llevan un fin predeterminado: desprestigiar políticamente la personalidad del divisionario Calles, ya que, está convencido el editorialista en cuestión, militarmente, nada puede hacer en contra de él, porque sabe el cariño y estimación de que goza en los círculos militares de la República, siendo conocida y apreciada su intensa y sana labor pro ejército desde los generales de división hasta los soldados rasos.

Como las aseveraciones del escritor a que nos referimos, que seguramente habla de memoria, nosotros conocemos por haber estado en los campos de la lucha, particularmente por algún tiempo, en la extensísima zona que estaba a cargo del divisionario Calles, comisiones que este alto jefe desempeñó concienzudamente y que, no es posible negarlo habiéndolo visto, contribuyeron al triunfo de las fuerzas leales en los frentes oriental y occidental, sobre todo en este último.

El general Calles, pese a lo que hubieran esperado los enemigos "de la cosa actual", no se quedó en esta capital a esperar bonitamente el triunfo de las fuerzas del gobierno del general Obregón, de quien, entre paréntesis, no se ha loado debidamente su inigualada actitud en la anterior contienda, sino que espontáneamente ofreció sus servicios militares y uniendo la acción a la palabra, después de recibir las convenientes instrucciones, marchó al norte, zona que parecía dominarían los rebeldes y se dedicó en cuerpo y alma a la perfecta organización de numerosos contingentes guerreros que habrían de llenar el vacío hecho por los cuerpos infidentes, y al batir a éstos, en un terreno, el más extenso de nuestro territorio; y no sólo logró esto con beneplácito, sino que pudo enviar varios regimientos de agraristas a los principales frentes.

Además de esta importantísima labor, el general Calles fue el encargado de la recepción, conducción y entrega, hasta los frentes occidental y oriental del numeroso material de guerra que se compró a los Estados Unidos del Norte. Entre ese material bien saben nuestros lectores, que se contaron seis mil pistolas escuadra, con sus amplias dotaciones de parque; más de diez mil rifles *Springfield* y varios millones de cartuchos; más de 20 aparatos aéreos de tipo poderoso de las marcas *De Haviland* e *Hispano Suizo,* y otros muchos implementos más. Todo esto hubo de pasarlo, como antes indicamos, por una larguísima zona amenazada de rebeldes. Y no se diga que el general Calles se concretaba a dar órdenes para que con todo cuidado se hiciera este transporte de pertrechos, pues que él personalmente vigilaba tales maniobras y hacía todos los recorridos necesarios para la entrega de ellos. Varias veces lo vimos en Irapuato, cuartel general del señor presidente, siempre satisfecho, pleno de optimismo, porque los ideales del pueblo no sufrirían mengua con la revolución; siempre sereno e incansable en su labor.

Queremos preguntar: ¿Si el gobierno no hubiera contado con un servidor de tan reconocidos méritos a quien confiar tan importante y peligrosa misión de vigilar y conservar el orden en todo el norte de la República, y efectuar la reposición de armamentos y pertrechos del ejército en campaña y su constante aprovisionamiento, como el general Calles, hubiera obtenido el sonado y rápido triunfo que consiguió sobre los tan poderosos núcleos rebeldes.

La labor del general Calles ha sido debidamente aquilatada por muchos de los altos jefes del ejército, por no decir todos, que lo mismo que nosotros, equiparan esas comisiones desempeñadas con todo éxito por el divisionario sonorense, a las que desempeñaron, con igual fortuna los generales Amaro, Serrano, Escobar, Martínez, Cruz, como directores hábilmente secundados por otros muchos prestigiados y valientes generales jefes y oficiales.

El ejército sin armas y pertrechos hubiera sido derrotado por los rebeldes; esas armas y material de guerra, si no hubiera habido a quién entregarlo, resultaría inútil. Indiscutiblemente la labor del que consiguió entregar esas armas y pertrechos, además de su misión de organizar cuerpos y vigilar algunos miles de kilómetros cuadrados del territorio nacional, es tan meritoria y digna del aplauso de la sociedad consciente, como la labor de los jefes que dirigieron las operaciones en los frentes referidos de Jalisco, Puebla y Veracruz.

El general Calles hizo una importante declaración que salió publicada en el periódico *El Demócrata,* de fecha 13 de abril de 1924:

Nada tengo que agregar a lo que he dicho sobre ideales sociales. Mis ideas son ampliamente conocidas en la República y en esta ocasión quiero únicamente repetir lo que en algunas partes he dicho: Es mi propósito que la política mexicana tome orientaciones firmes de honradez. Muchos suponen, y entre ellos hasta miembros de los partidos que me postulan para la presidencia de la República, que algunas de mis declaraciones no son absolutamente sinceras y aquí hago la rectificación debida. No pueden creer que del comité pro Calles no saldrán las candidaturas del país y están equivocados; el pueblo será el único que dicte su voluntad. Lo que deseo es que todos los funcionarios respeten el voto público; el pueblo debe de ser respetado y mis anhelos son de que haya pureza, que los principios democráticos sean ciertos y que las bribonadas políticas desaparezcan radicalmente. No tengo candidatos para diputados y senadores, ni los tiene el centro director de mi campaña.

El licenciado Portes Gil hizo también importantes declaraciones:

"La Confederación Regional de Partidos Políticos de la República defenderá la efectividad del sufragio", y ofreció que aprobará las credenciales legítimas con el único criterio de respetar la auténtica voluntad del pueblo.

—¿Cuáles son las bases de la Confederación de Partidos Regionales de la República?

—La base fundamental de esa organización es el más absoluto respeto a las organizaciones políticas regionales. Es un movimiento de defensa, como los viejos y desprestigiados de manejar desde el centro, en una forma autoritaria, sin consulta previa a los partidos locales, la política regionalista. Por este procedimiento venían frecuentemente como representantes populares individuos sin conexión ninguna de las verdaderas fuerzas políticas locales; muchas veces, como en la época porfirista, ciudadanos extraños a los pueblos que representaban y avecindados por maniobras artificiosas. Por tanto, hemos querido enmendar este yerro político concediendo a las fuerzas políticas regionales su verdadera autonomía y el manejo de sus propios destinos.

—¿Cree usted que la Confederación de Partidos Regionales tendrá en el seno de la próxima cámara fuerzas bastantes para constituirse en garantizadora del sufragio efectivo en la discusión de las credenciales?

—Creo que mi respuesta debe de concretarse a manifestar a usted que en estos momentos la Confederación de Partidos Regionales de la República cuenta con la adhesión de los partidos regionales de los siguientes estados: Colima, Chihuahua, Durango, Guanajuato, Hidalgo, México, Michoacán, Nuevo León, Tamaulipas, Jalisco y la Unión Regional Socialista del Distrito Federal.

—¿Cuál es la política que seguirá la Confederación de Partidos Regionales, en el caso de que candidatos de otros partidos traigan al mismo tiempo que los de la Confederación sus credenciales?

—Siendo el propósito de nuestra organización política el respeto a las organizaciones locales, esta misma organización siempre será defensora de las credenciales efectivas y auténticas, aun cuando fueran adversas a los intereses de partidos locales adictos a nosotros. El pensamiento dominante consiste en que el poder legislativo esté integrado por verdaderos representantes, por diputados auténticos que traigan a la cámara la voz de sus pueblos. En la pugna que puede establecerse entre otros partidos y nosotros, siempre predominará para resolver esta pugna el criterio del más estricto respeto a la voluntad popular. Por otra parte, nosotros deseamos la mejor armonía con los partidos de la República, pues creemos que ya es tiempo que esa lucha democrática se lleve a efecto dentro de normas civilizadas. Esta disposición aumentará cuando se trate de partidos afines que persiguen en el fondo idénticos ideales populares a los nuestros y con los cuales hay el interés patriótico en sumar las fuerzas más que en restarlas.

—¿Usted cree que las planillas para diputados en los distritos electorales de la República no van a ser resultado de arreglos y transacciones entre los diferentes partidos?

—Creo que en muchas ocasiones los partidos podrán solucionar sus intereses encontrados por medio de transacciones legítimas. Precisamente una de las funciones, si no la principal, la más importante del centro director pro Calles, es la de buscar la conciliación cuanto sea posible de los diferentes partidos. Yo no creo, sin embargo, que esta conciliación sea segura en todos los casos y creo además que es democrático y útil para los intereses populares que haya verdadera lucha en los comicios. La Confederación Regional de Partidos Políticos de la República, repito, en todo caso, defenderá la efectividad del sufragio y aprobará las credenciales legítimas con el único criterio de respetar la auténtica voluntad del pueblo. (Tomado del periódico *El Demócrata*, fechado el día 14 de abril de 1924.)

En viaje de propaganda llegaron a Zacatecas, el día 13 de abril de 1924, el general Calles, a quien acompañaban los diputados Manlio Fabio Altamirano, Luis N. Morones, Rafael Pérez Taylor, el ingeniero Luis L. León, así como Samuel Yúdico y otras personas que formaban la comitiva.

Una numerosa multitud siguió al general Calles durante su trayecto, estando entre los manifestantes no sólo los laboristas y agraristas, así como todos los miembros del Partido Revolucionario Zacatecano, que estaban entusiasmados con la llegada del candidato, siguiendo la comitiva desde la estación hasta la plaza de la Independencia; hablando el estudiante Luis de la Fuente, quien fue muy aplaudido sosteniendo la candidatura del general Calles.

Llegados al hotel París, donde se aposentó el general Calles, hizo uso de la palabra el general Rafael Pérez Taylor. Después habló el general Calles declarando lo siguiente: "Los zacatecanos fueron de los primeros en lanzarse a la lucha armada cuando la infidencia hizo peligrar la seguridad de los revolucionarios. Estén ustedes seguros que habrá tierras para los campesinos y derechos para los obreros. Entiéndase bien que cualesquiera que sean las circunstancias en que me encuentre, estaré siempre con los trabajadores."

En seguida se organizó un desfile de todos los elementos que fueron a recibirlo llevando todos ellos banderas rojas y rojinegras. El desfile fue imponente y duró bastante tiempo, dirigiéndonos todos los manifestantes al Teatro Calderón, donde hizo uso de la palabra el ingeniero León, siendo muy aplaudido.

Al día siguiente se celebró la convención de los partidos confederados que sostenían la candidatura del general Calles.

Precisamente en esa convención celebrada en el Teatro Calderón es en donde el general Calles, dirigiéndose a los campesinos y obreros habló por primera vez en una campaña política de un programa que desde entonces se llamó "De agrarismo integral", ofreciéndoles a los campesinos que se haría el reparto de las tierras de los latifundios y que completaría su programa con la creación de un banco de crédito agrícola que les proporcionaría los fondos necesarios para que salieran de la agricultura del arado de palo, prometiéndoles también realizar obras de irrigación y organizar instituciones de crédito para el campesinado. Declaró también que así como se habla a los trabajadores de derechos, se les debe de hablar de obliga- ciones, diciéndoles los deberes que contraen los que reciben tierras de la revolución para alcanzar su mejoramiento y el de sus familias.

Habló después el líder Morones, secretario general del Partido Laborista Mexicano declarando abierta la convención en nombre del comité direc- tivo general; explicando el programa general que iba a desarrollar la con- vención y explicando elocuentemente la organización y programa conocido de la misma, y con toda valentía exigió que el laborista de Zacatecas se uniera conscientemente a la responsabilidad que le correspondía por con- trolar el poder, indicándoles los deberes que tenían que cumplir. Asimismo, en materia social, declaró las obligaciones que contraían como productores y todos los beneficios por la nueva legislatura agraria.

Acto seguido el señor presidente de la convención pregunta a la asam- blea si ratificaba el acuerdo de la convención general laborista de Guada- lajara, designando como candidato a la presidencia de la República al ge- neral Calles; este último pronunció trascendental discurso diciendo que desde el principio de la campaña deseaba se deslindaran los campos, que- dándose él con la revolución, mientras la reacción lo atacaba, deseo suyo que se había realizado, pues no se encontraba en la convención ni en el recinto del teatro un solo elemento reaccionario. Continuó diciendo que sus ideas en materia social, son ampliamente reconocidas y que sólo le restaba aclarar que no venía a sostenerlas por conquistar votos halagando al proletariado, sino por tener la convicción firme de que entrañan el pro- greso del país.

Siguió hablando el general Calles diciendo que al lado de los líderes que hablaban a los trabajadores de todos sus derechos, debían de estar quienes supieran hablarles con toda valentía de sus deberes y obligaciones. Dijo que los campesinos que reciben tierras, tienen la obligación de cultivarlas y mejorarlas principiando por mejorarse a sí mismos y a sus familias; en lo intelectual, por la educación, en lo físico creándose necesidades median- te mejor alimentación y alojamiento; en el sentido de lo moral, procurán- dose diversiones honestas y combatiendo los vicios; y en lo económico por medio del esfuerzo y del trabajo. Agregó que el campesino que no hiciera producir la tierra recibida de la revolución ni procurara mejorarla con sus productos, su condición y la de su familia, no merecía esa tierra y la revo- lución debía de quitársela, como ahora se las quita a los latifundistas.

Manifestó también, que el problema agrario no sólo comprendía la dota- ción de tierras, sino también la creación de un sistema que proporcione a los campesinos todos los medios de cultivo. Esto, dijo, demanda un enorme esfuerzo y grandes sacrificios por parte de la colectividad, siendo necesa- rio, en consecuencia, que los campesinos correspondan dedicándose a tra- bajar la tierra, haciéndola producir y mejorando su condición y la de sus familias. Terminó invitando a los labradores a dedicar al trabajo las mis- mas energías que han evidenciado en la lucha revolucionaria y fue aplau- dido y vitoreado.

En medio de un gran entusiasmo fue despedido el candidato general Calles, lo mismo que sus acompañantes que marchan a México.

El general Calles concedió una interesante entrevista especial para *El Demócrata,* tomada del mismo periódico con fecha abril 18 de 1924. Se le pregunta qué opina sobre la campaña de sus adversarios políticos para entorpecer su labor, intentando restarle elementos en las próximas elecciones. El general Calles contestó:

Pienso que es perfectamente lógica. El ser impugnado significa una depuración, ya sean malas o buenas las razones en que se fundamente el ataque; si son malas el ridículo es el premio que se obtiene; si por el contrario son buenas marcarán los argumentos; una línea de orientación que puede llevar a rectificar errores cometidos. En ambos casos creo que los que critican hacen un servicio al objeto de su crítica.

A continuación se le pregunta: ¿Qué opinión le merecen sus partidarios del Partido Laborista? El general Calles contesta:

La actuación de los hombres que dirigen el Partido Laborista, como la de todos los líderes políticos afiliados al callismo ha demostrado que tiene un justo concepto del deber, y que pesan más en su conciencia las necesidades de la República que ambiciones personales o de grupo. Quien puede disciplinar sus ambiciones, da un alto ejemplo de la fortaleza y dignidad de los más cálidos elogios, porque enseñará a disciplinarse a quienes los siguen.

Luego le preguntan: ¿Espera usted conseguir el apoyo de la clase media?

Creo ya tenerlo. La clase media siempre ha sido objeto, por mi parte, de alentadoras simpatías; he deseado vivamente que participe activamente en la renovación que se inicia; he procurado impulsarla para que vivifique con sus esfuerzos el sector que le corresponde en la colectividad y a que abandone el marasmo que le caracterizó, para que entre vigorosamente en la contienda, reclamando con firmeza el puesto al que tiene derecho, en primera fila. Me siento satisfecho de mis esfuerzos, porque la clase media ha acudido a mi llamado con entusiasmo y me felicito por ello; su actuación será pródiga en beneficios sociales y trascendentales para el futuro democrático, y espero que nos sorprenderá con actividades que desmientan absolutamente su legendaria abulia, ayudándonos a la resolución de todos nuestros problemas sociales.

Se le preguntó: ¿Cuál es su juicio sobre el "bolcheviquismo"?
Contesta el general Calles lo siguiente:

En México a todo hombre avanzado se le llama "bolchevique". Y a mí, naturalmente. Se me ha tildado por mis adversarios de "extremista", sólo porque no he querido oponerme a las corrientes de renovación que en los momentos actuales arrollan a los viejos y carcomidos sistemas. No están en lo justo los que aprecian así mi labor. Están poco enterados de lo que pasa en el momento. La renovación social es una corriente que invade hoy todas las sociedades de la Tierra, y a las corrientes impetuosas es necesario guiarlas; hallar el cauce que las discipline y contenga, convirtiéndolas, de agentes destructivos, en elementos útiles e inofensivos. He aquí lo que no han sabido ver. Que ha tenido que acudirse en Rusia en los últimos tiempos no significa un fracaso definitivo. Los ideales siguen siendo los mismos. De todos modos en México estamos hablando de "gobernar con la Constitución de 1917", y por lo mismo sólo a título filosófico y humanitario nos interesa el sovietismo como sistema de gobierno.

Pregunta: ¿Qué piensa de la obra constructiva de los sindicatos?
Contesta el general Calles:

Los sindicatos en la forma en que ahora funcionan, pueden estimarse como un fenómeno psicológico característico de la época presente. Así como en la Edad Media los ayuntamientos sirvieron en algunas ocasiones para limitar el poder feudal, convirtiéndolos en el único freno de la nobleza, los sindicatos son hoy los encargados de limitar el poder absorbente del capitalismo, sirviendo en ocasiones hasta para protegerlo de posibles ataques que lo destruyan. El sindicato puede ser, bien orientado, "una escuela" de disciplina, de civismo y de solidaridad, que buena falta nos hace.

Añadió el general Calles:

El sindicato como presente moral, como organización social, se saldrá de su círculo de acción tomando parte en la política, porque sus fines son netamente económicos; perdería el sindicato su carácter y su función invadiendo campos alejándose de sus propósitos; esta desviación acabaría por disolverlos. No quiero decir con esto que los componentes de los sindicatos renuncien a su actuación en la política; no por ser afiliados a las citadas agrupaciones, pierden los deberes cívicos que necesitan cumplir, ni lógicamente se puede admitir que sean indiferentes a éstos. La política se mueve en un plano más elevado, abarcando en sus especulaciones todos los sectores de la vida social.

Pregunta: ¿Qué opina usted de la pequeña propiedad rural?
En seguida el general Calles declaró:

La labor de cualquier gobierno verdaderamente nacionalista debe dirigirse, en primer término, a crear la pequeña propiedad, convirtiendo a los campesinos en propietarios de las tierras que puedan trabajar; debe de ser el hecho más apremiante que solicite la atención de los futuros gobernantes de México, porque al hacer de cada campesino un propietario, se previenen y evitan futuras revoluciones; se crean intereses que serán la garantía del orden establecido, y se da margen al capital, para la creación de bancos agrícolas, de asociaciones de seguros y otras múltiples manifestaciones de cooperacionismo entre capital y trabajo. La división de la propiedad debe de ser obra, no sólo de los gobiernos, sino también de los mismos propietarios actuales de las tierras. Los poseedores de latifundios pueden dar facilidades para la adquisición de pequeños lotes. Colaborar con el gobierno en esta magna obra, es construir patria y ejecutar labor meritísima.

Se le preguntó: ¿Qué piensa de los ejidos como propiedad comunal?
Contesta el general Calles:

Los ejidos, como propiedad común de los pueblos, significan, a mi modo de ver, el primer paso hacia la pequeña propiedad rural. Necesitamos legislación completa que garantice la imposibilidad del acaparamiento de parcelas de ejidos, al mismo tiempo que aseguren la permanencia de los mismos en poder del trabajador. Es de esperarse que más tarde se dictarán leyes que autoricen la división de los ejidos en parcelas de propiedad individual. El trabajo en común de los ejidos no creo que pueda originar grandes estímulos, ni producir frecuentemente más que desavenencias entre los vecinos; es, como dejo dicho, en mi concepto, una forma transitoria para preparar el advenimiento de la pequeña propiedad.

¿Cuál es su pensamiento respecto a la conveniencia de orientar hacia México una emigración de labradores europeos?
General Calles:

Antes de procurar formalmente la orientación hacia nuestro país de la emigración europea de trabajadores, como lo hicieron los Estados Unidos y la Argentina, necesitamos conseguir que el obrero mexicano alcance más dinero de lo que en la actualidad percibe por su trabajo; esto no puede ser obra del gobierno, sino del obrero mismo, que deberá luchar por obtenerlo desde sus agrupaciones sindicales. Cuando el trabajador mexicano perciba el equivalente de lo que gana un obrero en los Estados Unidos por idéntico trabajo, será posible que la emigración europea, la laborante, se dirija a México. La verdad es que hasta ahora, la industria, la explotación agrícola y minera, se han fundado y sostenido en México, a base de "estómago de obrero", y he aquí el error fundamental; el capital ha tenido demasiados privilegios y poco arraigo, y el trabajador europeo no ha podido competir con el trabajador mexicano por los exiguos sueldos que éstos percibían y perciben. Elevando económicamente a nuestro trabajador, México tendrá fuerte migración europea de laborantes, una gran fuerza de riqueza y en unos lustros la población del país se duplicará; nuestro clima y nuestras riquezas naturales nos dan derecho a pensar así. Pero más necesaria que la venida de laborantes extranjeros para industrias, considero una inmigración europea o norteamericana de "colonos agrícolas".*

¿Puede haber por ahora en México conmociones revolucionarias que pongan en peligro el régimen capitalista?
General Calles:

Nada podremos decir tratándose de un futuro lejano; así en la actualidad, la ideología y hasta nuestra idiosincrasia se oponen a un cambio tan radical. El límite entre la utopía y la realidad no se halla definido. Mas la primera sólo puede ser impulsada hacia la segunda, cuando precedentes muy serios de estudio, de actuación y de fenómenos evolutivos, se producen como resultados de la decadencia de un sistema, en medio que lo excluye y busque su desaparición. Entre nosotros, existen ambiciones individualistas tan formidables, que sólo pueden ser satisfechas, o por lo menos apaciguadas, dentro del actual régimen social, que los sindicalistas han dado en llamar "capitalismo".

* N. del A.: Estas ideas se presentaban en aquella época porque no se había previsto la fuerte presión demográfica que nos ha llevado a una grave situación, por el advenimiento de generaciones de jóvenes que carecen de elementos de vida y de ocupación y que nos lleva al aumento de la pobreza y de desocupados.

¿Debe de ser protegido el capitalismo extranjero que desee hacer inversiones en la República?
General Calles:

El suelo y el subsuelo de la República, son capaces de producir y contienen riquezas que de nada nos sirven si no son explotadas. Cuantos dicen hacer inversiones para poner en movimiento esas riquezas, deben de ser protegidos y de hecho son amparados por nuestras leyes; mas una cosa es cumplir las leyes y otra pretender burlarlas, pidiendo y obteniendo privilegios que las anulen, máxime si esos privilegios mantienen a los mexicanos como esclavos del capital, sin traerles más utilidad que el goce de un ínfimo sueldo, de un mísero jornal, sobre todo, ni aportan al país beneficios que se traduzcan en mejoras materiales, o en alguna transformación espiritual. El capitalismo que venga a México debe de sentirse mexicano, debe de arraigarse y "construir" en todos los órdenes con el fin de permanecer indefinidamente entre nosotros, tomando carta de naturaleza; debe crear intereses morales y espirituales en derredor suyo; no debe mirar a la República como una "estación de tránsito", de donde hay que extraer en el menor tiempo posible la mayor cantidad de beneficio, para irse a dilapidarlo a otros países. Por desgracia esto es lo que ha ocurrido con fecuencia y es lo que debemos evitar, sin caer en el vicio de restringir libertades, que son nuestro legítimo orgullo. Nuestra tendencia debería ser lograr, como se logra en los Estados Unidos, una nacionalización de la mayor parte de los extranjeros que vengan al país.

¿Cómo resolver el problema de aumentar la producción agrícola?
General Calles:

El establecimiento de la pequeña propiedad contribuirá grandemente al aumento de la producción: la construcción de nuevas líneas férreas por las grandes extensiones de territorio nacional que carecen de ellas, será un factor más, que contribuirá al aumento; los esfuerzos de los gobiernos en este sentido, deben de ser secundados por la iniciativa particular, para lo que pueden fundarse entidades de crédito cuyo fin único y exclusivo sea la dedicación de sus fondos al fomento de esta principal fuente de riqueza. Grandes zonas de nuestro país, como Coahuila y Durango, necesitan ser beneficiadas por el arado, empleando los medios más modernos de cultivo, semejantes a los que se emplean en las grandes pampas argentinas. En la masa central es de desearse que la arbolicultura ocupe una gran extensión particularmente del cultivo de algunos árboles de secano, que rendirán pingües utilidades, ya que el clima y la estación de lluvias serían sumamente favorables, al mismo tiempo que se iban abandonando los cultivos de plantas que sólo producen licores o alcoholes con que se envenena al pueblo.

¿Qué opina sobre la política que desarrollan los Estados Unidos en América Latina?
General Calles:

Los Estados Unidos son eminentemente constructivos y nos dan el ejemplo de cómo emplear los esfuerzos para que fructifiquen con la rapidez necesaria en este sentido; su tendencia política absorbente está asentada sobre su capacidad productiva y viene a ser casi un fenómeno natural, que se deriva del excedente de potencia que tiende a desbordarse sobre todo el continente. La Unión Americana no es un pueblo de conquistadores sino de productores, que necesitan mercados para sus manufacturas y materias primas para su industria; su temido imperialismo es contenido casi siempre por los pensadores y por el pueblo mismo de Norteamérica y, en todo caso, hallaría la firme oposición de los pueblos latinos. Cualquiera que sea el fin buscado en los casos de intervención en Latinoamérica, sólo puede traer como consecuencia el alejamiento material y espiritual de los países de habla española, por temores y desconfianzas razonables.

¿Qué piensa del panamericanismo?
General Calles:

Pienso que es un noble ideal al que no debemos regatear nuestro esfuerzo y entusiasta colaboración.

Fue Tampico la siguiente ciudad en la gira de propaganda. A las cinco de la tarde del día 20 de abril arribamos a esa ciudad, habiendo sido el general Calles recibido por muchos millares de gentes que se atropellaban en la estación para vitorear al único candidato a la presidencia que hay en el estado de Tamaulipas.

En las afueras de la estación una verdadera ola humana se extendía hasta el mercado Hidalgo. El gran Partido Democrático Laborista fue el primero en saludar al candidato; después el general Calles, acompañado por el doctor José Manuel Puig Casauranc, por el licenciado Portes Gil, y por otras personas más, recorrió las calles enmedio de una imponentísima manifestación popular nunca vista en Tampico. El recorrido se hizo por las calles de la Aduana, Francisco I. Madero, Flores, Altamira, Colón y nuevamente Madero hasta llegar al Hotel Central, en donde habló el licenciado Portes Gil presentando al pueblo al general Calles y manifestando que seguiría la misma política iniciada por el general Obregón.

Frente al Hotel Central se habían reunido los partidos siguientes: Liberal de Tamaulipas, Obrero, Político Revolucionario, Democrático, Laborista Tamaulipeco, agrupaciones obreras de todo Tampico, delegaciones de la huasteca petrolera, de las poblaciones veracruzanas adyacentes, de los pueblos de Pánuco, Corcobado, etcétera, y un enorme número de manifestantes diversos, y ante todo aquel gentío que formaba un maremágnum indescriptible, pronunció el general Calles un discurso dirigido al corazón del proletariado, siendo interrumpido frecuentemente por aplausos y vítores interminables. Con un minuto de silencio recordó la memoria de Carrillo Puerto, víctima de la reacción. Dijo que quería hacer suya la bandera del proletariado, que tenía ansia de felicidad, pero que no significaba anarquía, como dolosamente pretenden hacerlo creer los reaccionarios. "El programa de la revolución es el mío: tierra para los campesinos, mejoramiento efectivo para el obrero que aspire a vivir humanamente, no como animal." Después, apoyó moralmente la huelga de los obreros de El Águila, asegurando que ellos exigen únicamente lo que les pertenece desde hace tiempo. "La compañía se ha negado a hacerles concesiones." Terminó el general Calles exhortando a los obreros a ser constantes y a tener fe hasta lograr el triunfo. (Estruendosos aplausos y vítores casi interminables premiaron al orador.)

De Tampico salieron a Ciudad Victoria, en donde el general Calles abogó en su discurso por el exterminio de la tiranía de los pueblos. Ratificó todos los puntos de su programa político-social y expresó por qué la reacción se asusta cuando presiente la obra constructiva que se inicia entre los obreros del campo y la ciudad. Satisfecho se sentía el candidato al ver cómo sus ideales se van realizando y agrupando en torno de él los elementos que vienen a deslindar los dos campos históricamente antagónicos. La recepción en Ciudad Victoria fue el epílogo de las muchísimas y espontáneas manifestaciones que recibió en su viaje de Tampico a Ciudad Victoria. En las estaciones de Aldama y de Xicoténcatl fue recibido con el mismo entusiasmo dándose la bienvenida con entusiastas discursos.

Yo me uní a la gira de propaganda del general Calles en Monterrey. El día 4 de mayo en un tren especial que pusieron los gremios ferrocarrileros por su cuenta al general Calles, arribó a la ciudad de Monterrey, a las doce horas, procedente de Soledad de la Mota, N. L. Desde su entrada a la ciudad fue aplaudido y vitoreado el general Calles, congregándose en la estación cerca de cuatro mil personas que le dieron la bienvenida cuando descendió del tren, entre manifestaciones de entusiasmo. El general Calles se puso al frente de la manifestación encaminándose al centro de la ciudad. En las calles adyacentes a la estación se había formado un núcleo como de quinientos campesinos montados que se agregó a la manifestación, así como diversas agrupaciones políticas que desfilaron detrás del candidato hasta el Hotel Continental.

Frente al Hotel Continental se congregó una inmensa multitud con el objeto de escuchar a los oradores que habrían de tomar la palabra en el mitin popular que se organizó. Desde los balcones de dicho hotel y en nombre del comité pro Calles que representaba a todas las agrupaciones políticas del estado y además en el del Partido Social Republicano, dio la bienvenida al candidato el señor profesor Nava, expresando que si las agrupaciones políticas de Nuevo León se encontraban unificadas en la candidatura del general Calles se debía a que las virtudes personales del candidato garantizaban su actuación enérgica y honrada en favor de las clases trabajadoras una vez llegado al poder y, además, porque las agrupaciones políticas de Nuevo León, formadas en su inmensa mayoría por obreros y campesinos, por el elemento trabajador y productor de todas las clases sociales, están de acuerdo con el programa radical del general Calles y ofrecen todo su apoyo para realizarlo.

A continuación hablé yo, quien en nombre del general Calles di las gracias por el recibimiento y la manifestación tan sincera que el pueblo de Monterrey le había dispensando, invitándolo al mitin de la noche, en donde el general Calles les dirigiría la palabra. Al referirme a los programas políticos, dije que:

Dado el verdadero choteo que los políticos venales han hecho de bellos y maravillosos programas políticos, ya no impresionan los programas a nadie, si no están respaldados por una personalidad fuerte y sincera que inspire al pueblo la confianza de que tendrá realización tal programa. Con el programa radical del general Calles se ha observado un singular fenómeno: el de que sus amigos se entusiasmen con él porque tienen la seguridad de que, dentro de sus posibilidades, el general Calles lo cumplirá, y sus enemigos reaccionarios se asustan con dicho programa, porque tienen también la seguridad de que será cumplido, cumplimento que amaga sus egoísmos de conservadores. Esto obedece a que toda la nación, reaccionarios y revolucionarios, sabe que Calles es un carácter entero y un hombre eminentemente franco y sincero y no un farsante de la política.

El general Calles ha dado a conocer su programa radical sin pensar en los comicios ni averiguar cuántos votos pierde por pregonar claramente sus principios, y por ello es risible que la reacción pretenda enfrentarle un hombre que no tiene el valor de sostener francamente ningún principio, ni reaccionario ni revolucionario, y que, siguiendo el ridículo ejemplo de todos los políticos que en México han pretendido pasar por vivos, estilo De la Huerta, y que creen que con declaraciones vagas y anodinas pueden cazar al mismo tiempo la voluntad del proletariado y la ayuda financiera de la reacción, a un hombre como Calles, que dice claramente su pensamiento y que con todo valor pone su cauce en manos de la clase trabajadora, porque está decidido a correr la suerte que corren los suyos y no a conquistar la presidencia de la República a toda costa, con halagos y amagos.

Analicé enseguida las transformaciones que la candidatura del general Calles habían operado en el ambiente político mexicano, regenerando las luchas políticas sobre una base de honradez y sinceridad, con declaraciones y procedimientos de valentía para exponer su punto de vista en el terreno social y hablando el proletariado no sólo de sus derechos, sino también recordándole sus deberes y responsabilidades. Hice a continuación un estudio de la situación actual y demostré que el hombre del momento que México requería era el general Calles, y no un ilustre anodino, un desconocido sin carácter, incapaz siquiera de afrontar valientemente la defensa de los intereses que representa.

Para terminar dije:

En los momentos supremos de crisis social y de transformación profunda de un país, se necesitan los hombres de grandes energías, de audaz decisión y de formidable voluntad, capaces de imprimirles un derrotero a los acontecimientos y hacer de un país revuelto un pueblo reconstruido y una nación fuerte. No es con la claudicación de Comonfort dándole un golpe de Estado a la Constitución de 1857, como se implementaron las instituciones liberales en este país, sino con la austera y audaz resolución de Juárez, precipitando la Reforma. No es con la debilidad inexplicable de un inmaculado como Santos Degollado, pretendiendo una conciliación imposible, como se salvó la República, sino con la entereza radical de un Melchor Ocampo, que prefirió quebrarse antes que doblarse.

Fui muy aplaudido.

A continuación habló el general José Álvarez, quien entre otras cosas dijo que:

El "Sindicato de los Hombres Gordos" encargó un candidato para enfrentárselo al candidato de la revolución y desde allí principió el sainete. Don Ángel Flores primero les pidió dinero, declarando que si no depositaban en las arcas de don Ángel Flores millón y medio de pesos no habría candidato. Conseguido el dinero, el "Sindicato de los Hombres Gordos" empezó a luchar, apoyado por la prensa reaccionaria encabezada por *Excélsior*, porque el angelical y florido candidato rompiera su mudez y hablara a la República enarbolando la bandera de sus mezquinos y gordos intereses, y don Ángel Flores, en lugar de tener la hombría y el gesto, que por nosotros sería respetado, de declararse reaccionario y decir que en la política nacional él representaba la defensa de los intereses de los "hombres gordos", nos sale con este ridículo y vacilante manifiesto, que no satisface en forma alguna al elemento popular y que debe haber disgustado también al "Sindicato de los Hombres Gordos", porque de ningún modo satisface los apetitos y las ilusiones de los reaccionarios.

Dice don Ángel Flores que no le importa que nosotros le llamemos revolucionario claudicante, considerándolo como una calumnia, y efectivamente lo es, porque don Ángel Flores no es revolucionario claudicante. Don Ángel Flores, por su programa, por sus principios, por sus ligas y por el grupo que lo apoya, es reaccionario; pero no tiene la hombría de confesarlo francamente y por eso para nosotros no es revolucionario claudicante, sino reaccionario vergonzante...

Terminé exhibiendo la enorme diferencia que había entre la figura del general Calles y la angelical y florida de don Ángel Flores.

De Monterrey salimos para Saltillo, en donde al llegar el candidato fue aclamado por el pueblo congregado allí, para saludar al viajero. Al arribar el tren hubo estruendosos vivas para el candidato, hablando en nombre de los manifestantes el señor Fidel Ramírez, que ensalzó la personalidad del general Calles y dijo que el Partido Democrático siempre lo sostendría.

El día 7 de mayo, a las dos y media de la mañana, salimos de la ciudad de Monterrey yendo numerosas comisiones hasta la estación a despedir al candidato popular a la presidencia de la República, general Plutarco Elías Calles. Otras personas lo acompañaron hasta que abandonó el territorio del estado de Nuevo León.

A las seis de la mañana arribamos a Saltillo. En esta localidad comisionados de los partidos políticos en crecido número, encabezados por los diputados a la legislatura local, señores Juan Garza García y Jesús García Cabello, así como por el diputado al Congreso de la Unión, señor Jacobo Cárdenas, recibieron al general Calles. También estuvieron presentes los líderes del Partido Socialista Obrero, del Partido Laborista Mexicano y el candidato a diputado señor Juan Morales. En todas las estaciones del tránsito había bandas que ejecutaban piezas de música al paso del convoy, siendo saludado el candidato popular por numerosos grupos de campesinos. En la estación de Encantada fue todo el pueblo a vitorearlo y los niños y las niñas de las escuelas cantaron hermosos coros durante el tiempo que se detuvo el convoy. En Vanegas los ferrocarrileros y campesinos aclamaron al general Calles. Al llegar a San Luis, fueron a saludarlo comisiones del Partido Ferrocarrilero y de la Confederación Revolucionaria de aquel estado, encabezados por el ingeniero Enrique Henshaw, compañero mío de escuela y poco después sacrificado por sus convicciones callistas.

Al detenerse el convoy en Villa de Reyes, que pertenece al mismo estado de San Luis Potosí, el candidato recibió una numerosa comisión de agraristas, y en San Felipe los partidarios que tiene y que son un gran número lo aclamaron incesantemente, pronunciando significativo discurso un orador de la localidad.

Al arribar el tren a Empalme González, concurrieron a la estación agraristas y clubes políticos de Comonfort, así como delegados ferrocarrileros de todos los departamentos de talleres y demás dependencias del ferrocarril.

De allí continuamos el viaje a Acámbaro, y no obstante que la hora era por demás impropia, grupos cerrados de campesinos fueron a Salvatierra a saludar al candidato que postulaba en masa el proletariado mexicano. Al llegar a Acámbaro, los ferrocarrileros y el pueblo en general en número aproximado de cuatrocientos, aclamaron al general Calles, quien después de breve estancia en la localidad, continuó su viaje hasta Angangueo. Allí se reunieron los mineros y las masas populares, haciéndole un cordial recibimiento. Se hizo un alto en esta estación dirigiéndose la comitiva al interior del pueblo con objeto de descansar y continuar el viaje en tren ordinario hasta Zitácuaro.

En Ocampo concurrieron también campesinos, dándole la bienvenida el señor Leobardo Rodríguez. En la estación de Zirahuato, el indígena Primo García pronunció hermoso discurso a nombre de sus compañeros que llenaban el andén de la estación, mientras señoritas y niñas de la localidad arrojaban flores al paso del candidato de los campesinos.

Al llegar a Zitácuaro, que es tradicionalmente liberal, aclamó a ambos candidatos —a la presidencia de la República y a gobernador del estado—; el desfile se organizó desde la estación hasta la plaza principal llevando los concurrentes grandes carteles y hachones encendidos, que iluminaban a su paso las calles de la población, acompañando a los tres mil manifestantes cerca de trescientos agricultores a caballo. Por todas las calles llovían flores de los balcones y las ventanas.

Al llegar a la plaza, los candidatos y los principales acompañantes subieron al quiosco desde donde hablaron a los presentes, escuchándolos una multitud de cuatro mil personas. Dio la bienvenida a nombre de los liberales del lugar, el señor Salvador Patiño, candidato por el cuarto distrito de Michoacán a la legislatura local.

A continuación tomaron la palabra el licenciado Antonio Díaz Soto y Gama, general Ramírez, licenciado Francisco Arellano Belloc y el general Calles, quien no obstante el cansancio ocasionado por el viaje, dijo que para templar el hombre su alma y su espíritu hay que venir a Zitácuaro, cuna de libertades y reducto de los defensores de las libertades patrias en épocas aciagas.

Mi espíritu está templado —añadió el general Calles—, me siento con fuerzas, con alientos bastantes para continuar en esta lucha que hemos emprendido: la lucha contra la reacción.

Clara y terminantemente dije desde el principio de mi campaña política, que las fuerzas en que yo me apoyaba serían las que me dieran los trabajadores del campo, los trabajadores de las fábricas y los trabajadores de la clase media. Dije igualmente entonces y lo he venido repitiendo, que deseaba con todo mi corazón que la reacción fuese mi enemiga, que fuese siempre mi enemiga, porque veía que era la única manera de conservar en toda su pureza los principios revolucionarios. Por esto, tan pronto como se formalizó mi postulación a la presidencia de la República, la reacción lanzó un grito de espanto y se organizó inmediatamente para combatirme por todos los medios y en todos los terrenos, aun llegando a la traición y al crimen.

Desde los primeros momentos, los latifundistas votaron muchos centenares de miles de pesos para combatir esta candidatura. Ellos derramaron el oro pretendiendo conservar sus privilegios y son incapaces de darles un puñado de maíz o los peones hambrientos, o gastar unos cuantos cientos de pesos en el sostenimiento de una escuela en alguna de sus haciendas. Claramente he predicado mis principios y he declarado mi programa político y social, y estoy dispuesto a cumplirlo. En caso de que así no lo hiciera, tiene el pueblo de la República no solamente el derecho, sino el deber de exigirme que cumpla con dicho programa, que por otra parte no es mío, ni yo lo he inventado, sino que representa la cristalización, la condensación de irresistibles e incontenibles aspiraciones justísimas del mejoramiento del pueblo de mi patria.

He dicho y sostengo que los campesinos deben tener las tierras que necesiten para cimentar su hogar, y liberarse económicamente. Y mientras yo pueda luchar, lucharé porque los campesinos tengan esas tierras, y cuando yo tenga los medios de proporcionárselas y esté en mis manos la forma de desarrollar la política agraria que tantas veces he delineado, lo haré y nada ni nadie me impedirá que resuelva el problema agrario de México.

También he repetido hasta la saciedad cuál es mi programa, por lo que se refiere al justo mejoramiento del trabajador de la fábrica o del taller o de la mina, así como a los trabajadores de la clase media que merecen ser mejorados. Se asusta la reacción porque pretendo para estos trabajadores, que con su jornal acrecentado mejoren sus condiciones de vida y mejoren su hogar, así como porque disfruten de garantías de que el trabajo goza en otros países; se asusta la reacción porque pido que disminuya el festín de los industriales, para aumentar un poco de pan y un poco de comodidad en las casas humildes de los trabajadores, y se asusta la reacción porque reclamo instrucción para los hijos de los trabajadores y porque pretendo que se reivindique la situación moral y social de los mismos dándoles la posición y concediéndoles el respeto que merecen.

Este programa que he repetido tantas veces, es el que alarma y excita a nuestros enemigos, porque encierra el golpe definitivo a sus privilegios, termina con las fuentes de explotación humana, que permite a los parásitos su vida dorada, y establece los cimientos de una nueva sociedad donde para gozar los beneficios de la vida será menester ganarlos con el sudor de la frente.

Terminó dándoles la seguridad una vez más, de que toda su energía y toda su voluntad estaban encaminadas a cumplir este programa y pidiéndole al pueblo de la República que le exija en la forma que creyera conveniente, el cumplimiento de su programa si llegado al poder olvidaba sus compromisos.

Después habló Morones y luego hablé yo tocando el problema de la emigración mexicana, efecto irremediable de la actual organización económica y del latifundismo. Invité a los habitantes de Zitácuaro a ser ahora, continuando sus antecedentes históricos, Zitácuaro socialista de acuerdo con las ideas que ahora agitan al mundo. Hablé de la evolución de las ideas y las sociedades, haciendo que del pasado brote el presente y éste contenga ya los gérmenes del porvenir.

Dije también que por esto la Revolución Mexicana, que en un principio confiaba la salvación de la República a las reivindicaciones puramente políticas, fue evolucionando de acuerdo con realidades, hasta tener un programa definido de acción social y de liberación económica para la gran masa popular. Hablé enseguida del programa de acción social de la revolución que sostiene el general Calles, y que tan conocido es en toda la República.

Refiriéndome a la cuestión agraria, toqué el problema de la emigración mexicana. Dije que ante el triste espectáculo de las caravanas de miseria y de dolor que se alejan de nuestro país en busca de pan en el extranjero, los gobiernos, la prensa y los políticos han agotado su ingenio pretendiendo evitar esa pérdida de fuerza y de brazos. Unos pretenden con disposiciones coercitivas detener ese torrente de los que huyen, soñando en la tierra prometida, y otros pretenden contener el éxodo de los hambrientos, ya con propaganda amenazante que les refieren a los mexicanos los trabajos y sufrimientos que los esperan en tierra yanqui, o con declamaciones líricas sobre la patria, el amor al terruño y el fincamiento al suelo natal.

Pero siguiendo la ley del principio hedonístico, según la cual todo ser busca para desarrollar sus actividades la línea de menor resistencia, mientras México conserve su actual organización en la producción económica y su sistema de propiedad latifundista, disposiciones enérgicas de los gobiernos, declamaciones líricas y propagandas amenazadoras, serán impotentes para contener la caravana de los que aquí mueren de hambre, porque su patria en lugar de ser una madre, es para ellos una madrastra.

Mientras el problema agrario no sea resuelto y una gran mayoría de campesinos carezcan de tierras para ganarse el sustento de los suyos y el mejoramiento de su hogar, los hombres sin trabajo y sin pan irán a los Estados Unidos en un desesperado esfuerzo para ganarse la vida. En cambio, cuando la gran mayoría de campesinos tenga las tierras suficientes, para con su explotación ganar la vida y fundar un hogar tranquilo y seguro, ni el sueño de una nueva California ni las promesas más halagadoras los harán abandonar su parcela, pues hasta entonces verdaderamente tendrán algo suyo que les represente su patria.

Me referí después al programa obrerista del general de división don Plutarco Elías Calles, explicando cómo no encierra nada nuevo ni inusitado, pues todo él encuéntrase comprendido en nuestra Carta Magna, y todo lo que se pide es el cumplimiento de leyes que den garantías al trabajador de la ciudad como elemento respetable de la producción en lo económico; y que en lo moral no hacen otra cosa que reivindicar sus derechos de seres humanos y de parte integrante de la sociedad. Derechos que le han sido vedados por los gobiernos que se alían a las oligarquías capitalistas.

Hablando de los valores morales, hice una comparación desde los puntos de vista revolucionarios a que antes me he referido, con la "medrosa candidatura de don Ángel Flores".

Después demostré cómo a "pesar de hablarnos tanto los reaccionarios de programas constructivos y conservadores, el verdadero programa constructivo es el del general Calles, mientras que el regresivo es el del general Ángel Flores, que solamente podría llevarnos al caos y la anarquía".

Dije también que:

(...) cuando las revoluciones desatan en las colectividades anhelos y aspiraciones tan fuertes e incontenibles como el ideal agrarista en los campesinos mexicancs, y el ideal de redención y mejoramiento en que sueñan todos los trabajadores y productores de México, inclusive los de la clase media, la paz y la reconstrucción y el orden sólo pueden imponerse por medio de la justicia, encauzando esas corrientes populares por medio de nuevas instituciones y de un reajuste social que las satisfaga y las haga solidarias del régimen que les hace justicia; y de este modo viendo las mayorías vinculados sus intereses con la nueva organización social, se oponen enérgicamente a todo movimiento o fuerza que pretenda derivarlo y es así como viene la paz orgánica fundada en la justicia social y no en la fuerza.

Mientras que un programa regresivo que pretenda destruir la corriente agrarista por la fuerza o el anhelo laborista acallarlo por las armas, aun en el caso problemático de que pudiera implantarse, ni sería constructivo ni alcanzaría la paz, pues sólo desataría una acción caótica, anárquica y desesperada de parte del proletariado mexicano, que viéndose ahogado por la fuerza recurriría al incendio, al atentado, al asesinato y a la bomba para atacar a sus opresores. Por eso nosotros sostenemos que los únicos que tenemos un programa constructivo en esta campaña, somos los reformadores que queremos crear una nación nueva sobre las ruinas de los sistemas caídos que en vano se pretenden levantar, y así esperamos alcanzar la paz por medio de la justicia social.

Fui muy aplaudido al terminar mi discurso.

A continuación habló Manlio Fabio Altamirano y para terminar habló el joven estudiante jalisciense Salvador Azuela. En medio de un gran entusiasmo terminó el mitin.

De allí partimos a Morelia. Todas las estaciones de tránsito se encontraban adornadas y al llegar el día 11 de mayo a esa ciudad de Morelia, a las nueve y media de la mañana, una enorme muchedumbre compuesta en su mayoría de obreros y campesinos acogió al candidato con entusiasmo tal, que se hizo tumultuoso y difícil el principio de la marcha. El candidato desfiló a pie, encabezando la manifestación hasta el Hotel Oceguera, siendo aclamado por los habitantes de Morelia en todo su tránsito y ruidosamente aplaudido por los estudiantes desde el viejo edificio del Colegio de San Nicolás (nicolaítas).

Desde los balcones del Hotel Oceguera, el candidato y nosotros sus acompañantes nos dirigimos al público, que en número como de cuatro mil almas escuchaban nuestras palabras. El general Álvarez, como michoacano hizo la presentación del general Calles en un hermoso y lírico discurso.

En seguida habló el general Calles, quien fue estruendosamente aplaudido y las bandas de música de los campesinos le tocaron las dianas tarascas con que este pueblo, de instinto musical, expresa su alegría y su contento.

A continuación hablé yo, que principié dedicando un recuerdo, como hijo de Chihuahua, a mi glorioso paisano, héroe de la última asonada reaccionaria, que cayó luchando como soldado de pundonor contra los militares traidores y como revolucionario de convicciones contra la reacción armada por De la Huerta: el general Manuel M. López, vitoreando el pueblo al general López y a los defensores todos de Morelia. A continuación dije que a Morelia, que presenció la tragedia y la heroica y tremenda lucha de quienes, muchas veces inferiores en número, resistieron a los numerosísimos ataques de Enrique Estrada por más de cuatro días, le va a tocar el turno de presenciar ahora el sainete que la reacción vencida por las armas representa en el tinglado de la lucha democrática, haciendo uso de libertades políticas que eternamente combatiera. Afirmé que el callismo ha tenido una verdadera decepción con la aparición de la reacción florista débil. El callismo esperaba que el florismo tuviera la entereza de sostener con toda sinceridad su bandera retardataria, defendiendo los intereses que representa. En cambio de eso, nos ha resultado con un candidato y un manifiesto del sindicato de agricultores en que fuera de un galimatías con que pretende disfrazar la clasificación de retardatarios que le corresponde, no hacen sino una tibia y anodina defensa del derecho absoluto de propiedad, prometiendo que después de pagar a los empleados públicos, tendrá el pueblo mexicano que esperar que el gobierno de Flores ahorre dinero durante unos treinta o cuarenta años para que pueda dedicarse a conceder tierras a los campesinos, pues establece que éstas deberán ser pagadas en metálico previamente. Agregué que el manifiesto de los "hombres gordos" y el del "florido candidato" no convencen a nadie, porque fuera de discusiones gramaticales y lógicas sobre la connotación de la palabra retardataria, no trae nada sino un esfuerzo para ocultar en galimatías y vaciedades la desesperada defensa de los intereses y privilegios de hombres que comprenden que su causa está perdida en la opinión pública y por eso no se atreven a decirlo con toda claridad, ni a sostenerlo con decencia. Comparé la claridad del programa del general Calles con la oscuridad del programa del sindicato de agricultores y pedí, repitiendo lo dicho por el general Álvarez, que todo el elemento trabajador y productor del estado de Michoacán, afirmando sus principios revolucionarios y defendiendo sus intereses de clase trabajadora en contra de los privilegios de sus explotadores, vote por el general Calles, dando con este voto un bofetón de supremo desprecio a los que piden el voto por un débil, que mueven los "hombres gordos", y lo animan con su dinero, sólo para tener una silueta que se preste a querer cubrir con la pequeñez de su programa, la enormidad de sus intereses y de sus privilegios de eternos explotadores.

Fui muy aplaudido por mi discurso.

Grandes manifestaciones pro Calles se efectuaban en las ciudades de Torreón, Manzanillo, Irapuato, Pénjamo, Guanajuato, Silao, Aguascalientes, Durango, Acámbaro Maravatío, Zamora, Mazatlán, Culiacán, Rosales, Mich.; Los Mochis, Sin., y Hermosillo, organizadas por los clubes políticos de cada región, recibiendo la visita de la delegación del Partido Cívico Progresista, los que hacían resaltar la necesidad de organizar a la clase media, sacarla de su atonía y hacerla intervenir en los trascendentales problemas nacionales, logrando con un poco de esfuerzo y constancia la nivelación y el equilibrio que habrán de traer la felicidad común, el progreso y adelanto generales, invitando siempre a todos los presentes a afiliarse al callismo; se exhibían películas alusivas a la propaganda electoral, haciéndose amplias exposiciones de los lineamientos generales de su Partido Cívico Progresista, haciendo un caluroso panegírico del general Calles.

El mismo día en que *Excélsior* pedía al general Álvaro Obregón, presiden-

te de la República, que no diera tierras a los indios, el general Calles hablaba de su fe en las clases indígenas, en el gran mitin político celebrado en
el Teatro Ocampo de la ciudad de Morelia, el día 11 de mayo, ante el numeroso público que llenaba todas las localidades, haciendo una exposición clara
de las ideas que trata de llevar a la práctica en el gobierno y que difunde
entre el pueblo con palabras sencillas que no dan lugar a duda, en la gira
política que viene haciendo por el país.

Me voy a permitir transcribir el discurso íntegro, el que puede calificarse
como el más sensacional de los discursos dichos por el general Calles en esta
campaña:

> Señoras y señores: No voy a hacer un discurso, voy a tratar de hacer una
> clara y sencilla exposición sobre las tendencias de mi candidatura, tendencias
> que firmemente creo son las del pueblo de mi patria.
>
> Yo deseo para mi país el capital, que al venir a desarrollarse viene a fin-
> car sus intereses con los nuestros, a vivir con nosotros, a correr nuestra
> suerte, a traernos mejoras, a compartir con nosotros nuestras horas de triun-
> fo y nuestras amarguras, no el capital que viene tan sólo a explotarnos, ri-
> quezas y hombres, sin freno moral; el capital que un obrero de Tampico
> llamaba atinadamente "capital conquistador". Quiero declarar aquí que ese
> capital inspirado en la moralidad que venga a nuestro país, puede tener la
> absoluta seguridad de que siempre que venga encontrará de nuestra parte
> todas las garantías que necesite; pero siempre que sea humanitario y se sujete
> a actuar dentro de nuestras leyes.
>
> Los enemigos de mi candidatura afirman que soy enemigo de los extran-
> jeros y que por rabioso nacionalismo no los quiero ni los deseo ver en mi
> país. Esa es otra mentira. Yo desprecio y detesto al extranjero que viene a
> mezclarse en nuestros asuntos interiores; que viene a entrometerse en nues-
> tras cuestiones políticas y que para hacer burla de nuestras leyes y conservar
> las ventajas que les concedieron gobiernos reaccionarios, pretenden siempre
> hacer valer su calidad de extranjeros y la influencia que puedan tener cerca
> de sus respectivos gobiernos.
>
> En cambio el extranjero que viene a convivir con nosotros, a participar
> de nuestros goces y de nuestros sufrimientos, a establecer su hogar, fincando
> entre nosotros sus afectos y sus intereses; para ese tenemos los brazos abier-
> tos y lo llamamos hermano.
>
> Los enemigos de mi candidatura, que son los elementos capitalistas y con-
> servadores de mi país, dicen que soy un desquiciador; y esto no es cierto.
> El compañero que me ha precedido en el uso de la palabra acaba de pintarnos
> con rasgos de verdad la situación que atraviesa en estos momentos el prole-
> tariado mexicano. Nos ha hablado de la necesidad que el pueblo trabajador
> de la República tiene del establecimiento de fábricas, industrias y de las mil
> explotaciones de los recursos naturales que el progreso reclama, para aumen-
> tar el acervo colectivo. Empresas, en fin, que den trabajo y oportunidades de
> ganarse la vida a nuestros nacionales, para que no tengan éstos que desfilar
> en tristes caravanas hacia el extranjero para ser explotados y vejados lejos
> de su país por hombres extraños a su raza, y para que después de sufri-
> mientos sin cuento, regresen tan pobres y tan miserables como salieron, no
> trayendo de nuevo sino una desilusión más y la falta de las energías que
> gastaron en extrañas tierras. Efectivamente, necesitamos que vengan capita-
> les a establecerse en nuestro país; que venga capital industrial a dar vida
> a nuestras industrias establecidas y a fundar otras nuevas.

Yo no soy enemigo del capital, todo lo contrario, deseo que venga a explotar nuestras riquezas naturales; pero nosotros queremos que venga el capital humanitario, el capital que tiene conciencia de su misión en el mundo moderno y que comprende que ya no es el privilegio feudal de convertirse en amo y señor de los trabajadores, sino que se da cabal cuenta de que tiene una función social que desempeñar, llevando por fin no únicamente el mayor lucro para su poseedor, sino un beneficio colectivo, al par que el capitalista se beneficia individualmente. Se asusta la reacción y me llama desquiciador porque dice que trato de destruir la propiedad en México. Eso también es mentira.

¿Qué es lo que yo quiero? ¿Por qué luchamos nosotros?

Nosotros luchamos por obtener un poco de bienestar económico para los campesinos; porque los campesinos tengan las tierras ejidales que les fueron arrebatadas desde la conquista, para que los pueblos puedan desarrollar su vida; porque los campesinos puedan alcanzar su independencia económica, base de la independencia política; porque los campesinos puedan vivir mejor, creándose necesidades nuevas que les hagan aumentar sus esfuerzos y su trabajo para satisfacerlas y con esto venga el progreso real de nuestro país, levantando el nivel de la clase más numerosa; porque los campesinos puedan educar a sus hijos, puedan ilustrarlos y mañana tengamos generaciones que positivamente, al mejorarse en lo material, se hayan elevado de verdad en su constitución moral e intelectual. Y esta es la única forma de darle realidad a esa aspiración suprema del pueblo mexicano de formar una patria más próspera y más feliz.

Pero los latifundistas de mi país no quieren darse cuenta, no quieren comprender, que luchamos por ellos mismos y por sus intereses. Sin embargo, quiero declarar que la revolución está decidida, si ellos no entran a la razón, a desarrollar este programa en México por medio de la fuerza. Digo que los latifundistas ganarán al dotárseles de tierras a todos los pueblos de la República, porque entonces ellos, explotando la parte de la tierra que les quede, se convertirán en verdaderos agricultores, empujados por la fuerza incontrastable de la necesidad.

Así pasarán a ser explotadores de la tierra y no explotadores de hombres.

Cuando el campesino, independizado económicamente en su parcela, no pueda ser ya el peón que se rinde al hacendado por hambre, y los jornales suban y los brazos escaseen, no podrá ya vivir en nuestro país la agricultura primitiva que explota al hombre, y los latifundistas tendrán que mejorar la técnica agrícola, recurriendo a la máquina, a los cultivos mejorados, a la selección de semilla, etcétera. Y así podrá obtenerse también esa armonía que tanta falta ha hecho a la explotación de la tierra en México, porque entonces las relaciones entre terratenientes y campesinos, ya no estarán regidas por el odio secular de amo a esclavo, sino que el agricultor progresista encontrará en el campesino libre un cooperador para producir la riqueza nacional.

Dicen mis enemigos que soy enemigo de las religiones y de los cultos, y que no respeto las creencias religiosas. Yo soy un liberal de espíritu tan amplio, que dentro de mi cerebro me explico todas las creencias y las justifico, porque las considero buenas por el programa moral que encierran.

Yo soy enemigo de la casta sacerdotal que ve en su posición un privilegio y no una misión evangélica. Soy enemigo del cura político, del cura intransigente, del cura explotador, del cura que pretende tener sumido a nuestro pueblo en la ignorancia, del cura aliado del hacendado para explotar al campesino, del cura aliado al industrial para explotar al trabajador.

Yo declaro que respeto todas las religiones y todas las creencias, mientras los ministros de ellas no se mezclen en nuestras contiendas políticas, con desprecio de nuestras leyes, ni sirvan de instrumentos a los poderosos para explotar a los desvalidos.

También se quejan lastimeramente de que el general Calles acabará con las industrias de nuestro país; otra mentira. Yo deseo que las industrias florezcan y se desarrollen. Yo sólo pido que haya más humanidad en las relaciones entre industriales y trabajadores. Pido que los industriales se den cuenta del mundo nuevo en que viven y que ya no vean en el trabajador algo menos que una máquina y un poquito más que una bestia, a la que se le exige el agotamiento de todas sus energías, a la que se exprime y luego se arroja a la miseria como un bagazo cuando ya no tiene jugo que suministrar; o que cuando muere en el trabajo, es uno menos en las listas de raya y se arroja como un perro a un muladar.

¿Y cómo pedimos eso? No por la anarquía de las reivindicaciones, sino dentro del orden y la disciplina sociales, a base de legislación.

¿Y esa legislación es nueva para ellos? No lo creo, porque sería dudar de su cultura, ya que esa legislación existe en otros países.

Lo que, sucede es que fingen ignorarlo; y aun los mismos extranjeros, cuando llegan a nuestro país, viniendo de naciones donde existen esas garantías para el trabajador, su corazón se contamina al ponerse en contacto con nuestros industriales reaccionarios y sacrifican los sentimientos civilizados al fácil lucro de la explotación del hombre.

Nosotros los revolucionarios, que hemos levantado estas luchas en nombre de los derechos del proletariado, tenemos el imprescindible deber de defenderlo; y si no lo hiciéramos, dejaríamos sin justificación a la revolución y seríamos solamente unos farsantes.

Se dice por mis enemigos que el general Calles, si sube al poder, llevará al país al aislamiento y concitará sobre México el odio universal, porque no quiere o no podrá establecer relaciones con los demás países de la Tierra. Esa es otra mentira. Queremos las relaciones más francas y cordiales con todas las naciones del mundo. Lo que pasa es que somos el partido político que tiene la suficiente hombría para declarar que quiere esas relaciones internacionales a base de justicia, a base de honorabilidad. No queremos que los países extranjeros vengan a mezclarse en nuestros asuntos internos y a imponernos su voluntad o las modalidades que convengan a sus intereses. Somos pueblo soberano y tenemos derecho de resolver nuestros problemas interiores libres de toda influencia extraña.

Nosotros queremos que esas relaciones internacionales se establezcan a base de respeto mutuo; que el pueblo más fuerte no imponga su voluntad al débil y que los conflictos que se susciten entre los pueblos sean resueltos exclusivamente por la justicia. Estas son nuestras ideas; esto es lo que pudiéramos llamar nuestro programa. Y tal como dije en la manifestación de esta mañana, creo firmemente que no son las ideas de un hombre sino el anhelo profundo de las masas populares de nuestra patria.

Sepan los señores reaccionarios, que en esta campaña perfectamente conscientes de nuestras responsabilidades, no andamos a la caza del voto por medio del halago, sino que, a la par que le hablamos al pueblo de sus derechos, le venimos predicando sus deberes; los deberes que tienen para consigo mismo los trabajadores; los deberes que tienen como productores, como hombres y como ciudadanos.

Esto no puede ser desconocido por los señores reaccionarios, pues a las masas campesinas y a las colectividades obreras les he predicado las obligaciones que tienen que cumplir para tener derecho de gozar de los beneficios que les aporta la revolución. Por otra parte, mientras los reaccionarios creen que las masas indígenas de mi país son un lastre para blancos y mestizos, yo soy un enamorado de las razas indias de México y tengo fe en ellas.

Demos a los explotados y perseguidos durante cuatrocientos años, la libertad económica que se funda en la posesión de la tierra; démosles educación y elevémoslos en su dignidad de hombres y entonces veremos si son o no la base de una potente nacionalidad. Así y sólo así podremos formar una nación feliz y respetable por todos los pueblos de la tierra.

De Morelia salimos a Uruapan y a nuestra llegada a esta ciudad a las quince horas, una gran muchedumbre se apiñó en la estación, vitoreando desenfrenada y entusiastamente al general Calles, acompañándolo hasta el centro de este pueblo, como dos mil personas y una descubierta de cien jinetes. La recepción fue organizada por la Unión Local de Partidos Revolucionarios de Urupan, compuesta de los partidos Socialista, Laborista, Liberal e Independiente de Uruapan, y encabezados por el candidato a diputado por la misma Unión, señor Melchor Ortega.

Hicimos uso de la palabra varios oradores, hablando yo de cuando venimos a la propaganda obregonista hacía cuatro años, y el tema principal era la libertad ciudadana, la libertad política, porque estando combatida la revolución por la terquedad del señor Carranza, de violar el voto público e imponer al pueblo mexicano un desconocido sin antecedentes y sin raigambre en la conciencia pública, el problema del momento, la cuestión de aquella hora, era la lucha contra la imposición, para implantar en nuestro país el respeto del voto y conquistar en definitiva la libertad política. De este modo, el obregonismo era el puente de la libertad política por donde pasaría la revolución, una vez en el poder su caudillo, a la lucha contra la reacción, por las reivindicaciones sociales que el pueblo mexicano necesita alcanzar para su progreso y mejoramientos efectivos.

Continué diciendo que la lucha por las reivindicaciones sociales la había iniciado valientemente el general Obregón, escombrando con toda abnegación el camino del futuro. Habiendo sabido sacrificar la gloria fácil del presente, para que los gobiernos que lo sucedan, puedan encontrar disminuidos los obstáculos y puedan triunfar en las reformas sociales de México. Precisamente porque el general Calles no es otra cosa que el lógico continuador de la obra socialista de la Revolución Mexicana, iniciada por el general Obregón, la reacción que comprende que Calles encontraba más expedito el camino para tener una acción más radical y decisiva en el punto de las reformas, puso el grito en el cielo, desde el momento mismo en que se formalizó la postulación del general Calles, recurriendo hasta la vergüenza y la infamia del último cuartelazo.

Después hice un esbozo del programa revolucionario del general Calles, y al hacer un paralelo entre el fondo moral del programa revolucionario y del programa reaccionario, demostré que este último estaba basado exclusivamente en la inmoralidad de sostener el egoísmo de un pequeño grupo de privilegiados sin tomar en cuenta los sufrimientos y el dolor de la enorme mayoría del país, que trabaja y produce.

Seguí diciendo: "En el periódico *Excélsior*, que llegó hoy a Uruapan, la reacción se desenmascara y escuetamente nos dice con franqueza cuál es su concepto del problema del indio de nuestro país. Los señores reaccionarios, ante el despecho que les produce su derrota, han perdido ya hasta el talento que siempre tuvieron para disimular en la erudición o en la forma del egoísmo sus mezquinos anhelos." Y caso singular, mientras el editorialista de *Excélsior* escribía este editorial, en que se declaran "las humanitarias intenciones" que la reacción tiene para el indio, el general Calles en el Teatro Ocampo de Morelia declaraba el domingo en la noche, lo que la revolución deseaba hacer para salvar a la gran masa indígena del país de su miseria y hacerla evolucionar para que sirviera de cimiento a una vigorosa nacionalidad.

El general Calles declaraba:

Soy un enamorado de la raza indígena de mi país, y tengo fe en ella. Démosles a los explotados durante siglos la libertad económica, eduquemos a las nuevas generaciones indígenas y ya veremos si son un lastre para blancos y mestizos, como afirma la reacción, o si van a constituir la base de una potente nacionalidad.

En cambio, el editorialista de *Excélsior*, dirigiéndose al general Obregón, dice que si efectivamente desea entregar las tierras a quienes las cultiven, se las den a blancos y a mestizos, únicamente a los que tengan sangre española, pues a éstos los considera los únicos capacitados para trabajarlas.

Declaraba *Excélsior* que el indio es un incapaz, un inferior, que nunca ha servido para la producción y que nunca podrá servir para algo. Es la vieja y desacreditada teoría que divide a los humanos en razas superiores e inferiores, en razas de trigo y en razas de maíz, clasificando como superhombres a los que comen pan y como bestias a los que se alimentan de tortillas. Y yo pregunto: ¿quiénes cultivaban las tierras mexicanas y las hacían producir antes de la conquista? ¿Quiénes han cultivado las tierras y las han hecho producir durante la época colonial? ¿Quiénes las han trabajado y las trabajan hoy, regándolas con el sudor de su frente? Indudablemente que las tierras mexicanas han sido, son y serán trabajadas por hombres pertenecientes en su mayoría a las razas indígenas de nuestro país que forman la enorme masa de nuestra población campesina.

Hace más de cien años que Hidalgo encendió la lucha para nuestra independencia, declarando que todos los hombres nacen iguales y que el indio tenía tanto derecho para disfrutar de las riquezas de su país como el blanco y sus descendientes, que las habían arrebatado.

Hace sesenta años que los Estados Unidos, el país que no respetó al indio, sino que al contrario lo arrolló sin piedad y lo destruyó sin remordimientos, se ensangrentaba en una guerra civil, para declarar que la diferenciación de las razas, o del color de los hombres, no autorizaba la inicua clasificación de amos y esclavos.

Y no ha mucho que una raza vejada por los europeos y tenida como inferior, derrumbaba estrepitosamente ante el asombro del mundo ario, la interesante teoría de las razas explotadoras de la humanidad, destruyendo en una guerra famosa, el poderío militar del imperio ruso y yendo a colocarse entre las grandes potencias de la tierra, a pesar de que por ser amarilla se le declaraba raza inferior; me refiero al Japón.

Pues bien, cuando ya la ciencia no acepta que fundándose en un inicuo sofisma, vengan las aristocracias blancas a declararse de por sí superiores, para cimentar su privilegio de explotar a las demás razas, que llaman inferiores, porque durante siglos han permanecido en la inferioridad en que las mayorías dominantes las han encarcelado por medio de una organización social inicua e injusta, ahora nos sale la reacción mexicana, pretendiendo traer al escenario de nuestras luchas, el olvidado tema de la desigualdad de razas, que ya pisotearon todas las revoluciones, que excluyó de la discusión al humanismo del siglo dieciocho, que desde 1824, consolidándose en 1857, excluyeron de México nuestras constituciones, y que ahora, si revive por las ansias criminales de los reaccionarios, de continuar su poderío y su explotación sobre las masas indígenas de nuestro país, la Revolución Mexicana la ahogará en sangre y la desterrará definitivamente del país.

Así, pueblo de Uruapan, que desciendes de los tarascos, que supieron cultivar la tierra cuando los blancos no habían llegado a tus dominios, cuando vengan los oradores de elocuencia de oro, que anuncian las fanfarrias y el bombo de la prensa reaccionaria que esparcerá el florismo por el país, a decirte, en nombre de una ciencia fementida, el indio no tiene redención; y que hay que sacrificar a la voracidad de los explotadores blancos y mestizos, millones de vidas para extirpar la raza inferior, la raza maldita, como lo hicieron los norteamericanos en los bosques del este, en las Montañas Rocallosas y en las llanuras del oeste; cuando vengan a decirte en nombre de una ciencia fósil, que no debes de recibir la tierra, que no sabes cultivarla, que eres una raza inferior, que no tienes derecho a considerarte como hombre, y que a pesar del siglo de luchas en que ya has dado tu sangre y has gastado tus energías en busca de una patria, no tienes derecho a tener patria y que esta tierra de tus mayores no te pertenece, y sólo pertenece a los blancos y a sus descendientes porque fundidos en la fuerza la pudieron arrebatar hace cuatrocientos años; por el derecho de conquista a tus antepasados, diles que la experiencia histórica ha demostrado el fracaso de la teoría de la desigualdad de razas; que la ciencia moderna se informa en doctrinas más humanas y sostiene que cambiando las condiciones artificiales que los explotadores han impuesto a los pueblos para satisfacer su insaciable avaricia de parásitos, que entregándoles a las razas, por atrasadas que se encuentren, los instrumentos de producción necesarios para procurarse la vida, los pueblos más retrasados en la evolución humana, desmintiendo a Linneo, dan saltos en la evolución y construyen una nación hacendosa, progresista, enérgica, culta y justa, porque hasta entonces la inmensa mayoría de sus componentes, al tener los medios de procurarse la vida, alcanzan la dignidad de hombres, tienen ya un ideal, poseen ya algo material que les hable de patria y de pueblo y por tanto son ya capaces de sacrificarse, en el trabajo, para aumentar la riqueza colectiva, puesto que de ella disfrutan y hasta entonces vienen a comprender objetivamente lo que es patria.

Mas yo sé que estos oradores, que esos eruditos, o los literatos cansados y fósiles que te quieren demostrar tu incapacidad para poseer la tierra, no encontrarán eco en ti.

Hay el otro aliado de los explotadores que ni te dice discursos, ni te escribe editoriales, ni te entrega panfletos, ni edita para ti volúmenes. Es el que te habla al oído, es el que entre oración y oración deja escurrir insidiosamente su veneno. El que quiere que te declares inferior para entregarte indefenso con el hacendado y el industrial, para que te exploten sin que hiera sus oídos aristocráticos la débil voz de tu protesta.

Hablo del sacerdote que olvidando su misión, te viene a predicar que debes someterte fatalmente a la explotación de los poderosos, porque Dios creó un mundo de desigualdades y de injusticias, y estás condenado para siempre si levantas tu voz de protesta contra el mundo organizado por Dios. Si ese sacerdote falseando una doctrina y calumniando a un justo viene a decirte que no tomes la tierra que te brinda la revolución; que no reivindiques tus derechos de trabajador; que no votes por Calles, el candidato que tu intuición maravillosa te señala como el defensor de tu dignidad ultrajada de hombre y de tus derechos de clase, que todo lo produce y de nada goza; dile a ese sacerdote que es traidor a Cristo y que miente en nombre de una religión y de una moral que predican todo lo contrario.

¿Acaso Jesús predijo la desigualdad de los hombres? ¿Acaso dijo que el mundo lo había construido Dios para el goce de unos cuantos elegidos por su color o por su raza? ¿Acaso sustentó el criterio de las razas inferiores, fatalmente explotadas por las que se llaman superiores, calificándose a sí mismas? Todo lo contrario, Cristo nos dijo que los hombres éramos hermanos; Cristo nos enseñó que nos debíamos de amar como tales, unos a los otros; que debíamos querer a nuestros prójimos, a nuestros semejantes con el amor que nos tenemos a nosotros mismos, para enseñarnos a matar el egoísmo individualista, y a crear el amor colectivista a donde deben concurrir las acciones de los hombres, como concurren los ríos a enriquecer los océanos, en forma que nuestros intereses mezquinos de hombres se fundan en el inmenso amor fraternal, por cuya conquista lucha y padece la humanidad, como luchó y padeció su símbolo en la cruz.

Si dentro de tu seno surge el mal sacerdote o a ti viene el retórico vendido a la reacción y llegan a decirte que eres inferior, que no tienes derecho a la vida, que estás condenado por la ciencia y por Dios a llevar en la existencia un purgatorio sin esperar otro premio en ultratumba que un infierno al que estás condenado, por tu color y por tu raza, ya que el paraíso se hizo en esta vida para el pequeño número de los parásitos que pretenden explotarte, fundándose con su sangre, y el cielo lo construyeron las religiones para que en él vayan a holgar después de la muerte los que no supieron hacer otra cosa que holgar a tus expensas, en la vida; diles a ambos que mienten, que calumnian a la ciencia y que traicionan a Cristo, porque la ciencia moderna, guiada por la moral humanitaria del cristianismo, busca trabajosamente, con los adelantos de la técnica que produce el aumento de las producciones de las riquezas, el advenimiento de aquella época que soñara el Galileo, en que los que han tenido hambre y sed de justicia serán hartos y satisfechos; en que se dará de comer al hambriento, y se vestirá al desnudo; y en que todos los hombres organicen su existencia sobre esta misma base de justicia social, para alcanzar en este valle de lágrimas, un remedo de aquel reino de justicia, de aquel reino de la igualdad, que creara con su utopía Jesús el Nazareno, el más grande de los revolucionarios.

Fui muy aplaudido por la enorme concurrencia que atentamente escuchaba.

Hizo uso de la palabra el general Calles, quien siendo muy aplaudido, leyó su notable conferencia política de Morelia. Al terminar, el candidato fue muy aclamado.

A las ocho de la noche del día 15 de mayo, salimos acompañando al general Calles rumbo a La Piedad, Mich., a donde llegamos a las diez y media de la mañana del día 16, habiendo concurrido a recibir al candidato y a aclamarlo a la estación, comisiones del gran Partido Liberal Piedadense y de todos los partidos que postulan al general Calles en el distrito. A continuación se organizó el desfile de automóviles y tranvías rumbo a la población de La Piedad, y poco antes de llegar al puente sobre el río Lerma que divide el estado de Michoacán del de Guanajuato, dos hileras de campesinos montados esperaban la llegada del general Calles, formando una caballería campesina de más de quinientos hombres.

Al pie del puente esperaba el pueblo a su candidato, donde fue vitoreado por la compacta manifestación compuesta por campesinos con sus estandartes de las agrupaciones agraristas de este distrito. Desde allí el candidato y su comitiva, así como el general Enrique Ramírez, candidato al gobierno de Michoacán, avanzaron por tierra rodeados del pueblo, en número como de cerca de tres mil manifestantes. Los candidatos generales Calles y Ramírez fueron aclamados desde las banquetas y los balcones por el pueblo de La Piedad, que les lanzó una lluvia de flores.

Al llegar a la plaza principal, los generales Calles y Ramírez y sus acompañantes subieron al quiosco desde donde se dirigieron a la multitud de más de cuatro mil personas. El joven abogado Francisco Arellano Belloc dio la bienvenida al general Calles en nombre del general Ramírez, del Partido Liberal Piedadense y de todo el pueblo de La Piedad, demostrando que el pueblo de La Piedad, que estuvo del lado del general Obregón en la última lucha provocada por la reacción delahuertista, estaba en la lucha democrática en favor del general Calles, porque tanto el general Obregón en el poder, como el general Calles como candidato, simbolizan el principio de la revolución. Fue aplaudido. Luego hizo uso de la palabra el general Álvarez, quien terminó invitando a los presentes al mitin de esa noche, donde haría uso de la palabra el general Calles, y agradeciendo su simpática manifestación. A las catorce horas les fue servida una comida en el Hotel Central al general Calles y al general Ramírez, que les ofrecieron los partidos políticos que los postulaban en La Piedad.

El general Calles se retiró a la casa donde se alojaba a recibir a muchas comisiones de campesinos y de partidos políticos.

"Hay un grupo de hombres que vienen defendiendo los derechos de los campesinos de la República", así lo hizo saber en un discurso el general Calles a todo el pueblo de Zamora que lo recibió con cariñosa recepción. En la estación se había congregado una compacta multitud que aplaudió al candidato a su llegada. El general Calles encabezó en seguida la manifestación que se formó y a pie hizo el recorrido desde la estación del ferrocarril hasta el Hotel Morelos, desde cuyos balcones los oradores políticos se dirigieron al público que en número como de cinco mil almas se congregaron para escucharlos.

En primer término hizo uso de la palabra el general José Álvarez, quien manifestó al principio de su discurso que era aquella la primera ocasión en que un candidato a la presidencia de la República visitaba Zamora, presentando en seguida al candidato, diciendo que el general Calles había querido visitar a esta población prefiriéndola a las capitales de varios estados, trayendo el propósito no de cazar votos, sino de venir a destruir las calumnias que se le habían lanzado y a dar a conocer su programa constructivo y reivindicador; lo que él perseguiría y lo que haría si la voluntad popular lo llevaba a ocupar al primera magistratura. Para terminar, tocó algunos otros tópicos de palpitante actualidad política, siendo muy aplaudido y continuándole en el uso de la palabra el ciudadano general Calles, agradeciendo la manifestación de simpatía de que era objeto, confirmando en el transcurso de su peroración el programa que ya había dado a conocer, diciendo al terminar: "Quiero decir a todos los campesinos que me oyen que pueden volver a sus villorios, a sus rancherías o a sus pueblos y decirle a los camaradas que no pudieron venir, que hay un grupo de hombres que está defendiendo sus derechos."

La llegada del general Calles en su gira política a la capital de Querétaro, que sirvió de tumba al imperio, ha sido el acontecimiento político de más resonancia en los últimos años. La noche del 19 de mayo, a las once y diez minutos salimos de Zamora rumbo a Querétaro donde arribamos a las diez horas y media del día 20 de mayo. En la estación profusamente adornada una enorme muchedumbre vitoreó entusiastamente al candidato general Calles. Más de quinientos jinetes lo esperaban formándose a lo largo del andén; lo mismo que las delegaciones de campesinos de todo el estado, así como los obreros y obreras de las fábricas de hilados y tejidos, principalmente La Hércules, que concurrieron formando un gran conjunto, al que se adhirió el elemento popular de esta población. No se recuerda en Querétaro otra manifestación más numerosa, ni más entusiasta que la organizada en honor del general Calles.

La manifestación de cerca de cuatro mil personas desfiló de la estación hasta el jardín Zenea, siendo aclamado el candidato a la presidencia a su paso por las calles por todo el elemento popular.

Desde los balcones del Gran Hotel se dirigieron los oradores a la compacta multitud, en donde se hacía notar el grupo de mujeres obreras de La Hércules, y el de estudiantes del Colegio Civil. Tomó la palabra el señor Rogelio de la Selva, quien dio la bienvenida al general Calles en nombre de los trabajadores y los revolucionarios del estado de Querétaro.

Siguió en el uso de la palabra el general Calles, quien fue aclamado con delirio al terminar su discurso.

Habló el licenciado Díaz Soto y Gama y después hablé yo diciendo más o menos lo siguiente:

Que esta manifestación en que se había desbordado sobre la antigua y triste ciudad el oleaje obrero y el torrente campesino, me recordaba la entrada que aquí mismo hiciera el ejército republicano, desgarrado y miserable, para derrumbar un imperio y consolidar en definitiva los principios liberales y la República.

Aquellos hombres de Escobedo, dije, traían a Querétaro un ideal nuevo que levantar sobre un mundo que se derrumbaba por viejo y caduco. Y ahora que el general Calles portando la bandera de la revolución entra a Querétaro al frente de este torrente entusiasta de campesinos y obreros entra igualmente a la ciudad bella, pero triste, una corriente que entraña un mundo nuevo, que va a construirse sobre las ruinas de la que está cayendo. ... Hay que darse cuenta, que ya no es por la fuerza como pueden pacificarse y coordinarse estas fuerzas nacionales. Hay que comprender que actualmente la paz sólo puede lograrse en este país por medio de la justicia social, y es por eso que el único que puede hacerlo es el general Calles, puesto que él, hombre de carácter firme pero disciplinado, es hombre de reformas siempre conducido dentro del orden para que la causa que se defiende no se desprestigie por los excesos y tampoco tenga que claudicar por debilidades.

Añadí:

Afirmo que el único que tiene programa constructivo en esta campaña es el general Calles, porque al ponerse al frente de las fuerzas desatadas por seculares injusticias lo hace para encauzarlas por medio de la justicia, para encaminarlas al fin común de un mejoramiento colectivo, para que de destructoras por la violencia, se tornen en productoras por el trabajo.

Y esto es lo que no se quiere comprender. ¡Pobres de los señores reaccionarios si logran derrotar a las revoluciones pasajeramente! Entonces vendría la explosión de estas fuerzas campesinas y obreras ciegas y sin brújula. Sucedería el asesinato del hacendado y sus familias; el atentado dinamitero en la fábrica o personal con el industrial. Y estas fuerzas que están cimentadas en la justicia, son las fuerzas de un proletariado organizado y consciente, que quiere construir, que quiere patria, ser fecundo y encaminarse dentro de un orden legal; contribuir al aumento de las riquezas para elevar su nivel material, intelectual y moral y que se le conceda también en el de esta sociedad mexicana, en la que forma mayoría su amplia libertad y su inalienable dignidad humana.

A continuación traté sobre el ataque que se hacía al general Calles de que es un enemigo de la religión católica y que no respeta la libertad de conciencia. Repitiendo las declaraciones del general Calles hechas en Morelia, expresé: "El general Calles es un liberal que respeta todas las religiones y todas las creencias."

Nosotros no atacamos a los ministros de una religión en general, como tales, sino a aquellos que olvidando sus deberes y pisoteando nuestras leyes se mezclan en nuestras luchas sociales y en nuestras contiendas políticas. Nosotros respetamos a todos los sacerdotes y a todos los ministros de cualquier religión, siempre que acatando la ley se limiten a conquistar para sus cultos a los hombres y a dirigir a sus feligreses al terreno moral que la religión les impone. Pero seremos inexorables y terriblemente enemigos del clérigo que se enmascara en la religión para decirle al obrero que no se sindicalice; que no use de los derechos legales que la Constitución le concede para defenderse de sus explotadores y que quiere que esta nación no progrese y se conserve a la altura de la Edad Media.

Nosotros somos enemigos de los clérigos políticos; de esos que olvidando su papel de sacerdotes juntan el divino nombre del crucificado con el prosaico del candidato, y que pregonan que no se debe votar por el general Calles, porque es el anticristo. Nosotros no les disputamos su misión en el terreno moral y en el terreno espiritual, pero los atacaremos siempre que pretendan olvidar sus altísimos deberes para conquistar el poder temporal.

Agregué:

Y precisamente como dice el general Calles, porque no somos farsantes ni embaucadores, venimos aquí y a través de la República a decir claramente nuestra manera de pensar sin reservas mentales, sin callar por conveniencia política nuestro programa social ni nuestro sentir respecto a los asuntos religiosos.

No venimos a cazar votos, venimos a invitar a los hombres de espíritu libre a unirse en esta cruzada para conquistar definitivamente las promesas de la revolución y plantear de una vez por todas, las reformas sociales que su programa encierra; y formar una nación digna de tal nombre, orgullo legítimo de la América Latina, respetada y apreciada de la humanidad, a despecho de todos los espíritus raquíticos, contra la opinión de los egoístas y de los mezquinos y a pesar del temor de los pequeños y de los pobres de espíritu.

Fui objeto de una larga y entusiasta ovación, cuando abandoné la tribuna después de tan fogoso discurso político.

Nadie se esperaba tan enorme éxito en la campaña del general Calles. Querétaro estaba definitivamente conquistada para la revolución a pesar de la fama que la costumbre le había dado.

El candidato general Calles, después de los vibrantes discursos a que dio lugar su arribo a esa capital, asistió a la convención que allí se reunía y le fue cedida la presidencia de la magna asamblea en medio de grandes ovaciones.

A las cuatro de la tarde dio principio la sesión de la convención, con buen número de delegados y un numeroso público que deseaba oír lo que se trataría en esa interesante reunión.

Fuimos ocupando luego los asientos que se nos tenían reservados: el general Álvarez, yo, los diputados Manlio Fabio Altamirano, David Montes de Oca, Antonio Díaz Soto y Gama, Samuel O. Yúdico, Carlos Riva Palacio, Ramón G. Limón, Francisco Gómez Vizcarra, ingeniero Gustavo Durón G., diputado De la Rosa, ingeniero Víctor Díaz de León, Felipe Santibáñez, general Joaquín de la Peña, Juan Lozano, doctor José G. Parrés.

Momentos después llegaron los señores Luis N. Morones y general De la Peña acompañando al general Calles; más tarde llegó el general José Siurob, procedente de Tolimán.

Para tratar algunos puntos incluidos en el programa de la convención, se pide que hable el diputado Díaz Soto y Gama sobre el tema de las tierras, los latifundios y las cooperativas. Le sigue Morones, quien diserta sobre el trabajo y la previsión social, explicando lo que es el socialismo y lo que es el comunismo. Continúa en el uso de la palabra Santibáñez, quien diserta sobre las cooperativas agrícolas, exponiendo las bases para la organización y los medios de explotación en común, así como la forma de ir aumentando los elementos y haciendo que el capital aumente mediante la compra de implementos, maquinaria, etcétera.

La presidencia, en vista de que la sesión se ha prolongado excesivamente, pues son las ocho de la noche, le dice que al día siguiente lo hará además de los que piden otro tanto y se acuerda que los que tengan proyectos que someter, los vayan entregando a las comisiones dictaminadoras para su estudio. El doctor Siurob anuncia que como es del estado y conoce sus problemas, hablará del problema agrario en Querétaro.

A las nueve y media de la mañana del día 21 de mayo, se reanuda la sesión de la convención en el Teatro de la República, se pasa lista con una asistencia de 93 delegados y 10 fraternales, comenzando el ingeniero Edmundo Torreblanca a tratar sobre algunos asuntos relacionados con la petición de ejidos, sus trámites, expedición de títulos y derivados, pues es alto miembro de la Comisión Nacional Agraria y se halla capacitado en tal virtud para tratar esos puntos ampliamente.

Se nombra una comisión para que invite al general Calles a que pase al salón y un momento después se presentó, siendo recibido con grandes salvas de aplausos.

Propone la presidencia de los debates pasar al asunto de la fábrica La Hércules, pero antes el general Siurob, que se había inscrito como orador, toma la palabra recordando el caso de esta fábrica, señalándose como defensor de ella y pasando en seguida a analizar el problema agrario del estado.

Luego se menciona el caso de la fábrica La Hércules, hablando del origen del paro de esta mencionada fábrica. Una proposición "en plata" de Morones, haciéndose una colecta para los obreros de la fábrica.

De esta ciudad salimos a Irapuato, en donde el general Calles pronuncia un formidable discurso ampliando el que pronunció en Morelia, mencionando también:

> En la convención de Querétaro, los elementos obreros de la República vinieron a demostrar en sus discusiones, su capacidad y su actitud para tratar técnicamente los problemas que a ellos se refieren. Ya no son los alegatos líricos y demagógicos de que se burlaba la olímpica sapiencia de los intelectuales de la reacción; ahora se trata del análisis sereno y consciente de las realidades. Demostraba un obrero en Querétaro, cuáles eran las verdaderas raíces de la crisis que está sufriendo la industria de hilados y tejidos, y hoy quiero yo repetir las fundadas razones que aquel obrero daba para demostrar cómo esos hombres que pretenden ser los directores del país, por su mezquindad y por su incapacidad, no son otra cosa que los autores de nuestra ruina. ... Y por luchar contra tales industriales, propugnando porque modernicen sus industrias y mejoren humanamente la condición de sus obreros, sin perjudicar a los consumidores, se nos llama desquiciadores de la industria.

Continuó el general Calles diciendo que todas las garantías para el obrero se piden a base de leyes, y que, como las ventajas que se pretenden para el campesino no son reivindicaciones nuevas, ni reformas desconocidas, sino que están inscritas en nuestra Constitución. Terminó diciendo:

> Pero en el mundo moderno, nada se consigue si no es por la lucha. La felicidad no es de quien la merece, sino de quien sabe conquistarla. Por eso es nuestra obligación de hombres honrados y sinceros, decirle al pueblo de la República, a las masas trabajadoras, que su bienestar económico y su libertad política, serán obra de ellos mismos: educando su carácter, organizándose con constancia, uniéndose con abnegación, luchando decididamente. Que no los arredren los obstáculos, hay que suprimirlos; que no los detengan las dificultades, hay que aplastarlas. Sólo por el carácter y por la energía del pueblo mexicano podremos conseguir la realización de este programa, que es eminentemente constructivo y mañana tendremos como pago de todos nues-

tros esfuerzos, la patria feliz que anhelamos nosotros y que seguramente gozarán nuestros hijos.

Una salva de aplausos continuos durante cinco minutos siguió a las últimas palabras del general Calles.

De Irapuato salimos para Aguascalientes, y en la estación Castro un grupo de agraristas, llevando a sus mujeres y a sus hijos, aclamaron cariñosamente al general Calles, candidato campesino, y le llevaron flores y fruta de sus campos. En estación Encarnación, delegaciones de los partidarios de partidos políticos saludaron a su paso y comisiones de los partidos políticos de Aguascalientes se incorporaron a la comitiva.

A las diez de la mañana llegó el tren especial del candidato a la ciudad de Aguascalientes donde el pueblo en masa en mayor número de tres mil, le dio entusiasta y cordial bienvenida, organizándose el desfile rumbo al centro después que el obrero J. Manuel Reyes le dio la bienvenida al candidato Calles, en nombre de las organizaciones obreras y campesinas del estado.

La comitiva llegó a la plaza principal fundiéndose con la muchedumbre que allí esperaba y no menos de cinco mil personas escucharon los discursos de los oradores, pronunciados desde los balcones del Hotel Francia. Hizo uso de la palabra el ferrocarrilero José M. Reyes, quien dio la bienvenida al general Calles, terminando con el siguiente periodo: "Aquí, general Calles, en Aguascalientes, reducto de la reacción, donde el clero esclaviza las conciencias y existe la tiranía de un gobierno reaccionario y latifundista, también existe un grupo de luchadores liberales y revolucionarios decididos y un pueblo de obreros, campesinos y clase media que luchan por su candidatura y que están dispuestos a cualquier sacrificio, inclusive el de la vida, para llevarlo al triunfo." Terminó vitoreando al general Calles y a la revolución.

Hablaron varios oradores y luego hizo uso de la palabra el general Calles, diciendo entre otras cosas:

Hemos logrado galvanizar por un momento a los viejos eunucos de la reacción que pretenden hacer una caricatura de acción política atemorizados por mi candidatura; es el terror, el que los mueve ya que me conocen y saben que soy incapaz de engañar al pueblo, que digo lo que siento, que cumplo lo que digo, porque nunca digo más de lo que puedo cumplir; porque saben los señores reaccionarios que no tienen oro suficiente para comprar mi conciencia ni hay fuerza bastante para hacerme abdicar de mis convicciones. ... Nuestra acción va contra los grandes detentadores de la tierra. Yo opino que las tierras que los pueblos necesiten, deben tomarse principalmente de la gran propiedad, de los grandes latifundios, hiriendo sólo los mal entendidos intereses de los grandes acaparadores del suelo, que son los que por regla general ni siquiera visitan sus haciendas, ni se interesan por la producción agrícola, ni por la triste suerte de sus peones; toda su actividad se reduce a pedir a sus administradores y mayordomos que aumenten la explotación de sus trabajadores para tener mayores cantidades de oro que dilapidar en los placeres, en las grandes capitales. El medio y pequeño propietario; el que directamente aplica el esfuerzo de él y los suyos al cultivo de su heredad, nada tiene que temer de nosotros, al contrario, nosotros tenderemos a darle felicidades y prestarle garantías para que aumente la producción de su predio y contribuya así a mejorarse, mejorando la situación de la colectividad.

Para terminar dijo lo siguiente:

Voy a terminar, porque me complace en estas reuniones oír la voz de los trabajadores. Quiero darles oportunidad para que ellos sean los que hablen y nosotros escuchemos, porque he recogido muy grandes y provechosas enseñanzas de las peroraciones de los trabajadores, tanto del campo, como de la ciudad. Sólo réstame decirles que sepan que yo y el grupo de hombres que viene luchando conmigo sabremos cumplir con nuestros deberes; sepan que no somos unos farsantes, que hablamos con la verdad, con toda la verdad.

El general Calles fue aclamado y vitoreado con un entusiasmo sin precedente.

Después hablé yo siendo muy aplaudido por mi discurso.

Llegamos a la ciudad de Guadalajara el día 22 de mayo. La muchedumbre se agolpó en el interior de los andenes y en las afueras de la estación prodigando aplausos y vítores al candidato.

Inmediatamente se trasladó en automóvil, seguido de su comitiva, al restaurante La Fama Italiana, saliendo al balcón y siendo presentado al pueblo por el diputado al Congreso de la Unión, Ricardo Covarrubias, que hizo elogios del candidato, obteniendo al final una estruendosa ovación.

En esos momentos, las siete de la noche, una manifestación monstruo pasó frente a La Fama Italiana. Formaban la descubierta un grupo de charros, seguían el Partido Liberal Jalisciense, el Liberal de Occidente, los Obreros de Jalisco, la Juventud Revolucionaria, el Liberal Morelos, Leales, Guillermo Prieto, Melchor Ocampo, Cooperativista Jalisciense, Ramón Corona, Laborista Jalisciense, Obreros Rojos de Jalisco, Obreros Radicales, Donato Guerra y Obreros del Batán.

Hora y media duró el desfile, sumando veinticinco mil almas los manifestantes. Además, desfilaron doscientos automóviles y coches de sitio. Una vez que los manifestantes terminaron, se reunieron frente a La Fama Italiana y el general Calles tomó la palabra diciendo:

Mis primeras palabras serán para hacer presente a los trabajadores del estado de Jalisco y a la clase media, que son los que están aquí representados, mi profunda y sincera gratitud por esta demostración de simpatía y adhesión hacia mi candidatura. Al mismo tiempo me es grato hacer presente mi admiración a este pueblo por su sentir de justicia y gratitud demostrado en los vítores al general Amaro y al general Cárdenas, que se hallan acompañándome en esta ocasión, los que lucharon defendiendo al proletariado mexicano.

... Aquí en esta ciudad de Guadalajara, donde dio su primer grito la reacción, donde los latifundistas votaron trescientos mil pesos para combatir mi candidatura, esos hombres derrochan fortunas para continuar teniendo influencia y poder y han sido siempre incapaces de curar a un enfermo, de dar de beber al sediento o de mitigar un poco el hambre de sus pobres peones, sintieron espanto desde el momento en que manifesté mis ideas con respecto al problema agrario de la República, y dijeron los latifundistas que yo iba a destruir la sociedad mexicana y dijeron que yo destruiría a todas las fuentes de producción, y sepa el proletariado de la República que esos latifundistas de Jalisco son los mismos que fueron a México para ver si podían corromper mi conciencia, pero cuando no encontraron eco para fundar sus esperanzas en mi personalidad, entonces fue cuando pensaron en venir a corromper a los militares traidores y sofocar las aspiraciones del pueblo mexicano. Los latifundistas de Jalisco de una manera pérfida, han querido atraerse para que hagan causa común con ellos, a los pequeños propietarios, a los que siembran la tierra y la riegan con el sudor de su frente. Hay aquí en Jalisco más de cien mil de estos pequeños propietarios. Éstos nada deben temer; tendrán siempre toda nuestra protección y respeto como los campesinos que reciben tierras ejidales. Los grandes latifundistas de la tierra, los grandes esclavistas que nunca han ayudado a los campesinos, que nada producen por ellos mismos, y todo lo acaparan, a esos hay que quitarles la tierra y enseñarles cuál es en estos tiempos la misión social de los miembros de la fortuna. A esos habrá que quitarles la tierra que sea necesaria para que los pueblos tengan lo que necesiten, para que puedan vivir, como ha querido generosamente la Constitución de la República.

Para terminar dijo:

Todos los hombres que producen, lo mismo los de la clase media que los trabajadores del campo y de la ciudad, pueden estar seguros de que el general Calles y quienes están con él cualquiera que sean las circunstancias y el futuro, nunca traicionarán sus ideas e irán con ellos a donde son necesarios para hacer de nuestro México no una dolorosa confusión de explotadores y eternamente oprimidos, sino un país en que con algo de felicidad para todos reciba cada quien el merecido fruto de sus esfuerzos.

A las nueve de la noche se efectuó otra manifestación y se pronunciaron otros discursos frente a la Catedral, preparada por la Liga de Partidos Revolucionarios de Jalisco, habiendo yo pronunciado un inspirado discurso.

La gira política del general Calles se señaló por una no interrumpida serie de ovaciones. En todos los puntos de tránsito fue recibido entusiastamente por los moradores de esos lugares y de los próximos que se congregaron en las estaciones para saludarlo. En Colima se le hizo una recepción magnífica y más de tres mil personas lo acompañaron hasta el centro de la ciudad, donde pronunció un discurso muy importante.

A las cinco de la mañana del día 23 de mayo, salimos de Guadalajara, llegando como a las ocho de la mañana a Zacoalco, donde a pesar de no haberse sabido la hora del arribo del general Calles, empezó a congregarse rápidamente el pueblo hasta completarse unas doscientas personas que vitorearon al candidato.

La estación Sayula se encontraba adornada y el pueblo campesino en masa, en número aproximado de trescientos, aclamó al candidato y el representante de las comunidades agraristas dio la bienvenida al general, contestando yo a nombre del candidato. La multitud aclamó entusiastamente al general Calles al reanudarse la marcha.

En Ciudad Guzmán una muchedumbre aclamó la llegada del general Calles. Todas las clases sociales de la población, inclusive damas y señoritas y un regular número de campesinos de los alrededores, se congregaron en torno del candidato al descender del convoy, vitoreándolo con entusiasmo. El candidato y sus acompañantes fueron a dar una vuelta en automóvil al centro de la población y en la plaza principal el general Calles estuvo departiendo con las comisiones de las comunidades agrarias del distrito, recibiendo cariñosa ovación de parte de los obreros y los campesinos.

Al llegar a Zapotiltic el general Calles y su comitiva, una compacta muchedumbre de campesinos lo aclamó en medio del tronar de las cámaras.

En Tuxpan, verdaderamente se hallaba congregado todo el pueblo en la estación.

En la estación Tonilita se congregaron diversas representaciones de las organizaciones políticas y sociales del pueblo de Tonila, que queda muy distante, a dar la bienvenida al candidato popular y a saludarlo.

A las cinco de la tarde llegó el general Calles a Colima, donde una compacta muchedumbre, portando banderas y estandartes lo aclamó delirantemente.

Como tres mil personas desfilaron tras del general Calles y sus acompañantes, aclamándolo en el camino, mientras que por todas las calles era entusiastamente aplaudido por el pueblo de Colima íntegro, inclusive un gran número de mujeres.

El licenciado Francisco Solórzano Béjar, a nombre del Partido Independiente le dio la bienvenida al candidato siendo aplaudido y vitoreado por sus paisanos.

En seguida habló el general Calles, quien obsequiando las súplicas que de antemano le habían dirigido los líderes de Colima, volvió a desarrollar su programa tan conocido sobre materia agraria, mejoramiento industrial y organización, elevación de la clase media, siendo al terminar muy aplaudido por toda la muchedumbre que lo escuchaba.

A continuación hablé yo y recordé cómo el pueblo de Colima prestó su entusiasta apoyo a la revolución cuando el general Obregón era candidato presidencial y se trataba de conquistar la efectividad del sufragio seriamente amenazado por el capricho imposicionista del señor Carranza. Hice a continuación una exposición de las transformaciones que en la política mexicana determinó la campaña política del general Calles, con su claridad de expresión y su sinceridad para apoyar su campaña en la verdad y no en el engaño, y por la falta absoluta de compromisos con partidos políticos, camarillas, candidatos y líderes, y agregué:

> El general Calles llegará al poder con grandes, con enormes compromisos morales, contraídos con el pueblo mexicano, pero compromisos de principios, compromisos de un programa que tendrá que cumplir, de un proletariado que tendrá que organizar y de una reforma social que deberá continuar sin vacilaciones, con abnegación y con entereza inquebrantables. Pero el general Calles no lleva al poder ningún compromiso personal ni político de partido, y así podrá organizar su gobierno con personas a base no de lealtad política o personal, sino de lealtad revolucionaria y de capacidad técnica.

Hice también un breve análisis sobre el programa social del general Calles y terminé deseando para el elemento liberal y revolucionario de Colima y para la masa de campesinos y productores que mantuvieran incólumes sus principios y su dignidad diciendo que si la reacción pretendía conquistar sus conciencias por la propaganda o por un evento cualquiera imponer sus privilegios por la fuerza, la ola negra reaccionaria se estrellaría contra el pueblo de Colima, como las olas del océano Pacífico se estrellan contra sus acantilados, lanzando al espacio la espuma de su rabia impotente para derrumbarlos, hueca y vana como todas las impotencias y todos los despechos. Muy aplaudido fue mi discurso.

De Colima regresamos a la capital de la República, llegando el día 26 de mayo a las tres de la tarde a la estación Colonia, después de la gira triunfal que hizo el general Calles por los estados del suroeste, en donde expuso ampliamente su programa político y definió sus orientaciones y tendencias.

Aun cuando muy pocas personas tenían conocimiento de la llegada del candidato, la noticia circuló a última hora vertiginosamente y en los andenes de la estación se acumuló una verdadera muchedumbre a dar la bienvenida al candidato.

Comisionados del centro director de la campaña pro Calles, del Partido Cívico Progresista, el partido de la clase media, de la Unión Regional Socialista del Distrito Federal y de otras muchas agrupaciones callistas, estuvieron a recibir al general Calles, a quien presentaron sus felicitaciones por el éxito obtenido, contestando el general Calles a esas demostraciones de simpatía con palabras de agradecimiento.

Las fatigas del viaje y el deseo de reposo hicieron que el candidato se dirigiera inmediatamente a su domicilio, empleando el resto de la tarde en despachar algunos asuntos de suma urgencia.

El general Calles permaneció unos días en la capital despachando asuntos de diversa índole y preparándose para reanudar la gira política por los estados de Puebla, Tlaxcala y Veracruz, pasando por la ciudad de Apizaco, Tlaxcala, el día 8 de julio a las 11 de la mañana, siendo yo uno de sus acompañantes.

El día 9 de junio, y después de que en diversas estaciones del camino, en territorio de los estados de Puebla y Tlaxcala, manifestaciones de obreros y campesinos ocurrieron a aclamar al candidato popular general Plutarco Elías Calles, tanto él como todos los que lo acompañábamos hicimos nuestra entrada al territorio del estado de Veracruz, siendo recibido el candidato con enorme entusiasmo en todas partes.

En la estación de Maltrata una gran manifestación concurrió a dar la bienvenida al general Calles, y al llegar a Santa Rosa, a las tres de la tarde, una imponente manifestación tuvo lugar allí, a pesar de la lluvia un tanto molesta que estaba cayendo y que no fue bastante para enfriar el ambiente de entusiasmo que reinaba entre los elementos que se habían congregado a esperar al candidato.

En medio de la misma enorme animación, llegó el general Calles a los centros obreros de Santa Rosa, Nogales y Río Blanco, y a las siete de la noche hizo su entrada en Orizaba, donde una manifestación de más de diez mil almas aclamó al candidato popular, celebrándose esa misma noche un mitin en el Teatro Llave, al que asistió el general Calles.

Desde los balcones del Hotel Francis se dirigieron los obreros a la muchedumbre compacta y abigarrada de más de doce mil almas, y dio la bienvenida al general Calles en nombre de los trabajadores del cantón de Orizaba el líder Eulalio Martínez.

Habló después el general Calles, quien a continuación de agradecer la manifestación, atacó rudamente a la reacción y a las armas innobles que emplea en la lucha contra los intereses populares. Terminó diciendo: "El pueblo mexicano va con paso lento, pero firme, conquistando su mejoramiento y no habrá fuerzas, por grandes que ellas sean, capaces de detenerlo en su marcha de progreso." A continuación el general Calles felicitó al pueblo veracruzano por la organización que tenía y lo exhortó a seguir por este camino, pues únicamente la organización que da la fuerza y la educación que da la competencia permitirán mañana derrotar para siempre los trabajos reaccionarios por poderosos que ellos sean. El general Calles fue delirantemente aclamado por todos los oyentes.

Para el día 5 de junio de 1924 se encontraban registradas en el departamento de Gobernación la candidatura del C. general Ángel Flores, para presidente de la República, registrada por el Partido Nacional Revolucionario, y la del C. general Plutarco Elías Calles, para presidente de la República, registrada por la Alianza de Partidos de la capital, entre los que figuraban el Partido Laborista Mexicano, el Partido Radical Mexicano, la Unión Regional Socialista del Distrito Federal, el Partido Liberal Constitucionalista y algunos más.

A las ocho y media de la noche dio principio el gran mitin organizado por el Partido Veracruzano del Trabajo, en el Teatro Llave de la ciudad de Orizaba. El coliseo se encontraba pletórico de concurrencia de todas las clases sociales, figurando entre ella numerosos elementos femeninos.

Habló el general Calles, que fue grandemente aplaudido. Después hablé yo, tomando como alma el lema de uno de los partidos reaccionarios de la localidad, pronunciando un discurso sobre la diferencia de criterio entre revolucionarios y reaccionarios de los conceptos de paz, justicia y libertad, hablando ampliamente sobre las tendencias de ambos grupos. Al concluir mi discurso, me referí al cargo de ingrato que me hizo un florista desde la ciudad de Puebla, porque habiéndome salvado el general Flores de las aguas del río Cupatitzio, no lo seguía ahora como su partidario político. Yo referí los sucesos del río Cupatitzio y dije que era cierto que el general Flores me había ayudado a salvarme cuando me ahogaba en aquel río; y que por eso yo siempre le he guardado gratitud personal, pero que se necesitaba hacer uso de una lógica muy obtusa y no comprender el respeto y la lealtad que se deben tener a las propias opiniones para concluir que yo no estaba obligado a seguir fielmente al general Flores en cualquier camino o rumbo que él tomara.

Y agregué: "Y si el señor general Flores me salvó de las aguas del río Cupatitzio con la idea preconcebida, que no puede ser cierto, de que cuatro años después lo siguiera yo como candidato de los reaccionarios, declaro aquí con toda la sinceridad de mi corazón que antes de hacerlo, hubiera preferido ahogarme en el río Cupatitzio." Hablé después de otras ingratitudes más reprobables que la ingratitud personal. La ingratitud de los hombres de la revolución que salieron del pueblo y que llegaron a valer por él. La ingratitud de los jefes militares que obtuvieron grado, personalidad y nombre por el brillo que les prestaba la bandera revolucionaria y por sacrificios y dolores con que supo apoyarlos en la lucha el proletariado mexicano. La ingratitud máxima de los que, hijos y hechuras de la revolución, traicionaron a la revolución, se olvidaron de los anhelos y los dolores de las clases populares que les sirvieron de escalón para conquistar una personalidad, por pequeña que ella sea, y se unieron a sus antiguos enemigos, a las clases reaccionarias que antaño combatieran.

"Se nos dice que el general Flores es revolucionario —continué hablando—, porque luchó por la revolución hasta llegar a alcanzar en su ejército el más alto grado; no se hace sino exponer al general Flores, comparando su pasado con su presente, a una muy dura clasificación.

"Cuenta la leyenda —continué—, y si la leyenda no es cierta es hermosa, que Leonardo da Vinci encontró con mucha dificultad modelo para poder pintar en su célebre fresco de 'La cena de Santa María de Gracia', aquella maravilla de Cristo en donde dentro de la pobreza de las formas humanas, logró obtener un destello de la divinidad. Y dice la leyenda que años después, buscando Leonardo en los bajos fondos, en los lugares malditos en donde todas las bajas pasiones, todas las miserias y todas las mezquindades arrojan a los hombres, a las piltrafas de la humanidad, logró encontrar un tipo suficientemente depravado y suficientemente repulsivo que le sirviera de modelo para pintar a Judas, el discípulo traidor y execrable. Y cuál no sería la sorpresa de Leonardo, cuando pudo comprobar que el modelo que le servía para pintar a Judas, había sido el mismo hombre que le sirvió para pintar a Cristo. Y era que el hombre de la expresión inefable, nazarena y todo bondad y todo idealidad, de caída en caída, de traición en traición, de miseria en miseria, había llegado a convertirse en aquella piltrafa despreciable. Y si ahora se le pretende comparar en su escudo de antiguo luchador de la revolución, nosotros diremos que espiritualmente pudo ser el hombre que le sirviera de modelo al excelso Leonardo, y que la revolución sólo recuerda al Flores que pudo servir de modelo para pintar a Cristo y deja a los reaccionarios que se queden con el Judas." Así terminé mi discurso, siendo muy aplaudido.

Con esto terminó la velada a la una de la madrugada.

El viaje del candidato del pueblo, desde Orizaba hasta el puerto jarocho, fue una demostración incontrovertible del prestigio de que gozaba el general Calles en aquella entidad. En todas las estaciones del trayecto fue aclamado delirantemente por millares de manifestantes que acudieron a ellas para darle la bienvenida y expresarle la confianza que depositaron en él los trabajadores del campo y las ciudades. En el puerto se le hizo una recepción muy expresiva al candidato, quien en un brioso discurso fustigó a la reacción y en especial a los extranjeros que apoyaron moral y materialmente el movimiento que encabezó don Adolfo de la Huerta, dirigido contra las clases trabajadoras.

Dijo el general Calles: "Los reaccionarios soñaron que predicaríamos el incendio, la violencia, el exterminio del capitalismo, y tiemblan porque oyen que decimos a los trabajadores algo más práctico y dentro de la realidad y de los derechos y de la moral humana; porque les decimos a los trabajadores que para luchar ventajosamente y triunfar, sólo necesitan organización, organización y más organización."

Y para concluir dijo lo siguiente: "No soy un farsante; no ando buscando votos a base de halagos ni de exaltaciones de sentimientos populares; soy hombre de convicciones; señalo a los trabajadores sus derechos, pero sé también y sabré siempre exigirles el cumplimiento de sus deberes, y, bajo estas bases de sinceridad y de honradez, estaré siempre con los trabajadores organizados de la República."

Recibió grandes aplausos, dianas y vivas entusiastas a la revolución y al general Calles.

De regreso a la capital de la República el general Calles fue despedido en Jalapa con un banquete al que asistieron más de mil personas; después, el general Calles se detuvo en Perote por una hora, para recibir a los campesinos.

El día 22 de junio estábamos llegando a Iguala. Con bastante anticipación a la hora anunciada para la llegada del tren especial en que viajaba el general Calles, la estación se hallaba pletórica de gente, pudiendo notarse en las fisonomías de cuantos acudieron a darle la bienvenida, los sentimientos de afecto que los movieron a congregarse allí y el entusiasmo que los invadía, creciente a medida que se acercaba la hora en que debía llegar el candidato.

Por fin, a las diez se anunció la llegada del tren y desde luego se notó ese movimiento característico de las grandes multitudes, cuando acontece algo que las conmueve hondamente. La alegría se comenzó a expresar libremente y cuando el convoy se detuvo en la estación y el general Calles apareció en la plataforma del carro en que hiciera el recorrido, de todos los labios de los presentes brotaron aclamaciones para él y todas las manos se juntaron en un aplauso unánime. Después de recibida esa primera demostración espontánea y sincera de adhesión, de cariño y de respeto, la manifestación, encabezada por el general Calles se dirigió a la plaza de los Tamarindos y en el quiosco de ella se pronunciaron varios discursos.

Habló primero el líder agrarista Jesús Nava para saludar al candidato en nombre de las clases humildes y a continuación, ante un auditorio de más de cinco mil almas, hizo uso de la palabra el general Calles, quien principió diciendo que el estado de Guerrero le merecía grande admiración, porque sus habitantes han sabido siempre cumplir con sus deberes, siendo así como este glorioso estado ha sido cuna de hombres de la talla de Guerrero y Galeana.

En seguida se refirió a su programa, manifestando que no es de carácter político sino esencialmente social, repitiendo que en caso de que la voluntad popular lo llevara a la primera magistratura de la nación, todos los pueblos tendrían las tierras que necesitaban. Al terminar el candidato, una salva de aplausos demostró que el auditorio estaba completamente de acuerdo con los conceptos vertidos por el general Calles y diversas veces, en los periodos salientes de su peroración fue interrumpido por vivas y aplausos.

Al terminar el general Calles hablaron varios oradores más.

Regresamos a México y el día 26 de junio emprendimos el viaje a la ciudad de Toluca a bordo de automóviles, en viaje de propaganda. En el camino se le unió una numerosa comitiva llegando a ocho mil las personas que se congregaron al aparecer el general Calles en los balcones del Hotel San

Carlos. En la noche se celebró un mitin en el cual el general Calles explicó su programa social.

El día 28 de junio el candidato a la presidencia de la República, general Calles, se embarcó en el puerto de Veracruz èn el vapor americano *México*, para Yucatán, en donde permanecería hasta el día de las elecciones de poderes federales, que tendrían lugar el primer domingo del siguiente mes.

Me permito transcribir a continuación el texto de la última circular de la propaganda callista, que por sus tendencias altamente cívicas y patrióticas, es digna de mencionarse. Salió publicada en el periódico *El Demócrata*, de fecha 3 de julio de 1924, y es la siguiente:

2 de julio de 1924. Circular telegráfica. En nombre señor general Calles, este centro director, recuerda a usted la necesidad de intensificar los trabajos y prepararse con todo entusiasmo para la lucha electoral del próximo domingo.

Nos permitimos también recordarle las instrucciones contenidas en nuestra circular última y que se refieren a los procedimientos que deben normar la actitud de los elementos afines a la candidatura del señor general Calles, para que nuestros enemigos no puedan calumniar al candidato de la revolución ni oscurecer su triunfo.

El respeto al voto es la convicción más firme en el ánimo del señor general Calles y prefiere perder un distrito a recibir actas fraudulentas o manchadas por chanchullo.

La seguridad que el señor general Calles abriga en la fuerza de la opinión revolucionaria del país, no debe ser aminorada ni oscurecida para su acción como gobernante, por maniobras o procedimientos antidemocráticos durante el acto electoral.

Rogamos a usted nos proporcione informes telegráficos del resultado de la elección presidencial, reiterándole el propósito del señor general Calles y de este centro director de no intervenir directa ni indirectamente en la lucha de diputados y senadores, cuando esta lucha se desarrolle entre elementos afines al gran Partido Nacional Revolucionario... *Centro director de la campaña pro Calles.*

Por abrumadora mayoría triunfó en toda la República la candidatura del general Calles el día 6 de julio de 1924, fecha de las elecciones.

La batalla comicial no revistió los caracteres de graves desórdenes que se temía. Hubo en varias casillas escándalos provocados por los agitadores de las candidaturas de nulo arrastre político pero no fueron mayores ni de más consecuencias que las que generalmente se suscitan en toda lucha electoral.

La forma ordenada en que se llevó a cabo en todo el país el acto ciudadano demuestra que iba echando hondas raíces entre nosotros la verdadera democracia, que se basaba en el profundo respeto a las opiniones ajenas expresadas por medio del voto.

A pesar de los temores que abrigaban los timoratos y de las predicciones de los profetas de males, jamás reinó una tranquilidad mayor que la de ese día en todo el territorio nacional.

Todos los telegramas que recibió el centro director de la campaña pro Calles de los diversos estados de la República podrían resumirse en dos frases: "Triunfó el general Calles" y "Las elecciones fueron muy ordenadas".

Yo envié desde la ciudad de Mérida, Yucatán, el día 6 de julio, el siguiente mensaje al doctor J. M. Puig Casauranc, director del periódico *El Demócrata*:

Hoy concluimos la campaña electoral al votar nuestro candidato en la sección electoral número treinta y nueve de esta población, instalada en la colonia Gineres, en el edificio de la escuela Benito Juárez. El general Calles votó para senador y diputado por las candidaturas del Partido Socialista del Sureste y para presidente de la República por don Ramón Ross. Salúdolo afectuosamente, suplicándole nos envíe lo antes posible los informes que reciba de ese centro sobre las elecciones en todo el país. *Diputado Luis León.*

Con fecha 8 de julio de 1924, el doctor José Manuel Puig Casauranc, presidente del centro director de la campaña pro Calles, envió al general Calles a la ciudad de Mérida, Yucatán, el siguiente telegrama:

México, D. F., 8 de julio de 1924. Señor general de división don Plutarco Elías Calles, o/c. Liga Central de Resistencia del Partido Socialista del Sureste, Mérida, Yucatán. Con profunda satisfacción comunícole se logró nuestro anhelo de que hubiera una lucha plenamente democrática. Las recomendaciones terminantes transmitidas constantemente durante la campaña y ratificadas en víspera de la elección, sobre respeto al voto y procedimientos ajustados a la ley debieran usar nuestros representantes en los momentos de la lucha fueron atendidas por el 95 por ciento de nuestros representantes, consiguiéndose se librara una verdadera campaña que está siendo objeto de elogios en la prensa de los Estados Unidos. Con los lunares inevitables por exceso de partidarismo o por ignorancia de un muy reducido número de nuestros representantes, el acto electoral que acaba de pasar, revistió los caracteres de una verdadera lucha en todo el país, habiendo motivo para que se sienta usted orgulloso de la pujanza del Partido Revolucionario Mexicano y de la alta lección de civismo por los elementos avanzados del país han dado a la reacción, obteniendo el triunfo legítimo a favor de usted.

Ya dirijo circular telegráfica nuevamente para reunir datos numéricos resultado juntas computadoras reuniranse cabeceras de distrito próximo jueves, reiterando súplica no se destruya ni nulifique una sola boleta candidato contrario para tener la expresión exacta de la voluntad popular. Estoy absolutamente seguro de que la votación ha sido más abundante que en cualquier otra campaña presidencial de 1910 a la fecha y a pesar torpes calumnias enemigos, en la conciencia pública está la legitimidad del triunfo. A medida que pasan las horas y llegan más noticias de toda la República, va formándose conciencia dentro y fuera del país de lo democrático de la lucha y de la pureza hasta donde lo permite nuestra pequeña preparación democrática de los procedimientos electorales.

Esta limpieza de la elección y la indiscutible legitimidad del triunfo y la copiosísima votación que traduce la fuerza de los elementos revolucionarios del país, darán a usted mayor aliento y fue más definitiva en nuestra seguridad de estar interpretando las tendencias y los sentimientos de las grandes mayorías nacionales y asegurando desde ahora la posibilidad de llevar a la práctica las generosas ideas que encarna la tendencia del callismo y el programa constitutivo y nacionalista de usted.

Siempre consideraré el motivo de orgullo más legítimo de mi vida el haber formado en las filas del callismo, que en momentos de tan grande desorientación espiritual y material de la República halló en la sinceridad de sus ideales y en su amor a la patria, el entusiasmo y el vigor necesario para sacudir el egoísmo y la inactividad ancestral del país en materia política para conseguir un triunfo legítimamente democrático y que más que un triunfo político, significa la cristalización de las tendencias de redención social que el callismo representa. Muy cariñosamente. *Diputado J. M. Puig Casauranc.*

A las diez de la mañana del día 12 de julio regresó a la capital de la República el general Calles, presidente electo de la República, a bordo de un carro especial agregado al tren nocturno de Veracruz; en la estación estuvieron a recibirlo unas cuantas personas, debido a que desde Veracruz, por indicaciones del candidato, se telegrafió a esta capital suplicando a sus incontables partidarios políticos se abstuvieran de hacer manifestaciones de ninguna especie en honor suyo, indicación que fue atendida por las agrupaciones que lo postularon.

Por considerar esta información de interés, me permito transcribir el telegrama que el doctor J. M. Puig Casauranc, presidente del centro director de la campaña pro Calles, le envió al general Calles, quien se encontraba en esos días en Soledad de la Mota, N. L. El telegrama publicado en el periódico *El Demócrata,* de fecha 19 de julio, dice lo siguiente:

México, julio 18 de 1924. Muy urgente. General Plutarco Elías Calles, Soledad de la Mota, N. L. Tengo el gusto de comunicarle que mañana será publicado en todos los periódicos el cuadro oficial con los datos obtenidos en 238 distritos electorales de la República, que arrojan un total de 1 301 947 votos para usted. En este cuadro faltarán datos de 28 distrtios, en casi todos los cuales se sabe ya oficialmente que no llegaron a instalarse juntas computadoras por distintos motivos, como resultado de la enconada lucha para diputados y en los demás que se instalaron las juntas se han presentado tales dificultades para el libre funcionamiento de las mismas que suponemos que al fin y al cabo los expedientes tendrán que ser remitidos directamente a la Cámara de Diputados. Haciendo un cálculo conservativo de los votos obtenidos en esos veintiocho distritos de los que no se conoce el resultado, hemos calculado en 4 mil el número de los que obtuvo usted en cada distrito, lo que da la cifra de 112 mil votos más que habrá que agregar a la anteriormente expresada, resultando así seguramente un total general de un millón cuatrocientos trece mil novecientos votos para usted. Era enteramente inútil esperar más tiempo para la publicación del cuadro estadístico general, porque cuanto más habríamos recibido datos de cuatro o cinco distritos electorales y por otra parte era ya necesario contestar con números redondos y datos oficiales, de las juntas computadoras las insidias de los fracasados floristas. Con la publicación oficial de este cuadro termina la labor del centro director de su campaña, y siguiendo sus instrucciones se han liquidado las cuentas de la primera y segunda épocas de la misma campaña. Todos los demás asuntos pendientes de trámite quedan encomendados al señor licenciado Ortega, bien con el carácter de secretario general de lo que fue centro director o con el que usted quiera darle en adelante...

Al regreso del general Calles de Soledad de la Mota, N. L., y queriendo dejar aclaradas las dudas presentadas con motivo de la participación que tomaría él en la formación de las cámaras federales, transcribo del periódico *El Demócrata,* de fecha 24 de julio, lo siguiente:

Fiel a mis principios democráticos que he venido sosteniendo durante toda mi vida y muy especialmente en mi pasada campaña electoral, no tomaré ninguna intervención en la formación de las cámaras, porque no soy el llamado a intervenir en forma alguna. Como ya dije en repetidas ocasiones, en mítines y discursos, durante mi gira yo sólo deseo que la voluntad popular sea respetada y que entren a formar parte de las nuevas cámaras los ciudadanos que obtuvieron mayoría de votos legales en sus respectivos distritos. Yo desearía también que se hicieran efectivas las sanciones penales que existen en nuestras leyes, para castigar a los defraudadores del voto, inclusive las autoridades municipales que intervinieron como cómplices y coactores de los fraudes electorales. A mi manera de ver, es necesario que se concluya con el sistema de "chanchullos" y fraudes, poniendo un ejemplar que detenga la corriente de inmoralidad política que ha venido desarrollándose en nuestro país, precisamente porque estos fraudes siempre han quedado impunes.

La formación de las cámaras federales será de la exclusiva responsabilidad de los grupos que las constituyan, y espero que mis amigos se clasificarán de acuerdo con sus tendencias en el grupo que considero más afín y más de acuerdo con su manera de pensar. A mis amigos sólo les pido que hagan un esfuerzo de serenidad y de ecuanimidad para que en la discusión y aprobación de credenciales se haga justicia, haciéndose respetar el voto popular. *P. Elías Calles.*

Como presidente del bloque legalista, con fecha 31 de julio de 1924, hice unas declaraciones, que me permito transcribirlas por encontrarlas de interés. Fueron publicadas en el periódico *El Demócrata,* de esa misma fecha. Son las siguientes:

Con fecha de ayer quedó definitivamente constituido el bloque legalista de la xxxi Legislatura y creemos nuestra obligación decir a la opinión pública cuáles han sido las causas que provocaron la formación de este bloque y cuáles son los fines que persigue.

Como es sabido de todos, al terminar las últimas elecciones de poderes federales los presuntos diputados se dividieron en dos grandes grupos: el bloque coaligado que representa los intereses parlamentarios de los partidos nacionales como el Laborista y el Agrarista, y el bloque confederado que representa los intereses parlamentarios de la Confederación de Partidos Regionales. Como todos los grupos que respaldan intereses de partidos, estos dos bloques han tenido choques lamentables por causa de los ciudadanos que habiendo perdido la elección en los distritos respectivos pretenden entrar a la Cámara de Diputados por la fuerza del bloque en que se han clasificado para lo cual azuzan las pasiones políticas del bloque a que pertenecen en contra del otro grupo, pues en una pugna en que domina la pasión y el partidismo ven ellos su salvación, ya que es la única forma de que en la discusión de credenciales por encima del estudio justiciero y sereno de la elección se imponga el criterio político al estrictamente legal.

Durante toda la campaña electoral pasada, tanto por parte de nuestro candidato a la presidencia de la República, señor general Plutarco Elías Calles, como por parte de cada uno de los candidatos que conquistaron una curul en la Cámara de Diputados, se pregonó a los cuatro vientos que nosotros luchábamos porque la opinión pública se manifestara libremente; porque el voto fuera respetado; porque fueran castigados sus violadores y porque a la cámara llegaran como representantes, los verdaderamente ungidos por el sufragio popular.

Tan era esto una necesidad nacional, que encontramos en muchas partes un profundo pesimismo respecto al sufragio, ya que por precedentes establecidos en pasadas legislaturas, se tenía la profunda decepción de saber que de nada serviría luchar por un candidato a diputado, hasta llevarlo al triunfo en los comicios si ya se sabía que después, el grupo dominante en la cámara, o las combinaciones políticas de los grupos de la capital, serían quienes verdaderamente eligieran a los diputados.

Por eso es que, al prever nosotros que el choque de los dos grupos podría traer consigo la repetición de los hechos y casos de las anteriores legislaturas, en que todo se subordinaba a la pasión política y a la solidaridad partidista, creemos que era nuestro deber el tratar de evitar en lo posible la repetición de tan funestos acontecimientos.

Somos amigos y hemos sido correligionarios de ambos grupos; somos presuntos diputados sin problema, puesto que nuestras credenciales son inobjetables; no tenemos prejuicios ni rencores y por eso venimos a constituirnos en el grupo que sólo aspira a hacer justicia en los diversos casos discutibles. Creemos que podemos ser los mejores amigos de ambos bloques, ya que estaremos de parte, en cada caso, de aquel que tenga la razón. Por eso nos hemos colocado en un plano de serenidad, para que la pasión política y el interés de partidos, no ofusque nuestro criterio al juzgar los casos electorales.

Nuestro pequeño bloque no aspira a la fuerza política, ni control. Nosotros no queremos poder parlamentario; no aspiramos a ganar comisiones, mesas directivas, etcétera. Somos un grupo de presuntos diputados callistas, que, conscientes de nuestra responsabilidad, queremos que en la discusión de credenciales nuestro criterio esté orientado serenamente por la justicia y que nuestros votos y nuestros esfuerzos en la tribuna y en la discusión queden al servicio de ella.

Deseamos cultivar las mejores relaciones con los otros bloques y para ellos sólo tenemos respeto y compañerismo. Nuestro bloque, en definitiva, sólo persigue que en la formación de la cámara vea el pueblo que se cumplan las promesas democráticas del callismo y no sufra una desilusión más, cayendo en desaliento cívico que lo torne indiferente y pesimista.

Conscientes de la responsabilidad que hemos contraído ante la nación, vamos a luchar porque la justicia se imponga en la discusión de credenciales y porque lleguen a las curules de la cámara, los verdaderos electos por mayoría de sus distritos; porque se imponga un precedente de moralidad política y se castigue a los violadores del voto. No queremos poder; ambicionamos salvar nuestra responsabilidad, fuimos a predicar esas doctrinas y ahora venimos a respaldarlas con hechos y nuestra actuación en la Cámara de Diputados, para que sepa el pueblo mexicano que no somos, ni impostores ni farsantes. A nosotros sólo nos pueden temer y atacar aquellos que no ganaron legítimamente su elección, o cometieron delitos y violaron el voto popular. México, D. F., 30 de julio de 1924. El presidente del bloque, *ingeniero Luis L. León*.

Por las informaciones proporcionadas se comprenderá que sin jactancia puedo decir que en la propaganda presidencial del general Calles tuve un papel muy destacado o el principal como propagandista y su acompañante.

Como recorrimos la República, volví a estar en contacto con los principales grupos campesinos y obreros y el pueblo en general, pero por mi criterio y mis prédicas agraristas y por mi amistad con los obreros organizados, principalmente con los miembros de la CROM, aparecía yo como un hombre con gran porvenir político en el gobierno del general Calles; naturalmente muchos me señalaban como futuro secretario de Estado.

Con motivo de lo anterior, se encelaron algunos de los altos miembros del gobierno del general Obregón y me decían que tenían todo preparado para entregarme sus oficinas al iniciarse el gobierno del general Calles.

Como cuatro días antes de terminar el gobierno del general Obregón y tomar posesión de la presidencia de la República el general Calles, me envió éste a entrevistar al presidente Obregón para consultarle algunos asuntos.

El general Obregón me dijo que lo esperara para acompañarlo a su salida de palacio a las 13:00 horas y platicar sobre estos negocios en su trayecto al castillo de Chapultepec, donde habitaba.

La consulta fue breve y como a la altura de "El Caballito" ya había terminado y de ahí en adelante hasta Chapultepec empezó la conversación. Yo le conté al general Obregón cómo muchos de sus colaboradores se sentían amenazados por mí y casi bromeando me preguntó quiénes eran. Le cité a varios, entre ellos a un sobrino de él que ocupaba la comisión monetaria y que por haber estado yo de subsecretario de Hacienda, creía que iría a ocupar su puesto y me decía que estaba listo para entregármelo y después le dije: "Figúrese usted que hasta la gente del señor De Negri, secretario de Agricultura y Fomento, se siente amenazada por mí, cosa a la que yo no le doy crédito por la amistad y confianza de usted y del general Calles con De Negri."

Y entonces el general Obregón en forma seria me dijo: "Si yo estuviera en el caso de De Negri también desconfiaría de ti y espero que lo hagas muy bien en la Secretaría de Agricultura y Fomento. Tú eres agrónomo, tienes mucha simpatía entre los agraristas y los obreros y un criterio equilibrado que te permite obrar siempre prudentemente en favor de tus principios de revolucionario avanzado, pero respetando los derechos que la ley otorga a los demás grupos. Creo que lo harás bien."

Así que cuatro días antes de terminar su gobierno, yo sabía confidencialmente que iría a la Secretaría de Agricultura y Fomento; naturalmente guardé el secreto en lo absoluto.

No fue entonces para mí una sorpresa que el día último de noviembre, la víspera de tomar posesión el día 1º de diciembre de 1924, me invitara el general Calles a la Secretaría de Agricultura y Fomento.

Le agradecí profundamente el honor que me confería al fijarse en mí para tal nombramiento, pero tuve que decirle, hablándole con lealtad y franqueza, que había un inconveniente: yo no tenía los 35 años de edad que exigía la ley para ser secretario, pues me faltaban meses para completarlos.

Y el general Calles me contestó: "No lo diga, pues yo lo necesito en Agricultura."

Salí muy agradecido por el nombramiento, y el día 2 de diciembre protestamos todos los miembros del nuevo gabinete:

Subsecretario encargado de la Secretaría de Gobernación: Licenciado Romeo Ortega
(pues para ser secretario se esperaba al licenciado Gilberto Valenzuela, quien se encontraba en Europa)

Secretario de Guerra y Marina:	General Joaquín Amaro
Secretario de Hacienda:	Ingeniero Alberto J. Pani
Secretario de Educación Pública:	Doctor José Manuel Puig Casauranc
Secretario de Relaciones Exteriores:	General y licenciado Aarón Sáenz
Secretario de Industria, Comercio y Trabajo:	Luis N. Morones
Yo como Secretario de Agricultura y Fomento; y	
Jefe del estado mayor:	General José Álvarez

El gobierno del general Calles empezó a trabajar inmediatamente con t da energía y según un programa que tenía muy meditado el nuevo preside i.te.

Recibía un gobierno en muy duras condiciones económicas, pues el general Obregón había tenido que enfrentarse con la revolución delahuertista que costó más de 60 millones de pesos, y además, se encontraba el crédito perdido por el error del señor De la Huerta de haber dispuesto de las cantidades comprometidas al pago de la deuda extranjera y haber girado contra la agencia financiera de Nueva York sin fondos. Igualmente, se debían algunas decenas de sueldos a los empleados públicos.

El general Calles decía que un negocio quebrado sólo se salva con economía y sacrificios; y desde luego nos ordenó a los miembros del gabinete que hiciéramos un sacrificio del 15% de nuestro presupuesto, suprimiendo personal y algunos gastos no indispensables; poco después por nueva economía nos exigió un 10% más.

Con estas economías y una vigilancia constante del presidente de los recursos del Estado, pues se exigió que diariamente le dieran cuenta telegráficamente las oficinas recaudadoras y la Tesorería General de la Nación, del manejo de los fondos, se logró el milagro de que a unos cuantos meses después, el 1º de septiembre de 1925, antes de leer su primer informe de gobierno, se inaugurara el Banco de México, S. A., con un capital de cien millones de pesos, exhibiéndose más de 60 millones de pesos en efectivo.

Al propio tiempo había creado por ley que el banco fuera central y único de emisión, controlando así el problema monetario y sometiendo a las instituciones de crédito a tener un depósito en el banco, permitiendo la ley evitar que hicieran operaciones de agio o especulación y que se dedicaran a invertir para negocios productivos.

Igualmente, el general Calles inició después el pago de la deuda al extranjero y fue liquidando los adeudos del gobierno con las instituciones de crédito que habían sido intervenidas desde el tiempo del señor Carranza.

Existe un estudio pormenorizado sobre todo este gran programa de la economía estatal, que publicó el señor ingeniero Alberto J. Pani.

Por lo demás, para vigilar el buen empleo de los fondos y el manejo de los mismos por los órganos de su gobierno, fortaleció mucho la dirección de Contraloría, que ocupó el meticuloso y exigente señor Luis Montes de Oca.

Sin falsa modestia puedo declarar que mi labor en la Secretaría de Agricultura y Fomento fue destacada y así lo han reconocido posteriormente la mayor parte de quienes me han juzgado.

Fui el primer agrónomo que llegó a secretario de Agricultura y, naturalmente, mi misión era procurar la tecnificación de la misma, por lo que puse en manos de agrónomos compañeros míos las principales direcciones y dependencias de la Secretaría, lo que me atrajo el disgusto de los empleados que, sin ser técnicos habían manejado la Secretaría.

Con satisfacción declaro que inicié y ejecuté el programa avanzado del general Calles; entre otras cosas establecimos la política hidráulica del Estado, creando la Comisión Nacional de Irrigación, encargada de ejecutar las obras de irrigación, origen posteriormente de la Secretaría de Recursos Hidráulicos.

En atención a la topografía de nuestro país y a la mala e irregular distribución de las lluvias, se había venido formando una corriente de opinión (robustecida de 1910 en adelante, cuando se principió a pensar en la reforma agraria) que consideraba indispensable la construcción de obras de riego para el adelanto agrícola del país.

Pero la concepción de ese programa y la realización del mismo, mediante la construcción de obras de irrigación por el Estado, la inició el general Plutarco Elías Calles al llegar a la presidencia de la República. Ya en noviembre de 1925 se había elaborado el "Proyecto de ley sobre irrigación con aguas federales", que para ejecutar el citado programa creaba la Comisión Nacional de Irrigación.

El proyecto de ley se redactó en la Secretaría de Agricultura y Fomento, según los lineamientos dados por el general Calles y yo como su secretario de Agricultura, a la comisión redactora integrada por los señores ingenieros Javier Sánchez Mejorada, Gustavo de P. Serrano, Luis Arturo Romo y Waldo Soberón, llevando como asesor jurídico al señor licenciado Gabino Fraga.

El señor ingeniero Alberto J. Pani, entonces secretario de Hacienda, pidió que el proyecto se discutiera en consejo de ministros, por considerarlo de suma importancia.

El proyecto primitivo establecía que los tres miembros de la Comisión de Irrigación fueran nombrados por el presidente de la República, por conducto de la Secretaría de Agricultura; las modificaciones que pretendía introducir el ingeniero Pani se referían a que los nombramientos se hicieran como sigue: un vocal nombrado por la Secretaría de Agricultura, otro por la Secretaría de Hacienda y un tercero, representando a los terratenientes, nombrado por las cámaras agrícolas nacionales, que de hecho no funcionaban. Así que iban a quedar representados por la Liga para la Defensa de los Agricultores, que dirigían los grandes hacendados de aquel tiempo.

En el consejo de ministros, yo, defendiendo mi proyecto, discutí acaloradamente con el ingeniero Pani. El general Calles escuchó serenamente a las dos partes. Me apoyaron el general Joaquín Amaro, el coronel Tejeda, Luis N. Morones y el doctor Gastélum; el licenciado y general Aarón Sáenz permaneció expectante y manifestaron su inclinación a la tesis del ingeniero Pani el doctor Puig Casauranc, don Ramón Ross y el señor Montes de Oca. Actuó como secretario del consejo de ministros el señor Fernando Torreblanca.

Habiéndose discutido hasta cerca de las cuatro de la tarde, se acordó reanudar el consejo después de tomar un ligero *lunch*.

El presidente Calles me llamó aparte para buscar alguna solución al irreductible conflicto. Yo acepté las modificaciones del ingeniero Pani sobre la base de que se dejara en completa libertad a los miembros de la Cámara de Diputados para discutir y opinar sobre el proyecto, y redactar la ley definitiva.

El 9 de diciembre de 1925 se discutió el proyecto de ley en la Cámara de Diputados y se aprobó el dictamen de la comisión respectiva, que modificó el proyecto de ley del Ejecutivo, para volverlo a su forma primitiva. Los diputados agraristas, licenciado Antonio Díaz Soto y Gama y licenciado Lauro Caloca, aprovecharon el debate para atacar apasionadamente al ingeniero Pani.

Los días 24 y 26 de diciembre de 1925 fue discutido por el Senado y aprobado sin reformas ni adiciones tal como lo envió la Cámara de Diputados.

Tanto en las discusiones de la Cámara de Diputados como en las de la Cámara de Senadores, estuve presente por haber sido llamado, exponiendo las ideas del ejecutivo y tomando parte en las discusiones.

La Ley sobre irrigación con aguas federales fue promulgada en enero de 1926, e inmediatamente creada la Comisión Nacional de Irrigación, la cual inició desde luego los trabajos de estudio y construcción de obras, organismo que con el tiempo, después de lograr grandes realizaciones, se transformó en la Secretaría de Recursos Hidráulicos.

Establecimos las escuelas centrales agrícolas para llevar al campo la cultura elemental de la educación primaria y los consejos de la técnica agrícola para que los hijos de los campesinos mejoraran sus cultivos y sus explotaciones agropecuarias. Establecimos el Banco Nacional de Crédito Agrícola para llevar el crédito al campo; iniciamos el establecimiento de bancos ejidales regionales que de haber continuado habrían enseñado a los ejidatarios y pequeños propietarios a usar el crédito y cumplir sus compromisos y transformarse en sujetos de crédito capacitados para ser clientes de la banca privada y evitar el agio de los caciques pueblerinos que los explotaban.

Organicé la campaña en contra de la langosta, que por primera vez se combatió en la República, en una función técnicamente organizada y que me hizo organizar posteriormente la Dirección de Sanidad Vegetal y la de Defensa Agrícola.

En materia de zootecnia, creé la subdirección de esa rama y entregué las funciones como correspondía a los médicos veterinarios.

Se iniciaron campañas de sanidad animal y fui yo quien volvió a establecer las exposiciones ganaderas que se habían interrumpido desde los tiempos porfirianos, efectuando la primera en el antiguo y desaparecido Tívoli del Eliseo.

Atendí debidamente la dirección forestal e iniciamos las campañas de protección de los bosques y de la formación de especialistas forestales. La Escuela Nacional de Agricultura había sido trasladada a Chapingo y realmente carecía de construcciones y servicios. Otorgaba becas y se inscribían anualmente 500 alumnos, de gente recomendada por influyentes y no precisamente por su vocación al campo. A la escuela le faltaban elementos y le sobraban alumnos que no estudiaban, por lo que casi siempre pasaban aprobados en el primer año 60 u 80, pero la mitad del pequeño presupuesto de la escuela se había consumido en la atención y sostenimiento de tantos alumnos fracasados.

El presidente Calles estaba haciendo un gobierno de muy fuertes economías y para poder levantar al país, así es que para abrir los campos al cultivo de Chapingo y levantar las construcciones necesarias, no pudo darme ningún aumento del presupuesto. Por tal razón, le propuse y aceptó, que cerráramos por dos años el ingreso de nuevos alumnos a la Escuela Nacional de Agricultura, continuando sus estudios el primer año y los demás cursos, pero con los ahorros conseguidos pudimos construir dormitorios, comedor, establos, gallineros, almacén de maquinaria, comprar equipo moderno, tractores, etcétera y abrir más de 300 hectáreas al cultivo dándoles riego; construimos hasta un pequeño molino de trigo.

Posteriormente se abrió de nuevo la inscripción a la escuela de nuevos alumnos, pero se establecieron rigurosos exámenes de admisión para restringir la entrada de muchachos que sólo iban a perder el tiempo.

Creo que con esa obra se inició la organización de la Secretaría de Agricultura, implantándose el programa innovador del general Calles.

La Escuela Nacional de Medicina Veterinaria quedó primero en San Jacinto y posteriormente la trasladé a Coyoacán.

Por lo que se refiere a la cuestión agraria, pues en aquella época la Comisión Nacional Agraria era presidida por el secretario de Agricultura, la reorganización fue profunda.

Iniciamos la tecnificación de la comisión y combatimos las agitaciones políticas y demagógicas.

En ese tiempo se repartieron más de 3 millones de hectáreas, tramitadas legalmente y las pequeñas propiedades inafectables fueron deslindadas siempre topográficamente para evitar problemas, que han surgido posteriormente debido al ansia de los gobernantes de batir el récord de dotación de tierras, la mayor parte de las veces sin planos o mapas viejos encimando ejidos con ejidos para producir posteriormente pleitos que a veces han llegado a la violencia armada entre campesinos e invasores de pequeñas propiedades y toda esa secuela de desorden y de la falta de definición de la tenencia de la tierra que ha producido y sigue produciendo tan graves problemas.

Se elaboró un proyecto de ley de colonización tendiente a desarrollar su objeto bajo postulados modernos que trajeran como consecuencia el bienestar de nacionales que querían dedicarse a la agricultura y de extranjeros dispuestos a incorporarse y mezclarse a la civilización mexicana, contribuyendo así al desarrollo económico de la República. Este estudio obedeció a que la ley de colonización vigente de 1883 había dado como resultado el acaparamiento de enormes extensiones de terrenos con tendencias de colonización extranjera, resultado por consecuencia ineficaz y contrario a las orientaciones agrarias del país. Por igual razón se dejaron en suspenso las disposiciones de 1921 a este respecto.

En la Dirección de Estudios Geográficos y Climatológicos se continuaron los trabajos de campo para la construcción de cartas geográficas de los estados de Chihuahua, Sinaloa y Yucatán, ligando la triangulación del paralelo 26 grados 30 minutos, con las de Chihuahua y Sinaloa, para que obedezcan a un plan de conjunto relacionado con la distribución de cadenas geodésicas en el país. Por primera vez se organiza una expedición para la medida de la intensidad de la pesantez por medio de aparatos modernos, aprovechándose los numerosos trabajos topográficos que ejecutaban diversos departamentos del gobierno para aprovechar dichos trabajos en la formación de la carta general de la República.

Se creó el Consejo Directivo de los Levantamientos Topográficos de la República.

El observatorio astronómico preparó la publicación del catálogo astrofotográfico y del anuario del observatorio astronómico para 1927.

Se dictaron importantes disposiciones para la protección efectiva de la flora y de la fauna del país.

Se desplazaron todas las actividades necesarias a efecto de extinguir la fiebre aftosa que apareció en el estado de Tabasco, habiéndose conseguido que el expresado mal no haya salido de la región en que se inició.

Se creó el departamento de indemnizaciones.

Se expidió la Ley de repartición de tierras y constitución del patrimonio parcelario ejidal.

III. "... recias y claras verdades en contra de los malos ministros del Señor ..."

EL CLERO católico de tendencia conservadora ambicionó siempre el poder temporal; en el pasado, oponiéndose a los movimientos progresistas y liberales, combatió a la Independencia, a la Reforma y a la Revolución, llegando hasta la pública alianza con el sanguinario Huerta.

Su actitud de rebeldía la definió con la "Protesta del episcopado mexicano", publicada en 1917 en San Antonio, Texas, combatiendo la Constitución de 1917, documento que firmó el señor Mora y del Río, primado de la Iglesia de México, con todos los obispos de la República que residían en el extranjero. Fue respaldada por el episcopado americano y elogiada por el papa.

Protestaron contra la enseñanza laica, la supresión de las órdenes monásticas y la clausura de los conventos y contra las modalidades impuestas a la propiedad, prohibiendo al clero poseer y administrar otros bienes que no sean los indispensables y dedicados al culto, declarando que esos bienes son propiedad de la nación. Desconocieron la Constitución y recomendaron la desobediencia a las leyes.

Eran tiempos de violencia y los revolucionarios se dedicaron a vencer la dura resistencia de intereses y fuerzas reaccionarias internas, procurando la pacificación del país, razón por la que no hicieron caso de aquel desafío lanzado desde el extranjero y que sólo sirvió para orientar a los clérigos en contra de la revolución. No conmovieron al pueblo y la historia prueba que nuestra lucha siempre ha estado con los revolucionarios liberales a pesar de ser católicos en su mayoría, desoyendo a los jerarcas de la Iglesia, demostrando que la mayor parte profesa la religión católica, pero no es clerical.

Don Venustiano Carranza y el general Obregón, ocupados en muchos difíciles problemas, se despreocuparon de esa latente rebeldía y "dejaron hacer al clero".

La misma conducta siguió el general Calles, hasta principios de 1926. La legislación petrolera había logrado casi la ruptura con el gobierno estadunidense, que presionaba para modificar la ley, pretendiendo que traicionáramos el principio nacionalista de la Constitución.

Los petroleros estadunidenses derramaron grandes sumas de dinero en propaganda internacional contra el gobierno, ofreciendo apoyo económico a toda rebeldía antirrevolucionaria y creyendo que era la oportunidad para derribar al gobierno del general Calles, con una "guerra sagrada religiosa", apoyada por la reacción con la ayuda extranjera.

Respaldaron la rebeldía los Caballeros de Colón estadunidenses, proporcionando fondos y llegando a conseguir, a los representantes de la conspiración mexicana, una entrevista con el presidente Coolidge, demandando respaldo a la rebeldía y hasta la intervención extranjera.

En México, los políticos reaccionarios pretendieron agitar al pueblo fundando la Liga Nacional Defensora de la Libertad Religiosa, y para perjudicar al gobierno declararon el boicot económico para conseguir la paralización de la economía del país, hasta que se reformaran las leyes anticlericales.

Esta ofensiva contra Calles se inició en enero de 1926. El país estaba tranquilo y la gente dedicada al trabajo, empezando a entusiasmarse con la gran obra constructiva que cimentara definitivamente las instituciones revolucionarias; como sucedió.

El Universal publicó declaraciones refiriéndose a la rebeldía del clero en contra de los artículos constitucionales, declaraciones que todavía pasaron desapercibidas al gobierno. Pero el día 4 de febrero de 1926, publicó *El Universal*, en un marco, en lugar preferente de su primera plana, lo que sigue:

El ilustrísimo señor arzobispo de México se sirvió hacer a nuestro redactor señor Ignacio Monroy, la siguiente declaración *dictada por él:* "La doctrina de la Iglesia es invariable, porque es la verdad divinamente revelada. La protesta que los prelados mexicanos formulamos contra la Constitución de 1917, en los artículos que se oponen a la libertad y dogmas religiosos, se mantiene firme. No ha sido modificada, sino robustecida, porque deriva de la doctrina de la Iglesia. La información que publicó *El Universal*, de fecha 27 de enero, en el sentido de que se emprenderá una campaña contra las leyes injustas y contrarias al derecho natural, es perfectamente cierta. El episcopado, clero y católicos no reconocemos y combatiremos los artículos 3º, 31º, fracción I; 5º, 27º y 130º de la Constitución vigente. Este criterio no podemos, por ningún motivo, variarlo, sin hacer traición a nuestra fe y a nuestra religión.

El desafío a la autoridad del gobierno era manifiesto. El general Calles se vio obligado a tomar en cuenta esa agresión injustificada y procedió a exigir el cumplimiento de los mandatos de la Constitución de 1917, en defensa de su autoridad y dignidad. Exigió que todos los sacerdotes extranjeros, de cualquier culto, abandonaran el país, ya que en la Constitución sólo se permite ejercer a los sacerdotes mexicanos, y les recordó que los edificios y bienes dedicados al culto eran bienes nacionales ordenando se hicieran inventarios de dichos bienes y que se registraran ante el gobierno los sacerdotes encargados de los templos y capillas, para que la nación, propietaria, conociera los nombres de quienes administraban sus pertenencias. Se ordenó la clausura de todos los conventos y la exclaustración de monjas y monjes, y el clero, pretendiendo provocar una guerra religiosa, ordenó la desobediencia a la ley y el abandono de los templos, desconociendo a la Constitución y al gobierno en una "Carta pastoral colectiva de los obispos mexicanos", que publicó *El Universal*, el día 25 de julio de 1926.

En esa atmósfera de lucha contra el gobierno del general Calles, que se defendía de una agresión que nunca provocó, las fuerzas reaccionarias que disfrazaban su anhelo de retroceso en defensa de sus creencias religiosas, que nunca fueron atacadas por elementos liberales revolucionarios, y estaban decididas ya a la guerra civil, se efectuó la controversia celebrada en el Teatro Iris, de la capital de la República, el día 4 de agosto de 1926, bajo los auspicios de la Federación de Sindicatos Obreros del Distrito Federal, pertenecientes a la CROM, entre el señor ingeniero Luis L. León, por parte de las organizaciones obreras, y el señor licenciado Manuel Herrero Lasso, por parte de la Liga de Defensa de la Libertad Religiosa en México, sobre el tema "El movimiento revolucionario y el clericalismo mexicano".

A continuación me voy a permitir transcribir algunos de los párrafos más importantes de los discursos que pronuncié esa noche:

Hay que hacer desde luego una aclaración que se impone: los compañeros de la Confederación Obrera Mexicana, en esta controversia de ideas y —¿por qué no decirlo?— de intereses encontrados y de pasiones, si han mandado aquí en su representación a tres secretarios del gabinete del general Calles, no lo han hecho por el puesto oficial que ocupamos; ha sido por sus antecedentes, por la vieja amistad que nos tiene unidos con ellos, como compañeros en luchas pasadas y como aliados siempre en las luchas de la revolución.

Hablamos aquí, pues, no como ministros, sino como revolucionarios; aquí somos personalmente responsables de nuestras ideas y nunca puede considerársenos como el portavoz del gobierno.

Cabe hacer esta aclaración, para evitar que nuestra presencia en esta controversia se interprete como deseo del gobierno de convencer al partido católico, y la creo necesaria, porque hoy mismo nos hemos dado cuenta de una maniobra tendenciosa, que es necesario aclarar de una vez por todas ante la opinión pública. En la prensa de hoy en la mañana se da la noticia de "que comisiones de personajes influyentes" se agitan como intermediarios para conseguir un acuerdo, y andan procurando alcanzar un *modus vivendi,* un equilibrio, una armonía, entre la Iglesia y el gobierno.

Y si en esta conferencia voy a hablar como revolucionario y bajo mi estricta responsabilidad personal, permitidme que a este respecto diga diez palabras aquí como funcionario público, y las diré para sostener que el gobierno no tiene ningún conflicto planteado; que el gobierno en este asunto solamente trata de hacer cumplir las leyes constitucionales y no ha hecho otra cosa que reglamentarlas para que no carezcan de sanción, y lo único que sostiene, es que todo el mundo debe someterse a esas leyes.

El gobierno de México no tiene ningún conflicto; el conflicto es del clero católico mexicano. Las leyes están en vigor; el gobierno sostiene y sostendrá que todos deben someterse a ellas, y en cuanto el clero se someta a ellas, recibirá los templos para ejercicios del culto; y si no se somete, continuarán abandonados; la ley tendrá que obedecerse, y si no se quiere obedecer la ley, hay que hacer una rebelión, derrocar al gobierno y poner uno que la desobedezca o que la reforme. *(Aplausos.)*

Y hecha esta aclaración, entro a la conferencia.

...Para llegar a explicar el conflicto actual, permitidme, señoras y señores, que haga un rápido recorrido a través de la historia de nuestro país, porque en nuestro pasado se encajan profundamente las raíces de los árboles que ahora florecen y fructifican. De nuestro pasado arranca la génesis del actual movimiento revolucionario y allí se encuentra el origen de los intereses que lo combaten, porque se sienten heridos por él.

...Supongamos por un momento que repentinamente se arrojara sobre México una civilización superior, contra la cual nos fuera imposible la lucha porque trajera armas de destrucción muy superiores a las nuestras, y nos llegaran los enemigos y la muerte por caminos hasta entonces desconocidos para nosotros, por el aire, por el agua, surgiendo del suelo mismo, y que, vencidos y aniquilados por la superioridad de esas armas, los conquistadores vinieran en nombre de una civilización superior, tomando como bandera una moral más elevada de supercivilización y superhombres, y creyendo justificarse como sostenedores de un pendón de más alto prestigio que proporcionara una más alta esperanza en el terreno espiritual, vinieran a derrumbar nuestros templos y nuestras creencias, las creencias que tiene la mayoría del pueblo mexicano, las creencias católicas; que sobre las ruinas de nuestros templos y la pulverización de nuestras imágenes, la persecución y el exterminio de nuestros sacerdotes, pretendieran levantar nuevos templos, celebrando otros cultos, con otros sacerdotes e imponernos todo esto en nombre de una civilización superior, esto nos obligaría a luchar hasta el fin, protestando rebeldes contra esa iniquidad y esa injusticia en nombre de la libertad del pensamiento.

Pues bien, señoras y señores, por un hecho insólito como ese se inauguró en nuestro país la acción del clero católico y, apoyado por la fuerza de los conquitadores, destruyó los templos de los indios y pulverizó los dioses que adoraban esos indios, lo que indudablemente da base a nuestras futuras guerras civiles y no puede tomarse como cimiento de consistencia sobre el que pudiera construirse la nación futura. Ahí se encuentra el secreto de nuestras futuras disensiones y el clero romano debió desde entonces atenerse a las consecuencias, pues por haber sembrado vientos ha tenido que conformarse con recoger tempestades a través de nuestra historia. (Aplausos.)

...Llegaron los conquistadores españoles y poco después llegaron los primeros misioneros de la fe cristiana. Cortés mismo pidió al monarca español que mandara frailes regulares y no miembros del clero secular, que ya entonces era motivo de escándalo en la misma península por su prostitución.

Y aquí cabe una aclaración: nosotros, los revolucionarios de 1926, no tememos a la historia, no negamos la historia. En el desarrollo de la historia de nuestro país hacemos justicia a unos y a otros; pero orgullosos de nuestro abolengo, somos solidarios de nuestros antecesores en sus aciertos, en sus errores y en sus crímenes; y desde el punto de vista de nuestros antecedentes históricos como partido, nos consideramos como el último fruto de un árbol libertario que ha crecido recio y vigoroso en nuestro suelo bendito, abonado por la sangre de nuestros abuelos.

Por eso nosotros no nos hacemos aparecer como un partido improvisado y sin antecedentes, y encontramos justificado nuestro proceder y bien basada nuestra acción en la historia de nuestro país. Como revolucionarios, el partido que tiene la responsabilidad del poder en 1926, está formado por la última generación que extiende sus antecedentes a través del pasado y que como grupo de acción ha venido evolucionando desde 1910. Somos liberales y hemos sido rebeldes, casi siempre hemos sido sediciosos en el pasado y, a pesar de estar hoy en el poder, declaramos solemnemente que nosotros no somos intolerantes y que con este elevado pensamiento venimos a esta lid. Desde luego declaramos que esta controversia nada tiene que ver con religión alguna; que esta controversia no puede ser dogmática; que esta controversia no se refiere a la libertad de conciencia y de pensamiento que nosotros respetamos, y que consideraríamos discusión inútil, por vieja, venir ahora a controvertir sobre esos principios liberales que hace más de medio siglo arrancamos en lucha cruenta a la casta clerical y conservadora, hasta inscribirlos en nuestra misma legislación. Nosotros no atacamos religión alguna, pero forzosamente tendremos que decir duras verdades a quienes han hecho política con la religión. (Aplausos.) La mayor parte de los revolucionarios actuales han sido, y muchos lo son todavía, católicos, cuando menos de origen; católicos, apostólicos, romanos. Así es que esta lucha no puede ir en contra de esa religión ni de ninguna otra; pero advertimos que tenemos que decir recias y claras verdades en contra de los malos ministros del Señor, que toman la religión para conseguir riquezas y para alcanzar poderío político. (Aplausos.)

...Los primeros misioneros son de las figuras más grandes y más nobles de nuestra historia patria; nosotros siempre saldremos a su defensa, porque estamos a su lado y porque en este momento representamos su causa.

Los primeros misioneros eran verdaderos representantes de Cristo en la Tierra; pobres y abnegados despreciaron las riquezas y se aliaron con el débil, con el que nada podía darles, con el indio, y lo defendieron de los encomenderos y de la brutal codicia de los conquistadores. Nosotros amorosamente hacemos justicia a esas figuras heroicas y nobles de la historia y no es en las hipérboles vulgares de la literatura conservadora donde hemos encontrado el amor que por ellos sentimos. Quien quiera comprender la labor de los misioneros, que vaya al norte del país, de donde soy originario, y contemple las ruinas de las viejas misiones plantadas en el centro de desiertos inmensos; que siga el itinerario de los misioneros a través de los campos yermos, sin agua y sin vegetación. Por allí desfilaron como teoría de sacrificio admirable y de voluntad incontenible, sin amigos, rodeados de peligros, sin soldados, sin ese poder temporal que después pelearían con tanto ahínco sus sucesores; iban los misioneros descalzos y hambrientos, convirtiendo a los indios, luchando contra todas las calamidades, y si hay alguna empresa digna de elogio del alma hispana, es la empresa de haber poblado de misiones esos desiertos, no llevando otras armas que su fe y la voluntad indomable de aquellos verdaderos discípulos de Cristo. (Aplausos estrepitosos.)

Pero si los misioneros apostólicos creyeron cándidamente que la empresa de la conquista de Nueva España era sólo una misión espiritual, ¡qué pronto nos desengañaron con sus actos de voracidad y de rapiña los conquistadores españoles, que le daban muy marcado carácter de materialismo a la obra de España en América!

En los primeros años de la conquista española fue cuando se planteó el problema cuya solución ha venido agitando y conmoviendo a este país durante siglos hasta nuestros días. Los conquistadores, basados en el derecho de conquista, confiscaron las tierras de los indios y confiscaron a los indios mismos. Y ¿sabéis quién legalizó ese derecho ante el mundo civilizado?, pues fue el papa Alejandro VI, por medio de una Bula famosa fechada el 4 de mayo de 1493, Bula que adjudicó a los reyes católicos (leyó): "Las tierras nuevamente halladas o que se descubriesen en adelante al Occidente y Mediodía, tirando una línea del Polo Ártico al Antártico, distante de las Islas Azores y Cabo Verde cien leguas al poniente y sur, de manera que todas las islas y tierra firme que se descubriesen desde dicha línea hacia Occidente y Mediodía, perteneciesen perpetuamente a los reyes de Castilla."

Así es que entre los indios de América se hacía nacer un sentimiento de odio y de protesta para el clero católico, porque en nombre de un derecho divino, la autoridad del pontífice legalizaba el despojo sin tasa que había impuesto la conquista por la fuerza bruta. Entonces los que han sostenido esa doctrina, ¿por qué se admiran de que repartamos haciendas, si ellos repartieron continentes? (Aplausos estrepitosos y continuados.)

Hay que decirlo: los únicos que dulcificaron aquellas injusticias enormes, en que los conquistadores se repartieron las tierras y los indios en encomiendas y repartimientos, fueron los primeros misioneros.

¡Ah! pero en la península ibérica se propagó bien pronto la noticia de que las tierras conquistadas por Hernán Cortés, encerraban fabulosos tesoros; continente enorme y misterioso, poseedor de riquezas naturales que explotar; tierra nueva donde con un poco de audacia se podían improvisar en breve grandes capitales; y esa noticia bastó para organizar ese desfile interminable, esa corriente incontenible de voracidad europea sobre las tierras de la Nueva España. Y así vimos desfilar la corriente sin fin que venía de la madre patria; las clases baja y burguesa de España nos volcaron la cornucopia de los aventureros de espada y de curia, los detrictus de la política española; y de la otra parte, de la casta clerical, los aventureros de la religión católica, las heces del clero peninsular. (Aplausos.) Y esta corriente aventurera se avorazó sobre las riquezas de la Nueva España: minas, tierras e indios, y empezaron probablemente en un principio a desgarrarse entre sí por la supremacía. Bien pronto unos y otros, intereses creados de los aventureros enriquecidos e intereses económicos del clero, se unieron por principios comunes de clase, por necesidad de apoyo mutuo, para la dominación y así han venido unidas a través de nuestra historia, clases privilegiadas, intereses creados e intereses del clero. Sin embargo, el clero, más audaz, más astuto y disponiendo del arma religiosa, logró alcanzar el predominio sobre los demás.

El poderío económico del clero creció en una forma tan rápida que ya en los primeros años de la conquista se puede ver en las actas del ayuntamiento, que se hace mención, con justa alarma, del peligroso aumento progresivo que tomaban y alcanzaban los bienes del clero. No sólo aquí, sino de tiempo atrás se había desarrollado tanto la ambición del clero romano por los bienes temporales, aun en la misma península, que hay legislación española, como la hay en la Recopilación de Indias, poniendo trabas a la adquisición de bienes por parte del clero. Así en la legislación española desde las Cortes de Nájera en el año de 1130, se prohibía la enajenación de bienes realengos, para monasterios e iglesias, y en los años siguientes se encuentran expedidos multitud de principios legislativos, evitando que los terrenos realengos sean adjudicados al clero, y es que el poder temporal, el poder político de la península, veía en el clero un competidor formidable de dominación. Los sucesores de aquellos misioneros descalzos y hambrientos, que sólo se dedicaban a conquistar almas para Cristo, se volvieron el más formidable poder económico que haya existido en la Nueva España, y es dato curioso el que aquí tomo de un tratadista: (leyó) "... Los religiosos que vinieron a la Nueva España, dice don Manuel Payno, en los siglos XVI y XVII, trajeron por toda riqueza unos hábitos polvosos y raídos, y fue necesario que de limosna se les concedieran los primeros solares en que fundaron sus conventos. Este fue el origen de la propiedad eclesiástica en México. Los sacerdotes hicieron edificar sobre aquellos solares iglesias y monasterios, valiéndose del trabajo de los indios y con el apoyo de encomenderos y autoridades. En el curso de los años acrecentaron los bienes de la Iglesia por donaciones de particulares... Numerosas son las fundaciones piadosas y benéficas a la vez que se hicieron a partir de la conquista por donaciones de particulares, pero no tanto como las hechas con fines exclusivamente religiosos y que constituyeron la verdadera riqueza eclesiástica, inmueble en su inmensa mayoría, pues capitales que no se fincaban eran impuestos sobre bienes raíces."

Como se ve, se apoderaron de la tierra, de la tierra base de toda producción y de toda riqueza, forma hábil en que se fundó un poderío económico que dominó política y socialmente en nuestro país, llegando a imponerse al poder mismo de la Corona española en su gobierno de la Nueva España; y era tanto más temido este monopolio, cuanto que económica y fiscalmente venía a debilitar el mismo poder español, según el mismo tratadista: *(leyó)* "La propiedad eclesiástica gozaba de varias exenciones. No pagaba impuestos, y como la Iglesia acrecentaba el número de sus bienes raíces, cada uno de los nuevamente adquiridos por ella significaba una pérdida para el erario público, porque dejaba de percibir las contribuciones relativas."

De allí que fuera el clero como productor agrícola, productor privilegiado frente a los otros agricultores que tenían que pagar contribuciones. El poderío económico del clero fue inmenso durante la colonia y es imposible calcularlo. El barón de Humboldt cree que fue dueño de las cuatro quintas partes del territorio nacional, y es revelador el cálculo que hizo el obispo de Michoacán, Abad y Queipo, en que informa que los capitales hipotecarios impuestos por el clero y destinados a obras pías, ascendían a cuarenta y cinco millones de pesos, en 1804.

Como algo que nos proporciona una idea de la forma tan rápida en que se desarrolló el poderío económico del clero, podemos dar los siguientes datos, solamente por lo que se refiere a órdenes monásticas en la Nueva España a fines del siglo XVI, setenta años después de la conquista: *(leyó)* "Los franciscanos tenían cinco provincias comprendidas las de Guatemala y Nicaragua. La de México contaba 90 monasterios. La de Michoacán con la Nueva Galicia tenía 54; la de Guatemala, 22; la de Yucatán, 22; la de Nicaragua, 12; así es que la sola orden de San Francisco contaba 200 conventos. Los dominicos poseían 90 conventos; los agustinos, 76; nada más en México, Michoacán y Jalisco, los jesuitas habían erigido ya varias casas y colegios y lo mismo los carmelitas y mercedarios. Había, pues, en Nueva España sobre 400 conventos de diversas órdenes religiosas y si a esto se agregan otros partidos de clérigos, resultan unas 800 doctrinas o asistencias de ministros eclesiásticos. Hay que advertir que cada uno de los conventos y partidos de clérigos tenían de visita muchas iglesias en pueblos y aldeas, de cuyo número puede tenerse idea considerando que pasaban de 1 000 solamente las que correspondían a la provincia de México."

Y como datos reveladores de esta inmensa riqueza podemos proporcionar los siguientes: en el siglo XVIII, cuando fueron expulsados los jesuitas de España y también de la Nueva España, el virrey marqués de Cruillas, que llevó a cabo la expulsión, informa, siquiera sea vagamente, de los bienes que le fueron confiscados a esta sola orden. No fueron valuados ni los conventos ni las iglesias, ni los edificios anexos, ni los planteles de enseñanza y piadosos que representaban sumas fabulosas, pero que eran bienes destinados a fines religiosos, y que aquel gobierno no tocó; pero como dato revelador, bástenos saber que fueron de las fincas urbanas que figuraban en una cuantiosa lista como bienes de producto. Y a más las respetables sumas en capitales impuestos, poseían la sola orden de los jesuitas 123 haciendas, con la extensión que tenían los antiguos latifundios en tiempos de la colonia. Ya al final de la dominación española se tienen como datos vagos los siguientes, que pueden dar una idea del poderío económico que había alcanzado el clero en nuestro país: *(leyó)* "Sólo por productos de capitales impuestos se tienen datos que en aquella época se percibían:

"Arzobispado de México		123 000 pesos al año	
,,	,, Puebla	110 000 ,, ,, ,,
,,	,, Valladolid (Morelia)	100 000 ,, ,, ,,
,,	,, Guadalajara	90 000 ,, ,, ,,

...Todo esto nos demuestra que el clero había monopolizado las fuentes todas de riqueza del país; era el clero el único banquero entre nosotros, el comerciante en grande escala, el acaparador de granos, el dueño de la propiedad urbana, el minero y el mayor latifundista y agricultor; y a más de esto, colocado en situación privilegiada por sus exenciones y privilegios y enriquecido continuamente por donaciones, mercedes, limosnas y la venta forzada de las famosas bulas. Indudablemente que el que tiene el poder económico de un país y lo tiene en la forma tan absoluta como lo tuvo el clero en la Nueva España, tiene también el poder político; y esta es una verdad obvia que no puede discutirse a la luz de la experiencia contemporánea. Así al clero romano en la Nueva España el poderío económico le dio forzosamente el poderío político y muchas veces a pesar de la misma Corona española. Ya en el año de 1624 se planteó un conflicto entre la autoridad civil y la autoridad eclesiástica, cuando tuvieron un choque el virrey marqués de Gelves y el arzobispo Juan Pérez de la Serna por un asunto de monopolio de semillas (¡como ustedes ven, el motivo no tiene nada de espiritual!) *(risas, aplausos)* y cuando el virrey mandó desterrar al arzobispo, éste so pretexto de ataques a la religión, amotinó al pueblo y atacó el palacio, teniendo el virrey de Gelves que huir y ocultarse en el convento de San Francisco, hasta que el rey de España nombró un nuevo virrey, con lo que se solucionó el conflicto en favor del altivo y orgulloso poder clerical, reconociéndole así la supremacía... El clero, además, para conservar su absoluto poderío tenía otras armas poderosas y fuertes aliados; desde entonces, ha sido, es y desgraciadamente será, el aliado natural y lógico de los intereses privilegiados, en aquel tiempo encomenderos y después hacendados, mineros, industriales y usureros. Para respaldar los intereses privilegiados, haciendas, capitales y privilegios, y para aumentar y conservar su poder y sus propios intereses, disponía de armas poderosísimas que hoy no nos podemos explicar cómo pudieron existir: disponía del tribunal de la Santa Inquisición, arma la más poderosa de todas, que a todos sometió por el terror, lo mismo en asuntos espirituales que en asuntos temporales. El tribunal de la Santa Inquisición cuyos crímenes todos conocéis, y sería una vulgaridad que hoy viniera a narrar los excesos inhumanos de aquel tribunal en una tirada lírica y trágica; lugar común que ya ha gritado a través de todas las tribunas, la oratoria tempestuosa de los jacobinos. Disponía igualmente de la censura eclesiástica. No había libro, no había escrito, no había idea que para penetrar a la Nueva España no tuviera que pasar por el tamiz del criterio eclesiástico. Fácilmente se comprende que éste es un instrumento de dominación inmenso. Disponía de la enseñanza, la que el gobierno de la Corona entregaba por completo en sus manos, y así podía tener sometidas por medio de la ignorancia y el fanatismo a las muchedumbres indias y mestizas, pues fuera de enseñar unas cuantas nociones positivas de las adquiridas por la ciencia de aquel tiempo, el resto de la enseñanza era estrictamente religiosa, siendo su base el catecismo y la historia sagrada. Disponía también de otra arma fuerte; manejaba él sólo lo que se ha llamado después el registro del estado civil de las personas: bautizos, casamientos, defunciones, y el hombre que venía al mundo bajo la tutela de aquel clero, le pertenecía desde que nacía por el bautizo, y al clero tenía que comprarle en el camposanto el pedazo de tierra donde iría a descansar después de muerto. Con todos esos datos ya podéis imaginar el inmenso poderío económico, político y espiritual que el clero católico ha tenido sobre nuestro pueblo. Igualmente, que con ese poderío se explica la alianza estrechísima que siempre ha tenido el clero con las clases privilegiadas, con los intereses creados que necesitan de un poder que los respalde para subsistir. Así cada vez que se ha establecido en este país un gobierno o un poder de relativa fortaleza, esos privilegios y esos intereses han buscado hábilmente la brecha por donde penetrar ese poder, hacerlo su aliado y muchas veces su cómplice, para que los respalde en lo que llaman sus intereses ¡y muchas veces son sus abusos!

Así se explica también por qué los encomenderos y los hacendados podían disponer de un poder absoluto sobre las mesnadas de esclavos indios y explotaban tan fácilmente millones de indefensos. (Aplausos.)

Pero el clero, abusando de su poder y de su alianza con la monarquía, hizo pesar demasiado sus abusos sobre la raza indígena, sobre los mestizos venidos del cruzamiento de ambas razas, sobre los criollos españoles de origen nacidos y criados bajo el cielo de Nueva España; hizo pesar tanto su fuerza y sostuvo tan irritantes privilegios para los blancos conquistadores, que llegó a colocarse en una situación de alimentar con estos procederes, no sólo la rebeldía latente en todo el territorio, sino una rebelión dentro de su mismo ser; y como dentro del mismo clero las jerarquías y los privilegios de los blancos, sobre todo los españoles llegados de la metrópoli, eran irritantes para los mismos clérigos indios y mestizos, movió el anhelo de rebelarse en aquellos que supieron alimentar la esperanza de llegar a conseguir algún día una patria que pudieran gozarla sus hijos y no los extraños, para destruir aquel clero español corrompido y dominador que, no pudiéndolo soportar en la misma península, lo lanzaba la madre patria como a un cáncer que se aleja del organismo para que viniera a caer como ave de presa sobre la Nueva España. (Grandes aplausos.) Así se explica que los caudillos de la Independencia hayan sido clérigos indios y mestizos, que se levantaron contra los españoles cansados de soportar por tanto tiempo la humillación, la esclavitud y el vasallaje del corrompido clero español. (Aplausos.)

Y el grito de rebelión que brotó para hacer la Independencia y el movimiento de rebeldía, fue guiado por clérigos indios y mestizos y por clérigos que propugnaban por alcanzar una patria y moralizar al mismo clero demasiado corrompido de la metrópoli. Claramente se explica que las masas indígenas hayan seguido a estos sacerdotes y se hayan levantado contra aquel asfixiante poder. Ya desde esa rebelión el clero católico empezó a usar la religión para combatir todo movimiento libertario y por medio de la religión trató de azuzar al pueblo fanático en contra de sus libertadores. Desde entonces sus armas son las mismas que ha venido empleando a través de nuestra historia en contra de liberales y reformistas. Cuando la Independencia, puso sus entredichos, lanzó sus excomuniones y volvió a funcionar la Inquisición para condenar a Hidalgo y a Morelos, y usó de todas esas armas que se han venido mellando tanto a través de los siglos y que ahora que se hizo ya la luz en las conciencias se encuentran tan debilitadas, que han tenido que llegar en la actualidad a convertirse en el ridículo boicot. (La ovación interrumpe al orador.)

Pero el problema formidable social y económico de este país, el problema que a través del tiempo ha causado revoluciones y tantas conmociones, estaba planteado ya en la colonia. Los mismos caudillos de la Independencia no comprendieron la génesis del movimiento que acaudillaban y que a poco más se convierte en guerra de castas. Hubo alguien, sin embargo, que lo sospechó. Un escritor que no puede ser visto como parcial de avanzada ni progresista, don Lucas Alamán, en una nota confiesa que en los apuntes de Morelos encontró ya planteado el problema formidable de nuestro país. Morelos decía que para poder hacer la paz en la nación mexicana, había que confiscar las haciendas a los realistas para entregárselas a los indios insurgentes, porque él comprendía que mientras el indio fuera un paria en su patria y no tuviera un pedazo de tierra donde ganar el sustento, sería carne de cañón que podría fácilmente conducirse a todos los movimientos y a todas las rebeldías, pronto a pelear lo mismo por un principio de justicia, que por una ambición personal y mezquina. Así Morelos planteó ya la única forma posible de alcanzar la pacificación de nuestra patria, la solución del problema agrario, complicado problema agrario que agitaba y conmovía a las multitudes sin ellas saberlo. (*Grandes aplausos.*)

Las causas profundas que han producido el problema agrario son y han seguido siendo a través de los años de historia de la patria independiente, el movimiento propulsor de ese cúmulo de revoluciones y de trastornos sangrientos que se han llamado de diversos modos, según el momento y el color de la bandera política que se enarbolaba. Nosotros comprobamos en nuestra historia el principio de Marx antes de que Marx lo redactara: todo movimiento social y político tiene por causa un interés económico; esa causa económica era entre nosotros el hambre infinita de las muchedumbres desamparadas y despojadas de todo medio de vida por el hacendado y por el clero latifundista; el proletariado miserable capaz de todas las revoluciones, presto a seguir a todos los agitadores, proletariado cuya situación ha sido comprendida por el último movimiento revolucionario que ha conmovido a nuestro país y que le ha reconocido en sus leyes el derecho que tiene a la vida, el derecho que tiene a alcanzar una parcela de tierra donde pueda ganarse el pan de él y de los suyos, o a conseguir ser tratado como hombre si trabaja en la industria. (*Aplausos.*)

Establecido claramente el absoluto poderío del clero en materia temporal y política en la Nueva España y su intromisión en la guerra de Independencia en contra del movimiento insurgente, pasemos una rápida mirada sobre nuestra sangrienta historia del pueblo independiente y veamos si ella no viene a comprobar que el clero mexicano ha pretendido siempre tener intromisión en la política del país y dirigir los destinos temporales del mismo. Pasaremos por alto ese primer levantamiento en 1833 al grito de "Religión y fueros", obra indudable del clero; pasemos como sobre ascuas por esas luchas sangrientas de centralistas y federalistas a través de las cuales en todos esos sucesos sangrientos y todas esas revoluciones vemos la obra del clero, que poco a poco iba conquistando a los caudillos para encerrarlos dentro de un programa conservador y reaccionario que respetara sus privilegios y su poder; pero no pasemos por alto la intervención norteamericana de 1847; no puedo permitir que pasemos los revolucionarios por esta controversia, sin recoger las palabras que el señor Capistrán Garza pronunció en la conferencia anterior: dijo y dio a entender este señor que hubo liberales que en el Desierto de los Leones brindaron por la llegada de los americanos. Y a propósito de la intervención norteamericana quiero referir a ustedes una verídica historia de 1847 que si tiene de drama, tiene también de sainete y que viene a demostrar que es verdadero el viejo adagio de que la historia se repite. (*Aplausos.*) En enero de 1847 el poder republicano exhausto de fondos para hacer frente a la invasión norteamericana, buscó dinero y tuvo que acudir al único poder económico de entonces: al clero, que en aquel tiempo era el hacendado y el banquero de la República, y el 10 de enero de 1847 el Congreso votó una ley autorizando al gobierno de la nación para que vendiera en subasta pública hasta quince millones de bienes de manos muertas, y el día 15 del mismo mes se publicó el reglamento del decreto de referencia, dividiendo el monto total de aquellas contribuciones en bienes de manos muertas, entre diversos arzobispos y obispados. ¿Saben ustedes cómo respondió el clero mexicano a ese decreto a pesar de encontrarse la nación invadida por fuerzas extranjeras y después de traicionar a la patria recibiendo en Puebla bajo palio al invasor norteamericano? Pues clausuró las iglesias, pretendió amotinar al pueblo en contra del gobierno y declaró un boicot tan ridículo como el actual. Aquí tengo la documentación, hay comunicaciones cambiadas entre el gobierno y el clero, que pueden leerse en la colección del *Diario del gobierno de la República Mexicana,* cuya colección se conserva en la Biblioteca Nacional. Son documentos que hoy podrían firmar por una parte, el señor arzobispo Mora y del Río y por la otra mi colega Tejeda: *(aplausos) (leyó)* "Soberano Congreso nacional extraordinario.—Sesión permanente comenzada el 7 de enero de 1847 ....

"*Primero.*—Se autoriza al gobierno para proporcionarse por los medios que crea convenientes hasta quince millones de pesos, para continuar la guerra contra los Estados Unidos del Norte, pudiendo aun hipotecar o vender bienes de manos muertas por esa cantidad.

"*Segundo.*—En caso de que el gobierno ocupe los bienes de manos muertas en los términos de que se habla en el artículo precedente, la nación se los reconoce sobre los fondos públicos al rédito legal del 5% al año..."

(Siguen cuatro artículos más)

"Continuó la sesión a las ocho y media de la noche y a moción del señor Yáñez se dio lectura a una exposición del venerable cabildo metropolitano, pidiendo se derogue en su totalidad el proyecto de ley de que actualmente se ocupa el Congreso; y suplicando se busquen otros recursos ....

"La comisión participa de la profunda sensación que debe producir una idea que suscita recuerdos históricos lamentables propios y extraños, y que realizada entre nosotros nos revela la terrible posición en que nos hallamos, el grande y extremo peligro de nuestra patria desventurada y que va a poner a prueba la lealtad de los partidos que la han agitado. Si estos partidos son sinceros, y sus principios corresponden en la práctica, la ley que se discute no servirá de pretexto a nuevas y desastrosas revoluciones, y la ambición y el deseo del poder no irán a explotar de nuevo las creencias y los sentimientos religiosos, ni el altar volverá a ser el ara en que sacrifiquen las víctimas de una exagerada política. La comisión cree que si estos partidos burlan esta vez su esperanza, rompen desde luego los títulos de su legitimidad social y desde su natural y elevada categoría descenderán para envilecer y confundirse con las facciones, para las que no hay patria ni honor, ni pasado ni porvenir, sino la insensata satisfacción de sórdidos intereses, de egoístas aspirantes, de miserables tendencias, a trastornos estériles, en resultados filosóficos aunque fecundos en desgracias públicas." (Tomado del *Diario del gobierno de la República Mexicana,* correspondiente al 26 de enero de 1847.)

¡Esto era en 1847!

Aquí tenemos una comunicación del ministerio de Justicia y Negocios Eclesiásticos, que está dirigida al presidente del venerable cabildo metropolitano con motivo de que el clero mandó cerrar la catedral: *(leyó)* "Ministerio de Justicia y Negocios Eclesiásticos.

"No concibe su excelencia cómo el venerable cabildo haya llegado a tal ceguera que se prometa ilusoriar *(sic)* por medios reprobados una ley que ha venido a dictarse nada menos que por la crisis preparada a la República, por la denegación de recursos de parte del clero ....

"La historia calificará esa resistencia, que ni aun en la Edad Media se habría creado prosélitos, y juzgará también al gobierno de una República que no puede vivir si no tiene con qué satisfacer las urgentísimas necesidades de su ejército, y esto cuando más lo necesita, por ver ya nuestro suelo hollado con la inmunda planta del fiero anglosajón, que amenaza destruir nuestros altares. El excelentísimo señor vicepresidente no teme al fallo, y ya como cristiano, ya como gobernante, se cree en la estrecha obligación de cumplir y hacer cumplir en todas sus partes una ley que va a salvar a la vez nuestro territorio y nuestras creencias. Por lo mismo, me previene diga a V.S. que si la santa iglesia catedral no se abre en las horas de costumbre, y que si por tal motivo o por cualquiera otra alteración que se haga a pretexto de la ley se perturbe la tranquilidad pública, se verá en el duro caso de tomar medidas represivas, tan severas y eficaces como lo demanden las circunstancias." (Al calce *Diario del gobierno de la República Mexicana,* correspondiente al 14 de enero de 1847.)

Y aquí está otra comunicación fechada el 29 de enero de 1847, y dirigida por López de Nava al ilustrísimo señor obispo de Michoacán, que se explica por sí sola *(leyó)*: "Ministerio de Justicia y Negocios Eclesiásticos. Ilustrísimo señor. El excelentísimo señor vicepresidente ha visto con el mayor desagrado la nota de V.S. ilustrísima, que con fecha 22 del presente se sirvió dirigirle por conducto de este ministerio, y en contestación me manda decir a V.S. ilustrísima que no puede concebir S.E. cómo un hombre *que se ha hecho notable por su talento, instrucción y virtudes entre los prelados de la República,* haya puesto una comunicación oficial tan ofensiva a la representación nacional y al supremo gobierno, como ajena de las venerables máximas de humildad y moderación tan recomendadas por Jesucristo y ponderadas por el primero de sus discípulos a los pastores de la Iglesia ....

"El gobierno supremo que sabe con San Agustín, que ni a los obispos católicos debe seguirse, si alguna vez incurrieren en error, y que sabe distinguir los verdaderos cánones de los apócrifos y adulterados; me ordena diga a V.S. ilustrísima, que no tema por la extinción del culto con ocasión de la ley de 11 del presente; que la Iglesia pueda existir con toda su pureza y esplendor como existió antes que tuviera algunos bienes temporales; que ahora no se trata de quitarle todas las gruesas sumas que posee sino una pequeña parte de ellas y esto en atención a las tristes y luctuosas circunstancias en que nos hallamos; que se cree bastante fuerte para hacer que la ley se cumpla; que no dará un paso atrás sino que llevará adelante sus providencias; que las opiniones de los quejosos las tolerará mientras no pasen a las vías de hecho, porque entonces se verá precisado a tratarlos como sediciosos, castigándolos como a tales.

"Y por último, me manda diga a V.S. ilustrísima, que aunque S.E. está íntimamente persuadido de que todos y cada uno de los ciudadanos tienen derecho de hacer las representaciones que crean convenientes ante el soberano Congreso o ante el supremo gobierno; pero que éstas deben hacerse con decencia y con decoro; sin vertir en ellas doctrinas subversivas de todo orden social, ni deprimiendo a las autoridades supremas de la nación, porque esto apenas pasaría en aquellos tiempos en que los pueblos ignoraban sus derechos; que estos tiempos ya pasaron; que el gobierno comprende sus deberes y que desea vivamente que no llegue el caso, en que a su pesar se vea obligado a hacer uso de ellos; que recuerde V.S. ilustrísima los justos procedimientos del muy católico rey Carlos III y de su ilustrado consejo contra el célebre obispo de Cuenca; que tenga presente el ejemplo y máximas sublimes de nuestro Redentor con respecto a las potestades de la tierra.

"Y al comunicar a V.S. ilustrísima esta suprema resolución, le suplico acepte las consideraciones de mi aprecio y respeto. Dios y libertad. México, enero 29 de 1847. *López de Nava*. Ilustrísimo señor obispo de Michocán." (Al calce número 177 del *Diario del gobierno de la República Mexicana,* correspondiente al 30 de enero de 1847.)

¡Y después de esta comunicación, se abrió la catedral de México! (*Risas y aplausos estrepitosos.*)

Hay que tomar en consideración para juzgar este primer boicot del clero de México contra el gobierno de la República, que se llevó a cabo para negarle fondos con que pudiera combatir al invasor extranjero.

Ya ven ustedes si puede negarse que en el pasado ha intervenido el clero en nuestras cuestiones políticas. Siguen nuestras desgracias después de 1847 y el clero continúa apoyando a los elementos conservadores y reaccionarios, y siendo el pedestal de poderío sobre el que descansaba el poder de aquel farsante sangriento del pueblo mexicano, de Santa Anna, a quien el clero le cantó Tedeums y respaldó hasta que fueron tantas sus arbitrariedades y sus exigencias dictatoriales, que el pueblo ya no pudo soportar más tiempo el régimen y los caprichos del dictador e inició ese primer movimiento organizado y de programa, movimiento dirigido por el Partido Liberal y que la historia conoce como el glorioso Plan de Ayutla. Ahora vamos llegando en la historia a una de las luchas más sangrientas y profundas que hayan conmovido a nuestra patria: la Guerra de Reforma y la lucha contra la Intervención Francesa. Yo pregunto a todos los mexicanos, mexicanos de todos los partidos, de todas las creencias y los más recalcitrantes católicos, apostólicos, romanos, a todos los que conozcan siquiera sea ligeramente la historia de su patria, si se puede negar la participación del clero mexicano a favor de sus privilegios y de los intereses conservadores en la Guerra de Tres Años, primero, y si vencidos clero e intereses en esa guerra y llevadas a cabo las reformas por la inquebrantable fe y la indomable energía del Benemérito Juárez, no fue el mismo clero, en alianza con el Partido Conservador, el que mendigó en el extranjero un emperador para un régimen que no pudo vivir ni podrá existir nunca en esta República. (*Grandes aplausos.*)

Os hago gracia de no entrar en consideración a este respecto, porque esa intervención es cosa absolutamente juzgada. Voy a leer ahora los considerandos de una ley promulgada por el presidente de la República (en este momento el orador es interrumpido por un espectador a quien le dice: "Ahí duele. Cuando se le toca la llaga al enfermo, el enfermo grita") (*ovación enorme*) (*leyó*): "Considerando: Que el motivo principal de la actual guerra promovida y sostenida por el clero es conseguir el sustraerse de la dependencia a la autoridad civil;

Que cuando ésta ha querido, favoreciendo al mismo clero mejorar sus rentas, el clero por sólo desconocer la autoridad que en ello tenía el soberano, ha rehusado aun el propio beneficio;

Que cuando quiso el soberano, poniendo en vigor los mandatos mismos del clero sobre obvenciones parroquiales, quitar a éste la odiosidad que le ocasionaba el modo de recaudar parte de sus emolumentos, el clero prefirió aparentar que se dejaría perecer antes que sujetarse a ninguna ley;

Que como la resolución mostrada sobre esto por el metropolitano, prueba que el clero puede mantenerse en México, como en otros países, sin que la ley civil arregle sus cobros y convenios con los fieles;

252 "VERDADES CONTRA LOS MALOS MINISTROS DEL SEÑOR..."

Que si en otras veces podía dudarse por alguno que el clero ha sido una de las rémoras constantes para establecer la paz pública, hoy todos reconocen que está en abierta rebeldía contra el soberano;

Que dilapidando el clero los caudales que los fieles le habían confiado para objetos piadosos, los invierte en la destrucción general, sosteniendo y ensangrentando cada día más la lucha fratricida que promovió en desconocimiento de la autoridad legítima, y negando que la República pueda constituirse como mejor crea que a ella convenga;

Que habiendo sido inútiles hasta ahora los esfuezos de toda especie, por terminar una guerra que va arruinando la República el dejar por más tiempo en manos de sus jurados enemigos los recursos de que tan gravemente abusan, sería volverse su cómplice, y

Que es un imprescindible deber poner en ejecución todas las medidas que salven la situación y la sociedad;

He tenido a bien decretar lo siguiente:

Artículo 1º. Entran al dominio de la nación todos los bienes que el clero secular y regular ha estado administrando con diversos títulos, sea cual fuere la clase de predios, derechos y acciones en que consistan, el nombre y aplicación que hayan tenido ....

Artículo 3º. Habrá perfecta independencia entre los negocios del Estado y los negocios puramente eclesiásticos. El gobierno se limitará a proteger con su autoridad el culto público de la religión católica, así como el de cualquier otra ....

Artículo 5º. Se suprimen en toda la República las órdenes de religiosos regulares que existen, cualquiera que sea la denominación o advocación con que se hayan erigido, así como también todas las archicofradías, cofradías, congregaciones o hermandades anexas a las comunidades religiosas, a las catedrales, parroquias o cualesquiera otras iglesias."

Ustedes creerán que esta ley está firmada por Plutarco Elías Calles y Adalberto Tejada; pues no, señores, esta ley está firmada en Veracruz el 12 de julio de 1859 por Benito Juárez y Melchor Ocampo. *(Aplausos estrepitosos.)*

Aquí está otra ley *(leyó):* "*Artículo 1º.* El Estado y la Iglesia son independientes entre sí. El Congreso no puede dictar leyes estableciendo o prohibiendo religión alguna.

Artículo 2º. El matrimonio es un contrato civil. Éste y los demás actos del estado civil de las personas, son de la exclusiva competencia de los funcionarios y autoridades del orden civil, en los términos prevenidos por las leyes y tendrán la fuerza y validez que las mismas les atribuyan."

Tampoco la firma el general Calles; la firma en el Palacio Nacional de México, el 25 de septiembre de 1873, don Sebastián Lerdo de Tejada. Y por último, leamos rápidamente los renglones de otra ley: *(leyó)* "*Artículo 1º.* El Estado y la Iglesia son independientes entre sí ....

Artículo 2º. El Estado garantiza en la República el ejercicio de todos los cultos ....

Artículo 3º. Ninguna autoridad o corporación, ni tropa formada, pueden concurrir con carácter oficial a los actos de ningún culto; ni con motivo de solemnidades religiosas, se harán por el Estado demostraciones de ningún género ....

Artículo 5º. Ningún acto religioso podrá verificarse públicamente, si no es en el interior de los templos ....

Artículo 6º. El uso de las campanas queda limitado al estrictamente necesario para llamar a los actos religiosos ....

Artículo 11º. Los discursos que los ministros de los cultos pronuncien aconsejando el desobedecimiento de las leyes, o provocando algún crimen o delito, constituyen en ilícita la reunión en que se pronuncien, y deja ésta de gozar de la garantía que consigna el artículo 9º de la Constitución, pudiendo ser disuelta por la autoridad ....

Artículo 14º. Ninguna institución religiosa puede adquirir bienes raíces, ni capitales impuestos sobre ellos, con excepción de los templos destinados inmediata y directamente al servicio público del culto, con las dependencias anexas a ellos que sean estrictamente necesarias para ese servicio ....

Artículo 19. El Estado no reconoce órdenes monásticas ni puede permitir su establecimiento, cualquiera que sea la denominación u objeto con que pretendan erigirse ...."

Tampoco la firma el actual presidente; la firma en el Palacio Nacional, el 14 de diciembre de 1874, don Sebastián Lerdo de Tejada.

¡Y ahora nos vienen con el peregrino argumento de que el general Calles ha inventado el problema religioso!

El clero católico siempre se enfrenta con los gobiernos revolucionarios, cuando las leyes lo contienen en sus abusos; y para enfrentarse con los gobiernos toma como pretexto la religión católica, sobre todo en estos últimos tiempos en que la libertad de conciencia en nuestro país es una conquista liberal obtenida en grandes luchas contra el clero y los partidos conservadores. La religión en asuntos de reglamentos de cultos, nada tiene que ver con la ley. Los cultos son actos públicos (¿y en los actos públicos no tiene el gobierno derecho a exigir seguridad para el público?).

Si el gobierno tiene derechos para poner inspectores en los teatros y en los cines, ¿por qué no se le quiere reconocer ese mismo derecho para tener cierta vigilancia y reglamentación sobre los templos que son propiedad del gobierno?

El requisito monstruoso que el gobierno les exige a este respecto, es que los sacerdotes pasen con diez vecinos de la parroquia ante las autoridades municipales a registrarse y que tengan al tanto a dichas autoridades de los cambios que pueda haber entre los encargados de cuidar las iglesias. ¿Qué menos puede exigir un propietario, que pedir que se le diga quién administra sus bienes? *(Aplausos.)*

El pueblo mexicano y el gobierno revolucionario saben muy bien que las actividades del clero se han dedicado siempre a conquistar el poder temporal, cuando todas ellas debían dirigirse a acrecentar su poder espiritual, moralizando al pueblo, ¡que bien lo necesitamos! *(Aplausos.)*

Vino después el régimen porfirista, el régimen de aquel antiguo y recio caudillo liberal, que, por conservarse en el poder, fue de claudicación en claudicación y que, por obtener la ayuda del clero, inició su famosa política de conciliación. Entonces se volvieron a abrir los conventos, el clero acrecentó y consolidó el poder económico que le había cercenado la Reforma, apoyó al dictador y el dictador por su parte se hizo de la vista gorda por lo que respecta al clero, para conquistar el apoyo de éste y del antiguo partido conservador. De cuando en cuando algún liberal exaltado, algún viejo jacobino que se llamaba asimismo con orgullo liberal rojo, gritaba que se estaban pisoteando las Leyes de Reforma, que se toleraba la existencia de conventos, y entonces se preparaba muy bien la farsa: llegaba una denuncia de un conventillo, a quien previamente se mandaba aviso para que ya no se encontraran allí las monjas, cuando llegaba el juez Pérez de León con aire imperativo y como radical intransigente a cerrar el convento que ya se encontraba vacío, porque el gobierno del general Díaz era cómplice del clero mexicano.

El clero se dedicaba tranquilamente a consolidar su situación económica en tiempos del porfirismo. Política no la necesitaba hacer, puesto que tenía un agente en el ejecutivo. Hacía política minúscula de campanario, pero no alta política franca y decidida; pero vino el año de 1909 y se despertó la inquietud y la agitación en el pueblo y al ver amagado el poder del dictador, se puso en guardia la vieja ambición de poder público, de poder temporal, que siempre ha alimentado el clero mexicano, y empezó a buscar desde entonces aliados en todas partes en contra del movimiento libertario. Naturalmente que recurrió a sus aliados lógicos, los intereses creados, los hacendados y los industriales, y el clero se mezcló rápida y decididamente en política, siempre bajo el sistema nefasto y conservador que usaba antaño. Tan es así, que entre los espíritus hábiles del mismo movimiento clerical, se le proponía en 1910 un plan de acción que indudablemente le habría dado fortaleza al clero. Este curioso plan nosotros lo conocemos por una verdadera casualidad.

Al entrar las fuerzas constitucionalistas a Monterrey en 1914, se recogieron algunos papeles del obispado de Nuevo León y se encontraron huellas de que se habían quemado muchos papeles de archivo. ¡Sabe Dios las cosas que se habrán quemado!, pero entre los pocos que quedaron libres del fuego se encontró este documento curioso y singular. Entiendo que aún vive el señor don Julián Laborde, profesionista, que en 1910 vivía en el Paseo de la Reforma 148. El original de este documento lo tiene un revolucionario amigo mío, y está escrito y firmado de puño y letra del señor Laborde. Este proyecto de acción clerical es curioso, porque modificando la táctica del clero, quiere hacerlo evolucionar al capitalismo, para que fuera el mayor o tal vez el único capitalista de la República. Voy a leer algunos párrafos (leyó): "La Iglesia mexicana puede obligar a los gobiernos liberales a que le hagan amplias concesiones ....

Entre los principales medios usados hasta la fecha por el clero para sostener sus ideales, figuran: *la enseñanza, la prensa, la atracción de la clase obrera,* En este último estriba la gran palanca del porvenir, ... *La enseñanza y la prensa* con ser medios eficaces, que conviene conservar, y aun ensanchar... *En la cuestión obrera o popular,* reside la solución del gran problema, por ser con la clave de las elecciones, la escalera que llega al poder... el clero nunca recobrará su antiguo poder, porque cada nueva vía férrea, cada nueva industria, cada nueva negociación, cada nueva fábrica y cada nuevo instrumento de progreso, hacen más imposible una reacción clerical... Hay que apoderarse de la negociación industrial o minera, del ferrocarril, de la fábrica, del taller y de cuanta fuente de riqueza haya en el país, haciendo así, del obrero, del empleado, del trabajador y de sus deudos, nuestros servidores y nuestros auxiliares... Este resultado lo obtendrá el clero moviendo sus intereses, haciendo producir sus capitales, aumentando sus rentas, movilizando sus haberes por métodos nuevos, para que le proporcionen los medios de ocupar el lugar que le corresponde a la cabeza de la nación... He aquí la única manera de que si el pueblo no asiste a la iglesia, se le obligue a acudir, ya que el clero lo tendrá bajo sus órdenes y su dominio, en la fábrica, en el taller, en la mina, en la oficina, o sea en todas partes y sin que pueda librarse de la influencia absorbente y sugestiva de una organización previsora por su método y potente por sus recursos financieros... Así es como se ganan las elecciones y se conquista el poder, eligiendo luego, para los cargos públicos, personas adictas a la causa de la Iglesia... Para esto se

debe: *Primero*. Formar un sindicato o asociación previa de todos los ilustrí-
simos señores prelados que aprueben el presente programa, los cuales se sus-
cribirán por una cantidad, para crear un fondo de ...X...X...X miles de
pesos para los trabajos preliminares, estudios, creación de oficinas... Todas
las acciones serán al portador, y siendo el clero el tenedor de ellas, podrá
constantemente intervenir y vigilar directa o indirectamente la buena administración de sus intereses... Con las numerosas sucursales del Banco Industrial Mexicano, con la gran cantidad de sociedades industriales, en todo el
país, creadas y dependientes de éste, se establecerá una inmensa red perteneciente al clero, que cubrirá todo el territorio, y podremos decir, verdaderamente, que todas estas nuevas instituciones, constituirán como un puñal, cuyo
mango estará en la mano del clero, y la punta en todas partes, en la extensión de la República... A esto se le puede llamar el apogeo de la fuerza y
del poder ¡oh clero valeroso!..."

Ya comprenderá el compañero Morones qué gran interés tiene el clero
mexicano en controlar al obrero organizado. (*Grandes aplausos.*) Yo no co-
mento este asunto, por no invadirle su tema al compañero Morones. Y en este
proyecto se proponía la fundación de un banco, de una compañía anónima,
de un periódico para que el clero, dejando las viejas rutinas, entrara en la vía
moderna del capitalismo. El pobre señor Laborde no pudo tener éxito, porque
el clero no podía evolucionar; el clero, desoyendo los consejos de Laborde,
ha seguido empleando contra la revolución sus viejas armas, boicoteo y la
excomunión para todos los heréticos que seguimos a Calles ¡el anticristo!
(*Aplausos abundantes.*)

El clero desde entonces sigue una franca política en contra de la revolución y en apoyo de los intereses creados y, sobre todo, en contra de la reforma
económico-social. Tengo aquí en este puñado de documentos una serie larguísima de hechos y casos tomados al azar en los expedientes de la Comisión
Nacional Agraria, que demuestran la intromisión decidida del clero en asuntos agrarios y siempre en favor del hacendado. Naturalmente que por no
cansarlos, no les daré lectura; pero aquí se ve que el clero, haciéndose al
partido del hacendado, amaga con la excomunión, con la suspensión de sacra-
mentos y con la perdición eterna a los campesinos que dentro de la Constitución de 1917 y de las leyes vigentes soliciten ejidos. Esta documentación está
a disposición de ustedes. No quiero gastar más tiempo en esta conferencia
que se ha hecho tan larga, para que puedan hablar los señores mis contrincantes, y solamente voy a leerles un párrafo de este diminuto periódico que
se llama *La Voz del Párroco*, editado en Guadalajara el 11 de julio de 1926,
periódico que llegó a mi poder de manos de un campesino del estado de
Michoacán, que fue quien lo recibió y que demuestra la propaganda antiagrarista que hace el clero. Entre sandeces teologales está este párrafo (*leyó*):
"*Argumento tonto*. Hay muchos agraristas que para retener lo que injustamente han adquirido dicen: yo no lo tomé, me lo dio el gobierno. Esto es
un argumento muy tonto con que los agraristas se engañan a sí mismos. Porque no siendo el gobierno dueño de todos los bienes de los ciudadanos, como
de hecho y de derecho no lo es, cuando el gobierno quita los bienes legítimamente adquiridos comete una injusticia, viola el derecho de propiedad,
falta a su deber de dar garantías a los ciudadanos y se apropia de lo que no
es suyo, luego, si el gobierno reparte bienes que no son suyos, comete una
injusticia; y los que reciben esos bienes, cometen otra injusticia y están
obligados en conciencia a devolver esos bienes a sus legítimos dueños o a

entrar en arreglos con ellos. Cuando haya bienes que en realidad de verdad sean nacionales, sí puede el gobierno repartirlos y los que reciben esos bienes no hacen mal."

El clero ha combatido constantemente la doctrina agrarista y la doctrina laborista, por eso cree argumentar tan bien para negar, según la doctrina de la Iglesia, el derecho de dotar de ejidos a los pueblos, al gobierno legítimo de la República y a pesar de estar vigente la Constitución de 1917. Yo pregunto a quienes sustentan esas doctrina, ¿en nombre de qué derecho Alejandro VI dotó con todo un continente a la Corona española? (Ovación enorme.)

La historia de nuestras vicisitudes políticas, es la historia de las constantes tentativas del clero católico para obtener el poder político, desde la acción de su primera fundación en la colonia hasta este llamado conflicto religioso de nuestros días.

Ustedes comprenden, señoras y señores, que si a través de nuestra historia no hubiera habido esa intromisión en los negocios de la cosa pública para adquirir el poder temporal y gobernar al país y consolidar su situación económica y sus privilegios, los preceptos de la Constitución de 1917 no tendrían razón de ser, porque nunca se legisla a base de lo que no es un problema. La legislación debe descansar sobre los hechos, sobre las realidades, y cuando hay dentro del Estado un poder que pretenda absorberlo, el Estado le pone un límite a las actividades de ese poder y eso es lo que ha hecho la revolución con el clero mexicano. (Aplausos.)

Nosotros no atacamos a la religión; nosotros atacamos únicamente a los perversos sacerdotes que cultivan esa religión y que hacen un mal uso del ministerio que se les ha confiado. (Aplausos.) Nosotros hemos conocido curas agraristas, curas que practicaban verdaderamente las doctrinas de Cristo, curas que convivían realmente con su rebaño, con los campesinos, pero indudablemente que esos curas no están en los palacios de los obispos, ni pueden hacer valer su voz en las reuniones episcopales. Esos curas viven los dolores y sufren las humillaciones de los campesinos y consuelan con bálsamo de amor los sufrimientos de sus feligreses; ellos sí son pastores del pueblo mexicano. (Aplausos.)

¿Nosotros enemigos de la fe católica? ¿Nosotros enemigos de la religión católica? ¿Cómo y por qué?, si nosotros a través de la historia mexicana hemos recogido muchas máximas de la doctrina de Cristo y las hemos hecho cristalizar en eso que se llama la doctrina socialista. Nosotros somos enemigos de los que han falseado a Cristo y falseado sus doctrinas. (Aplausos.)

Cuando en 1921 estuve en Roma, visité las catacumbas. Allí en las catacumbas hallé el Cristo revolucionario, el de los primeros cristianos humildes, pobres y perseguidos, el Cristo de caridad, el Cristo débil que nada puede contra los poderosos de la Tierra, el Cristo que sentía los sufrimientos de los siervos y de los esclavos, y sentí el cristianismo; pero cuando visité el Vaticano y conocí el Cristo de oro en aquella gran basílica de San Pedro, rodeado de todas las pompas y de todos los lujos para degradarlo de Dios y darle el ridículo título de rey; cuando vi ese Cristo cuajado de brillantes y titulado rey y puesto en un trono para apoyar con el brillo de la liturgia, que es una mascarada, los privilegios de las clases altas, entonces sentí que todo mi ser chocaba contra esa farsa y no quise ser de ese Cristo. Yo soy admirador del Cristo pobre. (Gran ovación.) (En ese momento algunos concurrentes hacen manifestación de desagrado.) Tan es esto cierto, señores que silbáis, que la casta sacerdotal ha tenido que inventar como dogma la teoría de que Cristo ya no volverá a descender sobre la Tierra, hasta el momento en que un cataclismo esté acabando con este valle de lágrimas. Por eso lo han colocado en un cielo rico y burgués, para que se apoltrone, porque cómo les va a convenir que descienda a contemplar los dolores de las multitudes desamparadas y a testificar que los que se llaman sus representantes, se han convertido en una casta sacerdotal con las mismas ambiciones, con las mismas hipocresías y con los mismos egoísmos de aquella otra casta sacerdotal que lo crucificara hace veinte siglos.

Por eso para que el proletariado y las masas populares crean que el Cristo auténtico es el que guardan en su cielo burgués, afirman dogmáticamente que si pretende bajar de nuevo a la Tierra, ese no será el Cristo, ese será el anticristo, el enemigo y destructor de la religión, y es claro que esta doctrina se explica, porque temen ellos, sus falsos ministros, que intempestivamente descienda Cristo a la Tierra, y le temen como un pagador desfalcador le teme a la Contraloría. (Aplausos abundantes.)

¡Qué diéramos nosotros porque produciéndose un nuevo milagro, más grande que todos los milagros, bajara el Cristo humilde a la Tierra, el divino rabí galileo, aquel que soñara en el reinado de la justicia entre los hombres! Yo tengo la seguridad, señoras y señores, que si el domingo hubiera bajado el Cristo de los humildes, el Cristo defensor de las muchedumbres escarnecidas, el Cristo de la caridad cristiana, no habría tenido empacho en acompañar nuestra manifestación, confundiéndose con la carne del dolor, con los campesinos, con los obreros, enarbolando en su diestra, muy alto, ¡la bandera rojinegra de la revolución! (Ovación cerrada por varios minutos.)

Cuando terminé mi discurso, se levantó el señor arquitecto don Juan Galindo, Jr., que era el conferencista anunciado para contradecirme. He aquí lo que dijo:

Desde que el movimiento organizado obrero ha proporcionado al país este rasgo espléndido de cultura, al ofrecer una justa de hidalgos para que hablen los hombres sinceros, acepté orgulloso tomar parte en esta contienda sin tener méritos de ninguna clase, a nombre de la Liga de la Defensa Religiosa. Los organizadores dieron mi nombre para esta reunión y orgulloso he venido aquí, porque entiendo que el deber de un hombre entero y bien nacido es defender las ideas que profesa, sobreponiéndose a cualquier cosa. Pero he aquí que el deber de un soldado, cuando la defensa se organiza, es el de obedecer; recogimos el guante, y hemos venido a ocupar el sitio. El eminente tribuno, licenciado don Manuel Herrera Lasso, está en posibilidad de contradecir al señor ministro de Agricultura y Fomento, y yo doy el paso atrás para que ustedes oigan al que viene a ocupar la tribuna en esta ocasión, ya que tiempo tendremos para decir muchas cosas y yo he cedido la palabra al señor Herrera y Lasso. (Tomado de *Excélsior*, año X, tomo IV, número 3427, del jueves 5 de agosto de 1926.)

Terminando el licenciado Herrera Lasso su conferencia, volví a tomar la palabra para contestarle en los siguientes términos:

Después de que el verbo de oro del señor licenciado Manuel Herrera Lasso ha conmovido, con la figura augusta de la patria, los corazones de tirios y troyanos, no puedo menos que hacer sinceramente esta profunda observación:

¡lástima de tan brillante defensor de una causa tan mezquina! (*Grandes aplausos.*)

Ahora sí queremos la paz de la familia mexicana; ahora sí queremos la unión de los dos bandos; ahora sí nos acordamos de las desgracias de la patria y sus grandezas, son de ellos y de nosotros; ahora sí queremos la solidaridad... y entonces ¿para qué encender la hoguera publicando aquel famoso documento el 5 de febrero y desafiando al gobierno de la República? ¿Para qué publicar la carta pastoral y para qué agitar la opinión en los Estados Unidos?

El señor general Calles lo ha dicho claramente en sus declaraciones: "Entregados a nuestros esfuerzos y con la responsabilidad del poder, teníamos olvidadas estas viejas rencillas, absorbidos por la labor de reconstrucción."

Han sido ustedes los que han tirado la primera piedra; los que han acercado el fuego a la pira de leña. Se trata para nosotros de algo más que de amor propio; se trata de la dignidad de la República; se trata de la dignidad de esta patria augusta y dolorida, pero libre, que representa el gobierno, por lo que tiene obligación de hacerla respetar en su Constitución, en sus instituciones. El gobierno tiene obligación de hacer respetar la Constitución de la República, y si ésta contiene ciertas normas legales para que el clero mexicano haga uso de las iglesias, y estatuye una reglamentación en los cultos, y reglamenta el derecho de enseñanza, el gobierno tiene que hacer cumplir esas leyes; y cuando el clero se alzó sedicioso contra ellas, tuvo que recoger el guante que se lanzaba en aquellas torpes declaraciones, primero, y después en la famosa pastoral. Hay medios legales en la misma Constitución de la República para que los católicos mexicanos que deseen reformarla, puedan propugnar por las reformas. Quienes no estén conformes, pueden agitar la opinión del país, legal y pacíficamente, y procurar, por medio de las elecciones, llevar un grupo de oposición a las cámaras legisladoras para reformar el pacto fundamental; pero mientras la Constitución no sea reformada y mientras la revolución esté en el poder, ¡la Constitución se respetará y se cumplirá en este país! (¡Bravo! *Aplausos.*)

Señoras y señores: con esa cómoda filosofía de la historia del señor Herrera Lasso, no cabe crítica posible y ninguno de nosotros tiene antecedentes históricos aquí, ni nuestros partidos responsabilidad en el pasado y en el presente. Preguntaba que si los liberales no cometieron crímenes y errores. Sí, señores, sí los cometieron; pero nosotros no negamos nuestro abolengo como ellos. Nosotros los revolucionarios de todos los grupos nos hacemos responsables, con toda decisión y con toda dignidad, de nuestros errores y de los errores de los partidos avanzados de todas las épocas. (Bien, bien.)

Nosotros para cubrirnos con las grandezas de nuestros padres, venimos aquí a responder de sus errores. Nosotros no negamos la historia, no nos avergonzamos de ella; somos con orgullo las chusmas que asaltaron al castillo de Granaditas con el padre Hidalgo; nosotros somos las multitudes insurgentes con todas sus mezquindades y todas sus grandezas; somos los chinacos de la Reforma y la Intervención Francesa con todas sus heroicidades y sus degollinas; nosotros somos para ustedes los "latrofacciosos" que encabezó Madero; nosotros somos los "roba-vacas" que combatieron a Huerta; nosotros somos la carne de tragedia y de dolor, que siempre hemos levantado y levantaremos la bandera de la reforma y de la evolución en esta tierra. (*Aplausos.*)

El señor licenciado Herrera Lasso fracasó en su intento de explicar, haciendo uso de una erudición que le reconozco, el alcance y la finalidad de la Bula de Alejandro VI. Dice que este papa quería la pacificación del mundo, porque por la conquista de las Indias estaban combatiendo y desgarrándose aventureros y conquistadores portugueses y españoles, ingleses y holandeses; que buscaba la conciliación de las monarquías del viejo mundo, que necesitaba acallar las ambiciones de Europa entregándoles la fácil presa del nuevo Continente, para robustecer su poder pontifical; que quería la paz de Europa... y a América ¡que la partiera un rayo! (*Ovación estrepitosa y prolongada.*)

Para el papa no merecía ningún respeto la humanidad de los indios; eran paganos, eran gentiles; no había intereses temporales que hicieran conveniente conservarles algunas libertades para ellos, eran masa de esclavitud y de explotación y qué mal había en entregarlos condenados a la voracidad de los encomenderos, con tal que en Europa no fueran las ambiciones de las naciones cristianas a lastimar el poder pontificio de Roma.

Dijo el señor Herrera Lasso que la Inquisición no fue obra del clero, que fue obra de los políticos. Sí, señores, yo ratifico esa aseveración: ¡obra de los políticos del clero! (*Aplausos estrepitosos.*)

Y en una gran tirada lírica el señor licenciado Herrera y Lasso, con su verbo hecho garra, haciendo palpitar con elocuencia en el ambiente de esta sala el corazón del auditorio, hizo el elogio merecido de los revolucionarios de 1910, y también de los revolucionarios de 1913, que fueron con la frente muy alta a vengar el deshonor de la nación, a vengar el sacrificio de Madero y a sostener las libertades públicas. Pues bien, señores, yo sostengo con hechos que los revolucionarios de aquellos tiempos, lo mismo en 1910 que en 1913, fueron combatidos por el clero; yo sostengo que el clericalismo mexicano fue contra esos revolucionarios que iban a conquistar las libertades públicas, contra los revolucionarios a quien hoy, por boca del licenciado Herrera Lasso, nos acusa de habernos convertido en dictadores, porque le ofrecemos esas libertades, pero no le toleramos sus abusos. (En estos momentos algunos espectadores interrumpen al orador con gritos de protesta; el orador se encara con ellos y dice estas palabras:) Sí, señores, yo lo afirmo, yo lo sostengo; y una prueba de mi aseveración es la protesta de ustedes. Yo ataco al clero y ustedes gritan, lo que demuestra que esta es una cuestión política y ustedes se hacen solidarios de la política del clero en contra de la revolución. (*Ovación estrepitosa.*)

En los mismos documentos encontrados en el obispado de Nuevo León y de los cuales mostré uno en mi discurso anterior, hay este, que es muy curioso y que quiero que el auditorio conozca y que debe conocer toda la República, para que se juzgue si venimos aquí a combatir el clericalismo mexicano sin pruebas y sin razones.

En este documento cuyo manuscrito original poseé un amigo mío, aparece que el arzobispo Francisco Plancarte reunió en Linares, N. L., allá por el año de 1914, a los curas párrocos que llegaban de los pueblos de su diócesis huyendo de los nefatos revolucionarios, y que los reunía para celebrar conferencias, conferencias en que se estudiaban y discutían los mejores medios que debían implantarse para destruir a la revolución, obra de Satán; y en una de esas reuniones se dio a conocer un caso de conciencia, y estudiado éste, se aprobó una resolución que revela el odio mezquino que impulsaba al clero contra la revolución, haciéndole pisotear los principios de moral más rudimentarios: (*leyó*) "El ilustrísimo y reverendísimo señor don D. Francisco Plancarte y A., digno arzobispo de Linares, tuvo a bien reunir a los señores curas residentes en ésta, que con motivo de la persecución injusta que les hacen en sus parroquias los nefandos revolucionarios, se han venido a ésta, manifestándoles que deseaba se hicieran unas conferencias los martes y sábados de cada semana, durante el tiempo que por tal motivo residieran en ésta, y que deberíamos asistir al rezo del Santo Oficio en el coro de la santa iglesia catedral, tan sólo por la tarde.

"Los señores sacerdotes que asistieron fueron: señores curas Francisco S. Salazar, José del Refugio Díaz, Teodoro Ricardo, doctor don Luis Martín, Atanasio de los Santos, Job de la S. García, Antonio Alonzo, Cristóbal Morales, Toribio Cantú, Antonio Chapa y Pedro M. del Campo.

"El caso de moral que se puso para la siguiente conferencia fue: 'Caso de conciencia' (de actualidad) para 16 enero 1914.

"Con motivo del actual destructor anarquismo armado en nuestra patria, presentósele un militar a cierto sacerdote, consultándole lo siguiente: 'Se me ha ofrecido por mi jefe principal una magnífica recompensa pecuniaria, además de mis haberes ordinarios, para que quite de enmedio al jefe de los bandidos que es la desolación andante, lo cual no me es difícil llevar a efecto, atentas ciertas circunstancias que me favorecen, además de poner en juego algún ardid o estratagema que no faltará. Estoy resuelto a cumplir semejante comisión siempre que su paternidad me asegure *que mi conciencia no quede gravada ante Dios*.' Respondióle el sacerdote: 'Hijo mío, puedes llenar tu comisión con tranquila conciencia, porque los actuales fascinerosos están fuera de la ley, y la muerte de un jefe de los mismos podrá hacer entrar en buen sentido a más de uno de sus subordinados, disminuyéndose así su número, lo cual ya favorece a la sociedad.'

"Se pregunta: ¿el referido sacerdote *contestó rectamente*? ...

"Resolución del 'Caso de conferencia Ecca' para el día 17 de los corrientes.

"El sacerdote aludido resolvió correctamente o *a conciencia* la consulta anterior.

"Porque, dejándose guiar por los principios del derecho natural, ineludibles por su naturaleza, con relación a la *guerra justa, proceso de malhechores y su consiguiente castigo*, la influencia moral de su caracterizada resolución tuvo por finalidad el bienestar social, al intentar restar a los malhechores uno de sus connotados cabecillas. Por tanto:

"I. La patria, en virtud del instinto de la propia conservación, se ve forzada *a repeler y de hecho repele* por la fuerza, *cum moderamine incaulpatoe tuteloe* y mediante la pública autoridad, la actual salvaje anarquía, que trata de entronizarse entre nosotros.

"II. Los actuales malhechores, procesándose sumariamente por sus propios crímenes, tan patentes como la luz del mediodía, se han conquistado para sí la condigna proscripción a muerte, ya decretada de antemano y hecha efectiva diariamente por la patria, representada en la autoridad pública; y finalmente

"III. La misma autoridad lleva a término su noble y levantada misión, por medio del ejecutor obligado, que en el caso presente es el militar que hizo la consulta.

Monterrey, 17 de enero de 1914. *Pedro María*, canónigo de la Garza y Garza. (Rúbrica.)"

¿Es esa la doctrina del Crucificado que profesan esos señores? (En estos momentos se levantan protestas por parte de algunas personas del auditorio y el orador se encara con ellas:) Sí, señores, aquí está el documento, pero no tengáis cuidado, ya tendréis tiempo de respaldarlo cuando se publique en facsímil y lo conozca toda la nación. (*Grandes aplausos.*)

Ahora que nos vengan a decir que no se ha pretendido nunca alterar la paz pública. La historia de la última revolución es un intento constante del clero mexicano y de los intereses conservadores para derribar los gobiernos revolucionarios y alterar la paz pública, sólo que no la han alterado porque ya no pueden hacerlo. Ahora queremos la paz, como decía el señor Herrera Lasso, porque nos hemos estrellado ante la voluntad de hierro de Plutarco Elías Calles; porque con nuestra vieja bandera de religión y fueros ya no podemos mover las masas mexicanas; queremos la paz, porque nuestro viejo pabellón, descolorido y momificado, ya no puede ondear ni vivir en la atmósfera de la República purificada por la revolución. (¡Bravo! *Aplausos estrepitosos.*)

Quiero satisfacer la curiosidad de mi distinguido contrincante y voy a decirle cuál es el Cristo de oro que dice no conocer, el Cristo de oro de que yo hablaba. Es el Cristo que el cura de las haciendas predicaba a los peones para que vivieran dentro de la resignación y la obediencia del patrón, que era sagrado, para que se conformaran con ser siempre siervos y esclavos del hacendado. El Cristo de oro es el que predicaban los curas a sueldo de los grandes industriales, para que los obreros no pidieran aumento de jornales ni fueran a la huelga; el Cristo partidario constante de la concordia entre el capital y el trabajo, concordia que se entendía como la sumisión incondicional del obrero al patrón, para que éste lo explotara; el Cristo que envía sus rayos iracundos desde el Sinaí, para fulminar toda rebeldía y toda protesta contra la injusticia social. El Cristo nuestro es el Cristo humilde, el que se adora en las chozas de los campesinos, el que vive en el corazón de los trabajadores, el que fue bálsamo de consolación que abrió sus brazos en el Gólgota, pero hay que recordar que no los abrió para todos, como dijera el señor licenciado Herrera Lasso, sino sólo para la humanidad doliente, para los de abajo, ya que "¡desposeyó a los poderosos y elevó a los humildes!" (*Grandes aplausos.*)

Ahora, señores, quiero recoger con todo gusto el solemne compromiso del señor licenciado Herrera Lasso, porque lo creo hombre de buena fe y hombre bien nacido. Si un poder extraño viniera contra México, pretendiendo apagar la hoguera revolucionaria que encenderá a la América en una suprema aspiración de justicia social más efectiva, soñando en alcanzar una humanidad más bella, quiero creer que en ese caso de desgracias para el país, el señor licenciado Herrera Lasso iría codo con codo, junto con nosotros, a defender la patria ensangrentada; pero ¿y el clero...? (*Ovación prolongada.*)

¿No volvería a defender sus privilegios aprovechando esa intervención y a seguir su política de contemporización, recibiendo, como otras veces, bajo palio a los invasores? Realmente no le tenemos confianza y el único que podría asegurarlo es el señor licenciado que los conoce. (*Risas y aplausos.*)

Señoras y señores: hay en todo este asunto coincidencias notables y alarmantes con esta agitación en la que los intereses clericales han arrastrado a gente de buena fe, soy el primero en reconocerlo, pero esto debe precisamente ser motivo de que esa gente reflexione. Las primeras manifestaciones de agitación interior coinciden con la agitación en el extranjero, aprovechando la malquerencia de los intereses que, fincados más allá de nuestro territorio, se sienten heridos en México por las leyes impuestas por la revolución y los otros grandes intereses, sus aliados de clase, que se sienten amenazados en lo futuro, porque ven en nosotros y en esas leyes la semilla que dará fruto en América.

Nosotros, señoras y señores, estamos en nuestro puesto, y cualquiera que sea la suerte que nos depare el destino defenderemos la patria nuestra, nuestro México, pero también defenderemos hasta lo último esos principios de emancipación proletaria, que son como la patria de la humanidad.

Y en caso de que en un futuro incierto, y quiero creer que improbable, se desatara la tragedia de que habló el señor licenciado Herrera Lasso, con ellos o sin ellos, nosotros iríamos al sacrificio que marca el deber, y tal vez entonces habría llegado el caso de cumplir el sagrado compromiso que el general Calles contrajo ante las organizaciones obreras de Orizaba, y por nuestra patria y por la humanidad, envueltos en la bandera tricolor y en la bandera rojinegra de la revolución, ¡rodaríamos al abismo! (*El público de pie aclama y aplaude al orador estrepitosamente.*)

Posteriormente, los clericales fracasados en sus maniobras para provocar un levantamiento nacional en contra del gobierno, igualmente que en sus intrigas para obtener la intervención extranjera, lanzaron a la rebelión armada a grupos de campesinos fanatizados, principalmente en el Bajío, "partidas" o "guerrillas", la mayoría de ellas, lanzadas y dirigidas por sacerdotes, y ensangrentaron al país con esa trágica aventura que se llamó la "rebelión cristera".

El gobierno reprimió con energía esa rebelión imponiendo la obediencia a la Constitución y a las leyes. Por desgracia, de los rescoldos de aquella hoguera, todavía no bien apagada, surgió la conspiración de un grupo de fanáticos que culminó con el artero asesinato del general Álvaro Obregón.

Apaciguada la rebelión con la derrota de los "cristeros", el clero tuvo que someterse al gobierno del licenciado Emilio Portes Gil, obligándose a aceptar y respetar los mandatos de la ley.

El tiempo ha demostrado que el inventario de los bienes nacionales, la inscripción de los sacerdotes y las demás medidas establecidas por la ley, ni restringen la libertad religiosa, ni combaten religión alguna, y obedeciendo esas disposiciones ha podido el clero mexicano vivir y prosperar libremente bajo el régimen de garantías legales que le han otorgado los gobiernos emanados de la revolución.

Eso demuestra que en 1926 la razón estaba de parte del gobierno revolucionario del general Calles.

Por fortuna para todos, tanto para ellos como para nosotros, llegó a ocupar la silla pontificia el papa Juan XXIII, que fue un hombre que honró a la humanidad.

El papa revolucionario modernizó la Iglesia, combatió el sectario fanatismo medieval, concediendo a los sacerdotes libertad para pensar y actuar con el mundo moderno, en contacto con los problemas humanos que estamos viviendo, y orientándolo en su misión en favor de las grandes mayorías necesitadas.

Esta nueva orientación ha permitido que se mejoren las relaciones entre el Estado y la Iglesia, y que la mayoría de los sacerdotes ya no cultiven el odio profundo que anteriormente sentían por la revolución; al contrario, los sacerdotes de buena fe reconocen los beneficios que la revolución ha traído al pueblo mexicano, y muchos de ellos aplauden los principios revolucionarios y simpatizan con la lucha de campesinos y trabajadores por su mejoramiento y liberación. Deben sentirse satisfechos de que ya no se ven obligados a ser aliados sumisos de los grandes intereses de terratenientes, empresarios y financieros como lo eran antaño.

Últimamente algunos altos mandatarios del clero mexicano, así como hombres de las organizaciones religiosas, han hecho pública la nueva orientación de la Iglesia: reconocen lo benéfico que ha sido para el país la separación de la Iglesia y del Estado, y aplauden la forma, el tino y la inteligencia con que los gobiernos han manejado esas relaciones, respetándoles todos los derechos que les otorgan la Constitución y nuestras leyes. Por su parte, los revolucionarios esperan, en correspondencia, que para no perjudicar esas relaciones y en favor de la tranquilidad del país, cumplan ellos, a su vez, las disposiciones legales y se abstengan de violarlas.

Esto ha permitido que los gobiernos mexicanos puedan sostener airosamente relaciones amistosas con las autoridades eclesiásticas, aun con el mismo papa, sin detrimento de la dignidad del gobierno y los derechos constitucionales del pueblo mexicano, como hábil y patrióticamente lo ha logrado el pasado presidente de la República, señor licenciado don José López Portillo.

En 1926, el arzobispo Burke y los Caballeros de Colón americanos más poderosos lograron que se amenazara al país con un desembarco de tropas estadunidenses en las costas del golfo de México, y fue entonces cuando el general Calles dio órdenes al general Lázaro Cárdenas, que era el jefe de las operaciones en esa costa —que desgraciadamente no tenía ni el número de hombres, ni el superior armamento con que invadirían los americanos nuestro país—, un mensaje indicándole se retirara lentamente sin perder el contacto con las fuerzas enemigas, pero incendiando los pozos y las instalaciones petroleras de las rebeldes compañías americanas, para que los invasores solamente ocuparan "tierra quemada" y en la noche el gran incendio, como dice Zevada, "les iluminaría hasta Nueva Orleáns".

Este mensaje se le transcribió al licenciado Emilio Portes Gil, gobernador de Tamaulipas, para que se retirara al mismo tiempo que el general Lázaro Cárdenas, destruyendo igualmente todo lo que pudiera servir al enemigo.

A continuación me permito transcribir del libro *Historia Mexicana*, número 38, revista trimestral publicada por El Colegio de México, vol. X, octubre-diciembre, 1960, núm. 2, lo siguiente, de las pp. 327-328:

La revolución había planteado el problema de la nacionalización del petróleo; Calles heredó esa guerra de sus antecesores, y dio la batalla, hasta que el triunfo se obtuvo con la expedición de la Ley del Petróleo, y el sometimiento de las compañías a la ley.

Muy grave fue la intriga petrolera, y tan peligrosa que pudo llevarnos a una tragedia nacional.

El embajador Shefield de los Estados Unidos era un agente embozado de las compañías petroleras. Intrigaba desde México y mal informaba a su gobierno denigrando al nuestro. Sostenía correspondencia con Kellog, secretario de Estado, y estuvo a punto de desatar la intervención, trabajando por el desembarco de fuerzas norteamericanas en Tampico.

El general Calles se dio cuenta de las maniobras de Shefield, y pudo organizar un servicio de "contraespionaje" que le permitió obtener copias fotostáticas de cerca de 600 piezas de correspondencia oficial y privada del embajador y su grupo, que exhibían con claridad meridiana aquella criminal intriga.

El presidente Calles tomó el legajo de esa comprometedora correspondencia, y se lo envió confidencialmente al señor Coolidge, presidente de los Estados Unidos, apelando a su rectitud y patriotismo. Coolidge, hombre recto, agradeció la sincera y valiente actitud del presidente Calles, y rápidamente resolvió el problema. Retiró a Shefield, y mandó, animado de un espíritu de amistad, al embajador Morrow, quien de hecho inició, desde entonces, la política que después llamó Roosevelt del "buen vecino". Así se salvó la dignidad nacional y se inició una nueva era de la diplomacia méxico-americana, que ha sido benéfica para nuestro país.

Calles pudo dar un escándalo internacional publicando esa correspondencia, para cubrirse con la gloria oropelesca del patriotero. Pero Calles no era ni vanidoso, ni demagogo; era estadista, y, sobre todo, mexicano, por eso supo ganar esa batalla silenciosamente, pensando sólo en el bien de México.

Y el 22 de junio de 1929, en el periódico *Excélsior* se publican unas declaraciones del entonces presidente de la República, señor licenciado Emilio Portes Gil, y que son como sigue:

Portes Gil declara que los términos del fin del conflicto religioso no difieren en nada a los que planteó el general Plutarco Elías Calles, en 1928, pero que no se pudieron llevar a cabo por diversas circunstancias. En toda la República causa júbilo el fin del conflicto religioso. Los fieles acuden a los templos y echan a repicar las campanas. Se asegura que los católicos que se encuentran deportados y en las islas Marías, serán devueltos a sus hogares por cuenta de la Secretaría de Gobernación. Aviones militares bombardean con volantes los campos de los rebeldes cristeros de Michoacán y Jalisco. Se les hace saber el fin del conflicto religioso.

Laboré en la Secretaría de Agricultura y Fomento desde diciembre de 1924 hasta agosto de 1926, y por la satisfacción que siempre había manifestado el general Calles por mi labor, causó mucha extrañeza mi renuncia.

Cuando el presidente Calles me preguntó mi razón para renunciar, le dije que la situación en mi vida era muy criticada, que estaban explotándolo mucho los políticos y que le hacían daño a su administración, que esas críticas además de dañarme a mí podían perjudicar a su gobierno y yo no quería ser causa de producirle ningún daño a su brillante administración.

El general Calles me contempló con aquella su mirada, serena y enérgica, y me contestó: "León, se va usted porque quiere. Yo estoy muy satisfecho con la obra de usted, pero si insiste en irse me veré obligado a aceptar su renuncia, pero quiero que vaya a trabajar robustecido su espíritu con esta decisión mía. Yo no tendré otro secretario de Agricultura."

Y así fue. Salí yo de la Secretaría y dejó encargada ésta al subsecretario, doctor José G. Parrés. Meses después el doctor Parrés se separó para lanzar su candidatura al gobierno de Hidalgo y el general Calles tampoco nombró secretario, sino que dejó encargado de la Secretaría al oficial mayor que yo había dejado, al ingeniero Francisco L. Terminel.

En vista de esa actitud del general Calles, todos comprenderán por qué a un hombre de ese tamaño y a un amigo de esa clase yo nunca le podría ser infiel.

Separado de las actividades de la administración pública, marché a mi estado de Chihuahua a organizar el rancho ganadero de "Terrenates", situado a 60 kilómetros de la estación Gallego, con linderos hasta la colonia de San Lorenzo y hasta las laderas de la sierra del Pajarito.

Mi labor de ranchero no estuvo retirada de la acción política, pues fui principalmente a establecer el rancho por indicaciones tanto del general Álvaro Obregón como del general Plutarco Elías Calles, quienes deseaban que el gobierno apoyara a los ganaderos mexicanos para evitar la absorción de esas tierras por parte de intereses particularmente norteamericanos que habían venido usándolas mediante contratos de arrendamiento e introduciendo grandes cantidades de ganado cara blanca (Hereford). Persiguiendo esa finalidad, se trataba de evitar que los herederos de don Luis Terrazas vendieran los terrenos del gran latifundio precisamente a extranjeros, y a mí me otorgaron un contrato de la caja de préstamos y me hicieron un empréstito para que tomaran confianza los rancheros mexicanos y vieran que se les daban garantías en la tenencia de la tierra.

Como yo tenía mucha influencia política entre mis paisanos, para mí fue difícil y costosa aquella misión, pues constantemente me visitaban en el rancho infinidad de amigos y de comisiones que pretendían mi intervención para resolver sus problemas, entre ellos, muchos ejidatarios y pequeños propietarios a quienes pude dárselas.

De acuerdo con las leyes locales, el latifundio sería muy extenso, pues otorgaban para terrenos ganaderos que tenían un bajo índice de producción de pastos hasta 20 mil hectáreas. Obtuve la inafectabilidad hasta por 40 mil hectáreas: 20 mil a mi nombre y 20 mil a nombre de mi señora Celia Padilla de León, quien con una gran abnegación abandonó los lujos de la ciudad de México para vivir en un *bungalow* de madera en medio del desierto, aguantando toda clase de incomodidades y exponiéndose a las consecuencias de aquellos tiempos de violencia en que había partidas de abigeos o de levantados que varias veces amenazaron el rancho.

Con satisfacción quiero declarar que mi esposa nunca desmayó y al contrario alentó siempre a la gente a resistir.

Hubo veces en que se me anunció desde Ciudad Juárez que deberíamos de salir del rancho por estar amenazados de un ataque y yo me decidí a resistir, ensillando caballos con escolta y guía para que en caso necesario sacaran a mi señora de la zona de peligro y la refugiaran en la sierra.

Por lo que se refiere a la política, la situación del estado se encontraba agitada por haber surgido las candidaturas del general Marcelo Caraveo y de mi amigo Manuel M. Prieto; pero como eran obregonistas y callistas, siguiendo las instrucciones de mis jefes, me abstuve de mezclarme en esa lucha, pues dada mi amistad con ellos, el afiliarme a algún partido podría interpretarse de que ese grupo gozaba del apoyo oficial.

La candidatura de reelección del general Obregón puede decirse que fue impuesta por la mayoría de las organizaciones revolucionarias, por las principales figuras revolucionarias, militares y civiles, y la presión popular que en esos momentos no veía otra personalidad que pudiera conservar el orden, controlar el ejército y continuar el programa constructivo que había iniciado el general Calles. (En el archivo particular del general Obregón debe de haber miles de comunicaciones pidiéndole que aceptara su postulación.)

Cuando inició su campaña fui a Nogales, Sonora, y lo acompañé hasta Guadalajara, donde me despedí para volver a Chihuahua; después de comprobar la aplastante popularidad del general Obregón que era aclamado por las grandes mayorías populares.

Al despedirme del general Obregón, que de allí marchaba a México, me encomendó que siguiera cultivando yo las relaciones amistosas que había iniciado con el general Marcelo Caraveo, ex jefe de las operaciones en el estado de Chihuahua, y con los principales jefes militares, que todos eran amigos míos, así como mi abstención de mezclarme en la campaña política interior para la gubernatura del estado, pues ambos candidatos, Manuel M. Prieto y el general Caraveo, eran obregonistas y dada la amistad y ligas mías tanto con el propio general Obregón como con el presidente Calles, se podría creer que el candidato que yo apoyara lo haría por haber recibido alguna indicación. Me encomendó mucho lo de Caraveo porque le tenía cierta desconfianza, en primer lugar por su pasado de haber pertenecido a casi todas las facciones políticas cuando anduvo de rebelde contra el presidente Carranza, y por su amistad estrecha con el general Arnulfo R. Gómez (su compadre), teniendo en su gobierno a muchos simpatizantes de la candidatura de este general.

Yo seguí cumpliendo con esas instrucciones, y como a pesar de estar separado del gobierno tenía yo mucha influencia y muchos amigos en el estado, tuve la satisfacción de que los dos candidatos en su gira, al pasar de Chihuahua rumbo a Casas Grandes me visitaran en mi rancho, donde sólo sacaron de mí consejos de serenidad y prudencia y que respetaran la designación que hiciera la mayoría del pueblo de Chihuahua, advirtiéndoles que yo era obregonista y no podía ser parcial en favor de ninguna de las candidaturas a gobernador. Ambos siguieron siendo mis amigos.

En uno de los viajes que hizo el candidato Obregón a Sonora para descansar de su propaganda y visitar a su familia que vivía en Nogales, Son., a petición del general Caraveo, lo llevé a esa población a él y a los jefes militares, a protestarle adhesión al general Obregón.

Los recibió muy amistosamente, comimos con él en su casa y después de la comida, habló como dos horas con el general Caraveo, quien le informó de la situación en el estado de Chihuahua y de la seguridad que tenía de su triunfo y le volvió a protestar su fiel adhesión.

El general Caraveo y los jefes militares se retiraron esa misma tarde por el lado americano viajando para Ciudad Juárez; y por invitación del general Obregón yo me quedé para platicar a solas con él al día siguiente.

Juzgo muy importante esta entrevista personal porque tuve la pena de hacerle un vaticinio que desgraciadamente se cumplió.

El general Obregón quería platicar en lo personal conmigo, porque unos dos días antes, aprovechando su llegada a Nogales, se presentaron a entrevistarlo un obispo americano acompañado de uno de los altos jefes de los Caballeros de Colón americanos y de un sacerdote mexicano, de esos tipos muy hábiles en política que casi siempre aprovechan los jefes de la Iglesia católica para hacerla sin comprometerse personalmente.

Según me dijo el general Obregón, fueron a decirle que siendo él ya indudablemente quien llegaría sin oposición a la presidencia de la República, querían preguntarle, dada la situación creada por el problema religioso con el general Calles, qué sería lo que él les podría prometer.

El general Obregón me contó delante de Ignacio Gaxiola, encargado de sus negocios y que fue el intérprete porque hablaba perfectamente el inglés, que él les contestó: "Me es muy difícil tener confianza en ustedes porque ya me fallaron una vez. Cuando se iba a iniciar mi campaña, a petición de ustedes, mandé a San Antonio, Texas, al general y licenciado Aarón Sáenz como mi representante, para definir su situación proponiéndoles que yo podría ser intermediario entre ustedes y el general Calles para un arreglo, pues el presidente Calles sólo pedía que se sometieran a la Constitución y reconocieran los mandatos de la ley suprema. Ustedes me contestaron que pensarían mi proposición, pero que desde luego me prometían no mezclarse para nada en la campaña política; y allí fue donde me fallaron, porque tengo pruebas para demostrar, y ustedes lo saben bien, que apoyaron en sus campañas tanto al general Gómez como al general Serrano. Así que para mí es difícil confiar en su palabra. Pero lo que sí les prometo es que yo no tengo por qué atacar ninguna religión y que en el mismo caso está el general Calles, por lo que yo me ofrezco como intermediario aconsejándoles que se arreglen con él, y como ya les dije, el presidente Calles sólo pide respeto a la Constitución. Quiero aclararles que lo mejor que pueden hacer es arreglarse con el general Calles, aunque yo sé que para el amor propio de ustedes les parece muy conveniente arreglarse conmigo para que cuando yo entre a la presidencia puedan presentar al general Calles como el intransigente, y a mí como el hombre que les dio la razón y les solucionó el problema. Eso sería muy satisfactorio para ustedes y exhibiría al general Calles ante la opinión pública como el intransigente que creó el problema; pero muy perjudicial para mí ante la opinión revolucionaria, ya que dirían que Calles fue el hombre de principios y yo el que claudiqué. Con que arréglense con Calles, y todos estaremos en paz."

Entonces, me permití decirle: "General, me parece que eso es muy peligroso para usted, porque ya para ellos el problema de Calles se resuelve en unos cuantos meses y el de usted es una amenaza para ellos de seis años, por eso creo que el peligro de un atentado personal ya no amenaza al general Calles, sino más bien a usted", vaticinio que desgraciadamente se cumplió, pues cuando regresó de Nogales a la ciudad de México, el general Obregón sufrió el atentado de Chapultepec donde fue balaceado por el ingeniero Vilchis y sus cómplices que hirieron a uno de sus acompañantes y él tuvo solamente un rozón de bala en el rostro.

Se esparcieron inmediatamente muchos rumores alarmantes por la ciudad de que el general Obregón estaba herido, dándole una gran importancia al atentado, y para desmentirlos ante la opinión pública, después de una ligera cura, esa misma tarde fue a la corrida de toros el general Obregón, donde recibió una gran ovación del público que quedó convencido de la falsedad de los rumores y de la hombría indiscutible del general Obregón, que llegó acompañado sólo por dos amigos.

En abril de 1928 llegué de Terrenates a México invitado por el general Obregón y estuve en Celaya en la fiesta y baile donde había preparado, el grupo clerical intransigente, un plan para matar al general Calles y al general Obregón, como se aclaró después y que por fortuna no pudieron realizar.

El general Obregón marchó a descansar a Sonora para regresar a México a su debido tiempo.

Fue en los primeros días del mes de mayo y en su viaje pasó cerrando su propaganda por el estado de Chihuahua.

Los obregonistas chihuahuenses fuimos a recibirlo a estación Escalona y de allí lo acompañé yo en toda su gira.

Hablé en Parral y en Chihuahua, de donde marchamos a Casas Grandes y a Madera. En este último punto tuve una conversación con el general Obregón muy interesante, y que refiero con sus detalles en un artículo que publiqué en 1949, para rectificar las palabras vertidas por el ingeniero Alberto J. Pani, que pronunció precisamente en un discurso en el aniversario de la muerte del general Obregón.

En el artículo se explica todo y se demuestra que el general Obregón ya se había dado cuenta de la necesidad de unificar a los revolucionarios en un partido político.

Mi artículo publicado en el periódico *El Universal*, dice así:

Las conjeturas o suposiciones del ingeniero Pani en su discurso del 17 de julio último, pronunciado frente al monumento del general Álvaro Obregón sobre la conducta futura de dicho general, de no haber sido asesinado en La Bombilla, empañan el prestigio y manchan la memoria del gran caudillo militar de la revolución y se prestan para que sus enemigos lo presenten como un ambicioso vulgar, capaz de traicionar los ideales revolucionarios con tal de retener el poder. Y eso, el mismo ingeniero Pani sabe que no es verdad.

Entrando en el terreno de las suposiciones, dijo el ingeniero Pani, al terminar su discurso, que la vida pública futura del general Obregón hubiera tenido dos posibilidades: una era que los dos hombres fuertes de aquella época —él y el presidente Calles—, se alternaran el poder supremo de la República, mediante una serie de sucesivas reelecciones legales discontinuas, iniciadas ya por el primero de ellos... o... era posible o probable que el presidente Obregón promoviera otra reforma constitucional, para volver en su provecho al régimen porfiriano de reelecciones continuas.

Esta conjetura no tiene fundamento alguno tratándose de un hombre tan patriota como el general Obregón; y afortunadamente yo estoy en posibilidad de informarle al ingeniero Pani, que las ambiciones del general Obregón eran otras y muy distintas que las que él le llega a suponer.

Para ponerle fin a su campaña electoral en mayo de 1928, el general Obregón realizó una gira política por el estado de Chihuahua, regresando a Sonora por tierra, siguiendo el camino del famoso cañón del Púlpito.

En aquel tiempo jugaban como candidatos al gobierno del estado de Chihuahua dos amigos míos: el general Marcelo Caraveo y el señor don Manuel M. Prieto. Por indicaciones del mismo general Obregón me abstuve de tomar parte en la contienda local, ya que ambos candidatos eran obregonistas.

Invitado por los obregonistas de Chihuahua lo acompañé en esa gira. Después de un recorrido por Jiménez, Parral, Chihuahua y Villa Cuauhtémoc, llegamos a Madera, de paso para Casas Grandes. Por la noche le dieron una cena y baile al general Obregón, en el casino, los partidarios del general Caraveo.

A eso de las diez de la noche, me pidió el general Obregón que lo acompañara y salimos solos con un chofer de confianza, pues iba a presentarse en el barrio de los trabajadores de los aserraderos a una fiesta que le habían organizado los partidarios del candidato Manuel M. Prieto. El recibimiento de los trabajadores fue muy entusiasta. Los representantes de éstos tomaron la palabra atacando a sus contrarios y enalteciendo al candidato Prieto. Después hablé yo y cerró la serie de los discursos el general Obregón, explicando principalmente su programa de gobierno por lo que se refiere al trabajador. Se prometía redactar un equitativo código del trabajo y establecer el seguro social. Los aplausos y vítores nos acompañaron hasta la salida.

Tomamos nuevamente el automóvil y el general Calles le ordenó a quien iba guiando que diera vueltas por los alrededores del pueblo para no regresar inmediatamente a la reunión del casino.

La noche era fresca. Iluminadas por la luna las colinas y montañas que rodean a Madera presentaban un bellísimo aspecto con sus grandes pinares, que desgraciadamente ya no existen. Paseamos alrededor de una hora y el general, admirable conversador, me habló en la intimidad y en la confianza.

Esa conversación, por su significación e importancia, se me ha quedado grabada en la memoria.

Me dijo el general Obregón: "En esta campaña electoral me he dado cuenta de que en materia política la revolución está desorganizada, opinión que comparte Calles. Toman parte en estas campañas los mal organizados núcleos burocráticos federales y locales y las organizaciones obreras y campesinas afines a la revolución; la única fuerza realmente organizada es el ejército. Estas fuerzas garantizan por ahora el sostenimiento y la continuación del régimen revolucionario; pero en forma alguna pueden servir para el advenimiento de la organización democrática que la revolución le tiene prometida al pueblo de México y a la que todos aspiramos.

"Cada vez que se presenta una elección presidencial —continuó el general Obregón—, se improvisan partidos con los grupos dispersos, se reviven las viejas organizaciones o se crean nuevas, de acuerdo con los intereses de esos grupos o con las ambiciones personalistas de determinados individuos. Y esto no puede ser cimiento donde descanse una obra constructiva y duradera de la revolución. Además de que no habiendo partidos organizados y de actuación permanente, no hay el medio, el clima apropiado, la escuela, donde se formen las nuevas figuras, los futuros jefes, los líderes nacionales, que lleguen a manejar los negocios del Estado. En esa forma la nación no tiene asegurado el pacífico desenvolvimiento de su vida política: ni la revolución tiene garantizado su desarrollo y estabilidad, ni aseguradas sus conquistas.

"¿Puede estar asegurada la revolución con que Calles y yo nos turnemos en el poder? Evidentemente que no. Cuando termine mi nuevo periodo de seis años, yo seré un hombre acabado, si no por la edad, sí por el trabajo. Y hay que pensar que Calles es mayor que yo. Por tanto, esa no puede ser una solución. No es una garantía, ni para el país, ni para la revolución.

"Se necesita crear —dijo con energía de convicción el gran caudillo— un organismo, ya sea puramente político, social, o que participe de ambas modalidades a la vez, de programa definido y actuación permanente, que garantice la supervivencia de los principios revolucionarios por caminos democráticos, que sea escuela de líderes, hombres públicos y estadistas; y que, principalmente, le garantice a la nación una vida política democrática, tranquila y pacífica, sin que las soluciones de las crisis nacionales las dé un hombre, o la violencia.

"Te hablo a ti como les he hablado a otros amigos de confianza, para que vayan pensando en la forma que deba dársele a esa organización que propongo y se busquen los mejores medios que deban seguirse para que nuestro régimen descanse cuanto antes sobre una verdadera democracia. Tenemos que aprovechar los seis años de mi gobierno para crear ese organismo, partido político que sea expresión de nuestros deseos y sentimientos. Y tenemos que aprovechar también esos seis años para que surjan y se formen nuevos hombres de nuestras filas, capaces de tomar la dirección y la responsabilidad de nuestro movimiento. La generación que sigue a la mía, la generación de ustedes —me dijo— es la que tiene que hacer el gran esfuerzo. Y de ella tienen que surgir los líderes futuros del movimiento revolucionario y los estadistas que se encarguen de servir eficientemente a la nación.

"Mi más grande ambición será realizar ese programa, de modo que al abandonar el poder dentro de seis años, pueda yo irme tranquilamente a mi casa sabiendo que hay en México una democracia organizada, un mecanismo que permita resolver los problemas de gobierno del pueblo, sin caer en la dictadura personal, ni en la violencia del militarismo, ni tampoco en la demagogia revolucionaria."

Llegamos al casino y un nuevo aplauso de los caraveístas acogió la presencia del general Obregón.

Por eso para mí, a quien me confió sus grandes ideales en aquella noche, el fanático que asesinó al presidente electo de México, mató también al futuro creador de una era democrática.

Tiene razón el señor ingeniero Pani cuando dice: "La muerte del general Obregón cambió el curso de la historia"; pero no la tiene para suponer, que olvidando sus principios revolucionarios y sus grandes ideales democráticos, aquel hombre surgido del pueblo, gran estadista y gran patriota, pretendiera perpetuarse en el poder por reelecciones discontinuas o continuas. Ciertamente el general Obregón era un gran ambicioso porque ambicionaba la gloria de resolver los grandes problemas nacionales: el de la tierra, el del trabajo y el establecimiento de una verdadera democracia.

Si sus enemigos tienen derecho a criticarlo o a atacarlo por lo que hizo, ninguno tienen los que se dicen sus amigos, a deformar su figura y a mancharla por conjeturas ... por lo que no hizo ... por lo que ni siquiera llegó a pensar.

México, D. F., a 9 de agosto de 1949. *Ingeniero Luis L. León.*

De Madera acompañamos al general Obregón con rumbo a Sonora y después de comer en un rancho cercano a la línea divisoria, del señor don Rafael Gabilondo, nos despedimos del general Obregón a la entrada del cañón del Púlpito, pues hacía el viaje por tierra.

Fue la última vez que vi al general Obregón, triunfante, arrogante, y al despedirnos cariñosamente y para contestar los "Vivas" a Obregón, gritó con voz sonora: "Viva Chihuahua", y marchó con su comitiva cruzando el cañón del Púlpito.

Al platicar conmigo en el rancho del señor Gabilondo, me dijo él que cuando supiera yo de su regreso a la ciudad de México, fuera a verlo, pues tenía una comisión que darme.

Llegué el día de su asesinato, y en la mañana de ese día había citado para el día siguiente, cuando yo estuviera presente, al licenciado Portes Gil, porque quería comisionarnos, a Emilio para que le ayudara a redactar la ley estableciendo el seguro social, y a mí, para que le ayudara a redactar un código de legislación agraria.

Con todos estos antecedentes fue para todos nosotros y para la revolución, un golpe terrible el asesinato del general Obregón, que desconcertó al país y nos abatió a todos.

Y los verdaderos revolucionarios venciendo el estupor y el desconcierto causado por la muerte del ilustre presidente electo, reaccionaron depositando plenamente su confianza en el presidente de la República, general Plutarco Elías Calles.

Al día siguiente del atentado, con fecha 18 de julio de 1928, el presidente Calles lanzó un manifiesto que en sus párrafos principales dice lo siguiente:

El inaudito crimen en que ha perdido la vida el presidente electo de la República, general don Álvaro Obregón, por la cobarde trama que envuelve, por el desconcierto social que provoca y por el vergonzoso precedente que exhibe, ha cubierto a la nación de duelo justificadísimo, y no habría espíritu honrado en cualquier parte, que no lo repruebe con la más honda indignación. México pierde al estadista más completo de los últimos tiempos y al representativo más ilustre de un movimiento social que tantos sufrimientos ha costado al pueblo y tantos bienes está llamado a distribuir en el desarrollo nacional.

En primer lugar debo exponer que el gobierno que me honro en presidir está completamente resuelto a desplegar toda la fuerza de su energía para castigar con el peso de la ley, no sólo al autor material del incalificable crimen, sino a descubrir y castigar también, ejemplarmente —cualquiera que ellos sean—, a quienes pudieran resultar los directores intelectuales de un hecho que tan profundamente hiere las instituciones nacionales y el crédito de la República. Y para tales fines, no omitirá el despliegue de sus mayores actividades el propio gobierno.

El criminal ha confesado ya, con amplitud, que su funesta acción fue movida por el fanatismo religioso, y las autoridades encargadas del esclarecimiento de los hechos, tienen ya en su poder muchas informaciones que complican directamente la acción clerical en este crimen. Pero mi gobierno, sin impresionarse ni por un momento del nuevo y tenebroso sistema que se ha puesto en práctica en contra de las instituciones, aporta nuevas energías y anuncia a la nación que los principios liberales del movimiento social revolucionario —que hace dieciocho años se afirmaron definitivamente en la conciencia popular—, no pueden decaer jamás; que es criminalmente iluso y torpemente engañoso pensar siquiera en que este país pudiera volver a los viejos periodos de obscurantismo; y que la revolución, generosa y dignificadora, está siempre en marcha, a pesar de arteros atentados, y tendrá que culminar definitivamente para bien de la gran familia mexicana.

Como consecuencia de estos propósitos, que son los esenciales del movimiento social de la República, aprovecho los actuales dolorosos momentos a fin de hacer el más amplio llamamiento a todos los grupos revolucionarios, para sostener con más firmeza todavía su bandera de reivindicaciones, y los excito para que se agrupen, en unión indestructible y fuerte, a la realización de sus nobles ideales...

... Por último, quiero anunciar que la marcha del gobierno seguirá como hasta hoy, dentro de las normas constitucionales y con la calma y energías necesarias.

México, D. F., a 18 de julio de 1928. El presidente de la República, *Plutarco Elías Calles.*

Como se ve, el general Calles ya pensaba, al desaparacer el gran caudillo, que era necesaria la unificación de los revolucionarios para darle fuerza a nuestra causa; ya pensaba en la organización del partido revolucionario.

El día de la muerte del general Obregón, 17 de julio de 1928, venía yo de Chihuahua para México, llamado por él.

Recibí la noticia en la estación de Tula por el conductor del *pullman* que nos dijo que estaban pasando una circular telegráfica por los ferrocarriles, para anunciar el asesinato del general Obregón, en un restaurante de la ciudad de México.

Se comprenderá mi dolor.

En la estación de Tacuba me esperaba el ingeniero Francisco L. Terminel, oficial mayor encargado de la Secretaría de Agricultura y Fomento, y allí bajé, encargando que mi equipaje lo llevaran a un cuarto del Hotel Regis.

Me dirigí a la casa de la hoy avenida Álvaro Obregón, donde estaba el cadáver, que me lo mostró Manrique.

La tristeza y la desesperación eran generales.

De esa casa marchamos en la noche acompañando al cadáver a Palacio Nacional, donde se iba a velar con todos los honores que él merecía.

Subimos por la escalera que se llamaba del "estado mayor presidencial", llena de jefes del ejército y era sumamente impresionante ver la desesperación de los jefes por la gran pérdida y contemplar allí, entre otros, al general Joaquín Amaro, el hombre de hierro, que lloraba como los demás.

Allí me encontré con el general Calles y nunca lo vi más caído y deprimido, y al saludarlo me dijo: "León, esta vez sí nos dieron en la madre, no habrá más que unirnos para resistir el empuje de la reacción." Perdonen la expresión, pero es histórica.

Pasamos la noche en vela y al día siguiente acompañamos al féretro del general Obregón caminando por tierra desde Palacio Nacional hasta la estación de Buenavista, donde se iba a embarcar para Sonora.

Precedía la marcha el presidente de la República general Calles y seguían militares, jefes del ejército, así como líderes políticos, acompañando al cuerpo del general Obregón una gran muchedumbre.

En la estación de Buenavista dijo un discurso Aurelio Manrique, Jr., emocionante por lo que se refiere a la pérdida del general Obregón, pero ya infiltrado de veneno para despertar duda y sospechas sobre el comportamiento del gobierno; y en el fondo ya el discurso era anticallista.

El general Calles cayó en cama y al día siguiente de la salida del convoy a Sonora, porque de acuerdo con las instrucciones testamentarias del general Obregón, deseaba que se le enterrara en Huatabampo, Son., fuimos, el licenciado Emilio Portes Gil y yo, a entrevistar al general Calles en su casa de la calle de Anzures. El general nos recibió en su recámara sentado en su cama, vistiendo en pijama. Seguía muy deprimido y completamente abatido.

El licenciado Portes Gil y yo le empezamos a platicar sobre la situación política y de la propaganda ya clara que había contra los miembros del Partido Laborista, que permanecían en el gobierno y del disgusto que había causado el que no los cesara el general Calles.

Nuestra opinión era que deberían salir inmediatamente del gobierno para no perjudicar a éste ni al propio general Calles.

El presidente Calles nos contestó que en lo personal eran sus amigos, y a su gobierno le habían prestado servicios y que un cese inmediato y público se interpretaría por la opinión como que el general Calles confirmaba la culpabilidad en el asesinato del general Obregón de los líderes laboristas.

Yo le contesté con vehemencia que si efectivamente eran sus amigos debían de renunciar inmediatamente.

El general Calles se levantó excitado de la cama y apuntándome con el dedo índice, como siempre lo hacía para dar más fuerza a sus expresiones, me llevó casi hasta el rincón diciéndome: "Lo que ustedes quieren es que yo hunda para siempre en política a Morones y los suyos, porque son sus enemigos desde el ataque de Morones al general Obregón, el día 1º de mayo. Pero si tienen ustedes pruebas de la culpabilidad de estos señores en el crimen hagan favor de mostrármelas y no sólo los cesaré, sino que los consignaré a las autoridades judiciales."

Muy sereno intervino el licenciado Portes Gil y le dijo: "No, señor presidente. Si tuviéramos pruebas ya se las habríamos presentado, pero es la opinión la que lo dice, de que si no intervinieron directamente en el asesinato, cuando menos sí crearon una división de opiniones en el gobierno, propiciando el terreno y la oportunidad a los clericales para atreverse al crimen ante un gobierno dividido."

Ante las palabras serenas del licenciado Portes Gil, el señor general Calles también se serenó, regresó a la cama y ya sentado en ella nos dijo: "Aquí estamos hablando entre hombres y políticos discretos. No lo digan, pero desde anoche tengo las renuncias de Morones, Celestino Gasca y Eduardo Moneda", el primero como secretario de Industria, Comercio y Trabajo; el segundo, jefe del Departamento de Establecimientos Fabriles y Aprovisionamientos Militares, y el tercero, director del Departamento de Talleres Gráficos de la Nación.

El día 24 de julio se les aceptaron las renuncias públicamente.

Más tranquilo, el general Calles nos dijo: "El golpe ha sido muy duro porque han eliminado la figura más fuerte de la revolución, único capaz de conservar la unidad del ejército y la paz en la República; así es que ahora tenemos que unificarnos todos para reemplazar esta fuerza personal del caudillo con la fuerza de nuestra unificación revolucionaria. Yo los necesito a los dos. A León para que regrese a la Secretaría de Agricultura y Fomento, y a usted, licenciado Portes Gil, para que vaya a pedir licencia al Congreso de Tamaulipas para separarse de su encargo de gobernador y venga a la Secretaría de Gobernación."

El presidente Calles manejó esta situación con mucho acierto, pues esa misma tarde del asesinanto, fue a interrogar a José de León Toral, y del interrogatorio que le hizo concluyó que se trataba de un fanático clerical movido por algún grupo de clericales que se negaba a descubrir; entonces ante una junta de fieles obregonistas encabezados por los licenciados Aarón Sáenz, Emilio Portes Gil, Arturo Orci, el mismo día 17 de julio, el presidente Calles confió el cargo de inspector general de policía al general Antonio Ríos Zertuche, gran amigo del presidente asesinado, y separó de ese puesto al general Cruz. Así la investigación quedó en manos del grupo más auténticamente obregonista.

Ya se ha publicado ampliamente el resultado de esas investigaciones y existe un relato muy detallado del coronel Jesús Vidales Marroquín, quien fue el principal ayudante del general Ríos Zertuche en esa investigación, y de Tomás Robinson, quien también intervino en ella.

El 13 de agosto tomé posesión de la Secretaría de Agricultura y Fomento; por cierto que allí ni el señor De Negri, ni el subsecretario me esperaban, ni nadie de los empleados superiores para hacerme entrega, y sólo encontré a una taquígrafa de la secretaría particular, que después fue una gran empleada mía.

Llegué acompañado del ingeniero Francisco L. Terminel, compañero y amigo mío de toda mi confianza y que era delegado de la Comisión Nacional Agraria del estado de Sonora y para hacerse cargo de las oficinas lo nombré oficial mayor.

Como el personal se había alejado, pude iniciar otra vez mi política de tecnificación de los directores de las diversas actividades de la Secretaría, nombrando a mis amigos y compañeros agrónomos.

Seguía la propaganda y la agitación anticallista encabezada por los diputados Aurelio Manrique, Jr., y Antonio Díaz Soto y Gama, y el también diputado Ricardo Topete, que había sido distinguido excesivamente por el general Obregón.

A este propósito dice Froylán C. Manjarrez, en su libro *La jornada institucional*, primer tomo, p. 23, lo siguiente:

Los líderes parlamentarios antes citados, se proclamaban mantenedores del programa integral del estadista desaparecido y de la unidad política de todas las agrupaciones que apoyaron la candidatura del extinto, pero en realidad no se ocultaban sus propósitos de imponer su personal hegemonía política ante la República, sin consideración alguna hacia la autoridad legítima, representada por los poderes constituidos y muy especialmente por el prestigio revolucionario del jefe del ejecutivo.

El hecho era más grave, porque no era sólo el afán de un determinado grupo político por conquistar situaciones preeminentes, el problema que se presentaba, pues a la zaga de él, en su apoyo, o más bien para satisfacer sus personales designios, algunos jefes militares de alta graduación, gobernadores y otros funcionarios, ... igualmente tomaban partido de la crisis política por la que atravesaba el país para procurar situaciones que les fueran ventajosas, originando crecientes inquietudes que habrían de culminar en una nueva guerra civil.

Por oposición a esta tendencia, la inmensa mayoría de los grupos revolucionarios, conocidos en las últimas luchas cívicas con la denotación de obregonistas, así como los demás sectores organizados de la opinión, y, en general, todo el cuerpo social de la nación, afirmaba su solidaridad con el presidente Calles. Y aquellos grupos, sin omitir esfuerzo alguno por evitar un desgajamiento del bloque revolucionario, que habría de implicar, fatalmente, una nueva lucha intestina, se dispusieron a colaborar disciplinadamente con el jefe del Estado para dar cima a la ardua tarea de la reconstrucción del orden institucional, alterado por la muerte del presidente electo.

El día 3 de agosto, el centro director obregonista acordó su disolución y así lo anunció dando las razones, su presidente, licenciado Aarón Sáenz, el día 6 del mismo mes.

Sigue diciendo Manjarrez en el libro citado, *La jornada institucional*, pp. 22-24:

Mientras en la capital de la República iba en aumento la agitación, promovida por los diputados Manrique y Díaz Soto y Gama, por los demás políticos que los secundaban, tendiente a crear un cambio sustancial en la situación política nacional, en distintas regiones del país incubaba, por antonomía, la tendencia al continuismo personal del general Plutarco Elías Calles en la presidencia de la República, a título de que la paz nacional, por la gravedad del momento, reclamaba la autoridad del más prestigiado estadista, por un lapso no menor de dos años, durante el cual —se pensaba— se serenarían los ánimos, se consolidarían las instituciones revolucionarias y podría proveerse a convocar al país a otra justa comicial para la elección de nuevo presidente de la República.

La idea simplista de apoyar el continuismo personal del presidente Calles, como término de solución del problema político dimanado de la muerte del presidente electo, general Álvaro Obregón, ofrecía dos formas de realización: atribuir efectos retroactivos a la reforma constitucional del artículo 83 de la Carta Magna, que amplió el periodo presidencial de cuatro a seis años, esto es, prorrogar legislativamente y sin acudir a la consulta electoral, el mandato presidencial que habría de expirar el 31 de diciembre de 1928; o, sin recurrir a semejante expediente —a todas luces extraño a los principios que informan el derecho público en toda democracia—, elegir en los términos de la Constitución, presidente provisional al general Plutarco Elías Calles, en el momento en que expirara el mandato del mismo ciudadano como presidente constitucional, a efecto de que presidiera nuevas elecciones en el término de dos años.

Una y otra formas de la iniciativa continuista fueron tomando cuerpo en diversos sectores del país.

Originariamente fueron lanzadas por el partido que sostenía la candidatura del ingeniero Adalberto Tejeda para gobernador del estado de Veracruz. Esto fue hecho el 5 de agosto y el día 8, con todo calor, tales propósitos eran secundados por el gobernador provisional de Puebla, general Donato Bravo Izquierdo. El día 11 se anunciaba que más de cien agrupaciones políticas, también de Veracruz, apoyaban la prórroga del mandato del general Calles, y con la misma fecha el Partido Socialista veracruzano pedía que como término de solución al conflicto político, se adicionara el artículo 83 ampliando el periodo presidencial hasta seis años, siempre con el fin de que continuara al frente del poder ejecutivo de la nación, por dos años más, el presidente Calles. Luego, el Club Unionista Álvaro Obregón, de Orizaba, Ver., y los pueblos de las huastecas veracruzana, hidalguense y potosina apoyaban —con fecha 14—, la iniciativa del partido tejedista veracruzano. Por su parte el comité pro paz, desde Tuxpan, Ver., en mensaje del 14, pedía a la Comisión Permanente del Congreso de la Unión que se hiciera la declaración pública de que la reforma constitucional que amplía el periodo gubernamental, comprendía el mandato del presidente Calles, o que, de lo contrario, el mismo ciudadano fuera electo presidente provisional el 1º de diciembre. El día 17, el Partido Socialista de Oriente, de Tecamachalco, Pue., hacía suya la iniciativa veracruzana y otras muchas agrupaciones abundaban en el mismo parecer.

La pugna entre continuistas y anticontinuistas se hizo patente; el gobernador de Sonora, general Fausto Topete, hizo declaraciones censurando las gestiones encaminadas a que el presidente Calles continuara en el poder, en tanto que su colega de Puebla insistía en su modo de pensar, replicando a las declaraciones del gobernador Topete.

Todos conocimos en aquel tiempo la fuerte presión que ejercían sobre el general Calles las verdaderas fuerzas políticas del país, y, sobre todo, los jefes militares, para que continuara en el poder; pero el general Calles ya había meditado y decidido que, aprovechando la falta del "caudillo", había llegado el momento de establecer las instituciones democráticas en el país, para evitar la violencia en el futuro.

Comprendía que para hablarles con toda autoridad sobre la organización de los partidos políticos debía de abstenerse del continuismo para evitar que se creyera que se trataba tan sólo de una maniobra.

El 19 de octubre de 1964, en un discurso pronunciado por mí en el aniversario de la muerte del general Calles, ante la calumnia de un enemigo, en una adición improvisada al discurso, dije lo siguiente:

Uno de los candidatos vencidos en la última justa electoral, dejándose arrastrar por su amargura y su despecho, declaró que el general Calles organizó el Partido Nacional Revolucionario con el consejo y la ayuda del señor embajador Morrow.

Se pretende así manchar la limpia figura de un gran patriota mexicano, la figura del general Calles, y al propio tiempo, minar moralmente las bases de nuestro partido.

Por fortuna todavía vivimos muchos de los fundadores del partido, que sabemos las luchas, las discusiones y aun las reyertas que hubo para llegar a la conclusión de formar el partido.

El Partido Nacional Revolucionario se formó por Calles y por los revolucionarios mexicanos que tuvimos el honor de acompañarlo en esa tarea.

La necesidad de la organización política que uniera a los revolucionarios mexicanos venía manifestándose en todos los ámbitos de la República; y ante la muerte y desaparición del general Obregón, el general Calles reunió esos esfuerzos dispersos para unificarlos en un partido político.

¿Acaso el embajador Morrow conferenció años antes con quienes organizaron en 1919 el Partido Revolucionario Sonorense; o con Felipe Carrillo Puerto y su grupo, que organizó el Partido Socialista del Sureste; o con Emilio Portes Gil y su grupo, que organizaron el Partido Socialista Fronterizo de Tamaulipas?

La calumnia es más baja porque pretende herir al general Calles cuando realiza uno de los actos más nobles y elevados de su vida. Todos los hombres que representaban fuerzas políticas o militares en el país le decían que prolongara su periodo y continuara en el poder, porque ante la desaparición de la recia personalidad de caudillo del general Obregón, no nos quedaba otra personalidad, que con su prestigio y autoridad, sometiera a la obediencia a todos, que el propio general Calles.

Todos sabemos que el mismo embajador Morrow llegó a insinuarlo como su opinión personal para resolver aquella situación; y Calles, ahogando en su pecho las víboras de la ambición, se negó al continuismo y eligió para él y para su pueblo un camino más largo, más difícil, que es el que nos ha conducido a través de luchas y vicisitudes a establecer las bases de nuestra democracia.

Predicarle a la juventud falsedades, odios y calumnias, no es el camino para edificar por el juego de partidos políticos que se respeten, el régimen democrático que ambicionamos todos los mexicanos...

Ya con esas ideas, el general Calles empezó a redactar en los últimos días de agosto, su histórico mensaje que dirigió a la representación nacional, el día 1º de septiembre de 1928, precediendo a su informe anual de labores un capítulo político trascendental en aquel momento por las responsabilidades ante el futuro de nuestra historia, y para inspirar en esas responsabilidades las funciones públicas e invitar a la cooperación de la ciudadanía.

Por su importancia histórica y por la trascendencia que tuvo este programa planteado y realizado por el general Calles, juzgo conveniente transcribir algunos de los principales párrafos:

La desaparición del presidente electo ha sido una pérdida irreparable que deja al país en una situación particularmente difícil, por la total carencia, no de hombres capaces o bien preparados, que afortunadamente los hay; pero sí de personalidades de indiscutible relieve, con el suficiente arraigo en la opinión pública y con la fuerza personal y política bastante para merecer por su solo nombre y su prestigio, la confianza general.

Todo esto determina la magnitud del problema; pero la misma circunstancia de que quizá por primera vez en su historia se enfrenta México con una situación en la que la nota dominante es la falta de "caudillos", debe permitirnos, va a permitirnos, orientar definitivamente la política del país por rumbos de una verdadera vida institucional, procurando pasar, de una vez por todas, de la condición histórica de país de un hombre a la de nación de instituciones y de leyes.

Juzgo indispensable hacer preceder este breve análisis, de una declaración firme, irrevocable, en la que empeñaré mi honor ante el Congreso nacional, ante el país y ante el concierto de los pueblos civilizados; pero debo, antes, decir que quizás en ninguna otra ocasión las circunstancias hayan colocado al jefe del poder ejecutivo en una atmósfera más propicia para que volviera a existir en nuestro país el continuismo a base de un hombre; que sugestiones y ofertas y aun presiones de cierto orden —envuelto todo en aspectos y en consideraciones de carácter patriótico y de beneficio nacional— se han ejercitado contra mí, para lograr mi aquiescencia en la continuación de mi encargo, y que no únicamente motivos de moral, ni consideraciones de credo político personal, sino la necesidad que creemos definitiva y categórica, de pasar de un sistema más o menos velado de gobiernos de caudillos a un más franco régimen de instituciones, me han decidido a declarar, solemnemente, y con tal claridad que mis palabras no se presten a suspicacias o interpretaciones, que no sólo no buscaré la prolongación de mi mandato aceptando una prórroga o una designación como presidente provisional, sino que, ni en el periodo que siga al interinato, ni en ninguna otra ocasión, aspiraré a la presidencia de mi país; añadiendo aun con riesgo de hacer inútilmente enfática esta declaración solemne, que no se limitará mi conducta a aspiración o deseo sincero de mi parte, sino que se traducirá en un hecho positivo e inmutable: en que nunca y por ninguna circunstancia, volverá el actual presidente de la República Mexicana a ocupar esa posición...

Lo interrumpió la asamblea puesta de pie, con una atronadora salva de aplausos.

Pues bien, señores senadores y diputados, se presenta hoy a vosotros, se presenta a mí, se presenta a la noble institución del ejército, en la que hemos cifrado ayer y ciframos hoy nuestra esperanza y nuestro orgullo; se presenta a los hombres que han hecho la revolución y a las voluntades que han aceptado de modo entusiasta y sincero la necesidad histórica, económica y social de esta revolución, y se presenta, por último, a la totalidad de la familia mexicana, la oportunidad, quizá única en muchos años, repito, de hacer un decidido y firme y definitivo intento para pasar de la categoría de pueblo y de gobiernos de caudillos, a la más alta y más respetada y más productiva y más pacífica y más civilizada condición de pueblo de instituciones y de leyes.

Nuestra carta fundamental y nuestra honrada convicción de gobernantes y de revolucionarios, coloca en nuestras manos los dos primeros aspectos de la resolución del problema: la convocatoria para elecciones extraordinarias y la designación de un presidente provisional para el periodo del interinato.

... Trae, indiscutiblemente, una nueva orientación política de esta naturaleza, trae aparejada, no sólo la modificación de métodos para la búsqueda y selección de gobernantes, sino el cambio de algunos derroteros que tuvimos hasta ahora que aceptar porque a ellos condujo imperiosamente la necesidad política del día.

Quiero decir, entre otras cosas, que este templo de la ley parecerá más augusto y ha de satisfacer mejor las necesidades nacionales, cuando estén en esos escaños representadas todas las tendencias y todos los intereses legítimos del país; cuando logremos, como está en gran parte de vuestras manos conseguirlo, por el respeto al voto, que reales, indiscutibles representativos del trabajador del campo y de la ciudad, de las clases medias y submedias, e intelectuales de buena fe, y hombres de todos los credos y matices políticos de México, ocupen lugares en la representación nacional, en proporción a la fuerza que cada organización o cada grupo social haya logrado conquistar en la voluntad y en la conciencia públicas; cuando el choque de las ideas sustituya al clamor de la hazaña bélica; cuando, en fin, los gobiernos revolucionarios, si siguen siendo gobiernos porque representen y cristalicen con hechos el ansia de redención de las mayorías, tengan el respaldo moral y legal de resoluciones legislativas derivadas o interpretativas o reglamentarias de la Constitución en que hayan tenido parte representantes de grupos antagónicos.

Tengo la más firme convicción de que al señalar estos cambios precisos en los derroteros políticos del país, no sólo no pongo en peligro, sino que afirmo, hago inconmovibles, consagro, las conquistas de la revolución. Efectivamente, la familia mexicana se ha lanzado ya, con toda decisión, por los rumbos nuevos, aunque estemos todavía en pleno periodo de lucha mental y política, para definir y para cristalizar en instituciones, en leyes y en actos constantes de gobierno, los postulados de la nueva ideología. Más peligroso resulta para las conquistas revolucionarias la continuación de algunos métodos políticos seguidos hasta hoy (por la constante apelación a la violencia y a la fuerza, a la contienda en campos de lucha fratricida, lo que en el mejor de los casos no trae sino el estancamiento o el atraso de la evolución material y espiritual progresiva que vamos logrando); más peligroso resulta ahora para las conquistas revolucionarias la intolerancia política llevada al extremo y al dominio absoluto de un grupo que como conjunto humano tiene el peligro de convertirse por sus tendencias, sus pasiones o sus intereses, en facción, que la aceptación de todo género de minorías, que la lucha de ideas en este Parlamento, en donde ningún inconveniente de orden práctico puede traer, en muchos años, dada la preparación y organización de la familia revolucionaria, esa libertad y esa amplitud de criterio que preconizo como indispensable para el futuro.

... Mi consejo, mi advertencia más bien sobre la necesidad de estos nuevos derroteros, resulta de la consideración política y sociológica del periodo propiamente gubernamental de la revolución en que nos encontramos, periodo que es preciso definir y afirmar, y también de la convicción de que la libertad efectiva de sufragio que traiga a la representación nacional a grupos representativos de la reacción, hasta de la reacción clerical, no puede ni debe alarmar a los revolucionarios de verdad, ya que si todos tenemos fe —como la tengo yo— en que las ideas nuevas han conmovido a la casi totalidad de las conciencias de los mexicanos, y en que hasta los intereses creados por la revolución, en todas las clases sociales, son ya mayores que los que pudiera representar una reacción victoriosa, los distritos en donde el voto de la reacción política o clerical triunfara sobre los hombres representativos del movimiento avanzado social de México, serían, por muchos años todavía en menor número que aquellos donde los revolucionarios alcanzarían el triunfo.

... Nunca como en esta ocasión, pueden las cámaras y el gobierno provisional que emane de ellas, hacer obra efectiva de prestigio y de consolidación definitiva de las sanas ideas revolucionarias, ideas que por lo que toca a nosotros, no necesitamos decirlo, nos acompañarán hasta morir, estando dispuestos ahora y siempre a ir por esas ideas al campo de la lucha, en cualquier terreno a que se nos llame, si la reacción no aprecia o no aprovecha patrióticamente la oportunidad legal de cooperación en el futuro que le ofrece la Revolución Mexicana en este periodo propiamente gubernamental de su evolución sociológica y política.

Que la solemnidad del instante, solemnidad que es preciso señalar a cada paso; que la grave responsabilidad que ha caído sobre vosotros, que la conciencia y el decoro del ejército; que el clamor de todas las víctimas que piden que no haya sido estéril su sacrificio; que la figura del enorme desaparecido, cuya vida no habría hecho sino robustecer esta firme iniciación de nuestro México por nuevos derroteros de una franca vida institucional (derroteros que constituían —yo os lo afirmo— su ilusión más cara); que la denuncia unánime, el señalamiento implacable y la condenación enérgica y definitiva por la opinión nacional, de cualquier ambicioso que pudiera surgir, pretendiendo estorbar o retrasar este cambio de métodos políticos, que debe tener para nosotros y para el país toda la fuerza y el significado de una necesidad redentora y absoluta de la vida de México; fuerza y significación que se aumentan por el hecho de ser ese cambio de métodos políticos, consejo y admonición del hombre que habría podido —de no prohibírselo su conciencia— envolver en aspectos de utilidad pública una resolución del continuismo; que todos estos hechos y todos estos factores ayuden a la consecución de estos ideales: la entrada definitiva de México al campo de las instituciones y de las leyes, y el establecimiento, para regular nuestra vida política, de reales partidos nacionales orgánicos, con olvido e ignorancia de hoy en adelante de hombres necesarios como condición fatal y única para la vida y para la tranquilidad del país.

... No debemos considerar el problema actual superior a nuestras fuerzas, ya que para su resolución, planteada en la forma que lo he hecho, sólo es menester, en la parte que corresponde a las cámaras, generosidad, alteza de miras y renunciación de apetitos personales y de grupo.

Este mensaje que en realidad establecía la ruptura con los métodos de la violencia del pasado, y fue el origen del establecimiento de nuestras instituciones democráticas, fue recibido con aplausos unánimes por los sectores nacionales y extranjeros, lográndose por vez primera que se unificaran en el elogio, tanto los progresistas como los retardistas, a quienes se les abría la puerta para expresar libremente sus ideas y hacer pesar sus principios e intereses en la solución de los problemas nacionales.

Por lo que a mí se refiere (yo escuché el informe en la Cámara, como secretario de Agricultura y Fomento), me hizo el honor el general Calles de suministrarme una copia del mensaje dos o tres días antes de su lectura, pidiéndome que si tenía alguna observación que hacer, se la diera a conocer con toda franqueza.

Yo lo leí detenidamente y al regresárselo al general Calles le dije, movido todavía por el apasionado radicalismo que fue nuestra meta en años anteriores, lo siguiente: "Señor presidente, desde el punto de vista democrático es intocable su elevado mensaje, pero desde el punto de vista de nuestra pasión revolucionaria no les dice que estableceremos un partido extremista para combatir a los que su tesis conservadora pretenden contender con nosotros."

Me contestó: "Serénese, León, y comprenda que yo invito a la democracia a toda la nación como jefe de todos los mexicanos, y tengo que ofrecerles garantías a todos por igual; el radicalismo en la acción del partido está en manos de ustedes, pero sería torpe que como jefe de la nación les vaya yo a ofrecer libertades democráticas a los sectores retardatarios anunciándoles al mismo tiempo que nosotros formaremos un partido 'clasista', que no podrá llevarnos a otra parte que imponernos por la dictadura y burlar las promesas de libertades democráticas."

El histórico mensaje del presidente Calles causó sensación en la República, pero tuvo otras consecuencias entre algunos líderes políticos y principalmente jefes militares de personalidad. Al declarar el general Calles solemnemente que no volvería nunca a la presidencia de la República, condenando el continuismo, despertó las ambiciones y las esperanzas de muchos jefes miltares, y empezaron a hacer propaganda en favor de determinados candidatos.

Con este motivo se reunían muy a menudo las famosas "juntas del Hotel Regis", donde empezaron a esbozarse las ambiciones y aspiraciones de líderes y jefes militares.

Invitaron al licenciado Emilio Portes Gil, al licenciado Aarón Sáenz y al general Manuel Pérez Treviño, los tres gobernadores de Tamaulipas, Nuevo León y Coahuila, respectivamente, para encabezarlos, y los tres patrióticamente agradecieron la invitación, pero eludieron aceptar afirmando que en cumplimiento de la Constitución reconocerían como presidente provisional al que nombrara el Congreso nacional, en uso de sus facultades constitucionales.

Sin embargo, el grupo de Sonora, principalmente dirigido por Ricardo Topete y apoyado por los generales Fausto Topete, Francisco R. Manzo y José Gonzalo Escobar, iniciaron su conspiración mientras que públicamente agitaban la opinión, Manrique, Díaz Soto y Gama y el grupo de sus seguidores, que a pesar de la actitud del licenciado Portes Gil seguían postulándolo como candidato a la presidencia provisional por ser de sus simpatías y aprovechando su recia personalidad.

Uno o dos días después de la entrevista que tuvimos con el general Calles el licenciado Portes Gil y yo, fui a entrevistar al presidente Calles en su casa, donde seguía recluido, para hablar a solas con él.

Comentamos las informaciones que tenía sobre las juntas del Hotel Regis, y me dijo que para el día 4 de septiembre tenía citados a los principales jefes militares para expresarles su opinión de que el presidente provisional debería de ser un civil, porque los militares ya se encontraban divididos y elegir uno de algún grupo traería como consecuencia el levantamiento de las fuerzas del otro, y que nuestra obligación como militares es acatar la designación que haga el Congreso nacional, quedando libertad para aspirar después a nombrar presidente, cuando se convoque a elección popular.

Estuvimos hablando de todos los que sonaban como candidatos y sin decirme naturalmente su predilección, a uno de los que más elogió fue al licenciado Emilio Portes Gil, lo que demuestra que éste contaba con sus simpatías.

Me reuní a comer en un gabinete del restaurante de Chapultepec con Emilio Portes Gil y Marte R. Gómez, y les estaba platicando mi conversación con el general Calles cuando irrumpió Aurelio Manrique, Jr., quien iba verdaderamente trastornado por la pasión, no había comido y quería desahogarse con Portes Gil, a quien ellos seguían sosteniendo como candidato.

No le gustó mi presencia, tal vez por mis ligas con el general Calles, porque ellos querían de presidente al licenciado Portes Gil, pero separándolo y enfrentándolo con el general Calles; en el fondo ellos, Topete y sus adherentes, querían conquistar el gobierno para ellos, eliminando a Calles y a sus partidarios.

Posteriormente, en las discusiones que se tuvieron en la Cámara de Diputados, Manrique habló de esta entrevista diciendo que no pudo hablar claro con Portes Gil y Marte R. Gómez por la presencia de un individuo que no había sido leal obregonista, refiriéndose a mí.

Tuve la satisfacción de que en esa controversia en la Cámara de Diputados me defendió Marte R. Gómez, diciendo que la actuación mía no la defenderían palabras, sino mis hechos y que yo, siendo secretario de Agricultura y Fomento, había comprometido mi secretaría manifestando públicamente mi obregonismo y que siempre lo había sido.

De acuerdo con la información que me había dado el general Calles, se celebró la junta de generales en Palacio Nacional, junta que tuvo lugar el día 5 de septiembre y a la que concurrieron los jefes siguientes: general de división Joaquín Amaro, secretario de Guerra y Marina; general brigadier Abundio Gómez, oficial mayor del propio ministerio; general brigadier Gilberto R. Limón, jefe de las guardias presidenciales; general de brigada Juan Jiménez Méndez, jefe del departamento de estado mayor del ejército; general de brigada José Luis Amezcua, jefe del departamento de aeronáutica; general de brigada Agustín Mora, jefe de la guarnición de la plaza; los siguientes jefes de operaciones: divisionarios Francisco Urbalejo, Juan Andrew Almazán, Francisco R. Manzo, José Gonzalo Escobar, Jesús M. Aguirre, Roberto Cruz, Lázaro Cárdenas, Pedro Garibay y Jesús M. Ferreira; generales de brigada Eulogio Ortiz, Alejandro Mange, Francisco R. Berlanga, Juan Espinosa Córdoba, José Juan Méndez, Anacleto López, Pedro J. Almada, Evaristo Pérez, Matías Ramos, Andrés Figueroa, Heliodoro Charies, Rafael Sánchez, Francisco S. Carrera, Jaime Carrillo, Antonio A. Guerrero y Rodrigo L. Talamantes; el divisionario Saturnino Cedillo y otros jefes.

Esta junta fue de gran importancia y la relata pormenorizadamente con las conversaciones tomadas taquigráficamente Froylán C. Manjarrez en su libro que ya hemos citado, primer tomo, y de allí citaremos las principales declaraciones que demuestran que todos los jefes aplaudieron el programa del presidente Calles y le prometieron su lealtad, inclusive los que posteriormente se levantaron en armas.

El presidente Calles abrió la junta haciendo una exposición de la situación a los militares, que creo muy importante citar algunos párrafos de su discurso:

Yo quiero hacerles presente que en esta ocasión como en todas, voy a poner en mis palabras toda la sinceridad, toda la franqueza de que soy capaz. Posiblemente mis expresiones serán un poco duras, pero quiero hacerles la advertencia de que estas expresiones no tienen por objeto lastimar a nadie; quiero también manifestarles que no los he reunido con la intención de que celebremos una especie de convención militar que resuelva los destinos de la República, ni tampoco para convertirnos en árbitros de tan sagrados destinos.

Yo creo que el ejército es únicamente un elemento de cooperación para la resolución de los trascendentales problemas que tenemos actualmente, y nosotros, los miembros del ejército, no debemos considerarnos como el factor único y decisivo, porque existen otros factores dignos de tomarse en consideración, y sobre todos ellos, el factor opinión pública. Mi objeto al reunirlos ha sido pedir a ustedes una cooperación franca, absoluta, desinteresada, para conseguir la finalidad que venimos buscando y que no es otra que el bienestar del país. Y quiero exponer ante ustedes todos mis actos; no quiero que mis procedimientos sean un secreto para ninguno de ustedes. Expuesto en la Cámara de Diputados el plan que en mi concepto debe seguirse para lograr la finalidad a que antes me refiero: el bienestar del país y el aseguramiento de su porvenir por medio de transmisiones del poder quietas, pacíficas, que nos lleven a una vida netamente institucional, he creído conveniente cambiar con todos ustedes impresiones en estos momentos históricos, para que todos procuremos encaminar nuestros esfuerzos a la consecución de la finalidad que buscamos; y vuelvo a repetirles que les hablaré con toda franqueza, porque de ello depende en gran parte la realización de nuestros propósitos, ya que les señalaré todo lo que yo considero un peligro.

El ejército debe conservar la respetabilidad que se ha creado guardando una perfecta unificación, porque si esa unificación se quebranta, nada conseguiremos, absolutamente nada conseguiremos; desunido el ejército, vendría como consecuencia ineludible la desunión de toda la familia revolucionaria, porque una parte de esa familia se iría con un grupo y otra con otro grupo, y entonces si un gobierno llegare a constituirse en semejantes condiciones, no sería un gobierno nacional, sería un gobierno de facción.

Tienen que presentarse los dos problemas fundamentales de que hablamos en el informe presidencial: la designación del presidente provisional y la candidatura para presidente constitucional. Yo no sé si estaré equivocado, pero creo conocer bastante la naturaleza humana, y creo conocer personalmente a casi todos y cada uno de los componentes del ejército, y basado en ese conocimiento, tengo la creencia de que sería un error muy lamentable que nos llevaría a un fin contrario al que perseguimos —quiero decir que vendría la desunión del ejército—, si uno de sus miembros, cualquiera que sea su jerarquía, cualquiera que sea su prestigio y la fuerza que tenga dentro de la institución, tuviera pretensiones en estos momentos históricos, de aspirar a la primera magistratura del país; yo estimo que en este periodo, el ejército debe mantenerse al margen de la situación; que ninguno de sus miembros debe presentarse como candidato, porque ese solo hecho traería la división dentro de la institución, porque despertaría —les dije que les hablaría con dureza—, recelos en unos y suspicacias en otros: unos no creerían asegurada su situación, los otros temerían encontrar hostilidad, y así el ejército comenzaría a dividirse en grupos.

... El criterio que les he expuesto es el que yo siento, es el resultado de mis estudios y de mis observaciones; pero si algún miembro del ejército no cree que esto sea exacto, si cree que estoy en un error, mis palabras no llevan ningún compromiso a quienes las escuchan, y pueden seguir el camino que su criterio y su conciencia les dicten. Si ese miembro del ejército cree que sí debe ser candidato, que sí debe aspirar a ocupar la primera magistratura de la República, muy bien, puede hacerlo.

Al tratarse de la designación de presidente provisional, dos factores importantes tienen que intervenir: las cámaras nacionales, para la solución legal, y el ejército para hacer cumplir la designación, para hacerla respetar, respetarla él mismo y sostenerla. A este respecto, quiero manifestarles con toda sinceridad, con toda franqueza, que yo hasta el momento no tengo candidato ni he recomendado a candidato alguno; he tenido el gusto de cambiar impresiones con algunos de los jefes militares aquí presentes, y a ellos les consta que sólo les he hablado de principios y no de personalidades.

... Yo quisiera escuchar la opinión de ustedes sobre el primer punto que, como les dije y confirmo, no implica ningún compromiso, ningún pacto de honor; si difieren de mi criterio los que conocen a los miembros de nuestra institución, los que cambian impresiones y orientaciones, quiero que me lo digan con toda franqueza; que me digan sinceramente si ellos estiman que no estoy en lo justo al decir que un candidato militar, salido de las filas del ejército, de entre los que actualmente están con mando de tropas, traería la división de nuestro ejército. Yo quiero oírlos expresarse con toda claridad. (Estos datos están tomados del libro *La jornada institucional*, primer tomo, de Froylán C. Manjárrez, pp. 43-47, y las transcripciones que siguen sobre la junta de militares, que publicó la versión taquigráfica de aquella conversación.)

En seguida habló el general Cruz y entre otras cosas dijo:

Voy a dirigirme a todos los compañeros aquí presentes con toda esa franqueza que tenemos los hombres salidos de la revolución. Esta oportunidad que el señor presidente de la República nos presta para cambiar impresiones respecto a los trascendentales asuntos que nos ocupan, es seguramente de una trascendencia histórica muy grande. Debemos, en primer lugar, según mi manera de pensar, tener una absoluta fe en las palabras del señor presidente, puesto que después de la forma en que se ha expresado en el informe ante la cámara el sábado último, después de que ha empeñado su palabra y su honor ante el mundo entero, de que no buscaría la continuación en el poder y que tampoco intentaría jamás volver a ocupar el puesto que actualmente ocupa, seguramente, señores, nadie más autorizado que él para hablarnos en la forma que lo ha hecho. No solamente ante nosotros, los hombres de la revolución, sino ante el mundo entero, esas palabras, esa orientación del señor Presidente ha venido a tomar cuerpo.

La opinión pública está pendiente de nosotros y debemos procurar, pues, señores, que el ejército dé un ejemplo de civismo, colocándose al margen de todas estas cuestiones, y constituyéndose únicamente en defensor y sostenedor de las instituciones legales.

Después habló el general Almazán, haciendo una pregunta muy interesante y dijo: "Para evitar confusiones, yo suplico al señor presidente tenga la bondad de aclarar su criterio respecto a que si no debe figurar ningún candidato militar para el periodo provisional o se refiere también al de elección."

Tomó la palabra el señor presidente: "A los dos; al interinato y al otro."

Hablaron el general Amezcua y el general Madrigal, y posteriormente el general Mora, que sostuvo que ninguno de los miembros del ejército, muy cumplidos en sus deberes militares, estaban capacitados política y socialmente para continuar la obra del general Calles.

Posteriormente el general Carrillo dijo que los políticos que agitaban el asunto entre el ejército, podían provocar una división, dirigían esa labor a los generales de división, y que estando de acuerdo con el señor presidente de que ningún miembro del ejército debe de figurar ni para presidente provisional ni para presidente constitucional, invitando a los generales de división que declararan si aceptaban o no el puesto a presidente de la República.

Contestó el general Escobar, quien dijo lo siguiente:

El general Carrillo ha hecho una alusión personal a los generales de división, y yo no voy a interpretar, aunque pudiera, el sentir de los generales de división; voy a hablar por mí mismo. No está usted en lo justo, general Carrillo, al hacer la imputación que viene a confirmar el criterio del señor presidente de la República, y el temor tan honrado y tan patriótico que tiene en que surja la división del ejército; no está usted en lo justo, porque en lo que a mí y a otros revolucionarios con quienes he cambiado impresiones en el terreno amistoso, en el terreno de honor, ningún político se ha acercado a influenciarnos para llevar a nuestro ánimo la ambición de ocupar la presidencia de la República ni de un modo ni de otro. En esta forma pongo punto final a esta alusión, para discutir posteriormente todos aquellos puntos que el señor presidente desea que se discutan y se aclaren.

Volvió a repetir el general Cruz: "... debemos hacer honor a las palabras del señor presidente de la República, cuando dijo que se constituía en fiador del ejército..."

Después el general Escobar manifestó que se había dejado hablar con toda libertad según quería el señor presidente Calles. Volvió a hablar el general Cruz y luego el general Espinosa y Córdoba, quien dijo lo siguiente: "Yo quiero invitar a ustedes a que dejemos que las cámaras hagan la designación de presidente provisional, cumpliendo nosotros únicamente con la ley, y considero que de esta manera no habrá ninguna división."

Después volvió a hablar el general Carrillo y luego dijo el general Limón:

Voy a concretarme a dar mi contestación categórica a las preguntas del señor presidente de la República: Yo creo que ningún miembro del ejército debe aspirar al gobierno provisional ni a la candidatura para las próximas elecciones, no por falta de capacidad ni de preparación, que en mi concepto sí existen entre nuestros jefes, sino por patriotismo. Respecto al segundo punto, estimo que sí sería conveniente que el señor presidente de la República tratara de unificar el criterio de las cámaras con el criterio del ejército.

Luego dijo el general Almazán:

Voy a poner al señor presidente como testigo de lo que le manifesté cuando él todavía ni siquiera pensaba en el brillante y patriótico informe que leyó en las cámaras. Le dije entonces y con orgullo le repito ahora, sincera y francamente, que no había soñado, no ya en ser presidente de la República, pero ni siquiera en obtener una cartera. De manera, pues, que estoy tranquilo, y en esta forma contesto al general Carrillo. Tal declaración por mi parte, me ha dejado libre de suspicacias que pudieran provocar las conversaciones con los políticos. Yo, señores, he sufrido mucho desde 1910, y realmente me espanta una nueva lucha; por eso en las conversaciones que he tenido con el señor presidente, con el general Escobar, con el general Carrillo, con el general Carrera Torres y con otros jefes, les he expresado que para evitar una división, lo conveniente aquí sería que el presidente provisional fuera un civil; especialmente al general Cedillo y el general Carrera Torres les he expresado que a nosotros no debe importarnos quién sea el presidente que designen, sino que debemos sujetarnos al cumplimiento de nuestro deber. Es mi criterio personal. Yo manifesté al señor presidente desde hace muchos días, que yo estaba dispuesto a firmar un documento comprometiéndome a que jamás en mi vida tendría sueños presidenciales. Ahora, respecto a los generales de división que piensan que pueden regir los destinos del país, francamente creo que están en su derecho de hacerlo, pero deben demostrar una franqueza absoluta y manifestarlo así. Ellos pueden ir a buscar el apoyo de la opinión pública, el apoyo del pueblo, pero que se comprometan a no ir a buscar el apoyo del ejército.

Posteriormente volvió a hablar el general Cruz, y el general Mendoza, quien leyó un trabajo escrito donde se declaró partidario de que el siguiente presidente fuera un civil, y en su trabajo respectivo dijo lo siguiente:

Es unánime la tendencia de que el sustituto del presidente actual sea un civil, desapareciendo de esa manera el caudillaje como forma de gobierno y quedando establecido el régimen institucional, como una consagración de la obra revolucionaria al dar una prueba del triunfo de la democracia. El día 1º de los corrientes, el encargado del ejecutivo, ante el Congreso de la Unión y ante la República entera; con su triple carácter de revolucionario, de general de división y de presidente de la República, se constituyó fiador de la conducta noble y desinteresada del ejército y puede estar seguro de que la institución armada respalde a su fiador, porque consciente de su papel definitivo en estos instantes, encerrada en el concepto real y ennoblecedor de su carrera militar, no le llevará otra mira que la satisfacción de cumplir con el deber.

Él pidió algunas reformas a la ley para crear una Junta Superior de Guerra que garantizara ante el presidente constitucional un trato justo para los jefes militares y el debido presupuesto.

Después habló el general Cruz, y luego el general Madrigal volvió a pedir que se discutieran los nombres de los que pudieran ser candidatos, dados por el señor presidente de la República. Volvió a tomar la palabra el general Almazán, pidiendo se hablara con toda libertad y se expresaran las opiniones francamente sin importar que se alargara la discusión, y después habló el general Jiménez Méndez, apoyando el plan del general Mendoza para hacer modificaciones a la ley y evitar que el presidente usara del ejército a su antojo.

Entonces tomó la palabra el general Ríos, ameritado y viejo revolucionario, y dijo lo siguiente:

El general Escobar me ganó en pensamiento; yo también deseaba manifestar a los compañeros que nos estamos saliendo del punto. Yo creo que la reunión se refiere a recoger de cada uno de nosotros la opinión que tengamos. Por mi parte, diría que estoy enteramente de acuerdo con los puntos de vista delineados por el señor presidente en su informe del sábado; estoy enteramente de acuerdo con los puntos que aquí nos ha expresado en el sentido de que ningún jefe militar debe aspirar a ocupar la presidencia de la República. Los compañeros que estén de acuerdo también, que se pongan de pie. (Se ponen de pie absolutamente todos los jefes.)

Después volvió a hablar el general Escobar, expresando nuevamente su respeto por el presidente y añadiendo este párrafo:

... En lo que respecta al ejército, usando palabras que ya han sido mencionadas, quiero manifestar que los cuartelazos, las asonadas, etcétera, ya pasaron a la historia; que esas palabras ya no deben de sonar entre nosotros, porque considero que el ejército ha quedado definitivamente purgado de los elementos sinvergüenzas, y porque todos los componentes del ejército ya han dado una prueba bien clara, bien amplia, de lealtad, de disciplina, de subordinación y de honradez. Ya no debemos de admitir la palabra "cuartelazo", debe ser proscrita absolutamente. Si el señor presidente, en el informe rendido ante el Congreso de la Unión, se constituyó en fiador del ejército nacional, lo hizo porque considera que el ejército actual no es el ejército de los cuartelazos, tiene fe en ese ejército, porque demostró en momentos de desorientación, cuando se plantearon graves y numerosos problemas con motivo de la sensible desaparición del general Obregón, que es un ejército organizado y disciplinado, integrado por elementos de orden y no por elementos de desorden; esté seguro el señor presidente de que ese ejército no lo hará quedar mal, que hará honor a la confianza que le hizo constituirse en su fiador.

Muy interesante en boca de quien después, como jefe, encabezó el "cuartelazo" llamado "de los renovadores".

Volvió a hablar el general Cruz y en seguida habló el general Cedillo, quien dijo lo siguiente:

Mi opinión es que estamos entre puros hombres de honor y debemos hablar con franqueza y sinceridad. El señor presidente nos dijo que había sentido dos o tres corrientes distintas de opinión; que había ya, entonces, la intención de nombrar un presidente provisional. Yo creo que es muy humano que algunos de nuestros compañeros tengan sus pretensiones, y hayan estado en pláticas con los políticos quienes indudablemente desean la división del ejército; pero afortunadamente ya nuestros compañeros no son juguetes de los políticos, pues si algún político pretende tantearse a un jefe militar, es seguro que el político resultará tanteado. Decía mi general Escobar que el ejército está ya purgado de los elementos sinvergüenzas; yo creo lo mismo. Aquí debemos hablar con absoluta franqueza, en caso de que algunos de los compañeros o jefes hayan recibido sugestiones de algún político.

Ustedes habrán visto en *El Universal* de hoy que se efectuó una junta en el Hotel Regis, en cuya junta se designó candidato para presidente. Yo creo que si alguno de los compañeros o jefes hayan recibido esas insinuaciones, deben de hablar con franqueza absoluta y con sinceridad; es necesario que aclaremos todo, para que los jefes militares al retirarse, como lo dijo el señor presidente, no lleven ninguna interrogación, ninguna sombra, y se dediquen al cumplimiento de su deber como soldados de la revolución, listos para respaldar ese paso tan bellísimo que desea dar el general Calles, para entrar en una era de gobiernos institucionales. Estando el ejército, pues, purgado de sus elementos sinvergüenzas, es el momento oportuno de respaldar la actitud del señor presidente de la República.

Volvió a hablar el general Escobar y después repitió el general Espinosa y Córdoba. Habló nuevamente el general Cedillo y después el general Escobar, diciendo esta frase: "El señor presidente sabe perfectamente que yo respaldo absolutamente su criterio, sin entrar en consideraciones inútiles."

El general Almazán volvió a repetir que respaldaba las palabras del señor presidente de la República y que no iban a andar los generales detrás de los diputados para sugerirles quién iba a ser el presidente provisional.

(Todos estos datos están tomados del libro *La jornada institucional*, de Froylán C. Manjarrez, primer tomo, pp. 47-64, y corresponden a la versión taquigráfica, la cual es absolutamente inédita y poco conocida.)

Siguieron hablando en tan interesante junta el general Escobar, que pidió un aplauso para el general Almazán y otro más fuerte para el señor presidente de la República; el general Escobar, el general Madrigal, el general Cruz, el general Mange, el general Carrillo, el general Charis, todos coincidieron en su fe y respaldo al señor presidente de la República, y para terminar volvió a hablar el señor presidente de la República, y repetiremos algunos párrafos:

De antemano me esperaba yo esta actitud patriótica del ejército; no puede ser su actitud más patriótica y desinteresada, y demuestra que ya estamos en el camino para llegar a la tranquilidad y a la prosperidad de la patria. La opinión que expresé en el sentido de que no debe figurar ningún miembro del ejército, ni para el periodo provisional ni en las elecciones, obedece a las razones que ya conocen, relativas a la conservación de la unidad del ejército. Con satisfacción he visto que todos estamos de acuerdo con esta teoría.

... Quiero decirles también que por las observaciones que vengo haciendo, va a ser y debe ser condición indispensable prestar al nuevo régimen toda nuestra fuerza y todo nuestro apoyo, de una manera noble, para que los actos del nuevo gobierno no sean recibidos con suspicacias y con críticas injustas. A este nuevo gobierno, indiscutiblemente, yo seré el primero en prestarle mi cooperación, mi colaboración, pero en forma digna...

Terminó diciendo: "En esta forma la responsabilidad que contraiga es grande, pero la acepto porque traerá desde luego la tranquilidad en las conciencias, no sólo dentro de los miembros del ejército, sino dentro de la opinión pública. Si seguimos esa línea de conducta, habremos hecho la labor más grande, la más trascendental, la obra cumbre, la de más mérito que la revolución haya hecho hasta el presente. Me alegro de este cambio de impresiones, y felicito a todo el ejército por su capacidad, por su disciplina y por su patriotismo."

Tuvo una gran resonancia ante la opinión pública el resultado de la junta de los generales que acabamos de reseñar; y a pesar de que algunos trataron de mistificar las conclusiones, todo el mundo se dio cuenta de que el general Calles y los jefes más prestigiados del ejército, habían logrado imponer el criterio de que no figurarían como candidatos ni para presidente provisional, ni para presidente constitucional los jefes militares, para no dividir el ejército, y que habían conseguido dar a la opinión pública una gran satisfacción.

A pesar de esto, seguían con juntas en el Hotel Regis el diputado Topete y algunos diputados que lo seguían, apoyados en la propaganda anticallista y ya casi subversiva, que seguían haciendo Díaz Soto y Gama y Manrique.

Para contrarrestar esas maniobras, se agruparon algunos diputados y senadores y otros funcionarios de la administración, iniciando esta tarea los diputados Marte R. Gómez, Gonzalo N. Santos, Manuel Riva Palacio, Melchor Ortega, Federico Medrano, Carlos Real y Rafael Melgar; y los senadores Federico Martínez Rojas, Pedro González, Bartolomé García Correa, Nicolás Pérez y Arturo Campillo Seyde, y los gobernadores de Nuevo León, Guanajuato, México y San Luis Potosí, señores licenciado Aarón Sáenz, Agustín Arroyo Ch., Carlos Riva Palacio y Saturnino Cedillo, respectivamente, quienes tomaron el acuerdo el día 5, haciendo un llamado a los miembros del Bloque Revolucionario Obregonista para que se liberaran de la influencia dictatorial que querían ejercer sobre ellos Topete, Manrique y Díaz Soto y Gama. El encargado de dirigir la acción parlamentaria fue mi estimado amigo y querido compañero Marte R. Gómez, habiéndoseles unido desde luego las diputaciones de Tamaulipas, México, San Luis Potosí, Colima, Veracruz, Yucatán, Campeche, Chihuahua y Michoacán.

El ingeniero Marte R. Gómez logró que el día 7 se reunieran en número de 154, los diputados del antiguo bloque revolucionario, bajo la presidencia del diputado Miguel E. Yáñez, quien fue nombrado presidente del nuevo bloque y vicepresidente el licenciado Ángel Castillo Lanz, de Campeche, y José Aguilar y Maya, de Guanajuato; prosecretarios: Roberto Morales, de Veracruz, y Wenceslao Labra, de México; tesorero, Efraín Pineda, de Michoacán, y subtesorero, Manuel Tárrega, de Tamaulipas.

Ya para entonces la candidatura del licenciado Emilio Portes Gil para presidente provisional estaba apoyada por organizaciones obreras y campesinas y por el grueso de la opinión pública, así como gozaba de las simpatías de los más prestigiados jefes del ejército.

Como el nuevo grupo le pidió su renuncia al presidente del bloque, Ricardo Topete, éste manifestó su inconformidad protestando con energía y se marchó hasta Sonora, entidad donde era gobernador su hermano Fausto Topete, y muy ostensiblemente se estaba ya gestando un levantamiento de parte de algunos jefes del ejército, comprometidos en las juntas del Hotel Regis.

El día 22 de septiembre se reunieron los miembros de la gran comisión de la Cámara de Diputados, que declararon legales las elecciones celebradas el día 1º de julio de 1928, y se declaró presidente de la República al C. Álvaro Obregón, pero en razón de que había dejado de existir el gran caudillo y estadista, se citó para el día 25 del mismo mes de septiembre, con el fin de proceder a la elección de presidente provisional.

Y en ese mismo día 25, el Congreso federal, por unanimidad de 277 votos designó al C. licenciado Emilio Portes Gil presidente provisional de los Estados Unidos Mexicanos, quien debería de tomar posesión de su encargo el día 1º de diciembre de ese año.

El licenciado Portes Gil, al ser designado para ocupar la primera magistratura del país, hizo las siguientes declaraciones:

La designación que ha recaído en mi modesta personalidad para asumir en estos momentos el más alto cargo de mi país, me llena del más profundo sentimiento de responsabilidad. Mi actuación estará inspirada en los más altos principios de equidad y de justicia sociales. Mi labor se concretará a continuar la política desarrollada en todos los órdenes de la administración pública por el señor presidente Plutarco Elías Calles y a procurar el cumplimiento del programa social delineado por el extinto presidente electo, señor general Álvaro Obregón.

Considero que el gobierno provisional que habré de recibir el día 1º de diciembre tiene una altísima misión histórica, y es la de procurar que la función electoral que habrá de desarrollarse durante ese tiempo, se lleve a cabo con el más estricto apego a las normas democráticas, y, a tal efecto, me esforzaré por conseguir que todos los elementos que actúen dentro del organismo oficial se abstengan en lo absoluto de tomar la más mínima participación en esa lucha, para que el resultado de la función electoral sea el verdadero exponente de la libertad.

Tengo grande fe en las virtudes del pueblo mexicano, y estoy plenamente convencido de que después de las rudas pruebas por las que ha atravesado, llegará, en definitiva, a la conquista de sus más altos destinos. (Tomado del libro La jornada institucional, primer tomo, p. 83.)

Y el mismo día 25 de septiembre, el Congreso federal leyó la convocatoria a elecciones extraordinarias de presidente constitucional de la República, señalando para el domingo 17 de noviembre de 1929, el día que se efectuarían las mismas.

Para celebrar la designación del licenciado Emilio Portes Gil, se organizó un banquete político por las más características personalidades de la revolución, que se efectuó en los jardines del Castillo de Chapultepec, el día 29 de septiembre. En ese homenaje tomamos la palabra, yo que pronuncié el primer discurso, permitiéndome transcribir párrafos de ese discurso:

La revolución espera del licenciado Portes Gil que sepa continuar el programa implantado por los generales Obregón y Calles, en el poder; que siga con paso firme efectuando reformas sociales; espera que prosiga decididamente consolidando las instituciones nacidas al calor de la revolución. Y los amigos de Portes Gil, aquí reunidos, que son las fuerzas representativas de la revolución, venimos a decirle que tenemos fe en él; que desde ahora respaldamos su obra.

Volviendo la vista se ven las caras de los viejos soldados de la revolución, que si ayer para nosotros fueron orgullo como luchadores en los campos de batalla, ahora doblemente nos enorgullecen convertidos, por su dignidad, en soldados de la República porque han librado y han ganado la victoria más alta, la más merecedora de laureles; porque sobre el hálito de gloria recogida en cien combates traen ahora, como una aureola, la victoria que ganaron sobre ellos mismos, sobre sus ambiciones —muy humanas—, sobre sus prejuicios, sus pasiones, porque supieron amar más a la República que a sus mismos intereses. Están aquí los representantes de todas las tendencias de la revolución, respaldando esta obra de patriotismo, y por esto nosotros queremos decirlo al país: los amigos del licenciado Portes Gil, las fuerzas todas de la revolución tienen conciencia de su responsabilidad y sabrán respaldar al gobierno del licenciado Portes Gil para que cumpla con su misión histórica, sin intervenir en la lucha política electoral, dando garantías a todos los partidos. A nosotros toca compartir con el resto de la familia revolucionaria la responsabilidad de organizar un partido que nos represente, y lo haremos sin irle a pedir apoyo político al licenciado Portes Gil; iremos a la opinión pública, iremos a conmover al pueblo mexicano con el programa de la revolución.

Ahora, en lo personal, para el señor licenciado Portes Gil, encargan sus amigos que le diga que estamos con él, dentro y fuera de su gobierno, que estamos para sostenerlo; que la familia revolucionaria se unirá para darle ese prestigio y esa fortaleza que el general Calles ya le dio en su mensaje al presidente electo que surgiera, cubriéndolo con el manto inmaculado de las instituciones.

A continuación habló el general Escobar, quien dijo entre otras cosas lo siguiente:

Yo me siento positivamente orgulloso de haber sido designado para dirigir en estos momentos la palabra al nuevo presidente de la República. Hago la aclaración sincera y franca de que esto correspondía propiamente al señor secretario de Guerra, que en este momento es el representativo más alto del ejército. El señor secretario de Guerra ha tenido esta deferencia y yo la he aceptado gustoso, no obstante que estoy incapacitado para cumplir, como lo deseara, con este encargo.

... El ejército de la nación yo juzgo que es el defensor genuino de las instituciones de la República. El ejército de la nación en estos momentos ve en el licenciado Portes Gil, electo presidente provisional de México, ve en él a las instituciones de México.

... Yo creo, con absoluta honradez, hacerme eco en estos momentos del sentir de todos y cada uno de los compañeros del ejército. El ejército no solamente se siente regocijado y satisfecho porque interpreta en esa forma sus obligaciones, sino que —y aclaro una vez más—, ajeno absolutamente a toda lisonja y a toda conveniencia ve con regocijo, ve con gusto que un hombre como el licenciado Portes Gil sea el que en lo sucesivo tenga el carácter de jefe del poder ejecutivo de la nación, porque reconoce que es un revolucionario intachable y un hombre que merece tan elevado puesto.

Debo de decir que el general Escobar fue sumamente aplaudido.

Por su parte, el general Manuel Pérez Treviño dijo, entre otras cosas:

Si satisface la personalidad de Portes Gil a la opinión pública revolucionaria, porque no es únicamente revolucionaria en el sentido político, pudiéramos decir, sino que abarca completamente el sentido de la lucha social. Yo no concibo la idea revolucionaria separada de la idea de la lucha de clases y del mejoramiento de los trabajadores. Por este concepto considero que en una forma absoluta la personalidad del licenciado Portes Gil satisface los anhelos de la opinión revolucionaria y de la opinión obregonista. Portes Gil, como cualquiera de nosotros, compartió con nuestro caudillo, villanamente asesinado, todas las actividades de su última lucha política y debe satisfacernos, porque fue uno de los hombres en los que el general Obregón depositó mayor dosis de confianza.

Así pues, si la personalidad de Portes Gil satisface perfectamente a la opinión revolucionaria y obregonista, ¿cuál es el deber de esa opinión representada por nosotros los revolucionarios y los obregonistas? Nuestro deber será, seguramente, poner al servicio de su gobierno todo lo que podemos valer para hacerle sentir la seguridad de su gobierno.

Son muchos los problemas, casi todos los asuntos constituyen problemas en nuestra patria y es necesario que el gobernante no tenga siempre la amenaza de un trastorno público para que pueda pensar libremente en la resolución de esos problemas. Debemos, por tanto, apoyarlo francamente, lealmente, con la acción, con la palabra y con el pensamiento... (Datos tomados del libro La jornada institucional, primer tomo, apéndice, pp. xvi-xx.)

En seguida habló el licenciado Portes Gil:

Acepté la invitación que se me hizo para esta comida, con objeto de dar oportunidad a todo el elemento revolucionario para que demuestre ante la faz de la nación que su solidaridad es absoluta; para dar oportunidad a todos los hombres representativos de las instituciones de México, para dar un mentís a todos los que dudan de la unificación revolucionaria.

... Primero el ejército, como firme sostén de las instituciones; al lado de él los demás poderes de la Unión; luego, la gran familia revolucionaria que ya llena la República, se ha colocado en el mismo plano de desinterés inquebrantable en que se colocó Plutarco Elías Calles.

... Se presenta una nueva etapa en México: ya no será el capricho de un grupo desgajado de la revolución por la fuerza personal de un ambicioso el que imperará. Será en lo futuro la orientación definida, inspirada por la libertad y por el implantamiento de las doctrinas sociales que traerá, como consecuencia, el mejoramiento y la salvación del pueblo que sufre, del pueblo que se agita con el hombre en pos de sus salvadores. Y dentro de esta orientación cabe ir al estudio de todos los problemas.

El problema fundamental que tendrá que resolver el gobierno provisional será el electoral.

De la solución de esta cuestión, de que realmente este problema se maneje con desinterés y con patriotismo absolutos, depende, en gran parte, que el plan del general Calles tenga el éxito que él, con todo desinterés, augura. Pero para esto es absolutamente indispensable que todos los hombres que estaremos en el gobierno provisional nos impongamos la misión de desarrollar nuestra acción con la más absoluta imparcialidad y buena fe.

... Que esos grupos que después de las luchas electorales quedan en los estados, dejen de estar en continua agitación; que se acaben esos vergonzosos camarazos que se han producido contra las autoridades locales. Que los derrotados, que los distintos partidos de los estados en las luchas locales, se conformen con su situación y que en lugar de ser la tarabilla que está todos los días haciendo cosquillas e insultando a la autoridad, a la que deben respetar, se sometan, reconozcan el triunfo de quien lo obtenga y colaboren con la autoridad para el mejor éxito del programa revolucionario.

... A nadie tiene que espantar el programa de la revolución. Nosotros sólo deseamos lo que han hecho otros países por medios pacíficos; nosotros no predicamos la violencia ni el terror; nosotros queremos lo que es justo y lo que es equitativo, dentro de nuestras leyes. Por eso llamamos al convencimiento a todos para que vengan a laborar en esta obra de redención societaria.

Compañeros: me siento verdaderamente apoyado y satisfecho por todas las fuerzas representativas de la Revolución Mexicana. Compañeros: no ignoro que la tarea que me habéis encomendado es ardua y enormemente difícil. Yo nunca la había deseado. Os juro, con sinceridad, que jamás había yo aspirado al puesto que recibiré el 1º de diciembre; pero sí, compañeros, me siento alentado, porque todos los elementos de la revolución están conmigo, y esto me lo habéis significado. Y yo os protesto, compañeros, que en el desempeño del gobierno provisional acepto de plano el programa del hombre símbolo, sacrificado por la reacción. El programa político y social de Álvaro Obregón es el que guiará mis pasos, porque este programa es el mismo que ha desarrollado en su gobierno ese inmenso revolucionario y austero estadista que se llama Plutarco Elías Calles.

Al salir entusiasmados de esa reunión la mayoría de los revolucionarios creyeron que la acción unificadora del licenciado Portes Gil se reforzaría ventajosamente para la nación.

Sin embargo, ya muchos sabíamos que los grupos ya mencionados seguían conspirando.

De acuerdo con el presidente Calles, nos dedicamos a trabajar por la organización del partido político de la revolución, que había ofrecido en su mensaje. En los últimos días del mes de noviembre fui a Chihuahua para asegurar que los grupos revolucionarios de Chihuahua, unidos, mandarían su delegación a la convención del partido.

El general Caraveo, que presumo que aún no estaba influido por los elementos disidentes y seguía siendo mi amigo, me prometió que mandaría la delegación proporcionándoles los gastos y que con ellos me mandaría una credencial como delegado de Chihuahua a la convención.

Además me entregó una carta para el general Calles, donde le decía que estuvieran tranquilos tanto él como el licenciado Portes Gil, de que Chihuahua sería leal y sostendría las instituciones y al gobierno legítimo.

Sin embargo, yo empecé a sospechar de la deslealtad de Caraveo, a pesar de que también le había enviado otra carta al licenciado Portes Gil con el doctor Maíz, protestándole su adhesión y fidelidad; porque al llegar a Querétaro me informó el entonces coronel Práxedes Giner, quien jefaturaba la delegación que les había costado mucho trabajo convencer a Caraveo para que les mandara las credenciales, pues no quería que concurriéramos a Querétaro, desconfiando por los rumores que había sobre la candidatura del ingeniero Ortiz Rubio en contra de la precandidatura del licenciado Aarón Sáenz.

El general Caraveo odiaba al general Amaro, quien como se sabe era muy estimado por el ingeniero Ortiz Rubio y le habían hecho creer que si triunfaba Ortiz Rubio, lo seguiría como presidente de la República el general Amaro, por lo que no quería ir a la convención.

Finalmente comprendí que desconfiaba de mí, a pesar de nuestra buena amistad porque cuando Práxedes Giner le dijo: "Queremos la credencial del ingeniero León para llevársela a Querétaro", le contestó: "León es un hombre político que está metido en la gran política de México y probablemente vaya a tener ya compromisos contraídos, pero lleven tres credenciales firmadas sin nombre, para que en caso de que vean que los compromisos de León no sean inconvenientes para nosotros, le entreguen la credencial ya firmada."

Esto me disgustó a mí sobremanera y le dije:

Díganle a Caraveo que para nada lo necesito para ser delegado en Querétaro, que me ofrecen credenciales en tres estados: Cedillo en San Luis Potosí; Pérez Treviño en Coahuila, y el ingeniero Vargas Lugo en Hidalgo; que voy a aceptar esta última.

Por eso en el acta constitutiva del partido aparece dos veces mi firma como delegado por Hidalgo y después por Chihuahua, porque los compañeros de mi estado se empeñaron en que figurara yo como delegado del mismo. Desde entonces nos dedicamos a trabajar por la organización del partido, y para resumir esos trabajos, voy a publicar a continuación el memorándum que con toda documentación hice para el partido:

Fundación del Partido Nacional Revolucionario

A propuesta del presidente de la República, señor general Plutarco Elías Calles, en su mensaje al Congreso de la Unión del 1º de septiembre de 1928, la mayoría de los revolucionarios aprobaron con entusiasmo y decisión la idea de unificarse dentro de la organización de un partido político nacional, de actuación permanente y bajo un programa de principios.

A fines de noviembre de 1928 se efectuó una reunión privada en el domicilio del ingeniero Luis L. León, calle de Londres Nº 156, colonia Juárez.

Concurrieron las siguientes personas: general Plutarco Elías Calles, licenciado Emilio Portes Gil, ingeniero Bartolomé Vargas Lugo, Marte R. Gómez, Luis L. León, general Manuel Pérez Treviño, coronel Adalberto Tejeda, licenciado Manlio Fabio Altamirano, doctor José Manuel Puig Casauranc, Agustín Arroyo Ch., licenciado Aarón Sáenz, Bartolomé García Correa, Melchor Ortega, Gonzalo N. Santos, licenciado Ezequiel Padilla y licenciado David Orozco.

En esa reunión se acordó la formación de un comité que se encargara de la organización del partido y se designaron los miembros que lo formarían, personas a quienes citó el general Calles para reunirse el 1º de diciembre del mismo año de 1928; es decir, al día siguiente de terminado el periodo presidencial del mismo general Calles.

La reunión se efectuó precisamente el 1º de diciembre de 1928, en el edificio de Paseo de la Reforma Nº 2 y Palacio Legislativo. En la junta se reunieron más de cincuenta representantes de grupos revolucionarios organizados, que aprobaron la planilla propuesta por el general Calles. Se declaró instalado el comité, integrado como sigue: Presidente, general Plutarco Elías Calles; secretarios: Manuel Pérez Treviño, ingeniero Luis L. León, licenciado Aarón Sáenz, senador Bartolomé García Correa, licenciado David Orozco, profesor Basilio Vadillo y senador Manlio Fabio Altamirano.

Dicho comité, mediante una declaración firmada por todos sus miembros, dio a conocer su instalación, invitando a las organizaciones, partidos y clubes revolucionarios de la República a unificarse en el Partido Nacional Revolucionario.

Prometió lanzar oportunamente la convocatoria para la convención, estableciendo las bases a que debían sujetarse las agrupaciones para concurrir a ella, y a preparar y publicar un reglamento interior de la convención y dar a conocer oportunamente el proyecto de programa del partido y el proyecto de estatutos y constitución del mismo.

También declaró que su papel se limitaba a invitar a las fuerzas diseminadas de la revolución y organizarlas hasta llegar a la convención, y que el comité no podía ni debía trabajar en favor de ningún precandidato presidencial determinado.

El original de la declaración pública aprobada, documento inicial de la formación, se encuentra a continuación.

México, D. F., 1º de diciembre de 1928.

En el mensaje presidencial del día 1º de septiembre último, se planteó la necesidad de resolver nuestros problemas políticos y electorales, por nuevos métodos y nuevos procedimientos, ya que la irreparable pérdida del general Álvaro Obregón, nos dejaba frente a circunstancias bien difíciles, dado que con él, la nación perdía al caudillo capaz de resolver el problema de la sucesión presidencial, ante la opinión pública, con el solo prestigio de su personalidad. Esta sugestión, hecha de toda buena fe, ha sido aceptada ampliamente, no sólo por la opinión revolucionaria, sino por la totalidad del país, tal vez por estar fundada en realidades positivas interpretadas con toda sinceridad.

Dentro de nuestro sistema constitucional, y obrando en todo de acuerdo con las instituciones democráticas que nos rigen, esos métodos nuevos y esos procedimientos distintos no pueden ser otros que la organización y el funcionamiento de partidos políticos de principios definidos y de vida permanente.

A falta de recias personalidades, imán de simpatías y lazo de unión de las fuerzas sociales dispersas, que se impongan en la lucha y conquisten las voluntades por cualidades muy personales, se necesitan, para controlar la opinión y respaldar después a los gobiernos, fuerzas políticas organizadas, los partidos, que lleven la discusión ante el pueblo, no ya de personas, sino de programas de gobierno, que encaucen las fuerzas de que se habla, hacia una ideología definida, conquisten la voluntad de los ciudadanos, moralicen los procedimientos electorales y, una vez conquistado el triunfo electoral, queden como respaldo del gobierno constituido, para prestarle todo su apoyo en la ejecución del programa aprobado, a la par que como críticos serenos y conscientes, para en caso que los tales gobiernos se separen en su actuación de las plataformas prometidas, y no se disgreguen y se pierdan como has`a la fecha ha sucedido; unos, para constituir la cohorte que todo lo aplaude al gobierno porque lograron ingresar a las filas burocráticas, y otros, los que tal no consiguieron, para formar en la cauda de los descontentos y los despechados, que encuentran motivos de crítica para todo acto del poder público.

Prácticamente, la revolución convocó al país por boca del entonces presidente de la República, en el mensaje del 1º de septiembre, a la organización de los partidos políticos de tendencias definidas y de vida permanente, para lograr que instauremos en nuestra vida institucional una verdadera democracia orgánica.

La lógica rudimentaria nos permite considerar que de las múltiples tendencias y opiniones que dividen actualmente a la nación, deben organizarse dos corrientes poderosas que las canalicen y encaucen: la tendencia innovadora, reformista o revolucionaria, y la tendencia conservadora o reaccionaria.

Para iniciar esa evolución de la política mexicana, y con objeto de encauzar y unir en un solo conglomerado todas las fuerzas de la primera tendencia, es decir, de la tendencia revolucionaria, siguiendo las sugestiones contenidas en el mensaje al Congreso, ya citado, y en uso de los derechos que como ciudadanos que conceden nuestras leyes, nos hemos reunido los suscritos, para constituir el comité organizador del *Partido Nacional Revolucionario*.

Este comité organizador persigue los siguientes fines:

Primero: invitar a todos los partidos, agrupaciones y organizaciones políticas de la República, de credo y tendencia revolucionarias, para unirse y formar el Partido Nacional Revolucionario.

Segundo: convocar oportunamente a una convención de representantes de todas las organizaciones existentes, que deseen formar parte del Partido Nacional Revolucionario, donde se discutirá:

a) Los estatutos o constitución del partido.
b) El programa de principios del mismo.
c) La designación de un candidato para presidente constitucional de la República.
d) La designación de las personas que deben constituir el comité director o consejo nacional de la citada institución, durante el periodo que especifiquen los estatutos aprobados.

Para facilitar la organización del *Partido Nacional Revolucionario* y el funcionamiento mismo de la convención, el comité desempeñará las siguientes funciones:

I. Lanzar oportunamente la convocatoria para la convención, estableciendo las bases a que deben sujetarse las agrupaciones que deseen concurrir a la formación del *Partido Nacional Revolucionario*.

II. Redactar un reglamento interior de la convención para que los debates puedan conducirse con orden y provecho.

III. Preparar un proyecto de programa de principios del partido, dándolo a conocer a su debido tiempo a todas las organizaciones concurrentes, para que pueda ser estudiado y discutido.

IV. Preparar un proyecto de estatuos y constitución del partido, dándolo a conocer, igualmente, con toda oportunidad, a las organizaciones adheridas, para que pueda ser estudiado y discutido.

V. Hacer entrega a la convención de los archivos del propio comité.

Es necesario declarar también, para conocimiento de la opinión revolucionaria del país, que el papel del comité se limita a invitar a las fuerzas diseminadas de la revolución, a unirlas y organizarlas, hasta llegar a la convención que deberá ser soberana, para resolver en definitiva sobre programa, estatutos y candidato presidencial del *Partido Nacional Revolucionario* y que, por tanto, este comité, no puede ni debe trabajar en favor de ningún candidato presidencial determinado.

Invitamos pues, en uso de nuestros derechos de ciudadanos, a todos los revolucionarios de la República, y a las organizaciones políticas de esa tendencia, a agruparnos alrededor del programa revolucionario, para constituir el *Partido Nacional Revolucionario,* que a través de los años, vaya cristalizando, en hechos de gobierno, los principios de nuestra revolución.

Firmemente convencidos de que la actual es la hora histórica para que surjan y se formen los partidos políticos de principios y de organización duradera, nos dirijimos con todo entusiasmo a los revolucionarios del país para que nos unifiquemos alrededor de nuestra vieja bandera, pues tenemos la creencia de que, si hoy logramos organizar partidos estables, y que representen las distintas tendencias de la opinión del país, salvaremos a la República de la anarquía a que pueden llevarla las ambiciones puramente personalistas y habremos establecido las bases de una verdadera democracia. (*Rúbricas.*)

El comité organizador del *Partido Nacional Revolucionario,* ha quedado constituido por las siguientes personas: general Plutarco Elías Calles, licenciado Aarón Sáenz, ingeniero Luis L. León, general Manuel Pérez Treviño, profesor Basilio Vadillo, profesor Bartolomé García, Manlio Fabio Altamirano y licenciado David Orozco.

El comité organizador del *Partido Nacional Revolucionario* abrirá sus oficinas, desde el lunes próximo, en la esquina del Paseo de la Reforma y avenida del Palacio Legislativo número 2.*

La comisión organizadora principió sus labores con entusiasmo y decisión y abrumada al recibir tantas adhesiones personales, como de grupos políticos organizados, de partidos estatales, de sindicatos obreros y de ligas campesinas, así como personalmente de altas personalidades del ejército y de la política, todos entusiasmados por la formación del Partido Nacional Revolucionario.

Sin embargo, antes de una semana se presentó el primer problema serio para la política unificadora de la revolución, que era la base de nuestro programa.

* El acta original de la formación del comité organizador, firmada por el general Calles y todos nosotros, se la obsequié al señor presidente Luis Echeverría, quien la pasó al partido, donde espero que se encuentre.

La Confederación Regional Obrera Mexicana (CROM), que dirigía Luis N. Morones, en sus esfuerzos por obtener el control de las organizaciones obreras del país, había chocado siempre con la mayoría de las organizaciones obreras, principalmente de trabajadores petroleros, en el estado de Tamaulipas, y especialmente en Tampico, porque se sentían más protegidos por la política del gobierno del licenciado Portes Gil, quien por años había luchado en favor de esos trabajadores y no querían admitir el control de Morones y su grupo.

Y esa circunstancia fue la que le creó el primer problema grave al comité organizador del partido.

Apenas iniciada nuestra organización, la Confederación Regional Obrera Mexicana, inauguró en el Teatro Hidalgo su IX convención, el día 4 de diciembre de 1928.

Para mejor informar de estos acontecimientos, citaré lo que dice a este respecto el licenciado Portes Gil, que trata con bastante serenidad este incidente, que en aquella época nos apasionó a todos, pues en el fondo, Morones trató de dividir al gobierno de Portes Gil de la cooperación y de la sincera amistad del general Calles.

Transcribo los párrafos siguientes del libro *Autobiografía de la Revolución Mexicana*, cuyas páginas citaré. Refiriéndose a esa convención, tomo de la p. 488, lo siguiente:

A la sesión de inauguración asistió el señor general Calles, quien pronunció un discurso mesurado y discreto en el cual recomendó a la asamblea serenidad, seguramente porque a él había llegado la noticia de que se me iba a atacar rudamente por el señor Morones. En efecto, en la tarde de ese día, a iniciativa del mencionado líder de la CROM, los convencionistas tomaron la determinación de dirigirse al presidente de la República y exigirle se dictaran órdenes terminantes para impedir la representación de una obra teatral que se anunciaba en el Teatro Lírico, en la que, según ellos, se hacían severas críticas a los directores de la CROM, al Partido Laborista y a la revolución. La petición, que fue apoyada con discursos violentos, llevaba el carácter de ultimátum, pues se preveía que, en caso de que las autoridades no aceptasen las exigencias de la asamblea, ésta se trasladaría en masa al teatro con el objeto de suspender la representación de la obra, que calificaban de antiobrerista y contrarrevolucionaria.

En dicha asamblea se lanzaron rudos e injustificados ataques a algunos gobernadores; entre ellos a mí, acusándome de que mi labor al frente del gobierno de mi estado, había sido antiobrerista y claudicante.

Tomo de la p. 489 la siguiente contestación del licenciado Portes Gil:

... Aunque no tengo en mi poder todavía el telegrama anunciado, considero que lo fundamental no es el recibirlo, sino enterarse de él y paso inmediatamente a dar la respuesta:

Según declaraciones expresas que hice el día 30 de noviembre, no me propongo constreñir la libre expresión, verbal o escrita; y, oficialmente, no podré tomar ninguna determinación en el sentido de que ustedes solicitan. En lo particular, sí quiero hacer valer la poca o mucha influencia personal que llegué a tener, para impedir que se exterioricen ataques contra la revolución o contra organizaciones obreras, la CROM entre ellas, y, en el caso especial de que se trata, recibiré con gusto una comisión que ustedes nombren para que me informe sobre la obra de que se hace mérito y sobre los ataques a que se refieren, siempre naturalmente, sobre la base de que se trata de ataques contra la revolución o contra la respetabilidad de la CROM y no de ataques contra personas, ya que, desde el presidente de la República hasta el último de los ciudadanos, todos y cada uno de los mexicanos deberemos quedar sujetos a las sanciones de la opinión pública que, en muchas ocasiones, servirán para moderar nuestras pasiones y aun para constreñirse a seguir un camino de honradez pública y privada.

Como en alguna de las sesiones de esta convención se enderezaron ataques contra el gobierno de Tamaulipas (que a mí me tocó presidir), y como esos ataques incluyeron la declaración de que en Tamaulipas se hostiliza a las organizaciones obreras, considero indispensable aprovechar esta ocasión para formular una declaración de cuya exactitud espero que no haya la menor duda.

No soy enemigo de la Confederación Regional Obrera Mexicana, ni quiero utilizar mi actual posición oficial para hostilizar a ninguna organización obrera. Tengo un alto sentido de la responsabilidad de funcionario y no usaré nunca de la fuerza que me da el ejercicio de un poder, siempre transitorio, para ayudar o impulsar organizaciones que me sean afines, en contra de organizaciones obreras extrañas o aun hostiles.

... Siempre he considerado que la unificación obrera tendrá que ser resultado del buen entendimiento a que algún día lleguen las distintas organizaciones obreras regionales o locales. Y mal podría atacar o haber atacado a la CROM cuando precisamente critico como defectuosa la táctica de lucha, a que recurrieron algunos líderes de la misma, al pretender entrar de manera artificial en regiones que controlaban otras organizaciones, o destruir sindicatos que no les eran filiales, creando pequeños núcleos o nuevos sindicatos, convertidos más tarde en fuentes de controversia y pugnas que habrían sido evitadas si se hubiera seguido el criterio de respetar, en todo caso, a las organizaciones que controlaban la mayoría de una región, o de una factoría para conseguir, por caminos de persuasión, o despertando la conciencia de la clase proletaria, la única y verdadera unificación por la que vale la pena de luchar.

Y de la p. 491:

Ojalá que las anteriores declaraciones sirvan, como con tanta razón expuso el señor general Calles en el discurso que pronunció en la misma convención, para serenar los ánimos. Anunciar encarcelamientos y crímenes, en los que nadie ha pensado, puede dar resultados contrarios a los intereses de los obreros, que vivirán en un estado espiritual de desconfianza, tanto más injustificado cuanto que el gobierno está resuelto a darles toda clase de garantías. En prueba de ello, ya se estudia, con la cooperación de obreros y patrones, la expedición de un código de trabajo que venga a poner término a la incertidumbre imperante y a definir con claridad las obligaciones y derechos de las clases obreras y del gremio patronal. México, diciembre 5 de 1928. El presidente de la República, *E. Portes Gil*.

Como los discursos se habían pronunciado ante la presencia del general Calles, que siempre concurría a las convenciones de la CROM, la agitación fue muy grande y el diputado Aurelio Manrique aprovechó el asunto para lanzar duros ataques en contra del general Calles, acusándolo de que era solidario de los líderes de la CROM en contra del gobierno.

En la sesión del 7 de diciembre, acordaron los diputados y senadores ir en masa a hacer patente al gobierno de Portes Gil su más franca y leal adhesión, pero influenciados por la pasión, algunos sentían desconfianza hacia el general Calles.

Entre otras cosas, al agradecerles su respaldo, les contestó el licenciado Portes Gil: "... Tengo la convicción de que el general Calles no se solidarizará con la política de quienes de modo inmotivado atacaron la administración; la sinceridad, el deseo de conciliar, lleváronlo a la convención creyendo que ahí se tratarían solamente asuntos sociales y de trabajo, y que no sería tribuna para hablar en la forma en que se habló."

Pero como el general Calles permanecía callado, aunque personalmente estaba muy disgustado por esta maniobra de Morones, el domingo 6 del mismo mes de diciembre por la tarde, continúa diciendo el licenciado Emilio Portes Gil:

...Supliqué al señor ingeniero Luis L. León que pasara a mi domicilio. Ya en mi presencia, le manifesté más o menos lo siguiente: "El momento por el que atraviesa el gobierno plantea una crisis profunda como consecuencia de la conducta de los líderes moronistas. De todas partes de la República estoy recibiendo mensajes de adhesión que revelan claramente el fuerte respaldo que tiene el gobierno provisional. Nada grave pasaría, si no se creyera como se cree —y aun por las gentes más allegadas a nosotros— que el general Calles ha autorizado a Morones para asumir tal actitud, cosa que yo he desmentido públicamente, desde el instante en que me entrevistaron los miembros del Congreso de la Unión. Pero, como hasta ahora el general Calles ha permanecido callado, sin hacer ninguna declaración pública, nuestros amigos comienzan a alarmarse, creo que sin justificación. Como yo soy el primero en reconocer el patriotismo del general Calles, he creído pertinente lo veas de mi parte y le digas que es indispensable que defina cuál será la actitud que va a asumir en esta crisis, pues cada día que pasa crece el descontento público, que yo estoy obligado a calmar."

El señor ingeniero León se trasladó inmediatamente a la residencia del general Calles, y, en la prensa del día 8, aparecieron las siguientes declaraciones:

"En mi mensaje del 1º de septiembre a las cámaras federales, creí cumplir con mi deber señalando los derroteros que me parecieron y siguen pareciéndome forzosos, para conseguir la paz inmediata y futura, para salvar las conquistas revolucionarias, y para llegar, por un desarrollo pacífico, evolutivo de México, a la situación de un verdadero país institucional.

"Creo también haber puesto con toda honradez y sinceridad los medios para lograr el primer paso en el sendero indicado, por la transmisión pacífica del poder y, sintiéndome obligado y deseoso de seguir sirviendo a mi patria, para la consecución de esos fines señalados, que merecieron la aprobación unánime en el interior y exterior de México, que a mí me parecieron siempre desinteresados y patrióticos, y que quizá hayan contribuido a lograrlo ya, no vacilé en iniciar, apenas concluido el mandato que me había conferido el pueblo, los trabajos necesarios para la organización del Partido Nacional Revolucionario, cuya misión debe ser unir a la familia revolucionaria del país, facilitando la vida institucional de México, por el ejercicio democrático de otros partidos antagónicos, también de doctrina.

"Pero analizando mi situación producida en los últimos días y tras un riguroso examen de ella, encuentro que tal vez no sea yo el indicado para cumplir esa obra, y que, para facilitarla y para acabar con toda suspicacia que pudiera existir con relación a los verdaderos móviles que han animado mi actitud, debo retirarme absoluta y definitivamente de la vida política y volver, como vuelvo hoy, a la condición del más oscuro ciudadano, que ya no intenta ser, ni lo será nunca, factor político de México.

"Y hecha esta declaración, que no necesito decir, dados mis antecedentes, hasta qué punto significa una resolución irrevocable, voy a atreverme, por última vez, a insistir sobre algunos aspectos del mensaje presidencial a que he aludido, con la esperanza de que en esta ocasión, nadie, ni el más enconado enemigo, podrá suponer miras interesadas y bastardas a la expresión de mi pensamiento.

"Insisto en que es absolutamente indispensable, si queremos paz y vida institucional en México, que llegue a lograrse la unificación revolucionaria, ya que sólo en la familia revolucionaria dividida o dispersada en la actualidad en México, hay fuerzas materiales y morales suficientes para controlar los destinos inmediatos del país, y recomiendo no desmayar en la formación del Partido Nacional Revolucionario. Sólo la falta de serenidad, de renunciación, de un generoso espíritu de sacrificio puede ser obstáculo a esa unificación revolucionaria, para la cual los hombres deben desaparecer si dificultan la realización del noble empeño.

"Hemos conseguido ya una parte, y no quizá la más fácil, en el plan trazado. Cuenta México con un gobierno provisional constitucional que tiene la fuerza incontrastable de la legalidad, el apoyo sincero y entusiasta de todos los hombres que se preocupan por el bien de México y la garantía y fuerza que le presta el ejército nacional, que tiene que sentirse, hoy más todavía que durante los últimos gobiernos revolucionarios, con la obligación definitiva de hacer honor a su nombre y a su origen, respetando y apoyando la ley, más respetable y fuerte que hombre alguno.

"En este último instante de mi vida política y aprovechando la solemnidad que da a mis palabras no el hombre que las dice, sino en último extremo, un egoísmo o un afán personal —si así quieren verlo mis enemigos— del hombre que desaparece voluntaria y definitivamente de la escena política de nuestro país; en este instante, quiero expresar nuevamente, y ahora más fundado que antes, por las experiencias acumuladas, quiero expresar mi fe perfecta en que todos los hermanos de armas, los soldados de la revolución sabrán cumplir estrictamente sus compromisos de honor con el señor presidente de la República, que es el representante de la legalidad y de la revolución misma.

"Ni odios, ni dicterios, ni calumnias, ni ingratitudes, ni olvidos han hecho ni harán mella en mi espíritu.

"No aminoran mi entusiasmo por los altos principios de la revolución, ni oscurecen mi optimismo ante el porvenir de México.

"Vuelvo, repito, a la más sencilla situación de cualquier ciudadano; y, así como antes afirmé que nunca aspiraría nuevamente a la presidencia de la República, declaro ahora que Plutarco Elías Calles no volverá a ser, ni intentará ser jamás factor político en México, y sólo en el desgraciado caso en que las instituciones del país se vean comprometidas, este ciudadano se pondrá a las órdenes del gobierno legítimo, por si desea aceptar sus servicios en la forma en que se estimen necesarios, volviendo a ocupar la situación que hoy se fija a sí mismo, pasada la crisis. México, D. F., diciembre 7 de 1928. *General Plutarco Elías Calles."*

Al mismo tiempo, el señor general Calles hizo a la prensa las siguientes declaraciones, que explican ampliamente los motivos de su presencia en la convención de la CROM:

"Quiero declarar para conocimiento de la opinión pública, las razones que me hicieron asistir a la convención que está celebrando la CROM.

"Fui a la convención de la CROM obedeciendo a la invitación que se me hizo y de acuerdo con mi costumbre de asistir a las convenciones de esa organización obrera, todos los años; siguiendo la misma línea de conducta que mis convicciones revolucionarias me han trazado de asistir a todos los actos de carácter social, de obreros y campesinos, cualesquiera que sean las organizaciones a que pertenezcan, y en tratándose de la CROM con gran placer, por tratarse de una organización que ha contado con mi cariño, porque considero que es una de las cristalizaciones de los ideales revolucionarios. Mi presencia en la convención fue erróneamente aprovechada, sin hacer ningún juicio sobre las intenciones, pues en lugar de desarrollarse temas sociales se desarrollaron temas políticos, opiniones en las que no tengo ninguna participación y de cuya responsabilidad responderán sus expositores.

"Ayer vino una comisión nombrada por la convención citada, a enterarme de los acuerdos que habían tomado y yo les contesté, con mi franqueza habitual, que lamentaba profundamente la situación creada, que no estaba de acuerdo con mis consejos de serenidad, moderación y prudencia; que creía que eran infundados los temores sobre la actitud del actual gobierno de la República y para el futuro, pues el actual gobierno es revolucionario y tendrá que ser revolucionario, como creo firmemente que tendrán que serlo los gobiernos futuros en este país en que ya no es posible el establecimiento de un poder conservador."

Y al final, añade el licenciado Portes Gil:

Las declaraciones y el manifiesto preinsertos mostraron plenamente que los acontecimientos, que provocaron los líderes cromistas, trajeron consigo una grave crisis nacional. Si no hubiese sido por la serenidad y decoro con que procedí en aquellos momentos, el rompimiento con el ex presidente Calles no se hubiera hecho esperar. Así dejo constancia de que mi conducta no defraudó en lo más mínimo mi dignidad...

Pasada esta crisis que sirvió no sólo para fortalecer el gobierno de Portes Gil, sino que fue favorable a la organización del partido, pues muchos comprendieron, principalmente diputados y senadores, la necesidad de unificar a la revolución en el PNR, y rompieron la hegemonía que quería ejercer Ricardo Topete sobre ellos.

Al recibirse la renuncia del señor general Calles por el comité organizador de acuerdo con las razones expuestas, y la del señor licenciado Aarón Sáenz, por haber aceptado ya ser precandidato a la presidencia de la República, y estar formando su comité de propaganda, fueron desde luego aceptadas, y se procedió ante una asamblea de más de cincuenta organizaciones y quedó nombrado el nuevo comité organizador, como sigue:

Presidente: General Manuel Pérez Treviño.
Secretario general: Ingeniero Luis L. León.

Secretario del interior: Profesor Basilio Vadillo.
Secretario de organización: Senador Bartolomé García Correa.
Secretario de organización: Diputado David Orozco.
Secretario de propaganda y publicidad: Senador Manlio Fabio Altamirano.

Desde un principio los miembros del comité organizador, ayudados por algunos especialistas, empezamos a estudiar la convocatoria y el proyecto de declaración de principios y estatutos para su organización.

Con fecha 5 de enero de 1929, lanzamos la convocatoria dirigida a todas las agrupaciones revolucionarias de la República, por el comité recién formado, y que reproduzco aquí porque juzgo un documento básico para la historia del partido:

A las agrupaciones revolucionarias de la República

La Revolución Mexicana patentizó su indiscutible victoria no sólo por el aniquilamiento definitivo de los sistemas de régimen dictatorial contra los cuales se insurreccionó el pueblo en 1910, ni solamente por la larga y victoriosa lucha de defensa contra la reacción; sino también por la energía inquebrantable con que cumplió la tarea de eliminación y depuración de sí misma, para entrar en la ley universal del proceso y desarrollo de los grandes movimientos sociales destinados a vivir.

A su triunfo la revolución ha creado un orden legal que tiende a arraigarse, porque ha ganado la conciencia pública, y que ya florece en una paz orgánica, resultante del equilibrio logrado entre las fuerzas vivas del país, actuando dentro de las formas nuevas de una vida de instituciones presidida eminentemente por la justicia social. Este orden legal, obra y finalidad de la Revolución Mexicana necesita de un organismo de vigilancia, de expresión y de sostén; y esta función esencial es la que corresponde al Partido Nacional Revolucionario, cuya constitución y reglamentación ha venido persiguiendo, con desinterés y patriotismo, el comité organizador del mismo al convocar a todas las agrupaciones revolucionarias de los estados, que no son sino sectores en lucha de un mismo plan de acción general, a constituirse en partido nacional permanente.

La Revolución Mexicana, movimiento social básicamente coordinado, que durante largos años pugnó por fundar sobre un trazado nuevo, toda la vida pública de México, no podría, al culminar precisamente su victoria, entregarse al enemigo de ayer, o disolverse, por inadvertencia, en facciones hostiles. Lo primero, sería una claudicación cobarde y criminal; y lo segundo un suicidio que además, abriría un ciclo sombrío de movimientos anárquicos, con la secuela humillante de amagos a la independencia nacional. La Revolución Mexicana, por el contrario, fiel a sus altos destinos, y en natural desplazamiento de su dinámica interna, hoy más que nunca, debe hacer frente con serena e indomable energía, a sus compromisos con el porvenir. Y, para ello, un pacto de honor y de solidaridad, basado en los postulados de doctrina de la revolución y en los deberes que a la misma impone el momento presente y el futuro de la República; debe unificar en un solo y vasto organismo nacional a todos los luchadores de la revolución, por encima de las tendencias y de los intereses particularistas de los grupos que habrán de ser plenamente garantizados.

El problema político de la elección presidencial próxima, es otro estímulo poderoso para una urgente regimentación de los elementos revolucionarios. La revolución, durante su periodo de lucha y afianzamiento, confió plenamente sus destinos a los grandes caudillos populares: Madero, Carranza, Obregón y Calles fueron, cada uno a su tiempo y en su oportunidad, la garantía de la causa del pueblo. Por su recia personalidad moral, ejercieron dominio en las masas, y por su visión clarividente de nuestros problemas, y su acción decisiva y orientadora, fueron caudillos nacionales, candidatos plebiscitarios, a los altos puestos de suprema responsabilidad. Desaparecidos de la escena pública aquellos grandes jefes, la Revolución Mexicana confía sus destinos a todos sus hijos leales, agrupados al pie de la noble bandera, organizados bajo la disciplina severa que demanda el supremo deber de pagar en beneficio a la patria, la sangre que cayó en los campos de la lucha. Dentro de la Revolución Mexicana, en distinción y en honor a los líderes máximos que han cumplido su misión histórica, nunca más la jefatura de sus destinos será confiada a un solo hombre; y el Partido Nacional Revolucionario, responsable de los deberes históricos de la revolución y de los intereses del pueblo que la inició y la sostuvo hasta la victoria final, va a asumir sus naturales y legítimas funciones y a ser el órgano de expresión política de la revolución, para fijar la doctrina a sus fieles y para imponer normas de acción a sus hombres representativos, llevados al poder público. La revolución, en suma, fiel al espíritu del pueblo que la inició, restablece en su pureza los procedimientos democráticos de elección y de selección dentro de sí misma, constituyéndose en partido nacional y hacia el exterior, prosiguiendo su misión combativa frente a las agrupaciones antagónicas, dentro de formas pacíficas de la ciudadanía y para bien supremo del país.

La convención del 1º de marzo, servirá para sellar el pacto nacional de unión y de solidaridad de todos los elementos fieles de la Revolución Mexicana; y para resolver, en acuerdo libre, honorable y solemne, el problema político inmediato de una sucesión presidencial pacífica. Nuestro llamado a la convención nacional de marzo, se dirige a todas las agrupaciones revolucionarias: a los grandes núcleos que representan y dirigen los intereses políticos de los estados, lo mismo que a las agrupaciones distritales o municipales de aislada o incompleta organización: a los partidos de programa revolucionario integral y a los que dedican estudio preferente a cuestiones particularistas de agrarismo u obrerismo. A todas las ramas de la Revolución Mexicana, en la amplia acepción del movimiento nacional que lucha por renovar la vida y mejorar los destinos de la patria.

El comité organizador del Partido Nacional Revolucionario, al poner en conocimiento y al someter al juicio de todas las agrupaciones revolucionarias de la República, los proyectos de estatutos y de programa de principios y de gobierno que habrán de ser discutidos en la convención, excita a todos los revolucionarios leales a secundar el plan de unificación de la patria y a enviar sus delegaciones a la gran asamblea de marzo, de acuerdo con las bases de la siguiente:

CONVOCATORIA

I. Del lugar y fecha de la convención

Artículo 1º. Se convoca a todos los partidos y agrupaciones revolucionarias de la República, a la convención constitutiva del Partido Nacional Revolucionario.

Artículo 2º. La convención tendrá lugar en la ciudad de Querétaro, e iniciará sus trabajos, que durarán cinco días, el día 1º de marzo, a las diez de la mañana.

II. *Del objeto de la convención*

Artículo 3º. La convención a que convoca el comité organizador del Partido Nacional Revolucionario, tendrá por objeto:

I. La organización del Partido Nacional Revolucionario, mediante:

a) Discusión del proyecto de programa de principios.
b) Discusión del proyecto de estatutos generales del propio partido.
c) Firma del pacto de solidaridad constitutivo del Partido Nacional Revolucionario, y
d) Declaración solemne de la constitución del partido.

II. La designación del candidato del Partido Nacional Revolucionario, para el cargo de presidente constitucional de la República, para el periodo de cinco de febrero de mil novecientos treinta a treinta de noviembre de mil novecientos treinta y cuatro.

III. La designación del comité nacional directivo del Partido Nacional Revolucionario, de acuerdo con los estatutos generales del partido, que sean aprobados.

III. *De la integración de la convención*

Artículo 4º. La convención estará integrada por delegados de todos los partidos y agrupaciones revolucionarias de la República, que expresamente se hayan adherido al comité organizador o se adhieran a él hasta el día 10 de febrero próximo.

Artículo 5º. El número de delegados por cada estado o territorio y del Distrito Federal, se fijará de acuerdo con la población de cada una de las entidades federativas mencionadas, en la proporción de un delegado por cada diez mil habitantes, o fracción mayor de cinco mil, tomando como base el último censo oficial.

Artículo 6º. Cada delegado acreditará su personalidad por una credencial que debe reunir los siguientes requisitos:

I. Ser expedida por una agrupación política adherida previamente al comité organizador del Partido Nacional Revolucionario, y que haya llenado los requisitos exigidos por la Ley electoral de poderes federales.

II. Que venga firmada por la directiva de la agrupación que la expida.

III. Que dicha agrupación esté legalmente registrada, lo que se acreditará con la certifiración respectiva del presidente municipal del lugar donde resida la mesa directiva del partido, o en su defecto, de la autoridad que lo sustituya.

IV. Que esa misma autoridad autentifique las firmas de la directiva de la agrupación que expida la credencial.

V. En ningún caso, una persona podrá tener a su cargo más de una delegación.

IV. *De la instalación y de los trabajos previos de la convención*

Artículo 7º. El comité organizador del Partido Nacional Revolucionario, con su propia constitución interior presidirá la instalación y los trabajos previos de la convención según el orden y las disposiciones siguientes:

I. Reunidos los delegados en el local que se designe, la secretaría de la mesa pasará lista en el orden alfabético de las entidades federativas representadas y mencionando los partidos o agrupaciones de que proceda la delegación.

II. Cada delegado justificará su presencia, mediante la entrega personal de su credencial al presidente de la mesa.

III. La presidencia nombrará de entre los delegados asistentes, una gran comisión revisora de credenciales, compuesta de dos delegados por cada entidad federativa, la cual se dividirá en subcomisiones, y organizará libremente sus trabajos; y otra comisión de cinco miembros que examinará las credenciales de los componentes de la gran comisión revisora.

IV. Rendidos los dictámenes sobre credenciales y discutidos y aprobados por la asamblea, se procederá a elegir en un solo acto, la mesa directiva, que presidirá los debates de la convención, la cual constará de un presidente, un vicepresidente, cuatro secretarios, cuatro subsecretarios y ocho escrutadores.

V. Hecho el cómputo de la votación, los ciudadanos electos rendirán ante el presidente la protesta de sus cargos y pasarán a ocupar sus puestos respectivos. El presidente electo, recibirá del presidente del comité organizador, el archivo, las actas y toda la documentación del comité organizador del Partido Nacional Revolucionario.

VI. El comité organizador del Partido Nacional Revolucionario, asistirá al curso de los trabajos de la convención, con el carácter de comité de información; y la participación de sus miembros en los debates, será a igual título de delegados, que los demás representantes, si hubieren justificado tener tal carácter.

V. De los estatutos generales y del programa de principios del Partido Nacional Revolucionario

Artículo 8º. La asamblea designará de entre los delegados, una comisión de estatutos, una comisión de programa de principios y las demás que fuere necesario; y el presidente les hará entrega de los proyectos respectivos elaborados por el comité organizador. La discusión y votación de los dictámenes correspondientes, se regirán por las reglas del artículo 15 de esta convocatoria.

VI. Del pacto constitutivo del Partido Nacional Revolucionario

Artículo 9º. Aprobados por la asamblea los proyectos del programa de principios y estatutos, los delegados firmarán el pacto de unión y solidaridad, constitutivo del Partido Nacional Revolucionario.

Artículo 10. El presidente de la convención, estando de pie toda la asamblea, leerá el pacto de unión y solidaridad firmado por los delegados, por representaciones completas y especificadas, según la entidad federativa a que correspondan; y, después declarará solemnemente constituido el Partido Nacional Revolucionario e instalada la convención soberana del mismo.

Artículo 11. Del acto de constitución del Partido Nacional Revolucionario y de la instalación de la convención, se levantará acta notarial, llenando los requisitos de ley e incluyendo el texto del pacto de unión y solidaridad, los estatutos y el programa de principios.

VII. De la designación del candidato presidencial del Partido Nacional Revolucionario

Artículo 12. Se anunciará con anticipación de un día, el fijado para la discusión y elección del candidato del Partido Nacional Revolucionario, a la presidencia de la República, y tal designación se hará de acuerdo con las siguientes reglas:

I. La secretaría abrirá un registro de candidatos, fijando el término para quedar cerrado éste.

II. Los candidatos serán propuestos por los delegados, con mayoría o totalidad de sus miembros, y separadamente.

III. A la postulación escrita de un candidato, deberá acompañarse la prueba de su capacidad constitucional para ser electo y el testimonio de su filiación previa a alguna de las agrupaciones que integren la convención del Partido Nacional Revolucionario.

IV. Las candidaturas presentadas serán discutidas en el orden en que fueren registradas por la secretaría.

V. Concluida la discusión, la secretaría preguntará a la asamblea y ésta decidirá por votación económica si ha lugar a votar, procediéndose entonces a recoger los sufragios de acuerdo con el inciso c) de la fracción octava del artículo 16.

VI. Al iniciarse la discusión de candidatos, la convención se constituirá en sesión permanente.

VII. Durante la votación de candidatos a la presidencia de la República, queda absolutamente prohibida toda clase de manifestaciones que no sean la simple emisión del voto.

VIII. Efectuada la votación, se hará el cómputo de los votos emitidos y poniéndose en pie la asamblea, el presidente de la convención dará a conocer el resultado de la votación y declarará solemnemente, a nombre de la misma, al ciudadano designado como candidato a la presidencia de la República, por el Partido Nacional Revolucionario.

Artículo 13. El ciudadano electo candidato a la presidencia de la República del Partido Nacional Revolucionario, rendirá ante la asamblea la protesta de su cargo, y del programa de principios del propio partido en la forma siguiente: estando en pie la asamblea y el candidato presidencial, el presidente de la convención, que permanecerá en su asiento, le interrogará:

"Ciudadano... ¿protestáis por vuestro honor de ciudadano mexicano, cumplir fielmente los deberes que os impone el carácter de candidato a presidente de la República, que os ha dado la convención soberana del Partido Nacional Revolucionario?"

El candidato responderá: "Sí, protesto."

El presidente de la convención lo interrogará nuevamente:

"Ciudadano... en caso de que la mayoría de los ciudadanos mexicanos de la República ratifiquen, por medio de su voto, el de esta asamblea, y os eleven a la presidencia de la República, ¿protestáis por vuestro honor de ciudadano mexicano, cumplir y hacer cumplir, en interés del país, el programa de gobierno aprobado en esta convención, y velar en todo, por la unificación de los mexicanos dentro de los postulados de la Revolución Mexicana?"

El candidato contestará: "Sí, protesto."

Y el presidente de la asamblea replicará:

"Si no lo hiciereis así, el Partido Nacional Revolucionario os lo demande."

VIII. *De la elección del comité nacional directivo*

Artículo 14. El comité nacional directivo, con las atribuciones y número de miembros que le señalen los estatutos aprobados por la convención, y para el tiempo que le fijen los mismos, será designado por medio de cédulas en un solo acto.

Artículo 15. El presidente de la convención, antes de declarar clausurados los trabajos, hará entrega al presidente del comité nacional, tanto de la documentación recibida del comité organizador del Partido Nacional Revolucionario, como de la documentación de la convención.

IX. *De los debates de la convención*

Artículo 16. En los debates de la convención, se observarán las siguientes reglas:

I. Todas las proposiciones de adiciones, reformas o modificaciones a los dictámenes de las comisiones, serán hechas precisamente por escrito, al circular impresos los proyectos respectivos.

II. La mesa pasará dichas proposiciones a las comisiones dictaminadoras las cuales mencionarán en sus dictámenes las proposiciones escritas recibidas.

III. A ningún orador se concederá el uso de la palabra sin haberse inscrito previamente, el mismo día de la sesión, en la secretaría de la mesa y obtenido su turno. Las listas de oradores del pro y del contra, serán leídas por la secretaría, antes de abrirse la discusión.

IV. La duración máxima, improrrogable, para cada discurso, será de treinta minutos.

V. Un mismo orador para un mismo punto a discusión, no podrá hacer uso de la palabra más de dos veces.

VI. Las mociones de orden lo serán solamente para reclamar la vigencia de las reglas de los debates establecidas en esta convocatoria.

VII. El número máximo de oradores por cada punto a discusión, será como sigue:

a) Hasta de cinco en pro y cinco en contra, en la discusión de dictámenes en lo general.

b) Hasta de dos en pro y dos en contra, en la discusión de capítulos, artículos o incisos separados por petición escrita en los dictámenes del programa y estatutos y en las discusiones de trámites de la mesa.

c) Hasta de siete en pro y siete en contra, en la discusión de candidato a la presidencia de la República, pudiéndose aumentar el número por acuerdo de la asamblea.

VIII. Las votaciones estarán sujetas a las reglas siguientes:

a) Se votarán económicamente, en conjunto, los capítulos, artículos e incisos de los dictámenes del programa y estatutos, no separados por no haber sido objetados.

b) Se votarán económicamente las actas de las sesiones, los dictámenes de credenciales y los trámites de la mesa que originen discusión.

c) Se votará nominalmente por escrutinio secreto en la elección de candidato del Partido Nacional Revolucionario, para la presidencia de la República; y se declarará electo el ciudadano que obtenga la mitad más uno, de la totalidad de los votos emitidos.

d) Se votará en un acto por cédulas, el personal de la mesa de la convención, el del comité nacional directivo del Partido Nacional Revolucionario y las planillas de comisiones.

IX. Para asentar o rectificar hechos, para contestar alusiones, o para hacer o contestar interpelaciones en conexión con los temas a debate, se podrá conceder a los delegados el uso de la palabra, previa inscripción en la secretaría de la mesa, después de declararse cerrado el debate principal y antes de recoger la votación. La secretaría leerá la lista de oradores, expresando el objeto con que solicitaron el uso de la palabra, y sobre los puntos que traten no se abrirá nueva discusión.

X. Los candidatos al cargo de presidente de la República, durante la discusión de sus candidaturas, podrán ser interpelados por cualquier delegado, con apoyo de la mayoría de la delegación respectiva. Las interpelaciones serán sobre puntos concretos, formulados por escrito y entregados a la mesa, para que el presidente dé traslado de ellas al candidato con la prudente anticipación para que sean contestadas.

Artículo 17. Ningún asunto ajeno a los de la presente convocatoria, será admitido a discusión.

X. De la clausura de la convención

Artículo 18. Al conocer la elección del comité nacional directivo del Partido Nacional Revolucionario, sus miembros en conjunto, rendirán la protesta de sus cargos ante el presidente de la convención, estando en pie la asamblea, en los siguientes términos:

El presidente interrogará: "¿Protestáis por vuestro honor de ciudadanos mexicanos, guardar y hacer guardar los estatutos generales del Partido Nacional Revolucionario y cumplir fielmente los cargos que en el comité nacional directivo se os ha conferido, velando por el progreso y prosperidad del partido?"

Los interrogados contestarán: "Sí, protestamos."

El presidente replicará: "Si así no lo hiciereis, el Partido Nacional Revolucionario os lo demande."

Artículo 19. Terminados los trabajos enumerados en el artículo 3º de esta convocatoria, el presidente de la convención hará la declaración de clausura.

México, D. F., a 5 de enero de 1929.

Empezamos a luchar con el mismo entusiasmo y con mayor razón porque ya sentíamos el desarrollo de la conjura militar en contra del gobierno legalmente constituido de Portes Gil, la formación del partido y personalmente, contra el general Calles.

En Sonora se encontraba el diputado Topete conspirando bajo la protección de su hermano Fausto Topete, gobernador del estado y del jefe de las operaciones militares, general Francisco R. Manzo, quienes se ufanaban de contar con un gran número de generales dispuestos a secundarlos, como el general Jesús M. Ferreira, en Chihuahua, y otros dos valientes soldados de la revolución, Jesús M. Aguirre y Roberto Cruz, pero el verdadero jefe del movimiento era el general José Gonzalo Escobar, que fue el más falso de todos protestando siempre su admiración y adhesión al general Calles, su amistad y estimación al presidente Portes Gil, y su condenación a los cuartelazos, afirmando que el ejército debía de dedicarse a sostener a las instituciones legítimas del país.

Además consideraron un triunfo que el general Fausto Topete convenciera al ex federal Enrique Gorostieta, jefe de las partidas de cristeros que operaban principalmente en Jalisco, y a quien le dieron el nombramiento de jefe del ejército del centro.

El plan era dar el golpe por sorpresa en México para aprehender al general Calles y al presidente Portes Gil, y lo habían preparado, según dice en sus declaraciones Topete, para el día 22 de diciembre, pero Escobar no se atrevió a realizarlo porque no contaba con la adhesión de muchas de las corporaciones y los jefes militares que las mandaban en la ciudad de México.

Otro motivo de agitación lo provocó la llegada de Europa del licenciado Gilberto Valenzuela, abogado serio y honorable que contaba con la estimación de muchos revolucionarios, quien a pesar de sus declaraciones de que no aceptaría su candidatura a la presidencia de la República, se dejó convencer por Manrique, Díaz Soto y Gama, Topete y Escobar, para aceptarla en contra del candidato que lanzara el PNR y atacando injustificada y violentamente a Portes Gil y al general Calles.

Había lanzado igualmente su candidatura el licenciado José Vasconcelos y, a pesar de su propaganda antigobiernista, recibió toda clase de garantías de parte del gobierno.

Nosotros seguimos preparando la convención del partido, para marzo en la ciudad de Querétaro.

De Brasil, donde era embajador de México, llegó el ingeniero Pascual Ortiz Rubio, quien no aceptó el nombramiento para secretario de Gobernación, porque un grupo numeroso de políticos, diputados y senadores, lo convencieron de que aceptara ser precandidato del partido a la presidencia de la República.

En esas condiciones políticas, y sabiendo de antemano que de un momento a otro estallaría el movimiento rebelde, marchamos a Querétaro.

La pugna entre las precandidaturas del licenciado Sáenz e ingeniero Ortiz Rubio se había enardecido y desde los dos lados se desbordaba el apasionamiento. Un día antes de salir para Querétaro el general Pérez Treviño y yo —y después de entrevistar a Portes Gil, quien nos ofreció toda clase de garantías para el libre funcionamiento de la convención—, celebramos una entrevista con el general Calles.

Al general Calles le expusimos claramente la situación y el entusiasmo que había en las organizaciones afines por concurrir con sus delegaciones a la gran convención de Querétaro.

El general Calles nos mostró su conformidad por nuestros trabajos y nos felicitó por la labor realizada, augurándonos que la convención de Querétaro sería un triunfo y que allí nacería el Partido Nacional Revolucionario, iniciando la vida institucional en la política de México.

Al terminar, Pérez Treviño, con mucha discreción, le preguntó: "Se ha enconado la lucha entre los precandidatos Sáenz y Ortiz Rubio, ¿pudiera usted hacernos alguna recomendación?"

Y el general Calles con toda franqueza nos contestó: "Los dos son buenos elementos de la revolución, los creo capacitados para llegar a la presidencia, y ahora les repito lo mismo que les dije al iniciarse el comité: que ustedes deben de observar absoluta neutralidad, respetando a los grupos y a los candidatos imparcialmente. Yo no tengo candidato, ni puedo tenerlo, y sólo les pido que no se dividan, que el precandidato que triunfe será el candidato del partido, apoyado por todos y reconocido por su oponente, única forma de unificar la revolución en el gran Partido Nacional Revolucionario."

Entonces yo, que tenía gran confianza con el general Calles, le dije: "Los mismos precandidatos han reconocido nuestra imparcialidad, pero nosotros que sabemos perfectamente cómo van las delegaciones, quiero anunciarle, señor general Calles, que sin ninguna intervención, probablemente el precandidato que triunfe será el ingeniero Ortiz Rubio."

El general Calles me contestó: "Pues eso no lo diga a los delegados y respete mi imparcialidad; que triunfe el que tenga mayoría de votos, pero que respete el triunfo el perdedor, y así salvamos al partido y a la revolución."

Añadió: "En cuanto al levantamiento, vendrá de un momento a otro, pero será dominado tanto porque la mayor parte del ejército cumplirá con su deber de sostener las instituciones, como por el apoyo de la opinión pública al gobierno legítimo de Portes Gil."

Así nos despedimos del general Calles.

Tanto Pérez Treviño como yo nos alojamos en una casa particular de un amigo de Pérez Treviño frente a la plaza principal, que hoy entiendo que se llama Madero.

Como a dos cuadras de la plaza, en un hotel, alquilé unos cuartos para oficina del partido y el 20 de febrero empecé a recibir a los presuntos delegados y a examinar sus credenciales para entregar boletas de entrada a la convención, quienes llenaran los requisitos establecidos.

Esto lo hice delante de dos representantes de cada precandidato.

Representando la candidatura del ingeniero Ortiz Rubio estaban Gonzalo N. Santos y Manuel Riva Palacio; representando al licenciado Sáenz, estaban Tomás Robinson y el entonces muy joven coronel Jesús Vidales Marroquín.

Pasé toda la noche en este trabajo porque cada credencial fue discutida y naturalmente hacían objeciones los contrarios.

Ya en la madrugada se agriaron los ánimos y se volvieron violentas las discusiones, al grado de que se sacaron las pistolas unos y otros, y tuve que intervenir, imponiéndome enérgicamente, para evitar una balacera.

Les dije: "Están faltando ustedes a sus deberes, aquí hemos venido a unificar la revolución en un partido y no a dividirla por la violencia que es precisamente lo que queremos evitar con la formación del partido, con la entrada de México a la vida institucional."

Me dirigí a Gonzalo N. Santos y abriendo un cajón del escritorio, le dije: "Deja tu pistola en este cajón, Gonzalo."

Y me contestó: "Siempre que dejen la suya Robinson y Vidales Marroquín."

Así desarmé a los cuatro, guardando las armas en el cajón.

A las seis de la mañana, ya amanecido, salí del hotel para ir a dormir a la casa donde me hospedaba, y a esas horas les entregué sus armas.

Mientras tanto, el general Pérez Treviño tampoco había dormido, pues estuvo conferenciando con distintas delegaciones, principalmente con el licenciado Sáenz, que al sentir que muchas delegaciones se habían pasado a ser partidarios de Ortiz Rubio, temió ya no tener mayoría y no quiso concurrir a la convención, haciendo declaraciones que decían que se iba a tratar de una imposición, retirándose con algunos de sus partidarios.

Como constantemente se está especulando sobre la forma como se organizó el partido y muchos se preguntan si se ha obedecido el programa aprobado en Querétaro, creo que a pesar de que se alarguen estas memorias, daré datos muy completos, tomados de la *Historia de la convención nacional revolucionaria*, que publicamos en aquel tiempo, en mayo de 1929, para que se tenga una idea del ambiente en que se inició la convención citada. De esa memoria tomo lo siguiente:

... La ciudad de Querétaro presentó, en los días que antecedieron a los trabajos de la convención, aspectos de inusitada animación. Los correligionarios de todos los estados de la República tuvieron solemne ocasión de tratarse, de reafirmar o crear lazos de camaradería, de discutir con libertad y en un ambiente amigo los problemas políticos de interés nacional; y un natural proceso de opinión se inició en los grupos bajo el estímulo de la propaganda de los partidos regionales y de los grupos sostenedores de las dos precandidaturas a la presidencia. La propaganda visible fue activa, sostenida, amplia. La labor interior debió de ser, correlativamente, enérgica y apasionada; pero no rompió los límites de la armonía y del correligionarismo, que fueron, desde el principio, auspicios de la convención.

A las dieciséis horas, las puertas del Teatro de la República se abrieron a los presuntos delegados y los trabajos se iniciaron bajo la presidencia del comité organizador, de acuerdo con el artículo 7º de la convocatoria. Pasada lista de asistencia, según lo previsto en el inciso I del artículo antes citado, se comprobó la presencia de 874 presuntos delegados, y el C. ingeniero Luis L. León, secretario general del comité, declaró haber quórum para las juntas previas, sobre la cifra de 1 434 que habrían sido el total de toda la República, según la proporción establecida en la convocatoria. La anterior declaración fue acogida con entusiastas aplausos de la asamblea.

El C. general Manuel Pérez Treviño hizo del conocimiento de la asamblea haber recibido aviso de que el C. Aarón Sáenz, quien desarrollaba trabajos dentro de las organizaciones de partido, no asistía a la convención, y que el comité organizador se abstenía de hacer comentarios, con objeto de no perder tiempo y principiar los trabajos de organización del partido, que entrañaban interés nacional y estaban por encima de personalidades.

Las dos comisiones revisoras de credenciales, previstas en el artículo 7º de la convocatoria, inciso III, quedaron integradas de la manera siguiente:

Primera comisión: CC. Rafael Quevedo y Jesús Guerra L., por Aguascalientes; Ángel Castillo Lanz y Armando Zamora, por Campeche; Francisco Saracho y Pablo Valdez, por Coahuila; Antonio León y Luis S. Montesinos, por Chiapas; Antonio Corona y Cipriano Arreola, por Chihuahua; Vidal Castro y Pedro Quevedo, por el Distrito Federal; José Ramón Valdez y Camilo R. Martel, por Durango; Juan Cruz O. y Arcadio Cornejo, por Hidalgo; José María Cuéllar y José Zataray, por Jalisco; Zenón Suárez y Abraham Bello, por México; Carlos González Herrejón y Jesús Ramírez Mendoza, por Michoacán; Salvador Zaavedra y Leopoldo Heredia, por Morelos; Francisco Alarcón y Porfirio Guzmán Gil, por Oaxaca; Ricardo Márquez Galindo y Emilio Rico, por Puebla; Luis Balvanera y Luis Alcázar, por Querétaro;

Fernando Moctezuma y Teodoro Salazar, por San Luis Potosí; Práxedis Balboa y Juan Rincón, por Tamaulipas, y Moisés Rosales García y José María Suárez, por Tlaxcala.

Segunda comisión: CC. Pedro Palazuelos y Bardomiano Bautista, por Veracruz; Ariosto Castellanos y Carlos Duarte Moreno, por Yucatán, y Luis Reyes y José J. Delgado, por Zacatecas.

La junta previa de la convención entró en receso; y, al reanudarse, ambas comisiones rindieron dictámenes favorables, en conjunto, para ochocientos veintinueve credenciales examinadas. Un segundo dictamen de la primera comisión, desechó por faltarles requisitos esenciales previstos por la convocatoria, 18 credenciales, aprobando 22, con lo cual, el quórum de delegados se fijó en ochocientos cuarenta y uno, presentes en la asamblea.

Para la designación de la mesa directiva de la convención, se propuso, por el C. Pedro Palazuelos, la planilla siguiente, que fue aprobada en votación económica:

Presidente, C. Filiberto Gómez; vicepresidente, C. Elpidio Rodríguez; secretarios, CC. Práxedis Balboa, Federico Medrano, Alejandro Cerisola y Juan Cruz D.; prosecretarios, CC. J. Guadalupe Monge, Luis R. Reyes, José Rodríguez Reyes y José Barragán; escrutadores, CC. José Santos Alonso, Gustavo Durón González, Enrique M. Ramos, Ricardo Márquez Galindo, Antonio León, Antolín Jiménez y José L. Rojas.

La mesa directiva rindió la protesta y sus miembros tomaron posesión de puestos respectivos, recibiendo, el presidente electo, todo el archivo del comité organizador.

La protesta de los delegados se hizo en los siguientes términos:

El C. presidente de la convención, Filiberto Gómez, demandó: "Ciudadanos delegados: ¿Protestáis cumplir y hacer cumplir lealmente los acuerdos de esta convención y los deberes que os impone el Partido Nacional Revolucionario, velando por su engrandecimiento?"

Los CC. delegados contestaron: "Sí, protestamos."

A continuación hizo uso de la palabra el C. general Manuel Pérez Treviño. (Tomado del libro *Historia de la convención nacional revolucionaria,* pp. 106-110.)

El discurso inaugural del general Manuel Pérez Treviño es sumamente valioso y una pieza completa en la cual explica la historia en que ha venido concretándose a través de las luchas la ideología revolucionaria y la necesidad de establecer las instituciones democráticas para evitar la violencia; pero para acortar estas memorias, sólo citaremos los principales párrafos de este discurso:

... En esta misma ciudad y en este mismo Teatro de la República, hace doce años se establecieron las bases sobre las que descansan las nuevas instituciones, y, desde entonces, el pueblo ha sabido defender esas conquistas, sin dejarse arrastrar jamás por luminosos espejismos, ni por las ambiciones de los revolucionarios que han claudicado por intereses personales o ambiciones desmedidas. *(Aplausos.)*

Compañeros delegados: la revolución social mexicana, iniciada en 1910, ha triunfado definitivamente. En el campo de las armas destruyó, con un ejército improvisado, las fuerzas que sostenían los intereses reaccionarios, y en el campo de las ideas ha impuesto su ideología y ha hecho germinar y arraigarse, en las grandes masas obreras y campesinas del país, un claro concepto y una conciencia precisa de sus intereses, de sus deberes y de sus derechos.

... Es imponente y consolador y magnífico el espectáculo que presenta esta asamblea de hombres libres. De la península de Yucatán, de la frontera norte, de los litorales del golfo, de la Baja California, de las costas del Pacífico, del valle de México, de la mesa central, de todas las altitudes y de todos los climas que maravillosamente encierra el territorio patrio, están aquí grupos numerosos, representativos de grandes colectividades políticas, unificados y movidos todos, en esta ocasión solemne, por un solo impulso, por una sola visión, con un solo estandarte: el impulso que marca imperativamente el cumplimiento del deber cívico, la visión de una anhelada patria mejor y el estandarte glorioso y triunfante de la revolución. (Aplausos.)

Si la revolución, equivocadamente, se hubiera considerado satisfecha con la sola renovación de las personas en los puestos públicos, y no hubiera tocado valerosamente el problema fundamental de México, que es el de la reivindicación de los derechos del pueblo y el de la reivindicación de la tierra, los enemigos de la revolución estarían satisfechos y prestarían su apoyo a los políticos de la revolución. Pero como ésta no se ha equivocado, ni se ha corrompido, ni ha dado un paso atrás, y sus hombres consideran que, por encima de los intereses políticos, están los intereses económicos de las grandes masas explotadas y expoliadas a través de los tiempos, cuando ellas significan el factor social de mayor vitalidad y el más importante y respetable de la colectividad mexicana, la reacción no puede contentarse, porque a traves de las edades se había forjado una filosofía egoísta y convenenciera, llegando a considerar como un derecho lo que sólo es producto de una sujeción arbitraria, inhumana y execrable de los factores humanos de la producción. (Aplausos nutridos.)

Y en este concepto, la lucha no ha terminado. Podemos decir que apenas se inicia, y los miembros del Partido Nacional Revolucionario, que resultará organizado en esta imponente y soberana asamblea, serán los legionarios que en toda la extensión del territorio nacional, defiendan las conquistas realizadas por la revolución en el campo de las ideas y del derecho escrito, y sigan conquistando y consolidando, cada día más, todas las que el pueblo necesite para su bienestar y su emancipación. (Aplausos nutridos.)

... Del cuadro de luchas sangrientas y trágicas que el pueblo tuvo que sostener denodadamente, destácanse cuatro figuras de diverso relieve; pero cada una, en su época y en las circunstancias en que desarrolló su acción, fue figura central del movimiento libertario: Madero, Carranza, Obregón y Calles. (Aplausos.) (Voces: ¡Viva Obregón! ¡Viva Calles!)

Fue, indiscutiblemente, el general Álvaro Obregón, el genio militar de la revolución y su caudillo máximo; fue el reformador decidido y entusiasta que impuso las medidas de la revolución social en México; el que encabezó gloriosamente las corrientes de la nueva ideología. Fue, sin discusión alguna, el señor presidente Calles, de la más recia contextura moral, el gobernante que encauzó al país por los más amplios senderos de reconstrucción dentro de las nuevas tendencias, y su figura de estadista fuerte y prominente estará siempre entre el núcleo predilecto de los grandes estadistas y gobernantes de México. (Aplausos.)

El señor general Calles, en su histórico mensaje del 1º de septiembre del año próximo pasado, hizo un llamamiento al país para que todos sus hijos, prescindiendo de personales y mezquinos intereses, cooperaran, con su esfuerzo, para que México entrara francamente en una vida de instituciones y de leyes; y ya fuera del poder, el mismo señor general Calles invitó a los actuales miembros del comité organizador del Partido Nacional Revolucionario para trabajar empeñosamente por la organización de los revolucionarios del país en una institución representativa de la opinión pública y revolucionaria de México, con un programa definido y estatutos estudiados de acuerdo con las necesidades de la organización en el momento y para el futuro.

Al retirarse definitivamente de la política, el señor general Calles, por recomendación de él mismo y porque lo creímos de nuestro deber, continuamos la tarea iniciada, y hoy, más que nunca, creemos que la revolución ha justificado nuestra actitud y correspondido a nuestro llamamiento; venimos a Querétaro a organizar el Partido Nacional Revolucionario, el frente único nacional, que será nuestra fuerza contra la de la reacción y contra la de los claudicantes de la revolución misma. (Aplausos nutridos.)

El comité organizador formuló un proyecto de constitución del partido consistente en una declaración de principios, en un programa de acción y en unos estatutos que establecerán las relaciones entre los diversos órganos constitutivos del partido. Este proyecto es una aprobación de buena voluntad de los miembros del comité, que no ha tenido ni tiene la intención de que sea una obra perfecta, pero que sí ayudará poderosamente al encauzamiento de las discusiones y a sugerir a los señores delegados los puntos que consideren que deban agregarse o modificarse en el referido proyecto.

Hemos considerado como fundamental, sostener la autonomía de las agrupaciones de los estados en los asuntos de carácter local. Consideramos que el centralismo y la tendencia de absorción por los elementos directores en la capital de la República, de las facultades que pertenecen exclusivamente a los partidos locales, serían un germen de desprestigio y fracaso en el partido. La unificación de las voluntades alrededor del programa que precisa y define la ideología revolucionaria del partido debe ser conservada a través del respeto más absoluto a los derechos que los partidos locales deben ejercitar, sin cortapisas dentro del territorio que les corresponda.

Ya pasó el tiempo —y la experiencia nos lo demuestra— de que las elecciones para los puestos públicos en los estados se hagan y se ganen en la capital de la República. Deben ser las organizaciones regionales, en contacto directo con las masas populares, las que resuelvan sus problemas y discutan sus asuntos relativos a su régimen interior. (Aplausos.) Y es por esto que el Partido Nacional Revolucionario ha establecido como principio básico en sus estatutos, un profundo respeto a los derechos de los partidos de los estados.

... Los hombres de la revolución debemos sentir hondamente el concepto de la responsabilidad. Si la revolución es fecunda en resultados benéficos para la nación, y ésta se desarrolla y florece bajo las auspicios nobles del nuevo orden de cosas, en un ambiente de paz orgánica, los hombres que en el campo de las armas y en el campo de las ideas, aportaron su contingente, habrán salvado esa responsabilidad; y si, en cambio, por abandono de la línea del deber, si porque las ambiciones del poder se impongan sobre los dictados del interés público; si se olvidan los principios y se detiene el movimiento vigoroso de renovación alcanzado ya, y que no pueden negar ni aun los enemigos del movimiento libertario, entonces, la responsabilidad del fracaso, de la desorganización, de la pérdida de vidas y de esfuerzos y de sangre, caerá sobre los hombros de la revolución, no para manchar la doctrina ni la virtud de sus postulados, sino para inculpar a los que no supieron tener el desinterés necesario, ni contener las ambiciones inherentes a su condición de hombres. (Aplausos.)

Esta convención encierra un doble objeto: primero, la constitución del Partido Nacional Revolucionario en los términos ya enunciados, y después, la discusión y la aprobación, por la asamblea del partido, de una candidatura presidencial.

Como las luchas políticas y las discusiones alrededor de personas acaloran y excitan, y casi siempre hacen perder la serenidad que la revolución reclama imperativamente para la constitución de su partido, el comité, por mi conducto, hace a todos los compañeros aquí reunidos un llamado hacia la serenidad, hacia el desinterés, hacia la abstracción de asuntos de carácter personalista, para que, en un ambiente de la mayor cordialidad, puedan exponerse y discutirse los asuntos fundamentales de doctrina, en esta ocasión, y se pospongan los entusiasmos que cada uno tenga de las personalidades de los compañeros que figuran como precandidatos del partido, para después de pasado el momento en que las firmas de todos los delegados a esta importantísima asamblea, den forma y autorización y vida propia, a través de un pacto de solidaridad, al Partido Nacional Revolucionario. (Aplausos.)

... Los obreros y los campesinos, esa gran masa de humildes, infatigables y sufridos productores, con cuyos intereses estará tan vinculado el programa del Partido Nacional Revolucionario, están muy pendientes de nuestra conducta y de nuestros actos. En los innumerables hogares, donde quedaron vacíos irreparables de afecto y apoyo, porque la lucha cegó alguna vida puesta al servicio de la causa del pueblo en la época trágica de la lucha, habrá también muchos seres, viudas y huérfanos de la revolución, con su esperanza puesta en que de esta asamblea resulte la cristalización de los caros anhelos populares, y nunca el desenfreno de las pasiones, de los rencores, que significarían un fracaso de los más nobles intentos por la unificación de la familia revolucionaria. (Aplausos.)

Las fuerzas reaccionarias y conservadoras, los despechados y los claudicantes de la revolución, esperan, ansiosamente, que el prejuicio personalista logre dividirnos para brindarles a ellos una oportunidad al contender con nosotros en la próxima lucha; y los fanáticos, de historial negro y odioso, y el capitalismo, inhumano y explotador, y todos los factores en la vida activa del país, unos con fe y esperanza en el buen éxito de nuestra noble causa y otros con el deseo de nuestra división y de nuestro fracaso, todos estarán pendientes del resultado que logre en definitiva esta asamblea, que, justamente, debe llamarse la asamblea de la revolución. (Aplausos nutridos.)

Flotan aquí los espíritus de sus mártires, de sus luchadores desaparecidos, que forman gloriosa legión. Pugnemos fuertemente, inspirados en su virtud y en su sacrificio, por dar, con este acto cívico, un paso más hacia el advenimiento de una vida democrática y el afianzamiento definitivo de las reformas sociales, que ofrezcan una vida mejor para el pueblo de México. (Aplausos nutridos y voces: ¡Viva Pérez Treviño!) (Tomado del libro Historia de la convención nacional revolucionaria, pp. 110-112, 114-116, 118-120 y 122.)

El valioso discurso del general Manuel Pérez Treviño apaciguó las pasiones personalistas y unificó los esfuerzos para la organización del partido.

A continuación hablé yo, comisionado por el comité organizador para dar la bienvenida a los delegados.

Citaré algunos párrafos de mi discurso:

Compañeros: En nombre de la revolución todopoderosa, de fuerza capaz para arrancar de sus hogares a los hijos del pueblo y convertirlos, de pacíficos y atropellados ciudadanos por una dictadura, en enérgicos campeones de una causa noble y justa que transformará radicalmente a nuestro país;

en nombre de la revolución todopoderosa, que ha hecho vibrar las fibras del corazón de las grandes muchedumbres mexicanas, llevándolas al sacrificio y a la abnegación, haciéndolas pasar por las más cruentas miserias y que ha dejado como cauda trágica una teoría dolorosa de viudas y huérfanos; en nombre de la revolución todopoderosa, camaradas, en esta magna convención de la revolución, salud. (Aplausos.)

La vida de la República, desde el advenimiento de la atmósfera revolucionaria, se ha transformado lenta, pero definitivamente, y las viejas ideas y las viejas filosofías que reinaron en este país, impuestas por la fuerza bruta al servicio de un grupo privilegiado, no pueden alentar ni respirar en la atmósfera purificada por la revolución; y el país, transformándose al golpe de maza del pueblo armado y de la revolución hecha gobierno, ha venido evolucionando en su vida nacional para llevarnos poco a poco a la conquista, en lo político, de las grandes doctrinas democráticas, de los grandes principios de gobierno del pueblo por el pueblo, y, en lo económico, a la transformación social, liberando al proletariado de la República de las viejas y oprobiosas explotaciones de los capitalistas. (Aplausos.)

Era natural que la herencia del pasado, de los prejuicios del medio en que nos formamos y en que hemos vivido, todavía deprimieran nuestros espíritus y nos hicieran seguir los caminos cada vez más avanzados, lentamente, encontrándonos con un sinnúmero de obstáculos y con fuerzas conservadoras oponentes que había que vencer y que había que destruir. Por eso la revolución, en lo político, al hacerse gobierno, siguió evolucionando en sus procedimientos democráticos. Por la herencia del pasado y por las condiciones mismas de la realidad, teníamos que seguir atenidos en nuestros manejos y en nuestro camino a la luz y guía que nos trazaron nuestros grandes caudillos. (Aplausos.) Y en los últimos tiempos, al orientarse la política nacional, por lo que concierne a la familia revolucionaria, nosotros descansamos en que los grandes problemas nuestros, en los momentos de crisis, en los momentos difíciles y los momentos de peligro, fueron resueltos siempre por dos grandes corazones y por dos grandes cerebros: por Álvaro Obregón y Plutarco Elías Calles. (Aplausos estruendosos. Voces: ¡Viva el general Obregón! ¡Viva el general Calles!)

Pero vino la hiena clerical que asesinó brutalmente al general Obregón, y perdimos al caudillo máximo de la revolución. Y las circunstancias políticas del momento, planteando un tremendo problema para el país, hicieron también que el otro gran jefe, nuestro caudillo, se retirara voluntariamente a la vida privada. La revolución que siempre había contado con jefes, que siempre había contado con caudillos llegó en ese momento a su mayoría de edad, ya carecía de tutores. Ahora nosotros, señores, hemos entrado a la mayor edad y somos responsables de nuestros actos. (Aplausos.)

... Hay que hacer un esfuerzo sobre nosotros mismos, que es la victoria más cara y más difícil, pero también la más definitiva, para vencer la herencia que el pasado proyecta sobre nuestros espíritus y acallar los prejuicios personalistas para que en esta asamblea no triunfen las personalidades, sino que sea el triunfo definitivo y glorioso de la revolución. (Aplausos.)

Y por esto, compañeros, en este momento en que ese prejuicio personalista, en que esa ambición desmedida que no se controla, en que ese deseo a todo trance de obtener un triunfo aunque vaya en contra de los intereses de la revolución, ha venido a plantearnos un problema, en este momento, yo acudo al espíritu revolucionario de ustedes para que acallen el sentimiento personalista, para que se venzan a sí mismos y obtengan una de sus mayores victorias, y para que invitemos a los compañeros que por un prejuicio no han venido a este recinto, a que concurran, porque son revolucionarios y compañeros nuestros. Yo invito a todos los compañeros a la serenidad. (Aplausos.) Yo invito a todos los compañeros, a que conscientes de nuestra responsabilidad en estos momentos difíciles, tengamos un sentimiento de armonía y de atracción para nuestros amigos que no concurrieron hoy a esta asamblea...

... Hagamos un fraternal llamamiento; y para los que quieran venir a formar en nuestras filas, aquí están sus lugares; es tiempo de que pasen lista de presentes. (Aplausos nutridos.)

... En este mismo ambiente todavía palpitan las voces revolucionarias de los constituyentes que aprobaron los artículos 27 y 123 de la Constitución. (Aplausos.) Y a pesar de la atmósfera levítica que los conservadores de Querétaro hayan querido agitar en esta ciudad, el Teatro de la República ha conservado la atmósfera de la revolución. (Aplausos.) Tengo plena confianza en que todos estaremos a la altura de nuestro deber, y en que, cuando vayamos a distribuirnos en las regiones de donde hemos venido, llevaremos la buena nueva a todos los nuestros, de que aquí en Querétaro no ha triunfado una personalidad, sino que aquí ha triunfado la revolución. (Aplausos.)

Cumpliremos con nuestro deber y organizaremos el Partido Nacional Revolucionario y le daremos la base sólida de los principios revolucionarios y de la unión de todos los hombres y de todas las organizaciones, a base de buena fe y de respeto de los derechos mutuos. Triunfaremos y llevaremos de aquí victoriosamente a través de la República la bandera de la revolución; y ante la tumba de nuestros héroes y de los mártires de nuestro pueblo, no tendremos que enmudecer ni que arrepentirnos de haber concurrido a esta asamblea. Tengo por seguro que de Yucatán a Sonora, los mártires de la revolución estarán satisfechos de nuestra obra, y que en Yucatán Felipe Carrillo Puerto, desde su tumba sonreirá a toda la República, y desde Sonora, nos saludará satisfecho el espíritu glorioso de Álvaro Obregón. (Aplausos nutridos. Voces: ¡Viva el general Obregón! ¡Viva Luis León!)

Con estas palabras terminó la sesión inaugural de los trabajos de la organización, a las 19:00 horas, con la siguiente declaración hecha por el C. presidente:

Hoy, día primero de marzo de mil novecientos veintinueve, se declaran solemnemente inaugurados los trabajos de la primera convención constitutiva del Partido Nacional Revolucionario.

La asamblea subrayó la declaratoria con unánime aplauso. (Datos tomados del libro Historia de la convención nacional revolucionaria, pp. 122, 124, 126, 128 y 130.)

En la sesión del día 2 hubo un quórum de 960 delegados y al abrirse pronunció un discurso el presidente de la misma, señor Filiberto Gómez, quien dijo lo siguiente:

Señores delegados de la convención nacional: Ayer, por haberme encontrado enfermo, no pude, como lo deseaba, hacer uso de la palabra para manifestar a todos ustedes, compañeros míos, el agradecimiento profundo por la confianza que habéis depositado en este hombre humilde, pero que es vuestro compañero y que está solidarizado con vosotros.

La reacción, agorera, había manifestado sus temores de que la convención nacional del Partido Nacional Revolucionario llevara a cabo sus trabajos en un ambiente netamente revolucionario; y lanzó a los cuatro vientos su deseo de desvirtuar el anhelo, el entusiasmo y el optimismo revolucionarios que nos ha juntado en este lugar. Por ello, compañeros, debemos de felicitarnos, porque la reacción tratará siempre de dividir el elemento revolucionario; pero nosotros, compenetrados por las enseñanzas de nuestro gran desaparecido, el general Álvaro Obregón, y de nuestro gran maestro, el general Plutarco Elías Calles, sabremos presentar un solo frente a esa reacción y sabremos demostrar al pueblo revolucionario y a nuestros enemigos, que tenemos la suficiente capacidad para discutir serenamente los problemas que atañen al desenvolvimiento de la nación.

Yo vengo aquí a felicitar muy sinceramente a todos y cada uno de los miembros delegados, representantes de los distintos partidos políticos revolucionarios del país, y os vengo a felicitar, porque habéis dado una demostración palmaria de la comprensión que tenéis de la responsabilidad que pesa sobre nuestros espíritus y sobre nuestros corazones. Y yo ya no os exhorto, porque veo que estáis cumpliendo con un deber, con el deber impuesto por la Revolución Mexicana; veo que con toda serenidad habéis venido a cumplir con el deber que os han impuesto vuestros partidos. Sabed, compañeros, que el que habla es un modesto campesino que viene aquí a solidarizarse con vosotros, que viene aquí a aceptar las responsabilidades tal como vengan; que está dispuesto a aceptarlas, para que la revolución lleve a la cristalización más pura, sus ideales. Y creo que, unificados como estamos, la reacción no tendrá otra cosa que hacer sino reconocer que es torpe y que es débil y que no podrá jamás, no solamente derrotarnos, sino ni siquiera hacer mella en nuestras filas. (Aplausos.)

Yo vengo a felicitar también al comité organizador del Partido Nacional Revolucionario, y vengo a felicitarlo porque ha cumplido en su espíritu la ideología revolucionaria, y que reciban nuestro reconocimiento esos compañeros que pusieron todo su esfuerzo y todo su empeño para plasmar en su proyecto de programa y de estatutos todo lo más puro, todo lo más grande que nos enseña la revolución. He venido a felicitarlos y debemos felicitarnos también porque ellos han puesto todo su empeño y todo su entusiasmo para establecer de una vez por todas el camino que nos señalara nuestro maestro el general Plutarco Elías Calles, en su memorable mensaje del 1º de septiembre.

Y quiero, compañeros... no digo que vengo a excitaros, porque sé que estáis cumpliendo con vuestro deber; quiero que todos y cada uno pongamos todo nuestro esfuerzo para que, cristalizados los ideales de la revolución, vayamos a nuestros pueblos a decir que somos fuertes y que estamos capacitados para aniquilar a la reacción. (Aplausos.)

En seguida, y refiriéndose a la separación del licenciado Aarón Sáenz, habló protestando el compañero Manlio Fabio Altamirano, ex secretario de propaganda y publicidad del desaparecido comité organizador, diciendo entre otras cosas:

... Yo vengo a hacer conocer a esta asamblea, y por conducto de ella a la nación entera, que todos los actos del comité organizador, desde el principio hasta el registro de la última credencial de delegado, fueron presenciados por los dos precandidatos Ortiz Rubio y Aarón Sáenz, y en su defecto por sus respectivas representaciones.

... Afortunadamente para nosotros, los miembros del comité organizador, casi todos los ciudadanos que me escuchan han tratado con nosotros durante la preparación de esta convención, y saben ellos —y lo saben también los delegados de Aarón Sáenz—, que procedimos hasta el último momento retorciendo nuestras pasiones personales, procedimos hasta el último momento con absoluta serenidad y con absoluta imparcialidad. (*Voces:* ¡Cierto!)

... Después de esta aclaración, camaradas, a trabajar. El mejor bofetón que vamos a dar a los intereses personalistas defendidos por disidentes, es discutir aquí un programa radical de principios que será la bandera, la inmaculada bandera del Partido Nacional Revolucionario. (*Aplausos ruidosos.*)

Después protestó igualmente contra la separación del licenciado Sáenz, el delegado José H. Castro.

En seguida la secretaría de la mesa directiva dio lectura a los mensajes de adhesión de muchas personas y organizaciones políticas, obreras y campesinas, entre otras de la Confederación de Uniones Socialistas de Maestros Mexicanos, de los partidos revolucionarios de Chiapas, y sobre todo la que fue muy aplaudida fue la adhesión de las señoras Luz Valdez Vda. de Duvallón y Refugio Torres Vd. de Fernández, a nombre de la Liga Femenina Mexicana.

Tras ligero debate quedaron nombradas por la convención las siguientes comisiones dictaminadoras:

De programa de principios del Partido Nacional Revolucionario: CC. profesor Juan Rincón, licenciado Enrique Romero Courtade, diputado Rafael M. Legorreta, licenciado Amado Fuentes B., licenciado Neguib Simón, Raymundo L. Cruz, diputado Eduardo Cortina, Francisco Bañuelos, licenciado Crisóforo Ibáñez, Ramón C. Mora, licenciado Benito Flores, diputado Manuel Hernández y Hernández, licenciado Napoleón Orozco, licenciado Octavio Mendoza González, diputado Fernando Escamilla.

Suplentes: CC. Manuel H. Ruiz, Práxedis Giner D., Gustavo Durón González, Rafael Quevedo y Joaquín Piña.

Comisión de estatutos del Partido Nacional Revolucionario: CC. Liborio Espinosa y Elenes, Ramón Santoyo, Manuel Avilés, Moisés Rosalío García, Fernando Moctezuma, José Santos Alonso, Jorge A. Vargas. Suplente: Salvador S. Saavedra.

Comisión para redactar el pacto de unión y solidaridad del Partido Nacional Revolucionario: CC. licenciado Esteban García de Alba, Juan G. Abascal, Rafael Álvarez y Álvarez, Federico Barreto. Suplente: Fernando Escamilla.

Comisión de estilo: CC. Abelardo Montaño, Luis Balbanera, senador Pedro González y licenciado J. Jesús Rodríguez de la Fuente.

Pasaron a manos de las comisiones respectivas los proyectos del comité organizador de estatutos y de programa de principios, que se habían hecho circular ampliamente entre los delegados. Igualmente se turnaron proyectos de reformas, modificaciones o adiciones dados a conocer por algunas delegaciones, entre los cuales podemos citar los siguientes:

I. Proyecto de adición de un capítulo sobre trabajo y previsión social, presentado a nombre de la delegación del estado de Oaxaca, por los CC. Rafael E. Melgar, Enrique Valle, R. L. Canseco, Abraham Gómez, Alfonso Reyna,

Athón Girón, Rafael Saavedra, Manuel Calderón, Martín González, Pascual Hernández, A. L. Mijares, Baldomero C., Antonio Eduardo Jiménez, Rafael Acevedo, Manuel B. Alfuerne y veintitrés CC. delegados más.

II. Proyecto sobre declaración de principios del Partido Nacional Revolucionario, del C. Manuel A. Chávez, delegado por el Distrito Federal.

III. Proposiciones del C. Rosendo Salazar sobre constitución del Partido Nacional Revolucionario.

IV. Proposición del C. Ramón Santoyo sobre un instituto de ciencias sociales, que estudie, en el seno del Partido Nacional Revolucionario, la realidad social mexicana.

V. Proyecto de programa político administrativo de la Agrupación Revolucionaria de 1917, presentado por el C. delegado José Morales Hesse.

Las labores se suspendieron a las 13:00 horas de ese día, para dar tiempo a las comisiones para que formularan sus dictámenes, y se dio cuenta de la instalación de la convención tanto al señor presidente de la República, licenciado Emilio Portes Gil, como a los señores gobernadores de los estados y territorios y a las legislaturas respectivas.

También se acordó la cortesía de enviar un telegrama al señor general Plutarco Elías Calles, ex presidente de la República Mexicana.

En la mañana del día 3, se rindió un homenaje al señor general Álvaro Obregón, con un quórum de 900 delegados; también se hizo del conocimiento de la asamblea, de las adhesiones recibidas por telegrama.

De los partidos revolucionarios reconstructores tabasqueños, del Partido Socialista Revolucionario del Territorio, de Cozumel, Quintana Roo, y los profesionistas socialistas de los estados del centro, protestando solidaridad a la convención del Partido Revolucionario de Nayarit, del gobernador del estado de Oaxaca.

Además se dieron a conocer a la asamblea las proposiciones de las delegaciones, que por acuerdo de la mesa, pasaron a las comisiones correspondientes para dictamen.

De Gonzalo N. Santos, M. C. Salazar, J. Álvarez y treinta y dos delegados más, totalidad de la representación de San Luis Potosí, proponiendo una adición sobre educación del proyecto de programa de principios del partido, en pro de la desanalfabetización de las masas, especialmente rural, y exigiendo cumplimiento del artículo 123 de la Constitución, en cuanto a las obligaciones que se imponen a industriales y hacendados en lo relativa al sostenimiento de centros escolares.

Mártires del 7 de Enero y Grandes Partidos Unificados de Jalapa, así como de los ciudadanos Adalberto Lara Pardo y Miguel Martínez Campos, delegados por Veracruz, a nombre del Partido Socialista Veracruzano, proponiendo un artículo de justicia al proyecto de programa. También los CC. Adalberto Lara Pardo y Miguel Martínez Ocampo, del Partido Socialista Veracruzano, presentaron la proposición, que fue inmediatamente tramitada y aprobada por la asamblea. Puestos de pie todos los asistentes a la convención, dedicaron a la memoria del general Álvaro Obregón un minuto de silencio. Los proponentes habían dicho:

Que a fin de hacer honor a la memoria del que fuera nuestro gran maestro, durante la etapa de la Revolución Mexicana, C. general don Álvaro Obregón, arteramente sacrificado por los esbirros de la clerigalla, toda vez que, en el ambiente en que nos encontramos, flota su espíritu que nos guía por la resolución satisfactoria, de los presentes debates, pedimos a esta H. asamblea, se sirva aprobar la siguiente proposición, consistente en que, antes de comenzar los trabajos de esta sesión permanezcamos de pie por espacio de un minuto, guardando el más profundo silencio, en recuerdo de su memoria.

Una vez pasado el minuto de recogimiento se oyeron unánimes vivas al general Álvaro Obregón, al general Calles y al C. presidente Portes Gil.

Delegados de Michoacán propusieron él establecimiento de un órgano de publicidad de la revolución y del Partido Nacional Revolucionario.

Otro grupo de delegados encabezados por el doctor Cerizola y varios de los representantes veracruzanos, propusieron adiciones al proyecto de programa con principios encaminados a evitar la explotación del pueblo por las casas editoras de libros escolares.

También la delegación morelense propuso medidas para evitar el choque de los personalismos en las convenciones del partido y para que sin compromisos los delegados de la convención discutan libremente el nombre del candidato a la presidencia de la República.

Las comisiones dictaminadoras informaron de sus trabajos.

Después hizo uso de la palabra el delegado Luis Andrés, representante indígena de Oaxaca, que fue escuchado con toda simpatía por toda la asamblea.

La sesión se suspendió para reanudarse a las 20:00 horas.

Al reanudarse la sesión del día 3, cerca de las nueve de la noche, tuvieron acceso al salón la delegación íntegra del estado de Guanajuato, y la mayor parte de la de Jalisco, llevando al frente los diputados al Congreso de la unión y al senador Antonio Valadez Ramírez y el líder jalisciense Silvano Barba González. Todos habían desempeñado un papel importante en el comité pro Sáenz y habían permanecido sin asistir a las sesiones de la convención, pero regresaron para no romper la unificación revolucionaria. Por lo que fueron acogidos por los asistentes con aplausos y entusiasmo.

Desde la mañana del día 3 habían empezado a circular rumores del levantamiento militar de Sonora, parte de Sinaloa y los militares de Torreón y parte de Coahuila, encabezados por el general José Gonzalo Escobar, así como de algunas fuerzas de Veracruz, encabezadas por el general Jesús Aguirre.

Pero estas noticias del movimiento de la traición de fuerzas militares que iniciaban el cuartelazo contra el gobierno legítimo y constitucional del licenciado Portes Gil, no hicieron sino levantar el ánimo y poner de manifiesto la decisión y la firmeza de las convicciones revolucionarias de los delegados. Por eso, esa sesión de la noche, se convirtió en un verdadero mitin revolucionario para condenar a los traidores y unificar a los verdaderos revolucionarios alrededor del gobierno de Portes Gil.

Además, levantaron el entusiasmo dos grandes noticias:

La primera fue la información de que el licenciado Aarón Sáenz, que al principio no entró a la convención, había protestado desde luego como jefe militar, su condenación al movimiento ofreciendo sus servicios de general del ejército al presidente Portes Gil, y además, guiado por sus convicciones profundas de revolucionario y alentado por su responsabilidad de precandidato, invitaba a sus antiguos partidarios a reingresar a la convención para mostrar la unificación de los revolucionarios, evitando divisiones injustificadas y los alentaba para aprobar y sostener lealmente al candidato que resultara electo en la convención, lo que sirvió para fortalecer nuestra unificación; y así como al principio parecía debilitar la organización del partido la separación del licenciado Sáenz, su viril y digna actitud ante el cuartelazo iniciado en el norte, viene a fortalecer la unión revolucionaria del partido.

Conviene hacer notar que los antiguos partidarios de la candidatura del licenciado Sáenz, fueron después decididos y grandes partidarios del ingeniero Pascual Ortiz Rubio.

La otra noticia que fue acogida con júbilo, fortaleciendo la confianza de los convencionistas, fue al comunicarles que había sido nombrado por el presidente Portes Gil, secretario de Guerra y Marina, para enfrentarse a los rebeldes con las fuerzas leales, el general de división Plutarco Elías Calles.

En la mañana de ese día 3 de marzo, nos habían hablado por teléfono a Querétaro, al general Pérez Treviño y a mí, el señor presidente Portes Gil, el general Plutarco Elías Calles y, a mí en lo personal, el ingeniero Marte R. Gómez, confirmando la noticia de los levantamientos y diciéndonos que francamente tratáramos el asunto en la asamblea, para que nadie quedara engañado.

El general Calles además nos dijo: "Procuren terminar mañana mismo con todas las discusiones, aprobar el programa de principios, los estatutos y el pacto de solidaridad, la elección de candidato presidencial y dejar establecido al partido, porque no queremos correr ningún riesgo. No vaya a ser que algún grupo de militares comprometidos quieran atacar y disolver la convención."

El general Pérez Treviño le contestó con toda dignidad: "No tengan cuidado, la convención no será disuelta. Somos novecientos delegados, todos armados, cuando menos con pistolas, pero hay armas largas y grupos de obreros y campesinos prontos a defendernos, como los obreros de la fábrica 'La Hércules', un grupo de campesinos de San Luis Potosí, que encabeza Gonzalo N. Santos, campesinos de Guanajuato, dirigidos por Arroyo Ch. y Melchor Ortega. Tenga confianza, general, en que podrán acabarnos en el Teatro de la República, pero nunca disolverán la convención."

Además, el ingeniero Marte me recomendó que al terminar los trabajos del día siguiente, todos los delegados que quedaran libres de obligaciones militares, vinieran en un tren especial a México a protestar contra el levantamiento y fortalecer la autoridad el presidente Portes Gil, y su decidido apoyo. Lo cual hicimos el día 4.

A continuación daremos una reseña del entusiasmo de los discursos de aquella noche inolvidable del 3 de marzo en Querétaro, donde triunfó verdaderamente la unificación revolucionaria y quedó en pie la firme determinación de esa mayoría revolucionaria de establecer definitivamente el régimen de instituciones democráticas para evitar la violencia en el futuro. De hecho, esa noche se engendró el partido definitivamente.

Se abrió la sesión con un formidable discurso del señor general Manuel Pérez Treviño, quien entre otras cosas dijo:

Compañeros: Estamos entrando en nuestro propio terreno, en el terreno en que sin perder la serenidad, en el terreno en que, evitando las desviaciones del juicio, opera en nosotros la hombría y la rectitud y el coraje natural que enciende el corazón de todo ciudadano cuando la infidencia, la traición y la falta de cumplimiento del deber anuncian derramiento de sangre en el territorio patrio. *(Aplausos.)*

Tenemos noticias oficiales de que han brotado en el país dos puntos de infidencia. Todavía no han hecho escuela en nuestras conciencias, todavía no se han impregnado nuestros cerebros de las saludables enseñanzas que los mártires de la revolución, que los prohombres de la revolución, que los caudillos que nos han llevado de triunfo en triunfo, han querido infiltrar.

Tenemos noticia oficial de que hay dos grupos infidentes: uno en Veracruz y otro en Sonora, sin causa alguna, sin ninguna bandera, porque no hay quien pueda inscribir en ninguna bandera principios que exalten la voluntad popular en contra del gobierno de la República. Tratan de arrastrar tras ellos a gentes que tal vez no tienen conciencia de la situación que prevalece en el país, tratan de llevarlas al matadero para defender solamente ambiciones personales; pero que el pueblo no tolerará, porque tengan la seguridad de que el pueblo en masa y los campesinos del país, como un solo hombre, se unirán a nosotros al grito de: "Viva el supremo gobierno de la revolución." *(Aplausos y voces:* ¡Viva! ¡Bravo! ¡Viva Calles!)

Estamos viviendo un momento histórico de enorme trascendencia. A la cabeza del ejército nacional está un civil, que a falta de los grados del ejército tiene también, como cualquiera, como el mejor de los militares, grabado en su conciencia el cariño por la revolución y las dotes cívicas que puede necesitar cualquier ciudadano para estar en su puesto y defender las instituciones. *(Aplausos y voces:* ¡Viva Pérez Treviño!)

... Nosotros seguimos serenamente las líneas de nuestro deber y nuestros corazones han sentido una enorme alegría al ver cómo aquellos individuos que por demasiado apego a sus compromisos; por temor de que siquiera remotamente pudiera tachárseles de infieles, se desorientaron; quizá esta actitud es una garantía de la conciencia cívica que está formando ya parte muy interesante de la conciencia de México. Pero, habiendo reflexionado, habiendo analizando en el fondo la cuestión, hemos visto cómo ha acudido al seno de la convención la enorme mayoría de los elementos que por ese exceso de fidelidad que no había sido bien interpretado, se encontraban desorientados. Repito, nuestros corazones se han ensanchado con el entusiasmo, porque al terminar los trabajos de esta convención, tendremos quizá el número completo de los que debían haberla iniciado. *(Aplausos.)*

En estos momentos en que se presenta una nueva crisis para la patria y para la revolución, crisis que seguramente sabremos dominar, que seguramente el ejército leal, el ejército que conserva la virtud de los principios revolucionarios; el ejército que analizando serenamente las cosas llegue a comprender que su deber cívico, que su gran deber de guardián de las instituciones está muy encima de los intereses de un grupo de militares que en esta ocasión se equivocan y que tratan de arrastrar, como antes decía, a muchos compañeros a una aventura sangrienta. Yo tengo la seguridad, tengo la plena certeza de que la enorme mayoría del ejército tendrá esa sana conciencia y se limitará a cumplir con su deber sosteniendo las instituciones de la República, representadas en este momento por el presidente, ciudadano Portes Gil. (*Aplausos y voces:* ¡Viva Portes Gil!)

El general Plutarco Elías Calles acaba de ser llamado por el ciudadano presidente de la República para que ocupe la Secretaría de Guerra. (*Aplausos ruidosos y voces:* ¡Viva Calles!) Su solo nombre y sus antecedentes son una garantía completa de éxito, y este entusiasmo que se desborda tendrá seguramente que alcanzar, en ondas que se extiendan en el territorio patrio, a todos los corazones de los soldados que desde este momento están bajo sus órdenes inmediatas. Y el ejército sentirá de nuevo los entusiasmos de tener a la cabeza a uno de sus caudillos máximos, y es seguro que cualquier sacrificio en esas condiciones será recibido con la sonrisa en los labios, con la sonrisa del estoicismo característico de los mexicanos, que se encuentra siempre en los momentos más críticos de la vida. (*Aplausos ruidosos y voces:* ¡Viva el general Calles!)

Así, pues, compañeros, serenando la contienda y pensándolo con todo el detenimiento que requieren momentos de este interés y de esta trascendencia, yo considero que todos los aquí presentes, debemos enviar nuestro mensaje de absoluta solidaridad con el gobierno, y, además, que cuando de aquí salgamos, cada uno en su territorio sea un abanderado de la revolución y de sus principios. (*Aplausos ruidosos.*)

Los que por suerte o por designación de esta libre asamblea estamos dirigiendo sus trabajos, recomendamos que en la sesión de mañana se ponga el mayor interés para que las resoluciones se violenten; queremos terminar cuanto antes los trabajos de esta asamblea; queremos constituir el Partido Nacional Revolucionario; queremos proclamar la candidatura que está ya en la conciencia de todos los asambleístas; queremos demostrar que en esta ocasión, que en esta asamblea, existe un juicio perfectamente definido acerca de las candidaturas, y que somos suficientemente fuertes, para debatir aquí los intereses políticos del país y cristalizar la opinión en una candidatura presidencial. (*Aplausos.*)

...ni la infidencia de algunos militares torcerá la línea de nuestro deber, y mañana constituiremos el Partido Nacional Revolucionario y proclamaremcs una candidatura presidencial. (*Aplausos ruidosos y voces:* ¡Viva Pérez Treviño!)

A continuación habló el senador Manlio Fabio Altamirano, que dijo entre otras cosas:

Camaradas revolucionarios: Quiero interpretar en estos momentos de entusiasmo el palpitar muy hondo de la delegación veracruzana, el sentir de los senadores revolucionarios y el sentir también de esta honorable asamblea.

Presiden esta sesión memorable Álvaro Obregón y Plutarco Elías Calles. Álvaro Obregón, el hombre-símbolo, el maestro de energías, el que nos enseñó a luchar y el que nos enseñó a triunfar siempre; el hombre-símbolo, cuyo recuerdo hace reverberar en nosotros todos los entusiasmos con los ojos empapados en lágrimas. Plutarco Elías Calles que es nuevamente, como lo fuera hace poco, el abanderado de la revolución, detrás de cuyo penacho vamos, porque es la señal del triunfo definitivo. (*Aplausos.*)

... En estos momentos flota en el ambiente el entusiasmo revolucionario, y es por esto que quisimos los directores de esta asamblea que toda la nación, inclusive los infidentes, escucharan por medio del radio cuál es el entusiasmo, cuál es la entereza y cuál es el sentir de la primera convención del Partido Nacional Revolucionario. (*Aplausos.*) Y después saldrá de aquí la primera falange, porque los veracruzanos, le pediremos al señor presidente de la República la vanguardia para combatir a los infidentes. (*Aplausos ruidosos.*)

Estos militares traidores se han equivocado. Se olvidan de que en San Luis Potosí está un Saturnino Cedillo con diez mil agraristas; se olvidan de que la semilla revolucionaria ha fructificado en los agraristas de Hidalgo. (*Aplausos.*) Se olvidan los infidentes de que en el Estado de México, Filiberto Gómez tendrá cinco mil agraristas. (*Aplausos.*) Se olvida Jesús Aguirre y se olvida Manzo de que de toda la República brotarán los agraristas como un solo hombre, reclamando un rifle para matar definitivamente a los menguados y traidores. (*Aplausos.*) (*Voces en el palco de la delegación de Michoacán:* ¡Lázaro Cárdenas!) Se olvidan también, como dicen los compañeros, que el más joven de los divisionarios, Lázaro Cárdenas, es un estandarte de la revolución en Michoacán. (*Aplausos. Una voz:* ¡Y se olvidan de Tamaulipas!)

Pues bien, camaradas; la suerte está echada. Vamos a ver quién le puede a quién. Vamos a ver si todavía ese viejo revolucionario a quien han olvidado los protegidos de él, ese viejo revolucionario que se llama Calles, vamos a ver si todavía vive en el corazón de los revolucionarios. (*Aplausos.*)

... Mañana, camaradas; terminarán los trabajos de esta gran convención. Vamos a constituir el Partido Nacional Revolucionario en momentos solemnes, y toca nuevamente a Querétaro ser la ciudad histórica, la que tuviera un cerro de las Campanas, la que tuviera aquí mismo a los constituyentes, a los revolucionarios que proclamaron los artículos 27 y 123, y la que tiene hoy este núcleo de revolucionarios que constituye el núcleo más fuerte de la Revolución Mexicana. (*Aplausos.*)

A continuación habló el diputado Gonzalo N. Santos:

Camaradas de esta asamblea revolucionaria: Hace unos cuantos días en la tribuna del pueblo, fui, con la franqueza que nos caracteriza a los hijos de la revolución, a denunciar al traidor Gilberto Valenzuela y a sus secuaces, de que estaban tramando una rebelión para asaltar el poder. Ante la faz de la nación denuncié a estos traidores; pero nunca me imaginé que entre los traidores hubiera uno más traidor que la propia palabra traición: un individuo que dice llamarse Jesús Aguirre. (*Aplausos.*)

Camaradas de esta asamblea revolucionaria: celebro que el compañero Manlio Fabio Altamirano haya asentado aquí que hay un Saturnino Cedillo en San Luis Potosí, que se sabrá batir hasta derramar la última parte de su sangre por los principios del agrarismo y por los principios de la revolución. (*Aplausos.*) Hay muchos que han asaltado el poder; pero hay muy pocos, ha habido hasta ahora muy pocos que asalten la gloria, y Plutarco Elías Calles, a la cabeza de la revolución, sabrá asaltar la gloria. (*Aplausos.*)

... Vamos a ver los hijos de la revolución si ya nos tragó la ciudad o si todavía podemos empuñar un rifle en la derecha para disparar a los traidores, y una reata en la izquierda para colgar a los canallas que desde la ciudad de México dirigen estas maniobras. (*Aplausos.*)

No es extraño que desde hoy mismo se empiece a desintegrar la delegación de San Luis, porque nuestro jefe Saturnino Cedillo me ha ordenado que le empiece a mandar a los jefes de defensa y a los jefes de colonia y a los militares que vienen aquí a representar al pueblo de San Luis, para que se pongan al frente de sus hombres. (*Aplausos ruidosos y voces:* ¡Viva Cedillo! ¡Viva Santos!)

Camaradas: Yo, por mi parte, sólo iré a la ciudad de México a procurar se desafore a los diputados traidores (voces: ¡Bravo! ¡Bravo! Aplausos ruidosos), que quieren ganar sueldo y estar contra el gobierno; y a pedirle al gobierno federal que los ponga en un tren para que se incorporen con el enemigo, y el que se quede en la ciudad de México, que sufra las iras del pueblo. (Aplausos.)

Quisimos demostrar ante el mundo entero que no es eso lo que queríamos; que no queríamos una gota más de sangre en nuestra patria; que este ensayo cívico de este Partido Nacional Revolucionario resolviera las funciones cívicas del futuro; que el partido que se sintiese más fuerte que nosotros y dueño de la razón, se nos enfrentase en el terreno del civismo; pero no quiere eso la reacción clerical. Hablemos con valor: ya pasó el momento de las tolerancias y de las indefiniciones. Vamos a combatir unidos a los viejos cristeros y a los cristeros nuevos. ¡Y celebrémoslo! ¡Aquí terminará el problema! Porque los militares traidores seguramente que ocuparán su vanguardia en los ejércitos cristeros y ahora tendremos oportunidad de obligarlos a combatir con las armas de la revolución. (Aplausos.)

Camaradas de la revolución: celebro que el Partido Nacional Revolucionario haya terminado de formarse bajo el cráter de un volcán, porque aquí habemos puros hombres de pelea. (Aplausos.)

Para terminar, os digo y repito ante la faz de la nación: desde cuando denuncié a Gilberto Valenzuela, "siervo del Señor", como llamaron los traidores a "Miguel, siervo del Señor", a Miramón, desde entonces venimos nosotros pidiendo una prudencia que a nosotros mismos nos daba trabajo llevar, pero comprendiendo que ya la patria no quería luchas sangrientas. Si ellos van allá, que sobre ellos caiga la maldición de la historia; y nosotros si caemos en el campo de la lucha empuñando el rifle que nos legara la revolución, ¡bendita sea nuestra muerte! ¡Salud, compañeros de la revolución! (Aplausos ruidosos.)

A continuación tomó la palabra el diputado Melchor Ortega; citamos los principales párrafos de su discurso:

Compañeros: Se ha atacado aquí a los malos compañeros que encabezan, para vergüenza de ellos mismos, una infidencia que nuevamente regará de sangre a nuestra patria. Ya se ha dicho aquí también que los elementos de la reacción que desde la sombra, tenebrosamente, dirigen y dividen a estos elementos que antes eran de nuestra propia familia. Yo quiero referirme también aquí, aunque no se publique, para que se oiga y que se sepa en esta asamblea, que se oiga por radio en todo el país, a los periódicos, a la prensa de nuestra capital. (Aplausos.)

Los grandes rotativos de nuestro país son, en gran parte, los principales responsables de lo que ocurre en nuestra patria; esos periódicos, que al llegar Vasconcelos a alguna población de nuestra patria, o al llegar Valenzuela, o al llegar alguno de los enemigos del gobierno, hacen ostentación y dicen mentiras; y que cuando ocurre una hermosa asamblea como esta, de hombres libres, o callan, o tergiversan todas las noticias. Esos individuos que hacen labor en contra del gobierno, esos periódicos pérfidos y malvados, esos periódicos que solamente sirven al oro o a sus mezquinos intereses, son, compañeros, los principales responsables de las desgracias de nuestra patria. (Aplausos y voces: ¡Muy bien!) Cada gota de sangre que cueste más a la revolución, será peor para ellos. Yo pediré a la asamblea que se una conmigo para pedir al gobierno no más indulgencia. (*Voces:* ¡Muy bien! *Aplausos.*) Para pedir al gobierno que dé toda clase de libertades, pero que no se confundan con el libertinaje, con la labor subversiva de estos individuos.

Yo sé que desde el día de mañana cambiará esa prensa mezquina; que desde el día de mañana esos rotativos se meterán en su concha; que los directores, elementos de la reacción, elementos vendidos al dinero, se enconcharán esperando que pase la tormenta, y que después de eso volverán a seguir con su mala labor, tratando de nueva cuenta de ensangrentar a nuestra patria. Pero es indispensable, compañeros, que aquí se ponga el punto final a situaciones de esta naturaleza; es necesario que esa prensa desaparezca; que el gobierno le pongo coto a la prensa; que sepan que en nuestra patria hay libertades, y que para la revolución representa uno de sus más caros principios, que sostiene y seguirá sosteniendo; pero que no permitirán, ni el gobierno ni los revolucionarios, que sigan haciendo labor subversiva en nuestra patria, dividiendo a los propios hijos de la revolución. (*Aplausos.*)

Compañeros: son los momentos de prueba. Hemos dicho hasta el cansancio que estamos del lado de las instituciones; que queremos, que deseábamos que nuestra lucha democrática se desarrollara dentro del más puro civismo; lo hemos comprobado desde el momento en que los candidatos todos a la presidencia de la República han tenido las más amplias garantías, y, de nuestra parte, prueba de ello este testimonio fehaciente, este testimonio que por propia elocuencia habla más que las palabras.

... Nosotros hemos ofrecido nuestro contingente, no sólo de buena voluntad, sino de acción y de sangre, y es el momento de que todos y cada uno de nosotros comprobemos si efectivamente somos delegados ante esta convención, de elementos campesinos, de revolucionarios que nos han mandado aquí a testimoniar cuál es su manera de pensar, cuál es su manera de obrar. Y ellos, compañeros —yo respondo de Michoacán y respondo de todo el país—, yo estoy seguro de que como un solo hombre saldremos de Querétaro, iremos a la capital los que tenemos que ir; pero volveremos a nuestros estados y nos pondremos al frente de los elementos agraristas para castigar a la infidencia. (*Aplausos.*) Y ahora, para terminar, compañeros, nosotros esperamos ver cuál es la actitud del candidato que nos ha querido venir a sumar a esta convención; los hechos justificarán a cada uno ante la historia; nosotros, por nuestra parte, aunque se nos tilde de elementos oficiales, aunque se nos tilde de individuos al servicio de un gobierno, de aquí saldremos protestando adhesión franca a Portes Gil, y a levantar la bandera de la revolución en nuestros respectivos estados, cuyos principios defenderemos con el rifle en la mano. (*Aplausos.*)

A continuación, pronunció un sentido discurso el C. Oliverio Esquinca Aguilar, del que reproducimos sus principales párrafos:

Compañeros convencionistas: Como delegado del Partido Socialista del Trabajo del Estado de México, en nombre de la revolución, en nombre de sus postulados grandiosos, en nombre de sus grandes desaparecidos que regaron con su sangre pródiga los cimientos augustos de las reivindicaciones humanas; en nombre de esa legión inolvidable de héroes anónimos, os saludo con un abrazo fraternal de camaradas y de revolucionarios. (*Aplausos.*)

Esta gran convención a la que ha convocado el comité organizador del Partido Nacional Revolucionario, y en la que están campeando, pese a quien pese, a pesar de todos los despechados, a pesar de todos los imbéciles egoísmos, todas las fuerzas vivas del país; está hablando de una manera clara y profunda ante la nación y ante el mundo entero, que en México, de una manera lenta, pero definitiva, ha cristalizado al fin en todas las conciencias la suprema ideología de la Revolución. (Aplausos.) Está diciendo a los cuatro vientos que todas las bajas pasiones, todos los egoísmos estériles, toda la inconciencia contra nuestro sagrado deber de cooperación para hacer de México un país grande, próspero y feliz, han muerto para siempre, compañeros, en el Teatro de la República de Querétaro.

... Estos momentos históricos que estamos viviendo reclaman de todos y cada uno de nosotros nuestro mayor contingente para batir a la reacción en el terreno a que nos llama, sea el que sea. La reacción, armada la mano del más despreciable de los asesinos, creyó acabar a la revolución, matando por la espalda al heroico y grande Álvaro Obregón; pero la reacción no pensaba, no pensó, porque es muy imbécil la reacción, que la revolución también contaba; que sobre la tumba de ese grande invicto, Álvaro Obregón se alzaría la recia, la fuerte personalidad de ese grande hombre impasible, de ese gran maestro, de ese viejo joven que se llama Plutarco Elías Calles. (Voces: ¡Viva Calles! Aplausos.) Y la reacción, necia y estúpida como siempre, no contaba tampoco con que más tarde, sobre esa misma tumba estaría también la recia y alta personalidad del licenciado Emilio Portes Gil. (Voces: ¡Viva Portes Gil! Aplausos.) Y jamás pensó, porque sus alcances no llegaban hasta allá, no pensó tampoco que sobre esa tumba, estando esas dos figuras fuertes, iba a estar también, como una bofetada para siempre, en la cara de la reacción, este pujante Partido Nacional Revolucionario. (Aplausos.)

Compañeros convencionistas: Próximos como estáis a regresar a vuestros hogares, que cada uno de vosotros, como dijera hace unos momentos un compañero, se convierta en un abanderado de la revolución en cada lugar que le corresponda; que vayáis a vuestros hogares satisfechos y contentos del resultado de esta enorme convención; y cuando lleguéis a las estaciones, cuando os esperen vuestras esposas, vuestras novias, vuestras hermanas, con los brazos abiertos y ansiosos, que estos abrazos sean como los de las mujeres espartanas, no para preguntaros por vuestra persona, sino para saber a quién corresponde el triunfo. Contestad entonces esta sola palabra: "¡Triunfamos!" No aludiendo al candidato triunfante, sino aludiendo a la revolución, que habrá triunfado para siempre. (Aplausos.)

Mas no olvidéis, compañeros, que la reacción está alerta; que la reacción trabaja en la sombra con su eterna aliada, la clerigalla, voraz e insaciable; por eso debéis estar alertas también, pendientes, para darle de una vez por todas la muerte definitiva. Hay que luchar. Cuando salgamos de esta enorme, histórica, trascendental convención de Querétaro, debemos ir animados de grandes esperanzas, llevando la ilusión, la fe, la firmeza de nuestro espíritu y de nuestros actos para seguir luchando porque la revolución cristalice sus ideales de una vez por todas, cristalice todos sus postulados máximos.

Hay que seguir luchando con entusiasmo. Y, cuando ya nada nos quede por hacer; cuando, como dije en otra ocasión, veamos ondear con orgullo, con recogimiento, con unción, nuestra enseña gloriosa, símbolo de nuestras libertades, de nuestros dolores y de nuestras grandezas, entonces, compañeros, sentiremos cómo una impetuosa onda de ternura nos arranca lágrimas de los ojos y un sonoro grito del corazón. (Aplausos.)

A continuación, puesta en pie la asamblea, recibió con un estruendoso y desbordante entusiasmo el arribo al salón de sesiones, del C. ingeniero don

Pascual Ortiz Rubio, precandidato de una gran mayoría de los convencionistas y cuya personalidad había de ser discutida en la convención.

Transcribo el discurso que pronunció el ingeniero Ortiz Rubio:

Era por un deber elemental mi intención de no presentarme en esta asamblea sino hasta el momento en que se me llamara para cumplir con uno de mis deberes al contestar las interpelaciones que se me hicieron oportunamente; pero dadas las circunstancias del momento cuando los malos hijos de la patria de nuevo encienden la rebelión en nuestra tierra, en busca de la satisfacción de sus ambiciones, he creído de mi deber romper con aquel compromiso que me había hecho y presentarme ante vosotros, principalmente para poder protestar lealtad al gobierno que tan dignamente dirige el licenciado Portes Gil (aplausos), para que todos sepan que en cualquier circunstancia y en cualquier momento, los que venimos luchando por la salud del pueblo mexicano seguiremos hasta el fin, hasta llegar a alcanzar todas las conquistas a que tiene derecho.

Desgraciadamente esos malos hijos a que me he referido, no han meditado suficientemente el paso que dan; no se ve claramente cuál es la bandera que enarbolan. Han estado anunciando hace tiempo que el gobierno del licenciado Portes Gil trata de hacer una imposición al pueblo mexicano. Estos señores, estos enemigos nuestros, estos enemigos de la patria que han hecho semejante cargo, no han pensado perfectamente que los hombres que aquí representan a los diversos estados de la República, son hombres libres y no se prestarán jamás a una imposición. (Aplausos.)

Una vez hecha esta protesta de lealtad al gobierno y de lealtad a los representantes del pueblo, pido a ustedes que me permitan asistir a la sesión, al mitin más bien dicho, para tener la satisfacción de sancionar con mi presencia los discursos y las protestas que se hagan contra esos malos hijos de la patria. (Aplausos ruidosos. Voces: ¡Viva Ortiz Rubio! ¡Viva Calles!)

Después del largo aplauso concedido al ingeniero Ortiz Rubio, pronunció otro discurso el C. Genaro Rubio, pidiendo un aplauso para nuestro candidato, y terminó diciendo: "Señores, para terminar pido un aplauso para nuestro candidato que se encuentra aquí presente, el ingeniero Ortiz Rubio. ¡Que viva Ortiz Rubio! (Voces: ¡Que viva! Aplausos.)"

A continuación habló el diputado Gonzalo Bautista, y citaremos algunos de los párrafos de su discurso. Empezó diciendo:

Tanto en los momentos de angustia para la patria, como en todos aquellos de agitación armada producida en muchas ocasiones por ambiciones ilegítimas, surge en mi estado de Puebla la figura de Aquiles Serdán, con el gesto clásico de los hombres que redimen al pueblo y el ademán gallardo marcando a las multitudes al estricto camino del deber. Y nosotros, los que hemos tenido la suerte de nacer bajo aquel cielo de Puebla, recibiendo la enseñanza del héroe, de aquel hombre que prefirió morir, de aquel hombre que aceptó la lucha de uno contra mil antes de caer en las garras de los hombres de la vieja dictadura, nos sentimos entusiasmados para marchar airosos al cumplimiento de nuestro deber.

... Y a pesar de que en este mitin los discursos deben ser brevísimos para que se escuche la opinión de todas las provincias del país, me voy a permitir alargar un minuto solamente mi expresión para marcar de una vez por todas el criterio del Partido Socialista, haciendo aparecer el movimiento de rebelión actual como clásicamente reaccionario. Mi síntesis será breve.

La organización del poder público ha pasado por tres periodos en la civilización de la humanidad; el primero es aquel en que la sociedad, aún no organizada, busca llevar al poder por medio de las armas a los hombres que habrán de gobernarla; de allí el asalto del poder por medio de la fuerza bruta; después, cuando la sociedad está organizada, se forma el poder a través de las dinastías con los hombres que han sabido identificar su vida y sus sacrificios con la vida y los sacrificios del pueblo; entonces surgen las dinastías y los reyes; es el segundo periodo en que se busca quién debe ser el elegido. Y cuando nosotros pretendemos establecer en nuestro país el tercer periodo de la constitución del poder público, cuando queremos ya no asaltar el poder por medio de las armas, ya no fijarnos en el individuo que debe ser el elegido, porque afortunadamente en Querétaro, señores, se acabaron los que pudieran haber formado las dinastías; cuando tratamos de llegar al tercer periodo de la organización del poder público para fijar quién es el que debe elegir al pueblo, surge la reacción pretendiendo constituir el poder público por medio de la violencia. He aquí la clásica actitud del movimiento actual, genuinamente reaccionario. Los revolucionarios no podemos aceptar en manera alguna este procedimiento a pesar de que se diga por la reacción que vivimos dentro de una dictadura.

Dictadura fue aquella en que cuando los obreros de Veracruz se organizaban para pedir que la jornada de dieciséis horas se les redujera a catorce, mandaba al viejo dictador Antequera y a sus huestes para asesinarlos y arrojarlos al mar; dictadura fue aquella en que cuando se acercaban los hombres a reclamar sus derechos, cuando se arrebataban las tierras a los pueblos y una legión gloriosa de Veracruz se levantó para defender sus tierras, entonces se mandó a los rurales para asesinarlos; dictadura fue aquella cuando a los periodistas —señores periodistas—, se les quemaba en Pachuca o se les hacía pudrir en las tinajas de San Juan de Ulúa; no ahora en que la prensa pide como derecho de libertad la proclama constante de la asonada, del cuartelazo y la traición; esto no es dictadura. Aquí tenemos libertad. Lo que pasa es que la reacción quiere ahora, señores, que se consagre en nuestras instituciones como un derecho legítimo, el derecho de rebelión. Los revolucionarios estamos dispuestos a impedir que la reacción se entronice en el poder por medio de las armas. Están los nuestros listos; están los agraristas de Montes, están los soldados de Zacapoaxtla, dirigidos por Barrios; están los hombres de Reyes, Márquez, que en Tepletalzingo hicieron morder el polvo al traidor Maycotte, y están los jóvenes, que habiendo empuñado las armas muchas veces y por fortuna conservado la vida, porque hemos luchado, compañeros, juntos con todos vosotros, somos la juventud de la revolución, y ésta no ha nacido para morir temprano. (Aplausos.) Habremos de dominar o de morir.

Yo os excito, queridos compañeros, a que con toda fe, con todo entusiasmo, con ese entusiasmo con que Serdán aceptó la lucha, vayamos al sacrificio si es necesario, y que sobre nosotros se ponga como lápida el programa del Partido Nacional Revolucionario. (Aplausos nutridos.)

Después habló el C. Cruz, diciendo:

Compañeros convencionistas: Tocome a mí, como uno de los representantes de la delegación de Hidalgo, venir a protestar ante ustedes y ante el ciudadano presidente de la República, y ante el ciudadano Plutarco Elías Calles, contra los traidores que trataron de engañarnos ayer. Tócanos a nosotros en estos momentos sacar las carabinas —y los compañeros de Hidalgo y de toda la República— de donde las teníamos ocultas, para combatir a la reacción que en estos momentos está sacando el dinero para proteger a los rebeldes y a los periódicos, donde siempre han atacado a los campesinos de la República Mexicana. (Voces: ¡Muy bien! ¡Arriba Hidalgo!) Pero que sepan los reaccionarios, los directores de los periódicos de la capital de la República, los directores de los periódicos locales, que son reaccionarios y que cada momento atacan a los campesinos de la República que los sabremos castigar con la energía que nos trazaron Álvaro Obregón y Plutarco Elías Calles. (Aplausos.)

Tócanos también en estos momentos en que nuestro jefe, el coronel Matías Rodríguez... (voces: ¡Viva Matías Rodríguez!) que siempre ha sabido organizar a los campesinos, que los ha enseñado a tomar las carabinas y los ha enseñado a ser soldados para defender los derechos que la revolución les ha dado. (Aplausos.) Y por eso, compañeros, como dijera el compañero Santos, no les extrañe que mañana no venga una partida de delegados, porque los embarcaremos para ir a organizar a campesinos, para ayudarles a nuestros compañeros de Veracruz, nosotros que lindamos con ellos, a combatir a esos reaccionarios. (Aplausos.)

Tomó la palabra el C. García Carranza, en representación de los delegados del estado de Guanajuato, por lo que su declaración tenía gran fuerza, dado que representaba una delegación en su mayoría partidaria del general Aarón Sáenz. Dijo entre otras cosas lo siguiente:

Compañeros: En estos momentos en que la tragedia cierne nuevamente su amenaza de sangre sobre la República; en estos momentos en que las ambiciones y los despechos quieren encender una vez más la discordia armada en nuestra patria, Guanajuato viene a compartir con vosotros, con la familia revolucionaria, la responsabilidad de este momento histórico, y a sumarse, a solidarizarse con toda la fuerza de su lealtad, con los acuerdos que se tomen en esta asamblea. (Aplausos.) Nos sentimos hondamente complacidos de que en el ambiente cálido de esta convención, lejos de sentirse las medrosidades que deprimen los corazones, flota un vigoroso espíritu de optimismo y de entusiasmo, confiando en que la revolución no puede estar y no está en peligro por los brotes de infidencia que observamos en dos puntos del país.

Y ¿cómo no sentirnos optimistas si comprendemos que frente a las figuras oscuras y borrosas de los malos militares que pretenden arrojar una mancha sobre la herencia de Obregón, surgen enhiestas e inconmovibles las figuras recias del señor presidente de la República, del general Calles, de Cedillo, de Lázaro Cárdenas y de tantos otros? (Aplausos.) ¿Cómo no sentirnos optimistas, digo, cuando sabemos que esas figuras no solamente están y estarán respaldadas por los buenos militares que forman el ejército nacional, sino que detrás de ellos tienen la grande, la enorme, la inconmovible legión de la revolución, integrada por las clases obreras y campesinas del país? (Aplausos.)

Los autores de esta nueva infidencia no tienen siquiera el pretexto de que van a una nueva revolución porque se trata de hacer una imposición en esta campaña electoral. Los incidentes mismos que han precedido a la integración de esta asamblea, son la mejor prueba de que no existe tal imposición. Vamos, pues, con toda confianza, con todo entusiasmo, a desempeñar el papel que nos corresponde como buenos revolucionarios, a asumir la nueva responsabilidad que nos echan los infidentes de hoy. Tenemos la seguridad completa de que los hombres prominentes, encabezados por el señor presidente de la República, que tienen en este momento la situación del país en sus manos, sabrán acallar de una vez más los brotes de infidencia.

...Compañeros: Recoged la proesta de que el estado de Guanajuato, con todas las obligaciones que le impone su gloriosa tradición, con todo su entusiasmo y con toda la fuerza de lealtad que le caracteriza, está dispuesto a ir a la nueva lucha que nos presentan nuestros enemigos. (*Aplausos ruidosos.*)

En seguida habló el C. Guillermo Sánchez, miembro de la delegación del estado de Oaxaca, diciendo entre otras cosas:

Compañeros convencionistas: En esta ocasión, como en todas las grandes ocasiones históricas, es necesario, es indispensable que se escuche la voz de Oaxaca, la tradición liberal, cuna del liberalismo, que en alguna ocasión salvó la República, se ha incorporado definitivamente a las avanzadas ideas de la revolución, una etapa verdaderamente edificante, verdaderamente gloriosa y significativa en el estado, que le ha dado un resurgimiento claro y preciso para incorporarse definitivamente a las filas de la Revolución Mexicana.

... Yo defendía a Sáenz en la Confederación de Partidos de Oaxaca, brillantemente; díganlo, si no, los compañeros del estado; lo defendí brillantemente puede decirse porque preparé un discurso en aquella ocasión en pro de su candidatura...; pero la mayoría de los del partido defendió la candidatura de Pascual Ortiz Rubio, y a la Confederación no fueron empleados del gobierno, ni delegados de cuatro o cinco pueblos, sino representantes autóctonos, representantes de verdad de los distritos lejanos y por esa razón yo, como representante de dos partidos de la capital, tuve que decir con toda sinceridad: "Señores: nosotros defendemos a Aarón Sáenz, pero en vista de que la mayoría de los delegados apoya a Pascual Ortiz Rubio, yo me subordino al partido y voy a defender a la convención la candidatura aprobada. (*Aplausos.*) Y si estamos convencidos los oaxaqueños de que allí no hubo farsa, más convencidos estamos de que en esta convención no hay farsa de ninguna especie; de que aquí han venido los representantes legítimos de toda la nación para externar sinceramente cuál es la opinión que prevalece en el país.

... Por esa razón es justo que en esta ocasión se oiga la voz de Oaxaca. La Confederación de Partidos Socialistas ofrece el contingente de su sangre. Y los confederados somos ochenta mil en todo el estado; entre ellos se encuentran mixtecos, zapotecas, valientes que han sabido demostrar en todas partes del país cómo se pelea y cómo se defienden los ideales. Oaxaca en esta ocasión pone su contingente de sangre, toda su idealidad, todo su rancio abolengo y su prestigio histórico al servicio de la revolución. (*Aplausos.*)

Se produjo un nuevo discurso del C. García Quevedo, diciendo entre otras cosas:

Nuevamente hace falta el Leónidas que vaya al desfiladero de las Termópilas a defender la bandera de la revolución; nuevamente es necesario que el hombre pase lista, y el hombre, como en todos sus actos, el hombre, el verdadero hijo, el que lleva en sus entrañas la sangre ferviente y magnífica que le han legado las luchas intestinas, pasa lista de presente y se pone al frente de las instituciones legales de México.

¡Veracruzanos!: Somos nosotros los directamente afectados por la situación que prevalece en estos momentos. Juremos solemnemente que entre nosotros no hay división alguna. (*Aplausos.*) Que entre nosotros son lo mismo Arturo Campillo Seyde, Manlio Fabio Altamirano, Alejandro Carisola y Pedro Palazuelos; que somos hermanos, que estamos en Veracruz, esa historia que ha servido de base fundamental a nuestras instituciones serias, no será manchada jamás por una división mezquina de personalismos. (*Aplausos.*)

Es imposible, camaradas, que en los momentos en que un civil asume la responsabilidad de la suprema magistratura de la patria, se aprovechen hombres extraños a Veracruz para ir a manchar su suelo. Los veracruzanos "verdad" estamos con la revolución, los veracruzanos "verdad", una vez más le juramos servirle hasta la muerte y caer bajo los pliegues de su bandera. (*Aplausos nutridos. Voces: ¡Arriba Veracruz!*)

A continuación habló el C. Jesús Delgado, distinguido líder agrarista del estado de Zacatecas, diciendo entre otras cosas:

Compañeros: La voz de un humilde zacatecano, de un humilde campesino, se dirige a ustedes. Camaradas: en estos momentos nuestros enemigos, los enemigos de la revolución indiscutiblemente que se convencerán una vez más de que las pequeñas diferencias de provincia se acaban cuando la revolución se ve en peligro. Y la demostración la acabamos de tener con los compañeros de Veracruz. En estos momentos en que Veracruz se ve sacudida por la mano traidora de un mal militar que no ha cumplido con el deber que le marca la ordenanza del ejército federal, los hermanos, los compañeros de Veracruz se estrechan en un solo abrazo, se estrechan corazón con corazón para defender a la revolución que en Veracruz está amenazada por ese mal militar.

Los compañeros de Veracruz olvidan en estos momentos de peligro todas sus rencillas que pudieran tener; todos los motivos o causas que los tuvieran divididos, aunque a esta convención vinieron ellos animados de un solo ideal, de un solo principio y esto convencerá a los enemigos de la revolución de que no es fácil dividir a la familia revolucionaria.

... En estos momentos en que vuelve la reacción a iniciar sus movimientos; porque yo creo que este movimiento que al grito de ¡Viva Valenzuela! se ha iniciado en Sonora y Veracruz, está de acuerdo con los cristeros, pues recuerdo que Díaz Soto y Gama y Caloca, dos de los consejeros de Valenzuela, criticaban al general Calles por su grandiosa obra al tirarle el guante a la clerigalla perversa que se ha venido entronizando en nuestro país durante muchos años, pretendiendo establecer un estado dentro del otro. Y estos individuos perversos, Díaz Soto y Gama y Caloca, criticaban esta obra grandiosa del hombre entero, del hombre macho, del gran revolucionario, del gran administrador, ¡del gran soldado Plutarco Elías Calles!

Compañeros, Zacatecas, que en estos instantes combate a partidas de cristeros; Zacatecas, en donde los campesinos, desnudos, sin comer, pero con cariño a su carabina, están de pie defendiendo los intereses de la revolución en los cañones de Juchipila y Tlaltenango, al lado del pundonoroso y leal general Anacleto López, los campesinos de Zacatecas sólo piden armas y parque para ir a defender la revolución, y yo quiero, camaradas, que de esta asamblea, que de esta convención salga una petición al presidente de la República, pidiendo armas, pidiendo parque para todos los campesinos, y ya verá la reacción cómo los elementos de calzón, los elementos de huarache, vuelven a darle en la cabeza hasta exterminarla. (*Aplausos.*)

... Aquí, compañeros, se ha dicho por la prensa de Zacatecas, venía una representación saencista, y esto es mentira. Los campesinos, las organizaciones de Zacatecas, cuando conocimos los estatutos del Partido Nacional Revolucionario; cuando vimos que su comité organizador procuró perfectamente que todos los que vinieran aquí tuvieran una representación efectiva, que estuvieran respaldados por fuerzas efectivas de cada uno de sus estados; cuando vimos que dentro del comité había viejos agraristas, viejos revolucionarios, sinceros y honrados, como Luis León, Pérez Treviño, Manlio Fabio y otros muchos que estaban dentro de ese comité, los campesinos de Zacatecas, ¿por qué no decirlo?, con toda franqueza nos sentimos solidarizados con los principios que sustentaba el gran partido revolucionario.

Quisiéramos, en estos momentos de peligro, que los elementos que hasta ahora desconocemos y que se llaman agraristas, con excepción de Luna Enríquez, fueran a Zacatecas a ver si podrían levantar un solo hombre para defender a la reacción; y nosotros podemos poner a disposición de la revolución todo nuestro esfuerzo, toda nuestra voluntad, y todos esos hombres que han estado por más de dos años combatiendo a los cristeros, estarán dispuestos a defender esa misma revolución. Nosotros nos declaramos "orticistas" desde luego, pero no porque hubiéramos recibido consigna, sino porque, sencillamente, recordamos los campesinos que en mil novecientos dieciocho, cuando luchábamos en el estado de Zacatecas por establecer zonas de fraccionamiento, de acuerdo con una ley local, en Michoacán era expedida otra ley revolucionaria y agrarista que sostenía el señor ingeniero Pascual Ortiz Rubio. (Aplausos.) Por eso los campesinos de Zacatecas nos consideramos identificados con él.

... Así, pues, compañeros, Zacatecas, los campesinos, las organizaciones de Zacatecas, solidarizados perfectamente con las de Aguascalientes porque en estos momentos su gobernador —me refiero al de Aguascalientes— se ha trazado una línea de conducta recta, honrada, de completa identificación en todos esos hombres y ha ido al asunto con honradez, los de Zacatecas, solidarizados perfectamente con los revolucionarios de Aguascalientes, estaremos alertas y listos para defender los intereses de la revolución, en estos momentos de peligro. (Aplausos.) Y sigo haciendo hincapié en que de esta convención se pidan al presidente de la República armas y parque para todos los campesinos, para ir en defensa de los intereses de la revolución en estos instantes amenazados. (Voces: ¡Aprobado!) (Aplausos.)

Por la amistad y cariñosos lazos que me unían con la totalidad de los delegados, varias veces habían pedido que yo hablara al último, para cerrar aquel verdadero mitin revolucionario, por eso me atrevo a escribir en estas memorias mi discurso, en aquel tiempo muy celebrado; copio de la *Historia de la convención nacional revolucionaria constitucional* del P.N.R., "Sucesión presidencial de 1929", pp. 196-217, lo que dije:

El C. ingeniero Luis L. León, cerró, con el brillante discurso siguiente, la memorable sesión de aquella noche. El C. León, en el curso de su requisitoria a los malos militares, desertores del honor, exhibió documentos de grande interés para la historia del militarismo infidente.

Discurso del ingeniero don Luis L. León:

"Compañeros: Yo quisiera recoger en este momento las palpitaciones del alma provinciana que han venido a conmover el ambiente de esta asamblea; esas palpitaciones que son como la manifestación de la furia revolucionaria;

que son la expresión de la indignación popular que se levanta contra los malos militares que pretenden, por ambiciones bastardas, ensangrentar una vez más al país. Y hay, además, otras voces de provincias; gritos regionales que por carencia de tiempo, y por falta de oportunidad, no se han expresado aquí, y algunos compañeros me han hecho el alto honor de acercarse a mí para decirme que al terminar con mis pobres palabras esta sesión memorable, una su protesta a la protesta general y que se tengan por presentes aquí también a los que no hablaron, a los que no pudieron hablar por falta de tiempo, para que vibre aquí, unánime e imponente, el alma revolucionaria de la República. (Aplausos.)

"Cuando cayó el general Obregón, en el seno mismo de la revolución se marcaron dos tendencias: la gran mayoría de la familia revolucionaria, que, triste y deshecha por la pérdida del gran hombre, comprendió su misión y su papel, y permaneció unida, serena y fuerte, agrupada alrededor del único jefe que nos quedó: Plutarco Elías Calles; y el pequeño grupo de despechados, la tendencia de aquellos homúnculos sin personalidad, sin figura y sin fuerza, que recibían como planetas la luz refleja del astro esplendoroso que se llamó Álvaro Obregón; que creían haber conquistado una posición definitiva y que se sintieron despojados y heridos en sus intereses para siempre, porque cayó el hombre que pudo cubrirlos y protegerlos con el manto de su magnanimidad. Y esa gente, esos despechados, esos derrotados en su ambición, que se llaman Manrique, Díaz Soto y Gama, y los malos militares, los ampulosos divisionarios que se habían corrompido, que habían manchado el ejército revolucionario con peores lacras que los que enlodaron a los federales de Porfirio Díaz, esos, que se han desentendido de los soldados para vivir siempre politiqueando en la capital de la República, creyendo que aquí se puede establecer un directorio militar como en España; esos son los que ahora, defendiendo sus intereses, sus abusos y sus grandes capitales, se proclaman los revolucionarios herederos de Álvaro Obregón, pretendiendo deshonrar su nombre; y han ido a desenterrarlo como hienas para hacerlo bandera de sus bastardas aspiraciones; y vienen ahora a ensangrentar nuevamente la República, porque frente a ellos se ha erguido un régimen que no permite realizar sus torpes ambiciones; un régimen presidido por Emilio Portes Gil y apoyado por Plutarco Elías Calles. (Aplausos.) Esa gente odia a Calles porque Calles puso coto a sus abusos y sus logrerías. Esa gente pensó que podría inaugurar un régimen de su agrado con el general Obregón. ¡Ah! ¡Si viviera el general Obregón, cómo estarían ya en su contra! Porque tengo la absoluta seguridad, como la tiene el país, que el general Obregón los hubiera sometido al orden y les hubiera impuesto la moral de su régimen.

"Y esa gente, tan conocida del país, es la que al día siguiente de asesinado el general Obregón trató de calumniar a Calles y envenenar la opinión pública. ¡Entonces Calles ya no era el revolucionario! ¡Ya Calles era cómplice de la muerte de Álvaro Obregón!

"Calles, que a pesar de encontrarse acongojado y destrozado por el asesinato de Obregón, tuvo la entereza de sobreponerse a su dolor; tuvo la clarividencia suficiente para comprender la responsabilidad del momento y entregar todo el poder, y arrojar toda la fuerza de que disponía, en las manos de los amigos más íntimos del general Obregón, para que éstos hicieran las investigaciones sobre el asesinato. Calles, a quien nadie puede culpar de deslealtad con el general Obregón; Calles, el hombre que sufrió y comprendió más íntimamente que todos, el sacrificio de su viejo y constante compañero; del inquebrantable luchador que estaba vinculado con él en acción y en ideas;

Calles fue calumniado por estos hombres. Y estos hombres trataron ansiosamente de improvisar un muñeco de trapo, capaz de agitarse y levantarse como una bandera falsa, para disimular con su sombra sus ambiciones y enfrentarlo a Calles. Primero creyeron encontrarlo en Pérez Treviño; pero fallaron el golpe, porque no conocían la serenidad y firmeza de nuestro compañero. Después se estrellaron ante la lealtad y el carácter de Emilio Portes Gil. Por fin, recibieron el muñeco en Valenzuela. (*Aplausos y voces:* ¡Muera Valenzuela!) Yo quisiera que mi voz, por medio del radio, llegara a Scnora donde la conocen, porque ha vibrado en las crisis revolucionarias, frente a los obreros de Cananea y los campesinos de todo el estado; esta voz que leyó el Plan de Agua Prieta; esta voz que conocen los ejidatarios sonorenses, porque Luis León, como presidente de la comisión local agraria de Sonora, firmó, junto con Calles, las primeras dotaciones de ejidos que se les dieron allí. (*Aplausos ruidosos.*) (*Voces:* ¡Viva León!)

"Y ahora se proclaman esos infidentes los herederos de Álvaro Obregón, y van como hienas a desenterrar su figura gloricsa para hacerla estandarte de torpes ambiciones. (*Aplausos ruidosos.*)

"Son los obregonistas puros ¿Valenzuela? (*Risas y voces:* ¡Uh!). Yo pregunto a la representación revolucionaria de la República: ¿cuándo ha arriesgado un cabello el licenciado Gilberto Valenzuela por Álvaro Obregón? (*Voces:* ¡Nunca, nunca!) Y lo digo, y lo decimos muchos que estamos aquí, con todo derecho, porque nosotros sí nos hemos jugado la vida gloriosamente junto con el general Obregón, satisfechos y orgullosos. (*Aplausos.*)

"Yo disiento de la opinión de mi compañero Manlio Fabio Altamirano. No manchan la figura de Álvaro Obregón, ni los malos militares sonorenses, ni los malos gobernantes de aquella entidad. Sonora está aquí, y en nombre de la delegación de Sonora, apoyado por sus delegados (*se levantan de sus asientos los delegados del estado de Sonora*), vengo a lanzar un anatema a los malos hijos de Sonora que pretenden mancillar la gloriosa historia de ese estado y la figura pura e inmaculada de Álvaro Obregón. (*Aplausos.*) Y aquí, apoyado por ellos, vengo a decir que Sonora desconoce las acciones de sus malos hijos; Manzo, los Topete, Valenzuela; vengo a decir, en su nombre, que Jesús Aguirre, revolucionario de origen, ha manchado su historia con una infame e injustificada traición. Y el mismo Jesús Aguirre —y ojalá me oigas en Veracruz— comprueba su traición, pues él en persona me entregó estas cartas para que se las enseñara al presidente de la República y al general Calles, como una seguridad de su lealtad. (*Aplausos y voces:* ¡Bien!, ¡bien!)

"El general Abelardo L. Rodríguez, un viejo soldado de la revolución y un fiel y leal sostenedor de las instituciones constituidas y de las conquistas revolucionarias, recibió una invitación por parte de Fausto Topete, para enfrentarse al gobierno constituido y efectuar un movimiento sedicioso, sin causa y sin bandera. Cuando el general Rodríguez recibió la invitación de Topete, dirigió al general Jesús Aguirre la siguiente carta: (*leyó*)

'Señor general Jesús M. Aguirre, jefe de las operaciones militares del estado de Veracruz. Muy estimado amigo:

'Me han venido a invitar para que tome parte en un movimiento que se prepara contra nuestro actual gobierno, legítimamente constituido, mencionando tu nombre de manera prominente, pero yo he dudado de que sea cierto, porque conozco muy a fondo tus méritos como soldado y el concepto que tienes de lo que significa la lealtad y el cumplimiento del deber para un militar pundonoroso.

'No dudo que muchos exaltados, por satisfacer sus ambiciones personales, se hayan acercado a ti tratando de convencerte con el fin de aprovecharse de tu prestigio y de tu fuerza para conseguir sus propósitos, lanzando al país a una sangrienta y cruel revuelta; pero estoy seguro que tú habrás sabido rechazarlos siguiendo los consejos de tu conciencia de hombre léal.

'Considero que menos que nunca hay razón en estos momentos para justificar un movimiento revolucionario, cuando el gobierno está dando todas las garantías que otorgan las leyes a los candidatos que aspiran a la presidencia de la República, y menos aún cuando se pretende hacer una revolución para imponer a determinado candidato.

'Se trata de combatir una supuesta imposición con una verdadera imposición. Un movimiento de esa naturaleza, por lo impopular e injustificado, tendrá que ir forzosamente al fracaso, pero no por eso dejaría de acarrearnos el desprestigio y la ruina, amén del derramamiento de sangre consiguiente.

'En estos momentos en que el mundo entero tiene fijos sus ojos en nuestro país, considerando que es la última oportunidad que tiene para demostrar que es o puede considerársele una nación civilizada, una revuelta nos traerá el desastre más espantoso y tal vez el peligro de dejar de ser un país libre e independiente.

'En atención a todos esos graves peligros que nos amenazan y otros que no escaparán a tu criterio, hago un llamamiento a tu patriotismo, para que pongas todo tu empeño en destruir esas maquinaciones que tan funestas consecuencias tendrán para el país en caso de que se realicen.

'No dudo que tu respuesta a la presente, será un mentís para los que han tomado tu nombre y lo han mezclado en esta nueva sublevación, cosa que será para mí muy satisfactorio porque demostrará que no me equivoqué al considerarte un ejemplo del militar pundonoroso y leal.

'Con el cariño de siempre, quedo tu amigo y compañero que te quiere. *Abelardo L. Rodríguez.*'

"A esta carta contestó Aguirre en la siguiente forma:

(Hago la aclaración que la copia tiene el membrete del general Jesús M. Aguirre, y me fue entregada personalmente por él.) Dice así *(leyó)*:

'Señor general Abelardo L. Rodríguez, gobernador del distrito norte de la Baja California. Mexicali, B. C.

'Muy estimado amigo: Acabo de recibir tu carta el cuatro del presente, de la que me he enterado con todo detenimiento.

'Indebidamente se te ha mencionado mi nombre para asegurarte que estoy de acuerdo en tomar parte en un movimiento armado en contra del actual gobierno, porque al igual que tú lo creo injustificado, cuando el actual presidente está demostrando un respeto absoluto a nuestras leyes.

'Para tu conocimiento te manifiesto que también a mí me han hecho veladas insinuaciones y quizá sea porque les ha faltado el valor suficiente o me han considerado un soldado leal y que ha sabido cumplir con su deber, no se han atrevido a hablar con toda claridad.

'También a mí se me ha hablado de que existían algunas diferencias entre el gobierno federal y el del distrito norte de la Baja California, y que había un marcado disgusto entre tú y el señor presidente Portes Gil, pero por el contenido de tu carta veo con mucho gusto que estas dificultades o diferencias son supuestas y que quizá las propagan con el ánimo de desorientar a la opinión pública y animar a aquellos que ven en un movimiento contra el actual gobierno una oportunidad para satisfacer sus ambiciones personales.

'Te agradezco los conceptos que de mí te sirves expresar en tu citada y me da un positivo gusto el que los años de lucha que hemos convivido nos hayan forjado una conciencia, un espíritu y un sentimiento semejante para trazarnos un camino igual: el cumplimiento de nuestro deber como soldados y como hombres honrados.

'Con el cariño de siempre, quedo tuyo, amigo y compañero que te quiere de veras. *Jesús M. Aguirre.*'

"Las mismas palabras de Aguirre lo condenan.

"Las palabras de Jesús Aguirre vienen a demostrarnos que ya no es un soldado que cumple con su deber ni un hombre honrado, según lo que él mismo firmó. (*Aplausos y voces:* ¡Abajo Aguirre!)

"¿Cómo un hombre como Jesús Aguirre, cómo un hombre como Francisco Manzo, pueden, de un momento a otro, cambiar de ideología, cambiar de principios, dar un bofetón a su pasado, hacer lo contrario de lo que han firmado, de lo que han proclamado y dar un mentís a toda una vida revolucionaria? Pues sencillamente compañeros, por los intereses creados que los cercan y los hacen presa y los arrojan en la hoguera eterna que pugna contra la revolución, la vorágine constante, insaciable, que traga a todos los claudicantes; la boca de fuego de la reacción. (*Aplausos.*)

"La reacción principia su trabajo con voz de sirena. Cuando un militar ha conquistado méritos en el campo de las armas, le dice al oído melosamente: 'Tú eres, tú puedes, ¡tú debes!' Y aquel que no tenga el espíritu revolucionario firme y decidido y que no sepa cerrar los ojos al ofrecimiento y taparse las orejas con la sinceridad y convicción de los buenos revolucionarios, para no escuchar la funesta voz de las sirenas reaccionarias, ¡aquel militar está perdido! Pero, afortunadamente las ideas revolucionarias han germinado en el país. Ya no puede ser un grupo de malos militares más o menos poderosos los que puedan manejar los asuntos nacionales a su antojo.

"Nosotros tenemos plena fe en el ejército; nosotros sabemos que los soldados victoriosos de la revolución se aprestan en estos momentos a castigar los malos elementos de la gloriosa institución a que pertenecen; nosotros sabemos que ellos irán a castigarlos con decisión, con decoro y con honra; que irán a conquistar nuevos laureles. Nosotros sabemos que los verdaderos soldados de la revolución están escuchando la voz de su deber. Y sabemos que en este momento escuchan y comprenden la voz de esta asamblea representativa de la revolución, porque sienten como nosotros los principios y los ideales revolucionarios. Pero si todavía en el mayor de los fracasos, en el caso más funesto que pudiera presentarse, un gran contingente del ejército, faltando a su deber y claudicando en sus principios revolucionarios, fuera seducido y se levantara contra el gobierno, el pueblo armado de la República castigaría a los malos militares. (*Aplausos nutridos. Voces:* ¡Muy bien!)

"Ustedes examinen serenamente la conducta de los militares sediciosos: Jesús Aguirre, Francisco Manzo, son los jefes militares a quienes ha corrompido la reacción, porque han perdido todo vínculo con el elemento revolucionario, porque creen que la revolución se hizo para sustituir los abusos de un ejército, por los abusos de otro nuevo. ¿Qué vínculo pueden tener con los agraristas, con los campesinos, si por sus intereses tienen que estar ligados a los hacendados? Nosotros sí podemos hablar del sentir de los campesinos, nosotros sí podemos decir su sentir reciamente, con la frente en alto, firmemente, orgullosamente, como agraristas; nuestra voz sí es escuchada y sí se toma en cuenta, porque no somos farsantes políticos del agrarismo, al estilo de Manrique y Díaz Soto y Gama; porque, con la firma mía, unida a la del general Calles, hemos dado tres millones y medio de hectáreas en terrenos ejidales, como ahora se están dando con las firmas de Marte R. Gómez y Emilio Portes Gil; por eso nos conocen y nos creen los campesinos. (*Aplausos ruidosos*)

"¿Puede creerse que esto sea una división, una escisión de la opinión revolucionaria? Indudablemente que no. Ellos ya no representan ni la más pequeña parte de la opinión revolucionaria; ellos ya no son una rama de la revolución; son miembros corrompidos de la revolución; son elementos que supo y pudo ganar la reacción para que les defiendan sus propios intereses. Ellos no pueden dividir a los revolucionarios; ellos podrán seducir a unos cuantos subordinados que les deben favores personales o que les teman, para ir a ensangrentar al país; pero la revolución seguirá su camino infinitamente fuerte, decididamente más recia, más arrolladora y más homogénea, porque se habrá purgado de malos elementos.

"La prensa de la capital de la República que llegó hoy a Querétaro, proclamaba a grandes columnas, como si fuera una hecatombe nacional, como si fuera el desquiciamiento de la revolución, que el precandidato don Aarón Sáenz no había concurrido a la convención... Es esta vigorosa inyección de disciplina, de patriotismo y de civismo que han venido a dar en esta asamblea, los compañeros de Guanajuato, los compañeros de Jalisco, los compañeros de Sinaloa, y quisiera conocer todos los nombres de quienes han seguido esta línea de conducta, para repetirles aquí como los de dignos y nobles ciudadanos. (*Aplausos.*)

"La reacción, que tiene su portavoz en los grandes diarios que se publican en la capital de la República, está equivocada si cree que porque se levantan dos divisionarios o porque un precandidato no acude a la convención, la revolución está en peligro. ¡La revolución está triunfante! ¡Que lo sepa la reacción! (*Aplausos y voces: ¡Viva Luis León!*) Y aquí hemos venido, representando todas las entidades federativas de la República, precisamente para gritar a los cuatro vientos, para gritarle a la reacción que estamos en pie, que estamos unidos, que somos un solo frente y que ante la unidad revolucionaria se estrellarán todas sus tentativas, como las olas coléricas del mar se estrellan contra las rocas de las plazas enhiestas, arrojando la espuma del coraje impotente a la nada y al vacío. (*Aplausos ruidosos.*)

"Y no crea la reacción que yo, por el cariño que me tiene esta asamblea, vaya a envenenarme de vanidad, como tienen ellos envenenados a los oradores exquisitos y eruditos de la reacción. (*Aplausos.*) El verbo nuestro, el verbo rojo de los revolucionarios, no se forjó en las academias, ni en la serenidad de los ateneos; se forjó en la acción, en el medio tumultuoso de los mítines, entre los gritos y las agresiones, al discurrir trágico de los golpes de la revolución; se inspira en el dolor y está modelado en el incontenible empuje de las masas en los grandes movimientos populares. Por eso nosotros no tenemos intelectuales exquisitos, a la violeta, como esos intelectuales de la reacción cultivados en invernadero; pero tenemos hombres. Que lo sepa la reacción. (*Aplausos nutridos.*)

"Una mañana del mes de diciembre de mil novecientos veintitrés, delante de nosotros, los que concurrimos al comité pro Calles, se le dio la noticia a nuestro jefe y nuestro candidato, el general Calles, de que Adolfo de la Huerta, con las huestes de Guadalupe Sánchez se había rebelado en Veracruz. El general Calles, con la serenidad y firmeza que lleva retratadas en su cara de estoico, solamente hizo este comentario humorístico: '¡Pues ya les ganamos! ¡Porque de pedrada para arriba ganamos nosotros!' (*Aplausos ruidosos.*)

"Hoy quiero repetirlas yo por radio a los militares infidentes: 'Ya les ganamos', porque en este terreno de lucha sangrienta ganará el ejército de la revolución y el pueblo revolucionario de la República. (Aplausos.)

"Mentira que las revoluciones las hagan en este país, puramente los ejércitos; mentiras que las puedan hacer con sólo soldados. Los soldados, cuando forman parte de un ejército ya corrompido en su médula, como el antiguo federal, pueden llevar a cabo un cuartelazo, como el de Victoriano Huerta, condenado desde que nace a morir, más o menos tarde. Y ahora, frente a los malos militares, tenemos un ejército digno que les castigue. Y en este país, las revoluciones las hace el pueblo campesino y obrero de la República. (Aplausos.) Nunca como hoy un movimiento tan injustificado, que sólo puede ser concebido, que sólo puede ser urdido en cerebros de ratón... ¿Contra qué se levantan? ¿Por qué protestan? ¿Qué razones justifican el movimiento? De Sonora llegaba la voz estridente... y la ronca de los militares descontentos, diciéndonos que se iban a levantar porque el gobierno de la República quería imponer la candidatura de Aarón Sáenz. Y cuando Sáenz se retira de la convención; cuando ve que no se trata de imponer su candidatura y por eso se va, y que la asamblea es libre para emitir sus opiniones, entonces se levantan porque no se designó a Aarón Sáenz y no hubo imposición. (Risas y aplausos ruidosos.) Y un movimiento manejado por esa filosofía y esa lógica de cocinera, tiene forzosamente que morir.

"Nosotros sí sabemos por qué se levantan y aquí venimos a decirlo: se levantan porque Topete, 'el chico', ya no puede mandar en la Cámara de Diputados. (Aplausos.) Se levantan porque la representación nacional, ... no quiso elegir a Topete 'el mayor', como presidente provisional de la República. (Aplausos.) Se levantan porque Francisco Manzo ha podido conocer que ya se sabía en la ciudad de México, por las altas autoridades y jefes del ejército, su actitud rebelde, y supo que se le iba a quitar la jefatura de operaciones del estado de Sonora y los veinte mil pesos mensuales de gastos extraordinarios para una campaña que no se hacía: ¡la del Yaqui!... Y aquí tengo la amargura de referirme a mi antiguo amigo Jesús Aguirre. Yo fui el último fiador de la lealtad de Jesús Aguirre ante el presidente Portes Gil. Jesús Aguirre vino a decirme que él, como leal al gobierno, iba a sufrir en sus intereses, porque tenía un rancho con ganado en Sonora, e indudablemente los hombres de Sonora se echarían sobre su ganado al levantarse en armas y quedar él fiel al gobierno de la República. Y entonces, para evitarle un daño a Jesús Aguirre, conseguí yo un permiso para que exportara su ganado de Sonora para los Estados Unidos. O Jesús Aguirre le mentía a Topete cuando fue a jurarle adhesión a Portes Gil, o le mintió al presidente según le jura ahora adhesión a Topete. (Aplausos.) En cualquiera de los términos de la disyuntiva que él escoja, es un desleal y un traidor. (Aplausos.)

"Nosotros venimos a hablar aquí con reservas mentales; nosotros, como dije la otra noche, somos ya mayores de edad y responsables de nuestros actos, y aquí venimos a aceptar responsabilidades. Nosotros sabemos que, si por alguno de los vaivenes de la historia de nuestro país, lograra triunfar siquiera momentáneamente un movimiento militarista, y ahogara las manifestaciones espontáneas del sentir del pueblo, el lógico fin de los revolucionarios sería el paredón trágico; pero, frente a ese paredón, todavía tendríamos ánimos para gritarle un viva a la revolución. (Aplausos estentóreos.)

"Ahora quiero hablar, si se me permite, de una figura gloriosa. Después de tantas farsas, de tantas mascaradas al derredor del cadáver del general Obregón, es necesario que se encienda, que se levante la verdadera opinión obregonista de la República, para declarar a los falsos obregonistas que el general Obregón, para glorificarse, no necesita mascaradas, ni juramentos, ni fiestas; basta y sobra con su vida perfecta. (*Aplausos*.)

"Estos señores para todo quieren tomar la memoria del general Obregón; para todo quieren arrastrarla en el fango de sus ambiciones, hasta para unas elecciones municipales.

"¿De dónde y de cuándo acá son los únicos obregonistas? ¿Dónde está el testamento que los nombre herederos universales del general Obregón? (*Aplausos*.) Cuando en mil novecientos diecinueve un pequeño grupo de jóvenes que encabezábamos el general Garza y yo, salimos de Sonora acompañando al general Obregón, ¿dónde venían para defenderlo de las iras de Carranza, ... don Francisco Manzo, don Jesús Aguirre, ... y el licenciado Valenzuela?

"En aquel momento de lucha fuerte y terrible contra el gobierno de Carranza, que pretendía imponer a Bonillas, indudablemente la lucha más fuerte que sostuviera en el terreno político Álvaro Obregón, nunca recuerdo haberle visto la cara a don Gilberto Valenzuela. ¿Y se la vieron ustedes en esta última campaña electoral del general Obregón? (*Aplausos*.)

"En otro terreno, ¿pueden afirmar que nosotros hemos abandonado el programa social y revolucionario de Álvaro Obregón? ¿Que el gobierno de Portes Gil les niega tierras a los campesinos y garantías a los obreros? (*Voces*: ¡No, no! ¡Ellos son los reaccionarios!)

"Y si no cuentan con la ideología ni con la herencia política de Álvaro Obregón; y si todavía esta convención ni siquiera ha lanzado candidato, ¿contra qué traición al obregonismo, o contra qué imposición presidencial se levantan?

"Es sólo la ambición defraudada, es únicamente el despecho incontenible el que los lleva a esta clase de movimientos. Pero nosotros tenemos plena fe en el triunfo, y hoy ha venido aquí la República revolucionaria a anunciarles, con voz de resonancias nacionales, que pronto recibirán el justo y tremendo castigo a su crimen.

"Tengo dos indicaciones provincianas que me permito hacer a ustedes, precisamente porque, como decía al principio, la falta de tiempo nos hace acallar muchas voces de los estados aquí representados. Permitidme que, cansando vuestra atención, diga aquí que Chihuahua está con la revolución. (*Voces*: ¡Viva Chihuahua!) Y permitidme que nombre ·a un jefe chihuahuense, aunque muy a mi pesar omita los nombres de otros jefes, de todos los jefes revolucionarios que ya han sido aplaudidos en esta asamblea, y que diga desde aquí a la República, que esperamos que Marcelo Caraveo * se ponga al frente del pueblo del estado de Chihuahua, sosteniendo al gobierno de la República y los principios de la revolución. (*Aplausos*.)

"Y otro Estado, muy caro para mí porque ahí viví mis primeros años de lucha, porque ahí aprendí las primeras letras revolucionarias: el estado de Sonora, me ha encomendado, por conducto de sus representantes, que diga a ustedes que el pueblo de Sonora no es ni de Manzo ni de Topete; que el pueblo de Sonora es de la revolución. (*Aplausos ruidosos*.)

---

* Como se ve, me equivoqué al juzgar leal al general Caraveo y a los jefes militares de Chihuahua, y esto debido a que a fines de noviembre recibí de Caraveo una carta dirigida al general Calles donde le aseguraba su lealtad y que respaldaría el gobierno constitucional de Emilio Portes Gil. Por lo que me han platicado posteriormente, sé que el general Caraveo fue convencido por renovadores afirmándole que si salía presidente de la República el ingeniero Ortiz Rubio, impondría posteriormente para sucederlo al general Joaquín Amaro, a quien odiaba cordialmente Caraveo, que fue un hombre honrado, un gran peleador y valiente militar, pero corto de entendederas para la política.

"Pescadores de Guaymas y el río Colorado, mineros de los minerales de Sonora, trabajadores del comercio, del ferrocarril, de las pequeñas industrias, nervio y acción del pueblo sonorense; campesinos de Altar, de Magdalena, de Cumpas, del río de Sonora, del Yaqui y del Mayo, de Álamos y Sahuaripa, no están ausentes, aquí están representados, y aquí el alma de ustedes vibrará al unísono y en armonía con el alma de la revolución. (*Aplausos.*)

"Yo quisiera recoger, como decía al principio, este ambiente de entusiasmo, de nervio y de fibra, de indignación y de protesta, para lanzarlo como un bofetón contra los malos militares que vienen a ensangrentar de nuevo nuestra patria, y para ponerlo como un baluarte inexpugnable contra todos los esfuerzos de la reacción. Yo quisiera hacer de este ambiente un arma que fuera como una garra que rasgara las entrañas abominables de quienes quieren el aniquilamiento de los nuevos principios, de las nuevas ideas. Y quiero, resumiendo aquí toda el alma provinciana que ha vibrado en estos momentos y que se ha hecho sentir enhiesta, fuerte y gallarda, formidable e invencible, formando con su síntesis el alma nacional, decirle a Portes Gil, nuestro querido amigo, nuestro viejo compañero de luchas, que la revolución está con él y lo sostendrá firmemente; quiero decirle que oiga por boca de este Teatro de la República, la voz de bronce de la República revolucionaria, que le grita al oído el mandato del filósofo, aquel mandato que yo recordara alguna vez en otra asamblea revolucionaria: 'Enciende la antorcha y levántala en alto: con tal que ilumine y alumbre, qué importa que te ardas la mano!' (*Aplausos estruendosos y voces:* ¡Viva Luis León! ¡Viva Portes Gil! ¡Viva Calles!)"

Con mi discurso se cerró la sesión en medio de un gran entusiasmo y una gran decisión de todos los delegados en que realmente se demostró que la verdadera revolución estaba unida y dispuestos a castigar a los militares del cuartelazo.

Se citó para el día siguiente.

Al día siguiente se aprobó el acta de la sesión anterior y se dieron a conocer infinidad de telegramas de adhesión y felicitación de muchos estados, incluyendo mensajes de muchos gobernadores.

La comisión de programa rindió su dictamen. Fue fundado por el señor Crisóforo Ibáñez, miembro de la comisión, impugnado por el C. Gustavo Lozada y defendido por el señor Mendoza González, e intervino en el debate el señor Morales Hesse. Se declaró suficientemente discutida y fue declarada aprobada por la asamblea.

El dictamen aprobado sobre el programa de principios del Partido Nacional Revolucionario, contiene algunas reformas y modificaciones al proyecto que se presentó, redactado por el comité organizador.

Igualmente, fue aprobado el pacto de unión y solidaridad, escuchado con profunda atención por la asamblea, aprobado y firmado por todos y cada uno de los delegados de la convención, en representación de los partidos políticos revolucionarios de la República, fechado el día 4 de marzo de 1929.

A continuación se nombró el comité nacional directivo del Partido Nacional Revolucionario, y los representantes fueron elegidos por las delegaciones de los estados, aprobado en el seno de las mismas delegaciones.

Los ciudadanos miembros del Partido Nacional Revolucionario rindieron la protesta de sus cargos con aplausos generales de la asamblea.

A continuación se concentró el interés de la asamblea en el acto esencial de la convención, de constituir el Partido Nacional Revolucionario y la declaratoria respectiva, hecha por el señor Filiberto Gómez, presidente de la convención, en los siguientes términos: "Hoy, cuatro de marzo de mil novecientos veintinueve, declaro formal y legítimamente constituido el Partido Nacional Revolucionario."

Así quedó constituida la unión nacional de los elementos revolucionarios del país, y consumada en aquel momento la asamblea toda aplaudió con febril entusiasmo todos puestos de pie.

A continuación se formó el comité ejecutivo nacional que debía de dirigir los trabajos del partido, con la representación política de éste, quedando formado como a continuación se expresa: Presidente, general Manuel Pérez Treviño; secretario general, ingeniero Luis L. León; secretario del exterior, Filiberto Gómez; secretario de actas, profesor Bartolomé García Correa; secretario tesorero, David Orozco; secretario encargado de los asuntos del Distrito Federal, Gonzalo N. Santos, y secretario de prensa, Melchor Ortega.

En medio de una gran animación, se pasó a la designación de candidato presidencial por el Partido Nacional Revolucionario, ya solemne y formalmente constituido.

Por juzgarlo un documento valioso para el partido, transcribimos a continuación la forma en que se llevó a cabo esa elección.

... Queda abierto el registro de candidatos para la presidencia de la República. *(Voces:* ¡Viva Ortiz Rubio! *Aplausos estruendosos.)*

Se ruega a los compañeros que deseen hacer uso de la palabra, se sirvan pasar a inscribirse.

Tiene la palabra el C. delegado Manuel Reyes.

El C. Manuel Reyes: "Creo que será solamente para cumplir con algunas fórmulas, para satisfacer una costumbre, el que se solicite proposición para candidato a la presidencia de República, puesto que en la mente de todos nosotros, en el corazón de todos nosotros y en la mente de todos los campesinos y obreros revolucionarios del país, está que sólo Ortiz Rubio podrá salvar al país. Nuestro viejo Zacatecas, como todos los estados de la República, está de guardia y anhela la reconstrucción del país; trabaja por conseguir una época de mejoramiento, por conseguir que cambie la condición de las clases trabajadoras, y Zacatecas, como toda la República Mexicana, tiene la firme convicción, tiene la seguridad absoluta de que solamente el modesto revolucionario, el gran administrador, el modesto hijo de la revolución, el hombre honrado, Pascual Ortiz Rubio, será el único, el digno sucesor del general Plutarco Elías Calles y del actual presidente de la República, licenciado Emilio Portes Gil. *(Aplausos.)*

"Es por esto, compañeros, que Zacatecas viene a ratificar lo que hace mes y medio ofreciera; viene a cristalizar, viene a hacer del conocimiento de ustedes que lo que desean todas las organizaciones zacatecanas, es que el ingeniero Ortiz Rubio vaya a la presidencia de la República." *(Aplausos.)*

El C. presidente: "No habiendo oradores en contra, se procede a tomar la votación."

El secretario Balboa: "La presidencia, por conducto de la secretaría, manifiesta a la asamblea que para dar cumplimiento a los estatutos, se recogerá el voto secreto para la designación del candidato a la presidencia de la República." *(Voces:* ¡No!)

El C. Cortina Eduardo: "Me permito suplicar a la asamblea que, por esta vez, no se recoja la votación como lo propone la mesa, pues sobre los estatutos está la voluntad de la asamblea, que quiere que se vote por aclamación."

El C. presidente: "Se pone a discusión la proposición del compañero Cortina."

El C. secretario Balboa: "No habiendo quién haga uso de la palabra, en votación económica se consulta si se aprueba. Los que estén por la afirmativa, sírvanse manifestarlo. Aprobado."

El C. presidente: "Se pregunta a la asamblea si se aprueba la proposición del compañero Reyes. *(Toda la asamblea se pone de pie y aclama al C. ingeniero Pascual Ortiz Rubio, candidato a la presidencia de la República.)* La presidencia declara que por unanimidad de la asamblea es candidato del Partido Nacional Revolucionario a la presidencia de la República, el ciudadano ingeniero Pascual Ortiz Rubio. *(Aplausos estruendosos.) (Voces:* ¡Viva Ortiz Rubio!) La presidencia designa en comisión para acompañar al candidato en el acto de rendir ante esta asamblea la protesta, a los ciudadanos Manuel Pérez Treviño, Gonzalo N. Santos, Melchor Ortega, Manuel Riva Palacio y secretario Práxedis Balboa." *(Sale la comisión a cumplir su cometido y regresa acompañando al C. ingeniero Pascual Ortiz Rubio.)*

(Voces: ¡Viva Ortiz Rubio! *Aplausos estruendosos. El licenciado Ortiz Rubio entra al salón.)*

El C. presidente: "Se suplica a los compañeros delegados se sirvan ponerse de pie."

El C. presidente: "Ciudadano Pascual Ortiz Rubio: en caso de que la mayoría de los ciudadanos de la República ratifiquen, por medio de su voto, el de esta asamblea y os eleven a la presidencia de la República, ¿protestáis por vuestro honor de ciudadano mexicano cumplir y hacer cumplir, en interés del país, el programa de gobierno aprobado por la convención y velar en todo por la unificación de los mexicanos dentro de los postulados de la Revolución Mexicana?"

El C. Pascual Ortiz Rubio: "Sí, protesto."

El C. presidente: "Si no lo hiciereis así, el Partido Nacional Revolucionario os lo demande..." *(Aplausos estruendosos.) (Voces:* ¡Viva Ortiz Rubio!)

El C. Pascual Ortiz Rubio: "Señores delegados: Una vez otorgada la protesta de cumplir fielmente los postulados que ha aprobado ya el Partido Nacional Revolucionario y el compromiso de que si llego al poder cumpliré y haré cumplir la Constitución y las leyes que de ella emanen, sólo me resta repetir a ustedes mis agradecimientos por tanta muestra de simpatía que me han dado y hacer hincapié en lo siguiente: los señores delegados que con todo derecho manifestaron sus opiniones, desde hace algún tiempo, en favor de otras candidaturas, deben llevar la plena seguridad de que tendrán en mí un amigo respetuoso de sus ideales. Así como antes dije que me sujetaría estrictamente al mandato de esta convención, sobre todo para salir unidos con todos los miembros de este partido, ahora ratifico plenamente: para mí, los señores que han tenido ideas contrarias momentáneamente antes de esta convención, son miembros de este partido al que tengo el honor de pertenecer y deben quedar plenamente satisfechos, como dije hace un momento, de que serán respetadas por mí sus opiniones y que los considero como verdaderos amigos." *(Aplausos.)* (Tomado del libro *Historia de la convención nacional revolucionaria,* "Constitución del PNR".)

Cumplidos ya los fines para los que fue convocada la asamblea por el Partido Nacional Revolucionario, se clausuraron los trabajos de la convención, pronunciando un discurso de clausura el presidente de la asamblea, el C. Filiberto Gómez.

Y puestos de pie, los ciudadanos delegados y el mismo Filiberto Gómez, declaró clausurados los trabajos de la misma, en los siguientes términos:

Hoy, cuatro de marzo de mil novecientos veintinueve, a las trece horas, declaro clausurados los trabajos de la primera convención del Partido Nacional Revolucionario.

El mismo C. presidente anunció: "El consejo nacional directivo fijará oportunamente cuándo se debe verificar la segunda gran convención de este partido."

Se leyó y fue aprobada el acta final.

Poco después de terminada la convención, la enorme mayoría de los delegados tomamos un tren especial y nos dirigimos a la capital de la República, con excepción, como ya dije, de los militares y de los jefes de agraristas que habían partido a los estados a prestar sus servicios en la lucha contra el cuartelazo.

Llegamos a México sin dificultades y nos presentamos en masa en el castillo de Chapultepec al presidente Portes Gil, para informarle del resultado de la convención, ponernos a sus órdenes y afirmarle nuestro apoyo.

Al presidente Portes Gil lo acompañaba el general Calles, recientemente nombrado secretario de Guerra, quien también fue aclamado.

El presidente Portes Gil y el general Calles hablaron a los delegados, felicitándolos por la formación del partido, por la unificación revolucionaria y alentándolos para luchar contra los infidentes.

Se empezaron a entregar armas y parque a muchos jefes agraristas para armar campesinos.

El general Calles estaba muy ocupado en el telégrafo celebrando conferencias con los jefes militares y auscultando la opinión de algunos que se consideraban dudosos. Yo me metí en una habitación del castillo donde despachaba mi compañero Marte R. Gómez, porque el general Calles me indicó que no me marchara, que quería hablar conmigo y que detuviera a los miembros militares de la delegación de Chihuahua, principalmente a los que habían actuado como guerrilleros con Villa, que era un grupo de ocho o diez, comandados por el general José Ruiz y el entonces coronel Práxedis Giner; entre ellos figuraba Salvador Valdez.

El general Calles me llamó hasta muy entrada la noche, a la pieza que fue recámara de la emperatriz Carlota, donde él dormía porque tenía baño, el cual el general había mandado arreglar un poco más a la moderna. Ahí me preguntó cómo seguían mis relaciones con Caraveo y le dije yo que no las juzgaba muy amistosas porque me había hecho una jugada, ya que en noviembre me había ofrecido que con la delegación de Chihuahua me mandaría una credencial debidamente autorizada, y según me informó el coronel Giner, a última hora se oponía a que viniera la delegación a Querétaro y sólo a instancias y ruegos consiguieron que los autorizara, diciéndoles: "Lleven tres credenciales sin nombre, hasta saber si conviene autorizar al ingeniero León como delegado de Chihuahua, pues temo que vaya a comprometernos, porque como él es político en México, no sabemos qué compromisos haya adquirido y si nos conviene o no entregársela; en caso de que lo juzguen conveniente, le entregan una credencial."

Naturalmente esto me indignó y les dije que para nada necesitaba la credencial de Caraveo, pues a mí me ofrecían credenciales de varios estados, entre ellos San Luis Potosí e Hidalgo, por eso en el acta del pacto de solidaridad del Partido Nacional Revolucionario, aparece mi firma en dos partes, como delegado del estado de Hidalgo y, después, a ruegos de los delegados de Chihuahua, firmé como delegado del estado de Chihuahua.

Entonces el general Calles me dijo: "Ya no está indicado que vaya usted a Chihuahua, porque a lo mejor lo aprehende Caraveo." Y llamó al general Matías Ramos, que estaba en la habitación contigua y le dijo que tomara un avión y fuera a hacerse cargo de la jefatura de las operaciones de Chihuahua, entrando por Ciudad Juárez, cuya guarnición permanecía fiel al gobierno, a pesar de que eran unos cuantos hombres.

Comprendí inmediatamente que al general Ramos lo mandaban a un gran sacrificio, pero como era un hombre y un militar completo, sabía que no iba a hacer un mal papel, como no lo hizo, pues lo atacaron mil quinientos hombres y él a duras penas uniendo a los soldados del resguardo de la aduana tendría ciento cincuenta hombres, y se sostuvo hasta el final, hiriendo en las calles en lucha casi cuerpo a cuerpo a uno de los generales de Caraveo y peleó valientemente con los hombres que le iban quedando hasta el borde del río Bravo, cuando intervino la autoridad militar de El Paso, Texas, diciendo que las balas estaban pasando al lado americano hiriendo a ciudadanos americanos, que les suplicaba suspender el combate, si no, se veía en el caso de intervenir con fuerzas americanas. Entonces salió el general Ramos respetado por el enemigo, cruzando el puente y así quedó todo Chihuahua en manos de la gente del cuartelazo.

Al día siguiente me encargué del comité ejecutivo nacional del Partido Nacional Revolucionario, porque el general Pérez Treviño, que era gobernador de Coahuila, salió inmediatamente para su estado con los delegados del mismo.

Conviene aclarar que una gran multitud de gentes se presentaron al comité a protestar su adhesión al partido y a manifestar su apoyo al gobierno constitucional de Emilio Portes Gil. También debemos declarar que pueden considerarse como miembros fundadores del partido una gran mayoría de los jefes del ejército que permanecieron fieles al gobierno, porque desde entonces empezaron a pagar sus cuotas al partido y así hemos considerado a todos los que lo han solicitado y han comprobado con sus recibos que siguieron esa conducta.

El cuartelazo llamado de los "renovadores" es típicamente de los organizados con mayor falsía y la más alevosa traición.

Lo juzga con toda claridad y justicia el escritor Froylán C. Manjarrez, que tomamos de su libro *La jornada institucional*, parte segunda, p. 4:

... La sublevación del 3 de marzo, por los antecedentes que ofrece la historia contemporánea, y por las circunstancias especiales en que se producía, era la crisis definitiva a que se sometía a la nación como precio de su encauzamiento dentro de la normalidad democrática. Habían fracasado ya en años anteriores otras insurrecciones dirigidas contra gobiernos presididos por hombres de reconocida jerarquía y autoridad militar, como lo fueron los generales Álvaro Obregón y Plutarco Elías Calles; pero el movimiento militar de ahora se alzaba contra un presidente civil que no se sustentaba en otra fuerza que no fuera la de sus prestigios y virtudes personales y la de la majestad de su investidura constitucional. Y la reacción militar se emplazó frente al gobierno legítimo con todo el despliegue de fuerza de que pudo ser capaz. De esta suerte, al ser vencida y aniquilada la rebelión, se depuró al fin el país de una tara ancestral: el caudillaje.

Ese movimiento lo caracterizan las más descaradas traiciones; el domingo 3 de marzo en las primeras horas de la mañana, logró descubrir el presidente Portes Gil que el general de división Jesús M. Aguirre, jefe de las operaciones en Veracruz, se hallaba en actitud rebelde en contra del gobierno nacional. Poco después llegaba la noticia de que secundaban la rebelión los generales Manzo y Topete en Sonora.

El plan de guerra según declaraciones del diputado Ricardo Topete, estaba planeado para el día 9 de marzo en la noche, según copiamos del libro de Manjarrez, pp. 10-11:

... Aguirre saldría de Veracruz el día 9 de marzo en la noche, al mismo tiempo que Fox haría lo mismo desde Oaxaca. Aguirre y Fox llegarían a Puebla, donde se les uniría Almada,[1] continuando inmediatamente hacia la capital. Creíamos que estos jefes de operaciones lograrían reunir como siete mil hombres perfectamente armados y municionados. Sin decir a nadie de qué se trataba, los tres generales llegarían a la capital en las primeras horas del día 10 marchando sobre tres posiciones: Anzures, Chapultepec y la casa de Amaro. Presos los tres hombres, el Congreso sería llamado urgentemente y como ahí teníamos noventa diputados amigos y veinticinco senadores, creíamos conquistar el resto en pocas horas e inmediatamente destituir a Portes Gil y designar un presidente provisional. El presidente sería Escobar. Escobar avanzaría inmediatamente sobre Monterrey, para capturar a Almazán; Urbalejo tomaría Zacatecas, aprehendiendo a Anacleto López; Ferreira había quedado comprometido a pescar a Lázaro Cárdenas y Manzo a Jaime Carrillo.

"Núm. 1. Veracruz, Ver., 3 de marzo as re df 19 240 off. D. 7 28.8. C. presidente de la República, núm. 115 forma dos. Salieron rumbo a esa capital, tercer batallón y 7º regimiento. Resptte. Gral. Div., J. O. M., J. M. Aguirre."

Este despacho telegráfico no era más que un procedimiento a que recurría el jefe de las operaciones en Veracruz para engañar al gobierno nacional,

---

[1] El lector debe acoger con reservas las declaraciones de Topete en cuanto denuncia supuestas complicidades de jefes que permanecieron leales al gobierno. Es común que los hombres que se lanzan a una aventura rebelde se crean secundados por gran parte de los jefes que retienen el mando de la fuerza pública, aun cuando en realidad no existe motivo alguno para sustentar esa creencia. Por lo que hace al caso personal del general Pedro J. Almada, jefe de las operaciones en el estado de Puebla, es justo subrayar que su actitud fue impecable con relación a la asonada en que pretende involucrarlo Topete.

puesto que una hora más tarde el mismo Aguirre giraba este otro mensaje a la secretaría de Guerra y Marina:

"4 cuartel general. Veracruz, Ver., 3 de marzo ex re df D 8 R. 8.30 C. Gral. Div. Srio. Guerra y Marina. Hónrome comunicar a usted, durante la noche C. gobernador encontrábase este puerto, salió con rumbo desconocido, llevándose policía montada, asimismo marinería de barcos de guerra y procediendo embarcarse y levantar prisión, encontrando todo esto muy sospechoso. Al mismo tiempo, yaquis encontrábanse Perote, asumieron actitud francamente hostil, por lo que vime precisado detener marcha fuerzas debían seguir a esa capital, reprimir movimiento. Resptte. Gral. Div., J. O. M., *Jesús M. Aguirre.*"

Esa sorpresa la descubrió el gobierno desde el día 3 de marzo en que Aguirre se levantara en armas contra el gobierno.

Todavía fortaleció la traición con los telegramas que acabamos de transcribir, dirigido al señor presidente de la República y al secretario de Guerra y Marina, mensaje que aclaró más la mente del presidente Portes Gil, que conocía bien al gobernador Tejeda como revolucionario limpio y legítimo gobernante del estado de Veracruz. Lo que pasó es que el coronel Tejeda, gobernador de Veracruz, se le escapó a Aguirre de ese puerto, protegido por los agraristas. Por lo que se refiere a Manzo, seguimos copiando del mismo libro de Manjarrez, p. 13:

...Así como el jefe de las operaciones en Veracruz había pretendido ocultar su infidencia inculpando de rebelde al gobernador Tejeda, Manzo, a las 10 horas, 55 minutos del día 3, acusaba también de rebelde ante el presidente de la República, al general Antonio Armenta Rosas, jefe del 29° batallón, cuando en realidad era este valiente jefe quien, en circunstancias positivamente dramáticas, se negaba a secundar la rebelión de Manzo.

Manzo dirigió al presidente de la República, en la mañana del día 3 de marzo, el siguiente mensaje:

"5 Ortiz, Son., 3 de marzo mz. n. xa 15.00 oficial D. 10.55 R. 11.35. Presidente República. Urgente. Sec. E. M. Núm. 37. Hónrome comunicar a usted que hoy en la mañana tuve conocimiento que general Antonio Armenta Rosas, con veintinueve batallón sus órdenes, rebelóse contra el gobierno, abandonando campamento de San Marcial. Ya salen contingentes fuerzas mis órdenes a perseguirlo. Respetuosamente. Gral. Div., J. de las D. M., Francisco R. Manzo."

Y a esas horas ya en Hermosillo se lanzaba el clásico plan de desconocimiento del gobierno legítimo, que no era más que una imitación torpe del Plan de Agua Prieta, que informó al movimiento nacional de 1920.[1]

El día 3 de marzo, el general de división José Gonzalo Escobar, puso el siguiente mensaje al presidente Portes Gil, tomado del libro de Manjarrez, p. 25:

... "Campo militar, Torreón, Coah., 3 de marzo de 1929. eg.x mk. Señor Lic. Emilio Portes Gil. Presidente provisional República. Acabo enterarme con pena de su atento mensaje y conferencia, que me dejan impuesto de que el general Aguirre acaba de rebelarse en Veracruz contra el gobierno a su

---

[1] En el Plan de Hermosillo, su redactor, el licenciado Gilberto Valenzuela volcó su odio personal contra el ex presidente Calles.

cargo. Situación en esta jefatura mi mando es normal y ya tómanse medidas a que refiérese, estando listo desde luego y quedando pendiente de sus instrucciones. Respetuosamente salúdolo. General de división, J. O. M., J. Gonzalo Escobar."

Y el día 4, fingiendo cumplir con las órdenes de la Secretaría de Guerra, marchó sigilosamente sobre Monterrey (plaza que a la sazón se hallaba casi desguarnecida por haber sido llamado urgentemente a la capital de la República desde el día 3 el divisionario Juan Andrew Almazán), apoderándose de la capital regiomontana, no sin que antes la pequeña guarnición al mando del general de brigada Rodrigo Zuriaga "presentara enérgica resistencia durante diez horas."

La sublevación de Urbalejo y otros jefes secundarios más en Chihuahua y en Durango, no dejó de estar señalada igualmente por el engaño como antecedente de la deslealtad, que fue la característica de toda la infidencia de marzo.

Los jefes a que hacemos referencia, efectivamente, habían mandado a la presidencia de la República, con fecha 3, los siguientes mensajes de adhesión, desmentidos apenas cuarenta y ocho horas más tarde:

"170 Núm. 8. Durango, Dgo., 3 de marzo 1929. drflk. 35w9 60 off. D. 14.40 R. 15.5. Presidente provisional República. Urgente. E. M. Núm. 255. Enterado superior mensaje fechado hoy relativo desobediencia llevada a cabo por jefe operaciones militares Veracruz, permitiéndome manifestarle que, como soldado, espero órdenes esa superioridad. Respetuosamente. El general de división, J. C. M., F. Urbalejo."

Y seguimos copiando de Manjarrez, pp. 25-26:

"162 núm. 42. Chihuahua, Chih., 3 de marzo FR. sx. off. 14.40 D. 1740 R. 17.50. C. presidente República. Muy urgente. Núm. 36. Por conducto de esta jefatura de operaciones tengo conocimiento faltaron a sus deberes fuerzas estado de Veracruz. Protesto a usted mi más firme adhesión. Hasta estos momentos no hay novedad en esta plaza, ni en el estado. Respetuosamente, el general de brigada jefe de la guarnición, Marcelino M. Murrieta."

"Jiménez, Chih., 3 de marzo 103 off. fivye. 30.20 off. D. 19.40 R. 20.25. Presidente República. Palacio Nacional. Núm. 201. Hónrome comunicar a usted que cuartel general en Chihuahua me ha transcrito respetable mensaje dirigido por usted en que comunícale que jefe operaciones en Veracruz, faltando a sus deberes de soldado y de ciudadano ha asumido una franca actitud rebelde contra instituciones. Con ese motivo me honro en hacer presente a usted en mi nombre y en el de los jefes, oficiales y tropa de este cuerpo a mi mando, nuestra más firme adhesión al gobierno que usted dignamente preside haciendo a usted presente que estamos absolutamente listos para cumplir con nuestro deber. Con todo respeto, el general jefe del 22º regimiento, Miguel Valle."

"162. Nº 40. Chihuahua, Chih., marzo 3 71 off. 21.30 B. fr sx D. 17.30 R. 18. C. presidente República. México, Nº 221 E. M. Hónrome participarle quedar enterado su reseptable mensaje relativo actitud rebelde tropas Veracruz, del cual se recibió otro igual para general Ferreira, a quien desde luego lo hago de su conocimiento a Guadalajara. Por vía telefónica y carácter urgente me estoy dirigiendo a todos jefes corporaciones esta jurisdicción para efectos consiguientes, permitiéndome manifestarle que cumpliremos con nuestro deber de soldados ante supremo gobierno. Respetuosamente, coronel jefe estado mayor, R. Michel.

El general Almazán corrió gran peligro en esos momentos, pues fue llamado a la capital para organizar una de las columnas que iban a combatir la rebelión y pasó por Saltillo rumbo a México con una pequeña escolta cuando ya estaban sublevados los jefes de aquella población; pero no se ·atrevieron a atacarlo. La salida de Almazán dejó casi sin fuerzas al general Zuriaga, que atacado por fuerzas superiores, murió heroicamente defendiendo su cuartel general en Monterrey, por fuerzas muy superiores que, todavía, inspirados por la traición, venían atacando a los grupos militares leales con el falso grito de "Viva el gobierno de la República".

Frente a estos hechos de alta traición, se levantaba vigorosa la unificación revolucionaria organizada en Querétaro y que se materializó en la forma del Partido Nacional Revolucionario, para iniciar la vida institucional democrática de México.

Como ya dije, seguimos trabajando en el partido organizado mientras se desarrollaban las operaciones militares contra la rebelión.

El general Calles, secretario de Guerra y Marina, inició desde luego la organización de las fuerzas leales al gobierno, con la calma que le caracterizaba, y que consistía en la precisión y exactitud con que concibía y ejecutaba el plan general de operaciones contra el enemigo. El general Calles siempre fue muy cuidadoso en la organización de una campaña, midiendo, calculando y aquilatando todo, organizando los contingentes humanos y aprovisionándolos debidamente de elementos de guerra; organizó principalmente la columna que atacara a Aguirre en Veracruz, por la importancia que tenía conquistar ese puerto; afortunadamente, esta campaña se desvaneció rápidamente, pues los principales jefes militares se sometieron al gobierno, mientras el general Calles ya había organizado por su retaguardia, en el Istmo, a una brigada al mando del general Alejandro Mange, para impedir la huida del general Aguirre en Veracruz, que quedó sólo con unos cuantos jefes, cayendo posteriormente prisionero y fusilado.

Después del fracaso de Aguirre, el general Calles se dedicó a organizar fuerzas para atacar a los alzados del norte.

En el libro de Manjarrez, tantas veces citado, se puede seguir esta campaña con todo detalle, pero creo que por tratarse de operaciones puramente militares, no tiene interés en que alargue las memorias refiriéndome a ellas. Después de la captura de Torreón, el general Calles organizó tres columnas: la de Almazán para atacar por Monterrey y Coahuila a las fuerzas del general Escobar y después seguir rumbo a Chihuahua; la del general Cárdenas para avanzar por Jalisco, Nayarit y Sinaloa, rumbo a Sonora, y la del centro, que finalmente mandó el general Almazán, para cruzar el Bolsón de Mapimí y atacar Chihuahua.

Esta última columna sostuvo un combate muy encarnizado en Jiménez, donde con la cooperación de los generales Rodrigo Quevedo, Eulogio Ortiz, Herminio Serratos, Anacleto López y Gilberto Limón, jefe de las guardias presidenciales, no sólo tomaron Jiménez, sino que cortaron la retirada de los trenes y tropas de Escobar en la estación Reforma, donde tuvieron que rendirse las infanterías y se dividieron en pequeños grupos de caballería el resto de los rebeldes.

En esa campaña se vio claramente que los jefes rebeldes que habían sido soldados valientes de la revolución, habían perdido sus grandes cualidades dominados por la ambición del enriquecimiento y de los placeres burgueses, fracasando porque según expresó Ricardo Topete, hablando de todos dijo claramente: "Todos nos amiedamos."

En la p. 98 de su libro, dice Manjarrez, explicando este fenómeno:

... Pero la vida placentera de la ciudad fue agotando sus energías, minando sus impulsos, derribando el espíritu audaz de su juventud. En los días en que se consumaba el desastre de Veracruz, Luis León, conocedor de todos los hombres que han militado en las huestes de la revolución, comentaba: "Si en vez de habérnoslas hoy con el divisionario Aguirre hubiéramos tenido enfrente al antiguo coronel de la campaña del Yaqui, habríamos tenido la rebelión hasta Puebla el mismo día 3 de marzo..." Y León estaba en lo justo.

Conviene notar que no todos los jefes se habían "ablandado", pues el día 11 de marzo ocuparon Naco los generales Olachea y Torres Avilés, quienes se fortificaron, se aprovisionaron de todo género de elementos de boca y de guerra, y aun se refuerzan con numerosos voluntarios que se les incorporan, pregonando su fidelidad al gobierno, lo que impidió que Topete marchara a Chihuahua por el cañón del Púlpito.

Desbaratado el ejército en Reforma, se procedió a la pacificación del estado de Chihuahua; a este respecto dice Manjarrez, en su libro citado, p. 144:

Con la batalla de Jiménez había quedado resuelto el problema militar, propiamente tal, en el estado de Chihuahua. Restaban sólo las marchas necesarias para la ocupación de las plazas del norte y organizar la batida de las pequeñas partidas que se negaron a rendirse.

En tal virtud, era tiempo de proveer a la reorganización de los servicios públicos, y en particular a la de los poderes locales. Como el poder legislativo de Chihuahua no había desaparecido, ya que la mayoría de los diputados a la legislatura de dicha entidad, se encontraban en México, por haber sido delegada a la convención de Querétaro, al estallar la rebelión y lejos de secundar la actitud de Caraveo desautorizaron a éste en forma categórica, correspondía al legislativo, conforme a los mandamientos legales, nombrar un gobernador interino constitucional; designación que recayó en favor del ingeniero Luis L. León, revolucionario sin tacha y hombre público de bien grande reputación (según la cita anterior), quien procedió a reorganizar los servicios públicos de su dependencia, con lo cual quedó solucionado el problema político creado por la insurrección del gobernador Caraveo.

Así fue como recibí el nombramiento de gobernador sustituto de mi estado, Chihuahua, y tuve que dejar encargada la dirección del Partido Nacional Revolucionario al profesor Basilio Vadillo, pues el general Pérez Treviño estaba reorganizando su gobierno de Coahuila. Como los rebeldes habían saqueado el estado y aun exigido anticipo de contribuciones a los particulares, negociaciones de la iniciativa privada, me encontré en una situación económica del estado verdaderamente desastrosa. La caja de la tesorería general del estado la recibí con $ 11.00 y era difícil conseguir desde luego el pago de impuestos con los que habían tenido que pagar anticipos, y tuve que empezar a arreglar convenios. Desde luego, para iniciar la organización del gobierno, el general Almazán me hizo un empréstito a nombre del gobierno federal de $ 10,000.00 que posteriormente fueron cubiertos.

Sin embargo, tengo que decir que realmente el pueblo de Chihuahua me ayudó en todo lo posible para salir de aquella situación, pues sus simpatías estaban con el gobierno federal y nuestra causa revolucionaria no dejó de crearme dificultades con los hombres de capital, por mi programa inspirado en las ideas avanzadas de la revolución. Fui el primer gobernador de Chihuahua que dio efectivas garantías a los sindicatos obreros y apoyo a los campesinos en sus grupos agraristas.

Unos cuantos días después de tomar posesión, el día 1º de mayo, no solamente fui el primer gobernador que respaldó la manifestación de los obreros, sino que, acto que calificaron de audaz y peligroso, encabecé la manifestación obrera de los trabajadores de la American Smelting Co. en el pueblo de Ávalos, provocando la indignación de los hasta entonces intocables empresarios norteamericanos.

Con toda franqueza y claridad expresé el programa revolucionario de mi gobierno, inspirado en la ley constitucional, pero desarrollando firmes los principios de justicia social en favor de obreros, campesinos y clases económicas débiles.

Creo que este programa está expreso en el discurso que pronuncié en el Teatro de los Héroes, el mismo día 1º de mayo, que conmovió verdaderamente a la opinión del estado y que me granjeó la simpatía de obreros y campesinos y el repulso de los capitalistas.

Tomo del libro *Caminos de libertad*, de Martín H. Barrios Álvarez, páginas 69-75, mi discurso, y que me place reproducirlo aquí:

Señoras, señores: Es para mí motivo de honda satisfacción y sincero regocijo, que las primeras palabras que dirijo al pueblo de Chihuahua, como primer mandatario del estado, estén dedicadas al elemento trabajador, y esto sea con motivo de la celebración del 1º de mayo; y por eso, principiaré con las palabras del ritual proletario: "Compañeros trabajadores, salud."

Decía mi buen amigo y compañero Talamantes, y decía bien, que causa profunda emoción y gran consuelo para un espíritu revolucionario, ver que un grupo pequeño de trabajadores organizados de Chihuahua conmemora la fecha del 1º de mayo, fecha que despierta a la vez luto y alegría en el corazón del proletariado del mundo. Pero al mismo tiempo que siento como Talamantes profunda emoción al ver el meritorio esfuerzo del proletariado, abandonado y solo, pero ya orientado en los caminos del nuevo mundo del trabajo, también siento indignación al solo pensar en los beneficios que en otras regiones de la República, la revolución ha podido dar con sus conquistas a los asalariados: cuando menos un poco de felicidad y un poco de apoyo a su organización, mientras que aquí en Chihuahua, pueblo que ha regado la República de cadáveres de valientes, que ha sacrificado a miles de sus hijos en la lucha libertaria y ha dejado exhaustas todas sus fuentes productoras, el trabajador no ha recibido en la organización proletaria un aliento de la revolución.

Es que muchas veces los gobiernos y los hombres confunden los postulados de la revolución. La revolución que se inició en 1910, era un movimiento casi puramente político; creía que todos los males venían de la dictadura porfirista, de la falta de democracia, de la falta de libertad para que el pueblo expresara en los comicios, sus ideales y sus aspiraciones encarnadas en hombres; por eso esos hombres de 1910 creyeron que al derrumbar y hacer pedazos ese sistema político, el pueblo había conquistado su libertad y su felicidad.

Desgraciadamente, la triste experiencia vino a demostrarnos que es sólo un mito, que es una mentira bellamente adornada por los eruditos de la reacción, el creer que la democracia por sí sola, pueda producir la felicidad de un país. La democracia es un sueño, si antes los trabajadores, los hombres que la van a ejercer, no han conquistado la libertad económica.

¿De qué sirve que en las Constituciones estén inscritos los derechos políticos del pueblo, de qué sirve que se les reconozca el derecho de elegir el gobierno que deba de presidirlos, si los hombres están esclavizados económicamente, si son el rebaño de los hacendados, y tendrán que ir el día de las elecciones al golpe del látigo del capataz, a depositar su voto en favor de un testaferro que defiende los intereses del señor?

Para los trabajadores de los campos y de la ciudad es tan sólo una bella ilusión pensar en la libertad política cuando no tienen libertad económica. ¿Cómo va a tener libertad política un hombre que depende de un amo?

La reacción huertista, el cuartelazo del traidor Victoriano Huerta, hizo comprender esas amargas verdades al golpe rudo de la experiencia sangrienta. Los revolucionarios de entonces comprendieron tardíamente, cuando perdieron al apóstol Madero, que era una mentira la democracia, si antes no se liberaba eccnómicamente al pueblo de la República. Por eso la revolución de 1913 se enfrentó resueltamente con los problemas económicos del pueblo y de allí nace la reivindicación de la tierra para los campesinos, y de allí también, el derecho a una vida humana de los trabajadores, para ser tratados justamente como hombres y no explotados, como bestias. De allí arranca el origen de esos postulados revolucionarios, que después se inscribieron en la Constitución de 1917: los artículos 27 y 123.

Por eso, decía a propósito del estado de Chihuahua, que muchos que se llaman revolucionarios no quieren o no pueden comprender la diferencia que existe entre un revolucionario puramente político y el revolucionarismo que aspira a una democracia revolucionaria, a una democracia socialista. Muchos se creen revolucionarios, porque en 1910 o en una de tantas luchas por las que ha atravesado nuestro país, han empuñado un rifle y se han cruzado una carrillera, y muchos lo creen de buena fe. Ese ha sido el heroico esfuerzo popular, el necesario y cruento tributo de sangre para derribar los obstáculos que se oponían al triunfo de la causa, pero para ser revolucionario sincero y completo, se necesita no solamente un rifle en la mano sino ideas revolucionarias en el cerebro y sentimientos revolucionarios en el corazón.

Hay que tener una ideología y un programa revolucionario. Y hay que tener algo más, algo que sólo pueden dar una convicción profunda y una fe sincera, hay que tener voluntad, decisión y carácter para hacer de ese programa hechos y realidades en la vida del pueblo.

Creo yo que en la conciencia nacional no está ya a discusión ese programa. ¡La vida misma que estamos viviendo, está dando razón a la revolución!

Todos nosotros, cada vez que se produce un nuevo cuartelazo, cada vez que una nueva ambición fundada en el retroceso y el pasado, es capaz de comprar militares con el oro del poder; hablo, naturalmente, de los malos militares de la revolución; cada vez que pueden comprar conciencias de políticos venales, cada vez, digo, que una nueva rebelión ensangrienta el país, todos se preguntan desolados: ¿A dónde vamos? ¿Que ya no tendremos remedio? ¿Que estamos definitivamente condenados y perdidos? Y cada vez la experiencia clara y precisa de un pueblo que tiene fe en sus destinos, nos está gritando que la paz en este país, que el remedio contra cuartelazos y asonadas, está en hacer efectivos los postulados de la revolución. Así los últimos incidentes, que en el colmo de la imbecilidad, sin justicia y sin razón alguna, ensangrentaron el territorio nacional, oyeron cantar en sus oídos el silbido de las balas vengadoras de agraristas y obreros, canto que pregonaba que esos intereses se sienten vinculados con nuestras instituciones y que, por tanto, la paz orgánica se consigue liberando a los obreros y a los campesinos.

Cualquiera que examine de buena fe los problemas nacionales, no encuentra otra solución a nuestro gran drama nacional.

¿Cómo alcanzar la paz? ¿Cómo cimentar la firmeza de las instituciones, vinculándolas en todos los corazones y solidarizándola a todos los intereses? Pues haciendo verdadera patria para los hijos del pueblo; dándoles un pedazo de esa patria a los ciudadanos.

El rebaño de peones explotados de sol a sol por el hacendado, manejado por el látigo del capataz, contemplando desde su miseria las trojes rebosantes, el rebaño ignorante y fanatizado que se lleva con la vara del mayordomo a rezar el Alabado, para seducirlos con la ilusión de un más allá de venturas, recompensa ofrecida para que soporten el sacrificio de la miseria en esta vida; ese rebaño no podrá tener ningún vínculo nacional; ese rebaño que no tiene más propiedades que sus harapos de manta y que se alimenta con tortillas y frijoles; ese rebaño, será la carne de cañón, será la presa de todos los aventureros que los agiten, porque esos parias tendrán el anzuelo de la ilusión en una aventura revolucionaria; porque los atrae el espejismo de la historia, de los que llegaron desde peones a generales con sólo audacia; de los que se enriquecieron con sólo bravura, esa virtud tan mexicana; y por el otro lado no tendrán otra cosa qué perder que sus cadenas de esclavos. ¡O César o nada! Tal es la ley de hierro de nuestro pobre pueblo.

Lo mismo, si al obrero no se le da trato humano, si no se le conquista para él un salario suficiente a cubrir sus necesidades y las de su familia, también el obrero será una presa para los agitadores, para los aventureros que por ambición ensangrientan el país sin ningún escrúpulo, porque no tendrá que perder él también otra cosa que sus cadenas.

Pero en cambio, si la revolución hecha gobierno y apoyada por el pueblo hace obra verdadera de patria dándole un pedazo de tierra al campesino, donde con su trabajo busca el pan; si le construye así una verdadera patria; si posee un solar y una casa y una oportunidad para el bienestar de los suyos; si al obrero se le conquista un salario justo para sus necesidades; si se le da, además, el pan intelectual para él y para sus hijos; ambos puntales de nuestra nacionalidad, los obreros y los campesinos, ya tendrán algo qué defender; y entonces, en la primera intentona, todos los nuevos aventureros de la política o del ejército llevarán el más grande de los fracasos, porque el pueblo entero se levantará como un haz de voluntades para sostener y defender las instituciones y para conservar y defender la patria y la revolución.

Ahora bien; ¿éste es un programa peligroso, inconsciente, anárquico, con fines de estéril agitación, confuso, vago, sin lógica y sin finalidad? ¡Indudablemente que no!

El verdadero revolucionario, que habla con la franqueza con que yo he hablado, que plantea con sinceridad los problemas nacionales, no puede alarmar al mundo capitalista y burgués.

Nosotros no pretendemos hacer agitación vana y sin objeto para arrancar unos cuantos aplausos en un mitin; nosotros tenemos un deber más alto y más profundo.

Todos nosotros tenemos el deber de construir una nación, de hacer una patria, y por lo que a nosotros en particular se refiere, los que tenemos intervención en el gobierno del estado, tenemos el deber de hacerles esa patria a los habitantes del estado de Chihuahua, con los propios elementos de nuestro solar.

El que analice el desarrollo de las revoluciones, no solamente las de México, sino las de todos los países, observará que mientras mayor fue el obtáculo, que mientras más grande fue la oposición que presentaron los elementos conservadores, mayor fue la explosión del movimiento.

Que cuando un movimiento de progreso y de renovación pretendió ahogarse por la fuerza bruta, brutalmente vino la explosión vengadora de los pueblos, y mientras más lucharon contrarrevolucionariamente los conservadores, mayor audacia tuvieron para su conquista los progresistas. Ahora nosotros somos un movimiento evolutivo dentro del gran movimiento revolucionario del México actual; somos un poderoso intento coordinador de las fuerzas revolucionarias orientadas por una ideología, persiguiendo beneficios positivos y concretos en la organización social, en la organización política.

Nuestro partido organizado y nuestro programa realizado es el único que puede dar la paz de México. Y siempre en nuestro camino, levantaron los hombres de la reacción nuevas barreras y oponen nuevos valladares.

Pues bien, estos hombres de la reacción, y esos intereses conservadores, deben meditar muy seriamente sobre los hechos. Ya no son profecías, son verdades que se pueden controlar por la experiencia. Después de cada movimiento contrarrevolucionario, la revolución viene haciéndose más radical y más decidida; y así será, porque tendremos que cobrar en ofensiva de principios los nuevos sacrificios.

Por eso yo digo a los intereses que pueden alarmar estas palabras, que deben meditarlas. Creo que vengo a romper aquí con el pasado y la costumbre; quizá por vez primera oirán palabras de sinceridad revolucionaria en los labios de un gobernador de mi estado.

Antes de condenar estas palabras, esos intereses, deben observar los fenómenos de la vida real en nuestro país. La revolución es una fuerza en marcha, la revolución no la podrá detener nadie ni nada, y pobre del reaccionario o del revolucionario que, claudicante y miserable, en unión de aquél, vendiéndose al partido conservador, se oponga a la revolución; caerá como todos los que han caído, como se conoce, y de cuyos nombres no quiero acordarme, caerá como cayeron los últimos caudillejos de Chihuahua.

Esos intereses deben observar fríamente la elocuente realidad. La revolución es una fuerza en marcha incontenible porque es un movimiento no solamente mexicano sino que es un movimiento en armonía con el movimiento mundial, siguiendo la ley universal de transformación.

La humanidad en su camino encuentra que ya no puede vivir en los viejos sistemas y por el instinto supremo de conservación de la vida y de la especie, se pone en marcha en busca de moldes nuevos; ya en su marcha atropella y destruye todo lo caduco y añejo, derriba todos los obstáculos que encuentra a su paso, y, sin piedad y sin misericordia, porque las leyes que rigen a los pueblos se inspiran en la lógica y no en las ruinas del pasado, en su avance majestuoso al progreso.

Por eso yo invito desde aquí a los que se crean heridos con estos postulados a que trabajen conscientemente en armonía con nosotros por su propia conveniencia; pero que nos ayuden a canalizar la fuerza revolucionaria, para que nos ayuden en la resolución del problema obrero, por convenir así a sus intereses: porque de oponer obstáculos a esa legítima conquista no harán sino agravar y enardecer más estas protestas proletarias, y, después, por haber sembrado vientos ¡cosechar tempestades! Es indudablemente mejor, mucho mejor para ellos, seguir a la revolución que oponerse a este gran movimiento.

El hecho de que conmemoramos el 1º de mayo debe abrir los ojos a los intereses conservadores. ¿Quién puede suponer una fuerza capitalista mayor que la de los industriales norteamericanos en el año 1886, antes del conflicto mundial, antes del despertar del mundo proletario?

Sin embargo creyeron algunos insensatos que asesinando a siete hombres dirigentes del proletariado acabarían con el movimiento obrero de los Estados Unidos. Creyeron enterrar para siempre, con los cadáveres de los siete mártires, las aspiraciones de redención y mejoramiento del trabajador organizado y ¿qué lograron? Sólo despertar más fuerte, más poderosa y más altiva la fuerza del trabajador.

Que aprovechen esta lección los señores conservadores, que creen heridos sus intereses con nuestras leyes revolucionarias, que comprendan que este torrente revolucionario de México, corriendo por el canal de la ley, será fuerza fecunda de producción y de vida y que sólo podría ser catástrofe para sus intereses no represarlo para que desborde su corriente.

Platicaba una vez, con un periodista americano que me hacía una entrevista como secretario de Agricultura del gabinete del general Calles, y me hablaba de los intereses norteamericanos frente a frente de las doctrinas revolucionarias, principalmente la doctrina agraria.

Digo esto, porque no quiero que perversamente se pretenda dar torcida interpretación a las palabras que dije esta tarde en Ávalos, alentando a los trabajadores a la organización para la defensa de sus intereses de clase, derechos estipulados en nuestras leyes; lo digo, también, porque los principales intereses extranjeros invertidos en la industria de Chihuahua son norteamericanos.

Yo le explicaba, decía, a este periodista y él me dio la razón en sus artículos publicados en la prensa de su país, que por razones de orden práctico los Estados Unidos debían de ser los más empeñados en que triunfara definitivamente la revolución en México.

Aquel gran país tiene su más grande mercado en la América Latina. Los Estados Unidos, país pletórico de vida, están derramándose en sus límites, en su política de expansión para conquistar mercados y para obtener recursos naturales y materia prima para poder desarrollar empresas con un capital que ya no encuentra inversión dentro de las fronteras de su país. Necesita, pues, el mercado mexicano, uno de los mejores de que puede disponer el producto americano.

Nosotros somos un país de quince millones de habitantes. De esos, nueve son indios que no consumen nada de la producción extranjera y muy poco de la nacional, por su exiguo estándar de vida; cuatro somos mestizos y quedan dos de criollos y blancos, de los cuales, una pequeña minoría son profesionistas, comerciantes, industriales, obreros, operarios, etcétera. El resto son agricultores en el país, campesinos que viven una vida indigente, que casi no gastan ni en vestir ni en comer, ni aun en lo más indispensable porque su situación económica se los impide, porque no pueden elevar el tipo de su miserable vivir.

Ahora bien, la Revolución Mexicana trata de incorporar estos nueve millones de indios a la civilización, de liberar económicamente a esos trece millones de indios, mestizos y criollos que viven en el campo, elevándoles su estándar de vida y su poder de consumo de artículos nacionales y extranjeros. La revolución trata de llevar la situación económica a mejorar el sistema de vida del trabajador de la industria y la ciudad, y, por lo tanto, aumentar igualmente el poder de consumo de esta clase social, ¿a quién mejor le conviene que a los Estados Unidos que fructifique la obra de la revolución? ¿A quién mejor le conviene que se desarrolle nuestra población y se exploten nuestras riquezas?

México desarrollado representa para ellos un mercado con poder de consumo multiplicado, donde podrá vender mucho más, y donde, favorablemente a nosotros y a ellos, tendrá mucho más que comprar satisfaciendo necesidades de su vida económica. Y el periodista me dio la razón.

Además, no sé yo de nadie que fuera rico, que tenga una casa elegante, que viva en confort y que guste tener cerca de él un vecino paupérrimo agitado por la desesperación del hambre y la miseria; porque lo más probable será que en un momento de desesperación, asalte la residencia del capitalista, le produzca daños y lo vea con odio. ¿A quién más que a los Estados Unidos, vecino poderoso que vive en el confort y la abundancia, le conviene que el pueblo mexicano no sea miserable ni hambriento, pueblo que todo desea si nada tiene, capaz, de hacer cualquier cosa en su desesperación? ¡A nadie mejor que a él! Lo digo por mis palabras de hoy en Ávalos y para que nosotros demos a cada quien lo suyo dentro de nuestras leyes, pero buscando la cooperación y la armonía.

Por lo demás, señores, nosotros no podremos ser ya, ni una interrogación, ni una amenaza; nosotros no preguntamos como el histrión de la dictadura a dónde vamos.

Conservadores y revolucionarios, ellos y nosotros, sabemos cuál es el programa que se persigue; conocen y conocemos a dónde vamos. Nuestras instituciones reformadas por la revolución, están victoriosamente en pie y México, acaba de dar el bello espectáculo de movilizar todas sus fecundas fuerzas nacionales para defenderla de la traición y del crimen regresivo.

La ideología de la Revolución Mexicana está consignada en nuestras leyes. Se conocen nuestras conquistas reivindicadoras de la tierra para los campesinos y se sabe cuáles son nuestros anhelos de mejoramiento para el trabajador de la industria y de la ciudad.

Nosotros sostenemos que para conquistar la inmediata mejoría de campesinos y obreros, nos basta con aplicar las leyes vigentes en nuestro país.

Nosotros no somos una amenaza como autoridades. A unos y a otros les ofrezco, desde aquí, las garantías que les otorgan los preceptos legales.

Hablarles a los obreros en favor de la organización y predicarles la unión para la defensa de sus intereses de clase, no puede ser una novedad en el presente, ni mucho menos una amenaza.

Nosotros no agitamos vanamente la conciencia obrera para producir un movimiento desordenado y anárquico; buscamos la organización, base de orden y justicia. Y la organización a todos conviene para conseguir el orden, la armonía y la responsabilidad en la producción.

Y yo he venido aquí para decirles, por último, a los trabajadores de Chihuahua que tienen en mí un amigo y cuenten con toda mi simpatía y todo mi apoyo para organizar y defender sus intereses dentro de las garantías que les conceden nuestras leyes.

Y he venido también para invitar a la familia chihuahuense entera a una obra de armonía, de esfuerzo, de mejoramiento del programa de la revolución, y para decirles, en este Día del Trabajo, que debemos salvar al estado con el trabajo de todos los chihuahuenses.

Y en el mismo libro de Barrios Álvarez está el siguiente comentario del discurso anterior, p. 20:

Era en los días de la revolución escobarista

El clima —como antaño— volvió a ser de bala, de escaramuza, de sangre y de fuego.

Medio en crisis la revolución, y bajo el imperio de los contingentes campesinos que a su lado estuvieron, por designación del Congreso del estado, llegó a Chihuahua un hombre de calidad, malquisto por la burguesía chihuahuense, pero bien, muy bien atendido por los obreros y los campesinos de Chihuahua. Ese hombre de calidad, de calidad humana, por su pensamiento revolucionario, de calidad humana por su lealtad a los hombres que fueron sus maestros de pensamiento y dirección, los generales don Álvaro Obregón y don Plutarco Elías Calles, venía con el distinguido y señalado honor de gobernador interino.

Y, en el Teatro de los Héroes, el mismo sitio donde se habían escuchado los estupendos razonamientos, vestidos de helénico estilo y de serena belleza griega, no ante la gran burguesía ni la llamada clase media, sino en medio de los campesinos, y de los obreros de Chihuahua, el gobernador León pronunció la oración que figura con el número siete.

Fuerte, con madura reflexión, es un discurso exabrupto, es decir, de los que se dicen de improviso, con ocasión de la evocación de la tragedia de los mártires de Chicago.

¡Ah! Pero qué vena de verdad corre por las arterias del discurso. ¡Qué forma de decir! Sin deformaciones, sin velos, sin palabras vacuas que ocultan o dejan de ofrecer la palabra que no se entiende.

Parece un diálogo ante la multitud, con lenguaje de la multitud.

Y así fue, en efecto.

Los campesinos y los obreros que llenaban el lunetario, las plateas y los palcos y las galerías del teatro, se echaban abajo materialmente en aplausos de gritos de desbordante entusiasmo y aquel Luzbel, frenético, rompía en la frente de los enemigos de la revolución, el crucifijo de las indulgencias.

Le vi salir. Sudoroso, moreno, como después de una faena en el ruedo. Pero más alto: con la altura de quien ha sembrado la verdad en el corazón del pueblo...

Pero lo más interesante, acaso, fue la reacción operada en el auditorio.

Si yo fuera pintor, trazaría ese cuadro de la multitud, saliendo con un embrujo, con una rara extrañeza; la extrañeza y el embrujo de quien en el largo batallar, había encontrado esa lucecita que, en contadas ocasiones, se enciende en las almas, en un momento solemne, con la solemnidad de la verdad que es eso: únicamente la verdad.

Refiriéndome a mi estado de Chihuahua, creo conveniente exponer una opinión que expresó en Sonora el general Obregón.

Yo cultivaba ya relaciones personales con él cuando viajando en el cabús de un tren de Guaymas a Hermosillo, me preguntó: "Y tú, ¿de dónde eres nativo, León?"

Yo le contesté: "Yo soy de Chihuahua, de Ciudad Juárez."

Y entonces me dijo, viéndome fijamente: "Ah, caray (dijo esta expresión), eres de una tierra de valientes y de hombres completos."

Y me contó: "Cuando yo era teniente de las fuerzas irregulares maderistas, jefe del cuarto batallón de Sonora que habíamos ido a pelear contra Orozco, los jefes federales que llamábamos *pelones* no nos querían. Casas Grandes, el viejo Casas Grandes, Chih., era el nido de orozquistas y casi todas las familias de los jefes más distinguidos se habían refugiado allí y probablemente con el fin de que me derrotaran y me destruyeran, me dejaron encargado del Viejo Casas Grandes y de la estación Nuevo Casas Grandes, que estaba a unos kilómetros del pueblo con sólo doscientos hombres. Yo tenía que hacerme pedazos patrullando de día y de noche entre el pueblo y la estación. Y esto que te voy a contar enaltece a tu gente.

"Un día iba yo saliendo de Casas Grandes para la estación acompañado de mi asistente y dos o tres ayudantes, cuando pasé mi caballo frente a una casita de aspecto pobre en cuyo frente estaba una señora y dos pequeños niños que se veían muy desnutridos partiéndoles con una piedra nueces y dándoselas a comer.

"Impresionado por el espectáculo me dirigí a ella y le dije: 'Señora, permítame que le haga un pequeño obsequio a sus hijos', y dándoles un billete del Banco Minero de Chihuahua de $10.00 expresé: 'Para que les compre unos dulces.'

"La señora me dirigió una mirada de aversión y me dijo con toda dignidad: 'Gracias, señor, devolviéndome el billete, pero mis hijos no pueden aceptar ningún regalo de usted, porque son hijos de fulano de tal, coronel de mi general Orozco, y que todavía anda luchando contra ustedes.'

"Te lo cuento porque a pesar de que luché tanto contra la gente de Chihuahua, le tengo respeto.

"En la batalla de Celaya, en que Villa llevaba acompañándolo al señor Carroders, enviado del presidente Wilson, para lucirse lo llevó a presenciar sus famosas cargas de caballería que los federales nunca les habían podido resistir, y a mí me daba pena ver cómo se estaba muriendo esa juventud de valientes, que volvieron diez o doce veces a la carga despedazados por los yaquis y mayos. Muchos de ellos murieron después de atravesar nuestras líneas peleando todavía con las pistolas. Era una generación de jóvenes valientes que no debieron sacrificarse, y que yo sentí profundamente tener que sacrificarlos en el combate. Ésos son tus paisanos."

Mi labor en mi estado como gobernador interino fue de revolucionario extremista, empecé a entregar tierras a los campesinos y a darles participación a los obreros para su sindicalización y su participación en las funciones del estado, políticas y de justicia social.

En la repartición de tierras a los campesinos se siguieron procedimientos en todo apegados a la ley, por lo que todas las dotaciones se deslindaban topográficamente fundándonos en la ley del 6 de enero y su reglamento en la misma forma en que habíamos procedido en Sonora, por lo que no invadimos ejidos ni pequeñas propiedades auténticas, dando las garantías que la ley otorga a los propietarios.

Yo salía todas las semanas a recorrer los distritos del estado y ponerme en contacto directo con los problemas de las masas obreras y campesinas, sin desconocer los derechos que la ley les otorga a los propietarios e inversionistas, así que en aquella época mi conducta de gobernador fue tildada de agitador extremista por las clases de derecha llamándome "bolchevique".

Para atender la organización del Partido Nacional Revolucionario en la secretaría particular, fui llamado a México, pues el partido se había dividido por las ambiciones de los líderes, posteriormente salí para el sureste, donde reclamaban mi presencia los líderes callistas que luchaban contra la oposición sorda de los ex delahuertistas.

Hicimos un viaje a Celaya y allí nos dieron una comida en El Molino del Carmen, que era de los hijos de un español que fue muy amigo del general Obregón y en esa comida pronunció un discurso el ingeniero Pascual Ortiz Rubio, presidente electo, diciendo que él tenía la seguridad de enfrentarse con éxito a la resolución de los problemas contando con un hombre preparado para resolver los de la agricultura y del campo y que contaba con la simpatía de los campesinos como lo era el ingeniero Luis L. León y con un hombre como el general Manuel Pérez Treviño que desempeñaría con mucha habilidad y conocimiento la Secretaría de Industria.

Esta declaración sirvió para que los hombres del grupo que rodeaban al ingeniero Ortiz Rubio empezaran a atacar para evitar que llegáramos a las secretarías de Agricultura e Industria, y el resultado fue que nos cambió de destino, enviándome a mí a la Secretaría de Industria, Comercio y Trabajo, y al general Manuel Pérez Treviño a la Secretaría de Agricultura y Fomento.

Como se empezó a desarrollar una política demasiado inclinada a la derecha de parte del gobierno de Ortiz Rubio, declarando en varios estados que el problema de la repartición de tierras había terminado, empezamos a manifestar nuestra opinión en contra, Portes Gil que marchó a Europa, y yo, que me quedé en Industria hasta que organizaron una intriga en contra mía, acusándome de conspiración contra el gobierno del ingeniero Ortiz Rubio, y éste me pidió la renuncia, máxime cuando yo estaba apoyando a los obreros y a los ferrocarrileros que me estimaban en alto grado.

A continuación transcribo, de la p. 30 del libro *Tres años de lucha sindical*, del brillante ferrocarrilero Gudelio Morales, el siguiente elogio:

... Ya bajo la presidencia del señor ingeniero Pascual Ortiz Rubio empezó a actuar como ministro de Industria, Comercio y Trabajo el señor ingeniero Luis L. León. Hombre de personalidad sincera y fuerte, sin vacilaciones de ningún género trató de continuar la obra de su antecesor para imprimir al gobierno naciente el prestigio bastante con el cual pudiera capacitarse para resolver los hondos problemas nacionales. El ingeniero León, por quien la burguesía mexicana ha sentido siempre un odio mal disimulado, empezó a ser víctima de rudos y solapados ataques por parte de ésta. La clase conservadora, que poco antes de que terminara su interinato el licenciado Emilio

Portes Gil empezó a dar señales de vida, hasta el extremo de que en la iniciación de la presente administración pública se atreviera a intentar el acaparamiento del poder por conducto de los políticos indefinidos, enderezó toda su influencia contra su rival. El señor ingeniero León, en cuyos discursos ante obreros y campesinos no trataba de disfrazar ni sus doctrinas ni su temperamento, proclamando a cada instante que la lucha de clases debe de ser la pauta del sindicalismo, se fue viendo cada día más acosado por los enemigos de la clase obrera, hasta el punto de no serle posible mantenerse ya en un lugar por él tan merecido...

Al regreso de su viaje de descanso por los Estados Unidos, el ingeniero Ortiz Rubio, siendo presidente electo, creía que el grupo formado por los hombres que lo habían acompañado en su viaje y que habían militado anteriormente bajo sus órdenes cuando estaba en Michaocán, tenían la mayoría de la cámara; llevándole yo a las oficinas del Partido Nacional Revolucionario, una gran mayoría de diputados, demostrándole lo contrario. Se llamó a este movimiento de división en la cámara "entre blancos y rojos"; naturalmente a nosotros nos dijeron los rojos.

De febrero a octubre de 1930 fui secretario de Industria, Comercio y Trabajo, y al frente de ella, en ese periodo de tiempo, me dediqué a solucionar los diversos problemas planteados por la situación económica por la cual venía atravesando el país, buscando siempre el mayor beneficio para la colectividad y sin perder de vista la defensa de los intereses nacionales.

Para enfrentarme en forma metódica y eficiente a los problemas que le competía resolver, procedí a organizar la comisión técnica del programa de acción económico-administrativa de la misma, que se dedicó al estudio de los tres ramos que abarcaba el propio ministerio: industria, comercio y trabajo. La comisión fue subdividida en ocho ponencias, que comprendieron, respectivamente: industria, petróleo, industria eléctrica, minería, comercio, trabajo, seguros, previsión social y organización y administración quedando integrada por técnicos especialistas en cada una de las ramas que comprendía; sus estudios no sólo persiguieron como finalidad la remoción de los obstáculos que impedían el desarrollo de esas actividades, sino que serían para aconsejar un programa de acción futura, metodizada y concreta, que permitiera encauzarlas en un programa definido.

Para enfrentarme con las deficiencias de la legislación, creé en el mes de abril de ese año, la comisión revisora de leyes. El cuerpo técnico formuló la nueva ley minera, la cual estaba concebida dentro de nuestra tradición sobre la materia; sus innovaciones principales tendientes a prestar facilidades, con las llamadas concesiones de "cateo", al pequeño minero, al legendario "gambusino".

Terminé la revisión y estudio del proyecto del código de comercio, esperándose tan sólo el estudio de las sugestiones de las diversas secretarías de Estado y de los demás intereses relacionados con la materia, para darle forma definitiva.

Se creó la comisión investigadora de las condiciones de la industria petrolera con carácter consultivo y que tenía por función el estudio de todas las cuestiones que afectaban a dicha industria, y el conocimiento de las quejas y de las observaciones que presentaban los particulares, habiendo fijado esta comisión los criterios jurídicos y técnicos de carácter general, que sirvieron para expeditar el despacho de estos negocios.

Para abrir nuevas fuentes de trabajo, seguí una amplia política de fomento a la organización y funcionamiento de sociedades cooperativas industriales integradas por trabajadores, política normada por una recta interpretación de la ley respectiva. Algunas explotaciones sobre todo mineras, estaban siendo costeablemente operadas por cooperativas de trabajadores en lugar de clausuradas, lo que demostraba la bondad de la medida.

El crédito para los trabajadores comenzó a lograrse y la secretaría cooperó en la máxima medida de su posibilidad con los directores del Banco del Trabajo.

La secretaría tomó una actitud francamente defensiva de los principios que a favor de los trabajadores establecía la legislación revolucionaria y de los derechos que ésta les garantizaba, y procuré conservar, en lo posible, las situaciones ya consolidadas por los grupos de trabajadores organizados, obrando siempre, sobre todo en los casos de lucha intergremial, después de sereno estudio, con amplio criterio y justificación absoluta.

Debido a la incesante campaña que en favor de diversos dispositivos de seguridad desarrollaban los inspectores de la secretaría, durante mi gestión, disminuyeron sensiblemente los accidentes de trabajo.

Igualmente me preocupé seriamente por la higienización de los centros industriales, implantando las medidas necesarias para mejorar las condiciones de higiene y salubridad de la clase laborante. Asimismo, la secretaría procuró mejorar las condiciones del trabajo de la mujer y de los menores, vigilando por que se les impartiera la protección que la legislación especial les concede.

También la previsión social mereció una cuidadosa atención y al efecto, emprendí una amplia labor de propaganda en favor del ahorro, de los seguros sociales y del cooperativismo, preocupándome por reducir el número de personas sin ocupación.

Coadyuvando con la labor de la Secretaría de Industria, Comercio y Trabajo a mi cargo, la Procuraduría Federal de la Defensa del Trabajo intervino en 402 conflictos, siempre en auxilio de los intereses de los trabajadores.

La Junta Federal de Conciliación y Arbitraje funcionó normalmente. A falta de una ley federal reglamentaria de las disposiciones del artículo 123 constitucional, la Junta siempre tomó en cuenta, al pronunciar sus fallos, el espíritu de protección a los derechos de los obreros que anima a dichas disposiciones, pero sin dejar de tener presente el factor económico, procurando conciliar los intereses encontrados de los trabajadores y de los patrones, estableciendo el equilibrio y la armonía entre tan importantes factores de la producción y me aparté invariablemente de las influencias políticas y del sectarismo gremial. Siguiendo esta línea de conducta la Junta dictó sus laudos basándose en los contratos colectivos, en los casos que existían; en las leyes locales, cuando las juzgó aplicables, subsidiariamente; y en las costumbres, o usos sociales, sentando precedentes en los diversos conflictos sometidos a mi consideración.

La secretaría dedicó especial atención a ciertos problemas secundarios de la industria petrolera cuya resolución estaba pendiente. A este respecto terminé con las reformas al Reglamento de la ley del petróleo para ponerlo de acuerdo con las disposiciones de orden hacendario; igualmente con las disposiciones que afectan a las reservas petroleras nacionales; las que se referían a la explotación unitaria, así como la vigilancia para garantizar la conservación y mejor aprovechamiento de los recursos petroleros nacionales, y, sobre todo, aquellas que tendían a asegurar en el futuro el abastecimiento de petróleo a nuestro consumo doméstico. Por virtud de la creciente actividad petrolera desplegada en nuestra frontera norte, se creó igualmente la agencia de petróleo en Monterrey, la que, como las de Tampico y Puerto México, llevaron a cabo la vigilancia técnica de la explotación dentro de lo dispuesto por la legislación vigente. También continué la planificación y formación del catastro petrolero; se formó el plano del proyecto de división de los terrenos apartados como reservas petroleras nacionales y se inició la formación de un vocabulario ilustrado, en español, de la propia industria.

La explotación del petróleo en general, se efectuó dentro de los mismos límites de restricción a que estuvo sometida en años anteriores, por causas principalmente económicas y que eran de sobra conocidas. Sin embargo, la secretaría se consideró autorizada para esperar que estaba cercano algún resurgimiento de actividades en nuestra industria petrolera, en virtud de que gran número de las causas que habían originado la superproducción americana, habían sido removidas, y, por esto, varias de las mayores empresas que operaban en México habían hecho declaraciones públicas de que deseaban y esperaban intensificar sus trabajos en nuestro país.

La industria minera metalúrgica había venido sufriendo serios trastornos, a causa de la baja experimentada en los precios de los metales, principalmente plata, cobre, plomo y zinc; sin embargo, era interesante hacer notar que a pesar de eso, se registraron nuevas actividades, pudiéndose citar principalmente las siguientes: ampliación, reforma o construcción de cinco plantas de beneficio de flotación con una capacidad en conjunto de 1 225 toneladas diarias; iniciación e intensificación de la explotación en las minas productoras de mercurio ubicadas en Guerrero, Chihuahua y Durango, habiéndose logrado un aumento en la producción media mensual, y reanudación de la explotación de minas productoras de manganeso y espato flúor.

Me empeñé para que la secretaría cuidara de que las compañías de seguros se sujetaran, para su funcionamiento, a las disposiciones de la ley en vigor, y velando siempre por los intereses de los asegurados, así como considerando la urgente necesidad que existía de que los recursos de México sirvieran para fecundar la economía del país y no emigraran al extranjero, presté una especial atención al capítulo de reservas. Por tales razones exigí a todas las empresas que constituyeran sus inversiones afectas a las reservas, con apego a la ley. Todas las compañías dieron cumplimiento menos tres, que fueron suspendidas en sus operaciones, revocándose posteriormente la suspensión a una de ellas, por haberse sometido. Eran 69 las compañías que operaban entonces en el país, y 12 las sociedades mutualistas de carácter local que se encontraban registradas y reconocidas legalmente.

Me esforcé, dentro de las facultades legales, por robustecer y dar impulso al comercio nacional, dentro y fuera del país. Al efecto, establecí relaciones entre los productores de la República y los mercados de consumo más indicados en cada caso.

México designó delegados a las conferencias internacionales celebradas en Sevilla, Barcelona y Los Ángeles, los que sostuvieron los puntos de vista de nuestro país, en los asuntos comerciales que en ellas se trataron. En el capítulo de exposiciones internacionales en que tomó parte la República Mexicana, cabe hacer resaltar con satisfacción, que en la iberoamericana de Sevilla clausurada en junio de aquel año, nuestro país, por el número de premios alcanzados, conquistó el primer lugar entre todos los que concurrieron al certamen.

En materia de propiedad industrial, los benéficos resultados de la nueva legislatura comenzaron a dejarse sentir; su aplicación no suscitó conflictos de ninguna especie. De acuerdo con las leyes y reglamentos entonces vigentes, es expidieron 985 patentes de invención, 62 de modelo industrial y 40 de perfeccionamiento; se llevaron a cabo 204 reconocimientos de prioridad de fecha a base del tratado internacional; se practicaron 1 255 exámenes de novedad, de carácter técnico, 97 exámenes de novedad extraordinarios y 55 relativos a patentes de perfeccionamiento, se registraron 963 marcas y 15 avisos y 55 nombres comerciales; se verificaron 1 429 exámenes de novedad de marcas y 6 exámenes extraordinarios de marcas internacionales.

De conformidad con lo entonces dispuesto por el código nacional eléctrico y su reglamento, la secretaría extendió su radio de acción a diversos estados de la República, implantando la federalización de los servicios a que dichos ordenamientos se referían. En el ramo de que se habla, como dato de mayor interés, cabe indicar que se verificaron 151 079 inspecciones de acuerdo con la ley, con un ingreso total de $ 462 868.61.

Observé con satisfacción que la aplicación de la nueva ley de pesas y medidas, puesta en vigor a principios de 1929, así como su reglamento, facilitaban el control de todos los aparatos e instrumentos que se emplean para pesar o medir en el comercio, la industria o la agricultura.

Consideré como un deber de la secretaría impartir a la industria nacional dentro de las facultades que la ley le concedió en aquella época, otorgar el auxilio necesario para el fomento, sin escatimar esfuerzo alguno para la consecución de esa finalidad. En efecto, se emprendió una intensa labor de propaganda sobre la implantación de pequeñas industrias, desahogando cuantas consultas sobre materias primas, productos industriales, su mejor utilización, etcétera, se le hicieron. La explotación del guano, la sal, el caolín, la mica y otros productos, fue objeto de un creciente aprovechamiento.

La comisión mixta de la grande y pequeña industria realizó una labor cuyos resultados fueron como sigue: registro obligatorio de marcas a las bebidas alcohólicas; economía de la producción y precio de venta del azúcar; fomento de la fabricación de sosa cáustica; de la manufactura del hule, de la extracción del aceite de coco, de la industria del papel y de la industria carbonífera mineral.

A propuesta del señor general Plutarco Elías Calles, en su mensaje al Congreso de la Unión del día 1º de septiembre de 1928, la mayoría de los revolucionarios aprobaron con entusiasmo y decisión, la idea de unificarse dentro del organismo de un partido político nacional de actuación permanente y bajo un programa de principios, ya que con la pérdida lamentable de nuestro jefe, el señor general Álvaro Obregón, no disponíamos de un caudillo con la fuerte personalidad necesaria para controlar el ejército y dar garantías a los diversos sectores sociales para consolidar la estabilidad política y continuar laborando por el progreso de México.

Como lo había prometido en su mensaje, el general Calles celebró el día 1º de diciembre de 1928, al día siguiente de entregar la presidencia al licenciado Emilio Portes Gil, una junta para designar una comisión organizadora del partido de la revolución.

Desde que se inició esta comisión organizadora del partido, se comprendió la necesidad de establecer la comunicación con el pueblo, mediante el radio y la prensa. Así nació la idea de que el partido tuviera un periódico propio para propagar sus principios e ideología y desarrollar las campañas electorales.

El comité organizador lanzó una convocatoria a la convención de Querétaro, el día 5 de enero de 1929, y distribuyó entre los organismos políticos revolucionarios del país, con fecha 20 de enero y para ser discutidos en la convención, un proyecto de declaración de principios y de estatutos para el partido y de pacto de solidaridad, donde estableció la creación del comité ejecutivo nacional; y entre las atribuciones del miembro del mismo, que figuraba como secretario de prensa, en su artículo 50, fracción III, se decía: "Dirigir, orientar y controlar la campaña política del partido, de acuerdo con las instrucciones del mismo."

Nombrados en Querétaro, el licenciado Manlio Fabio Altamirano y el profesor Basilio Vadillo, dedicaron sus actividades a la creación del periódico del partido, intitulado entonces *El Nacional Revolucionario*.

Mi compañero y distinguido amigo, dibujante y caricaturista Salvador Pruneda, cuenta en sus notas los esfuerzos realizados por mí hasta darle forma de un periódico diario al organismo del partido.

Fui nombrado director-gerente de *El Nacional* en septiembre 1º de 1931, recibiéndolo de la administración Bojórquez-Vadillo, y me dediqué con verdadero entusiasmo a desarrollar este periódico.

Entonces tenía muy poca experiencia como periodista, pues solamente durante algunos meses fui director, en Hermosillo, allá por el año de 1916, del periódico *Reforma Social*, que después se llamó *Orientación*.

Pero para trabajar para *El Nacional*, creo que mi entusiasmo suplió mi falta de experiencia. A continuación transcribo las palabras que pronuncié al tomar posesión:

Como miembro disciplinado de mi partido, el PNR, ocupo el puesto de lucha que se me ha señalado, la gerencia de nuestro periódico. No soy periodista, sólo quiero aportar el contingente de mi buena voluntad y mi lealtad a los principios revolucionarios. Llego sin prejuicios y sin pasiones a trabajar con toda decisión en la labor que se me encomienda y deseo ponerme a las órdenes de todos mis correligionarios para hacer labor de armonía revolucionaria.

No soy el indicado para hablar de la obra que realicé en *El Nacional*, periódico que dirigí hasta 1934, pero los esfuerzos realizados ya los señala a grandes rasgos mi amigo Pruneda.

La mayoría de los grandes periódicos diarios, sobre todo de la capital, no eran muy simpatizadores de la revolución; ni menos, de los programas de política revolucionaria radical, que inició el general Álvaro Obregón y venía desarrollando en su periodo él general Calles, como siguieron haciéndolo el licenciado Emilio Portes Gil y los generales Pascual Ortiz Rubio y Abelardo S. Rodríguez, por eso la obra y el papel de *El Nacional* fue muy importante, porque era la única publicación de defensa con que contaba el partido y el gobierno revolucionario para contrarrestar los ataques de otros periódicos y para dar a conocer al público la ideología del gobierno y los principios revolucionarios que lo inspiraban.

En el año de 1932, alentado por algunos éxitos que había alcanzado el periódico como organismo de prensa, me llevó mi entusiasmo a concebir un gran proyecto para organizar con *El Nacional* una cadena de periódicos, a través de los principales estados de la República, por los medios de que entonces se podía disponer.

Yo resumía mi proyecto en la forma siguiente:

Producir un periódico de edición diaria de 16 planas como mínimo, con edición dominical que adicione a la diaria un suplemento a colores cuando menos de 12 planas; que la circulación alcance a más de cien mil ejemplares diarios, profusa y oportunamente distribuidos en toda la República, en el término de 24 horas, lo que sería base para conseguir, cuando menos, un 40% de lineaje en publicidad y obtener un precio de costo que permitiera vender con utilidad la edición diaria a cinco centavos ejemplar y la dominical a diez centavos.

Para alcanzar ese objetivo, se propuso ampliar y acondicionar el edificio que ocupábamos; dotar al periódico de la maquinaria moderna que fuera necesaria para producir el mejor periódico de México, y además, establecer, llevando las matrices por medio de aviones, ediciones regionales en Guadalajara, Torreón, Monterrey y Veracruz, quedando cubierta la extensa superficie de la República con cuatro ediciones regionales y una en el Distrito Federal, con un tiraje superior, entre todas, a 100 mil ejemplares diarios.

No pude conseguir los elementos para la realización de tan audaz proyecto, pero sí conseguí ayuda para ampliar el edificio que ocupábamos de dos pisos, donde se publicó el antiguo periódico *El Imparcial*, para transformarlo en edificio de tres pisos y con una sección en el cuarto piso, y para equiparlo con maquinaria más moderna, incluyendo una buena rotativa.

Se publicó una edición extraordinaria de 212 páginas el día 20 de noviembre de 1931, con un tiraje que alcanzó los 100 mil ejemplares, que creo que hasta entonces no había alcanzado ninguna edición periodística, y la sostuvimos con la publicidad conseguida para esta edición de los gobiernos de los estados y de las dependencias federales. Con este ingreso extraordinario pudimos saldar las cuentas del periódico y adquirir crédito en todas partes.

Yo era muy amigo, desde el Constituyente de 1917, del general Francisco J. Múgica, que fue del grupo radical; nosotros en ese tiempo en Sonora hacíamos un periódico que se llamaba *Orientación,* del cual yo era director, y de ese periódico le enviábamos mil ejemplares diarios a nuestro compañero ingeniero Juan de Dios Bojórquez, quien formó parte también del Constituyente apoyando la política del grupo radical; por lo que cuando el general Múgica fue nombrado director del penal de las islas Marías, en donde se encontraba recluida la abadesa llamada "Madre Conchita", me aproveché de esa amistad para hacerla hablar.

En la prensa de los Estados Unidos hizo declaraciones el señor delegado apostólico Leopoldo Ruiz y Flores, desmintiéndome y pretendiendo culpar a políticos y generales, achacándoles la dirección intelectual del asesinato del general Álvaro Obregón, afirmando, especialmente en el periódico *El Mundo,* de Tampico, Tamps., que él había visto generales en la casa de la Madre Conchita, y que éstos fueron quienes la tomaron como mediadora para conseguirles al asesino, José de León Toral, quien terminó con la vida del caudillo.

Envié esos periódicos al general Múgica para que se los mostrara a la citada Madre Conchita, ya que la querían complicar a ella sola en el asesinato.

La abadesa reaccionó y movida por el general Múgica, me dirigió personalmente las cartas que publiqué en *El Nacional,* en copias fotostáticas, así como una carta de su defensor, donde le anticipaba que bajo el pretexto de que alcanzaría la corona del martirio, ellos se lavaban las manos y pretendían hacerla aparecer en complicidad.

Así fue como la abadesa me dirigió las cartas en donde se aclaró que monseñor nunca había estado en su convento, y por lo que se refiere a políticos y generales, se dejó claramente asentado que nunca habían estado en su casa, aclarando también que se había oficiado una misa en donde se bendijo la pistola con la que Toral asesinó al general Obregón.

Tengo en mi poder las cartas escritas de puño y letra de la abadesa, las cuales a continuación se transcriben:

El primer manuscrito de la Madre Conchita dice así:

Con profunda pena acabo de leer, unas declaraciones en el diario de la mañana *El Mundo,* de Tampico, Tamps., en las que el ilustrísimo señor nuncio apostólico, don Leopoldo Ruiz y Flores, dice entre otras cosas lo siguiente:

Copio letra por letra el párrafo: "Por cuanto a la participación de la Madre Conchita en el crimen de La Bombilla, dice el señor delegado apostólico, que es indudable que la tuvo, dado el carácter de la abadesa y su contacto con elementos políticos.

"Vio en su casa a varios generales.

"Siguió diciendo el delegado apostólico, que en varias ocasiones en que visitó a la Madre Conchita en su casa, vio reunidos allí a algunos generales, sin poder decir los nombres de éstos en virtud de que no los conoce.

"Estima el delegado apostólico que la presencia de las personas a que se refiere, en la residencia de la Madre Conchita, no tenía más objeto que la de tratar sobre el crimen de que fue víctima el señor general Álvaro Obregón, escogiéndose por los interesados a la Madre Conchita para que buscara el asesino, aprovechando el temperamento resuelto de la abadesa, capaz de cualquier cosa."

En cuanto a mi carácter decidido y resuelto, no lo niego.

Pero quiero hacer una pregunta al ilustrísimo y reverendísimo señor delegado.

¿Cuantas fueron las varias veces que estuvo Su Señoría Ilustrísima y Reverendísima en mi casa?

Dice Su Señoría Ilustrísima que encontró en ella algunos generales. ¿Cómo supo Su Señoría Ilustrísima que eran generales? ¿Iban uniformados y por eso lo supo Su Señoría Ilustrísima, o yo le conté quiénes eran?

Se me hace muy raro, dado mi carácter que no le hubiera dicho a Su Señoría Ilustrísima el nombre de alguno siquiera.

Yo desde el día en que me tomaron presa, sinceramente y con grande energía he defendido al clero, con toda mi alma, con toda buena fe. ¿Testigos? *Todos los que me han tratado de cerca.*

Pero se me sigue atacando y en una forma mendaz, creo estar autorizada para decir humildemente la verdad.

Al principio ardientemente sostuve siempre que el clero, no era ni en lo más mínimo responsable del crimen de La Bombilla, y hubiera metido la mano en la lumbre para defenderlos a todos. Pero hoy que veo se me sigue atacando, sin fundamento y sin verdad... me ha entrado la duda.

Los señores generales y políticos creo están autorizados para defenderse, mentira, mentira, mentira; creo no se encontrará una sola persona, que pueda decir el nombre de uno solo, uno solo, de los tantos generales que dicen visitaban mi casa.

Nunca me he podido hacer el ánimo de decir mentira, todo esto que digo hoy es la verdad.

Ya que con la iniciativa del ilustrísimo señor nuncio se me da una oportunidad que no busqué nunca, para demostrar mi inocencia, seguiré escribiendo, daré detalles de importancia, que servirán para hacer una investigación histórica sobre el crimen de La Bombilla, ya que víctimas no las puede haber desde el momento que la única víctima soy yo.

Como esto es completamente inusitado, he permanecido siempre callada; tal vez se piense que esto yo no lo escribo; la persona que tenga esta duda puede dirigirse desde luego a este mi destierro de Islas Marías y tendré el gusto de certificar lo que escribo.

Islas Marías, diciembre 15 de 1931. Ma. Concepción Acevedo y de la Llata. Madre Conchita. (*Continuará.*)

Publicado en el periódico *El Nacional,* de fecha 9 de enero de 1932.

Fue bendecida la pistola usada para asesinar al general Álvaro Obregón. Hace la Madre Conchita otra revelación. Las revelaciones que ahora inicia esta religiosa son trascendentales. El padre Jiménez. En una casa particular, durante una misa, éste bendijo el arma mortífera. El segundo manuscrito. ¿Los que oyeron la misa, los que vieron aquello sabían de qué se trataba?

Hoy continuamos la publicación de las sensacionales revelaciones de la Madre Conchita, siguiendo el mismo sistema con que iniciamos esta publicidad, exclusiva de *El Nacional,* desde nuestro número del sábado pasado. Es decir, publicamos el texto en estas columnas apegándonos estrictamente al original, y hacemos la publicidad, igualmente, en clichés de todo el manuscrito.

Las revelaciones que ahora inicia la religiosa María Concepción Acevedo y de la Llata son tan trascendentales, que no necesitan comentarios.

El segundo manuscrito que envió la Madre Conchita a *El Nacional,* dice así:

"José de León Toral, en las pocas y cortas veces que me habló, ya presos, me dijo siempre que él era el único responsable del crimen de La Bombilla.

"Yo lo creí siempre así, nunca pude imaginar que realmente hubiera alguien detrás de él; pero pasan los años y las defensas son más ardientes y ya no se tiene ni el más leve miramiento, para seguir atacando, a quien no pensaba hablar ya más una palabra y asumir pasiva y casi estoicamente toda injusticia.

"Hoy cambio completamente de opinión; pienso que tal vez, si existe ese alguien y por desgracia no sé yo quién sea, de seguro ya lo hubiera yo dicho.

"Sostengo lo que siempre he dicho, que ningún general visitó mi casa nunca. Que el padre Jiménez sólo una Hora Santa fue a dar en mi casa y que lo llevó José de León Toral; no supe nunca nada de lo que trataron entre sí.

"No acuso a nadie; y creo que entre los señores sacerdotes y los señores generales, existen caracteres decididos, *capaces de cualquier cosa.*

"Sólo diré, que un día, estando ya presa en la inspección, aprovechando la primera ocasión, en uno de los primeros careos, con José de León Toral, me dijo él, muy afligido, que le pidiera yo mucho a Dios a mí que me oía, que no fueran a coger al padre Jiménez, porque él le había bendecido la pistola.

"Después, en el mes de agosto ya consignadas al juez de San Ángel, me reunieron en un separo con la señora María Luisa Peña viuda de Altamira; le conté los temores de Toral, y ella me dijo que sí era cierto, que el padre Jiménez bendijo la pistola, diciéndome además que la pistola estuvo sobre el pequeño altar durante la misa, en una casa particular, no me quiso decir cuál casa. Me dijo también la señora Altamira que la pistola se la habían regalado a Manuel Trejo, como premio, porque era un muchacho muy valiente; el préstamo de la pistola se efectuó en la casa de la señora Altamira, en donde estaba escondido Manuel Trejo.

"¿Ellos, los que oyeron la misa, los que vieron todo aquello, sabían de qué se trataba?

"Conste que ninguno de estos arreglos fue en mi casa. Los dos últimos días oyó misa José de León Toral en mi casa, como una casualidad, como una ¿qué? ¿Premeditación? En su librito de memorias pone mi nombre y las misas que oyó en mi casa, todo lo demás no lo apuntó.

"Si este asunto hubiera quedado en calidad de cosa juzgada, yo hubiera continuado sufriendo, con tranquilidad y serenamente, la situación en que me han colocado las circunstancias, pero veo que insidiosamente, se me supone instintos criminales de que gracias a Dios, siempre he carecido y ello me obliga a puntualizar, con toda verdad, circunstancias y hechos pasados, para que la opinión pública al menos, que tan favorablemente se manifestó en mi favor en los días del proceso, no se vea desorientada, por los cargos tan a la ligera que me hace el ilustrísimo señor delegado.

"Confieso que la opinión pública me ha tenido siempre sin cuidado; en mi ¿fanatismo lo llamaré? creí que hacía servicio a Dios y le daba gloria, sufriendo calladamente; puesto que no es lo que yo creí, hablaré.

"Diciembre de 1931, en Islas Marías. Conchita." *(Continuará.)*

Publicada en el periódico *El Nacional*, de fecha 11 de enero de 1932.

En Celaya quisieron asesinar a Obregón. Carta de la Madre Conchita a su defensor. "No creí que usted fuera profeta." Autoriza al licenciado F. Ortega a hacer y decir hoy, lo que guste.

Continuamos hoy, como lo ofrecimos a nuestros lectores, la publicación de las sensacionales revelaciones que sobre el asesinato del señor general don Álvaro Obregón, presidente electo de la República en los días de la consumación del nefasto crimen, nos ha enviado desde su retiro en las Islas Marías, la señorita Concepción Acevedo y de la Llata, conocida con el nombre de Madre Conchita.

Dos cartas escritas del puño y letra de la Madre Conchita, como los documentos anteriores, aparecen hoy en las columnas de *El Nacional*. Una de ellas dirigida al señor ingeniero Luis L. León, director-gerente de nuestro periódico, y la otra a su defensor, el señor licenciado Fernando Ortega, que durante la instrucción del sonado proceso desplegó grandes esfuerzos para aligerar la carga de responsabilidad que pesaba sobre la acusada.

Esta carta encierra revelaciones de enorme trascendencia acerca del crimen clerical más nefasto que registra la historia de México, y a continuación transcribimos letra por letra el texto de este documento, así como el de la carta dirigida al ingeniero León, cuyos originales ha copiado con toda fidelidad el fotograbado.

Hélos aquí. La carta al ingeniero León:

"Islas Marías, diciembre 23 de 1931.

"Señor ingeniero don Luis L. León, director de *El Nacional*. Muy señor mío:

"Me tomo la libertad de dirigir por conducto de usted la carta adjunta al señor licenciado don Fernando Ortega, que fue uno de mis defensores, en el sonado proceso que usted conoce.

"Al inferirle a usted tal molestia ha sido con el objeto de suplicarle, le dé usted publicidad a dicha carta, pues contiene algunos datos interesantes de los que he ofrecido publicar por constarme ser ciertos.

"Además deseo que también se publique la respuesta, que a mi propia carta dé el señor licenciado don Fernando Ortega.

"Sin más por el momento soy de usted con toda atención S.S. Concepción Acevedo y de la Llata."

Carta al licenciado Ortega:

"Islas Marías, diciembre 23 de 1931.

"Señor licenciado don Fernando Ortega. Muy estimado defensor y mi buen amigo: No creí que fuera usted profeta, pero es el caso que todo lo que usted me dijo ha resultado cierto.

"Recordará que en la cárcel municipal de San Ángel, en las primeras entrevistas que tuvieron conmigo usted y mi otro defensor, el señor licenciado Gay Fernández, me decían que me defendiera y yo les supliqué siempre que no lo hicieran por mí.

"Recordará, que después en Mixcoac, Carlos Castro Balda, me puso un papelito en que decía: 'Te hemos echado la culpa de todo porque así alcanzarás más pronto la corona del martirio.'

"Las señoritas Rubio, también presas ahí me suplicaron que me callara, que no fuera a decir, que en la casa de ellas, Carlos Sollano (su primo) había arreglado lo de Celaya, que al cabo yo ya era mártir y así se salvaban todos; después otro papelito de Margot Pacheco que a ruego de usted no rompí, del cual le ruego me mande una copia por favor.

"Ahora bien; todas las personas que he mencionado usted sabe que formaron parte de la Liga de Defensa Religiosa, en sus propios domicilios se fraguó el complot de Celaya para asesinar no sólo al señor general Obregón sino también al presidente en funciones, señor general Calles. A dicha Liga usted supo desde luego que jamás pertenecí yo, y sí es público y notorio que la Liga de Defensa está bajo el patronato de los señores obispos y que el señor delegado apostólico don Leopoldo Ruiz y Flores tuvo gran preponderancia en la dirección de la misma, pero ignoro por qué motivos tenía jurisdicción en el arzobispado de México.

"Si pues está probado que en los centros católicos militantes se deseaba la muerte del señor general Obregón y la del presidente de la República, ¿por qué pretende el señor delegado arrojarme el cargo de que soy yo la responsable de la muerte del señor general Obregón?

"Me parece muy rara la coincidencia de opinión del señor delegado Ruiz y Flores, con el deseo de los procesados que pretendían, aceptara íntegra y sin defensa alguna la responsabilidad del delito de La Bombilla, so pretexto del martirio.

"Hoy después de recordar lo que usted tanto me dijo: que si me callaba sería peor cada día, me resuelvo a defenderme.

"Usted sabe que se decía que mi convento era una casa de *asignación*, porque se permitía que la visitaran el general Cruz, Morones y otros generales, yo defendí ardientemente no sólo mi convento sino todos, pues la verdad era que no habían ido nunca, además me decían que acabarían con todos los conventos, puesto que no eran sino casas de prostitución; no he cejado un momento de esforzarme por probar todo lo contrario pero... vienen las declaraciones del ilustrísimo señor delegado apostólico a desmentirme en todo.

"Yo soy *indudablemente* la autora intelectual.

"Él vio en mi casa varias veces reunión de generales.

"Yo siempre he dicho que el régimen de los conventos es tan delicado que si me hubieran visto los superiores eclesiásticos recibir y tratar militares no lo hubieran tolerado.

"El ilustrísimo señor delegado los vio varias veces (dice él) y no me dijeron nada; luego entonces los conventos son lo que de ellos se dice, luego los sacerdotes pasan por todo eso.

"Si el señor delegado apostólico a pesar del elevado cargo que ocupa no tiene empacho para hacer las declaraciones que hizo, de seguro tendrá pruebas para certificar sus declaraciones y juntamente salvar la responsabilidad de los otros conventos.

"Recordará también usted que el general Ríos Zertuche en la inspección me dijo que varios sacerdotes habían escrito acusándome y vimos en letras de molde las declaraciones del señor obispo de San Luis, que usted quizo desmentir y yo con mil súplicas no lo dejé.

"Hoy desde el momento que cambio de parecer por las declaraciones del señor delegado apostólico, le digo que puede usted hacer y decir lo que guste.

"Hace ya mucho tiempo que no tengo noticias de usted.

"Recuerdos a su esposa y a sus dos nenes; para usted mi estimación.

"*Concepción Acevedo y de la Llata.*"

Publicado en *El Nacional*, de fecha 13 de enero de 1932.

A la Madre Conchita se le aprovechó para ocultar actos de otras personas. Nueva misiva enviada por la abadesa. "A mí se me tomó, dice, como cosa a propósito para tapar un hueco." La reclusa de las Islas Marías sigue refutando las palabras de Ruiz y Flores.

Con el objeto de aclarar la trama clerical que culminó con el asesinato del general Álvaro Obregón, en La Bombilla, la abadesa María Concepción, conocida como la Madre Conchita, ha enviado a *El Nacional*, con el carácter de exclusivo, un nuevo artículo donde se aborda el interesante tema de la rectificación histórica.

Siguiendo nuestra costumbre lo reproducimos más adelante, respetando en todo tal y como viene escrito y por separado damos el facsímile de la carta. La nueva misiva de la abadesa dice así:

"Islas Marías, enero 8, 1932.

"Pienso poner fin a estas breves rectificaciones, que hago a las declaraciones del ilustrísimo y reverendísimo señor delegado apostólico, don Leopoldo Ruiz y Flores, en el caso que no se me pidan otras.

"Cuando me trajeron a las Islas Marías vinieron, como todo el mundo supo, muchos presos de ambos sexos, porque se les encontró proporcionando armas y parque para la revolución.

"Todos contaban hechos dolorosos, anécdotas, sufrimientos, penas, privaciones, etcétera. La mayoría se quejaban, de que sacerdotes, muy entusiastas y muy santos les aconsejaban para trabajar en aquella forma.

"Llevar parque, *comprarlo*, proporcionar armas, ropa, entusiasmar y reclutar más miembros para la Liga y dinero para la revolución.

"Y es bien sabido que dentro del catolicismo, nadie desarrolla ninguna acción, ya se trate del clero o de los simples fieles, que no sea mandada, o por lo menos aprobada por los prelados.

"Y quienes planearon la acción revolucionaria sin intervención mía, muy bien pudieron también planear el delito que se me imputa; o si estaban convencidos que yo obraba en contra del Evangelio, debían haberme entregado a los tribunales para salvar el prestigio y el honor de la Iglesia.

"También algunos de los que vinieron aquí (presos) se lamentaban hondamente de que en Jalisco les impusieran como jefe a un señor Gorostieta, en contra del sentir de todos los que luchaban.

"Este señor (decían) era masón, no lo conocían, le tenían desconfianza, hizo sufrir a muchos mil injusticias y no se explicaban cuáles causas motivaron aquella imposición; sin embargo, el señor Orozco y la Liga lo ordenaron.

"De todas estas personas que vinieron, por tomar parte activa en la revolución, a ninguna traté nunca, jamás visitaron mi casa, además muchas de ellas tenían ya tiempo de practicar estas actividades y varias de *ellas* y *ellos* conocieron a José de León Toral, antes que yo, y como dije al principio, nunca pertenecí a la Liga ni traté jamás de averiguar las actividades a que se dedicaba. La mayoría de estas personas y muchos sacerdotes, han demostrado tener más carácter que yo, y creo ya está fuera de toda discusión, que a mí se me tomó como cosa muy a propósito para tapar un hueco desconocido totalmente por mí.

"Se me preguntará que ¿por qué escribo esto? Únicamente porque el ilustrísimo señor delegado apostólico lo provocó, no hago más que defender la verdad, con los poquísimos datos que sé y se puede probar son ciertos; porque defenderme yo, es tarea inútil.

"Lo que digo en estos artículos, tal vez no habrá nadie que lo apruebe, pero como una verdad que se impone, resonará amarga en una eterna actualidad en la historia del futuro.

"Rehacer mi vida no lo pretendo; que se me haga justicia, no lo pido; pero la mentira no debiera vivir entre nosotros y los hechos falseados no deben escribirse en la historia.

"*María Concepción Acevedo.*"

Publicada en el periódico *El Nacional,* de fecha 22 de enero de 1932.

La Madre Conchita calló durante el proceso a cambio de la "corona del martirio". Contestación de su defensor, el licenciado Ortega. "Los que ayer salvó, hoy la ofenden." Como han quedado informados nuestros lectores, la señorita María Concepción Acevedo y de la Llata, conocida bajo el nombre de la Madre Conchita, dirigió una carta a uno de sus defensores, el señor licenciado Fernando Ortega, por conducto de nuestro director-gerente. Dicha carta se dio a conocer en nuestro número del miércoles último.

El señor licenciado Fernando Ortega, a quien iba dirigida la carta en cuestión, tuvo la bondad de enviarnos la contestación que da a la misma y que es la que hoy publicamos.

Muy interesantes nos parecen los datos que aporta a este sensacional juicio histórico el señor licenciado Ortega; pero firmes en nuestro propósito de no mezclar comentarios nuestros en esta investigación, nos limitamos a publicar la carta del referido abogado, que dice así:

"México, a 30 de diciembre de 1931. Señorita María Concepción Acevedo. Penal de islas Marías, Nayarit.

"Estimada Madre: El día de ayer fue puesta en mi poder la carta de usted fechada el 23 de los corrientes, a la que doy contestación.

"Desconozco en lo absoluto las declaraciones del señor delegado apostólico, a las que usted se refiere y ni siquiera tenía noticia de ellas; pero créame que lamento muy sinceramente lo ocurrido, ya que ello constituye una nueva injusticia de la que la hacen víctima personas que convencidas de su inocencia, debían de ser sus más fervientes defensores.

"Creo que ahora, aunque demasiado tarde, se habrá usted convencido de que tuve razón al decirle, en la época del proceso, que hacía muy mal en permitir que se le calumniara; que usted, dentro de sus mismos principios religiosos, tenía la obligación de defenderse y procurar que durante la averiguación quedara plenamente probada la calumnia; que no se creyera de los que, pasando por sus amigos y admiradores, la adulaban constantemente, y, diciéndole que ya había alcanzado la "corona del martirio" y que era santa, la instaban para que salvara a los culpables y se sacrificara aceptando para sí la responsabilidad del crimen; que si desgraciadamente el jurado llegaba a condenarla, con toda seguridad y contra viento y marea, la apelación se perdería y el amparo correría la misma suerte, y si este caso llegaba a darse, usted quedaría irremisiblemente perdida; que todos aquellos a quienes usted pretendía salvar y todos los que se interesaban en que hiciera tal cosa, por lo pronto continuarían admirándola y adulándola, pero transcurrido el tiempo, la abandonarían por completo en su desgracia y, más tarde, para borrar de la opinión pública hasta la más leve sospecha de su participación en un crimen reprobable por todos conceptos y contrario en absoluto a la religión, la execrarían y la señalarían como algo digno de odio y de desprecio.

"Usted sabe perfectamente que yo quedé plenamente convencido de su absoluta inocencia, y por lo mismo, como un acto de justicia de mi parte en estos momentos en que su carta me está revelando su sufrimiento, voy a decirle en qué basé mi convicción.

"Cuando en la cárcel de San Ángel le informamos de que Carlos Castro Balda, espontáneamente, se había presentado al juzgado y con ese motivo en la inspección de policía se había practicado una nueva averiguación en la que aparecía que todos o la mayor parte de los detenidos declaraban que en el convento de que usted era superiora, y bajo su dirección, se había fraguado un complot para asesinar en Celaya a los señores generales Obregón y Calles, así como que también había tenido participación en la manufactura de las bombas que fueron puestas en el centro obregonista y en la Cámara de Diputados, usted, verdaderamente asombrada, desmintió el hecho exclamando que eso era ya el colmo de la calumnia y ofreciendo solemnemente hablar claro a fin de que se aclarara perfectamente quiénes habían hecho esas cosas y dónde las habían hecho.

"Pocos días después, y ya juntos en la cárcel de Mixcoac todos los detenidos, se le tomó a usted declaración sobre el particular y, con verdadera sorpresa, vi que se limitaba únicamente a negar y que, dada la forma en que lo hacía tácitamente aceptaba las imputaciones. Concluida la diligencia, le pregunté qué razones había tenido para no cumplir su ofrecimiento, manifestándole que en esa forma yo mismo iba a dudar, y usted me contestó que lo había hecho porque varios de los detenidos le suplicaron que 'no fuera a decir nada, que los salvara a todos, que al fin ya era mártir', y que ser mártir había sido la mayor ilusión de su vida. Esto que usted me dijo, lo comprobé pocos días después al tener en mis manos varios papelitos que le fueron llevados a su celda.

"Tuve uno en que la señorita Pacheco, a quien usted conoció hasta que fue llevada a la cárcel de Mixcoac, le reprochaba su conducta, diciéndole que usted era la culpable de todo lo ocurrido y debía confesar su culpa para que no estuvieran sufriendo tantos inocentes: que su actitud más bien parecía cinismo.

"Tuve otro en el que Carlos Castro Balda le decía las palabras que usted copia en su carta: 'Te hemos echado la culpa de todo porque así alcanzarás más pronto la corona del martirio'; más tarde oí de labios de este mismo señor que se sentía orgulloso de lo que había hecho porque con ello usted alcanzaba la 'palma' y que antes de haberse presentado a las autoridades había escrito toda la verdad de los hechos y ese documento, pasados los años, se conocería.

"Leí igualmente el papelito en que José de León Toral le suplicaba ardientemente a usted que le dijera si en realidad lo perdonaba, y le decía que lo que más atormentaba su conciencia era haberla mezclado en un delito del que usted nada sabía y era completamente ajena.

"Por último, leí también la carta de la señorita Pacheco, a la que usted se refiere y fue lo único que no rompió, en la que le pedía perdón por todo lo que antes le había escrito, manifestándole que como no la conocía creyó que era cierto todo lo que de usted se decía y por eso le reprochó su conducta, pero que habiéndola ya tratado y sabiendo por las demás detenidas la realidad de todo, estaba ya convencida de su inocencia y la quería y la admiraba.

"Durante el proceso llegó a usted la noticia de que algunas personas habían dicho a un personaje que tuvo gran interés en la averiguación de la verdad, que estaban ya convencidas de su culpabilidad, porque sabían que una de las monjitas, sin darse cuenta de lo que se trataba, había logrado sacar del convento, cuando ya la policía había llegado allí, un bulto que contenía no recuerdo si una o varias pistolas. Este hecho no fue motivo de ninguna averiguación procesal, pero a usted le hizo mucho mayor daño que si lo hubiera sido. Desde luego manifestó usted que aquello era completamente falso; pero desgraciadamente pocos días después llegó a su conocimiento que el hecho era cierto, así como también que, ya muerto el señor general Obregón, aprehendido José de León Toral y pocas horas antes de que a usted se le detuviera, alguien fue a dejar ese bulto al convento. ¿Qué objeto pudo haber tenido esto? No pudo ser otro, seguramente, que el de aportar, aun a costa de una infamia, una prueba que pudiera convencer a la opinión pública de que usted era la autora intelectual del homicidio, y quizá también de que hasta era capaz de haberlo cometido personalmente.

"Pocos días antes de la celebración del jurado, logré hablar a solas con José de León Toral, a quien manifesté que, para normar mi criterio de defensor, le suplicaba que me dijera si realmente usted había dicho las palabras que le atribuyó. Antes de contestarme, De León Toral me dijo que ya usted le había dicho por escrito que lo perdonaba y debía estar tranquilo, pero que, para poder estarlo, me rogaba le dijera si la Madre Conchita me había dicho que lo perdonaba. Respecto a la pregunta que le hice, me manifestó que jamás oyó decir a usted las palabras que le atribuyó en su declaración, y como yo le preguntara que, entonces, por qué había hecho eso, se quedó un momento callado y después me dijo que él no declaró tal cosa sino hasta después de haberle manifestado su situación, así como que en la inspección le decían que si no declaraba le iban a hacer a toda su familia lo mismo que a él, y que en cambio, si decía quién le había ordenado que cometiera el delito, los fusilarían a los dos y ya no se molestaría más a su familia ni se perseguiría a nadie; que al suplicarle que le ayudara, usted le manifestó que si realmente lo mataban y con ello se acababa toda la persecución, dijera lo que quisiera, a lo que él le contestó que así se lo habían ofrecido bajo su palabra de honor; que no obstante que, autorizado por usted, pudo haber declarado que por su orden cometió el homicidio, no se atrevió a hacerlo sabiendo que era falso y se concretó sólo a decir que se había inspirado en las palabras que le oyó en una conversación, sin imaginarse nunca que las cosas llegaran al grado a que habían llegado.

"Para mejor convencerme de la infamia que se estaba cometiendo y de lo que en realidad había, varias veces llegó a mi conocimiento que gentes, de quienes no se podía dudar que eran completamente adictas a usted, hipócritamente llegaban ante el obregonismo a acusarla como la única culpable, y aún más, personas a quienes no conocía ni he vuelto a saber de ellas, pero que aparentaban ser de usted, llegaron a acercarse a mí y me indicaron que como defensor no debía tratar de probar que no era responsable, sino que estaba loca y para que lo lograra me darían todos los elementos necesarios. Como era natural, tuve que rechazar indignado esa indicación, y como recordará usted, me apresuré a ponerla en su conocimiento, a fin de que supiera a qué atenerse respecto a los que juzgaba sus amigos.

"Comprendo perfectamente que la defensa que hice de usted fue absolutamente pobre, pero no pude dar más de mí y, por otra parte fueron fatales las condiciones en que trabajé y eso a nadie mejor que a usted le consta. Quizá en otras manos el jurado la hubiera absuelto.

"Sin embargo estoy tranquilo porque hice todo lo que humanamente me fue posible hacer; ante el jurado fui absolutamente sincero y, a pesar del ambiente que allí reinaba, sostuve mi convicción; aun contrariando sus ideas, ante el público que llenaba el salón, dije a usted, al interrogarla quiénes eran los verdaderos culpables de su situación y a qué se debían las vejaciones de que había sido víctima, y después, en los debates, volví a insistir sobre el particular ante la nación entera que me escuchaba por radio. En aquellos momentos se tenía la obsesión de su culpabilidad, nadie hizo caso de mis palabras y usted fue condenada. Al día siguiente, a un redactor de El Gráfico, dije que había sido un error la condenación de usted y que, cuando se calmaran las pasiones, todo el mundo se convencería de ello. Posteriormente, no he perdido una sola oportunidad para proclamar la inocencia de usted.

"Lamento muy sinceramente que lo que yo pensé y dije a usted se haya realizado; usted, en su sueño de martirio, no oyó mi humilde consejo, y ya en la actualidad estimo que no le queda otro camino que el de la resignación, segura de que tarde o temprano, llegará para usted el día de la justicia.

"Con los recuerdos de mi familia, reciba usted la estimación del más humilde de sus defensores.

Fernando Ortega."

Carta que fue publicada en *El Nacional,* de fecha enero 15 de 1932.

IV. "... el lodo de la calumnia y de la infamia en contra del general Calles ..."

EN POLÍTICA, la adaptabilidad de los principios a las condiciones de la realidad —esto es, adecuar la acción gubernativa al medio en que se opera— puede ser una virtud fecunda en resultados y productora de beneficios para los pueblos; no así la caricatura que han hecho a veces de esa cualidad las facciones mexicanas, convirtiendo la adaptabilidad en el vicio del "oportunismo". En aquellos días, muchos políticos se adaptaron, no aplicando los principios según el medio, sino creyendo halagar al capricho de los poderosos; se trató, no de salvar una doctrina, sino de conservar un puesto; creyendo de ese modo quedar bien con el jefe. El oportunista será un moderado hoy y un radical mañana, o al contrario, según sea el criterio del amo del momento. Para ellos los principios son pretextos de oratoria, que sirven tan sólo para conservar los puestos públicos. La ley del transformismo acelera tanto su ritmo en la vida de nuestros oportunistas, que se torna en simulación; y así, por artes de magia, hacen aparecer negro lo que ayer tuvieron por blanco, o viceversa. No es de extrañar, pues, que los oportunistas de la política mexicana se acostaron el 13 de junio como "callocardenistas" furibundos, para despertar el 14 transformados en broncos "cardenistas" a secas, convertidos en furias antiguas contra Calles, hombre cuyos hechos todos alabaron y contra el régimen callista, al que todos pertenecieron con beneplácito. Pero de junio a diciembre tenían olvidado a Calles, creyendo que lo habían enterrado para siempre en la montaña de lodo, calumnias y difamación que le venían arrojando en una de las más despreciables campañas de prensa que se haya tolerado y alentado por elementos gobiernistas en nuestro país.

Desde que tomó posesión el general Cárdenas de la presidencia de la República, se hizo sentir en los medios políticos, que un grupo que se decía más allegado al nuevo presidente, inició críticas al grupo de amigos del general Plutarco Elías Calles, las que poco a poco se hicieron extensivas al programa y opiniones del mismo general Calles.

Estas críticas partían de los nuevos miembros de la dirección del partido y de diputados y senadores del Congreso federal.

El general Calles queriendo evitar una división y demostrando su alejamiento de toda intervención política, hizo declaraciones el 11 de diciembre de 1934, y salió de la ciudad de México rumbo a El Tambor, Sinaloa, para recuperar su salud.

Entre otras cosas dijo: "Contamos con un gobierno fuerte encabezado por un revolucionario limpio y firme a quien todos respetamos; tenemos un plan definido de gobierno y está con nosotros la confianza probada de las grandes masas del país; nuestro deber, por tanto, es claro: dar a este gobierno... el sólido apoyo de un gran partido político basado en la unión de los revolucionarios."

La enfermedad del general Calles se acrecentó y fue a internarse a un sanatorio de Los Ángeles, California, donde permaneció más de dos meses.

Regresó a la ciudad de México hasta el 3 de mayo del año de 1935, siendo recibido en el puerto aéreo por el presidente Lázaro Cárdenas y sus principales colaboradores quienes lo acompañaron hasta su hacienda de Santa Bárbara.

Las críticas y ataques ya más claros al grupo que se llamaba "callista" y a la actuación misma del general Calles se fueron acentuando.

El general Calles había regresado a la capital de México por repetidas invitaciones del general Cárdenas, que finalmente mandó a traerlo a Rodolfo Elías Calles, hijo del general Calles y secretario de Comunicaciones y Obras Públicas del gabinete del presidente Cárdenas.

El general Cárdenas fue un sábado a Cuernavaca a comer y platicar con el general Calles, quienes hablaron extensamente de la situación.

En esa conversación el general Calles le hizo ver al presidente Cárdenas que se estaba produciendo una agitación en el país, principalmente por la actividad demagógica de líderes obreros y campesinos (huelgas locas e invasión de tierras) y el señor presidente Cárdenas le pidió que lo ayudara con su prestigio y personalidad, a pacificar ese movimiento.

Con ese motivo el general Calles, el día 11 de junio, aprovechó la visita de un grupo de senadores que acudió a su casa, para platicar con él y pedirle orientaciones.

En dicha entrevista el general Calles con toda claridad y franqueza les habló, sobre todo, de la situación provocada en los sindicatos y la división que se estaba presentando en las cámaras y comisionó al licenciado Ezequiel Padilla para que diera a la publicidad como declaraciones del general Calles, las opiniones que les había expresado.

En ellas, y tan sólo como un ejemplo de las fatales consecuencias de las divisiones, les recordó la división del Congreso en grupos de "ortizrubistas" y otro llamado "callistas", lucha que al final determinó la renuncia del presidente Ortiz Rubio; por eso condenó enérgicamente la división de los grupos a base de personas y terminó diciendo: "No hay nada ni nadie que pueda separarnos al general Cárdenas y a mí, conozco al general Cárdenas, tenemos 21 años de tratarnos continuamente y nuestra amistad tiene raíces demasiado fuertes para que haya quien pueda quebrantarla." También condenó la formación en las cámaras de "alas izquierdas".

Las declaraciones hechas a nombre del general Calles fueron publicadas el día 12 de junio de 1935. El general Cárdenas afirmó que no se las dieron a conocer antes de su publicidad y el licenciado Ezequiel Padilla tampoco se las dio a conocer al general Calles.

Hubiera sido posible una aclaración y entendimiento de ambos personajes, si lo hubieran discutido; pero algunos informan que Froylán C. Manjarrez se encargó de la publicidad de las declaraciones, presionado por un grupo de personas allegadas al general Cárdenas, que anhelaba el rompimiento con Calles.

Se afirmó que ese grupo presionó al general Cárdenas para que contestara esas declaraciones, diciendo que constituían un ataque a su gobierno, una amenaza de maniobrar para que saliera de la presidencia y que lo conminaron para que terminara con lo que llamaban la "intromisión de Calles". En el archivo del general Calles deben existir los cientos y cientos de telegramas de felicitación que recibió por esas declaraciones, de diputados, senadores, políticos, generales, gobernadores y revolucionarios que creyeron que las declaraciones se habían hecho por acuerdo con el general Cárdenas.

El general Cárdenas vaciló durante 48 horas para contestar y publicar su respuesta, interpretando las declaraciones de Calles sobre la conducta demagógica de los líderes como un ataque al sindicalismo y a la política obrerista.

Estas declaraciones produjeron una condenación injustificada al general Calles, ya que él no pretendió nunca faltarle al respeto al presidente Cárdenas, sino que declaró con toda franqueza, como se le había pedido que diera su opinión sobre la situación, y que hiciera valer su personalidad y prestigio para calmar la agitación.

Ante este conflicto y ruptura, la mañana del mismo día en que aparecieron las declaraciones del presidente Cárdenas se presentaron en Cuernavaca, para solicitar su orientación al general Calles, diputados y senadores en su mayoría. Existe una fotografía de esa reunión. El general Calles les contestó: "El jefe del Partido Nacional Revolucionario que se encuentra en el poder es el presidente de la República, y es a él, a quien deben de dirigirse ustedes para pedirle orientaciones. Se ha producido un incidente puramente personalista de grupos que luchan por controlar el poder y que no debe existir, porque van a dividir a la revolución."

Diputados y senadores regresaron calmados de su agitación.

Igualmente se presentaron el general Manuel Medinaveytia, jefe de las operaciones en el valle de México, y los jefes de las corporaciones que comandaba, para pedirle instrucciones al general Calles. Ante ellos el general Calles declaró que apoyaba, sobre todas las cosas, la fortaleza y funcionamiento de las instituciones, cuando les contestó: "Este es un incidente puramente político, que por ningún motivo debe influir en la conducta de los militares; a ellos como siempre, les he pedido la disciplina y el cumplimiento del deber. Ustedes como militares, deben de eximirse de actuar en política y su deber es sostener las instituciones y estar a las órdenes del señor presidente de la República, general Lázaro Cárdenas, que es el jefe del ejército."

Los militares salieron tranquilos, aunque poco después fue separado de la jefatura de operaciones el general Medinaveytia, y el general Joaquín Amaro de su comisión en las instituciones de enseñanza militar.

El mismo día 14 de junio, citó el presidente de la República a una junta de su gabinete, donde pidió a todos sus ministros la renuncia.

Casi todos los ministros fueron a Cuernavaca a pedirle instrucciones al general Calles, quien les dijo que el presidente Cárdenas tenía absoluto derecho para elegir sus colaboradores y que les recomendaba a todos resignación y calma.

Esa noche del 14 de junio, estaban reunidos en Cuernavaca pidiendo instrucciones, trece gobernadores y los representantes de las mayorías de la Cámara de Diputados, y del Senado; muchos políticos y varios militares.

A todos les contestó el general Calles en la misma forma, exigiendo el respeto y el respaldo a las instituciones del país.

Algunos amigos del general Calles, ya muy tarde, tomaron un refrigerio con él, entre ellos Carlos Riva Palacio, Manuel Riva Palacio, Melchor Ortega, Luis L. León y otros más.

Uno de ellos que se mostraba indignado se dirigió al general Calles diciéndole: "No se deje usted ningunear por Cárdenas, aquí están los gobernadores y la mayoría de las cámaras y tiene usted mucho prestigio y fuerza en el ejército."

Y el general Calles le contestó: "Todos ustedes deben calmarse, sé que tenemos fuerza, pero no tenemos bandera, la bandera de las instituciones la tiene el señor presidente de la República y yo nunca seré un Victoriano Huerta para encabezar un cuartelazo. Creo que lo más conveniente es que yo me aleje de la capital y ustedes se pacifiquen."

La situación que guardaba el general Calles desde junio de 1935 era bien conocida. Habiendo suspendido sus relaciones con el partido en el poder, se encontraba completamente retirado de toda actividad pública, alejado de la política, tanto que para mejor lograrlo fue a residir, primero, a Sinaloa y de ahí marchó al extranjero. Tal vez el mismo ex presidente pensó prorrogar su estancia fuera del país por más tiempo del que había previsto, para dejar que se apaciguaran las pasiones y que un examen más sereno de los hechos le permitiera esperar tranquilamente un fallo justiciero sobre su responsabilidad histórica.

Si éstas eran las aspiraciones del ex presidente Calles, debemos confesar que, a pesar de su reconocido espíritu práctico, soñaba en un imposible. Las facciones mexicanas no pueden ascender a la "montaña augusta de la serenidad"; necesitan para alentar, como Luzbel, del combate en las tinieblas. Y al ídolo que abandonaron un día, tratan de pulverizarlo en una lucha hasta el final por temor de que se yerga en su camino como un reivindicador, o les viva, aunque sea en el recuerdo, como un remordimiento. Por eso durante seis meses hicieron cuanto esfuerzo les fue dable para acabar con el hombre que incensaron ayer. No sólo se permitió, sino que se alentó a todos sus enemigos grandes y pequeños, para que vaciaran el fuego de sus bajas pasiones sobre la figura del general Calles, en una de las campañas más mezquinas y calumniosas que registra la historia del periodismo nacional.

Las facciones mexicanas son así, y empujan a sus directores a estas campañas, tañendo la cuerda sensible de los celos y presionando el lado flaco de la vanidad. Numerosos ejemplos históricos confirman esta afirmación. Los traidores a Juárez hicieron que en el espíritu tortuoso de don Porfirio se encendiera el odio a su antiguo benefactor al grado que llegó a tomar como una ofensa personal cualquier elogio al Benemérito de las Américas. La historia se repitió años después, cuando algunos miembros de la camarilla que rodeó a don Venustiano Caranza consiguieron que el primer jefe llegara a alimentar celos por la figura de Madero en forma de todos conocida. Ahora los turiferarios de ayer del general Calles pretendían enlodar la figura de este último, creyendo halagar con esto al entonces presidente. Porfirio Díaz tuvo a su servicio, para denigrar a Juárez, al genio de Bulnes; Venustiano Carranza para desvanecer la figura de Madero, la habilidad innegable de Macías; los turiferarios del general Cárdenas, para calumniar al general Calles, tuvieron que recurrir al amarillismo truculento de un periódico llamado *La Prensa*. Así es que esa vieja pasión de intrigas de las facciones mexicanas, se encontró en franca decadencia; y de la pluma lapidaria de Bulnes, fuimos descendiendo a la ruin estilográfica de Rascarrabias.

Por seis meses corrió en la prensa el lodo de la calumnia y de la infamia en contra del general Calles y del llamado "régimen callista"; nadie salió a su defensa, ya que la mayor parte de los hombres que formaron aquel régimen estaban en el poder, y lo único que deseaban era conservar sus posiciones con su silencio, o, de ser posible, mejorarlas, añadiendo a la catarata de calumnias una más contra el antiguo jefe. Se llegó a acusar al general Calles hasta de connivencia con los asesinos clericales del señor general Obregón, haciendo venir a esta capital en un viaje extraordinario, a la célebre Madre Conchita, quien se vio obligada a cometer el feo pecado de la mentira y de la difamación. Fue entonces cuando el ex presidente de la República se decidió a regresar a su patria para residir en ella como ciudadano que tiene derecho a hacerlo, y para defenderse en una serie de publicaciones serenas y documentadas. No quiso seguir contribuyendo con su silencio a la cobardía colectiva de todos los que con él formaron en su régimen y ahora callaban o le arrojaban calumnias impúdicamente. Así lo dijo en sus declaraciones publicadas en *El Instante*, del día 14 de diciembre de 1935, que transcribo a continuación:

Desde que salí del país lo hice con el firme propósito de permanecer alejado de toda actividad política y de guardar un silencio absoluto y firmemente estaba siguiendo esta línea de conducta, resistiendo todas las acometidas de los periodistas de la prensa extranjera que a todo trance querían obtener declaraciones; pero ante la tempestad de injurias y calumnias que en la forma más injustificada, agresiva y grosera se han desatado sobre mi persona y sobre lo que han dado en llamar "régimen callista", desvirtuando hechos y acontecimientos, he resuelto romper esa determinación porque de no hacerlo, mi actitud se tomaría como una cobardía y una indignidad que no existen y que se vendría a sumar a las muchas cobardías e indignidades que se han visto en estos últimos seis meses.

A reserva de hacer, en posteriores declaraciones, un análisis de ese régimen callista, con situaciones políticas de hechos y de hombres, y que abarca la etapa comprendida del año de 1924 hasta junio de este año, por ahora me concreto a declarar lo siguiente:

1o. Soy, en forma absoluta, el único responsable de todos los actos del gobierno durante los cuatro años en que fui presidente de la República y declaro que las orientaciones que dio esa administración en política internacional, en el terreno de las conquistas sociales y las finanzas de la República, fueron impuestas por mí como resultado de mis convicciones y declaro que toda la responsabilidad del conflicto religioso que se provocó en aquel entonces por razones demasiado conocidas, es mía y que igualmente mi actitud resuelta y firme fue producto de mis convicciones y creí entonces y sigo creyendo que interpreté la opinión del sector revolucionario que me llevó a la primera magistratura de la República, y tengo la convicción más grande de que ese sector sí acepta sin cobardías junto conmigo las responsabilidades que sean.

Hago constar, por ser un acto de justicia, que jamás, como se ha pretendido hacer creer, mi gran amigo el señor general Álvaro Obregón, tuvo una intervención indebida en mi gobierno, y declaro que yo fui quien consultó a aquel gran patriota en varios asuntos de Estado en que me era necesario su consejo y el saber de su experiencia, como declaro también que, en tratándose de asuntos vitales para resguardar los intereses y la dignidad de la nación, no tuve escrúpulo en ocurrir al consejo y buscar la opinión de personas enemigas políticas mías distanciadas de mi administración, porque consideré, sin equivocarme, que antes que nada eran mexicanos y patriotas. Declaro igualmente que relevo a mis colaboradores de la responsabilidad de cualquier acto de mi gobierno que ellos ejecutaron.

2o. Declaro que acepto la responsabilidad que me corresponde por mi solidaridad a los gobiernos que me sucedieron hasta el 15 de junio de este año en los errores que hayan cometido, sin disputar la gloria de los triunfos obtenidos, y, por último, acepto, sin discusiones, la responsabilidad que me toque en todos los yerros cometidos por la Revolución Mexicana.

Se engañan los injuriadores de profesión y los elementos políticos que han combatido en bandos contrarios al que yo he pertenecido con toda lealtad, si creen que voy a entablar polémicas, pues es sólo el "régimen callista", y a sus hombres al que me voy a referir. México, D. F., 13 de diciembre de 1935. *General Plutarco Elías Calles.*

A pesar de las intenciones del señor general Calles de no mezclarse en política, y limitar su acción a ejercer el legítimo derecho de defensa en favor de su personalidad y del régimen que presidió, el pánico no dejó. dormir en la noche del 13 al 14 de ese mes de diciembre a los políticos oportunistas que creían ver amenazadas sus posiciones de presupuestívoros por la sola presencia del general Calles en el país. Y del insomnio de esos tránsfugas de lo que en política nacional se conoció como "callismo", y que no fue otra cosa que el régimen de la revolución, desde 1925 hasta junio de 1935, nació la nueva calumnia, dictada por el pavor, pretendiendo hacer "perro rabioso" al antiguo jefe, ya que si hablaba podía denunciarlos ante la opinión pública. Así en las primeras horas del sábado 14 corrió la "palabra de orden", a través de las filas de los oportunistas mexicanos, de sus "infanterías" y de sus "porras": "Calles es un conspirador; viene a derrocar al régimen y los amigos que fueron o que vayan a saludarlo son sediciosos y hay que juzgarlos rebeldes."

Concebido el plan, se procedió a ejecutarlo sin escrúpulos, sin respeto para la Constitución, ni para las leyes, ni para la dignidad del país, ni para el prestigio de la misma revolución. Las medidas fueron discutidas y aprobadas: amordazar a la prensa nacional, para evitar que Calles pudiera ser oído por el pueblo mexicano; establecer la censura en todos los periódicos y en todos los órganos de comunicación: correos, telégrafos, teléfonos, estaciones de radio; organizar el espionaje y premiar la delación y dar un "golpe de fuerza" contra los senadores y los gobernadores, desgarrando la Constitución, para amedrentar a la población de la República, y evitar que se expresaran las opiniones y las simpatías en favor de Calles. El miedo concibió el plan y el servilismo lo puso inmediatamente en ejecución.

Desarrollando este plan, se procedió el mismo sábado en la tarde a desaforar a cinco señores senadores en una sesión del Senado —con el supuesto motivo de conspiración—, que se imputó a los senadores Francisco L. Terminel, Bernardo L. Bandala, Cristóbal Bon Bustamante, Manuel Riva Palacio y Elías Pérez Gómez. Ni siquiera el periódico *La Prensa* pudo afirmar la acusación a pesar de su habitual audacia y al dar crónica de la escandalosa noticia puso un subtítulo que decía así:

Los expulsados pertenecen al grupo de los más connotados callistas que desde hace tiempo, según se afirma, preparaban un complot.

Esto quiere decir que ni siquiera el periódico de Rascarrabias se atrevió a afirmar "lo del complot", y que todo el delito de los senadores desaforados, a quienes se privó de sus derechos pasando sobre la ley, no fue otro que el de ser amigos del general Calles, que se atrevieron a ir a saludarlo con motivo de su regreso al país. Los que leyeron el pobre dictamen que, suscrito por la primera comisión del gran jurado, sirvió de base al Senado para el desafuero de los cinco senadores, convendrán en que la desfachatez de los oportunistas mexicanos, apenas si puede igualar a su torpeza, ya que no exhibieron un solo argumento serio, ni una sola prueba, ni siquiera indicios o sospechas, de que existió el delito de sedición. ¡Como que no habían cometido otro delito los senadores aludidos que el ser amigos del general Calles!

Para bochorno de quienes se prestaron a cometer esa injusticia y ese atropello, quedan en pie las serenas palabras del ex senador Bandala, único de los senadores desaforados que asistió a la sesión y que tomamos del periódico *La Prensa*:

Yo quiero que alguno de los señores senadores me señale un solo acto de mi vida que se pueda tachar de conspiración, no estimando que sea justo que se me diga que estoy minando el gobierno del señor general Cárdenas, que es mi amigo, como él bien lo sabe... Si el único motivo, y bien lo veo, de mi desafuero, es haber ido a recibir al aeródromo al señor general Calles, que es mi amigo, quien no es verdad que venga a hacer labor sediciosa, yo acepto el dictamen y salir del Senado, pero no acepto que se me califique de rebelde.

Contra esa digna actitud, contestó la lógica vulgar del senador David Ayala estas increíbles palabras que fueron las que sirvieron para condenar a los cinco ex senadores, y que tomamos de la crónica de *Excélsior* del día 15 de diciembre:

Para ser senador de la República, es necesario tener conciencia política. El general Calles ya no es el jefe del país, y es lógico suponer que a sus amigos políticos y personales tenemos que considerarlos como conspiradores.

Todos los órganos de la prensa de la capital se negaron a publicar las declaraciones de los senadores desaforados, por órdenes que tenían recibidas; sólo el periódico *Excélsior* se atrevió a publicar un resumen. Ese resumen lo tomamos del referido periódico de fecha 15 de diciembre, y dice así:

A horas avanzadas de la noche estuvieron en la redacción de *Excélsior* los señores Francisco L. Terminel, Bernardo L. Bandala, Manuel Riva Palacio, Elías Pérez Gómez y Cristóbal Bon Bustamante, con objeto de hacer declaraciones sobre la actitud del Senado que los desaforó en la sesión efectuada ayer en la tarde y en la cual damos información en otro lugar. Dicen los señores mencionados que la actitud del Senado les ha causado positiva extrañeza, pues fue tomada un día después de que públicamente fueron a recibir al general Plutarco Elías Calles. Agregan en sus declaraciones que están a la disposición de las autoridades competentes para que investiguen la acusación que se les hace de estar desarrollando maniobras sediciosas y que no harán uso del recurso de amparo, por tener la conciencia tranquila. Sin embargo, según dijeron, se reservan la facultad que les corresponde para plantear oportunamente ante la Suprema Corte de Justicia, el problema creado por la decisión del Senado.

El miedo de los oportunistas y su falta de meditación continuó dictándoles una conducta ilógica e injustificada, para ejecutar lo que ellos llamaban "demostración de fuerza", y que no fue otra cosa que graves atropellos con los que pretendían atemorizar a los amigos del general Calles, y que el público tomó como signos característicos del temor que los embargaba.

Al mismo tiempo que se dio la acometida a los senadores en una sesión del Senado, en que no se llenaron los requisitos legales, ni se cumplieron las disposiciones reglamentarias, se desarrolló una embestida en contra de los militares.

Algunos jefes militares concurrieron a saludar a su antiguo amigo, el general de división Plutarco Elías Calles. Bien pronto pagaron caro ese delito, y los señores generales Joaquín Amaro y Manuel Medinaveytia fueron removidos de los puestos que ocupaban, según la siguiente información que entregó a la prensa para su publicación el señor licenciado Luis I. Rodríguez, secretario particular de la presidencia de la República:

El señor presidente de la República libró acuerdo a la Secretaría de Guerra y Marina en el sentido de que, con fecha 15 de los corrientes, cesan en las comisiones que venían desempeñando, los señores general de división Manuel Medinaveytia Esquivel —comandante de la primera zona militar y de la guarnición de la plaza—, y Joquín Amaro —director general de educación militar—. El propio primer magistrado designó para sustituirlos, respectivamente, a los señores generales de brigada Rafael Navarro y brigadier Rafael Cházaro Pérez.

También fueron removidos otros militares, como el jefe de la zona militar en Veracruz, y el coronel Pedro Amaro, que tenía la jefatura de un regimiento.

Es indudable que estas medidas, tomadas con los militares amigos personales del general Calles fueron dictadas dentro de las facultades constitucionales del ejecutivo. No se trataba de una desobediencia a la Constitución y a nuestras leyes, como en el caso del desafuero de los senadores o la desaparición de poderes en los estados, pero desde el punto de vista moral, sí entrañó un atropello y una injusticia. Medidas como esas de la separación de los generales Amaro y Medinaveytia fueron desalentadores para el ejército nacional, porque no se explicaron sino como una represalia de la superioridad por el hecho de que hayan ido a manifestar su amistad a un antiguo ex jefe y amigo. La furia del oportunismo político no supo respetar en estos altos jefes militares todo un brillante historial de revolucionarios, de soldados de honor y defensores de las instituciones, y sin razón alguna se les ofendió con una sospecha que injustamente pretendió manchar su limpia hoja de servicios. Los políticos oportunistas de nuestro país, debían saber que a los soldados no se les debe tratar así. A los soldados, cuando son desleales, se les procesa, y en nuestro país se les fusila; pero no se les humilla; y cuando son dignos, se les respeta. Y es altamente disolvente y peligroso dejar que el despecho político alcance a herir a los miembros serios y dignos de nuestra institución armada.

A pesar de haberse cometido los errores anteriores, el temor de los oportunistas no se había desvanecido, ni su fobia "anticallista" quedaba satisfecha con tan poca "mano de hierro" y tan exiguas "manifestaciones de fuerza". Necesitaban, para tranquilizarse, cometer nuevos atentados y violar la ley, obsesionados, como estaban, en demostrar su poderío. Y eso fue lo que hicieron.

La tarde del lunes 16 de diciembre, el Senado de la República, después de una sesión secreta del "ala izquierda" del propio Senado, procedió a declarar desaparecidos los poderes en cuatro estados. Si los argumentos que se tuvieron para desaforar a los senadores eran deleznables, como ya hemos visto, aún son menos serios los que se hicieron valer para declarar desaparecidos los poderes, al mismo tiempo, en cuatro estados de la República. El solo hecho de que se declararan desaparecidos todos los poderes, simultáneamente, en cuatro entidades federativas, estando el país en paz, y sin existir conflictos políticos interiores en esos estados, ni controversias con la federación, revela claramente que el atropello sólo pudo inspirarse en la ofuscación que produce la pasión política del momento. Los gobiernos de los estados de Guanajuato, Durango, Sinaloa y Sonora funcionaban constitucionalmente, reconocidos por los poderes federales, desarrollando labor tranquila y de paz. Los cuatro gobernadores habían sido electos popularmente, con el apoyo del Partido Nacional Revolucionario, y desde el punto de vista político y legal, estaban satisfechos todos los requisitos de gobiernos legítimos, funcionando normalmente. Asombra leer en las crónicas de los periódicos, de aquellos días, la argumentación de las comisiones que impulsaron al Senado a cometer uno de los más grandes atentados que se hayan cometido, pasando sobre la Constitución de la República, en la vida de nuestro país, rompiendo el pacto federal y atropellando la soberanía de esas entidades.

Para fundar la desaparición de los poderes en Guanajuato, el senador Ernesto Soto Reyes, atacó a Melchor Ortega, el ex gobernador, que hacía meses había entregado el poder, desbordando en su discurso la pasión política y el odio de facción. El único cargo que se hizo al gobierno de Guanajuato, fue el de que era "producto de imposición", sin recordar que hacía meses estaba reconocido por los poderes federales, por lo que el cargo no entrañaba ninguna violación legal y ni siquiera un problema político, ya que el gobernador Yáñez Mata había triunfado como candidato sostenido y apoyado por el Partido Nacional Revolucionario. El senador David Ayala echó su cuarto a espadas, decidiendo con su discurso la votación del dictamen que consultaba la desaparición de los poderes en el estado de Guanajuato. Reproducimos a continuación, tomado de la crónica de *El Universal*, del 17 de diciembre, el párrafo siguiente: "El senador David Ayala, como representante por el estado de Guanajuato, también fundó el dictamen, e hizo diversos cargos al gobernador Yáñez Maya, siendo el principal el de que ha sido y es un enemigo irreconciliable de los campesinos." La afirmación del senador Ayala era falsa, y tras de ser falsa no tenía ningún valor como argumento legal para declarar desaparecidos los poderes en un estado. El pueblo de Guanajuato podrá reclamarle en cualquier tiempo a don David Ayala, que, siendo su representante, atropellara su soberanía y pisoteara sus derechos constitucionales. Tal vez el senador Soto Reyes tenga la disculpa de la pasión política; David Ayala, senador por Guanajuato, no tiene ninguna disculpa.

En el caso del atropello al estado de Durango, sensible como todos estos casos, sorprende la carencia de seriedad del dictamen y la falta de argumentos en la discusión. Sin embargo, el Senado declaró festinadamente la desaparición de los poderes en esa entidad. El principal cargo que se formuló al gobierno del general Real, un gobierno constructivo y serio, fue el de que había sancionado una ley promulgada por la legislatura local, en la que se decía que se atenta contra una de las conquistas de la revolución, como lo es el municipio libre. Anteriormente la federación no había hecho ningunas observaciones a esa ley, que, por lo demás, no es atentatoria. Como se ve, se trató de un pretexto y la verdadera razón fue la pasión política, ya que no existieron ningunos hechos que fundaran la desaparición de los poderes. Pero el senador Domínguez, que defendió el dictamen siguiendo las huellas de Macedo, fue hasta la ignominia. Dice a este respecto la crónica de *El Universal*, refiriéndose al senador por Chiapas: "Afirmó que en su opinión la obra depuradora, debía extenderse aun cuando resultasen afectados no uno, dos o cuatro gobiernos, sino diez o más, hasta dejar al país legítimamente constituido por autoridades respetuosas de la ley."

¡Qué manera de imponerles a los pueblos autoridades respetuosas de la ley, desgarrándola, derribándoles las verdaderas y legítimas, pisoteándoles sus derechos y atropellándoles su soberanía! ¡Hay gente tan peligrosamente "institucionalista" que, so pretexto de defender a las instituciones, fue capaz de acabar con ellas!

Cuando se lee el dictamen por el que se declararon desaparecidos los poderes en el estado de Sinaloa, queda uno admirado (sin comprender por qué, si llegó a existir en la realidad un gobierno tal como se pintó al del profesor Páez, pudo vivir tanto tiempo, sin que la cólera pública lo derribara o el gobierno federal lo hubiese desconocido desde hace años).

Es increíble la tranquilidad con que se dijo en ese dictamen lo siguiente: "La realidad política de Sinaloa —dice el dictamen—, corresponde a un sistema monárquico personal, no sólo dueño de los intereses de los ciudadanos, sino también de sus vidas, puesto que la justicia solamente es elemento de despojo y de venganza que ha convertido en letra muerta los postulados sociales que garantizan la subsistencia de los derechos, defensa de las masas campesinas y obreras". (Tomado de la misma crónica de *El Universal.*)

Como tenía que ser, uno de los "infrahombres" de la revolución, el senador José C. Campero, fundó el dictamen colmando de cargos e insultos a Torreblanca, a Tapia y a Páez, y concluyó que debería declararse desaparecidos los poderes del estado de Sinaloa, porque el profesor Páez había perdido en una noche, en el desaparecido "Foreing Club", hacía más de un año, una fuerte cantidad de dinero jugando a los naipes. Gran razón constitucional.

Por lo que se refiere a la desaparición de los poderes en el estado de Sonora, tampoco se adujeron ningunas razones serias. El senador José Escobedo sostuvo el dictamen formulando el cargo al gobernador de ser "hijo espiritual de Rodolfo Elías Calles". A continuación añadió: "Lo condenamos, no por otra cosa que por su docilidad y mansedumbre ante mandatos provenientes de otras personas, que lo hacían irresponsable. Y como en este estado de cosas se hallaban complicados los dos poderes restantes, concluyó con que era de aprobarse el dictamen con dispensa de trámites, a fin de que fuese desconocido el gobernador Ramos." *(El Universal.)*

No sabe uno qué admirar más en casos como estos, si la falta de seriedad o la inconsciencia de los representantes de los estados que así violan la soberanía de los mismos. Conviene aclarar que el gobernador Ramos hacía tiempo que se consideraba enemigo de su antiguo correligionario Rodolfo Elías Calles, y desarrollaba una labor de hostilidad contra todos los elementos que lo habían llevado al poder y que consideraba amigos de Calles como él lo fue antes. El cargo, por tanto, que sirvió para que lo condenaran, además de no ser legal, era falso.

Para cerrar con broche de oro esta histórica sesión del Senado mexicano, hablaron el senador Pedro Torres Ortiz, para pedir que se diera de baja, por indigno de pertenecer al ejército, al general José María Tapia, y al senador J. Guadalupe Pineda, para pedir que fuese enjuiciado por sus responsabilidades el general Plutarco Elías Calles, y que se pidiera, igualmente, su baja del ejército por las mismas razones que el anterior. Esto revela la exaltación política de esa asamblea, y el grado de pasión que presidió las determinaciones de los señores senadores.

Hechos como los que referimos, en que se violó la soberanía de cuatro estados tan injustamente y obrando tan a la ligera, no necesitan comentarios. Sabemos, de antemano, que están enérgicamente condenados por la opinión pública. Pero los eruditos del oportunismo podrían justificar el atropello citando estas máximas de Maquiavelo: "Es preciso espantar por un golpe terrible a los enemigos... Es necesario ejercer la crueldad de una vez... La grandeza del crimen encubre su infamia."

De la sesión del Senado salieron jubilosos los oportunistas, porque habían logrado disimular su temor, atemorizando a la República, con la "mano de hierro" que podía ser la de una nueva dictadura; "mano de hierro" que rasgaba las libertades públicas y el manto constitucional en que se amortajaron esos cuatro gobiernos legítimos.

Por uno de esos hechos contradictorios e inexplicables de nuestra historia parlamentaria, por esta vez les "ganaron la delantera" los senadores a los señores diputados, quienes quizás "se durmieron" satisfechos por su triunfo anterior, ya que fueron los primeros que dieron la "acometida" contra el fuero constitucional, hacía meses, cuando arrancaron su investidura a diecisiete de sus compañeros. Lo cierto fue que el Senado se les adelantó; pero ellos, para no ser menos, y no habiéndose decidido a demostrar su "anticallismo" con nuevos desafueros, se limitaron a organizar una ruidosa sesión la tarde del martes 17 de diciembre.

La sesión de la Cámara, celebrada con objeto de solidarizarse plenamente con las medidas tomadas por el señor presidente de la República, y con los acuerdos dictados por el Senado, más bien tuvo el carácter de mitin, pues en ella campeó la elocuencia oportunista, cubriendo de dicterios al señor general Calles.

Comentando los discursos de esa sesión, iba a publicarse en el número correspondiente al jueves 19 del periódico El Instante, un editorial que ya no pudo aparecer por haberse suprimido, por medios violentos, el único órgano periodístico que publicaba las declaraciones del general Calles. Como ese editorial lo juzgamos de interés, a continuación lo damos a conocer. El artículo en cuestión decía así:

Apenas hará hoy seis días que llegó el señor general Plutarco Elías Calles de los Estados Unidos, declarando públicamente que venía a responder a los cargos y a defenderse de las calumnias que se le habían lanzado impunemente, cuando ya los móviles de ese viaje se pretende extraviarlos en el vericueto de las conjeturas y esfumarlos en el terreno nebuloso de la psiquis.

Reconstruyamos esa historia. La noche del viernes 13, día de su llegada, afirmaban rotundamente sus enemigos que venía a encabezar un cuartelazo para derribar al gobierno constituido. Al día siguiente, el sábado, los senadores desaforaron a cinco de sus compañeros, acusándolos de sedición y consignándolos al procurador general de la República. Ya para el lunes, de la afirmación rotunda del cuartelazo, de la acusación de sedición, se pasó a desaforar gobernadores porque su "actuación era sospechosa", según el decir del señor diputado Altamirano. Un día después, el martes, todas las acusaciones quedaron reducidas a la irresponsable denuncia de un ex general desconocido quien afirmó que los desarrapados, satélites de "El Tallarín", lo invitaron, a nombre del general Calles, para rebelarse en contra del gobierno de la República con las "bizarras huestes" de los veteranos de la revolución. Sin embargo, eran tan poco serias esas acusaciones, que ninguna pudo prender en el buen sentido de la opinión pública; se hacía necesario, por tanto, para justificar tan graves acontecimientos nacionales como los que presenciamos, una prueba de que el viaje del señor general Calles era y debía ser considerado como un acto de sedición. Y esa prueba incontrovertible, definitiva, contundente, que condena ese viaje como una clara sedición, pudo proporcionarla, en medio de ovaciones cerradas y de aclamaciones parlamentarias, al decir de los cronistas, la peregrina doctrina que expuso desde lo alto de la tribuna parlamentaria, el señor diputado Erro, y que desde hoy debe, en justicia, llevar su nombre: la Doctrina Erro.

Según este señor diputado, la realidad de la conspiración callista tiene dos aspectos: una realidad tangible y objetiva y otra que llama: "Una realidad no menos importante en la conciencia de las gentes; hay una realidad de conciencia, hay un fenómeno colectivo de expectación." Y el señor Erro concluyó entre grandes aplausos: "Allí la conspiración callista ha sido indiscutible."

Brillante doctrina que nos lleva, de hoy en adelante, a evitarnos la necesidad de buscar las pruebas de una conspiración en las acciones o los hechos de los supuestos conspiradores, ya que las podremos encontrar más fácilmente, en una "realidad de la conciencia" de otras gentes, en una "expectación colectiva".

¿Y sabéis en qué fundó el distinguido pensador la prueba de esa "realidad expectante"? Pues en los antecedentes del señor general Calles, de quien hace, tal vez sin sospecharlo, un cumplido elogio, al pintarlo como un hombre de acción, admirado por el pueblo por sus determinaciones trascendentes, por su carácter y por su decisión. Así es que la doctrina Erro ha venido a cambiar por completo todo el sistema jurídico existente.

Para aclarar el alcance de esta doctrina, bastará poner un ejemplo de la vida real. Supongamos que el señor Erro sufriera delirio de persecución. Empujado por su delirio y fundado en su doctrina, podría arrastrar a los tribunales y pretender que se castigara al primer hombre que pasara por la calle y cuya presencia despertara, en su fuero interno, en su "realidad de conciencia", una pequeña sospecha o la engendrara un temor. Llegando ante el juez, bastaría con que el señor diputado Erro declarara: "Este hombre pretende asaltarme o asesinarme", para que inmediatamente fuera sentenciado, como asaltante o como asesino. Porque si el juez, en un impulso de retardatario, le reclamara las pruebas, el brillante orador le contestaría con su altivo desdén de hombre superior: "No se trata de una realidad tangible, es una realidad de conciencia. Fíjese usted en el tipo de este individuo; a mí me parece capaz del asesinato y del atraco y con esa creencia mía basta y sobra para comprobar su delito, por lo que usted debe sentenciarlo." Desgraciadamente es lo más probable que en un caso semejante, un juez digno se abstendría de sentenciar al inculpado ante la consideración de tan deleznables pruebas y a pesar de la indignación del autor de la doctrina. Y eso es lo que le ha pasado en esta vez al distinguido orador y diputado. El tribunal de la opinión tiene que absolver al señor general Calles, acusado injustamente de conspirador, al considerar lo ridículo de las pruebas que se han exhibido.

Por lo demás, la doctrina del señor Erro sobre la "responsabilidad psicológica" del señor general Calles, de consumar el delito de sedición con sólo su viaje y su presencia en el país, es ya vieja, y sobre ser vieja, sólo revela el temor infundado de las almas pequeñas a un hombre inerme, a un ciudadano que viene a presentarse ante el pueblo de su patria a responder de los cargos que se le han hecho en ausencia.

Dice el señor Erro en su elocuente discurso:

"Imaginen los señores diputados lo que hubiera sido la llegada intempestiva y teatral del señor general Calles; la aparición al día siguiente en todos los diarios de la capital, con grandes titulares, con las fotografías de su llegada, acompañado de militares de uniforme; imaginen los señores diputados la romería de automóviles a Anzures; imaginen los señores diputados los mil rumores callejeros; imaginen los señores diputados el desconcierto profundo; piensen que podría haberse creado una gravísima situación, digamos de cargada; piensen que muchos hombres vacilantes, dudosos, incapaces de conocer por un sentimiento profundo del saber cuál era su verdadero punto, se hubieran sentido en el filo de una espada pensando a qué lado se irían para seguir, como siempre, el carro de la victoria."

De tal manera que, para el señor Erro, el solo hecho de que los periódicos llegaran a publicar la fotografía del señor general Calles sería ya un acto tangible de conspiración y una amenaza a la estabilidad de las instituciones.

¿Y es con estos deleznables argumentos con los que se quiere manchar el nombre del señor general Calles y condenarlo como a un vulgar conspirador?

Según la doctrina de Erro, el señor general Calles no tenía derecho como ciudadano a residir en su país, porque cada vez que se asomara a la ventana o transitara por las calles o al solo anuncio de su llegada se le debe enjuiciar como conspirador. Y esa doctrina Erro era desgraciadamente la triste doctrina en las facciones mexicanas que ensangrentaron tan despiadadamente a nuestro país; era la doctrina de los hombres vacilantes y convencieros que creaban esas "gravísimas situaciones de cargada" con detrimento de todo principio democrático y revolucionario.

Aquí no podía volver a vivir tranquilamente en su país el hombre que fue poderoso, sin que lo quisieran hacer "perro del mal", los Erro que creían amenazada su situación de oportunistas o los oradores que tenían prendido un remordimiento en su conciencia y que querían que el "inoportuno" se fuera cuanto antes para que nadie les pudiera reclamar las alabanzas que en otro tiempo tuvieron para el ídolo caído. Y fue esta casta de intelectuales, la que instigó el alma de las facciones, la que escudándose en la impunidad, arenga a las multitudes y las azuza siempre contra los hombres que tuvieron algún poder o a quienes les debieron algún favor, cuando regresaban al país y pretenden defenderse de los ataques que aquí se les hacían. Por eso, se piensa que mientras triunfe la doctrina Erro en el alma de las acciones oportunistas mexicanas, no podremos tener esa "democracia republicana" que tan inoportunamente pretendió defender el señor diputado Erro. Porque esa democracia sólo puede estar fundada en la comprensión y en el respeto de la ley, y ese respeto nos obliga a garantizar los derechos de todos los ciudadanos lo mismo de los que fueron poderosos como de los que son humildes, igual de los que nos simpatizan como los de los que nos chocan. Cuando en México, desentendiéndonos de la Doctrina Erro, puedan los ciudadanos que fueron poderosos regresar a su país sin sufrir persecuciones, ni ellos ni sus amigos y tengan libertad para defenderse de las calumnias que se les hacen o para escribir tranquilamente su historia, entonces habrá democracia republicana.

Los distinguidos Erro del oportunismo mexicano, para desarrollar sus doctrinas y atropellar a los hombres, despreciaron por completo, como se ve, a la Constitución, a las leyes, a todas las normas institucionales de un país civilizado. ¿Para qué tomar en consideración esos infundios? Lo esencial era permanecer incrustados en el presupuesto. Los derechos ciudadanos que consignan las leyes, eran para estos intelectuales prejuicios despreciables de una humanidad inferior. Afortunadamente para el autor de tal doctrina, natura fue piadosa con él, pues para evitarle oír comentarios, lo privó del sentido de la audición.

Con motivo de los acontecimientos que se venían desarrollando y los atropellos que hemos narrado, el lunes 16 de diciembre por la noche, redactó el señor general Calles una protesta que, como era natural, ningún periódico le quiso publicar. Sólo *El Instante*, el diario que dirigía el ingeniero Bartolomé Vargas Lugo, y editaba una cooperativa obrera, lanzó la mañana del martes 17 de diciembre una "extra" dando a conocer las referidas declaraciones. Esa "extra" circuló profusamente por toda la capital, manifestándose en varias formas el ansia que el público tenía por oír la palabra de defensa del "acusado", ya que se hacía odioso que toda la prensa del país, publicara tan sólo las acusaciones y los denuestos de los victimarios. Actitud popular fue ésta, lógica y congruente con nuestra tradición y con nuestra idiosincrasia, porque el pueblo mexicano siempre ha despreciado la cobardía y, con mayor razón, la cobardía colectiva. Por eso buscaba ansiosamente las palabras del hombre atacado y vilipendiado a quien se le negaba el más legítimo de todos los derechos, aquel que se les concede aun a los peores criminales: el derecho de defensa. Las declaraciones del general Calles que se publicaron en *El Instante*, decían así:

En las declaraciones hechas por mí el viernes 13, anuncié que en otras posteriores haría un análisis del calumniado "régimen callista", con situaciones de hechos y de hombres.

He desistido de este propósito, momentáneamente, por las siguientes razones:

Verdadera sorpresa me causó el que toda la prensa de esta capital se negara, con excepción de un periódico, a publicar mis declaraciones, por haber recibido órdenes directas de la presidencia de la República para no publicarlas, cerrándome así todas las fuentes de publicidad para defenderme del torrente de injurias, falsedades y calumnias que durante seis meses se han desatado sobre mi persona y sobre ese régimen callista, so pretexto de que soy un conspirador y que vengo con propósitos de alterar el orden público, y atentar contra las instituciones de la República.

Protesto ante la nación por esta nueva e inconcebible trama, pues es irrisorio que al hombre que ha pregonado el respeto a las instituciones y que como jefe que ha sido del ejército, ha marcado siempre a todos los componentes de esta institución caminos de honor, de cumplimiento del deber y de amor a las instituciones de la Repúlbica, lo traten ahora de conspirador.

Interpelo a todos y cada uno de mis compañeros del ejército nacional para que, en estos momentos en que cae sobre mí una acusación que enérgicamente rechaza mi conciencia, digan si en alguna ocasión, antes o ahora, han escuchado de mis labios un mal consejo o una insinuación para que abandonen el cumplimiento del deber; e incluyo en esta interpelación al mismo señor presidente de la República, que en muchas ocasiones militó bajo mis órdenes.

Mi asombro ha ido creciendo cuando veo que, apartándose del respeto que debe tenerse a los preceptos constitucionales, se desafueran senadores y diputados y se deponen los poderes legítimos de los estados, por el solo delito de considerar a estos funcionarios como amigos míos o a quienes se supone serlo; y es necesario que la nación sepa que el general Calles no es un conspirador, que el general Calles no ha venido a provocar agitaciones de ningún género, y que son los actos a que me refiero antes, los causantes de la agitación que se está sintiendo en los diferentes sectores de la colectividad mexicana.

No quise hacer mi defensa desde el extranjero, porque esto lo consideré como cobarde e indigno, pues nuestras miserias y nuestras lacras y nuestras manchas deben lavarse en casa, y no ir a causarle al país vergüenzas en el exterior.

Creo que el hecho de que amigos míos estén constituyendo un partido político dentro de la ley y en el campo de la democracia, para actuar políticamente y tomar participación en la cosa pública del país, no es un delito, ni es motivo para que se juzgue esta actitud como un acto subversivo y de conspiración.

Creo, por los hechos relatados, que los funcionarios públicos de la actual administración no obran con la serenidad debida, y que en las esferas oficiales hay apasionamiento, y que estas actitudes no han sido bien meditadas.

De todas maneras, quiero hacer constar mi pública y enérgica protesta, por la nueva calumnia de que he sido objeto. México, D. F., a 16 de diciembre de 1935. *General Plutarco Elías Calles.*

Las serenas palabras del señor general Calles no necesitan comentarios; llevan por sí solas el convencimiento de la razón, y la justicia que le asistió a ese ciudadano, atropellado en todos sus derechos, por gente que, cuando menos, tenía motivo para tratarlo con decoro.

Habiendo llegado el señor general Calles a México el viernes 13 de diciembre, los líderes obreros a quienes él aludió en sus declaraciones de junio, iniciaron inmediatamente una agitación dentro de las organizaciones proletarias para organizar una manifestación de protesta por el regreso de dicho general al país. La manifestación se proyectó, primeramente para efectuarse el domingo 15 de diciembre, pero en vista de que no se tuvo seguridad de los contingentes que pudieran concurrir para esa fecha, se pospuso la realización para el domingo 22 del mismo mes.

Los preparativos de la manifestación se anunciaron profusamente en los periódicos, haciéndose grandes reclamos al acto proyectado.

Naturalmente que esa publicidad fue explotada por el "oportunismo" mexicano, pretendiendo transformar esa manifestación en una posible hecatombe. Algunos periodistas, conocidos líderes obreros y prominentes miembros de las "alas izquierdas" de las cámaras de senadores y diputados, hicieron singular propaganda a la manifestación del domingo 22. Según esas personas, no se trataba puramente de una manifestación de elementos obreros que concurrían a prestar su adhesión al gobierno del general Cárdenas, a protestar contra la presencia del general Calles en el país y a pedir su expulsión del suelo patrio, unos; otros, su reclusión en las islas Marías, y tal vez, algunos, hasta su cabeza; no se trataba de eso, dijeron, sino que la verdad era que se trataba de un movimiento desbordado de odio y venganza de los líderes aludidos por el general Calles, que con la colaboración de los más destacados "oportunistas" de la política nacional, transformarían bien pronto la manifestación en motín, manejando la muchedumbre sin el freno de las leyes y gozando de completa impunidad. Según ellos, los llamados obreros "anticallistas" podrían arrasar hogares y asesinar personas, sin ninguna responsabilidad. Esta propaganda "tenebrosa" pretendía atemorizar al general Calles y al grupo de sus amigos leales; se deseaba infundir el terror para impedir que hubiese alguien que se atreviese siquiera a saludar al ilustre perseguido; o para provocar que éste, en un momento de medrosidad, saliera del país, o, cuando menos, de la capital. Este plan "ranchero" se desarrolló con la colaboración de muchos. En la Cámara de Diputados, el señor diputado Jacinto R. Palacio, que anteriormente figuraba con el nombre de Jacinto Riva Palacio en las listas de nuestra representación nacional, gritó desde la tribuna, según informó *La Prensa*: "Calles debe morir como Robespierre."

Mientras, en el Senado de la República, el senador Vicente L. Benítez temía la amenaza de un posible linchamiento.

Por su parte el órgano oficioso del partido oficial anticallista, *La Prensa*, que dedicaba todas sus planas a una campaña rabiosa en contra del general

Calles y sus amigos, publicaba a grandes letras rojas, en su edición del miércoles 18 de diciembre, las siguientes escandalosas cabezas: "¡Calles en peligro!", "Su seguridad es un problema para el gobierno"; y en la página tercera, lo siguiente: "O se deja que la multitud dé rienda suelta a su hostilidad o se le protege."

Durante todos esos días de la semana hasta el domingo 22, circularon versiones alarmantes sobre los excesos que podrían cometerse durante la manifestación, y es por eso que el general Calles tuvo razón al afirmar en sus declaraciones hechas a los corresponsales de la prensa extranjera, que podía correr peligro su vida, ya que todo el mundo conoce perfectamente que los "oportunistas", cuando ven amenazadas sus posiciones, son capaces de todo, hasta del crimen.

Afortunadamente los empleados y los obreros que concurrieron a la manifestación fueron más serenos que los líderes, que algunos senadores, que ciertos diputados y que los directores de *La Prensa*, y en su manifestación de protesta no cometieron excesos, ni actos de cobardía colectiva, tal vez, porque la masa de trabajadores permaneció demasiado fría frente a un asunto político, tan poco noble y gallardo, y muy a pesar de los candentes discursos de los agitadores.

Estando amordazada la prensa de México y obligada a no publicar nada que viniera del general Calles, y habiéndose presentado en la residencia del propio general los corresponsales de periódicos extranjeros, el hombre a quien se impide hablar en su país, se vio obligado a hacer las declaraciones que a continuación transcribimos, para que siquiera se conociera en el mundo la clase de procedimientos que estaba usando nuestro "oportunismo" para combatir a una innegable figura de la revolución. Las declaraciones del general Calles son las siguientes:

Entrevista concedida por el señor general Plutarco Elías Calles a los señores Arthur Constantine, del Universal Service, y J. H. Tamez, de la United Press, diciembre 18 de 1935.

A.C. —General, ¿me hace favor de hablar con su acostumbrada franqueza?

P.E.C. —¿Sobre qué?

—Sobre la situación política actual.

P.E.C. —Yo creo que, por todos los acontecimientos que ustedes han visto desarrollarse, será inútil que les haga declaraciones, porque no les permitirán publicarlas.

—De todas maneras, general, le rogamos las haga.

P.E.C. —Ustedes se habrán dado cuenta, desde el día que llegué, de la forma en que la presidencia de la República prohibió a todos los periódicos de la capital que publicaran mis declaraciones; hicieron callar la prensa para que yo no tuviera ningunos medios de publicidad y no pudiera defenderme de todos los ataques que se me han estado haciendo durante seis meses en una forma completamente injustificada.

"Yo salí del país en junio, como ustedes recordarán, con el propósito de pasar algún tiempo fuera de México y con la intención firme de permanecer callado y no hablar, ni de la política, ni de los sucesos de México. Y logré hacerlo, resistiendo la ofensiva de la curiosidad, los deseos y las instancias de los periodistas americanos, que con su proverbial tenacidad querían conocer mi criterio y mi opinión sobre la política que se estaba desarrollando en el país; y nunca obtuvieron ningunas declaraciones mías. Pero ante cargos tan calumniosos, tan cobardes como los que se me han estado haciendo aquí en la prensa, hasta llegar a hacer que la ex religiosa llamada Madre Conchita, veladamente diera a entender que yo había sido uno de los culpables o el responsable de la muerte del general Obregón, no podía permanecer más tiempo callado, y ese fue el objeto principal de mi viaje a México: venir a hacer esas aclaraciones.

"Sin embargo, el gobierno, en una forma injustificada, se ha alarmado con mi presencia: han estado haciendo publicaciones, queriéndome hacer aparecer como un conspirador, diciendo que vengo a atentar contra las instituciones. Cosa que es completamente falsa. En este país, para conspirar, se necesita contar con el ejército o con parte de él, ¿verdad? Y como verían ustedes por mis declaraciones anteriores, que un periódico de aquí dio a conocer (el único que ha publicado declaraciones mías, *El Instante*), interpelé a todos los miembros del ejército —a los generales, inclusive al señor presidente de la República, que ha militado bajo mis órdenes—, para que dijeran si alguna vez, antes o ahora, habían recibido alguna insinuación de mi parte para que abandonaran el cumplimiento del deber.

"Como ustedes ven, hasta este momento ninguno ha dicho nada, porque no pueden decirlo. Está en la conciencia de todos ellos que mis palabras son la verdad. Pero si alguno hubiera querido publicar algo en mi defensa, no se lo publicarían, porque todos los periódicos tienen orden de no dar cabida absolutamente a nada en ese sentido.

"A continuación, se ejecutan actos de parte del gobierno, fuera de toda ley, violando la Constitución de la República, casi rompiendo el pacto federal. ¿No ven ustedes que se ha desaforado a senadores, han hecho desaparecer los poderes de los estados en una sesión de Cámara donde no ha habido ni respeto ni serenidad, ni se han llenado siquiera los trámites legales, ni se han atendido razones legales de ningún género? ¿Y que se ha barrido con los poderes de los estados, violando, atentando contra la soberanía de los mismos, únicamente porque se supone que se trata de amigos míos? A varios de estos señores gobernadores depuestos, hace más de dos años que no los veo, ni he hablado siquiera con ellos, ni sé la forma en que piensan. Yo creo, pues, que no soy yo, sino el propio gobierno, quien ha provocado esta agitación, poniendo en escena fuerzas anárquicas y permitiendo que se forme así la anarquía, moviendo grupos comunistas y a otros grupos que tienen la misma tendencia, dizque para que hagan manifestaciones en mi contra.

"Yo sé que no son los obreros, los verdaderos trabajadores, los que están haciendo eso, sino ciertos y conocidos líderes, movidos por elementos oficiales; porque se está hasta amenazando a los obreros: han pasado por mis manos y he leído las circulares que han dirigido los líderes a los trabajadores, diciendo: 'Al que no vaya a esta manifestación, que se hará contra el general Calles, le aplicamos las sanciones correspondientes; es decir, le quitamos el trabajo.'

"Hoy nada menos, el único periódico que quedaba capaz de publicar algo mío, creo que no saldrá. Enviaron en su contra un grupo dizque de comunistas, a que lo lapidaran, a que asaltaran sus talleres, impidiendo su circulación. El gerente de la publicación me informó que pidió protección a la policía y no se la dieron.

"Creo, pues, que todos estos actos demuestran que estamos viviendo dentro de un régimen enteramente dictatorial; en una dictadura que ni siquiera procura cubrir la forma para las medidas de fuerza que está desplegando de la manera más injustificada.

"Ustedes ven que estoy solo; no tengo fuerza ninguna, ni la necesito. No se explica, pues, el porqué de ese pánico. Tengo alguna fuerza, la única con que puedo contar, que es la fuerza moral, y nada más. Motivos justificados no hay ninguno. Nada les he hecho. ¿Que no estoy de acuerdo con los procedimientos del gobierno, con la táctica que están empleando? Es cierto. No estoy de acuerdo ni puedo estarlo, porque creo que siguen caminos equivocados, y que por los derroteros que están siguiendo no van a conseguir hacer la felicidad de los trabajadores del campo, ni de los obreros de las fábricas; porque lo único que están consiguiendo es producir en el país un estado de anarquía en todas partes, en todos los sectores, y de indisciplina social. El error más grave que están cometiendo es llevar este país al comunismo, porque juzgo que esa escuela filosófica y ese sistema económico-social no ha comprobado hasta el presente sus bondades, y por otra parte, ni nuestras condiciones geográficas, ni nuestras condiciones étnicas, ni por la cultura de nuestro pueblo, ni por su psicología, estamos preparados para esa transformación social, ni hay tampoco un grupo director bien preparado para poder implantarla y llevarla a cabo.

"Lo que va a suceder, siguiendo este camino, es hacer llegar a su grado máximo la desconfianza general que se viene sembrando en todas las fuentes de producción; las inversiones se van a detener, las fuentes de trabajo se van a ir cerrando, y va a comenzar la desocupación, la falta de trabajo en las fábricas, los reajustes y en resumidas cuentas, la miseria para los trabajadores.

"Yo juzgo muy peligrosa esa labor demagógica, de estar constantemente excitando, despertando los apetitos de las multitudes en forma que las realidades no van a permitir satisfacer, porque después esas fuerzas despiertas no se podrán contener, y su desbordamiento traerá consigo sólo males para el país. Por estas razones no estoy de acuerdo con los encauzamientos que se quieren dar a la política del país. Creo que están equivocados.

"Todos los que hemos militado en las filas de la revolución, hemos estado de acuerdo en propugnar por el mejoramiento de las clases trabajadoras, pero siguiendo caminos de realidad, caminos de verdad, caminos de ciencia, caminos de técnica y no solamente con palabrería y agitaciones. Yo creo que mientras más fuerte, mientras más vigorosa y mayor potencia económica tenga la industria del país, mayores ventajas, mayores beneficios y mayor proporción de felicidad podemos obtener para los trabajadores; pero no creo que de una industria anémica, de una industria arruinada, en colapso, se puedan obtener serios beneficios para ellos de acuerdo con las justas aspiraciones del sindicalismo obrero. Estas son las divergencias de criterio y por eso dicen estos señores que soy un reaccionario enemigo de las instituciones.

"Por el camino que vamos y por los acontecimientos que ustedes han presenciado, yo estoy perfectamente convencido de que puedo ser víctima de algún atropello; pueden cometer alguna violencia conmigo; se me puede sujetar por la fuerza y enviarme fuera del país, o asesinarme, o lo que quieran. Estoy dispuesto a todo, y no me importa lo que hagan. Estoy solo y pueden hacerlo impunemente. Pero he venido al país, porque nada he hecho, porque es mi patria y tengo derecho a residir en ella, y solamente por la violencia me harán salir. Digo violencia, porque oigo rumores y preparación de que voy a salir del país. Hoy, un periódico, que casi podríamos considerar como el órgano oficial (La Prensa), publica un párrafo, una noticia en que dice que posiblemente el gobierno no estará capacitado para darme garantías; es decir, 'si mañana amanece asesinado el general Calles, nosotros no pudimos impartirle garantías', es lo que quieren decir.

"Me parece que en un país culto, en un país de mediana civilización, no se puede decir eso; ni puede, ni debe decirse. Y dicen, además, que tengo propósitos de hacer una revolución, de derrocar al gobierno. *Todo eso es mentira.* No traigo ningunos propósitos semejantes, como aseveran, y ni siquiera he provocado ninguna agitación. La agitación la ha provocado el mismo gobierno con todos esos actos que acabo de señalar, y las fuentes oficiales son las que la siguen alimentando, dirigiendo circulares a toda la República para que envíen protestas de adhesión al gobierno y protestas contra mi permanencia en el país. Eso es artificial, es una labor y un trabajo artificioso lo que se está haciendo. En el fondo todo es mentira. No son esas las prácticas de los trabajadores organizados, ni ellos quienes las están desarrollando; yo los conozco bien y conozco su nobleza. Podrá haber un sector entre las clases trabajadoras que indiscutiblemente no tiene ningunos nexos conmigo, porque estamos enteramente opuestos en criterio: el sector comunista, que siempre está dispuesto para ejecutar cualquier acto de desorden, ya que en eso vive y esa es su táctica, pero los otros sectores obreros están agitados artificialmente. Y si la autoridad se lo permite a los comunistas sistemáticamente, hoy por mí y mañana por cualquier otra causa, desarrollarán constante agitación y desorden, porque su actuación lógica es sembrar la anarquía.

"Es todo lo que tengo que decir a ustedes."

—Muchas gracias, general.

J.H.T. —General, alguno de los periódicos ha dicho que va usted a formar un partido político.

P.E.C. —No voy a formar ni a encabezar ningún partido político. Un grupo de ciudadanos, entre quienes hay amigos míos, es el que está formando ese partido político, con perfecto derecho, ¿verdad? *(Asentimiento.)* Yo creo que están dentro de las leyes del país. Constituir un partido político, para tomar participación en la cosa pública dentro de la ley y dentro de los principios democráticos, ¿qué tiene de malo?

J.H.T. —Absolutamente nada. Pero ¿cree usted que por el hecho de ser amigos suyos algunos de los que figuran en él, verá con malos ojos el gobierno la formación de ese partido?

P.E.C. —Están ustedes viendo que no solamente la ve con malos ojos, sino que, ¿no han presenciado que se ha quitado su fuero a senadores? ¿Que los poderes de los estados han sido barridos? Es muy lógico que tienen que ver con desagrado que se constituya un partido político en el que figuran personas que suponen mis amigos.

Como temía el señor general Calles cuando hizo las declaraciones anteriores, el periódico *El Instante*, único órgano de la prensa metropolitana que publicó las palabras de dicho general, fue clausurado por la fuerza. El miércoles 18 de diciembre se encontraba ya formado el número del día en los talleres ubicados en Basilio Vadillo números 9 y 11, e iba a iniciarse la impresión, cuando un numeroso grupo de llamados comunistas hizo irrupción al edificio y suspendió el tiro por la acción directa. Una comisión de los obreros de la cooperativa que hacía *El Instante* se puso al habla con los llamados comunistas y envió otra comisión a pedir garantías a la inspección general de policía. Naturalmente que les ofrecieron garantías que nunca les otorgaron, pues en ningún momento llegó un solo policía a impedir que se atropellara en esa forma a un periódico independiente y al grupo de trabajadores que lo hacía.

Por otra parte, el señor Manuel Corchado, líder del Sindicato de Voceadores de la Prensa, manifestó al ingeniero Vargas Lugo que no podría sacar el periódico, por acuerdo de la Cámara del Trabajo. Es claro que estos atropellos, disfrazados de obrerismo, sólo pueden efectuarse cuando las autoridades quieren permitirlos.

Así murió *El Instante*, el último órgano de la prensa independiente nacional que se atrevió a publicar declaraciones de Plutarco Elías Calles.

En aquella época, se estableció un sistema perfecto de control, de censura y de mordaza que permitió a los elementos oficiales manejar a los periódicos con extrema facilidad. Ese sistema puso de manifiesto su eficiencia con motivo del regreso del señor general Calles. Como el público de aquellos días pudo comprobar, todos los periódicos de México publicaron editoriales idénticos, sosteniendo las medidas tomadas por los enemigos oficiales del general Calles, haciendo valer argumentos semejantes y hasta parecidas palabras. En cambio, ni al ex presidente, ni a sus amigos, se les publicó una sola palabra. Se puede decir que el gobierno controlaba a la prensa y la dirigía, sin que se tratara de una prensa de Estado, pues el gobierno no era el empresario.

El procedimiento era muy sencillo. Para combatir el monopolio que la Compañía de Papel de San Rafael venía ejerciendo en el comercio de este producto, con fines puramente mercantiles, y con graves consecuencias para la cultura nacional y para la vida económica de los periódicos, se formó un organismo semioficial designado PIPSA, cuya mayoría de acciones controlaba el gobierno y que con dinero de este último había importado papel, gozando de la exención de los derechos que imponía anteriormente la tarifa proteccionista. El fin perseguido con esta organización es noble, siempre que se tratara de liberar a las empresas periodísticas de la explotación de que eran objeto por parte del monopolio de San Rafael, proporcionándoles un papel mejor y más barato. Pero este organismo que se creó como medio de liberación de una explotación injustificada y ruidosa, puede convertirse, y de hecho se convirtió, en un instrumento de control político de la prensa. Como San Rafael ya no fabricaba papel para periódico en la forma y en la cantidad que antes lo hacía, los grandes diarios de México tenían que atenerse al papel que les podía proporcionar la PIPSA. Y en un país como el nuestro, un organismo tal en manos de las facciones políticas, se transformó bien pronto en instrumento de dominación. Así sucedió con la PIPSA. El control es efectivo: o haces y dices lo que al gobierno le convenía que hiciera o dijera, o no hay papel.

Añadiendo a todo esto el temor, quedará explicado por qué recibieron sin protesta un censor y aceptaron la mordaza.

En México, muchos gobiernos establecieron la censura en momentos difíciles, cuando la paz se encontraba alterada y movimientos armados ensangrentaban al país. La censura se limitaba, la mayor parte de las veces, a decir qué es lo que no se debía de publicar. Otras veces, muy raras, la censura se extremó al grado de que los periodistas tuvieron que llenar sus planas con puras noticias oficiales. Pero en esos días y sin alteración alguna de la paz pública, ni amenaza ninguna de que se alterara, se establece la censura que vigilaba todas las noticias y la mordaza que prohibía que se hablara una sola palabra que fuera favorable al general Calles. Con la implantación de esos procedimientos y ese control que se pudo ejercer por conducto de la PIPSA, podemos decir que la prensa independiente no podía existir.

En medio de todos estos males públicos que se han referido, una ventaja se obtuvo en el país con los últimos acontecimientos: que se dieran a conocer, ante la opinión pública, en su total desnudez, los mejores ejemplares de acomodaticios que teníamos en México.

Efectivamente, formaron legión los antiguos callistas furibundos que volvieron la espalda al que había sido su jefe para procurar las sonrisas de un nuevo amo.

Pero afortunadamente, y para reivindicar la dignidad y el decoro de los mexicanos, no todos los antiguos amigos del general Calles le volvieron la espalda en esas horas de prueba, como hicieron tantos "oportunistas". Hubo un grupo de ciudadanos que consideró que los procedimientos empleados por el gobierno y los atentados cometidos por el Senado revelaban que de hecho se estaba transformando el gobierno en una dictadura, y que con el fin de conquistar el aplauso de las masas, se estaba deformando el programa social revolucionario, sin otro objeto que satisfacer los deseos de dominación, los odios y las pasiones de una facción "oportunista".

Esos amigos del general Calles quisieron cumplir con su deber en momentos de prueba para la revolución, para sus hombres y para el país. El Partido Nacional Revolucionario, olvidando sus antecedentes y los principios constitucionales democráticos que le sirven de sustentación, apoyó de hecho maniobras que podríamos calificar de atropellos a la Carta Magna, como el desafuero de los senadores y la declaración de desaparición de poderes en cuatro estados de la República. No tuvo el valor de hacer declaraciones, ni de protesta, ni de apoyo, pero de hecho y con la cobardía del silencio, respaldó los atropellos realizados en contra de organismos y personas dependientes del propio partido, y a quienes tenía la obligación de defender. No tuvo grandeza ni para el bien, ni para el mal, exhibiendo esa característica de los oportunistas: la mediocridad atemorizada.

Ante semejante situación algunos amigos del general Calles, creyeron que era el momento de renunciar al partido, como una protesta por los acontecimientos que se venían sucediendo, y usando de un derecho legítimo de ciudadanos, anunciaron su intención de formar una agrupación que reivindicara la bandera del Partido Nacional Revolucionario que habían deshonrado sus directores de entonces.

Con fecha 17 de diciembre enviaron sus renuncias al C. presidente del comité ejecutivo nacional del Partido Nacional Revolucionario. La renuncia decía así:

> Los suscritos, miembros activos del Partido Nacional Revolucionario —muchos de ellos desde su fundación— venimos a renunciar y solicitar que desde esta fecha se nos tenga por separados de dicho instituto político.
> La creación del Partido Nacional Revolucionario respondió a las necesidades políticas del momento, porque vino a encauzar por senderos firmes las actividades de quienes hemos tenido el orgullo de militar en las filas de la revolución, y porque, al mismo tiempo que satisfizo nuestros anhelos, fue el medio seguro para cristalizar en la práctica los principios por los que hemos

luchado, salvándolos de una crisis cuyos resultados adversos habrían sido irreparables.

Nuestra actuación disciplinada y consciente en el partido, permitió que éste llenara sus funciones dentro de un régimen democrático y con un absoluto respeto a la Constitución General de la República; pero desgraciadamente el desbordamiento de las pasiones políticas, el prurito de imponer doctrinas tan absurdas como inadecuadas para la realidad nacional, la falta de una orientación precisa y definida, el quebrantamiento de todo principio de autoridad y la carencia de unidad en la nación y de cohesión en las filas, han hecho que el PNR pierda su carácter de instituto nacional, para convertirse en un organismo estatal y centralizador de todas las actividades de sus miembros, con violación de sus mismos estatutos y de los principios más elementales de la ética política, y como si esto no fuera bastante, el propio partido se ha convertido en instrumento de constantes violaciones constitucionales, que han impedido en la práctica el funcionamiento de gobiernos populares, llegándose por medios torcidos a un centralismo inaceptable y a una absorción de las actividades de los órganos del poder que rompe con nuestro clásico sistema constitucional.

No debiendo solidarizarnos con esta actitud ilegal, que implica graves responsabilidades históricas, nos separamos del PNR, con el propósito de ejercitar los derechos que nos concede el artículo noveno de la Constitución General de la República. México, D. F., a 14 de diciembre de 1935. *Ingeniero Bartolomé Vargas Lugo, Melchor Ortega, general José María Tapia, Luis L. León, licenciado Jesús Rodríguez de la Fuente, doctor Alfonso Fernández, Pedro C. Rodríguez, Manuel Rubio B., Lorenzo Suárez Tapia, Alfonso Llorente, arquitecto Tomassí López, ingeniero Francisco L. Terminel* y otras firmas ilegibles.

Pero los oportunistas mexicanos no tienen igual. A esta renuncia respondieron lanzando insultos a los firmantes en la Cámara de Senadores y pidiendo al comité ejecutivo nacional del Partido Nacional Revolucionario, que no obstante haber renunciado a dicho partido, se nos expulsara. La cosa, que hasta ahí era ridícula, se volvió odiosa, cuando el comité directivo nacional acordó la expulsión de quienes ya habíamos renunciado, y agregó a la lista aquellas personas que el odio del oportunismo quería herir a todo trance: el general Plutarco Elías Calles y a las víctimas del Senado; los senadores expulsados, los gobernadores depuestos y todos los miembros de las legislaturas locales y los magistrados del poder judicial de los estados cuyos poderes se desconocieron, los miembros de los comités estatales del Partido Nacional Revolucionario y los comités municipales de las mismas entidades federativas. ¡Ya sólo les faltó expulsar a los gendarmes de aquellos estados! Y a todos se nos expulsó calificándonos, cínica e injustamente, de traidores al programa de la revolución y conspiradores contra las instituciones. Si alguien creía que el Partido Nacional Revolucionario era una agrupación a la que se podría pertenecer libremente, y como en toda asociación política separarse de ella por un acto libre y espontáneo de la voluntad, el acuerdo del 18 de diciembre de 1935, vino a demostrar que quien tal creyó estaba en un error. Del Partido Nacional Revolucionario, según el criterio de sus actuales directores, nadie podía separarse o renunciar por su sola voluntad, pues inmediatamente sería considerado como traidor a la revolución y acusado de conspirar en contra de las instituciones.

Como los interesados en desatar toda clase de persecuciones en contra del grupo de revolucionarios que renunció al PNR, intrigaban constantemente pretendiendo hacerlos aparecer como conspiradores y sediciosos, el grupo de correligionarios a que nos hemos venido refiriendo, decidió organizarse en partido político, de acuerdo con las leyes que les regían, para que claramente se viera que su acción se encauzaba dentro de la legalidad y en un terreno en donde no se les podía negar el derecho que tenían de hacerlo como ciudadanos. Este fue el origen de la decisión tomada de formar una nueva organización política: el Partido Constitucional Revolucionario.

En México, de acuerdo con las instituciones existentes y dentro de nuestra realidad, el ciudadano que pretende ejercer sus derechos políticos no puede hacerlo aisladamente, y su acción sería insignificante si fuera individual. Aquí, como en todas las democracias, el individuo aislado nada vale; vale la unión; vale la organización. Por eso los hombres que se separaron del Partido Nacional Revolucionario, tomaron el acuerdo de organizarse en grupo político para ejercer sus derechos, dentro de las leyes del país, sin creer que estaban cometiendo un delito o una grave falta, según supieron después al escuchar los discursos durante la manifestación. Y para dar los primeros pasos en la organización del Partido Constitucional Revolucionario, formaron un comité organizador del mismo partido que hizo, en el periódico *El Instante*, del martes 17 de diciembre, las siguientes declaraciones:

Nos hemos reunido un grupo de ciudadanos con objeto de constituir un partido político ejercitando los derechos que nos concede el artículo 9º de la Constitución General de la República, y como quiera que la casi totalidad de nosotros pertenecía al Partido Nacional Revolucionario, hemos renunciado a nuestro carácter de miembros de dicho instituto, sosteniendo que se ha convertido en un organismo estatal que ha iniciado o consentido violaciones a la ley fundamental de la República y que ha permitido una centralización absorbente de todas las facultades que a los distintos órganos del poder confiere la Constitución, rompiendo con la división que la misma establece.

El nuevo partido político, o sea el *Constitucional Revolucionario*, ejercerá sus actividades bajo el amparo y protección de las disposiciones constitucionales que nos rigen y dentro del libre juego de los principios democráticos y no tiene ni tendrá por objeto provocar movimientos sediciosos o incitaciones a la rebelión.

Conscientes de nuestros deberes como ciudadanos mexicanos y de nuestras obligaciones como revolucionarios de ejecutoria bien definida, consideramos que la situación política del país amerita que tomemos parte activa en la resolución de sus problemas y por eso hemos nombrado una comisión que formule el programa del *Partido Constitucional Revolucionario* que oportunamente se dará a conocer, advirtiendo desde luego que no somos ni fascistas ni comunistas, sino que conscientes de la realidad nacional, pretendemos establecer en forma permanente los principios de la revolución, y resolver los problemas del país por medios y sistemas adecuados que respondan a nuestra idiosincrasia, siendo nuestra tendencia fundamentalmente revolucionaria y nacionalista.

Por el comité organizador: *Melchor Ortega, ingeniero Bartolomé Vargas Lugo, general J. M. Tapia, Luis L. León, licenciado Jesús Rodríguez de la*

Fuente, doctor Alfonso Fernández, licenciado Juan Manuel Carrillo, licenciado Manuel González Ramírez, Manuel Balderas, arquitecto Leopoldo Tomassí López, licenciado Francisco Javier de Angoitia.

Este comité tiene en estudio, actualmente, los estatutos, la declaración de principios y el programa del partido que se está organizando.

Los "oportunistas" mexicanos, enemigos del nuevo partido que se organizaba, habían tratado de hacerlo aparecer como un partido fascista o como un partido de derecha. Nada más falso; los organizadores del nuevo partido lo llamaban "constitucional y revolucionario" porque sinceramente perseguía los ideales de la revolución dentro de las normas constitucionales.

Esto quiere decir que no serían fascistas, ni comunistas, porque anhelaban el imperio de las instituciones democráticas que estableció el Constituyente de 1917, y no el advenimiento de ninguna dictadura, ni a nombre de un orden reaccionario, ni a nombre de un radicalismo proletario. Aspiraban a lograr que las instituciones funcionaran normalmente y no fueran violadas tomando el nombre de la revolución, la disculpa de las reformas sociales, el motivo de las querellas políticas, o cualquier otro pretexto, como ya estaba sucediendo en esos días.

Desde el punto de vista político, aspiraban a que el nuevo partido realizara el ideal que perseguía anteriormente a esos momentos el Partido Nacional Revolucionario, y que abandonando aquellos directores, querían que el partido fuera nacional, sin ser centralista, y que los partidos de los estados conservaran su autonomía e independencia para resolver sus problemas interiores, y no se vieran deshechos en una brutal absorción metropolitana, como acontecía por esos días en el PNR. De esa manera los partidos regionales tendrían suficiente fuerza y personalidad para hacer respetar la soberanía de los estados, y no permitir atropellos como el último cometido por el Senado, declarando desaparecidos los poderes por razones puramente políticas, sin ningún sentido de responsabilidad.

En materia social, el nuevo partido aspiraba a realizar los postulados revolucionarios en favor de obreros y campesinos, dentro de las normas constitucionales. Y quería para los proletarios todo el apoyo que el gobierno pudiera concederles, sin rebasar la ley.

La revolución tiene claramente establecido un programa legalista para las reivindicaciones proletarias, a favor de obreros y campesinos; y tanto se separa de la Revolución Mexicana —de la nuestra, no de la importada, ni de la inventada últimamente en las planas de la prensa interesada—, quien por tendencias conservadoras quiere negar a campesinos y obreros lo que nuestras leyes les conceden, como quien por espíritu demagógico y el prurito de buscar aplausos a todo trance, pretende hacer concesiones por encima de las leyes, rompiendo el orden constitucional, produciendo un estado de anarquía y de confusión que compromete seriamente el porvenir de las mismas conquistas revolucionarias, exponiéndolas a sufrir los embates de una reacción provocada por esos errores, como en tantos casos que registra la historia.

El nuevo partido pretendía, en materia internacional, conservar la firme posición que México había adquirido por el esfuerzo de los gobiernos revolucionarios, respetando a todos los pueblos para ser respetado igualmente; consciente de su sitio en el mundo y de sus fuerzas, deseando que en nuestro país se conserve la situación de dignidad que ha conquistado, y la conserva por la seriedad en sus relaciones y el fiel cumplimiento de los compromisos contraídos.

En suma, el Partido Constitucional Revolucionario pretendía realizar íntegramente el programa de la revolución, sin recurrir a medidas dictatoriales, usando simplemente las fórmulas democráticas establecidas en nuestras instituciones, y aspiraba a realizar las reivindicaciones sociales en favor de obreros y campesinos, dentro del orden y de la ley, para evitar que la demagogia, la perenne agitación y el desenfreno de las ambiciones del liderismo, produjeran el desorden, la anarquía y, como consecuencia, un colapso en la economía del país, lo que no podía acarrear sino miseria y penalidades para todos.

El PCR pretendía con hechos y esfuerzos, afirmar su fe obrerista y campesina, su ideología socialista, pero con toda franqueza combatiría, por creerla inadecuada y perjudicial para México, la tendencia comunista. Para los iniciadores del partido, el sector proletario mereció la mayor atención y los mejores esfuerzos en su favor, ya que era quien más necesitaba de la acción gubernativa para hacer respetar sus derechos en el trabajo, evitar que fuera víctima de explotaciones y ascenderla a una vida más humana y más justa; pero creían que también los otros sectores de nuestra población deberían recibir garantías y protección del Estado, de acuerdo con los derechos que les concedían nuestras leyes, y que la paz de la República, la verdadera paz orgánica, y su progreso, sólo podrían cimentarse en el respeto de esos derechos primordiales a todos los habitantes del país, sin distinciones de ningún género.

La manifestación obrera y burocrática que se había aplazado del domingo 15 a celebrarse el domingo 22, significó un acto de protesta por el regreso del general Calles al país. El valor de esa manifestación fue muy discutible y la espontaneidad con que concurrieron sus manifestantes fue motivo de bromas por parte del pueblo de la capital. Asistieron como manifestantes empleados públicos, muy a pesar de las declaraciones del señor ministro de Gobernación, licenciado Barba González, y ya se sabía cómo las segundas manos, para quedar bien con los jefes, obtuvieron esa "espontaneidad", extremando los procedimientos de coacción hasta hacerlos odiosos, sentenciando al cese a quienes no querían concurrir. Después fueron triunfalmente con sus grupos a presentarse a sus superiores, diciendo que a pesar de haberse anunciado que no había obligación alguna de concurrir, no hubo fuerza humana que pudiera impedir que la pobre masa burocrática se atropellara por presentarse a la manifestación.

Por lo que se refiere a la manifestación obrera, se conoció también la forma en que hicieron presión los líderes, y llegaron a nuestras manos documentos interesados, como el que publicamos más adelante, y que viene a demostrar que muchos obreros concurrieron amenazados con las famosas sanciones, que no eran otra cosa que multas, suspensión en el trabajo o la amenaza fatídica de aplicarles la cláusula de exclusión, condena inapelable al hambre y la miseria. Singular y angustiosa situación esa en que se encontraban colocados muchos de nuestros proletarios, ya que para combatir los desmanes burgueses, tuvieron que soportar los desmanes de algunos líderes.

Quienes hayan estado en contacto por aquellos días con trabajadores, y principalmente con trabajadores organizados, se habrán podido dar cuenta de que había entre ellos una seria corriente de opinión en el sentido de que la organización social no debía de concurrir oficialmente a esa manifestación, ya que se trataba de un acto exclusivamente político.

A pesar de los discursos de los agitadores y la propaganda de la prensa, nadie ha podido creer en la patraña de que Calles era fascista, ni de que Calles hubiera venido a organizar grupos políticos fascistas o a conspirar contra el gobierno. El pasado del general Calles era bien conocido y su manera de pensar y de actuar en el poder, a este respecto, la conocían muy bien los trabajadores; por eso es que se habían dado perfecta cuenta de que se trataba únicamente de un asunto de índole política. En resumen: un grupo de personas, sus antiguos correligionarios, se habían distanciado políticamente del general Calles, y sumándose a personas y grupos que pertenecieron a facciones por él combatidas y derrotadas, se oponían a su regreso al país, porque creían ver en el viejo revolucionario una amenaza para la situación de poder que tenían conquistada. Eso era todo.

Y los obreros conscientes se dieron perfecta cuenta de esa situación.

Esto explicaba por qué una seria corriente de opinión obrera se oponía a que las organizaciones de trabajadores, en su carácter de tales, concurrieran a la manifestación, proponiendo se dejara en libertad a sus miembros para que concurrieran en lo personal, si este era su deseo. Porque nadie mejor que los trabajadores mexicanos sabían por una triste y dolorosa experiencia, lo peligroso que era comprometer a las organizaciones sociales en aventuras políticas. Hicieron memoria y recordaron cómo los ferrocarrileros, por torpeza de sus líderes, se comprometieron en una manifestación en favor del régimen de Huerta, adquiriendo tristes responsabilidades frente a la revolución. Igualmente, se recordaba cómo otros líderes ferrocarrileros comprometieron a las masas trabajadoras en favor del señor De la Huerta: todos conocían los resultados de esa aventura. Conociendo estos antecedentes, los trabajadores conscientes combatieron esos procedimientos, porque se corría el peligro de que la labor social quedara subordinada al resultado de las aventuras políticas, exponiendo las conquistas sindicales a sufrir el embate de las pasiones de nuestros "oportunistas", tan comunes y tan exaltadas en nuestro país.

Sin embargo, llevados por los líderes, concurrieron a la manifestación algunos miles de trabajadores del campo y de la ciudad, aunque todos sabían que no en número tan exagerado como quisieron hacer creer los principales diarios de la ciudad.

A continuación reproducimos la circular que hemos mencionado anteriormente y cuyo original obra en nuestro poder:

Unión de Trabajadores de Estudios Cinematográficos de México, Balderas núm. 27. A los miembros de todas las ramas de la Unión de Trabajadores de Estudios Cinematográficos de México. Presente. Estimado compañero: El secretario de la Federación Regional de Obreros y Campesinos del Distrito

Federal, nos comunica con carácter de urgente que el comité nacional de defensa proletaria al cual pertenece nuestra organización, acordó que todos los contingentes obreros y campesinos que forman parte de las agrupaciones que radican en el Distrito Federal, lleven a cabo el próximo domingo 22 de los corrientes, una *gran manifestación pública* para hacer presente el respaldo del proletariado en favor de la política obrerista del actual presidente de la República, general de división Lázaro Cárdenas.

Tomando en consideración que este acto tiene gran trascendencia para el elemento obrero organizado, el comité ejecutivo de esta Unión, dando cumplimiento al acuerdo citado, se dirige a usted por medio de la presente circular y con la urgencia que el caso amerita, suplicando su puntual asistencia el domingo 22 a las 8 horas frente a nuestro domicilio social, Balderas 27, para organizar el grupo que se unirá a los demás contingentes obreros.

Dada la importancia que tendrá esta grandiosa manifestación de trabajadores organizados, en pro del aseguramiento de sus conquistas, le exhortamos no falte a ella, pues de lo contrario quedará bajo la sanción que imponga el secretario de la Federación Regional a quienes no correspondan a este llamado.

Suyos por la causa del trabajo organizado. *Pro cine nacional.* México, D. F., diciembre 19 de 1935. Por el comité ejecutivo, secretario general, *Enrique Solís.* Un sello: Unión de Trabajadores de Estudios Cinematográficos de México. Diciembre 19 de 1935.

En esa manifestación se escucharon ocho arengas de los líderes y después el discurso del señor presidente de la República. En las arengas de los líderes, fuera de los ataques e insultos al señor general Calles y a sus amigos, no se encontrará ninguna norma de organización social clara, y sí la tendencia demagógica manifiesta, la agitación por la agitación, y el "marathón" de radicalismo, en el que cada cual, sin responsabilidad alguna, pretende ser más izquierdista y más radical que los demás, para cosechar aplausos, sin determinar hasta dónde puede llegarse de acuerdo con nuestra situación y nuestra realidad.

Para dar una clara impresión de lo que fueron estas arengas, bastará decir que en algunas de ellas aun se manifestaron amenazas para el señor presidente de la República, a quien le protestaban adhesión, diciéndose que no eran incondicionales y, que, cuando no cumpliera con ellos (y ya sabemos que cumplir con ellos es satisfacer a los líderes en todo lo que desean y pidan) se enfrentarían con él y lo atacarían como ahora atacaban a Calles. Hubo uno, el señor Sardaneta, que exclamó con expresiva franqueza, que debía enterarse la nación de "que ahora eran ellos los que mandaban". Las insinuaciones de la supresión del régimen actual y la transformación en una sociedad comunista, campearon en casi todos los discursos, menos en el del señor licenciado Lombardo Toledano, que esta vez, en uno de sus conocidos malabarismos político-sociales, pronunció el discurso menos radical que se escuchó, aun comparándolo con el mismo discurso del señor presidente de la República.

El discurso del señor presidente de la República fue ampliamente conocido en todo el país, y nosotros creemos que si pudo satisfacer de momento a los manifestantes que lo escucharon en la plaza, no dejó satisfechos a la gran mayoría de los habitantes de México, que estaban esperando se definiera un programa claro de acción social y de conducta política, para que cesara la confusión que producían los hechos sociales que se efectuaron fuera de toda obediencia a las leyes. A continuación transcribimos la versión taquigráfica del discurso del señor presidente, y no la que publicó la prensa.

Discurso pronunciado por el general Lázaro Cárdenas, presidente de la República, con motivo de la manifestación obrera celebrada el día 22 de diciembre de 1935

Trabajadores de la República: Cuando un grupo apasionado pretende agitar al país con fines personales; cuando la intriga y la mentira es la única arma que esgrimen estos mismos elementos, tengo la obligación de dirigirme a toda la República, para expresarle a qué se debe esa acometida.

Las necesidades del pueblo mexicano son de sobra conocidas por todos ustedes. En mi gira a través de la República expresé siempre cuál era la situación de las masas obreras; cuál era la situación de las masas campesinas, y cuál también la de los pueblos, y ante esa situación era indispensable que la misma revolución hecha gobierno, de una vez por todas cumpliera con la obligación que había contraído en los campos de batalla.

Mi misión como primer magistrado de la nación, no es otra que cumplir con esas obligaciones; sin embargo, el pueblo mexicano debe saber que para toda reforma, para toda acción que pueda afectar los intereses creados o los intereses conservadores, tenía que ponerse obstáculos a esa misma misión. ¿Qué de extraño tiene? El pueblo mexicano está presenciando hoy una acometida con intrigas con una labor pérfida, cuando que en toda la historia hemos podido observar que hay estas mismas acometidas y desgraciadamente no solamente por el elemento conservador, sino también por elementos que ofuscados por cuestiones personales, ofuscados por una camarilla explotadora llegan a solidarizarse en contra del beneficio que la misma revolución anuncia, en contra de las necesidades que el pueblo mexicano, por conducto de su presidente, por conducto de las organizaciones sigue reclamando al poder público.

Las organizaciones de trabajadores del pueblo mexicano, no deben estar extrañadas de esta nueva acometida. Las nuevas reformas, los intereses creados al afectar la tierra, al tratar de que la distribución sea más equitativa, tienen que tener forzosamente sus acometidas; no debe extrañarse que los hombres que estuvieron ayer al frente de las masas, que hicieron ayer bandera de las necesidades del pueblo, hoy traten de poner un obstáculo a la labor integral, a la labor organizada que habíamos de realizar en beneficio de los intereses nacionales.

Todo México, el país entero, sabe que han tomado como pretexto para esta nueva acometida, la organización dizque de un nuevo partido político, pero todo el país también sabe que los agentes de esa nueva organización, los agentes de este nuevo partido, han estado recorriendo el país, haciendo invitación a encargados del poder público y aun a algunos militares, hablándoles de la organización de un partido para defenderse de las organizaciones, para defenderse dizque de la disgregación del propio gobierno; hablándoles de que el gobierno lleva a un mal camino, que el gobierno hace una labor complenamente disolvente. Esa es la acción que han venido desarrollando muchos de los elementos que afortunadamente para el país, son conocidos.

Yo pregunto al pueblo mexicano: ¿acaso tenemos en el país una anarquía

408 "...LA CALUMNIA Y LA INFAMIA EN CONTRA DE CALLES..."

producida por los elementos trabajadores? ¿Acaso los trabajadores en algún punto del país han tratado por la fuerza de apoderarse de las fábricas? ¿Acaso el elemento campesino no ha sido consecuente con atender las indicaciones del gobierno, cuando el gobierno les ha dicho que no estamos en condición de llevar mayor número de ingenieros para darles las tierras solicitadas? ¿Acaso la nueva clase campesina no está enterada de que lo que no se pudo hacer de 1915 a 1934, en 1935 se han entregado 20 millones para el crédito de los mismos? ¿La misma nación no está enterada de la acción integral que tratamos de desarrollar en bien del problema de la nación? Además de esto, ¿en qué puede haber desintegración? ¿Acaso no tenemos también para consolidar las instituciones, para consolidar los intereses de los trabajadores, para seguir con nuestra lucha, no tenemos un ejército debidamente organizado, que en esta vez ha dado muestra de verdadera lealtad y pruebas de que tiene conciencia de su responsabilidad, frente a las necesidades de las clases trabajadoras?

Hemos repetido en distintas ocasiones que nuestro programa es integral, que tratamos de cumplir con las obligaciones que tenemos con el pueblo, que no tenemos compromisos con ninguna camarilla, pero como así lo expresó alguno de los oradores que me precedió en el uso de la palabra, hay que ver la situación en que están los centros indígenas de los campesinos, y de los obreros, en las ciudades, y que ante todo hay necesidad de seguir adelante, que si se lastiman intereses, eso no nos importa.

Tenemos expresado también, que es mentira que haya labor disolvente de los obreros y de los campesinos organizados. Que si hay manifestaciones en muchas ocasiones, hasta de carácter incendiario por algún grupo, estas manifestaciones no son más que consecuencia del dolor en que se encuentran las masas obreras y campesinas.

Y hemos expresado también como es la realidad que el elemento obrero y campesino no es inconsecuente con la situación del gobierno; que no es inconsecuente con su propia situación, que tiene conciencia de responsabilidad y sabe hasta dónde podemos ir, que sabe también, que hay necesidad de esperar, para que la propia revolución que está formada por la voluntad de ellos mismos pueda realizar el programa que pueda mejorar las condiciones económicas y culturales del pueblo de México.

En todo el país no he visto esa labor disolvente en que tratan de hacer aparecer los elementos que ayer estuvieron del lado de ustedes; se trata únicamente de un propósito de restauración de intereses que ustedes mismos conocen; que está alrededor de ese mismo partido político que se quiere organizar y son elementos que ya han cumplido su misión histórica. Eso el pueblo ya lo sabe. Todo el pueblo sabe lo que pudieron hacer, ya sabe lo que dieron de sí y no les queda a esos elementos más que admitir que son las generaciones nuevas, son los hombres nuevos los que tienen que venir a ocupar los puestos públicos, las posiciones de orden social, para que la misma revolución reciba el beneficio de nuevas orientaciones de hombres que no están gastados y que no se han acostumbrado al poder y a la comodidad.

Por eso es, trabajadores organizados, pueblo todo de México, que el gobierno a mi cargo, no ha tenido necesidad de usar medidas drásticas, porque sabe perfectamente bien que la fuerza organizada del país, la fuerza organizada de los trabajadores, su fuerza moral, nos da la suficiente base para poder deprimir a estos elementos que han venido hoy únicamente con una finalidad personalista, por eso mi gobierno sigue recomendando a todos los sectores de la República, que estén tranquilos, que haya serenidad, y tengan seguridad de que el gobierno de la República, que la responsabilidad que yo tengo sigue en pie, que vela por los intereses de toda la nación, pero muy especialmente por los intereses de la clase trabajadora que es la que más lo necesita. Ya en Puebla, en alguna ocasión, llamé a estas asambleas, el tribunal popular, para que juzgue a estos elementos en sus distintas responsabilidades, en sus distintas actuaciones, y yo repito a ustedes, lo que en aquella vez expresé, que el pueblo trabajador, que sea todo el pueblo de todo México, las clases organizadas, las que vengan a señalar con índice de fuego todo el mal, todo el daño que intencionalmente se llegue a hacer o se trate de hacer en contra de los intereses nacionales.

Ya hemos expresado también y hoy cabe repetirlo que necesitamos ante todo moralidad de los servidores públicos y también cabe señalar que en esta vez para poder mantener la unidad del pueblo mexicano, necesitamos ante todo gobernar con ejemplos, que necesitamos ser sinceros con todo el programa y con todo lo que se ofreció al mismo pueblo mexicano.

Cabe, como decía antes, manifestarles a ustedes en estos momentos solemnes que si mi gobierno, yo en lo personal, o alguno de los colaboradores, llega al mismo tiempo al tratar de servir al país, a hacer algún negocio que afecte los intereses nacionales, señaladlo ante el tribunal del pueblo, para que esos individuos vayan a la calle.

Si al terminar mi misión al frente de la presidencia de la República, alguno de mis colaboradores o yo mismo hemos sacado de las arcas de la nación, alguna cantidad mayor de la que se nos paga por concepto de sueldos, para entonces, para 1940, cuando el pueblo trabajador de México esté más organizado, entonces seguramente no se detendrán para ir y tomar todas las propiedades y todo aquello que hayamos robado a la nación. Soy el primero en sentir el que estos esfuerzos de ustedes se estén gastando contra una acometida política cuando debiéramos todos dedicar nuestro tiempo a la obra constructiva, pero que entienda el pueblo mexicano, que lo entiendan las naciones extranjeras, que nosotros no hemos tocado la puerta, sino que el enemigo es el que ha venido a tratar de lanzar una acometida.

Soy el primero en sentir el que se denigre a los hombres que estuvieron ayer al frente de las masas, a los hombres que tuvieron una fuerte responsabilidad, pero que se sepa que no somos nosotros los que hemos provocado esta situación sino los enemigos de ellos, los que quieren lucrar, que se quejen a su propio esfuerzo.

Hace pocos días que la situación que varios elementos trataron de provocar en diferentes partes de la República, querían escudarla alrededor de la organización de un partido político, diciendo que no tenían ningún interés en lesionar los intereses del gobierno, o de las clases trabajadoras, que se trataba únicamente de velar por los intereses de las mismas clases trabajadoras y por los postulados de la revolución, pero es que el pueblo no cree esto, no lo cree porque conoce quiénes son los agentes de esta nueva organización.

Hace tres días que todavía estos elementos ofuscados por el canto de las sirenas, ponían un telegrama a los de la prensa de los Estados Unidos, diciendo que el movimiento de México era disolvente, que el movimiento de México era comunista, que el gobierno no tenía el control, que las masas estaban desenfrenadas, que se hacía una labor en contra de la nación, y yo digo que es necesario que el pueblo de México vea en todo esto una traición a la propia República. ¿Por qué motivo agitar a otros sectores, a otras naciones, que tienen sus problemas que resolver y que están muy ocupados en ellos, para que vengan a México, para que pongan los ojos en nuestro país, cuando que el gobierno está manifestando lo contrario y la verdad es que aquí no hay ninguna desintegración, que todos los sectores están colaborando a que se haga una labor en beneficio de la nación, para lograrles nuevas fuentes de trabajo? Tenemos un programa y el pueblo de México debe saber que no podrán hacer retroceder la obra de la revolución, que no podrán dominar la situación de la República, que el gobierno americano y los otros gobiernos extranjeros no harán ningún caso a estos ciudadanos, porque los conocen y saben que tienen una finalidad personalista. El gobierno americano no va a intervenir en nuestro país, porque tiene que atender múltiples problemas e intereses en su territorio.

Es conveniente también que todo el pueblo de México sepa por qué ha venido esta acometida contra el gobierno de la revolución, contra el gobierno que represento, cumpliendo con nuestro programa de hacer real la revolución. Acabamos en primer término con los centros de explotación y de vicio, y ¿quiénes estaban alrededor de estos centros de vicio? ¿Quiénes recibían las lágrimas y la sangre de esos centros? ¿Acaso nosotros? ¿Acaso el gobierno? Vino después la cancelación del seguro del pasajero. ¿Quiénes recibían también las utilidades, que en más de un millón se recaudaron y sólo hubo indemnización por 90 mil? ¿Quién recibía esto? ¿Mis colaboradores?

Viene después nuestra acción definida y concreta en el orden agrario. Vamos a afectar las distintas propiedades que se tienen en el país de acuerdo con la ley. (Cito el caso de la hacienda de El Huarache y Anexas, propiedad de los familiares de un yerno del general Calles.)

Vino también después el desplazamiento por el gobierno del general Tapia de la beneficencia pública, por ser un elemento desorganizador, por ser un elemento incompetente, porque nos ha dejado aquella institución en una situación ruinosa y así entonces que estos individuos no tienen otro camino más que el últimamente señalado: el de hablar del gobierno, diciendo que no tiene programa, que va arruinando al país, se ha eliminado a todos estos elementos para que el programa de la revolución pueda tener simpatía no sólo en la clase trabajadora, sino también en los indiferentes. Viene también la explotación de los montes del Estado de México. Hace una semana que acabo de pasar por los montes de Ocuilán, propiedad de dieciocho pueblos, que han sido explotados por Agustín Riva Palacio. Declaramos la restitución de las tierras de los pueblos indígenas de las montañas del Mezquital en las montañas de Zacatecas, en donde, contra el artículo 127, se fue al remate de 190 mil hectáreas, por 28 mil pesos que debía la comunidad, que remató el Estado en 32 mil pesos. El ex presidente o el director de los Ferrocarriles, formó una compañía en que incluyó a tres o cuatro funcionarios dedicándose a la explotación de los durmientes. Acabamos de restituir hace cinco meses los montes a los indígenas y es natural que todos esos señores se sientan afectados en sus intereses. Hace pocos días que se volvió a dar órdenes para que la sociedad Nieto-Ortega, Melchor Ortega, que venía explotando los montes de los indígenas desde hace muchísimos años, se suspenda esa explotación y se les desplace del estado, por ser elementos nocivos a los intereses indígenas y es natural que todos estos intereses creados de estos elementos que están al pie del hombre que ha querido venir a traer una restauración, sea natural que lancen toda esa acometida, pero yo digo al pueblo mexicano, a las clases trabajadoras: no hay por qué dictar su expulsión del país, de ningún elemento, no hay por qué ir a pedir una prisión a territorio extranjero. El general Calles y sus amigos no son un problema para el gobierno ni para las clases trabajadoras y que las clases trabajadoras convengan en que es aquí en el territorio nacional en donde deben de quedar los elementos ya sean delincuentes o tránsfugas de la revolución, para que sientan la vergüenza y el peso de su responsabilidad histórica.

Los corresponsales de la prensa extranjera ocurrieron al domicilio del general Calles a pedirle su opinión sobre el discurso del señor presidente, y como nos parece oportuno que sea conocido lo que en aquellos días aconteció, ya que no se pudo publicar en los periódicos, nos permitimos transcribirla a continuación.

A la pregunta, ¿qué juicio se formó usted sobre el discurso del señor presidente Cárdenas?, contestó el señor general Calles:

> El discurso del señor presidente Cárdenas podría pasar si hubiese sido dicho por cualquiera de los comunistas que aquí conocemos. Es un discurso en que campea la pasión política, el odio personal, y el señor presidente de la República desciende a terrenos que por su investidura oficial le están vedados. Es un discurso sin lógica, sin médula, no da orientaciones de gobierno, ni define tendencias sociales; excita los apetitos de las multitudes y sólo llevará la confusión al país. No es discurso para ningún jefe de Estado, sea cual fuera el país de que se trate.

Para la opinión seria del país, para la gente que no se encontraba apasionada en esas luchas políticas, hombres pertenecientes a todas las clases sociales, lo mismo obreros como patrones, campesinos como agricultores, empleados que comerciantes, la virulenta campaña de prensa en contra del señor general Calles y sus amigos, las amenazas de acción directa, las manifestaciones de protesta, los discursos violentos de radicalismo disolvente y la literatura oficial de franca tendencia comunista no han sido en el fondo sino desahogos de una incontenida pasión política, transformada en odio personal y manifestaciones de la inquietud que en las filas del "oportunismo" produjo el regreso al país del señor general Calles. Por más que se diga, esa gran y múltiple opinión de todos los sectores nacionales, no le da otra interpretación a esta escandalosa inquietud, sino que la toma en su verdadero significado: una agitación promovida por las pasiones y los intereses en el poder. Y no puede menos que ver con tristeza hasta dónde nos estaba arrastrando ese mar de pasiones y mezquindades de nuestro oportunismo. Ya de suyo es desalentador que gozaran de verdadero libertinaje para manifestaciones y desahogos políticos, quienes atacaban a un hombre, y que, en cambio, se hubiera establecido en el país un sistema dictatorial para acallar a ese hombre y a la opinión que le favorecía, sistema en franca oposición a las libertades que establecen nuestras instituciones.

A pesar de que tuvo que desecharse oficialmente la intriga de la conspiración, por infundada y poco seria, se amordazó a la prensa y se le controló en forma que, ni el general Calles, ni sus amigos pudieron publicar una sola palabra en su defensa, mientras que los periódicos se llenaban de insultos, ataques y calumnias para ellos.

Se tomaron medidas como la destitución de los senadores, la deposición de los poderes en cuatro estados de la República, disposiciones contra algunos jefes militares y otras que dejaron claramente entrever que se quería imponer el temor, para que la opinión no pudiera manifestarse libremente.

Hay que aclarar que no es cierto que los oposicionistas pusieran ningún telegrama a la prensa de los Estados Unidos sino que simplemente publicaron la entrevista mencionada anteriormente, que les concedió el general Calles a los corresponsales de periódicos extranjeros y a la que no concurrieron los reporteros nacionales porque se les tenía prohibida la publicación de cualquier opinión favorable al general Calles, como ya hemos dicho, y las informaciones referentes a éste y a su grupo las recibían de fuentes oficiales.

Queremos creer que algunos de nuestros gobernantes lo ignoraron, porque el círculo de hierro de los intereses oportunistas que los rodeaban se empeñaron en que no los alcanzasen tales noticias, pero el hombre de la calle lo sabía y lo sentía; había una atmósfera de desconfianza y temor que hacía que nadie quisiera externar sus opiniones políticas por miedo a la delación y a la persecución. Los espíritus se inclinaron tristemente ante el desolador panorama de nuestra vida de esos momentos, en que parecía que la lealtad fuera un crimen, y el engaño, la traición y la adulación, altas virtudes que merecían las más brillantes recompensas. Se sentía un sobresalto nacional ante las fuerzas antagónicas que se estaban desencadenando. Todos los días se querían defender derechos políticos y sociales o derribar autoridades con manifestaciones "gritonas". Tal parecía que hubiéramos entrado en un periodo de decadencia al que podían aplicarse las palabras de Pedro Zuloaga: "Los valores éticos ceden cada día más el lugar a las miras utilitarias; en política la democracia se ha replegado ante el empuje de toda una caterva de nuevos 'ismos', que oscilan entre la autocracia y la anarquía." (Tomado de *El Nacional*, 31 de diciembre de 1935.)

Y todos se preguntaban: ¿estamos presenciando la iniciación de ese periodo de decadencia, ya que en los últimos acontecimientos habíamos visto replegarse el régimen de nuestras instituciones democráticas al empuje de oscilaciones de autocracia y anarquía?

El avispero de los oportunistas mexicanos, con el pretexto de la "mano de hierro", necesaria para controlar la situación, y el banderín de un radicalismo proletario, que sólo tenía por medida las ambiciones de los líderes, hizo toda clase de esfuerzos por convertir el régimen en una dictadura, y a poco que a los directores de la política nacional les faltaron energías para imponerse a la seducción de esas sirenas, que insinuaban siempre las medidas drásticas cuando creían que peligraban sus posiciones.

¿No es significativo que el mismo señor presidente, impresionado por el run-run de los oportunistas, atacara apasionadamente a un grupo de ciudadanos, en su discurso del domingo 22 de diciembre de 1935, sólo porque ejerciendo derechos legítimos, indiscutiblemente, pretendían organizar un partido político, cuando su deber de funcionario era velar porque se les otorgasen las garantías que la Constitución establece? Este era el momento en que el primer mandatario de la nación debía de haberse puesto en guardia contra la presión oportunista, si no quería que un régimen democrático se transformara en una dictadura que calificaría muy duramente la historia. ¿Íbamos a vivir perpetuamente con la prensa amordazada? ¿Iban a hacer causa común con los comunistas, que en el banquete del Frente Popular Antiimperialista, dijeron por boca de Hernán Laborde, que a todo trance se debía impedir la formación del Partido Constitucional Revolucionario? ¿Con qué derecho? ¿Fundándose en qué ley? ¿O acaso creía el señor Laborde que ya se había establecido la dictadura de los líderes sobre la nación, a nombre del proletariado?

Los hombres colocados en la altura del poder debieron de haber despreciado los consejos interesados de los oportunistas y liberarse de la presión de los agitadores que siempre quisieron ver defendidas sus posiciones por el procedimiento más fácil: el de la fuerza. Ellos propondrán siempre, como Laborde, que se amordace a los ciudadanos, que se acallen todas las opiniones, para que impere únicamente la de ellos, la que les convenga; propondrán, igualmente, que se nieguen los derechos políticos a quienes no piensen como ellos. Al fin y al cabo, la responsabilidad histórica de estos atropellos no será de los Laborde ni de los oportunistas; será para quien tenga la debilidad de aceptar sus interesados consejos.

Que los hombres que tuvieron la responsabilidad del poder en aquellos momentos debieron haber reflexionado en las palabras que Mirabeau dirigió al rey de Prusia, refiriéndose a los cortesanos que eran, como si dijéramos, los oportunistas de aquel tiempo: "Si obedecéis a vuestras pasiones, dirán que hacéis bien; ...si ejercéis una ruin y vil venganza, escudada con la clámide del poder, dirán que hacéis bien; tal cual lo dijeron cuando Alejandro destrozó a puñaladas el pecho de su amigo, y como lo dijeron cuando Nerón asesinó a su propia madre."

Hay que notar que en abril de 1936 quebrantó su declaración de diciembre de 1935 el presidente Cárdenas, pues a pesar de que dijo que no dictaría la expulsión del país ni del general Calles ni de sus amigos, se decidió a expulsarlos cuatro meses después.

¿Cómo fue invitado el general Calles a abandonar el país? A continuación transcribimos un relato verídico de los hechos, narrado por el general Rafael Navarro Cortina, quien fue el encargado por el presidente Cárdenas, en esa difícil comisión. El relato inédito y verídico, hecho por el mismo general Navarro Cortina, declarando cómo desempeñó esa delicada comisión. Es una versión del reportero José de la Parra:

Hace aproximadamente un año, y para ser más exactos, el día 18 de diciembre de 1951 se encontraba en el Café Apolo, de la ciudad de Parral, Chih., el viejo revolucionario y general de división, don Rafael Navarro Cortina. En su misma mesa y teniendo a su derecha al subteniente Esparza Jiménez, y a su izquierda a la señorita Socorro Reyna, su taquimecanógrafa, quizá porque ya le quedaban pocos días de vida, se resolvió a relatar uno de los episodios que, hasta ahora no se han conocido a fondo por lo que se refiere a sus detalles y que tanto conmovieron a todo el país y tuvieron hasta una repercusión internacional.

Se refería nada menos que a la "detención y expulsión del general Plutarco Elías Calles", entonces considerado el "hombre fuerte de México", el "jefe máximo", y era un "intocable" y cuyo acto, por órdenes del entonces presidente de la República, general Lázaro Cárdenas, tocó ejecutar desde el principio hasta el fin, al general Navarro Cortina, que a la sazón era jefe de la primera zona militar y comandante de la guarnición de la plaza en la capital de la República.

Estos hechos sensacionales quedaron sin darse "a luz", ya que de ello el resultado: la expulsión del general Calles. El general Navarro Cortina guardó sobre el particular un mutismo impenetrable y fue, hasta quince años después, que se resolvió a hablar.

Entonces el general Navarro Cortina, ya retirado del ejército, escogió la ciudad de Parral, Chihuahua, para descansar los últimos años de su vida, en unión de su esposa y, tal vez, pensando que algún día se "abordaría" este escabroso asunto, en el que materialmente fue el principal protagonista, quiso dejar a la posteridad los hechos, relatados por él mismo y así escogió el Café Apolo, dictó su narración a la señorita Reyna, teniendo como testigo al subteniente Esparza Jiménez y cuyo relato inédito ha llegado a nosotros. Es pues el desaparecido general el que habla.

"Un llamado del presidente. Me encontraba en mi despacho, enfrascado en la resolución de diversos asuntos de la comandancia militar a mi cargo, en la capital de la República, el día 9 de abril de 1936, y ya por la tarde un oficial irrumpió en mi oficina para informarme:

—Mi general, un ayudante del señor presidente.

—Que pase inmediatamente —ordenó el general Navarro, pero sin dejar de revisar algunos papeles y poco después entró el anunciado ayudante, quien cuadrándose le transmitió una orden:

—Ordena el señor presidente de la República, que se presente usted inmediatamente en palacio.

—Perfectamente, en estos momentos me presentaré ante el señor presidente.

—La orden que tengo del señor presidente es que acompañe a usted a su presencia —dijo con firmeza el oficial.

El general Navarro comprendiendo que se trataba de "algo grave", optó por partir inmediatamente, acompañado por aquel oficial ayudante. Cuando salí a la calle, sigue su relato el general Navarro, la tarde moría: las luces empezaban a surgir en la ciudad y en el reloj de Palacio Nacional sonaron las siete.

Me presenté en las oficinas del señor presidente donde ya se me esperaba y sin pérdida de tiempo se me franquearon las puertas, y ya en presencia del general Lázaro Cárdenas lo saludé respetuosamente. Hizo salir al ayudante que me acompañó y ya solos, absolutamente solos, me hizo sentar...

Una difícil comisión

—Señor general, una difícil comisión tengo que encomendarle. El asunto es sumamente "confidencial" y es altamente "delicado".

—Ordene usted, señor presidente, sus órdenes serán cumplidas.

—Bien. Usted como comandante de la guarnición de la plaza y jefe de la primera zona militar, y más que todo eso, uno de los hombres de mi confianza, será el encargado de cumplir una de las comisiones más difíciles que pudiera encomendar a cualquier otro jefe, y espero que la cumpla al pie de la letra y ajustándose a mis órdenes.

Este preámbulo del señor presidente me hizo comprender que se trataba de algo "muy delicado" y deseando hacer honor a aquella confianza, sólo con mi cabeza, con mi mirada, hice comprender que estaba completamente a sus órdenes. El señor presidente, seguramente comprendió aquello, pues me miraba atentamente y satisfecho de su examen continuó:

—Así pues, le "ordeno" que proceda al arresto del señor general Plutarco Elías Calles y lo conmine para que inmediatamente abandone el país.

Me dejó atónito aquella orden. Todo lo esperaba, menos eso...

Inmediatamente me di cuenta de la tremenda responsabilidad y sentí que la cabeza se bamboleaba... El general Cárdenas me examinaba con su mirada penetrante e inquisitiva... Aquello fue sólo cuestión de segundos para responderle, con toda mi conciencia y a sabiendas de mi enorme responsabilidad:

—Señor presidente, sólo le pido que me conceda doce horas para cumplir sus órdenes.

—Concedido, puede usted tomarse ese tiempo; pero usted tenga en cuenta que estaré en espera de su resultado y que usted debe comunicármelo "sea la hora que sea".

Me despidió el señor presidente y abandoné el Palacio Nacional sumido en un mar de confusiones. Aprehender al general Calles... Yo mismo sabía que el 80% del efectivo del ejército era de filiación "callista"; sin embargo, tenía que cumplir aquella orden y llevarla a cabo sin que nadie se diera cuenta de la detención del ex presidente y, además, ejecutarla sin violencia... Debía emplear para ello de toda la cautela necesaria, para evitar cualquier acto de significación para la administración del presidente Cárdenas, que apenas se estaba gestando.

Tenía entonces bajo mi mando como jefe de la primera zona militar y jefe de la guarnición de la plaza, aproximadamente siete mil quinientos hombres. Pero para ejecutar aquella orden "era yo" personalmente quien tenía que hacerlo. El problema era duro... La comisión era penosa, la orden recibida terminante, y debía cumplirla, sin causar una humillación al hasta entonces "hombre fuerte de México".

Rumbo a la hacienda de Santa Bárbara. A las diez y media de la noche hice venir al jefe de mi estado mayor, general Othón León Lobato y le ordené: "Mi general precisa disponer un comando con veinte soldados de guardias presidenciales; llamará al coronel Echegaray Zamorano y seis oficiales de mayor confianza de mi estado mayor...", no dije más; el general Lobato tampoco replicó nada, como buen militar se concretó a cumplir la orden. Faltando quince minutos para las once de la noche, abordé mi automóvil, haciendo que me acompañaran el general Othón León Lobato y el coronel Echegaray Zamorano, y en otros dos automóviles se colocaron los seis oficiales de mi estado mayor y tras de estos el comando con los veinte soldados de las guardias presidenciales... Partimos para tomar la carretera México-Puebla; a unos veinte o veinticinco kilómetros de la ciudad de México se encuentra la hacienda de Santa Bárbara, propiedad y residencia entonces del general Calles. Llegados a este lugar, ni el jefe de mi estado mayor ni ningún otro, sabía, ni se daba cuenta de la misión que íbamos a desempeñar... Mandé hacer alto a unos cincuenta metros de la casa del general Calles, ordenando al general Lobato que situara en forma estratégica los veinte soldados de las guardias presidenciales, cubriendo todas las entradas y salidas de la hacienda y luego, diciendo al general Lobato: "Si dentro de veinte minutos no salgo o lo llamo, entre usted inmediatamente y me pide órdenes. La comisión que me ha sido encomendada es sumamente delicada y, por tanto, no proceda usted, hasta en tanto no reciba órdenes dadas personalmente por mí." Y dicho esto, dejando al general León Lobato haciéndose posiblemente mil conjeturas, completamente solo me dirigí a la puerta de la casa y llamé, y al hacerlo, sentí que mi corazón palpitaba fuertemente... La puerta se abrió y apareció un oficial de guardia y tras de los saludos de ordenanza, le ordené: "Diga usted al señor general Calles que traigo una 'invitación' de parte del señor presidente de la República y que conceda permiso para dársela a conocer 'personalmente'..." Saludó el oficial y se retiró hacia el interior y poco después regresó para indicarme:

—Mi general Calles no puede recibirlo pues se encuentra reposando en sus habitaciones y suplica me haga saber la invitación de que es portador, para comunicársela...

—Insisto en que informe al señor general Calles en que me reciba, es condición expresa del señor presidente que personalmente le dé a conocer esa "invitación"...

Otro momento de espera que me parecía interminable; al fin regresó el oficial, para indicarme: "El general permite que pase usted a sus habitaciones." Lo seguí al interior de la casa hasta indicarme el lugar donde debía esperar; abrió la puerta de la alcoba donde descansaba el "jefe máximo" y luego me hizo pasar...

Un momento muy difícil. El general Calles, aun cuando se encontraba acostado, no dormía, según advertí, ya que tenía en sus manos un libro con pastas rojas y sin dar tal vez importancia a mi presencia y sin dignarse mirarme, continuó su lectura... En esos momentos cruzaron por mi mente mil ideas; mis pensamientos se atropellaban, pensando que era el instante cumbre... de lo que ocurriera, podía depender un cambio en la historia... de eso dependía que ésta juzgara aquel hecho como un acto apegado a la razón y a la justicia... o a que, y esto me preocupaba hondamente, se creyera en un acto proditorio y premeditado para hacer desaparecer al "jefe máximo de la revolución", que por tal se tenía al general Calles... Reinó en la estancia el más completo silencio...

Tal vez el general Calles esperaba terminar el capítulo que leía... pero yo me impacientaba con aquella espera, nerviosamente y resuelto a llegar al fin de una vez, saludé, como correspondía a un subordinado ante aquel personaje, diciéndole: "Mi general, con todo respeto me permito comunicar a usted que soy portador de un mensaje del señor presidente de la República..." El general Calles abandonó la lectura, bajó sus manos sosteniendo el libro de pastas rojas y sin contestarme, me saludó, me miró de pies a cabeza y se quedó mirándome en silencio por espacio de dos minutos... La espera era tremenda... Para romper aquella situación tan embarazosa, le expliqué: "Mi general, soy el comandante de la primera zona militar y jefe de la guarnición de la ciudad de México y, a la vez, 'portador' de una atenta invitación del señor presidente de la República..." Me escuchó con toda calma... y luego me interrogó: "¿Cuál?"

Entonces avancé unos pasos hasta colocarme a unos dos metros del lecho en que descansaba el general Calles y dando una entonación firme y solemne a mi voz, lleno de emoción que supe contener, le contesté: "...El señor presidente de la República 'lo invita a salir inmediatamente del país'..."

No me dejó terminar el general Calles: arrojó con violencia el libro que con tanta atención leyera, enrojeció su rostro, se incorporó en el lecho y con mal contenida cólera, arrojó las cobijas a un lado y saltó del lecho... y al hacer estos movimientos bruscos cayó la almohada donde reposaba su cabeza, dejando al descubierto una pistola .45... En ese momento "cero", como se dice ahora, pasó por mi mente una terrible visión... Un atentado contra el "hombre fuerte de México" de parte del comandante de la primera zona militar, hubiera originado positivamente una trágica revuelta, ya que como he dicho, el ochenta por ciento del ejército era "callista"... volvería a cubrir de luto los hogares mexicanos... volvería el dolor y a regar los campos la sangre de tantos mexicanos... Visión tremenda, ante aquella responsabilidad del momento... Hice pues acopio de mi serenidad y sangre fría y resueltamente, expliqué y supliqué a la vez al general Calles:

—Le suplico, mi general, guardar en este momento toda su serenidad...

Le suplico que no se oponga en ninguna forma al cumplimiento de mi deber, "pues en caso contrario", tendré que obrar en forma muy diferente...

—Todavía no ha llegado mi hora —exclamó el general Calles; con todo su orgullo me contempló de pies a cabeza y prosiguió—: ... Aún me quedan "muchos recursos" señor general y no permitiré...

—Es inútil todo lo que usted pretenda hacer —le interrumpí, y el general Calles volvió a contemplarme con su rostro enrojecido por la cólera—. Es tarde para mover sus "recursos" mi general. Pues como soldado he tomado todas las precauciones del caso... para cumplir las órdenes del señor presidente Cárdenas, todo lo he previsto y si usted quiere evitar un "desastre" cuyas magnitudes no me atrevo a pensar siquiera, usted debe aceptar "la invitación" que se le ha hecho por el señor presidente...

El general Calles reflexionó... posiblemente midió las consecuencias que pudiera traer una resistencia estéril y, con toda calma, abandonando su arrogancia, expresó... "En tal caso, señor general, es preferible que me ponga frente al 'paredón' y ahí termine todo esto..."

Cuando el general Calles, el "hombre fuerte de México", el "jefe máximo", como se le apodaba en aquel entonces, pronunció aquellas palabras: "Es preferible en este caso, que mejor me ponga frente al paredón y que ahí termine todo", el general Navarro Cortina comprendió que toda aquella grandeza, todo aquel poder de que se encontraba aureolado se venía por tierra... Comprendió que "el hombre fuerte" estaba vencido, y fue como dedujo que éste ya no haría ninguna resistencia ni se opondría en modo alguno a las invitaciones del señor presidente de la República... Por otra parte él, como soldado no hacía sino cumplimentar una orden recibida y tendría que cumplirla pese a todo... Había comprendido, como él mismo dice en su relato, que el "caso era grave", no sólo grave en grado superlativo ya que podía provocar un nuevo derramamiento de sangre, una nueva lucha fratricida... Pero, el león había sido cazado en su propio cubil, y se mostró débil pese a su enorme fuerza... Así pues, al escuchar las palabras del general Calles, el general Navarro Cortina se concretó a responder en forma clara: "No tengo esas instrucciones, mi general, y sí las de velar por su seguridad personal, hasta en tanto no se encuentre usted en el extranjero..." Con el desaliento bien marcado en el rostro, sigue relatando el general Navarro Cortina, y bajando lentamente los brazos, como si una enorme fatiga se hubiera apoderado de todo su ser, y bajando lentamente los hombros, el general Calles, sin el tono de arrogancia de un principio, sin ningún átomo de ira en su voz me preguntó con voz queda y ronca:

—¿A qué parte de los Estados Unidos tienen que trasladarme?

—Sólo tengo orden de trasladarlo a Brownsville, Texas.

El ex jefe máximo de la revolución, pues desde ese momento dejó de serlo, fijó su vista en el vacío, posándola en el techo de su confortable habitación y permaneció unos momentos pensando en que... posiblemente por su mente pasó toda una fantasmografía; su caída precipitada, el ídolo derribado: el esplendor, la fuerza, su potencialidad política... todo, todo caía en su alrededor sin estrépito en las tinieblas casi de aquella noche en la apacible hacienda de Santa Bárbara... ¿Y sus amigos?... ¿Dónde estaban?... Muy ajenos a todo aquello... ¡Ah, si lo hubieran sabido!... Quién sabe entonces cuál habría sido el resultado. Hubiera quizá cambiado completamente el escenario... Al fin, el general Calles, reponiéndose del todo, se puso de pie y me expresó con voz más firme y serena... "A sus órdenes, mi general...". Cambiamos algunas frases triviales, sin importancia, casi de cortesía y de pronto, como queriendo sorprenderme, me interrogó:

—¿Qué motivos tiene el gobierno para expulsarme del país?... ¿Cuál es la causa?... ¿De dónde proviene?...

—No podría contestar con certeza esas preguntas, mi general... Pero puedo suponer que la decisión del gobierno obedece, para garantizar la tranquilidad y bienestar del país... y la seguridad del mismo gobierno...

En esos momentos, no olvidando que el general Calles se había constituido en mi prisionero, y también sin olvidar un momento su alta jerarquía, por mera fórmula le pedí permiso para llamar a los jefes militares que me acompañaban para entregárselo bajo su custodia y responsabilidad como un detenido extraordinariamente importante, por órdenes expresas del señor presidente de la República. "No precisa mi permiso, contestó Calles, usted es ahora el que manda aquí..." No le contesté, pero hice llamar al general Othón León Lobato, jefe de mi estado mayor, le di algunas instrucciones, para que a su vez las impartiera a los oficiales que nos acompañaban a efecto de que el general Calles permaneciera detenido en sus habitaciones con todas las comodidades y atenciones debidas a su alta jerarquía militar, sólo con la condición de que no se recibieran ni se despacharan llamadas telefónicas, dando instrucciones desde la misma hacienda de Santa Bárbara, a la central de Teléfonos de México, que por orden de la Secretaría de la Defensa Nacional, quedaba suspendido ese servicio con aquella finca. Una vez tomadas esta y otras precauciones y considerando que ya nada tendría que temer, pues el general Calles ya se había conformado con aquella situación, me disponía a salir, acompañado de uno de mis ayudantes, deteniéndome el general Calles para hacerme una nueva pregunta:

—¿Cómo van a conducirme y por qué medios van a transportarme al extranjero...

—Mi general —le contesté, no encontrando motivo para negarle esa información—, en el campo de aviación de Balbuena se encuentra un transporte militar, con cupo para veinticuatro pasajeros que sólo espera mis órdenes para despegar hacia el lugar que se le indique... El coronel Echegaray Zamorano lo conducirá desde esta hacienda hasta ese campo de aviación, poniéndolo a bordo de ese transporte...

El general Calles reflexionó un instante y me demandó:

—Suplico a usted, señor general, que personalmente se tome la molestia de conducirme al campo de aviación, a la hora que usted lo ordene...

Comprendí que al hacerme esta súplica el general Calles aún conservaba algo de desconfianza y que a mí no me la tenía, por lo que le contesté:

—Mi general, es motivo de satisfacción y orgullo para mi persona, la muestra de confianza que usted deposita en mí y tenga usted la completa seguridad de que estoy a sus órdenes, conforme su situación actual...

Diciendo esto, salí rápidamente acompañado de uno de mis ayudantes, abordé el automóvil y me trasladé a la residencia oficial del señor presidente de la República, imprimiendo al vehículo toda la velocidad posible, pues cuanto antes deseaba informar al primer magistrado el resultado de la delicada misión que me confirió y que, en su parte principal ya estaba cumplida, con el arresto del general Calles.

Serían aproximadamente las dos de la madrugada cuando llegué a Los Pinos, pasando inmediatamente al despacho del señor presidente, quien se encontraba en espera de mis noticias; tan pronto como me vio aparecer, se puso de pie y salió a mi encuentro, preguntándome:

—Señor general Navarro, ¿qué ha ocurrido?

—Señor presidente, el general Calles se encuentra detenido en sus habitaciones particulares bajo la custodia del jefe de mi estado mayor, del coronel

Echegaray Zamorano, seis ayudantes del estado mayor y veinte soldados de las guardias presidenciales.

Enseguida el general Cárdenas me pidió que le relatara punto por punto la forma en que habían ocurrido los hechos, lo que hice detalladamente, ocultándole únicamente algunas frases candentes que el general Calles había tenido, al principio, para el propio señor presidente.

Terminado el relato que el general Cárdenas escuchó atentamente, me ordenó que me trasladara inmediatamente a la inspección de policía, donde el jefe de la misma, general brigadier Vicente González, me haría entrega de tres prisioneros que deberían ser trasladados con las reservas y discreción del caso, a la misma hora, el mismo día, y en el mismo avión, que el general Calles, para dirigirse al extranjero. Sin saber quiénes eran tales prisioneros, pues el señor presidente no me lo indicó, me encaminé a la guarnición de la plaza, ordenando una escolta que abordó un comando, saliendo detrás de mi automóvil. Cuando llegué a la inspección, ya el general González estaba en mi espera, dándome cuenta de las instrucciones que tenía, de poner en mis manos a los tres "detenidos" por orden del señor presidente... Esperé, pues, que se ejecutara la orden... Fue cuestión de unos momentos para recibir una sorpresa, dejándome perplejo por un momento al reconocerlos; eran nada menos que Luis L. León, Luis Morones y Melchor Ortega, tres grandes personajes de la administración del general Calles: un ex secretario de Agricultura, un líder obrero de grandes vuelos y un ex gobernador del estado de Guanajuato... No cruzamos una sola palabra, me concreté a dictar órdenes para que se les diera lugar en el comando y personalmente los conduje hasta un hangar del campo de aviación de Balbuena, donde quedaron con centinelas de vista, hasta ese mismo día a las siete de la mañana.

Terminada esta nueva misión me dirigí a un restaurante, cuyo nombre no recuerdo en este momento, con objeto de tomar una taza de café... Sentía que el sueño empezaba a invadirme, la fatiga y las emociones recibidas en unas cuantas horas, agotaban mis facultades... En ese restaurante permanecí hasta las cinco de la mañana, haciendo tiempo, como suele decirse, y a las cinco y media, acompañado de mi ayudante, regresé a la hacienda de Santa Bárbara. Al llegar, encontré la novedad que ya se encontraban ahí los hijos del general Calles: Plutarco Jr., Alfredo, Titina; su secretaria particular doña Cholita González, y uno de sus íntimos amigos de apellido Yantada. Según me informaron, trataron de comunicarse por teléfono con el general Calles, pero como se les informara que no había comunicación con la hacienda, sin darles mayores explicaciones, altamente preocupados por aquel acontecimiento y extraño silencio resolvieron trasladarse a Santa Bárbara. Una vez en la hacienda todas aquellas personas quedaron como detenidos, ya que el general Othón León Lobato, cumpliendo mis instrucciones, no había permitido que nadie abandonara el lugar, quedando todos bajo su vigilancia. Entré a la habitación del ex jefe máximo y lo vi cómodamente sentado en una poltrona y acercándome, lo saludé militarmente, pero poniéndose de pie y con un dejo de ironía, exclamó: "Los tiempos han cambiado; ahora, mi general, yo soy el que está a sus órdenes, sólo le suplico me permita hacer algunas recomendaciones a mis familiares." Me incliné ceremoniosamente concediéndole su demanda y esperé. Después de algunos minutos de que el general Calles cambió algunas palabras con sus hijos, y ya casi a las seis y media de la mañana, le dije:

—Mi general..., ¿nos vamos?

—Cuando usted lo ordene —y volvió a interrogarme—: ¿Para cuántas personas tiene cupo el avión?

—Mi general, el transporte tiene cupo para veinticuatro personas; pero lleva como escolta a doce soldados de las guardias presidenciales... y el resto de ese cupo lo dejo a su disposición... Pero, si usted gusta, puedo disminuir el número de la escolta, para que lo acompañen familiares.

El general, conmovido y agradecido, aceptó el ofrecimiento.

Con las precauciones necesarias nos trasladamos, nos encaminamos al campo de aviación de Balbuena, siempre escoltados por los veinte soldados de las guardias presidenciales... Ya encontramos ahí la tripulación que conduciría el avión con tan ilustre pasajero al exilio, hasta Brownsville, Texas. Ordené que sacaran del lugar en que se encontraban detenidos a Luis L. León, Morones y Mélchor Ortega, quienes llegaron hasta el lugar en que se encontraba el general Calles rodeado por sus familiares, y al verse se mostraron sorprendidos y sólo atinaron a saludarse... El tiempo seguía inexorable... Miré la hora de mi reloj: eran las siete y cinco minutos en ese momento. El diez de abril... Quise abreviar aquella situación que se hacía penosa para unos y para otros y dispuse el embarque del general Calles y sus acompañantes.

Subieron a bordo el ex jefe máximo, ahora caído; los tres prisioneros que nos entregaron en la inspección de policía, sus hijos Plutarco y Alfredo... El general Calles, el primero en abordar el aparato, al llegar a la portezuela del avión, volvió la cabeza, y clavó su mirada a lo lejos, en su rostro se dibujó un gesto de tristeza... entrecerró los ojos, como si quisiera borrar de ellos una visión tremenda... movió enigmáticamente su cabeza y al fin se resolvió a entrar en el aparato... lo siguieron sus hijos y tras de éstos, los tres personajes de la política de su administración. Los potentes motores del aparato empezaron a rugir; las hélices lentamente, primero, y luego con gran velocidad, aventaban un ciclón de viento hacia atrás; se cerró la puerta del avión y empezó el pesado aparato a moverse sobre la pista; a medida que avanzaba iba adquiriendo velocidad... Yo tenía los ojos fijos en aquel aparato, que llevaba en sus entrañas al que fuera el "hombre fuerte de México", el "jefe máximo de la revolución"... venido a menos... Aquel aparato llevaba a tierras extrañas una página de la historia...

Quedé inmóvil como una estatua, sólo mis ojos se movían dentro de sus órbitas siguiendo el vuelo del fantástico pájaro de acero... que iba reduciendo su tamaño; al tomar altura dio un círculo por encima del campo y enfiló derecho decididamente, rumbo al norte... Vino a mi memoria, sin querer, aquel otro grande "hombre fuerte" que salía al exilio a bordo del *Ipiranga,* después de haber gobernado al país durante treinta y tantos años...

En la tarde del día 9 de abril de 1936, yo salí de mi casa en las Lomas de Chapultepec, acompañado de mi secretario particular, Antonio Aldrete; de mi ayudante Petrídez Toledo, y de mi chofer. No me extrañó ver muchos empistolados y de gorra tejana en la calle trasera de mi casa, pues creí que eran partidarios del ingeniero Marte R. Gómez, que había llegado, o estaba por llegar de Tamaulipas, siendo aspirante a gobernador de ese estado y era representante del licenciado Emilio Portes Gil. Habíamos iniciado nuestra marcha cuando Aldrete me dijo: "Nos vienen siguiendo." "Ya los vi", le contesté. Y para evitar un arrebato de Petrídez Toledo, le dije: "Guarda tu pistola junto con la mía en la 'cajuelita' del automóvil." Así lo hizo.

Al llegar a la altura del lago, de una calle adyacente nos salió otro automóvil de agentes de policía que se atravesó, al grado que, para evitar un choque, el chofer subió nuestro carro al prado; los que venían atrás de nosotros desembarcaron inmediatamente, igual que los de adelante con las pistolas desenfundadas, gritándome: "Ríndase que está rodeado." Yo abrí la portezuela y les dije: "No tienen por qué hacer ese alarde de fuerza, estoy desarmado y a sus órdenes."

Rodeado de agentes policiacos, me subieron a un automóvil sentándome entre dos agentes en el asiento de atrás, mientras que en el de adelante iba el chofer y un jefe de los agentes de cuyo nombre no quiero acordarme y que en otro tiempo había sido ardiente panegirista del general Calles y admirador mío, quien siguiendo la ley de los ingratos, volvió la cara y me dijo: "Hace bien el gobierno en aprehenderlos a ustedes que andan levantando al pueblo en contra del gobierno."

Y yo, recordando las palabras de elogio de antaño, le dije: "En la situación en que estoy, es usted muy valiente; lo felicito."

Así me condujeron a la inspección de policía, donde me encerraron en una bartolina de escasos cuatro o cinco metros cuadrados, con un inodoro sin limpieza. Permanecí toda esa tarde parado, pues no había donde sentarse, y leyendo todos los insultos escritos en las paredes contra el general Calles y nosotros, por los comunistas que ahí estuvieron presos.

Ya empezaba la madrugada cuando oí el paso acompasado de una escolta que se aproximaba a mi puerta; pero no venían por mí, pues pasó de largo.. Traían a Melchor Ortega, preso en Tehuacán, pero que haciéndose amigo de los agentes, los invitó a cenar en Puebla, y éstos le permitieron que avisara en su casa (donde no estaba su familia, pues ésta quedó en Tehuacán) y que sacara una cobija y un abrigo.

En las primeras horas de la mañana siguiente, nos sacaron y nos juntaron, a Morones, a Melchor y a mí, en la oficina de la inspección de policía; ahí un teniente coronel, de quien ya hablé, nos dijo: "He recibido instrucciones para trasladarlos al aeropuerto de Balbuena y embarcarlos en el avión en que el general Calles y ustedes partirán para Brownsville, Texas."

Morones, visiblemente exaltado, se dirigió al aludido diciéndole: "¿Que en este país ya no se respetan las garantías de la Constitución? ¿Con qué derecho se nos expulsa de nuestra patria? ¿Qué delitos hemos cometido? ¿De qué se nos acusa?"

Yo intervine diciéndole: "No les pida nada Morones, nosotros ahora no tenemos garantías porque en otras veces no las dimos, así es que no tenemos derecho para pedirlas, pero sí protesto del cargo de traidores a nuestra patria, porque los traidores no somos nosotros y el mismo oficial aquí presente ya sabe quiénes son los traidores."

Se nos condujo a un hangar en el viejo aeropuerto de Balbuena, donde Melchor, que llevaba abrigo, lo mismo que Morones, me dio su cobija, y esa fue la fotografía que apareció en los periódicos llevando yo la cobija del brazo y que provocó comentarios entre mis viejos amigos del rastro y del primer distrito, diciendo: "Ya ves cómo el jefe sí sabe, va bien provisto para lo que tenga que sufrir."

Acompañando al general Calles habían llegado varios parientes de él, y su secretaria Cholita González, que le entregó 4 mil dólares, que tenía guardados para una emergencia.

El general Calles llegó en automóvil desde su hacienda de Santa Bárbara y subió al avión con nosotros, acompañado de su hijo Alfredo, de un chofer de su confianza y de dos oficiales, un mayor y un capitán, con la representación del jefe de la plaza.

Bajamos en el puerto de Tampico, Tamaulipas, donde almorzamos y se quedaron tomando el café los representantes de la jefatura de la plaza y el general Calles; por cierto que fue el general Calles el que pagó la cuenta. El aeropuerto de Tampico estaba rodeado por tropas para evitar que nadie entrara, así como cualquier contacto nuestro al exterior, y mientras se abastecía de combustible el avión, nos paseamos y platicamos con el capitán y el mayor, que eran conocidos míos y de Melchor, y quienes nos dijeron: "Tenemos instrucciones de llevarlos a Brownsville, Texas, pero si ustedes quieren que les llevemos a otra parte, estamos a sus órdenes, porque el piloto también es callista."

Nosotros agradecimos el ofrecimiento, pero no tenía caso ningún cambio porque nosotros no teníamos plan alguno para levantarnos en armas o para huir. Y les dijimos: "Muy agradecidos, pero cumplan con sus órdenes."

La Compañía Mexicana de Aviación le ofreció al general Calles y acompañantes un almuerzo en sus oficinas de Brownsville; pero como se aglomeraba mucha gente, tanto de ahí como de Matamoros, Tamaulipas, mostrando su curiosidad por conocernos y distinguirnos, el general Calles pidió un avión que nos llevó a Forth Worth, Texas, donde dormimos para tomar al día siguiente el avión directo a Los Ángeles, California, que bajaba a abastecerse de combustible en El Paso, Texas.

En el aeropuerto de esta última ciudad, estaba el chicano Corona, reportero de un diario de El Paso, quien constantemente, para hacerle daño al general Calles, insistía en preguntarle: "¿Y no cree usted ahora que el gobierno incautará las propiedades de usted y de sus familiares?"

A lo que secamente contestó el general Calles: "Yo nada sé porque esos asuntos debe de resolverlos el gobierno."

En esos momentos, un buen amigo de nosotros, Tony Vega, se dirigió resueltamente al reportero con ganas de agredirlo, diciéndole: "A ti qué te importa si afectan o no las propiedades del general Calles; yo soy el que te va a afectar a ti", con lo que el chicano Corona huyó atemorizado.

En muchas partes de la República, aun en Chiapas, había colonias y ejidos que llevaban mi nombre y que inmediatamente lo cambiaron, excepto el ejido Luis L. León, frente al poblado de Guadalupe Río Bravo, perteneciente a mi estado de Chihuahua, lo cual manifiesto con satisfacción y orgullo.

El avión reanudó su viaje a Los Ángeles, donde el mayor de la ciudad, amigo del general Calles, fue a recibirnos con una escolta en automóvil y con motocicletas hasta llevarnos al Hotel Baltimore, donde pusieron a nuestra disposición un lujoso apartamento.

El general Calles nos prestó a cada uno de nosotros 200 dólares para comprar ropa y pudimos bañarnos satisfactoriamente, cambiando vestimenta. En el lujoso apartamento había un gran aparador con su llave puesta donde se contenían botellas de los mejores licores del mundo. Todos creímos que nos íbamos a desquitar de larga abstinencia; pero después de tomar una copa de vino tinto, el general Calles cerró con llave el aparador y le suplicó al mesero que se la entregara al dueño, dejando frustradas nuestras ansias de esparcimiento.

Desde Los Ángeles nos dividimos, pues Morones marchó a Washington, invitado por la American Federation of Labor, quien lo designó su representante entre los sindicatos latinoamericanos, gozando de buen sueldo. Nosotros nos dirigimos con el general Calles a San Diego, donde nos instalamos para vivir en apartamentos en el lado americano.

En aquella población vivimos como dos años, sufriendo estrecheces económicas, sobre todo mi señora y yo, que nos manteníamos con muchas economías de lo que nos enviaban de México, realizando los muebles, tapetes y demás objetos que teníamos en nuestra casa de las Lomas de Chapultepec, así como de la venta de las alhajas de mi mujer y temiendo por lo que haríamos cuando esto terminara, máxime que sufrimos especulaciones por parte de parientes que se ocupaban de las ventas en México. Conviene aclarar que cuando llegamos a los Estados Unidos, al recibirnos en Brownsville, se nos informó que de acuerdo con la ley americana, como entrábamos en calidad de refugiados, nos prohibían desempeñar empleos o trabajos que se tomaran como una competencia a los trabajadores americanos; y solamente en caso de que pusiéramos un negocio con recursos propios, de los que en nuestra situación carecíamos.

En 1938 Morones nos invitó a una reunión en Los Ángeles, California, donde nos manifestó con franqueza y lealtad que sus compañeros de México, de la CROM, habían conseguido permiso para que él regresara al país, dado que ya estaban regresando hasta los altos miembros del clero que habían sido expulsados y vivían en San Antonio, Texas. Con gran lealtad, Morones nos expresó que él tomaría la determinación que nosotros le aconsejáramos, pues se consideraba solidario con nuestra expulsión del país.

El general Calles, de acuerdo con nosotros, le contestó a Morones que le agradecía su acto de lealtad, pero que él le sería más útil a sus compañeros de la CROM en México y que debería de regresar.

Poco tiempo después, los amigos de Melchor Ortega consiguieron un permiso para que él regresara al país y esto me hizo a mí concebir el deseo de hacerlo igualmente.

Con la anuencia del general Calles, me dirigí a El Paso, Texas, y resueltamente me presenté en el puente de Ciudad Juárez, Chih.

En la oficina de inmigración del puente de Ciudad Juárez, Chih., me dijo el encargado de dicha oficina, que era un amigo mío de apellido Peralta, y primo del licenciado y del doctor Uruchurtu, que esperara yo en El Paso, pues él tenía que consultar a la ciudad de México, dado que aún estaba yo en la lista de los que no podían regresar; y entonces yo le supliqué que consultara con el subsecretario, que era un funcionario yucateco que había sido compañero y amigo mío.

El citado funcionario respondió al día siguiente: "Puede dejar ingresar al país al ingeniero León, en su calidad de ciudadano mexicano."

Así fue como regresé al país y desde luego me dirigí al rancho de Terrenates, que con sorpresa me lo encontré con ganado que el encargado del mismo rancho había admitido alquilándole los pastos.

Marché para la ciudad de Chihuahua, donde me recibieron con simpatía mis viejos amigos, pero tuve la pena de provocar un incidente, pues al llegar a un hotel me acompañaba mi antiguo compañero de escuela el ingeniero Posada, a quien, considerándolo traidor, lo mató en la escalinata un hermano del general Quevedo, y este último, valiente soldado, se echó la culpa y se rindió ante la jefatura de la plaza, entregando su arma. Por fortuna y dadas sus relaciones con el régimen, pronto fue enviado de jefe de operaciones a Puebla.

Mi situación económica era muy difícil, y tuvimos que ir hipotecando primero, y vendiendo después, poco a poco, las pertenencias de mi residencia de Reforma Nº 560, siempre confortado por el gran ánimo y valentía de mi esposa, que en lugar de quejarse, me daba ejemplo de resistencia.

El general Calles todavía permaneció tres años más en San Diego, California, hasta que fue invitado a regresar al país por el general Manuel Ávila Camacho, cuando éste fue presidente electo, recibiendo miles de instancias de parte de Maximino, hermano del presidente.

El general Calles nos dio, todavía en el destierro, una gran lección cívica, pues abrumado por la insistencia de los periodistas americanos, sobre todo cuando el general Cárdenas llevó a cabo la expropiación de las compañías petroleras, periodistas que a todo trance querían una declaración en contra de los actos del general Cárdenas, el general Calles les contestó con toda entereza: "Yo tuve una gran lucha para hacer respetar la Constitución Mexicana estableciendo la propiedad del subsuelo de la nación, así es que tengo que aprobar que, completando ese postulado de la Constitución de mi país, haya expropiado ahora, el señor presidente de la República, las compañías que no querían respetarla."

Y siguió expresando con toda claridad: "Yo siempre he declarado que la política de México se debe de hacer en México, y que considero traición a la patria escudarse en la impunidad que concede la permanencia en un país vecino para tratar los asuntos públicos de su país. Lo de México debe de tratarse siempre en México, cuando se es patriota, y no tenemos por qué interiorizar de nuestras diferencias de grupo o facción a países extranjeros."

V. "...gran actividad para desarrollar
la agricultura técnicamente..."

Con fecha 27 de octubre de 1942, recibí la invitación del general de división Abelardo L. Rodríguez para colaborar con él en el Comité de Producción Agrícola, como consejero de dicho comité, de acuerdo con el nombramiento que a continuación me permito transcribir:

Coordinación y Fomento de la Producción. México, D. F., a 27 de octubre de 1942. Señor ingeniero Luis L. León, Banco Nacional de Crédito Agrícola, Motolinía Nº 11, ciudad. En ejercicio de la facultad que me concede el decreto presidencial de fecha 15 de octubre de 1942, que crea el organismo "Coordinación y Fomento de la Producción", he tenido a bien nombrar a usted consejero presidente del comité de producción agrícola del mismo, siendo el puesto honorario y, por lo tanto, no remunerado, de acuerdo con lo dispuesto por el artículo segundo de dicho decreto. El coordinador (firmado), general de división *Abelardo L. Rodríguez.*

Nombramiento que acepté y desempeñé hasta marzo de 1943, fecha en que el general Rodríguez se retiró de la Coordinación para lanzar su candidatura a la gubernatura de su estado natal, Sonora.

Este comité se dedicó a procurar el aumento de la producción tomando como programa el plan de movilización agrícola establecido por el gobierno, habiendo atendido todas las consultas sobre la materia y ayudando a pequeños propietarios y ejidatarios en la solución de muchos problemas concretos.

Desde luego tuvo que conocer el problema del trigo. Como nuestras cosechas no bastaban para cubrir nuestras necesidades, se propuso la molienda integral de un 50% del trigo que llegara a los molinos y a la panificación obligatoria de esta clase de harina, medida que fue aceptada por el gobierno y pondría a disposición del pueblo un pan más nutritivo y saludable.

La oposición de los panaderos de México y de la mayor parte de la República fue tremenda, y un panadero amigo de Abelardo, que se atrevió a fabricar el pan integral en Sonora, tuvo que abandonar el intento, pues el público no lo consumía y los panaderos, en manifestación de desprecio, se lo daban de comer a los puercos. El tiempo ha demostrado que teníamos razón en la lucha de sostener esta iniciativa de la fabricación del pan integral, pues hoy se reconoce que este pan es más nutritivo porque contiene todas las riquezas en vitaminas y otras sustancias que le da la cápsula del grano al mezclarse con la harina, y ahora hasta se anuncia y el público lo come con satisfacción y beneficio nutritivo.

Muchas otras iniciativas hizo el general Rodríguez de acuerdo con los trabajos de investigación que me mandó hacer, como el de los "guanos", pero no tuvieron eco en las esferas administrativas, pues había muchos intereses que se oponían a que alcanzara éxitos el general Rodríguez.

El general Rodríguez, en atención a que yo ocupaba todo mi tiempo en las actividades de la Coordinación, consiguió del exiguo presupuesto que le asignaron, un sueldo para un secretario que me ayudara a despachar la correspondencia y los acuerdos que con él tenía.

A mi regreso del destierro la situación para mí era difícil, porque yo era un hombre que no era grato al gobierno de entonces. Sin embargo, tengo que agradecerles a los pequeños agricultores y a los ganaderos del estado de Sonora por haberme nombrado su representante y a la par otorgarme un sueldo con el que yo pudiera subsistir. Y los representé en las secretarías de Agricultura, de Industria y Comercio, de Hacienda, defendiendo sus problemas y trabajando para ellos. En esa forma empecé a subsistir hasta que se inició el periodo de don Manuel Ávila Camacho, que era un hombre que no tenía odio para nosotros, ni prejuicios para con los callistas. Entonces, para hacer una demostración que yo era amigo de su gobierno, me nombró consejero del Banco Nacional de Crédito Agrícola. Indudablemente influyó allí la amistad con mi viejo compañero y amigo el ingeniero Marte R. Gómez, que era el secretario de Agricultura, asignándome un sueldo como consejero del banco; además, vendí una parte de libros, de mi biblioteca particular, que se referían a cuestiones agrícolas, bastante interesantes, y que no sé si se conservan en el banco o no.

Por acuerdo del mismo señor presidente Ávila Camacho, con fecha 8 de noviembre de 1944, se me envió el siguiente correograma:

Secretaría de Agricultura y Fomento. Dependencia. Dirección General Forestal y de Caza. Oficina técnica. Número del oficio 207.1-277 06. México, D. F., 8 de noviembre de 1944. C. ingeniero Luis L. León, presente. Agricultura. Forestal. 207.1. Me es grato comunicar a usted que el consejo superior del mérito forestal que establece el decreto de 31 de mayo del corriente año, obtuvo la aprobación del C. presidente de la República, para otorgarle medalla del mérito forestal, en premio de los eminentes servicios que usted ha prestado en defensa, desarrollo y mejor conservación de los recursos forestales del país. Ruego a usted asistir a la ceremonia de clausura de la Exposición Nacional de Agricultura y Ganadería que se celebrará el día 12 de los corrientes, a fin de recibir de manos del C. presidente la condecoración aludida. Reitero a usted mi atenta consideración. El subsecretario, ingeniero Alfonso González Gallardo.

Y en cumplimiento de este acuerdo presidencial, recibí la medalla del mérito forestal, que conservo.

Entre los trabajos que desarrollamos durante el año de 1947, siendo gobernador del estado de Sonora el general Abelardo L. Rodríguez, fue el de una colonización de agricultores italianos en la costa de Hermosillo, quienes entre otras cosas iniciaron el cultivo de la vid y la fabricación de vinos, que después se ha desarrollado con grandes éxitos.

Cooperamos igualmente con el gobierno del general Rodríguez, en la apertura, cultivo y desarrollo de las tierras de la tribu yaqui. También, el general Rodríguez me encomendó que hiciera un estudio de la zona de irrigación de la presa Abelardo L. Rodríguez, en terrenos precisamente cercanos a la capital del estado.

Hice un estudio lo más documentado que me fue posible, y el general Rodríguez, hombre cuidadoso de su reputación y de la mía, consiguió del Congreso local la apertura de una partida para legalizar el pago de mis honorarios particulares por una ley y que no apareciera como una gratificación que me hacía el propio general Rodríguez.

Al iniciar su administración como presidente de la República el señor licenciado don Miguel Alemán Valdés, y por recomendación del general Abelardo L. Rodríguez, fui nombrado vocal ejecutivo de la Comisión Nacional de Colonización Zona Norte. En esa posición trabajé con todo entusiasmo porque se trataba principalmente de alcanzar el adelanto de nuestra agricultura y poner en producción muchas tierras hasta entonces sin cultivo.

Para dar una idea de los trabajos desarrollados, doy a conocer algunos de los que pudimos ejecutar en la Baja California, y en la región de Matamoros, Tamps.

Se transcribe a continuación la versión taquigráfica del discurso pronunciado por el señor ingeniero Luis L. León, vocal ejecutivo de la Comisión Nacional de Colonización Zona Norte, en la convención de agricultores, celebrada en Mexicali, B. C., el miércoles 29 de septiembre de 1948:

... Me toca en suerte exponer aquí el punto de vista del gobierno sobre el problema básico y fundamental para ustedes: la definición de la propiedad de las tierras y su titulación en favor de quienes las vienen trabajando.

El señor presidente Alemán está empeñado en que esa titulación se realice cuanto antes, porque sabe que la anarquía en el sistema de propiedad perjudica a los verdaderos agricultores y sólo puede aprovechar a los elementos que explotan a los demás, especulando con el traspaso de lotes o cobrándoles cuotas por pretendidas gestiones.

La falta de seguridad en la posesión de la tierra crea un estado de desconfianza entre colonos y campesinos.

Quien no tiene seguridad sobre la posesión de la tierra no tiene interés en mejorarla, en labrarla debidamente, nivelarla, abonarla y arreglarle su sistema de riego y drenajes; tampoco se decide a edificar casas, almacenes, corrales y construir pozos, etcétera, porque no sabe si seguirá poseyendo ese pedazo de tierra en el futuro.

De esta situación nace un sistema de agricultura atrasada, de "agricultura ladrona", que "saquea" la fertilidad de la tierra, sin pensar en reponerla. El hombre que no sabe si continuará trabajando su parcela, la siembra y cultiva solamente para sacar la mayor cantidad de producción o beneficio, sin importarle la futura fertilidad; ni planta huertas, ni perfora pozos.

Así la economía de la región se resiente y viene un estancamiento en su progreso.

Por otra parte, el colono que trabaja un pedazo de tierra no quiere verse despojado del fruto de sus sacrificios; por eso no invierte sus ahorros, ni sacrifica sus esfuerzos en tierra que no es suya. Además, el jefe de familia ansía la titulación porque desea dejarles a sus hijos, al morir, un patrimonio limpio y seguro, una propiedad claramente definida.

Por encima de estas consideraciones románticas, hay necesidad de definirles a ustedes sus derechos por razones estrictamente utilitarias, realistas. En el crédito agrícola la garantía para el prestamista es la tierra donde se van a invertir los dineros que facilita; cuando esa propiedad no está definida, el crédito es más caro, porque los riesgos son mayores; y ya conocemos la divisa de los banqueros: a mayor riesgo, mayor interés. De modo que los colonos y agricultores que no tienen definida su propiedad tropiezan con dificultades para conseguir crédito, eso que aquí en el valle llaman "refacción"; y cuando lo consiguen, tienen que pagar ese dinero más caro.

Tomando en consideración todas esas razones, el presidente Alemán dictó un acuerdo con fecha 3 de diciembre de 1947, estableciendo las bases para todos aquellos que estuvieran trabajando la tierra, dentro de los terrenos de la Compañía del Río Colorado, tuvieran facilidades para adquirirla en propiedad.

Se trataba de un viejo problema. Una compañía americana, rica y poderosa, había conseguido una concesión para irrigar y colonizar estas tierras del valle de Mexicali, desde los tiempos de la dictadura porfiriana. El contrato fue revisado en varias ocasiones por los gobiernos posteriores; pero seguía en vigor.

La verdad es que se le tenía una gran desconfianza a la compañía colonizadora; pero al propio tiempo se temía su poder. Sus procedimientos se iniciaron desde los tiempos de la "diplomacia del dólar" y de la política del *big stick*; por eso se recelaba que esta fuera una aventura imperialista más. Tal vez no lo fue; pero, de todas maneras, se trataba de una compañía en busca de utilidades mediante la explotación de los colonos por contratos de renta y aparcería. Para prolongar su negocio, necesitaba arrendatarios y aparceros, no futuros colonos, que fueran pagando con el producto de sus cosechas el valor de la tierra y a través de los años se convirtieran en propietarios.

Este sistema se vino siguiendo en cuarenta años. Por eso estalló potente e incontenible el anhelo agrarista y se crearon los ejidos con profusión, precisamente por aquella resistencia terca que negaba la venta de las tierras a quienes las trabajaban.

Los ejidos desalojaron a muchos colonos, y éstos, sin perder la fe, se movilizaron sobre tierras enmontadas, las abrieron, las cultivaron y crearon así nuevas colonias.

La administración anterior adquirió las acciones de la compañía extranjera. Se constituyó una compañía colonizadora mexicana; pero por falta de tiempo, o de decisión, en los empleados inferiores, no se titulaban las tierras y se seguían manejando por contratos de aparcería y arrendamiento.

Llegó al poder el licenciado Alemán y se enfrentó decididamente con el problema. No ha permitido que la compañía siga haciendo contratos de arrendamiento, ni de aparcería; quiere que se contrate la venta de los terrenos con quienes los están poseyendo a cualquier título, para que el conglomerado de campesinos y agricultores que han hecho producir estas tierras sean propietarios de ellas; para que las mejoras que en las mismas se introduzcan queden en su beneficio; para que construyan sus casas y aquí surjan hogares sonrientes y confortables, no chozas miserables de "cachanilla"; y para que aquí cada campesino y agricultor se sienta seguro en su tierra y defendido en su trabajo. En una palabra, el licenciado Alemán quiere, y desea que se haga de inmediato, que todos ustedes celebren contratos con la compañía mexicana de tierras del río Colorado, por los terrenos que vienen trabajando, para que este valle sea un conjunto de pequeños propietarios, agricultores independientes y no arrendatarios explotados.

Son de todos conocidas las facilidades que el gobierno ha conseguido para los colonos y las bases esenciales de esta colonización.

Se venderán los terrenos de preferencia a quienes los estaban poseyendo a cualquier título y los venían trabajando. Naturalmente que sólo se venderán terrenos a quienes comprueben ser mexicanos.

Los lotes que venda la compañía, tendrán veinte hectáreas como mínimo y cien hectáreas como máximo, y los precios, ya saben ustedes que varían entre doscientos sesenta y tres pesos hectárea de primera; ciento noventa pesos la de segunda, y ciento ocho pesos hectárea de tercera clase.

El valor total del lote será pagado en veinte anualidades vencidas, devengando el interés de seis por ciento anual las cantidades insolutas. Quienes cubran dieciocho y media anualidades recibirán el título definitivo de sus tierras, condonándoles la anualidad y media faltante.

Por acuerdo del señor presidente de la República, la compañía condonará a los colonos el cincuenta por ciento de sus adeudos anteriores.

Todo colono u ocupante de tierras debe presentarse en las oficinas de la compañía para hacer una solicitud, y al comprobar su derecho a que la tierra le sea vendida y su condición de mexicano, la compañía le expedirá una carta de "promesa de venta" a su favor. Si deposita desde luego el valor del costo de las escrituras, inmediatamente se le extenderá su "contrato de compraventa" ante notario. En caso de que no pueda hacer el depósito, se le concede un plazo prudente para que lo haga.

Como ustedes ven, difícilmente se encontrarán tierras de riego vendidas en condiciones tan liberales y gozando los colonos de tantas facilidades para adquirirlas, como aquí en el valle del río Colorado.

La propiedad es una institución necesaria, que debe respetarse dentro del sistema social en que vivimos, para que el agricultor tenga garantías y se pueda establecer orden en la producción. Mas si la propiedad es respetable, el trabajo debe sernos sagrado.

¿De qué les hubiera servido a las empresas poderosas venir aquí con sus grandes capitales y el alto valor de su técnica, sin el trabajo de ustedes, que colaboraron en esa batalla, construyendo canales, desmontando las tierras, abriéndolas al cultivo y fecundándolas con ese trabajo hasta convertirlas en los campos agrícolas que ahora son? Es por eso que el gobierno, haciéndoles justicia, reconoce que dentro del desorden con que han venido ocupando las tierras en este valle, es el trabajo el que merece respeto, y el que ha venido creando derechos, y con gusto declaro: que quienes vienen poseyendo y trabajando la tierra, a cualquier título, no serán despojados, y a todos les serán adjudicados en propiedad los lotes o parcelas que están trabajando. No habrá despojos; y lo digo para que se sepa cuál es nuestro criterio en la resolución de estos conflictos. Adjudicaremos la tierra a quienes han creado su derecho a ella, desmontándola, abriéndola y cultivándola.

Por fortuna en la nueva fracción de diez mil hectáreas adicionales, cuya venta y colonización le hemos autorizado a la compañía, cabrán todos los aspirantes a colonos. Así que habrá tierras para todos los que deseen adquirirlas, siempre que se sometan al "reacomodo" que tiene que hacer la compañía bajo la estricta viiglancia de la Comisión Nacional de Colonización.

Por lo que se refiere a las viejas colonias, cuya titulación está pendiente, por encontrarse los títulos en poder del gobierno de este territorio norte, el cual en otro tiempo dio el aval en la operación de compra, pueden pasar los interesados a celebrar arreglos con el gobernador del territorio, licenciado Alfonso García González, quien está dispuesto, como buen amigo de ustedes, a darles toda clase de facilidades en plazos, monto de abonos y condonación de intereses atrasados.

Y en cuanto a las sesenta y cuatro mil hectáreas que están colonizándose, que los interesados pasen a las oficinas de la compañía, cuanto antes, a obtener sus cartas de "promesa de venta", o a celebrar sus contratos de compraventa desde luego.

Voy a hablarles con toda franqueza; quienes pretenden retardar la titulación de las parcelas les hacen muchos cargos. Dicen que ustedes, en cuestión de tierras, siempre obran de mala fe; que son desconfiados y "tanteadores" y que están acostumbrados a no pagar ni rentas, ni abonos, ni siquiera las contribuciones. Son los mismos argumentos de las compañías extranjeras, a quienes ustedes no les gustaron nunca para colonos.

Por fortuna, el presidente de la República no lo juzga así. Sabe que los hombres reaccionan según se les trate; que los campesinos mexicanos obedecen y sostienen a los gobiernos que les respeten sus libertades y les resuelvan sus problemas; pero que son capaces de empuñar el 30-30 vengador, a la hora trágica de la lucha contra las dictaduras.

En este valle de Mexicali, en la encarnizada lucha por la vida y por la tierra, peleando contra tantos "tiburones", ¿quién les abrió escuela a ustedes de generosidad, de buena fe, de nobleza, de liberalidad? Probablemente nadie; y muchas veces derivó la recia pelea de los intereses al juego terrible "de quién despoja a quién".

Sabe eso el señor presidente, y tal vez por eso tiene fe en ustedes; y obliga a la compañía a darles todas las facilidades y a concederles todo el crédito necesario. Yo tengo la seguridad que ustedes sabrán corresponder al gesto de confianza, generoso y liberal, del presidente, con el esfuerzo viril del hombre que cumple compromisos que son sagrados.

¿Y mañana?... Mañana tendrán ustedes la profunda satisfacción de pregonar en voz alta, que la tierra que trabajan la compraron y la hicieron suya mediante esfuerzos y sacrificios. Así estarán autorizados para decirles a sus hijos, cuando llegue el final de la jornada: este patrimonio que les legamos no fue un regalo, pueden recibirlo con legítimo orgullo, ya que simboliza toda una vida de lucha, y lo hemos construido, a través de los años, con el sudor de la frente, el esfuerzo de las manos y la bravura del corazón.

Tal es el programa que el señor presidente de la República tiene para los colonos del valle de Mexicali; y he venido enviado expresamente por órdenes del alto mandatario, a que se realice, trayendo instrucciones precisas de otro buen amigo de ustedes, el señor Nazario S. Ortiz Garza, secretario de Agricultura y Ganadería; y declaro que no me iré hasta que el problema tenga planteada su solución y el procedimiento de titulación esté encarrilado.

He hablado delante de ustedes con profunda emoción, luchadores valientes que abandonando diversas regiones de la República, impulsados por un anhelo de liberación, han venido a fincarse a este ardiente valle de Mexicali para arrasar montes y abrir nuevas tierras al cultivo, buscando, al mismo tiempo que la propia mejoría, el progreso de la vida nacional. Saludo en ustedes, mosaico donde veo representadas todas las regiones de México, al heroico e indomable espíritu del campesino mexicano.

La emoción me embarga y siento que mi admiración a sus esfuerzos hace que el espíritu firme y viril de ustedes, semeje aquí frente al extranjero amigo, una recia columna, monumento fronterizo sobre el cual podemos colgar la bandera de la patria, para que ondee a todos los vientos, orgullosa de sus hijos, tan bravos para trabajar sus tierras como valientes para defenderlas.

Asimismo transcribo el comentario que hice de los dos años de trabajo en la región de Matamoros, Tamps., que lo consideré una "hazaña de gigantes":

Alterada profundamente la economía rural por una reforma agraria tan radical como la nuestra, es condición obligada en México, cuando se quiere fomentar la agricultura, otorgar al agricultor, antes que nada, "seguridad". Esa seguridad en la posesión de la tierra es el cimiento que puso el gobierno del licenciado Alemán, desde su iniciación, para el desarrollo de la región de Matamoros. Aquí se procedió con prudencia, pero con energía, a sujetar a todos a la ley; lo mismo expulsando a los llamados "paracaidistas", que poniendo coto a la voracidad ilimitada de los terratenientes. Desde entonces ha habido orden, garantías y seguridad para ejidatarios, colonos y pequeños propietarios. Sobre esta base han concurrido todos los sectores sociales con entusiasmo y confianza a secundar, con todas sus energías, el programa del gobierno, hasta conseguir, en un esfuerzo combinado y económico del Estado y los particulares, el portentoso desarrollo agrícola de esta región que estamos presenciando.

El general Cárdenas construyó los "vasos reguladores y de almacenamiento" del bajo Bravo e inició la colonización. El general Ávila Camacho construyó la presa Marte R. Gómez, del bajo San Juan, e inició la canalización. Al señor licenciado Alemán le ha tocado construir la enorme red de canales y drenes del bajo San Juan.

El distrito de riego del bajo río San Juan tiene capacidad para regar de 60 mil a 65 mil hectáreas, que se clasifican así: 5 mil hectáreas la primera unidad; 25 mil hectáreas la segunda, y de 30 mil a 35 mil hectáreas la tercera. Hace un año, por falta de canales y desmontes, apuradamente se regaban en todo el sistema unas 15 mil hectáreas; en la actualidad se riegan 45 mil hectáreas, faltan por desmontar 15 mil hectáreas y ya hay con obras de riego aproximadamente 60 mil hectáreas. Si se toma en cuenta que el sistema se ha ampliado en forma provisional para regar 5 mil hectáreas más, que corresponden al bajo Bravo, se llega a la siguiente conclusión: en un año se han ejecutado obras de riego, desmonte y apertura de tierras, que han permitido aumentar las siembras en 35 mil hectáreas. A fines de este año este sistema quedará terminado en su construcción y las tierras abiertas en su totalidad.

Al propio presidente Alemán le va a corresponder el trabajo gigantesco de construir y desarrollar en el distrito del bajo río Bravo las obras internacionales: la presa almacenadora internacional de Falcón y la presa derivadora y el canal de Anzaldúas. Con estas obras se irrigarán 250 mil hectáreas. De esa enorme extensión de terreno sólo se riegan en la actualidad 46 mil hectáreas, a pesar de estar canalizadas 83 mil hectáreas, porque el agua no alcanza para más. Falta regar 204 mil hectáreas. La superficie abierta al cultivo es de 160 mil hectáreas y que quedan por desmontar y abrir 90 mil hectáreas.

En la región hay "fiebre" por abrir tierras, y todos están dominados por la obsesión de sembrar... principalmente algodón. Se calcula que en los dos distritos del bajo San Juan y bajo Bravo se han sembrado de algodón las extensiones siguientes:

	Hectáreas
Marte R. Gómez	50 000
Colonias oficiales	46 000
Zona de Matamoros	65 000
Margen bordo defensa y río Bravo, hasta el mar	15 000
Margen derecha, vasos almacenamiento y controles	10 000
Colonia General Francisco González Villarreal y demás colonias	10 000
Zona Jarita	30 000
Zona entre carretera a Victoria y Matamoros	10 000
SUMA	236 000

Si a estas 236 mil hectáreas se le agregan 15 a 20 mil hectáreas sembradas de maíz o frijol, se llega a la conclusión de que este año se ha logrado realizar el admirable esfuerzo de sembrar alrededor de 250 mil hectáreas. Esto significa, también, que en los dos últimos años se han desmontado y abierto al cultivo, con la ayuda de las instituciones oficiales y con recursos particulares, muy cerca de 100 mil hectáreas.

Con los sistemas de los dos ríos, más la ayuda de algunas bombas, se encuentran bajo riego muy cerca de 100 mil hectáreas; lo anterior significa que las otras 150 mil hectáreas están sembradas de temporal. Este dato expresa, con la elocuencia incontrovertible de las cifras, la valentía y la fe que anima, tanto a los agricultores como a quienes se deciden a financiar siembras tan aleatorias, en su mayoría de algodón, cultivo caro.

En estos distritos de riego hay las debidas dotaciones ejidales; pero una gran parte de la población campesina se ha "reacomodado" con el carácter de colonos, bajo la autoridad de la Comisión Nacional de Colonización.

En la primera y segunda unidades del bajo San Juan, las parcelas tienen superficies entre 10 y 50 hectáreas. En esta última se encuentra la colonia Coahuila, con extensión de mil hectáreas y 20 colonos, fraccionamiento particular acorde con la ley y aprobado por la comisión. En la tercera unidad hay parcelas hasta de 100 hectáreas. De hecho las tierras todas de este sistema están colonizadas u ocupadas por ejidos y pequeñas propiedades. En la citada tercera unidad han sido aprobadas oficialmente diversas colonizaciones de particulares que apegaron su procedimiento a lo dispuesto por la ley: colonia La Luz, con 700 hectáreas; colonia Escandón, con 3 mil hectáreas; fraccionamiento Longoria, con 2 mil hectáreas, y colonia Hidalgo, con 2 140 hectáreas.

Bajo la autoridad de la Comisión Nacional de Colonización vienen desarrollándose colonias antiguas en el bajo río Bravo, como la 18 de Marzo, con 19 212 hectáreas para 1 537 colonos; la Magueyes, con 6 525 hectáreas, para 522 colonos, y la Anáhuac, con 10 460 hectáreas, para 488 colonos.

La Comisión adquirió por compra a los propietarios 14 850 hectáreas, que se dividen como sigue: 4 mil hectáreas para 40 colonos, en la colonia Patria, en la tercera unidad del bajo San Juan, y 10 850 hectáreas de la colonia González Villarreal, para 616 colonos; de ellos, 344 campesinos de Tlaxcala y Guanajuato enviados por el Departamento Agrario; el resto son campesinos de la región.

Hay, asimismo, una colonización particular también aprobada por la Comisión, el fraccionamiento de Río Bravo, llevado a cabo por el Banco Nacional de Crédito Agrícola y Ganadero, con extensión de 86 mil hectáreas para dos mil colonos.

Hay en ambos distritos 86 ejidos dotados con 104 246 hectáreas para cerca de 8 mil ejidatarios, de los cuales están organizados 4 311 en sociedades que trabajan con el Banco Nacional de Crédito Ejidal; los otros trabajan independientemente o no están organizados. Los ejidatarios organizados poseen 57 866 hectáreas, de las cuales 30 005 son de cultivo, siendo de temporal 11 081 hectáreas y 18 924 hectáreas de riego. Tienen sin cultivar 11 292 hectáreas y 15 259 hectáreas enmontadas, de las que proyectan desmontar este año 11 064 hectáreas. Los campesinos no organizados poseen 43 379 hectáreas, de las cuales cultivan como 10 mil hectáreas y el resto están enmontadas.

Examinando todas esas cifras anteriores se da uno cuenta de la magnitud de los capitales que se necesitan para desarrollar y aviar esas 250 mil hectáreas de siembra, y es indudable que si a estas inversiones ha contribuido en algo el ahorro acumulado por años de muchos agricultores, la parte principal la han puesto el capital de inversión de los particulares, la banca privada y el grande y loable esfuerzo realizado por los bancos oficiales.

Si se considera que el desmonte y la apertura de la tierra tiene un costo en la región de $ 400 por hectárea, solamente el desmonte de 250 mil hectáreas representa una inversión de $ 100 millones, dejando de considerar el valor del terreno y la plusvalía que le corresponde pagar por las obras de irrigación.

Si aceptamos que el equipo representa una inversión de $ 400 por hectárea, término medio y calculamos el avío necesario, se tiene:

Maquinaria

250 000 hectáreas a $ 400 c/u .... $ 100 000 000

Avío

100 000 hectáreas de riego a $ 400 c/u 40 000 000
150 000 hectáreas de temporal a $ 300 c/u 45 000 000

Estas cifras dan idea del esfuerzo que representa, sólo en crédito, el desarrollo agrícola de la región de Matamoros. El capital privado se ha canalizado hacia el campo, indudablemente atraído por el señuelo de la ganancia; pero confiado siempre en las garantías de que disfruta en la región.

Para responder de estas inversiones se calcula que habrá una cosecha con valor mínimo de $ 200 millones, si el tiempo sigue mostrándose propicio.

En materia de crédito, la agencia de la institución Banco Nacional de Crédito Agrícola y Ganadero, S. A., ha desarrollado en Matamoros un esfuerzo gigantesco, si se toma en cuenta los medios limitados de que ha podido disponer.

En el año de 1946 operó $ 4 200 000, prestando para avío $ 2 millones y en refacción $ 2 200 000. En este año de 1949 está operando $ 45 300 000, que se distribuyen como sigue:

A. Algodón (41 576 hectáreas)	$ 15 000 000	
A. Cooperación Recursos Hidráulicos	3 000 000	$ 18 000 000
R. Maquinaria (350 tractores equipados)	10 500 000	
R. Desmontes (42 000 hectáreas)	16 800 000	27 300 000
SUMA		$ 45 300 000

Las sociedades beneficiadas son 132 con 3 728 socios. Hay, además, 185 clientes individuales. Se calcula que si todo va bien, la clientela total del banco levantará una cosecha con valor de $ 50 millones.

Esta visión panorámica de una región que tan prodigiosamente se está desarrollando nos lleva, después de analizar su presente, a meditar en su porvenir. ¿Hasta dónde podrá llegar esta región norte de Tamaulipas?

He aquí la previsión:

	Hectáreas bajo riego
Distrito del bajo río San Juan	60 000
Distrito del bajo río Bravo	250 000
TOTAL	310 000

Se han hecho estudios hidrológicos y topográficos del río San Fernando y hay la posibilidad de abrir un distrito de riego con extensión de 80 mil hectáreas. Este distrito quedaría unido con la porción sur del distrito del bajo San Juan y del bajo río Bravo, formándose un conjunto de 390 mil hectáreas bajo riego.

Este enorme distrito de magníficas tierras, estará comunicado con el resto del país por ferrocarril y carreteras; puede tener un puerto de mar en el golfo de México, y sólo lo separa el río Bravo de los Estados Unidos del Norte, quedando comunicado mediante los puentes internacionales.

Ahora, por lo que respecta al factor humano, los hechos han comprobado la potencialidad de trabajo y la riqueza en iniciativa de los hombres que lo habitan. Esto está llamado a ser un emporio de riqueza.

Para que la región no se estanque y el progreso siga su ritmo, hace falta enfrentarse, desde luego, con la construcción de las obras internacionales. El costo aproximado de la presa derivadora y el canal Anzaldúas es como sigue:

Presa	$ 40 000 000
40 kilómetros. Canal prolongación con 500 000 metros cúbicos por kilómetro a $ 2	40 000 000
Estructuras	10 000 000
TOTAL	$ 90 000 000

La presa de Falcón puede construirse posteriormente; lo que precisa para aumentar el área de riego y aprovechar las aguas broncas del río Bravo, que ahora van a perderse al mar, es la construcción de la presa derivadora y el canal Anzaldúas. Hay que decidirse a invertir los $ 90 millones que cuesta esa gran obra. Con dicha presa y los primeros 40 kilómetros de canal, quedarán conectados los almacenamientos del Culebrón y de Palito Blanco. Esto garantizará el riego de 73 mil hectáreas más en el bajo río Bravo. Además, se tiene la posibilidad de completar rápidamente el riego de las otras 177 mil hectáreas faltantes, a un costo mucho menor.

Si se hace el estudio de los impuestos que el gobierno federal recaudaba en esta región de Matamoros antes de su desarrollo agrícola y los que obtiene actualmente, se verá cómo se han incrementado esos ingresos, hasta llegar a sumas respetables de millones. Esa es la forma directa en que el Estado recupera las inversiones que hace en obras de irrigación, pues el desarrollo económico de la región paga esas inversiones en término no mayor de veinte años.

Los hombres de la región de Matamoros piden ansiosamente que se apruebe la inversión de los $ 90 millones que valen las obras de Anzaldúas, y el gobierno puede tener la seguridad de que podrá recuperarlos, una parte por el camino indirecto del aumento de sus ingresos, y la otra, por los pagos que hagan los beneficiados por la plusvalía.

Los hombres de Matamoros sabrán responder... Y nuestra patria habrá fincado una población floreciente y numerosa de agricultores en un jirón fronterizo de la República.

Con fecha 15 de abril de 1953, fui designado asesor técnico de la Secretaría de Agricultura y Ganadería, por el secretario ingeniero Gilberto Flores Muñoz, trabajando con este cargo hasta el día 26 de noviembre de 1958, en que renuncié para que el nuevo secretario de Agricultura y Ganadería, que iniciaría sus trabajos el día 1º de diciembre, pudiera designar sus nuevos colaboradores.

Durante todo el tiempo que trabajé con el secretario Gilberto Flores Muñoz, desplegamos una gran actividad para desarrollar la agricultura técnicamente, poner en cultivo grandes extensiones de terreno que permanecían sin abrir y aumentar así la producción agrícola con gran provecho para la República.

El ministro Flores Muñoz siempre mostró un gran interés por esos trabajos y nos prestó siempre un gran respaldo, habiendo conseguido una gran popularidad entre los campesinos, principalmente de Sonora, Sinaloa y Nayarit.

Por esa popularidad se creyó que Flores Muñoz sería candidato para presidente de la República, y más confirmaba esta posibilidad porque familiares cercanos al presidente Ruiz Cortines le llegaron a llamar a la señora de Flores Muñoz, "nuestra futura primera dama".

Flores Muñoz siempre fue leal con sus principales amigos y muy franco conmigo.

Cuando faltaban dos o tres meses para las elecciones, me llamó un día Flores Muñoz y me dijo confidencialmente lo siguiente: "Tenemos que ser leales con nuestros más entusiastas amigos, principalmente de Sonora, Sinaloa y Nayarit. Le suplico que vaya personalmente usted y les diga que no se comprometan, porque por ciertas circunstancias considero que ya no tengo la simpatía como candidato del señor presidente y quiero dejarlos en libertad." Así lo hice y todos los agricultores de aquellas regiones se sintieron defraudados, pero muy agradecidos por la hombría y franqueza de Flores Muñoz.

Con motivo de la conmemoración del cincuentenario del Primer Congreso Nacional de Estudiantes, fui invitado a pronunciar un discurso en la velada que se celebró el día 6 de septiembre de 1960, en la ex capilla del edificio del Colegio de Minería. A continuación me permito transcribir la versión taquigráfica:

Guarda el avaro en la caja de caudales sus estériles riquezas para solazarse egoístamente en la contemplación del producto de sus hazañas financieras; del mismo modo, la dama envejecida en la coquetería, conserva en el cofre de sándalo, tumba de las historias de amor, cartas apasionadas, flores secas, pañuelos y listones estrujados en una hora de pasión, donde aún se percibe la huella de perfumes desaparecidos, sólo para darse el placer de alimentar su orgullo con el recuerdo de las conquistas de una hermosura que ya se esfumó.

Porque es ley humana gozar con la contemplación de los mudos testimonios del ayer, que nos hacen evocar épocas y acontecimientos de la vida que fue; ya lo dice el dicho popular: "Recordar es volver a vivir."

Hoy nos toca a nosotros, los supervivientes del Primer Congreso Nacional de Estudiantes de 1910, ya en el tramonto de la vida, recordar y volver a vivir, siquiera sea por breves instantes, aquellas jornadas de pasión y de enardecida lucha en nuestra ya lejana juventud estudiantil.

Nuestro compañero Sánchez Pontón ha resumido la historia de aquel congreso y descrito admirablemente la época en que lo realizamos, agitados ya por los profundos anhelos de reforma y transformación del pueblo mexicano. Para evitar redundancias, no voy a referirme al congreso, quiero mejor platicar sobre sus consecuencias, sobre su influencia en nuestra orientación ideológica y los sentimientos que hizo nacer en nosotros, y, en fin, sobre la nueva trayectoria que marcó a las masas estudiantiles de aquella época.

Eran tiempos de un individualismo feroz, y el sentido de solidaridad de clase no existía, apenas si se iniciaban las tentativas de organización de los distintos sectores de la sociedad. Nacía, muy débil y muy perseguido, el sindicalismo cbrero, y en los grupos de la clase media, privaba la aspiración al mutualismo. En el campo no había más organización que la feudal, en que los señores latifundistas disponían de la "peonada" como de un rebaño de siervos o de esclavos, sin derechos y sin garantías.

En la masa estudiantil, se iniciaba la naciente aspiración a la organización para la defensa de los intereses colectivos con la formación de las sociedades de alumnos. Esos esfuerzos aislados, disgregados, y que se referían concretamente a los intereses de los alumnos de una determinada escuela profesional.

El Congreso Nacional de Estudiantes de 1910 es la primera tentativa de unificar todas las fuerzas estudiantiles de la capital y de los estados para defender los intereses de su clase y actuar, al mismo tiempo, en favor de los grandes intereses nacionales y de las aspiraciones populares, que en aquellos días, prolegómenos de la revolución, se manifestaban en la inquietud nacional: anhelos incontenibles de renovación, determinación de derribar todo el pasado opresor y decisión de reconstruir la patria sobre nuevas bases, cimentando el futuro en la libertad política y en la justicia social.

En todos los grupos estudiantiles, en todas las sociedades de alumnos, se despertó el sentimiento de la unión y solidaridad, al romperse el aislamiento en que vivíamos, para vincularnos con la inquietud del pueblo mexicano, incontenible inquietud que a poco conduciría a la revolución.

El éxito del congreso quedó de manifiesto al imprimir esa "tónica" de lucha a todos los grupos estudiantiles de la República, principalmente a los estudiantes de las escuelas profesionales de la capital; y hoy quiero referirme a esas consecuencias del congreso y más concretamente, a la valiosa ayuda que esa naciente fuerza de solidaridad estudiantil prestó al inquieto estudiantado de mi escuela, la vieja Escuela Nacional de Agricultura y Veterinaria de San Jacinto.

Y va de crónica...

En los días de octubre de 1910, poco después de clausurado el congreso, y antes del estallido revolucionario del 20 de noviembre, concurrimos los estudiantes de agricultura, solidarizándonos ccn las otras escuelas profesionales, a la manifestación de protesta por el linchamiento del mexicano Antonio Rodríguez en Rock Springs; éste fue el primer fruto de solidaridad engendrado por el congreso de septiembre.

Se desata la guerra civil, principalmente en el norte del país, y va cundiendo poco a poco en el sur y en el centro. Sin embargo, el porfirismo no se daba por vencido, y, como todas las dictaduras, pretendía ahogar en sangre la rebelión y acallar las protestas del pueblo por la violencia y el terror.

Cuando regresamos de las vacaciones a la escuela, en febrero de 1911, la enorme mayoría de los alumnos de San Jacinto eran antirreleccionistas, y la inquietud y la rebeldía agitaban nuestros espíritus.

Cada uno de nosotros era, como dijo Marte R. Gómez en su amable crónica, un "frondista", un opositor a la dictadura, a la autoridad, un "rebelde con causa", ya que nuestra causa era la maderista.

Todas las disposiciones de las autoridades, aun de las escolares, nos parecían erróneas o mal intencionadas. Todo se discutió acaloradamente; y nosotros estábamos siempre en contra de nuestros profesores, que ahora que se ha serenado la contienda y el tiempo ha borrado las pasiones, tenemos que confesar que en su mayoría fueron honorables y bondadosos.

Así las cosas, y movidos por el espíritu de solidaridad con el pueblo y de rebeldía contra la dictadura, llegó el 18 de abril de 1911, en las postrimerías del "porfirismo". Se había redactado un pliego de peticiones para el subdirector, donde nos quejábamos del director de la escuela, el ilustre matemático ingeniero don Basilio Romo; también de la calidad de la comida, de la falta de higiene, en aquellos dormitorios improvisados en las celdas del convento de San Jacinto y sobre los establos y caballerizas de la ex hacienda que le perteneció. Igualmente nos quejábamos del plan de estudios, y nos permitíamos pontificar, con pretensiones de técnicos y de intelectuales, cuando apenas habíamos leído unas cuantas páginas de nuestros libros de texto.

Ese 18 de abril pretendimos entregar el pliego de peticiones, pero pliego y peticiones fueron rechazados. Nosotros, como protesta, nos negamos a entrar a clases, maniobra, por lo demás, muy popular y muy aplaudida entre el alumnado.

La agitación y el desorden principiaron; la prensa porfirista publicó notas escandalosas sobre los desórdenes en la Escuela Nacional de Agricultura y Veterinaria de San Jacinto.

El día 20 de abril de 1911, fecha histórica para nosotros, se desencadenaron los acontecimientos. Nos reunimos en el gran salón del refectorio para discutir la situación y tomar resoluciones. El gobierno pretendía atemorizarnos con la fuerza y someternos por la violencia; nuestros "escuchas" y "exploradores" nos dieron cuenta de que la escuela estaba sitiada. La gendarmería montada y la policía, desplegadas a lo largo de la calzada de Tacuba; fuerzas rurales nos rodeaban por la calzada de Los Gallos, y, en Santo Tomás, había tropas de línea, por donde ahora queda la avenida de los Maestros.

Las discusiones eran acaloradas en el seno de la asamblea, los más prudentes sostenían que debía nombrarse una comisión que pasara a discutir la situación con el señor subdirector, el muy querido maestro nuestro, ingeniero don Virgilio Figueroa.

Otros, los exaltados, lanzaban arengas incendiarias, incitándonos a lanzarnos en masa contra los sicarios de la dictadura, para que hubiera mártires, y se acrecentara así el odio del pueblo contra el porfirismo.

Se acaloraba el debate, cuando los gritos de los compañeros que se encontraban de observadores afuera del local, nos hicieron desintegrar la reunión y salir en tumulto, para contemplar que las fuerzas de la gendarmería montada invadían los terrenos de nuestra escuela y golpeaban con sus sables a nuestros compañeros.

Ya no había discusión posible, había llegado la hora de la decisión. La dictadura nos quería aplastar por la violencia y todos en masa nos lanzamos en contra de aquella tan temida y tan odiada "montada", y con piedras, con navajas, con palos o abrazándonos a luchar con los gendarmes y arrancándoles las riendas de las manos, rechazamos el asalto. Hubo contusos, hubo heridos, pero el jefe de la fuerza, asustado por aquel torrente desbordado de furiosa juventud, ordenó la retirada de los esbirros, y para el pueblo de Santa Julia, apasionado espectador del atropello, nos cubrimos de gloria, porque inermes luchamos contra la violencia de los sicarios porfirianos y, por primera vez, los hicimos retroceder.

Entonces el subdirector de la escuela, ingeniero Figueroa, ordenó que todos se formaran en el patio central, aquel que llamábamos "de la concha". Nombró una junta de profesores y nos hizo que desfiláramos, uno por uno, ante esa junta, para sostener con nuestra firma si estábamos por la huelga o en contra de ella.

Algunos de los compañeros de años superiores, cursos a los que yo pertenecía, que eran "jefes de alumnos", y sobre los cuales tenían gran influencia nuestros maestros, firmaron que no querían la huelga; fueron pocos. En seguida me tocó el turno a mí, y se preguntó: "¿Quiere usted seguir en la escuela?", pregunta que califiqué de inútil, a la que contesté que "incondicionalmente no". Claro que queríamos seguir en la escuela, pero creíamos necesario, para salud de ésta, que se atendieran las peticiones de los alumnos contenidas en el pliego redactado. Disgustados por mi contestación me pidieron que firmara el pliego de los "pro-huelga". Entonces escribí mis razones y firmé, y como yo tenía alguna influencia sobre mis compañeros por ser el presidente de la sociedad de alumnos, los que venían detrás de mí me siguieron en mi actitud de rebeldía.

Cuando ya había más de cuarenta muchachos que habían firmado en ese sentido, suspendieron los profesores su investigación, porque comprendieron que la maniobra había fracasado. Y perdiendo la serenidad les gritaron a los que quedaban, formados en el patio de "la concha", que los que habíamos firmado quedábamos expulsados, y que quienes no se sometieran incondicionalmente a las autoridades de la escuela, podían abandonarla.

Triunfó la solidaridad estudiantil, y todos abandonamos San Jacinto y marchamos para el centro de la capital por la vieja calzada de Tacuba.

Fue entonces cuando se intensificó la gran obra del Primer Congreso Nacional de Estudiantes. Frente a nuestro grave problema, no estábamos solos, ya no estábamos aislados, contábamos con la ayuda de nuestros compañeros de las escuelas profesionales, por eso la consigna que corrió a través de la masa estudiantil de San Jacinto, fue esta: "Todos al Casino Nacional de Estudiantes."

Mi gran preocupación fue entonces, como director de la huelga, evitar que ésta se hiciera política, y luché por conservarla en un plano puramente estudiantil; pero al reunirnos con los compañeros de otras escuelas en este mismo edificio de Minería, en los sótanos que dan para el callejón De la Condesa, donde tenía su sede la Sociedad de Alumnos de la Escuela Nacional de Ingenieros, y al dar cuenta de nuestra situación, se me escaparon palabras comprometedoras, engendradas por aquel medio agitado y convulso de un pueblo en rebeldía. Dije al terminar mi discurso, llamémosle así y para levantar el espíritu de mis compañeros, frases parecidas a éstas: "La educación que se imparte en la Escuela Nacional de Agricultura y Veterinaria no es un don gracioso que nos hace el gobierno; no es un regalo de don Porfirio, es un servicio educativo establecido por exigirlo muy grandes necesidades nacionales, para crear técnicos que provoquen la evolución de nuestra atrasada agricultura. Nosotros somos jóvenes y tenemos derecho a ser optimistas: si el actual gobierno clausura nuestra escuela, no faltará en el futuro otra administración que la abra", y mis últimas palabras fueron acalladas por un clamor, por un tumulto: "Ya viene Madero." Fracasó mi esfuerzo para evitar que nuestra huelga se complicara con la crisis política, porque ese esfuerzo iba contra la realidad, contra el anhelo revolucionario que ya vivía en nuestros pechos, que ya palpitaba en nuestros corazones, y tenía que hacer explosión. Al día siguiente la huelga fue condenada por la prensa gobiernista, calificada como lo que era: una huelga revolucionaria, uan huelga maderista.

La mayoría de nuestros compañeros se refugiaron en el Casino Nacional de Estudiantes, otros en las casas de amigos y paisanos de esta capital. Se nombró un comité de huelga, que empezó a recibir auxilios y donativos de todos nuestros simpatizadores, que eran muchos; la opinión pública estaba de nuestra parte.

Al día siguiente fuimos en comisión a entrevistar al secretario de Fomento, el distinguido profesionista señor ingeniero Manuel Marroquín y Rivera, quien accedió a todas nuestras peticiones, inclusive poniendo al frente de la escuela, provisionalmente, al subdirector, ingeniero Figueroa; levantó la expulsión a los cuarenta y tantos alumnos y nos declaró que no habría persecusiones para los huelguistas. La opinión pública y la solidaridad estudiantil habían vencido a la dictadura.

Otra grave complicación política nos esperaba. Se reunieron en el Casino Nacional de Estudiantes alrededor de 1 500 de éstos, a quienes dimos cuenta del triunfo alcanzado. Se desbordó el entusiasmo y fue entonces cuando el valiente Enrique Estrada, estudiante de la Escuela de Ingenieros y, posteriormente, distinguido soldado de la revolución, aprovechó la reunión para hacer un llamado al patriotismo de la masa estudiantil. Analizó la situación imperante para concluir que el mayor obstáculo para la pacificación de la República, y para el progreso y mejoramiento del pueblo mexicano, era la oprobiosa dictadura porfirista. En medio de una gritería entusiasta aprobamos, por aclamación, que la masa estudiantil de la capital le pidiera su renuncia al dictador Porfirio Díaz.

Se juntaron más de mil firmas y la renuncia le fue pedida al dictador el 29 de abril de 1911, y la petición publicada en el periódico *El País,* del día 30.

Fue así como los estudiantes de aquel tiempo dimos el ejemplo; le habíamos perdido el miedo a las cargas de la montada y el respeto al viejo dictador.

Posteriormente desfilaban, frente a palacio, todos los días, los grupos cívicos y los gremios obreros, pidiendo la renuncia de don Porfirio.

Y es mi opinión que toda esta cosecha de brillantes triunfos, fue consecuencia de la siembra de civismo que se hiciera en el Primer Congreso Nacional de Estudiantes.

Recordar es volver a vivir. Hoy hemos venido a volcar sobre esta distinguida concurrencia la caja de recuerdos de nuestro corazón, para revivir aquellos inolvidables pasajes de nuestra vida estudiantil. Los contemplamos, no con el egoísmo del avaro que goza viendo su tesoro, ni con el orgullo de la coqueta que rememora sus triunfos de amor; porque los triunfos de aquella juventud estudiantil no son sólo nuestros, pertenecen al pueblo y pueden servir de experiencia, y, por qué no decirlo, de ejemplo, a la juventud del presente.

En las luchas estudiantiles, los jóvenes que pugnan por ser cultos, deben honrar a su clase y enaltecer a sus instituciones, cuidando siempre la dignidad de la propia juventud, cuyos atributos deben ser la nobleza, el desinterés y la generosidad.

Cuando nos expulsaron de la Escuela Nacional de Agricultura y Veterinaria, el 20 de abril de 1911, nos sentíamos revolucionarios, éramos maderistas, y por eso, para honrar nuestra causa, respetamos siempre el sagrado patrimonio de nuestra escuela.

No rompimos vidrios, no destruimos laboratorios, ni tocamos los dormitorios ni los almacenes de provisiones del refectorio, ni pedimos ayuda en las calles, a pesar de que veníamos a pie desde San Jacinto hasta el centro de la ciudad, porque carecíamos de recursos, hasta para pagar los pasajes del tranvía.

Tampoco atacamos a los particulares, ni atentamos contra las mujeres, ni asaltamos comercios, ni invadimos teatros; por eso pudimos desfilar, altivos y orgullosos, por las calles de México, aclamados por el pueblo.

Esa es la experiencia, ese es el ejemplo, que podemos ofrecer a nuestras queridas juventudes estudiantiles de hoy, como el último presente que podemos hacerles, ya en el tramonte de la vida. Por eso todavía a nuestros años, seguimos siendo optimistas y tenemos fe en esa juventud, extraviada a veces, pero al final siempre orientada a la consecución de los altos destinos de México.

Con esa fe en la juventud y en su actuación futura, esperamos tranquilos nuestra hora; y cuando nos toque caer y llegue la pálida a invitarnos al gran viaje, reclinaremos la testa cansada del luchador vencido en el brillante cabezal de los principios de la revolución y de los ideales de la patria, y dormiremos el último sueño, como quería Platón, recostados sobre la piedra blanca de la ciudad de los ensueños, soñando en el México grande y feliz que la revolución ha comenzado a construir, y obra que tú continuarás con tus nobles y generosos esfuerzos. ¡Oh!, juventud de mi patria, ya que en ti depositamos nuestra fe y a ti confiamos nuestra última y más cara esperanza.

A principios del año de 1964, fui designado candidato a senador de mi estado de Chihuahua, por mi partido, el PRI.

Fuimos candidatos a senadores en el mismo periodo mi estimado y fino amigo el señor don Manuel Bernardo Aguirre, ahora brillante gobernador de nuestro estado, e hicimos la campaña juntos recorriendo la mayor parte de los municipios de nuestra tierra chica.

A continuación me permito transcribir algunos de los discursos que pronuncié durante esa campaña:

Discurso pronunciado en la ciudad de Chihuahua, en el mes de mayo de 1964

Después de largo tiempo de encontrarme alejado de la política activa, por razones públicamente conocidas, mi partido me otorga una nueva oportunidad de actuar, para defender los principios de la Revolución Mexicana, que siempre profesé, y los intereses de Chihuahua y de mi patria.

Los tiempos y los procedimientos han cambiado venturosamente para el pueblo de México, pero los principios que inspiraban en aquel entonces a los hombres de la revolución son los mismos; se tienen las mismas aspiraciones y se persiguen iguales metas; sólo la táctica y los procedimientos de acción se han venido modificando, pasando del camino de la violencia a la senda democrática, en que el progreso se alcanza evolutivamente por la aplicación de la ley.

En aquellos años, aun después de que en el terreno de las armas quedó destruida la oposición armada de las fuerzas conservadoras, se estaba lejos de encauzar la vida del país por un régimen democrático.

Las fobias, los intereses y las pasiones de los hombres, consecuencia lamentable de los choques fratricidas, dividían a México en una lucha enconada de facciones. La fuerza era la única, la más decisiva y la última razón; y cuando se rompían equilibrios inestables y temporales de paz, concertada entre los cacicazgos militares, se iban a la lucha entre hermanos y generalmente los problemas políticos se resolvían por la insurrección y la violencia, o cuando menos por la presión de la fuerza armada.

Fue el tiempo en que, para conseguir alguna estabilidad, siquiera fuera transitoriamente, se necesitaba de la acción política de los grandes caudillos.

El nefando asesinato del general Obregón nos dejó sin la fuerza de atracción y la magia de su brillante personalidad, que aglutinaba a las distintas facciones revolucionarias y las sometía a la obediencia. Por fortuna para nuestro país, Plutarco Elías Calles, desoyendo las voces de las sirenas, que le pedían que continuara en el poder, no quiso convertirse en el último caudillo, y prefirió iniciar la transformación de la política nacional, encaminándola a un régimen institucional por la senda de la democracia, mediante el funcionamiento de los partidos políticos.

Los hombres que acudimos al llamado del general Calles para fundar, en la convención de Querétaro de 1929, el Partido Nacional Revolucionario, origen del actual Partido Revolucionario Institucional, nos enfrentamos a la tarea de unificar la multitud de partidos políticos en que se encontraban divididos los revolucionarios, muchos de los cuales eran efímeras organizaciones personalistas, improvisadas tan sólo para una elección.

Nuestra meta fue crear un organismo político que agrupara todas las fuerzas revolucionarias bajo un programa de principios y con actuación permanente; y que orientara su acción a defender los ideales revolucionarios, presionando principalmente en favor de la implantación de una cada vez más amplia justicia social.

Al nacimiento del partido, ya estaban organizadas las fuerzas militaristas inconformes, y vino el levantamiento armado en el momento mismo que nos congregábamos en Querétaro; pero por fortuna ese fue el último movimiento militar, ya que posteriormente, iniciándose la evolución política que había previsto la elevada visión de estadista del general Calles, las luchas para el cambio de los poderes federales y estatales, se resuelven en el seno de los partidos políticos y, en la lucha de unos con otros, en las casillas electorales, puesto que hay partidos de oposición. Y quiérase o no, esta evolución ha sido la gran obra de nuestro partido.

Ahora los candidatos tienen que ir a conquistar la simpatía y los votos del pueblo en sus sectores organizados y dentro de la ciudadanía dispersa; ya no acuden a los cuarteles a buscar el apoyo de las fuerzas militares para imponerse en la contienda.

A la violencia sólo se le puede contestar con la violencia; por eso en mi juventud, actuando dentro de los métodos que entonces se seguían, actué con la violencia; pero siempre me afilié a los grupos que, aun pudiendo considerarse personalistas, seguían ya una orientación ideológica, inspirada en el programa de la revolución que propugnaban principalmente por la liberación de las grandes multitudes desamparadas del país, obreros y campesinos.

Por fortuna ahora las luchas políticas se canalizan por caminos cada vez más democráticos, y el arma más poderosa para conseguir sufragios es, y debe continuar siendo, la persuasión, inspirada en el argumento y la razón.

La base única sobre la que puede sustentarse una verdadera democracia es la tolerancia, por eso, nuestro candidato, el señor licenciado Gustavo Díaz Ordaz, ha traído a nuestras luchas democráticas, la caballerosidad con el contrincante y el respeto a las ideas ajenas. Y ha declarado en Tacuba con valentía, sinceridad y franqueza: "A quien vea en el poder la satisfacción de un capricho personal, no importarán los medios para alcanzarlo, pero para quien ve en el poder únicamente la posibilidad de servir mejor al pueblo sólo puede admitirlo y llegar a él por el legítimo camino de la voluntad popular."

Por eso todos los miembros del PRI que actuamos en esta campaña debemos dirigir nuestros esfuerzos a alcanzar el triunfo por la razón y el convencimiento, obteniendo el voto limpio de la mayoría de nuestros conciudadanos, e igualmente, debemos estar decididos a respetar y hacer respetar el resultado del sufragio, expresión de la voluntad popular, aun cuando ésta nos sea contraria.

Por fortuna para México ya recorrimos en nuestro gran esfuerzo revolucionario para consolidar nuestra organización político-social, los caminos de la violencia, en los que se encuentran enfrascados, por desgracia, otros pueblos, y hemos salido de esas vicisitudes por el camino de la democracia.

Ya lo expresó brillantemente el licenciado Díaz Ordaz, cuando dijo: "México ha escogido ese camino. El camino por el cual a través de la democracia es posible la libertad, porque sólo con la libertad es posible la verdadera justicia, porque sólo con la justicia es posible la verdadera paz."

Y es indiscutible que el pueblo de México anhela la paz interior, así como predica por boca del señor presidente de la República, la paz entre los pueblos.

A continuación transcribo la versión taquigráfica del discurso que pronuncié en el mitin organizado por el sector femenil del PRI en Ciudad Juárez, Chih., siendo candidato a senador, el día 27 de mayo de 1964:

Mujeres de Ciudad Juárez: Saludo a ustedes con el respeto de un hombre a quien desde niño le enseñaron a rendir culto a la mujer. Y crece ese respeto y aumenta mi pleitesía por encontrarme frente a mujeres de Juárez.

Perdí a mi padre siendo niño, y soy un hombre formado por mujeres. Todo lo que he sido y todo lo que soy, lo debo a los esfuerzos, a los sacrificios de mi madre y mis hermanas, valientes y abnegadas mujeres de Juárez. (Aplausos.)

Soy, por tanto, un ejemplo de la influencia de la mujer en la vida cívica del hombre. Juzgo que esa incluencia es decisiva, ya que desde el hogar, modelando al niño, consigue orientar al hombre por los senderos que lo llevan a luchar en la vida por los más altos ideales.

Por eso ratifico las palabras de nuestra compañera Trini Flores, cuando afirmó con cálida elocuencia, que las mujeres son muy importantes. ¡Ya lo creo que lo son! Y la madre, educando al niño, puede convertirse en artífice del porvenir, porque está modelando al ciudadano de mañana. (Aplausos.)

En los tiempos que corren, en la presente campaña electoral, y especialmente en este querido jirón de tierra mexicana que me vio nacer, las mujeres de Juárez tienen una seria responsabilidad contraída por las grandes tareas que les compete realizar.

Sea la primera, la educación cívica de sus hijos y la orientación política y social en las actividades de los hombres. (El ingeniero León habló de la educación cívica de los jóvenes y la orientación política de los hombres.)

Dijo a continuación: Ahora pido permiso para tratar un tema por demás delicado; y lo haré bajo mi estricta y personal responsabilidad, pues no quiero comprometer a nadie, me refiero a la religión y la política. (Expectación.)

Desearía que me fuera dable en este momento remontar la corriente de los años y volver a ser aquí, el niño ingenuo y creyente que fui. Mi madre me llevaba de la mano a nuestra vieja iglesia, blanca y sencilla como la fe infantil, a ese templo que se convertía en mi mente de niño en el símbolo más alto y respetado de la religiosidad.

¡Vieja misión de Guadalupe, que congregaste a los indios para civilizarlos con la caridad cristiana de los misioneros!

¡Vieja misión de Guadalupe, a tu alrededor se agruparon nuestros mayores, aquellos patriotas que combatieron contra los invasores norteamericanos! (Aplausos.)

¡Vieja misión de Guadalupe, centro y fortaleza de Paso del Norte para los valientes que lucharon contra la Intervención Francesa, rodeando a Juárez, defendiéndolo como símbolo de la República y como la encarnación de la independencia de tu patria! (Aplausos.)

¡Vieja misión de Guadalupe, blanca, pura y modesta como la doctrina de Cristo, que ahora te ocultan tras nuevas construcciones suntuosas sin historia como avergonzándose de tu pobreza y sencillez!

Esta vieja misión de Guadalupe fue para nosotros el símbolo de la fe; pensando en ella nació la inspiración que nos llevó a respetar todas las religiones, lo mismo que a reconocer como inviolable la libertad de creencias de todos los hombres... (Aplausos.)

Mas cerremos este paréntesis de sentimentalismo personal, y pasemos a hablar, con decisión y franqueza, sobre la doctrina liberal de la revolución en materia religiosa.

A través del desarrollo histórico de México ha sido siempre la corriente progresista de nuestro pueblo, la que ha luchado por la libertad de conciencia, por garantizar a todos los hombres y mujeres la libertad de profesar su religión.

La Reforma conquistó definitivamente esas libertades, y en la Constitución de 1857 quedaron establecidas como garantías del hombre y del ciudadano. Nuestra revolución las consigna, igualmente en la Constitución de 1917.

Para nosotros la libertad de opinión, de creencias y de conciencia, es absolutamente respetable; y los miembros del PRI la respetan doblemente, tanto por convicción porque siendo revolucionarios nos lo impone nuestra doctrina, como porque lo exige la ley.

Así, mujeres de Juárez, de Chihuahua y de todo México, estén seguras, y deben pregonarlo a los cuatro vientos, que la doctrina del partido no se entromete en el sagrario interior de la conciencia, respeta todas las religiones, y no sólo promete, sino que garantiza a cada quien la libertad de profesar la religión que le plazca.

La escuela es y debe ser laica, pero en su hogar nadie les impide que eduquen a sus hijos en la religión que elijan o profesen, porque usando de esa amplia libertad, que no por eso dejarán de ser fieles miembros del partido, ni por eso se apartan de los postulados de la revolución. (Aplausos.)

De lo que ustedes deben defenderse, oponiéndose con la valentía y decisión de las mujeres juarenses, y lo que no deben permitir, es que las fuerzas conservadoras pretendan mezclar, en la conciencia de ustedes, de sus hijos, de sus maridos y de sus hermanos, la religión con la política, ¡para usar la religión como arma de partido! (Grandes aplausos.)

Nosotros luchamos decididamente contra esa explosiva mezcla de la religión y la política, porque la repudia la moral y la prohíbe la ley.

Precisamente porque respetamos a la religión en todo lo que vale y significa, y la elevamos al plano espiritual donde se unen las almas para comulgar en las más nobles y puras esperanzas de una vida superior, más allá de lo terreno, protestamos cuando se les quiere hacer descender de esa elevación espiritual, arrastrándola al océano de tinta de lo material, y exponiéndole a la tempestad de las pasiones políticas. (Aplausos.)

Si queremos que la religión sea respetable, intocable, mantengámosla en el elevado terreno de la espiritualidad, no la hagamos descender a la mezquindad de nuestras luchas electorales. (Grandes aplausos.)

Por respeto a la misma religión y por un imperativo categórico de la moral pública, condenamos estos intentos constantes de las fuerzas de la oposición reaccionaria (nunca de nosotros), empeñados en tomar la religión como arma de partido.

Además, la ley prohíbe esas intromisiones y el verdadero patriotismo debe condenarlas, porque nuestra historia enseña que esas intromisiones ilegales de la religión en la política siempre han terminado en drama en nuestro país, ya que el choque violento de las facciones sólo puede conducirnos a ensangrentar la tierra mexicana con la guerra civil.

Porque respetamos la religión, exigimos que nuestros contrarios no la mezclen con la política.

Mujeres de Juárez: marchemos confiadamente, sin fanatismo ni prejuicios, por el camino democrático que nos marca la ley, y conquistemos por medio del voto la limpia victoria de nuestro candidato, el señor licenciado Gustavo Díaz Ordaz, el día 5 de julio. (*Aplausos.*)

Cumpliendo con un sagrado deber, al llegar a mi suelo nativo, hice pública mi gratitud para las mujeres que me formaron; y con la pureza de ese sentimiento en mi corazón, yo saludo a ustedes, mujeres de Juárez, con cariño y con respeto. (*Grandes y prolongados aplausos.*)

En virtud de que el señor presidente de la República, don Adolfo López Mateos, les concedió, por una verdadera galantería, que entraran a defender sus casos electorales, en este caso de Chihuahua, a los representantes del PAN, me vi en el caso de aclarar la diferencia constitucional de la representación de los estados, y la representación de los diputados, diferencia que establece que la credencial de los senadores la extiende el Congreso local, mientras que la de los diputados la extiende la comisión electoral de la Cámara de Diputados.

A continuación transcribo mi discurso que pronuncié haciendo la defensa de mi caso y que apareció publicado en el *Diario de los Debates* de la Cámara de Senadores del Congreso de los Estados Unidos Mexicanos, con fecha martes 25 de agosto de 1964:

El C. Luis L. León: Señor presidente; honorable asamblea: Me felicito que esta ofensiva extemporánea e infundada del Partido Acción Nacional me presente la oportunidad de levantar mi voz en esta asamblea, a la que saludo con el respeto que me merece. (*Aplausos en las galerías.*) Y me felicito, igualmente, de que el señor diputado Chavira haya elevado el debate a un nivel superior de los detalles de una elección de senadores por Chihuahua, y haya presentado una tesis doctrinaria que puede honrar esta discusión en lugar de empequeñecerla.

No voy a cansarlos mucho con los detalles de la elección personal mía; mi mejor defensa está en el acucioso y brillante dictamen presentado por la primera comisión dictaminadora, que obliga mi reconocimiento.

El señor diputado Chavira nos ha presentado aquí datos estadísticos bajo su absoluta y personal responsabilidad. No hubo los empadronados que él dice. En las estadísticas oficiales se sabe que fueron cerca de cuatrocientos mil empadronados; además, en Chihuahua funcionaron más de mil casillas, y él presenta objeciones, aceptadas por las mismas autoridades electorales, en pequeño número de casillas. Y todavía me remito a los documentos del expediente: si concediéramos que se anularan los votos donde no hubo representantes del Partido Acción Nacional, por causas más atribuibles a dicho partido que a las autoridades electorales, todavía le ganaríamos nosotros al partido de la oposición por un gran número de votos; pero ellos se extrañan principalmente de que el PRI tenga tantos votos y fundan su oposición en que no es posible que tantos ciudadanos ocurran a votar a las casillas y elijan precisamente a los candidatos del PRI. Y eso nos hace elevar esta discusión, de las minucias y de las pequeñeces de una elección de senador, a la altura del elevado plano de la doctrina democrática del Partido Revolucionario Institucional, del partido de la revolución.

La oposición venía siempre cultivando el papel de víctima; se decía, por hechos de violencia o de irregularidades cometidas, que era la víctima del "carro completo", del partido invencible, del partido que durante años y elecciones ha ganado por una mayoría; pero si esa es la duda del Partido Acción Nacional, yo voy a explicarles las razones por qué ha ganado el PRI y por qué seguirá ganando. Él trajo aquí los antecedentes de su persona; yo traigo aquí, a una discusión doctrinal, los antecedentes del partido de la democracia mexicana. (Aplausos.)

La limpieza de las elecciones del 5 de julio, su legitimidad y el hecho de que el pueblo acudiera confiado a las casillas, no es un hecho insólito, no es una cosa improvisada; es el resultado de 36 años de lucha de los revolucionarios por implantar la democracia en México. (Aplausos.)

Arranca de una larga cadena de sacrificios y de luchas, desde hace 36 años, cuando cayó asesinado el general Obregón, por hombres no de nuestro partido, que quizá —y no quiero afirmarlo— se acercarían en ideología al Partido Acción Nacional. Cuando cayó asesinado el general Obregón, decía, la situación de la República era de caos, de tristeza, de desesperación, de confusión; y los que pretendían resolver aquella situación generalmente querían salir de ella por la violencia.

Hasta entonces los partidos políticos no representaban elevación ideológica; eran partidos improvisados alrededor de una candidatura o alrededor de un interés regional, y generalmente efímeros, que pasaban y se disolvían cada vez que pasaba la elección que los obligaba a organizarse; y desgraciadamente, consecuencia de los tiempos de la violencia de la revolución, imperaba en la solución de los problemas políticos la fuerza; y por eso casi siempre la mayoría de los candidatos a la presidencia de la República no acudían a buscar el apoyo de las incipientes organizaciones políticas o sociales de aquel tiempo, con las que apenas si coqueteaban; acudían a buscar la fuerza del ejército, entonces incipiente y organizándose, porque creían que la solución del problema estaba en la imposición de esa fuerza armada, y que, al final, yendo hasta la violencia de los cuartelazos, ellos proclamarían al vencedor.

Ante esta situación, habiendo desaparecido el caudillo que reunía las fuerzas revolucionarias por su prestigio y su personalidad, se planteaba un problema muy serio para la República. Ciertamente quedaba la personalidad de Calles; pero Calles, patrióticamente, no quiso improvisarse por la fuerza en un dictador que se prolongara en el poder, y prefirió señalarle al pueblo de México el otro camino, el camino más largo, más difícil: el de transformar nuestras estructuras, de pueblos que tienen el gobierno de un hombre, por un pueblo que se maneja por instituciones democráticas y por leyes libremente, pacíficamente, por el sendero de la democracia, por donde han ido siempre encaminados los pueblos felices.

Vino entonces el famoso mensaje del 1º de septiembre de 1928: Calles invitó a la ciudadanía de todo el país a organizarse políticamente, a que cada grupo se organizara de acuerdo con sus principios y sus intereses, y prometió trabajar por organizar a la dividida revolución, unificando todos los grupos en un partido, en el partido de la revolución.

Los hombres que fueron a Querétaro tuvieron éxito en unir a los grupos de la revolución y los unificaron alrededor de un programa de principios, que no podría ser otro que el programa de la revolución. Ese partido se ha venido fortificando a través de los años; ese partido ha sufrido a veces escisiones profundas internas; pero al final, por la alteza de sus miras y por la prudencia con que lo han manejado los líderes revolucionarios de la República, los ha disciplinado. Y es en el seno de ese partido donde se discuten los hombres y los candidatos; es en el seno de ese partido donde se aprueban los programas que servirán de guía a los gobiernos revolucionarios, y es el partido que ha orientado hasta ahora a las grandes masas de la República.

Se dirá: la fuerza del partido, de "la aplanadora", del partido único, está en el poder; pero yo les daré a ustedes la receta por si la quieren seguir, para conquistar ese poder: la receta para conquistar el poder que tiene el partido de la revolución no es más que la adaptación del partido a la nueva organización social y económica de México. La misma evolución capitalista ha producido una diversificación de funciones y de intereses. Se han multiplicado los grupos que se forman y se unen a través de un interés común para defenderlo. La revolución que ayudó en un principio a los obreros y a los campesinos para organizarse en sindicatos y en asociaciones, ha presenciado cómo han seguido a ese ejemplo, para defender sus intereses, los múltiples grupos que componen actualmente la sociedad mexicana. Por eso, ya no somos un partido que se maneje por la vieja doctrina socialista de dos fuerzas que chocan, de los poseedores que son la minoría y de los proletarios que nada tienen, que forman las grandes masas. Ya somos una asociación de múltiples grupos, aun con intereses encontrados, que chocan a veces pero que armonizan en definitiva para trabajar en el sentido de la mayoría, en el sentido del bienestar común, en el sentido de interés nacional.

Así tenemos que en México se ha formado un conglomerado social de campesinos organizados, de obreros organizados, de comerciantes organizados, aun las clases superiores de la economía, industriales, mineros y los banqueros se han organizado, los empleados particulares se han organizado; todos los intereses de los grupos que concurren a la producción y a la fortaleza económica de México, se vienen organizando bajo el patrocinio del gobierno y muchos con la ayuda del Partido Revolucionario Institucional. (Aplausos.) Y eso explica la fortaleza de nuestro partido, esa fortaleza que ustedes no se pueden explicar, porque están pensando todavía en una democracia puramente liberal, individual, gregaria. El partido ha sabido despertar los intereses de esos grupos a organizarse y el partido se ha convertido así, en el gran coordinador de todos los intereses de los hombres que trabajan y producen en México. (Aplausos.)

No se puede aceptar que esos grupos vayan siguiendo la bandera del PRI únicamente porque le tienen miedo a la presión del gobierno, cuando los últimos gobiernos han dado plenas garantías a todos los hombres, a todos los ciudadanos, para que profesen las ideas políticas que gusten; para que se organicen y trabajen.

El partido inició este programa de organización económica, social y política, desde la época de la candidatura del señor licenciado Miguel Alemán. Entonces se iniciaron las llamadas "mesas redondas", a las que concurrieron el candidato, los dirigentes del partido y su técnico, a discutir con todos los grupos de productores, con todos los grupos activos de la nación, a través de toda la República, sus intereses, sus problemas y a proponerles hasta dónde podría llegar su ayuda. Era que el partido coordinaba los egoísmos de todos los grupos armonizándolos y encauzándolos por la gran corriente del interés colectivo, del interés nacional.

En la campaña del señor Ruiz Cortines, se formaron los "consejos económicos y sociales" con iguales resultados y con igual finalidad. Ya en la campaña de nuestro actual presidente, el gran demócrata López Mateos (aplausos), se formaron los "consejos de planeación" con mayor y más profundos estudios, con mayores consejos técnicos, clasificando las decisiones de todos los grupos con criterio político, social y económico. El partido no se durmió en sus laureles; en la última campaña organizó, en forma laudable por el poderoso esfuerzo que representa, las asambleas de programación, y desde los pueblos más pequeños, desde los municipios más olvidados, hasta la capital de los estados, todos los grupos productores; todos los hombres interesados en la economía, en la organización social y en la cultura de México, concurrieron con sus ponencias a exponer sus necesidades, sus anhelos y a pedir una solución a sus problemas; y es natural que el partido que va y arranca sus programas de gobierno de las entrañas del pueblo mismo, y se orienta por las opiniones del pueblo, y las encauza, el- único partido que promete solución a los problemas de las grandes masas de la República, es natural que tenga popularidad, y es natural que el pueblo se interese en sacar avante, con su voto, a los candidatos presidenciales del PRI. (Aplausos.) Ahí está la fortaleza de que ustedes se admiran, y la razón de que la votación haya sido tan nutrida; que el pueblo haya ido a depositar su voto en favor de los candidatos del único partido que le ha ofrecido apoyo y que se lo ha cumplido, que se lo ha dado, que se lo está dando y que seguirá dándoselo, sobre todo, apoyo a las clases más débiles de nuestra economía, a las grandes muchedumbres que más necesitan la acción y la ayuda del gobierno: a los campesinos y a los obreros. (Aplausos.)

No voy a cansar la paciencia de ustedes con los datos minuciosos del dictamen; pero quiero hacer hincapié en un hecho que revela la fortaleza del régimen y de nuestro partido.

Los tratadistas de derecho constitucional se han de preguntar: ¿por qué está aquí el señor Chavira? ¿Por qué se le concede la palabra? Porque sabemos que la organización constitucional de la Cámara de Senadores no es la misma de la Cámara de Diputados. El Senado nació en el constitucionalismo norteamericano para poder permitir la asociación de las trece colonias que originariamente constituyeron aquel país, pero que temían mucho al poder central, dominador y absorbente, y que por eso pidieron su representación en el Senado. En el Senado, nosotros representamos, o más bien diré que yo aspiro a representar, para no disgustar al señor Chavira, aspiro a representar la ciudadanía del estado de Chihuahua, pero también representamos a nuestros respectivos estados como entidades federativas, como entidades autónomas, independientes, únicamente unidos en la nación por el pacto federal. Por eso nosotros no tenemos representación proporcional a los votantes, a la población votante de la República, sino que cada estado tiene dos senadores, lo mismo los muy poblados que los poco poblados; lo mismo los grandes que los chicos; lo mismo los poderosos que los débiles; por eso tiene cada estado representante aquí para defender su independencia, en caso de una excesiva absorción por parte del poder central. Por eso la Constitución establece, de acuerdo con las instituciones, que a estas sesiones sólo pueden entrar quienes traigan una constancia de que obtuvieron la mayoría de las votaciones, expedida por el Congreso local, porque esa es una facultad, atributo de la soberanía del Congreso local de cada estado; y, entonces, ¿por qué está el señor Chavira aquí? Está por la nobleza del régimen que preside ese gran demócrata don Adolfo López Mateos (aplausos), que ha otorgado garantías a todos los ciudadanos, inclusive, está aquí por generosidad de nuestro partido, por nobleza de los revolucionarios, a quienes no nos importa que vengan a combatir nuestras ideas o nuestras elecciones, siempre que observen, como el señor Chavira, alteza de miras, y defiendan un ideal noble, como yo mismo me lo reconozco.

¿Qué representan las elecciones del 5 de julio? Las elecciones del 5 de julio representan un triunfo del pueblo mexicano y un alto esfuerzo de treinta y tantos años de los revolucionarios de la República para conducir a México, de aquel caos en que lo sumergió el asesinato del general Obregón, a estas últimas elecciones en que el pueblo, confiado porque tiene garantías, y porque precisamente por la conducta de los revolucionarios y por la organización del partido se ha desterrado la violencia, concurrió a las elecciones a votar libremente por los candidatos que consideró que defendían mejor sus intereses. Las elecciones del 5 de julio fueron un triunfo para nosotros, pero son un triunfo para la nación. No creo ahora que queden inconformes los representantes del PAN, porque claramente vieron cuál es la mecánica que ha dado al partido su fortaleza, que ha sabido coordinar todos los intereses de los grupos organizados y los ha sabido conducir y encauzar para que tengan representación ante el estado; para que dirijan sus quejas y pidan la resolución de sus problemas al gobierno; ese es el secreto del partido que tiene la fortaleza, lo que le da las mayorías y el que hace que en las elecciones, la insignia del PRI, arrastre a las multitudes y se lleve a los más numerosos votantes.

El señor diputado Chavira, en un momento de emoción y de elocuencia parlamentaria, cantó la fortaleza y grandeza de una democracia puramente liberal, que olvida los grandes problemas sociales, una democracia que ya no se aviene con nuestra estructura nacional. Yo también quiero que se me permita un poco de oratoria para terminar.

Los viejos somos grandes cultivadores del recuerdo y a veces no podemos vencer la emoción; y esos recuerdos que vienen ahora a mi mente y esa emoción que me embarga, me llevan la evocación del nacimiento de este desarrollo democrático; y evoco la histórica jornada del 1º de septiembre de 1928. Bajo la bóveda de la Cámara de Diputados resonaba la voz viril, la voz grave de Plutarco Elías Calles: "Vengo a invitar al pueblo de México a organizarse políticamente para salir de la violencia y entrar al gobierno de las instituciones; vengo a invitar a los contrincantes, a los oponentes de la revolución, a que organicen su partido, que nosotros vamos a organizar el nuestro, y sólo así rompemos la trágica sentencia de Tocqueville de que salimos de la dictadura para entrar a la anarquía." Y así hablaba Calles, con voz que tenía resonancia de profeta. Muchos, sus enemigos, creyeron que aquella era una maniobra, que aquella era una farsa de un hábil político que quería perpetuarse en el poder; y la mayoría de los que consideraban que obraba de buena fe, creyeron que era un sueño.

Pues bien, nosotros los viejos revolucionarios que tuvimos el privilegio de acompañarlo en aquella jornada, al contemplar el espectáculo del 5 de julio en que el pueblo confiado concurre a las elecciones porque tiene fe en sí mismo y tiene fe en sus instituciones, no podemos más que declarar, que el sueño de Plutarco Elías Calles se ha convertido en realidad.

Nosotros creemos que no es un caso excepcional, ni una cosa improvisada la última elección, creemos que es el resultado de la educación cívica que poco a poco va adquiriendo el pueblo de México, y tenemos fe en él. Creemos que es el resultado de la acción de los gobiernos revolucionarios y, sobre todo, creemos que estos dos grandes factores han producido nuestro triunfo; la actitud firme del gobierno de la República concediendo toda clase de garantías a los partidos políticos y a los ciudadanos y respetando sus opiniones políticas; y el otro factor de nuestro triunfo, es el tino con que el partido de la revolución escogió a su candidato, porque fue a escoger a un hombre preparado, digno, enérgico e inteligente, el licenciado Díaz Ordaz. (Aplausos.) Un hombre que hizo de la campaña con soltura y caballerosidad, una discusión de los grandes problemas nacionales, que iluminó su programa de gobierno con su preparación y experiencia y lo ennobleció con los sentimientos de su gran corazón de revolucionario. La confianza del pueblo dada por las garantías del gobierno y el arrastre increíble del licenciado Díaz Ordaz, han producido los resultados que los señores del PAN no pueden explicarse; el triunfo aplastante del partido de la revolución. *(Aplausos.)*

... Creo que hemos explicado por qué tenemos esa gran mayoría que no se explican ellos. Hemos dicho que podemos conformarnos con los votos de todos los expedientes en las actas que firmaron los representantes del PAN y que todavía ganaríamos la elección por una gran mayoría.

Apoyo el dictamen de la comisión, porque lo juzgo ajustado a la equidad y a los términos de la ley, y, para terminar, solamente les diré, que después de ese espectáculo del 5 de julio, y de la forma en que se encamina México, por la senda de la democracia, los viejos revolucionarios estamos tranquilos y ya nos podemos ir; y cuando nos toque caer, caeremos como hemos vivido, bendiciendo la obra grandiosa de la revolución. *(Aplausos.)*

En 1966 me nombraron presidente del comité directivo estatal del PRI en el estado de Chihuahua, y con ese motivo pronuncié el siguiente discurso; discurso que encierra el programa de trabajo que desarrollé:

Levanto mi voz profundamente conmovido, ya que tengo que agradecer a los directivos de mi partido y a grandes núcleos de mis correligionarios chihuahuenses, que a pesar de los años, tengan todavía fe en mí y confíen en mis modestas fuerzas para emprender una obra benéfica para el partido y para Chihuahua. Correspondo agradecido, prometiéndoles trabajar hasta el límite de mi cansancio y de mis fuerzas en este nuevo empeño.

A las luchas fratricidas y sangrientas de la revolución, que derrumbaron el mundo caduco del pasado, siguió un periodo de iniciación de la estructuración de un México nuevo, en que nuestros problemas políticos y sociales se resolvían todavía por la violencia, mediante la intervención de las fuerzas armadas agrupadas alrededor de los caudillos.

Al caer asesinado el general Álvaro Obregón la situación del país era confusa, anárquica, y todo presagiaba nuevas y sangrientas luchas fratricidas.

Quedaba el general Calles, brillante personalidad que atraía y podía aglutinar a grandes núcleos revolucionarios; pero el general Calles, con visión de estadista y patriotismo de gran mexicano, no aceptó el continuismo, que sólo habría sido una tregua más para retardar el advenimiento de los regímenes democráticos, y en su histórico mensaje de septiembre de 1928, invitó a la ciudadanía mexicana a organizarse en partidos políticos de acuerdo con sus ideales, aspiraciones e intereses, para dirimir la contienda electoral por el juego de los partidos en el terreno de la democracia.

Por su parte el mismo general Calles se dedicó a convocar a los grupos revolucionarios del país para que se unificaran en la histórica convención de Querétaro, agrupándose en un partido político de principios revolucionarios, con panorama definido de gobierno y de actuación permanente.

Así nació el Partido Nacional Revolucionario, que evolucionando de acuerdo con nuestras propias necesidades, se ha convertido en el actual Partido Revolucionario Institucional que congrega a los hombres de ideología revolucionaria y controla las grandes mayorías del país; y que ha sido la fuerza política organizada que, manejada con talento, valentía y sentido de responsabilidad por los hombres representativos de la revolución, ha conducido a México por los cauces de un progreso económico y social innegable, y ha ido estableciendo las bases porque en su vida política se conduzca por los senderos de la democracia, orientada por la justicia social.

Con la organización y el funcionamiento de nuestro partido se ha estabilizado la vida política de México. Se terminaron los cuartelazos; y ya los candidatos que aspiran a los puestos públicos de elección posible tienen que conquistar el apoyo de las mayorías en las organizaciones políticas y sociales, y no van a buscar el apoyo de los jefes del ejército, ni la fuerza militar a los cuarteles.

El funcionamiento de nuestro partido ha logrado así, entre muchas otras conquistas, la abstención consciente del ejército de intervenir directamente en las campañas políticas; y como consecuencia de ese respeto a la ley, la dignificación de nuestro instituto armado, la elevación a su verdadera misión de sostenedor de nuestras instituciones y defensor de nuestra soberanía, hasta inspirar el respeto, el cariño y la estimación que le profesa el pueblo de México.

Por otra parte el partido ha conseguido no sólo la organización de los partidarios de los principios revolucionarios en México, sino que ha propiciado la de quienes, haciendo uso de sus legítimos derechos de ciudadanos, desean participar en la vida política de la nación como nuestros opositores; es decir, es nuestro partido el que ha provocado la organización democrática del pueblo mexicano. ¿Cuál ha sido el secreto de la gran fuerza popular de nuestro instituto político?

La fuerza proviene de la inteligente organización, unificación y orientación de los grandes sectores populares.

Esa unificación alrededor de un programa, esa fusión de los esfuerzos y de las voluntades de todo el elemento revolucionario, es lo que ha permitido al partido cumplir su misión histórica y responsabilizarse de la vida política de la nación ante el pueblo mexicano, alcanzando esta estabilidad política, esta tranquilidad nacional de que hemos venido gozando, y que es ahora motivo de admiración y muchas veces, por qué no decirlo, de envidia para algunos pueblos hermanos de nuestra acongojada América Latina actual, que viven las intranquilidades de una tremenda inestabilidad política y sufren las crisis y depresiones económicas que son su consecuencia.

Será, pues, nuestra más alta misión en la dirección estatal de nuestra institución, y la aceptamos como nuestro más imperativo deber, cultivar la unificación de todos los miembros del partido, acercándolos por la comprensión, la franca amistad y el trato justo.

Los miembros del comité estatal, conscientes de nuestra responsabilidad, sabemos que nuestra misión nos impone una absoluta imparcialidad frente a las diferencias de opiniones y conflictos de intereses entre grupos y miembros del partido; que esos conflictos deben ventilarse y resolverse en el seno de nuestro organismo, y que la confianza en los dirigentes la hacen hacer la serenidad con que se tratan y la justicia con que se resuelven.

Siguiendo las instrucciones del comité ejecutivo nacional, la organización del partido debe fortalecerse al propio tiempo que se realiza la campaña de filiación.

Hay que cultivar el entusiasmo en los grupos municipales y seccionales atendiéndolos debidamente y procurando que sus actividades aprovechen jóvenes elementos, que inyecten nuevos bríos y juvenil entusiasmo a nuestros cuadros.

Debemos aceptar que desgraciadamente en algunas regiones de nuestro estado viven núcleos de población que sufren grandes carencias, por lo que nuestro instituto debe constituirse, fiel a la doctrina revolucionaria, en decidido luchador por la causa de las masas económicamente débiles y propugnar por que se le proporcionen servicios sociales a mucha gente que lo necesita.

Debe buscarse la forma de organizar dispensarios en los barrios proletarios de las ciudades y en los poblados rurales desamparados donde se proporcione consulta médica y medicinas a los correligionarios que carezcan de medios para atender a sus necesidades.

Tenemos el serio problema de los tarahumaras, que viven primitivamente y sufren grandes carencias, pero es innegable que el gobierno federal está realizando laudables esfuerzos para remediar las más ingentes necesidades de los grupos en mayor miseria, y el papel del partido debe ser de decidido colaborador en esta gran tarea, convirtiéndose en entusiasta propagandista del programa del señor presidente Díaz Ordaz en esta materia, a saber: los auxilios deben entregarse a cambio de trabajo y colaboración en obras de beneficio social para los mismos necesitados: caminos, escuelas, etcétera. Hay que desterrar el sistema obsoleto de la caridad, alivio pasajero de necesidades que nada crea, y afecta la dignidad de quienes la reciben. Los necesitados tienen derecho a recibir el auxilio del Estado para cubrir sus urgentes carencias; pero mientras sean aptos para el trabajo, deben compensar ese auxilio laborando en obras de beneficio colectivo; así sentirán que no se lastima su dignidad, pues reciben una compensación por su labor, y no una dádiva por compasión a su miseria.

El partido debe cooperar en la divulgación de prácticas de agricultura, ganadería, aprovechamientos forestales y artesanía.

La meta debe ser proporcionales elementos y organizarlos para que busquen su vida mediante su trabajo, es decir, convertirlos en productores, en vez de tratarlos como sujetos económicamente pasivos, atenidos siempre a la beneficencia.

La acción del partido por lo que se refiere a civismo y cultura deberá iniciarse dando conferencias en el mayor número de poblados del estado sobre temas de agricultura, de ganadería, industria, y de economía doméstica para las mujeres, así como cívicos y educativos en general, empleando conferencistas que se expresen en lenguaje a la altura de sus auditorios, y refiriéndose a temas de verdadero interés regional.

El partido luchará por el establecimiento de nuevas bibliotecas y por el mejoramiento de las existentes, buscando la donación de libros de parte de su membresía pudiente.

El partido debe realizar una promoción deportiva, alentando a los grupos de jóvenes que se dedican, o quieren dedicarse, a los deportes: beisbol, futbol, tenis, etcétera; igualmente deberá alentar y ayudar a gimnastas y atletas, y, en general, a toda clase de actividades de cultura física, la que además de producir distracción y desarrollo corporal a quienes la practican, los aleja de los vicios y los lleva a incorporarse a ese gran ejército nacional de donde tendrán que surgir los atletas que defiendan el nombre de México en las Olimpiadas.

Como se ha dicho, y se ha dicho muy bien, el partido no es el gobierno; pero sí, el organismo político que apoya a los gobiernos creados democráticamente por el voto de sus miembros y un orientador del verdadero progreso de México por su programa revolucionario y de justicia social.

El partido debe ser un colaborador extraoficial del gobierno. Como gestor deberá encargarse de aquellas gestiones de vital importancia para los grupos campesinos sin tierra, o sin crédito, o sin mercados; ayudándolos en sus gestiones para resolver estos problemas.

Igualmente deberá ayudar a los grupos de trabajadores que buscan su mejoramiento económico y el fortalecimiento de su organización sindical.

El mejoramiento de estas clases sociales mediante una distribución más equitativa del ingreso nacional, es nuestra meta: las disposiciones de la ley son nuestro camino. Para evitar engaños demagógicos, no hay que prometer conquistas que la ley no autoriza, ni nada fuera de las posibilidades económicas y lejos de la realidad.

Los hombres del partido deben saber coordinar los intereses de los grupos que representan con las resoluciones gubernamentales, para evitar choques y problemas, en vez de crearlos.

El partido siempre ha sido agrarista y debe colaborar con entusiasmo y decisión a la pronta solución del problema agrario en el estado. Por lo que se refiere a la distribución de la tierra, siguiendo el programa del señor presidente de la República, que no es otro que el de la revolución, ayudará a las gestiones de los campesinos para que se les dote de tierras afectables, de todas las tierras afectables existentes, único camino para que se termine con los latifundios.

De acuerdo con la feliz expresión del señor presidente Díaz Ordaz que orienta la solución del problema del campo al decir que el agrarismo que no es integral, no es agrarismo, debemos luchar en nuestro estado por que a los campesinos que se les entreguen tierras pastales, se les ayude a conseguir ganado y elementos para criarlo, así como crédito, implementos y dirección técnica, a quienes se les dota con tierras agrícolas. Dotar de tierra a los campesinos y abandonarlos sin elementos para explotarlas, es lanzarlos a la miseria y al fracaso, y sólo se consigue desanimar a la gente del campo y alentar a los críticos de la derecha de la revolución.

Conviene aclarar, desde ahora, que nuestro partido agrarista en el sentido de la Constitución de 1917, tiene obligación de defender, igualmente, a la auténtica pequeña propiedad inafectable.

El partido, que sostiene y respalda un régimen de derecho como el que preside el señor licenciado don Gustavo Díaz Ordaz, está obligado a pugnar porque gocen de las garantías que la ley les concede en la posesión de las tierras, lo mismo los ejidatarios que lcs comuneros y que los pequeños propietarios.

El partido es obrerista y tiene la obligación de pugnar por el florecimiento de las organizaciones de los trabajadores, apoyándolos en sus gestiones por el mejoramiento de sus miembros y en todas sus conquistas, sin más limitación, igualmente, que las gestiones se sujeten a nuestras leyes.

Hablando para hombres y mujeres de Chihuahua, he querido suprimir de mi alocución la frase cultivada, así como las flores de la retórica demagógica.

A mujeres y hombres valientes y francos como son los chihuahuenses, se les corresponde hablándoles con valentía y con franqueza.

En lugar de hacer un discurso he venido a esbozarles un programa de acción.

Si queremos fortalecer a nuestra institución debemos de cultivar la unificación en nuestras filas y desarrollar la acción social en favor de las grandes masas populares. Esa sí será obra en favor del partido, en beneficio de Chihuahua y en bien de México.

Pero este programa así esbozado, ¿puede ser la obra de un hombre, de un equipo o siquiera de un grupo? No, de ninguna manera.

Este programa sólo puede realizarse con la cooperación de todos los miembros de nuestra organización.

He venido a pedirles esa cooperación: la científica de técnicos y profesionistas, los nobles entusiasmos de la juventud, el respaldo de los campesinos y de los obreros y el apoyo de la clase media; y sobre las clases y grupos, alentándonos con su presencia y fortaleciéndonos con su colaboración, la mujer de Chihuahua, valiente, abnegada y leal.

... Compañeras y compañeros de partido: apretemos nuestras filas, unamos nuestros esfuerzos y marchemos confiados a la conquista de nuestros ideales, que Chihuahua unificada y cobijada por la bandera gloriosa de la revolución, es invencible.

En noviembre de 1968, fui invitado por el H. Colegio Militar, a sustentar una conferencia sobre "La Revolución Mexicana, sus principios, su doctrina y su filosofía". Quiero dejar expresado mi agradecimiento por la forma entusiasta y cariñosa con que fui aplaudido en diversas partes de mi discurso y siento orgullo porque al final calurosamente me hicieron pasar entre dos filas de cadetes, haciéndome honores que no corresponden a un civil. Me permito transcribir algunos párrafos de ese discurso que pronuncié:

Permítaseme iniciar mi plática haciendo presente mi profundo agradecimiento a la dirección de este H. Colegio Militar, por el honor que se me concede de exponer ante tan apreciable auditorio, mi pensamiento sobre la Revolución Mexicana.

La historia de México, en sus luchas internas para integrarse como nación y establecer sus instituciones, chorrea violencia en el siglo y medio de su vida independiente, registrándose numerosos levantamientos, asonadas, cuartelazos y golpes de Estado; pero sólo tres de esos movimientos pueden considerarse verdaderas revoluciones: el de Independencia, el de la Reforma y el que se inicia con la rebelión de 1910, y que en nuestro país designamos con el nombre de Revolución Mexicana.

Una verdadera revolución, y lo decimos pensando en la nuestra, es la transformación acelerada de un régimen político-social retrasado y caduco, orientada a conseguir el mejoramiento de las grandes masas populares desposeídas, mediante una más equitativa distribución del ingreso nacional, bajo un régimen democrático, sin menoscabo de la libertad y de la dignidad del hombre; y tenemos que agregar, que la mexicana es nacionalista, y se inspira en los principios del inconmovible patriotismo de Benito Juárez, de defensa de la libertad, independencia y soberanía de nuestra patria, lo que no impide que universalizando el pensamiento juarista, estemos siempre dispuestos a cultivar la amistad con todos los pueblos de la Tierra, con la condición que respeten los derechos de autodeterminación y de no intervención entre las naciones, única y sólida base sobre la que debe sustentarse la paz mundial que anhelamos como el mayor bien de la humanidad.

Definida así sucintamente la Revolución Mexicana conviene aclarar que, según ese criterio, todo movimiento, violento o no, que pretenda ser revolucionario, deberá ser progresista y orientado a combatir la injusticia social mediante el mejoramiento de las condiciones de vida de las mayorías y propugnar por el adelanto nacional; y que todos los movimientos que aspiran al restablecimiento de privilegios de minorías, aristocracias y castas pretorianas o grupos privilegiados y oligárquicos, que se imponen a los pueblos por la violencia y se sostienen por la fuerza y el terror, son en esencia contrarrevolucionarios.

Nos referiremos ahora a las causas que originaron la rebeldía contra la dictadura porfiriana en 1910.

Nuestra organización política, social y económica era heredada del feudalismo que nos legara la dominación española, con infiltraciones, ya para finalizar el siglo xix, del capitalismo colonialista extranjero.

Cuando estalló la revolución de 1910, México tenía quince millones de habitantes, y sus tierras estaban distribuidas entre ocho mil haciendas y cuarenta y dos mil ranchos, pequeñas propiedades y comunidades indígenas, acusando el censo un total de 50 mil propietarios. La concentración de la propiedad era tan grande, dado que la mayoría de las haciendas eran enormes latifundios, que el uno por ciento de la población nacional poseía el 97 por ciento de la tierra, mientras el 96 por ciento de los jefes de familia rurales no disponían de tierra alguna.

Ocho mil hacendados, minoría privilegiada, aristocracia de la tierra, imponía el régimen feudal del "peonaje" a doce millones de campesinos desposeídos, que explotaba inicuamente como verdaderos esclavos, apoyada por los gobiernos dictatoriales.

Latifundio y latifundistas gozaban del apoyo arbitrario e incondicional de parte del gobierno porfirista, que a su vez en ellos se respaldaba para sojuzgar al pueblo; pagaban cuando más el 25 por ciento del impuesto predial que legalmente les correspondía, mientras que se le cobraba íntegro al pequeño propietario; contaban con el apoyo del jefe político y en las grandes haciendas tenían cárcel propia, cepo y látigo para castigar a los peones insumisos; capillas donde se predicaba la sumisión al amo para ganar, con los sufrimientos de este mundo, la felicidad en la otra vida; y estaba a su servicio aquella cruel autoridad que mandaba como "leva" al ejército o desterraba al Valle Nacional al campesino rebelde, como castigaron la rebeldía de un joven morelense por defender las tierras de su pueblo de Anenecuilco, gran mexicano que se llamó Emiliano Zapata.

Esto explica y justifica que la revolución estableciera en la Constitución de 1917, en su artículo 27, tanto para restituir a los pueblos las tierras de que fueron despojados, como para dotarlos con las necesarias para su sostenimiento y vida, limitando la extensión de la propiedad privada para poder disponer de los excedentes del latifundio en favor de la población rural.

Así es que para resolver el problema agrario, no tenemos que acudir, como quieren algunos extraviados, a doctrinas importadas, pues con la nuestra, realista y muy mexicana, de acuerdo con nuestras condiciones y nuestra idiosincrasia, se ha venido solucionando, como puede verse por los resultados alcanzados, que sólo la pasión, el ocio, la ignorancia o la mala fe pueden negar. Por lo que se refiere a la distribución de la tierra se tiene:

Que si en 1910 sólo había 50 mil poseedores de la tierra que representaban el tres por ciento de la población, con la empeñosa tarea desarrollada por los gobiernos revolucionarios, desde 1915 hasta este mes de noviembre de 1968, mediante 29 500 resoluciones agrarias, se han entregado 70 millones de hectáreas a 2 700 000 campesinos, además de estar repartidas las tierras de propiedad privada entre 1 400 000 jefes de familia rurales que posean tierras, más el cincuenta por ciento de una población rural económicamente activa de 7 millones dedicada al trabajo de nuestros campos.

Y ha sido tan intensa la acción agrarista, que en los últimos cuatro años del gobierno del señor presidente Gustavo Díaz Ordaz, se han concedido alrededor de 13 millones de hectáreas para dotar a 250 mil campesinos, así que la distribución equitativa de la tierra, llevándose a cabo de acuerdo con la ley, ha continuado y continuará hasta su término con la distribución del último latifundio.

Ciertamente el problema agrario no se resuelve con la sola distribución de la tierra, tal como dijo el señor presidente de la República, por lo que hay que atacarlo integralmente, en sus diversos aspectos, atendiendo a sus múltiples factores.

Entendiéndolo así, la revolución ha desarrollado sus esfuerzos, sin más límite que los recursos de que México puede disponer, siempre sin exponer su independencia económica, ya que la tendencia era mexicanizar todo el campo.

La finalidad que persigue la reforma agraria es elevar la productividad del campesino y del pequeño propietario, tanto para alcanzar la producción agropecuaria que necesita el pueblo mexicano para su vida, su industria y su mercado exterior, cuanto para que con ese aumento se consiga elevar el ingreso de los campesinos, hasta permitirles llevar una vida decorosa con sus familias, creando así, al propio tiempo, un gran sector rural que por sus ingresos pueda convertirse en un fuerte consumidor, que permita la industrialización del país al disponer de la demanda de un fuerte mercado interno.

Los gobiernos revolucionarios para realizar estas metas se han empeñado en hacer obras de gran magnitud de infraestructura, construyendo obras de irrigación que permiten regar actualmente 3 900 000 hectáreas en comparación con 600 mil hectáreas de riego de que disponían los latifundistas en su acción a través de tres siglos de colonia y un siglo de éxito independiente.

Nuestros gobiernos han construido 64 mil kilómetros de carreteras y caminos que permiten movilizar las cosechas y merced a sus esfuerzos viene acrecentándose la capacidad de silos y almacenes para guardar y conservar las cosechas obtenidas en los llamados "graneros del pueblo".

Con ayuda de los gobiernos de la revolución, ejidatarios y pequeños propietarios han abierto grandes extensiones de tierras al cultivo, al grado que en el último año agrícola se levantaron cosechas en alrededor de 16 millones de hectáreas, y el valor de la producción agropecuaria y forestal se estima en $ 53 000 millones. Para atender los más grandes problemas del campo, principalmente de los ejidatarios: crédito suficiente y oportuno y tecnificación moderna de las prácticas agrícolas y ganaderas, es la revolución la que ha venido realizando grandes esfuerzos para conseguir el desarrollo alcanzado, teniendo que vencer en los primeros años grandes obstáculos.

¡Qué difícil fue conseguir que el capital privado fuera al campo! Y qué fácil sería conseguir con la agitación demagógica que se retirara. ¡En la actualidad muchas instituciones privadas, convencidas de que gozan de garantías, están ampliando sus renglones de crédito, tanto para pequeños propietarios como para ejidatarios, y el esfuerzo oficial ha sido grande en el último año, ya que por conducto de las empresas oficiales concedió créditos por valor de 6 896 millones, mientras que aseguraba las cosechas de 3 600 000 hectáreas por un valor de 5 400 millones.

Otro servicio importante que presta el gobierno a ejidatarios y agricultores, para evitar que sean explotados, como lo eran antes, en la venta de sus cosechas, es el de la fijación de precios de los principales productos de la tierra, precios de garantía que se sostienen por presión marginal, mediante la compra de las cosechas, las que paga inmediatamente puestas en bodega, por conducto de una institución descentralizada: la CONASUPO. El funcionamiento de este sistema de compras ha venido a sostener los precios agrícolas a niveles remuneradores y ha suprimido la explotación de que eran víctimas los productores anteriormente cuando quedaban entregados a la voracidad de los acaparadores y especuladores.

Los servicios agrícolas vienen revolucionando lenta pero progresivamente nuestra técnica con la mecanización de las labores, con la obtención de variedades de semillas mejoradas, el uso de fertilizantes y el control de plagas y de enfermedades, que permiten elevar el rendimiento y la calidad de los productos, aumentando los ingresos del productor.

Todo este esfuerzo ha conseguido ir redimiendo de la miseria a grandes núcleos de la población rural y ha permitido, al mismo tiempo, que México, en lugar de país importador de productos agropecuarios, se vaya convirtiendo en exportador, después de satisfacer el consumo interno.

Carecen de fundamento, por tanto, esas voces airadas de agitadores profesionales o de intelectuales indigestos de teoría, pero alejados de contactos con la realidad del campo y con los campesinos, que gritan que la revolución ha claudicado en sus principios y ha fracasado en la resolución del problema del campo. Les contestamos con hechos: ya que los hechos pueden analizarse y discutirse, pero no pueden negarse.

Y ahora pasemos a analizar, desde el punto de vista del programa de la Revolución Mexicana, otro gran problema, el obrero, el de la redención de los trabajadores, que nuestro pasado histórico tuvo planteado a la nación hasta la dictadura porfirista.

En ese pasado el pueblo trabajador de México, lo mismo los proletarios que los asalariados de la clase media, eran explotados por la oligarquía imperante careciendo de garantías en su trabajo.

Se iniciaba rudimentariamente la retardada industrialización de nuestro país, principalmente por inversiones de capitales extranjeros, capital colonialista, cuya meta no era, ni el progreso de México, ni el mejoramiento del pueblo trabajador, sino el rápido enriquecimiento mediante la explotación de la miseria de la mano de obra mexicana, el proteccionismo gubernamental exagerado, y el ciego respaldo que les otorgaba el gobierno de la dictadura a ciudadanos y capitales extranjeros, en un plano de antipatriótica discriminación al sufrido pueblo mexicano.

Los salarios eran de miseria; el trabajador carecía en absoluto de garantías y podía ser despedido sin indemnización en el momento en que se le antojara al patrón; las jornadas de trabajo eran de 12 y hasta 14 horas, en ambiente antihigiénico; ni indemnizaciones por accidentes del trabajo y menos seguros en su retiro y vejez; también era explotado inicuamente el trabajo de mujeres y niños.

La asociación de los trabajadores, la mejor arma de que disponen para defenderse, en los conflictos entre el capital y el trabajo, era un delito perseguido y castigado por las autoridades; y a los trabajadores rebeldes se les mandaba a prisión y se les sometía empleando la fuerza y la crueldad de las "guardias blancas", que protegían a las empresas dentro de las mismas fábricas.

Esa situación de miseria e ignominia produjo protestas y actos de rebelión de los desesperados proletarios que culminaron con los movimientos de los obreros de Cananea (1906) y Río Blanco (1907), protestas que fueron sangrientamente castigadas por la dictadura.

Esa es la razón de que la gran masa trabajadora apoyara la revolución, y que el Congreso Constituyente estableciera, en la Constitución de 1917, las disposiciones constitucionales del artículo 123 de protección al trabajador, reglamentando el trabajo y defendiendo al obrero, ya que es la parte débil en sus conflictos con el capitalismo.

El artículo 123 es una conquista gloriosa de la revolución, porque es indiscutiblemente el primer esfuerzo para incluir en la Carta Magna de una nación, garantías para los trabajadores en el aspecto económico-social, y ha servido de modelo para redactar otras constituciones, a pueblos que se dicen más adelantados que México en materia social.

Desde luego en la lucha de clases en los conflictos obrero-patronales, se ha equilibrado la fuerza del trabajo con la fuerza del capital, concediéndoles el derecho de asociación a los trabajadores, así como el intocable de huelga, lo que les permite discutir sus problemas con las empresas en un plano de igualdad ante la ley. En esta situación y disponiendo de la fuerza sindicalista, quedaron capacitados para venir exigiendo el cumplimiento de las disposiciones legales que nos rigen, verdaderas conquistas que hoy día nos parecen sin importancia, pero que costaron mucha sangre y sacrificios: jornada de ocho horas; jornada nocturna de siete horas; salario mínimo; pago de horas extras; protección para mujeres y menores de 16 años; prohibición del trabajo de niños menores de 12 años; descanso obligatorio y reparto de utilidades. Y esto que parece ahora tan natural y justificado entre nosotros son garantías que la Constitución de 1917 concedió a los trabajadores, antes que ninguna otra ley constitucional de otro pueblo.

Ese concepto socialista de nuestra legislación, fundada en el conocimiento realista de que la vida moderna es lucha constante entre grupos y clases, no es un toque de clarín que convoque a una guerra social de odios y exterminio porque nuestros constituyentes, para conseguir la paz social, necesaria a la vida de éxito, supieron conjugar inteligentemente la defensa de los intereses colectivos con los derechos del individuo, y para eso, en lugar de pretender ignorar la lucha de clases, la legalizaron reglamentándola, legislando siempre inspirados en la justicia social, pero sin desconocer los derechos legítimos del capital, y así hemos podido conseguir ir abandonando los métodos violentos para evitar el desorden y la anarquía a que siempre conducen.

Mediante esa protección constitucional, la gran masa de trabajadores de México se ha organizado sindicalmente. En la actualidad hay alrededor de tres millones de obreros organizados en sindicatos, uniones y en confederaciones regionales o estatales y de industria, que a su vez están unificadas en veinte organismos, entre centrales y sindicatos nacionales, cuyos representantes integran el congreso obrero, expresión legítima de la fuerza trabajadora, torrente proletario al que la revolución le abrió las puertas de la justicia social, fuerza organizada que sigue luchando constantemente, y con éxito, por el mejoramiento de los trabajadores mediante las conquistas que alcanza por el camino de la ley, como elevación de salarios y muchas valiosas prestaciones, al discutir con el capital los contratos colectivos de trabajo, que regulan las relaciones entre las empresas y sus trabajadores.

El tan discutido, y en un principio tan combatido, derecho de huelga, el arma más formidable del trabajo organizado, ha sido reglamentado para ejercerse de acuerdo con las bases que establecen las leyes, haciendo innecesaria la violencia y la acción directa, y en forma que se garanticen permanentemente los servicios públicos y no se hieran los grandes intereses de la colectividad.

Con esas mismas leyes quedaron establecidas y definidas, también, las garantías que se otorgan a la propiedad, a las inversiones de capitales y a los hombres de la iniciativa privada: industriales, comerciantes, banqueros y empresas de servicios.

En esta forma se coordinan la elevación de los trabajadores y la integración y desarrollo de la creciente economía de México y se van alcanzando evolutivamente, sin necesidad de destruir la paz social.

Me he extendido hablando sobre los dos grandes problemas: el agrario y el obrero, que la revolución ha venido resolviendo en forma que ha transformado la estructura social, económica y política de México, y que son los más brillantes triunfos de la doctrina revolucionaria.

Muchos otros renglones del programa de la revolución desarrollados por los gobiernos revolucionarios para conseguir, como lo han conseguido y lo seguirán consiguiendo, el progreso y el engrandecimiento de nuestra patria, no puedo tratarlos por falta de tiempo y para no seguir cansando a tan brillante auditorio.

Distinguidos y talentosos conferencistas revolucionarios les hablarán en detalle de esos nobles esfuerzos que nuestros gobernantes hacen en obras de beneficio social, en la educación y la cultura del pueblo, en favor de la salubridad pública y de la seguridad social, en el fomento y desarrollo de nuestra economía; y les explicarán la política hacendaria que viene provocándolo, orientada siempre dentro del marco de la justicia social y defendiendo nuestra independencia económica.

También les expondrán y analizarán los firmes éxitos logrados en el terreno de nuestra política internacional, por la firme decisión de mantener la libertad y soberanía de México y al mismo tiempo trabajando por nuestro anhelo sincero de la paz mundial.

Y todo esto lo hemos alcanzado en el seno de las instituciones democráticas que venimos desarrollando, sin necesidad de imponerlo por una dictadura, ya que nuestras instituciones, si imponen los intereses colectivos sobre los individuales, saben respetar igualmente, la libertad y la dignidad del hombre.

Dije hace años en un discurso, palabras que quiero repetir, porque creo que todavía tienen vigencia: "Nuestras instituciones legales no son estáticas; no aprisionan la vida del país en moldes petrificados; no nos encadenan a una situación de injusticia social y política; y por su dinámica flexibilidad podemos, por el solo uso de nuestros derechos, por senderos democráticos, aun irlas modificando, según las necesidades del pueblo y en favor de las grandes masas populares."

Y si tenemos ese camino constitucional y legal, ¿por qué hemos de agitar al país predicando la necesidad de una nueva revolución, como único remedio para la solución de los problemas de obreros y campesinos?

Los pueblos acuden a la violencia revolucionaria cuando se ven cercados, oprimidos, asfixiados, por una tiranía omnipotente; cuando estrangulados en todas sus manifestaciones de vida por el terror y la violencia de la dictadura, no encuentran ninguna salida, ningún camino de liberación, ni en sus leyes, ni en sus instituciones gubernamentales, ni menos en la conducta de sus gobernantes.

Este no es el caso de México, porque ya nuestro pueblo pagó con sus sacrificios y su sangre, en el trágico torbellino de nuestra revolución, el precio de sus instituciones y de sus libertades, y dejó abierto el camino para ir realizando todas sus legítimas aspiraciones.

Ciertamente quedan muchos problemas por resolver. El desarrollo lento de nuestra economía no nos ha permitido llevar la justicia social hasta los últimos rincones del país, y hay núcleos de mexicanos que se debaten en la miseria y cuyas condiciones de vida precisa elevar cuanto antes; pero es criminal agitar a la nación predicándole que sólo podremos resolver estos dolorosos problemas por medio de una nueva hecatombe, sacrificando vidas, destruyendo intereses, despilfarrando riquezas.

Y a este peligro con que se amenaza la paz interna y la independencia y la soberanía de nuestra patria, debemos oponerle la muralla de nuestro patriotismo.

Los invasores, abusando de las libertades democráticas que les otorgan nuestras leyes, han saturado de propaganda al país, predicando doctrinas que nos son ajenas, y pretendiendo desorientar a grandes núcleos de nuestra juventud, induciéndolos a la rebelión, a la violencia y al desorden, y aprovechando la valentía y agresividad juveniles para llevarlos errónea y criminalmente hasta la lucha entre ellos mismos, llegando al homicidio.

Ante tan antipatriótica tarea ha reaccionado indignada la opinión pública, condenando la infame labor de agitadores sin escrúpulos, lo mismo profesionales que improvisados, extranjeros que nacionales, que ahora abandonan cobardemente a sufrir las consecuencias a los jóvenes que equivocaron.

Para rechazar la agresión que nos viene de fuera, cumpliendo con su deber, los distintos sectores representantes de la nacionalidad: obreros, campesinos, empleados, comerciantes, industriales, financieros, etcétera, se han unificado, decididos a la defensa de nuestras liberales y justicieras instituciones, y respaldando a quien las representa y defiende con valentía y dignidad, el señor presidente de la República, licenciado Gustavo Díaz Ordaz. Y con decisión y valentía han hecho pública su patriótica resolución, así que los invasores se estrellarán contra la firmeza y lealtad del pueblo mexicano.

Por tales razones considero muy justificado, valioso y oportuno el llamado que hizo el señor general de división Lázaro Cárdenas al pueblo de México, pidiéndoles su unificación alrededor del programa de la revolución y de los gobiernos revolucionarios que lo desarrollan, condenando así a quienes pretenden llevar la división a los grandes sectores nacionales.

La revolución ha conseguido el desarrollo y progreso de México al conciliar los intereses de los distintos sectores mediante sus instituciones de equidad para todos y de justicia social, alcanzando así la estabilidad económica, corolario de la estabilidad política; y no dejaremos que la agitación de importación y la anarquía y el desorden que son su consecuencia, destruyan irresponsablemente la gran obra nacional de la revolución.

Somos un pueblo que ha sabido defender sus libertades ciudadanas y llevar a cabo una profunda reforma social, dentro de un régimen de democracia, y que por eso rechazaremos siempre las dictaduras, lo mismo si se trata de regímenes pretorianos, que de la dominación de mafias disfrazadas de dictaduras redentoras del proletariado.

Para defender a nuestra patria y a sus instituciones contamos con el amor que por ella siente el pueblo, como lo ha manifestado públicamente, y con el sereno respaldo de las fuerzas armadas, que son leales defensoras de la vida institucional de México.

La revolución que arrancó de las mismas entrañas del pueblo, ha sabido integrar y organizar con las tumultuosas masas de ciudadanos armados, sometiendo con el amor a la causa del mismo pueblo, todas las inquietudes y disciplinando con el freno del más noble patriotismo, todos los egoísmos y ambiciones de los hombres, a este ejército actual, que como lo definió uno de sus más respetables jefes, el señor general de división Francisco L. Urquizo es, según dijo, "un ejército que es el supremo representante de la Revolución Mexicana, un ejército que no es una casta de gorilas, sino la representación del mismo pueblo, y forma parte de él; que es la fuerza del pueblo para la defensa del suelo patrio contra los enemigos extranjeros, y es especialmente el sostén de las instituciones gubernamentales: para sostenerlas y no para suplantarlas".

Y yo añado, noble ejército, orgullo de la República, al que presento mis respetos desde esta tribuna por conducto de sus dignos representantes, estos soldados de la revolución aquí presentes.

Y si volvemos los ojos al brillante historial de este plantel, desde que lo estableció el presidente Carranza en 1920 a la fecha, se afirma en nosotros la fe y la confianza de que la legítima creación de la revolución, que es nuestro digno y leal ejército, no se perderá en el futuro, porque en los ojos de ustedes, jóvenes cadetes del heroico Colegio Militar, legión juvenil que comandará mañana como oficiales y jefes las fuerzas armadas del pueblo, veo brillar la misma llama del ideal revolucionario y de amor a la patria que llevaron los hijos del pueblo a armarse y a luchar heroicamente en los campos de batalla por un México mejor.

En 1969, en una gira de trabajo como consejero del comité ejecutivo nacional del PRI en mi estado de Chihuahua, en la campaña electoral del licenciado Óscar Flores Sánchez, como candidato a gobernador del estado, a continuación transcribo el discurso con que se cerró la campaña:

Asistimos a un acto de verdadera importancia para nuestro partido y trascendental para la evolución democrática de nuestro querido Chihuahua, por lo que agradecemos debidamente que hayan venido a darle realce, honrándonos con su presencia, el señor Alfonso Martínez Domínguez, presidente del comité ejecutivo del partido, los distinguidos miembros del mismo comité y todos nuestros estimados invitados.

Acabamos de designar candidato a gobernador del estado para el periodo 1968-1974, y las tumultuosas manifestaciones que vienen respaldando esa designación, demuestran que el partido ha sabido encontrar, por una estricta búsqueda democrática, que lo llevó a conocer la verdadera opinión popular, al hombre que apoya por unanimidad la gran masa de priístas chihuahuenses, masa que constituye, indiscutiblemente, la gran mayoría de la ciudadanía en nuestra entidad.

Derrotados quedaron los sistemas de "la designación desde lo alto", de "las influencias todopoderosas" y del "dedazo". Como dijo muy bien nuestro presidente Martínez Domínguez, para el PRI hay un solo dedo indicador respetable: el gigantesco dedo del pueblo.

Y aquí en Chihuahua, fue ese dedo del pueblo el que señaló al licenciado Óscar Flores.

Mas este progreso democrático trae aparejadas, para quienes con él nos beneficiamos, ineludibles responsabilidades, si queremos hacer de ello un sistema y no un momentáneo acierto.

Ruego acepten mis excusas porque desentonando de la euforia de las expansiones por el triunfo y de las alegres fanfarrias de la celebración, vengo a poner esta nota de reflexión y austeridad, hablando de responsabilidades; pero creo que esta es la mejor oportunidad para hacerlo.

Las responsabilidades son recíprocas; les corresponden lo mismo al elegido que a los electores.

El elegido, nuestro candidato, ha enumerado las que a él le corresponden y públicamente las ha aceptado. Y a cada rato se las recuerdan y se las exigen sus partidarios, por lo que no alargaré este discurso, llamémosle así, enumerándolas y pidiéndole su aceptación.

Voy a hablar de las responsabilidades de nosotros, de la gran masa de priístas que formamos el conglomerado del partido en el estado, deberes que para nuestra satisfacción, podemos afirmar que hasta ahora hemos cumplido.

La lucha interna preelectoral se desarrolló con serenidad. Fue una lucha de altura, no descendimos al terreno de las bajas intrigas, las sucias maniobras, a las diatribas y los insultos; por eso podemos presentar el hermoso espectáculo de conservar la unidad del partido a base de disciplina, unificándonos todos alrededor del precandidato que comprobó contar con el apoyo de las mayorías. Y ahora somos un sólido y compacto bloque, firme como el granito, que rodea al candidato del partido, señor licenciado Flores, para luchar por él en la campaña electoral y para llevarlo a la gubernatura del estado, por el camino de la ley, limpiamente, mediante una aplastante mayoría priísta, que construiremos el 7 de julio con los miles y miles de nuestros votos.

Señor don Alfonso Martínez Domínguez: Los priístas de Chihuahua hemos sabido aceptar nuestras responsabilidades en este caso y ya no entraña dificultad alguna para nosotros la próxima elección de gobernador; el problema quedará resuelto definitivamente y triunfalmente el día 7 de julio, mediante la unidad y disciplina del partido y contando con el arrastre popular y el prestigio de nuestro candidato.

Otros son los problemas a los que debemos de enfrentarnos y a ellos se refieren las responsabilidades de que quiero hablar.

Próximamente se lanzarán las convocatorias citando a las convenciones municipales y distritales donde los miembros del partido deben seleccionar sus candidatos a presidentes municipales y regidores y para diputados locales, respectivamente.

Como no cerramos los ojos ante la realidad, debemos declarar que la lucha interna de los precandidatos del partido a esos puestos de elección popular, se ha iniciado ya; en la mayoría de los casos con serenidad pero en algunos lugares, por fortuna en muy pocos, con cierto apasionamiento.

Nadie puede negar sus derechos a los miembros de nuestro partido para aspirar a los puesto de elección popular, ni tampoco el de manifestar sus simpatías en favor de los precandidatos de su predilección; pero quienes quieran conservarse lealmente como miembros de nuestro organismo, tienen la ineludible obligación de desarrollar todas sus actividades políticas dentro del partido, en sus sectores respectivos, respetando su organización, sujetando sus actuaciones a las disposiciones de nuestros estatutos, sin atentar nunca contra la unidad de las organizaciones sindicales y sociales que congrega.

Al calor de las luchas internas preelectorales para seleccionar los candidatos del partido, se exacerban muchas veces las pasiones personales y de ello se aprovechan elementos amargados por pasadas derrotas u otros ajenos a nuestro organismo; estos últimos generalmente contrarios a nuestros principios revolucionarios, y que se presentan disfrazados de apolíticos y se infiltran en nuestras filas para atizar el fuego de las pasiones, cultivar los distanciamientos, exagerando la diferencia de opiniones, favoreciendo el choque de intereses y explotando la simpatía de los precandidatos. Apolíticos que dicen dedicarse a la defensa de los grandes intereses colectivos, de los que sólo se acuerdan en vísperas de cada elección, y apareciendo con sus prédicas de apóstoles periódicamente, como esos cometas cuya aparición, según nuestros abuelos, eran sólo un augurio de males y calamidades.

Los verdaderos priístas debemos neutralizar esa acción de amargados y de agitadores irresponsables que siempre pretenden llevarnos a la división, y conscientes de nuestra responsabilidad, predicar la serenidad, la disciplina de partido y la unificación.

El partido tiene sus puertas abiertas para todos los ciudadanos que profesen nuestra ideología revolucionaria y quieran agruparse para defenderla, no sólo en las elecciones, sino cada día y en toda hora.

Nuestro programa es de acción constante, pues precisamente es nuestro partido, el que, como ha dicho elocuentemente nuestro jefe y guía, el señor presidente Díaz Ordaz: "He recogido los más entrañables anhelos de nuestro pueblo, principalmente de aquellos que más necesitan cariño, cooperación y comprensión, y al recogerlos me he esforzado por conquistar su satisfacción, por distribuir la riqueza en la forma más equitativa posible y en el mayor número de manos, para garantizar los derechos de todos y por aplicar las libertades de todos los mexicanos."

Por lo que nuestro partido ha sido llamado justamente el instituto político de la Revolución Mexicana y no debe tomársele simplemente como una organización electoral.

Luchamos por nuestra causa, que es la causa de la revolución, que es la causa de Madero, de Carranza, de Obregón, de Villa, de Zapata y de Calles, y para beneficiar con ese programa las grandes mayorías de nuestro pueblo, desarrollamos la acción política que mediante elecciones legítimas nos permitan llevar a los puestos públicos a quienes se inspiran en ese programa, lo defienden y luchan por realizarlo.

Luchamos por los intereses de la colectividad que se confunden con los grandes intereses nacionales; por las mayorías desheredadas, por que los campesinos tengan tierra y cuando la adquieran tengan medios para hacerla producir mediante su trabajo.

Luchamos por los derechos y la dignidad de los obreros, por que sus salarios se eleven hasta poder satisfacer sus necesidades, para hacer la vida feliz y cómoda de ellos y de los seres que sostienen.

Luchamos porque la clase media afirme sus posiciones de liberación económica y la seguridad de su existencia.

Luchamos por la elevación cultural de nuestro pueblo.

Luchamos no precisamente por arrebatar sus posiciones a los de arriba, sino para elevar el estándar de vida de los de abajo, y porque sea la ley, la ley revolucionaria, la que fije los derechos y las obligaciones de unos y otros.

Queremos que con el concierto y la cooperación de todas las actividades nacionales se finque el aumento de la productividad de nuestro pueblo, y que al crecer la riqueza nacional, se distribuya más equitativamente, siguiendo los mandatos de la justicia social.

Para defender esa gran causa, formamos el ejército electoral de nuestros cuadros que va a conquistar el poder por el camino de la ley, armado únicamente con su voto.

Por eso, para ser buen priísta, se necesita sobreponer a los intereses personales, los grandes intereses colectivos y nacionales, y cultivar la pasión por esa justicia social, que hoy nos ha permitido alejar de la violencia la lucha de clases para canalizarla por el amplio sendero evolutivo de la ley, encaminándonos a la consecución de la paz social, única base firme sobre la que puede fincarse la estabilidad política de un pueblo.

Hace muchos años, allá en Sonora, reprendió duramente el señor general Álvaro Obregón a un joven agrarista por los procedimientos violentos que seguía en la aplicación de la ley del 6 de enero, única entonces en vigor.

En la penosa entrevista, el joven sostuvo con entereza sus convicciones agraristas y aceptó con respeto la reprimenda del caudillo por su impulsivismo, saliendo del diálogo desolado, triste, deshecho, por el regaño del gran jefe.

Muchos años después, supo el regañado que al terminar el incidente comentó el señor general con un amigo: "Si no matan a este agresivo muchacho, llegará lejos, porque tiene una gran fuerza, cree en la doctrina que predica."

Y considero que la anécdota viene a cuento, porque esta gran convención del partido es para nosotros una celebración, una fiesta; la fiesta de la fidelidad.

La gran mayoría de la ciudadanía chihuahuense ha elegido al licenciado Flores por su preparación, por su capacidad, por su honestidad; pero nosotros premiamos en él, también la firmeza de sus convicciones revolucionarias y su lealtad al partido. Durante años de prueba, sufriendo reveses y adversidades, supo mantenerse firme en sus convicciones, fiel a sus principios y leal a su partido y a Chihuahua.

En estos tiempos en que otras organizaciones necesitan de traidores para improvisar candidatos y débiles de programa ante la opinión quieren disfrazarse con nuestros principios, que negaron y combatieron en su origen y en su desarrollo, es altamente estimulante para la evolución democrática de nuestro pueblo, que se seleccione a los hombres por la firmeza de su ideología y la limpieza de su conducta.

Nuestro partido basa su fortaleza en la fe que tenemos en nuestro programa y en nuestros hombres. Tenemos fe en nuestro abanderado, el señor presidente Díaz Ordaz. Tenemos fe en nuestros dirigentes del partido. Tenemos fe en el pueblo.

Y a todos aquellos que se preguntan, de buena o de mala fe, dónde reside la fortaleza incontrastable del partido, siempre vencedor, les brindamos esta respuesta:

En que todos los miembros del partido creemos firme y lealmente en la doctrina que predicamos, que es la doctrina de la revolución.

En 1973 fui llamado a la ciudad de Chihuahua por la Sociedad Chihuahuense de Estudios Históricos, y honrado con el más alto homenaje que esa sociedad de estudios históricos puede impartir, la medalla del general Ángel Trías. A continuación reproduzco el discurso que con ese motivo pronuncié en mi estado natal:

...Sólo mi gratitud para quienes me conceden este homenaje puede ser más grande que la emoción con que lo recibo; por eso pido anticipadamente que se me perdone si se corta el hilo de mi voz ahogada por la emoción.

El gran valor que en sí tiene tan honrosa condecoración se acrecienta más por su significación histórica, al considerar que se ha establecido para consagrar la memoria del heroico ciudadano chihuahuense más eminente del siglo xix, del general Ángel Trías.

Mientras más nos adentramos en la lectura de la historia de Chihuahua, en el siglo que va de la independencia a la revolución de 1910, conocimientos históricos que debemos en su mayor parte a las investigaciones de miembros de esta benemérita sociedad, más se agiganta la figura del general Trías.

Hombre rico por herencia familiar, intelectual preparado en Europa, pudo dedicarse a disfrutar de su riqueza y de la admiración de sus conciudadanos en aquel medio de escasa cultura, y gozar plácidamente de una vida relativamente tranquila, hasta donde lo podría permitir aquel tiempo de violencia y barbarie; pero el general Trías no era un egoísta; era antes que nada un gran patriota y, además de intelectual, un valiente hombre de acción. Por eso sacrificando todo: riqueza, tranquilidad, familia y hasta salud, dedicó su existencia, casi hasta que estaba agonizante, a defender las más altas y nobles causas: la independencia y la soberanía de su patria, la tranquilidad y seguridad de su estado, la libertad del pueblo y el honor de Chihuahua.

Luchó siempre valiente y denodadamente por las libertades públicas, por el advenimiento del régimen liberal, tan combatido entonces por los intereses reaccionarios y el fanatismo religioso, hasta el grado de llegar los últimos a traicionar a la patria, trayéndonos una intervención extranjera y el pretendido establecimiento de una monarquía.

Amante de su patria y de su tierra de Chihuahua, expuso su vida múltiples ocasiones por defenderla de toda invasión.

Peleó contra las tribus salvajes de la apachería, que venían empujadas hasta las tierras de Chihuahua, ensangrentándolas con su barbarie de muerte y exterminio, presionadas desde el norte por la colonización anglosajona, que muchas veces las armó para la invasión, porque codiciaban nuestras tierras y buscaban así debilitar nuestra patriótica resistencia.

Peleó contra la invasión norteamericana, casi sin elementos, pues tenía razón cuando dijo en su proclama, que no contaba para oponerse a la fuerza invasora con otra cosa que "con el patriotismo de los chihuahuenses", y defendió el honor del estado con su heroica resistencia en Rosales, que mandó hasta el último cartucho, aquel honor que había quedado malparado en Tresmescalitos y Sacramento.

Peleó contra los "tacubayenses", cuando el golpe de Estado de Comonfort y fue leal hasta el final a Juárez, que representaba, no sólo la autoridad por la Constitución liberal, sino que era él mismo símbolo de la patria amenazada en su soberanía e independencia por la Intervención Francesa.

Le sirvió lealmente en el gobierno del estado a Juárez, cuando el gran indio de Guelatao instaló aquí su heroico gobierno errante.

Brillan en todo su esplendor su lealtad a la causa liberal y a la independencia de su patria, cuando da una lección de patriotismo, de dignidad y de honor de mexicano, contestando la invitación que le hizo un general mercenario para que se sumara a los traidores intervencionistas y se sometiera al imperio.

La vida del general Ángel Trías es una hermosa lección de civismo, de sacrificio de los intereses egoístas del individuo en aras del noble ideal de servir a la comunidad, inspirado en la devoción por su patria: fue una lección para los hombres de la vieja generación a que pertenezco, lo es para la generación de hombres maduros que nos siguen y que trabajan y luchan por México, y debe ser la más noble y alta lección para las juventudes de hoy, que mañana serán responsables del México del porvenir.

Por esto estimo que el más alto honor que pueda recibir un chihuahuense es la medalla general Ángel Trías.

Gracias mil a los miembros de la sociedad chihuahuense de estudios históricos, que hoy me la conceden en esta noche inolvidable para mí.

Aquí quedan colmadas las aspiraciones que he podido tener como ciudadano, pero permitidme que abriendo mi corazón, deje hablar al sentimental y al romántico que todos llevamos dentro.

Es día de la mujer y debemos rendirle culto.

Dispensadme que espiritualmente aspire hoy a compartir esta satisfacción con la compañera de mi vida, Celia Padilla de León, que no pudo estar presente, porque hace más de cuatro años que me la arrebató la muerte; y creo de justicia recordarla aquí, porque ella fue la leal colaboradora de mi azarosa existencia, me acompañó, lo mismo a una brillante recepción en Palacio Nacional, cuando fui secretario de Estado, que a vivir en una choza de madera en la soledad de nuestros desiertos. Firme, abnegada y leal en los triunfos y en las derrotas, compartió conmigo el pan amargo del destierro.

Ella me dio su respaldo y ustedes me conceden el premio, que es como un rayo de luz que viene a disipar las sombras del ocaso; por eso quiero terminar mis palabras con el verso que el poeta romántico dedicó a su amada inmóvil:

Amé, fui amado, el sol acarició mi faz;
vida, nada me debes; vida, estamos en paz.

Mis opiniones sobre la cuestión agraria fueron expresadas en una sesión de la Cámara de Senadores, y que por juzgarlas interesantes reproduzco el discurso respectivo, tomado del *Diario del Yaqui*, publicado en Ciudad Obregón, Son., con fecha 10 de octubre de 1965:

... Los más importantes sectores que concurren a estructurar la vida nacional, han aplaudido y respaldado el informe del señor presidente Díaz Ordaz que rindió al pueblo mexicano por conducto del Congreso de la Unión, sobre los primeros meses de su gestión gubernativa. Este apoyo se refiere también al programa de trabajos del gobierno que se desprenden de ese documento; en él se revela el presidente como un hombre profundo, conocedor de los problemas nacionales y como un gran estadista decidido y valiente que como gran mexicano plantea claramente al pueblo los problemas del país y propone soluciones para resolverlos sin buscar el aplauso fácil, sino siguiendo más bien el camino árido, difícil, pero patriótico y firme, del estadista.

Esta actitud se destaca sobre todo en la parte de su informe que se refiere a la economía y el control del gasto público. Y permitidme que por breves momentos me separe de mi tema, la cuestión agraria, para hacer resaltar esta actitud, que me ha causado a mí profunda impresión.

Dice el señor presidente que durante los primeros meses de su gobierno, suspendió algunas inversiones, e hizo economías en el gasto público, para poderse enfrentar a la liquidación de créditos contraídos con anterioridad, cuyo vencimiento era inmediato. Esto revela en el señor presidente Díaz Ordaz, un estadista previsor; otro cualquiera, empujado por su amor propio, hubiera preferido no suspender las obras, aunque el país resbalara por la pendiente peligrosa de la inflación.

Hay, en la historia reciente de México, un ejemplo de un programa semejante que tuvo éxito, y por eso creo que puedo referirlo. Se refiere a que aceptó el mismo programa de control de los gastos y de enérgicas economías, al subir al gobierno de la República el general Plutarco Elías Calles, que algunos tienen por un gran estadista de la revolución. El general Calles recibió un gobierno endeudado, arruinado, no por causas atribuibles al gobierno del señor general Obregón, gran caudillo revolucionario, sino por los gastos que hubo de hacer la nación para combatir la rebelión delahuertista y pacificar al país. Aquel gobierno que recibiera Calles no tenía, ni crédito interior, ni crédito externo; para salvar su economía, tenía que hacer drásticas economías en los gastos de la administración y Calles lo hizo. Así pudo, reduciendo primero el gasto público un 15 por ciento y posteriormente otro 10 por ciento, nivelar el presupuesto, pudo reunir los fondos necesarios para crear el Banco de México, que apenas anoche festejó su cuadragésimo aniversario. Y pudo, también, reanudar al año siguiente el pago de la deuda, crear los fondos necesarios para el Banco de Crédito Agrícola y empezar a hacer inversiones de interés público en caminos y en obras de riego.

Las críticas se desataron en cuanto estableció las economías el general Calles, y dijeron que estaba ahogando, que estaba acabando con la pequeña economía que apenas iniciaba su restablecimiento, después de los duros periodos de violencia y de destrucción. Calles, firme, austero, sereno y decidido, soportó el vendaval de las críticas y triunfó.

Ahora la situación es muy diferente. No se pueden comparar situaciones tan diferentes; Calles recibió una situación caótica que venía de la guerra civil. El licenciado Díaz Ordaz apenas recibió un gobierno que sintió un ligero y momentáneo quebranto para enfrentarse al pago de créditos contraídos de vencimiento inmediato; y por créditos contraídos no para destruir mexicanos, no para sostener una lucha sangrienta, sino para terminar las brillantes realizaciones de la administración anterior, de esa brillante administración del licenciado López Mateos, a quien quiero en este momento, desde esta tribuna, manifestarle mi admiración y mi respeto. (*Aplausos.*)

Pero si las situaciones no fueron semejantes, las críticas sí lo fueron. Inmediatamente que suspendió las inversiones el presidente Díaz Ordaz, y economizó en los gastos públicos, todos los inconformes, todos los amargados, como dijo el señor presidente, principalmente los intermediarios, lanzaban la crítica y la intriga, gritando a los cuatro vientos, que no se hacía nada, que el gobierno no hacía nada. Y si Calles triunfó con ese programa de control drástico en los gastos públicos y de economía, debemos tener confianza nosotros, completamente fundada, de que al establecerse el programa de control de los gastos públicos y las economías, triunfará definitivamente el licenciado Díaz Ordaz y sabrá poner, con una hacienda pública fuerte y saneada, bases para el florecimiento económico del país. (*Aplausos.*)

Y hecha esta digresión vuelvo a mi tema. Si es peligroso y difícil para los estadistas de Latinoamérica plantear ante nuestros pueblos, tan inquietos, con toda verdad, con cruda franqueza los problemas nacionales, es más peligroso y más escabroso para un presidente de México, plantear con esa cruda franqueza y con la misma claridad, el problema agrario, el eminente y apasionado problema agrario que entraña la distribución de la tierra, y el licenciado Gustavo Díaz Ordaz tuvo esa decisión, tuvo ese valor y planteó francamente la resolución del problema agrario.

Dice que en el breve lapso de su gobierno dictó 294 resoluciones otorgando un millón doscientas trece mil hectáreas y favoreciendo a veintisiete mil campesinos. Esto quiere decir que la distribución de tierras sigue su marcha, dentro de las circunstancias actuales; pero inmediatamente después declara: "Que por la acción agraria misma del gobierno que va afectando todas las propiedades afectables, puede preverse, matemáticamente, que llegará un mcmento en que agotadas esas propiedades afectables, quedarán muchos campesinos sin poder ser dotados por falta de tierras y que por eso es necesario que México sepa que debe desarrollar su economía en otros ramos: en la industria, en el comercio, en los servicios para que puedan ir organizando trabajos a esa fuerza que queda inactiva por la sobra de campesinos y la falta de tierra."

El programa es sabio, el programa es patriótico, porque algo que produce constantemente dificultades en los ejidos, es la aglomeración de población campesina. Vienen los hijos de los campesinos y no hay más parcelas, pero quieren compartir las que tienen sus padres, y la pequeña parcela no da lo suficiente para sostener dos o tres familias. Hay también lo que se llama en los ejidos los "arrimados" y esa población exuberante viene creando un problema muy serio, un problema que afecta a la nación, porque dotados con pequeñas parcelas, apenas si producen, con los métodos rudimentarios de su agricultura, para su consumo; es una economía de consumo en la que toman todo lo que producen y no tienen ni elementos ni tierras suficientes para producir un excedente que venga a alimentar a las grandes ciudades, a la población que no es rural. Es por eso que algunas veces se ha criticado la reforma agraria, pero es también porque se ha dotado generalmente a los campesinos de parcelas muy pequeñas; y porque no se han desarrollado todavía empresas por las otras fuerzas económicas, para absorber esa fuerza de trabajo excedente del campo, pero establece con toda claridad, con su gran criterio, legalista, el señor presidente Díaz Ordaz, cuál es el programa que sigue su gobierno, que no es otro que el programa de la revolución. La pequeña propiedad, coexistiendo con el ejido y con los terrenos comunales, pero garantizadas unas y otras por la Constitución y por las leyes.

En el desarrollo de nuestra política agraria, todos convenimos en que la distribución de la tierra es esencial para conquistar la paz social y para llevar a cabo la justicia social al campo. Pero no todos hemos aceptado los mismos procedimientos. En la política agraria se han desarrollado dos tendencias: los que se llaman izquierdistas y avanzados, que son enemigos de la pequeña propiedad y que pretenden "ejidalizar" a toda la República, y que predican constantemente el odio al pequeño propietario, como si el serlo fuera un crimen, y los derechistas, encabezados por el sector que sueña en el pasado, que quiere fortalecer más allá de la ley a la pequeña propiedad, y que quiere burlar las leyes para agrandarlas, creando pequeñas propiedades ficticias, con esos fraccionamientos de que se quejaba con justa razón el gobernador de Coahuila ayer, que se establecen mediante los "prestanombres". También ese sector de derecha predica el fracaso del ejido y la discriminación de los ejidatarios. Pero ni uno ni otro son el programa de la Revolución Mexicana. El programa de la Revolución Mexicana, que adopta definitivamente el presidente Díaz Ordaz, no es ni de izquierda, ni de derecha, ni centrista; es legalista y constitucional. (Aplausos.)

Y al aplicarlo y al resolver la cuestión de las tierras con ese programa podemos contemplar el México que soñó la revolución: todas las pequeñas propiedades agrícolas y ganaderas, gozando de la extensión que les fijan las leyes, con garantías y con seguridad; todas las comunidades gozando de esas mismas garantías y seguridades; y el resto, los ejidos repartidos entre el campesinado mexicano. La coexistencia, que tiene que ser pacífica, de pequeños propietarios, comuneros y ejidatarios; es decir, que por la aplicación estricta de la ley y por la firme voluntad de hacerla cumplir, se llegará —y no se podrá llegar por otro camino— al establecimiento de la paz social en el campo, a la tranquilidad en la vida rural, a la base firme del futuro desarrollo de la agricultura nacional.

Todo el que se dedica a la agricultura o la ganadería que vive de la tierra, necesita como condición primera e ineludible, tener seguridad en la posesión de la tierra que explota; y esos zig-zags de la política agraria, cuando los gobernantes, o por simpatías o por orientaciones ideológicas, han ido unas veces a la derecha y otras a la izquierda, han producido una confusión y una falta de firmeza en la resolución de los problemas agrarios. Así nosotros sabemos que muchas veces las exageraciones del sentimiento agrario nos han llevado a no combatir movimientos de violencia llevados a cabo por grupos de campesinos mal conducidos. No nos han permitido establecer la seguridad en el campo, y todos sabemos de grupos de agraristas que invaden pequeñas propiedades, y todos sabemos de la inseguridad que hay entre los mismos ejidos y en las colonias y pequeñas propiedades, cuando las autoridades, por abstenerse de aceptar responsabilidades, dejan sin resolver el choque entre ejidatarios y colonos o entre ejidos con ejidos, generalmente por causa de linderos.

Así que para tener seguridad en la posesión de la tierra es necesario que esa posesión quede garantizada por el poder público, una vez que sea definida por la ley. Y este es el procedimiento que establece como base esencial el programa del presidente Díaz Ordaz.

Allá en los tiempos en que empezamos a distribuir tierras, sí se hacía topografía. La Comisión Nacional Agraria tenía reglamentos que establecían las condiciones que deberían de llenar los trabajos topográficos, las tolerancias que se admitían, y trabajo topográfico que no estaba bajo esas condiciones, era rechazado. Pero después vino el entusiasmo agrarista y vino el maratón de los gobernantes queriendo abatir estadísticas para ver quién concedía más extensiones de tierra a los ejidatarios. Y entonces se olvidó la topografía; y sabemos que la mayor parte de los conflictos por linderos se han creado por ese error, porque se han establecido ejidos e inafectabilidad de pequeñas propiedades sobre planos viejos, sobre planos muchas veces fabricados en el gabinete sobre papeles que cuentan mentiras sobre el terreno. Por eso, para definir la pequeña propiedad, los ejidos y la propiedad comunal, el presidente ocurre al único procedimiento que existe, el procedimiento matemático de la topografía, para fijar los linderos de cada predio. Y establece su programa de seis años, para que cada año se concentren, en la sexta parte de cada entidad federativa, todos los elementos, para que al sexto año quede resuelta la cuestión de linderos en la República. Y cuando se resuelva la cuestión de linderos en la República se habrá evitado la enorme multitud de causas que producen los pleitos y los choques entre ejidatarios, pequeños propietarios y comuneros.

Es sabia, pues, la disposición del señor presidente Díaz Ordaz. Claro que será criticada por algunos grupos que se dicen agraristas, y no piensan como él; por grupos que para subsistir, para fortalecerse, necesitan de la agitación del río revuelto, pero el presidente, que no busca el aplauso, sino la pacificación del campo de México y la definición clara de la tenencia de la tierra para que la producción pueda cimentarse sobre la seguridad, el presidente desdeña aplausos y busca el bien de su pueblo. (Aplausos.)

Y si el deslinde es base para establecer la seguridad en el campo, el otro factor es la actitud del poder público para dar garantías a cada campesino, a cada agricultor, a cada ganadero, en aquel pedazo de tierra que las leyes le han otorgado en definitiva. Y si leemos el informe del señor presidente Díaz Ordaz, nos damos cuenta que detrás del estadista que propone la solución, está el jefe de gobierno, enérgico y definido, serio y firme, que hará la aplicación de las leyes y las hará respetar.

Hay en el problema agrario un asunto muy delicado: los problemas internos del ejido. Hace 40 años preveíamos nosotros esta situación y establecimos en el gobierno del general Calles lo que se llamó la parcela ejidal familiar como patrimonio de la familia. Dentro de nuestra doctrina agraria y por nuestra experiencia histórica, nosotros no somos partidarios de que se establezca, de que se le otorgue en propiedad la parcela al ejidatario; pero sí hay que darle porque tenemos la triste historia de la Reforma, y a través de la historia conocemos las consecuencias. Los comuneros, los campesinos poseedores de lotes de la comunidad, al armarlos en la técnica agrícola, sin equipo, sin experiencia, sin preparación, fueron fácilmente absorbidos por las compras de los terratenientes, y aquellos fraccionamientos sólo sirvieron para venir a fortalecer el latifundio, o para hacer más grandes las haciendas de la República y más fuerte su dominio sobre los pueblos.

Por eso el revolucionario mexicano agrarista no puede ser partidario de que se le otorgue en propiedad la parcela al ejidatario; pero sí hay que darle alguna seguridad. Nosotros quisimos que se tomara como patrimonio de familia para que no fuera el juguete de las ambiciones de los líderes ni de los caciques rurales. Esa legislación puede revisarse. No siguió adelante porque en aquella época, el entusiasmo y la agitación agrarista nos llevaron a pretender, en muchas cosas, copiar doctrinas que venían de fuera.

Pero habiendo un presidente de la República con las energías del licenciado Díaz Ordaz, y con el conocimiento que tiene de los problemas, alguna disposición tendrá que dictarse para que el ejidatario tenga seguridad en su parcela, y si el ejido es colectivo, para que no puedan arrojarlo del ejido por un simple acuerdo de asamblea. *(Aplausos.)*

También se refirió el señor presidente a los extensos predios ganaderos del norte, donde la ganadería, por las condiciones desérticas del medio, tienen que ocupar grandes extensiones para sostener unas cuantas reses. Y siguiendo la tesis constitucional, estableció estas bases para resolver ese problema:

1º No se prorrogarán por ningún motivo las concesiones ganaderas provisionales, las que otorgara otro gobierno, para dar garantías, para alentar a los ganaderos a poblar aquellas extensiones que estaban despobladas de ganado y desiertas, y a nadie servían.

2º Cada vez que se venza una concesión ganadera se aplicará la ley para delimitar la pequeña propiedad ganadera que corresponde al propietario.

El señor presidente se apega a las disposiciones constitucionales que establecen que el terreno necesario para sostener quinientas cabezas de ganado mayor o su correspondiente en ganado menor, y que el índice de agostadero será establecido técnicamente por la Secretaría de Agricultura. El procedimiento es impecable. Y deslindada y establecida la pequeña propiedad ganadera, el excedente será para los campesinos; pero no será entregada inmediatamente, como un terreno abandonado y desierto, sino conforme el Estado mexicano vaya teniendo fondos y elementos para proporcionar a los campesinos ganado con qué poblarlo, para que pongan cercas, para que pongan aguajes; en fin, para que siga la explotación ganadera.

Esto quiere decir que el señor presidente no quiere destruir la ganadería con una demagógica aplicación de leyes agrarias mal interpretadas; consecuente con lo que dijo como candidato: "Que si la cuestión agraria no es resuelta en forma integral, no hay resolución de la cuestión agraria." Y esa es la aplicación de su doctrina. ¿Para qué entregarles terrenos despoblados de ganado a campesinos que no tienen con qué compartirlo; para qué entregarles terrenos que no tienen cercas, que no tienen aguajes; para qué repartirles miseria en vez de tierra productiva? El criterio del presidente es impecable desde todos los puntos de vista: legal, técnico y patriótico.

Claro que recibirá muchas críticas de quienes no ven en la cuestión agraria la forma de resolverla dentro de nuestras realidades, sino dentro de sus doctrinas o sus sueños. Y nos pondrán de ejemplo a Cananea; Cananea, latifundio extranjero pegado a la frontera, que hizo muy bien el gobierno en expropiar, en primer lugar, porque era de extranjeros; en segundo lugar, porque violaba la ley, pues llegaba hasta la frontera misma de la patria, y en tercer lugar, porque los explotadores eran enemigos de los campesinos, y tan poderosos, que los perseguían y muchas veces llegaron a sacrificarlos. Pero Cananea es un caso insólito; en Cananea para la compra de la propiedad y del ganado, se gastaron más de 60 millones de pesos. Era una organización ganadera perfectamente organizada y así se le entregó a los campesinos. ¿Tiene potencia económica el gobierno mexicano para hacer siquiera unas veinte Cananeas al año? Claro que no. Porque no puede disponer de miles de millones de pesos para entregarles una explotación ganadera a cada núcleo campesino, que quizá todavía no estén preparados para manejarla. El campesino tiene que prepararse como quiere el presidente, recibiendo su terreno, sus primeras reses, elementos para sostenerse hasta que venga la reproducción del ganado y pueda venderlo; así se hicieron los actuales ganaderos que explotan las regiones desiertas del norte: por el trabajo, por la economía y por la fe en su causa.

Ahora ese acuerdo del señor presidente de la República de dar garantías a la pequeña propiedad ganadera después de retirar los excedentes cada vez que se vence una concesión, es una promesa de progreso agrario y de progreso agrícola, y económico. Dijo el presidente: "Una vez señalada la extensión de la pequeña propiedad ganadera y amparada por certificado de inafectabilidad, si debido a obras de riego, drenaje, mejoramiento de pastos, etcétera, ejecutada por el dueño poseedor, se mejorara la calidad de sus tierras, tanto para la explotación agrícola como para la ganadera, dicha pequeña propiedad no podrá ser objeto de afectaciones agrarias." Y es claro porque todos los que conocemos del campo y principalmente el campo del norte, sabemos que por miedo a la cuestión agraria se ha detenido el progreso de la ganadería y de la agricultura.

Los dueños de un gran predio ganadero saben perfectamente dónde existen porciones de terreno donde perforando se pueden obtener por bombeo aguas subterráneas, dónde se puede hacer una represa para desarrollar pequeñas siembras; donde, en fin, se puede aumentar la productividad ganadera del terreno mediante obras de conservación de suelo y mediante praderas artificiales que pueden crecer exclusivamente por las lluvias; pero no lo hacen, y no lo hacen por temor a la afectación agraria, porque aumentando la productividad de su terreno caen dentro de las leyes que lo afectan. El hombre es egoísta, es el *homo economicus* de la doctrina liberal, que busca egoístamente el provecho de su trabajo y el producto de sus inversiones y de su capital. No podemos exigirles que dejen de ser hombres; y son hombres los que manejan la ganadería y la agricultura.

Esta disposición del señor presidente Díaz Ordaz, va a lograr que entre a la producción una riqueza hasta ahora congelada, hasta ahora muerta, porque ya siendo inafectable la porción que le quede al propietario sí hará perforaciones, sí abrirá campos de terrenos de cultivo si hubiera campos de temporal, sí construirá respresas, sí podrá aumentar su capacidad productiva de las 500 reses que hoy establece la ley a mil o mil quinientas, o podrá engordarlas, aumentando así la riqueza pública, ocupando más fuerza de trabajo de la excedente en los campos y creando una riqueza que puede mejorar y elevar el nivel de vida de todos los mexicanos. *(Aplausos.)*

Para la resolución del problema agrario se han sentado bases serias y definitivas por el esfuerzo del presidente Díaz Ordaz, y por eso creo, que interpretando el pensamiento de los señores senadores, podemos declarar concretamente que aplaudimos y respaldamos el programa que en materia agraria desarrolla el señor presidente Díaz Ordaz, porque interpreta en forma realista los ideales de la revolución, se ajusta a las disposiciones de la Constitución y de las leyes de la materia y lo consideramos base segura para establecer la paz social en el campo y propiciar un gran desarrollo en nuestra economía rural.

El político oportunista que halaga las muchedumbres ofreciendo hacer lo que no puede cumplir, consigue fácilmente el aplauso momentáneo; aplauso que se le escatima y a veces se le niega, al estadista que cumpliendo con su deber paga muchas veces los entusiasmos de las multitudes con el soplo duro de la realidad y de la verdad. Es el dilema que se le presenta al gobernante mexicano, y debemos convenir en que el presidente Díaz Ordaz, despreciando el aplauso fácil del demagago, escogió el camino difícil, duro, pero patriótico y definitivo, para honra de la revolución y provecho de México, del verdadero estadista.

En el cincuentenario de la organización del Partido Revolucionario Institucional, tuve el gusto de pronunciar, en la ciudad de Querétaro, el día

4 de marzo de 1979, el discurso que a continuación se reproduce, habiendo tenido el honor de ser felicitado personalmente por el señor presidente de la República, licenciado José López Portillo, al bajar de la tribuna.

Dice así el discurso:

En el histórico mensaje del día 1º de septiembre de 1928, el presidente de la República, general Plutarco Elías Calles, convocó a los revolucionarios ofreciéndoles ayuda, voz y garantías políticas, para que se organizaran en partido político, con miras a establecer un régimen institucional democrático, basado en el juego de las organizaciones políticas.

Asesinado villanamente por un grupo de fanáticos, el invicto y más grande soldado de la República, general Álvaro Obregón, que con su solo prestigio de no haber perdido jamás una batalla y su fuerza política que garantizaba la estabilidad y la paz para la nación, y para los revolucionarios la defensa de los grandes intereses de las clases más débiles económicamente y de los principios de nuestra causa, se hacía necesario, a falta del caudillo, crear instituciones democráticas que garantizaran al pueblo sus libertades democráticas y sólo podía conseguirse esto mediante el juego de los partidos políticos, por eso les ofreció el general Calles a todos los mexicanos, toda clase de garantías para que se organizaran en partidos políticos, de acuerdo con la ideología que sustentaran, concediéndoles la libertad de expresión a todos los grupos de opinión de la población mexicana, a los contrarios a la revolución, y aun a los clericales, ya que sin el juego de los partidos políticos, no podría haber instituciones democráticas en nuestro país.

El comité organizador inició sus labores el día 1º de diciembre de 1928, quedando constituido como sigue: presidente, general Plutarco Elías Calles (que un día antes había dejado de ser presidente de la República); secretarios, general Manuel Pérez Treviño, Luis L. León, Aarón Sáenz, senador Bartolomé García Correa, diputado David Orozco, profesor Basilio Vadillo y senador Manlio Fabio Altamirano.

Dicho comité lanzó una convocatoria a todos los elementos revolucionarios el día 8 de enero de 1929, citando a una convención a todos los partidos y agrupaciones revolucionarias de la República, la que tendría lugar en la ciudad de Querétaro, debiendo iniciar sus trabajos (que durarían cinco días), el 1º de marzo a las diez de la mañana.

El objeto de la convención quedó puntualizado en la convocatoria, como sigue:

"*Artículo 3º* La convención a que convoca el comité organizador del Partido Nacional Revolucionario, tendrá por objeto:

I. La organización del Partido Nacional Revolucionario, mediante:

a) Discusión del proyecto del programa de principios;

b) Discusión del proyecto de estatutos generales del propio partido;

c) Firmar el pacto de solidaridad constitutivo del Partido Nacional Revolucionario, y

d) Declaración solemne de la constitución del partido.

II. La designación del candidato del Partido Nacional Revolucionario, para el cargo de presidente constitucional de la República, durante el periodo del 5 de febrero de 1930 al 30 de noviembre de 1934.

III. La designación del comité nacional directivo del Partido Nacional Revolucionario, de acuerdo con los estatutos generales del partido, que sean aprobados."

El número de delegados por cada estado, territorio y Distrito Federal, se fijó en proporción de un delegado por cada 10 mil habitantes o fracción mayor de 5 mil.

El 10 de enero de 1929 distribuyó el comité organizador los proyectos tanto de la declaración de principios, como el de estatutos del Partido Nacional Revolucionario, entre las organizaciones que habían aceptado la invitación de la convocatoria.

Del día 25 al 28 de febrero de 1929, estuvieron llegando a la ciudad de Querétaro, los delegados invitados, representantes de todos los partidos políticos de filiación revolucionaria, que se habían adherido previamente al comité organizador, y procedentes de todos los estados de la federación.

Los delegados eran genuinos representantes de las regiones de su procedencia, pues no llegó a un 3% el número de delegados de residencia distinta a la de las organizaciones que les otorgaban su representación.

La representación de la opinión revolucionaria del país fue auténtica y completísima; y las delegaciones estuvieron ampliamente capacitadas para aceptar y realizar la unificación revolucionaria y discutir y resolver los temas de la convocatoria, interpretando realmente el espíritu de la revolución.

El secretario general del comité organizador (que fui yo), trabajó durante tres días extendiendo tarjetas personales a cambio de las respectivas credenciales de los delegados, para que pudieran concurrir al Teatro de la República.

El trabajo se realizó con la asistencia constante de dos representantes personales de cada uno de los presuntos candidatos a la presidencia: el general e ingeniero Pascual Ortiz Rubio y el general y licenciado Aarón Sáenz.

Había apasionamientos muy explicables en ambos bandos, pero con satisfacción puedo declarar que lograron contener su pasión en aras de la unificación del partido. Ya en la madrugada tuve que dirigirme con energía a los representantes más apasionados que podían llegar a la agresión personal.

Abrí un cajón del escritorio en donde yo trabajaba y le dije a Gonzalo N. Santos: "Hazme el favor de depositar aquí tu pistola", quien me contestó: "Sí lo hago, si depositan sus armas Tomás Robinson y Jesús Vidales Marroquín." (Lo que se pudo lograr.)

Ya como a las nueve de la mañana les devolví sus armas, que poco después tendrían que usar en la lucha como revolucionarios para defender valientemente los trabajos de la convención.

Deseo se me permita leer en esta brillante reunión de revolucionarios, donde veo con emoción las caras de algunos de los viejos fundadores del partido, la carta explicativa que dirigí el día 29 de julio de 1969, al señor licenciado Gustavo Díaz Ordaz, presidente de la República en aquella época, y dice así:

"México, D. F., a 29 de julio de 1969. Señor licenciado Gustavo Díaz Ordaz, presidente de la República, Palacio Nacional, ciudad. Muy estimado señor presidente y fino amigo: Formulo la presente para ampliarle el informe que me solicitó usted en breve conversación ocasional, sobre el pasaje de la vida del señor general Calles, en el que se revela el profundo respeto que el gran estadista tuvo siempre para las instituciones de nuestro país, así como para el 'gobierno de instituciones y no de hombres', por el que luchó tan denodadamente.

"Me atrevo a distraer su ocupada atención con esta información por dos razones: es la primera, por ser usted uno de los presidentes de México que con más decisión y patriotismo ha defendido y respetado desde el poder, nuestra vida institucional; y es la segunda, porque creo de justicia darle a conocer a usted, señor presidente, en sus detalles, un hecho que enaltece y honra a la figura del señor general Plutarco Elías Calles, a quien defendiera usted tan valiente como brillantemente en su campaña electoral.

"Un día de junio de 1935 se publicaron las declaraciones del señor presidente Cárdenas, en que rompía sus relaciones con el general Calles, al referirse a las declaraciones hechas días antes por este último.

"Aquel rompimiento produjo una gran conmoción en todos los sectores de la población y la natural desorientación entre los hombres directamente interesados en la cosa pública.

"Desde la tarde y hasta altas horas de la noche estuvieron acudiendo a la residencia del general Calles, en Cuernavaca, numerosísimas personas. Estaban presentes diez o doce gobernadores y algunos representantes de otros, numerosos diputados y senadores, líderes obreros y campesinos, gran número de militares, entre ellos el señor Manuel Medinaveytia, jefe de la guarnición del valle de México y los jefes de las corporaciones que comandaba.

"Había gran excitación, por lo que se juzgaba un distanciamiento injustificado en medio de aquella gran confusión, todos pedían orientaciones.

"Una vez terminada la conocida entrevista del general Calles con el licenciado Luis L. Rodríguez, secretario particular del presidente Cárdenas, y la visita de los ex ministros del gabinete presidencial, personas que acababan de renunciar a sus puestos, entramos con el señor general Calles al comedor algunos de sus amigos a tomar un refrigerio.

"No faltó en aquella mesa quién tratara de 'picar' al general Calles, excitando su amor propio, proponiéndole que usara aquella gran fuerza política y militar de que todavía disponía, para no dejarse 'ningunear' por el general Cárdenas, recurriendo al uso de la fuerza, en caso de que fuera necesario llegar hasta la deposición del gobernante. Aseguraba que además de contarse con la mayoría del ejército, se tenía mayoría en las cámaras de diputados y senadores, para legalizar la nueva situación.

"Todos quedamos en suspenso. El señor general Calles, muy sereno, contestó con voz clara y firme: 'Eso sería un enorme error. Un movimiento así no tendría bandera. La investidura de presidente de la República le confiere al señor general Cárdenas la representación de las instituciones. Y yo nunca seré un Victoriano Huerta para pisotearlas y derrocar presidentes. Mi decisión está tomada: me retiro para siempre de toda actividad política y nunca más intervendré en la cosa pública.'

"A continuación y para poner punto final a esta situación, me dio instrucciones delante de todos los comensales, para redactar las breves declaraciones que, una vez aprobadas por él, y de acuerdo con sus deseos, entregué a los periódicos de México, el día que salió de la capital.

"Al levantarse de la mesa se dirigió el general Calles al salón de su casa, donde se encontraban reunidos los militares con el general Medinaveytia, a quienes les dio a conocer su determinación.

"Concluyó esa entrevista dándoles este consejo: 'Ustedes como soldados, deben mantenerse al margen de este conflicto que es puramente político. Cumplan con su deber, sosteniendo las instituciones y respaldando al señor presidente de la República.'

"Grande fue la satisfacción que se reflejó en las duras caras de aquellos soldados de la revolución al escuchar esas palabras. Todos salieron alentados y tranquilos, proclamando que el general Calles era un gran patriota y un gran mexicano.

"Todavía me emociono al recordar aquella noche, cuando tuve el privilegio de presenciar cómo se agigantaba la figura de mi jefe y amigo.

"En la caída, en la derrota, era el mismo general Calles del mensaje del 1º de septiembre de 1928, cuando al encauzar las fuerzas de la revolución por el sendero de las instituciones democráticas, inscribió definitivamente su nombre en la historia como uno de los 'grandes de la revolución'.

"Le suplico me perdone, señor Presidente, lo largo de esta carta y aprovecho la oportunidad para hacerle presente mis más alta estimación y testimoniarle mi respeto. *Senador Luis L. León.*"

Corriendo el riesgo de alargar mis palabras ante esta asamblea que tanto me emociona, quiero evocar el brillante homenaje que hizo de la personalidad del general Calles, creador indiscutible de nuestro partido, el señor licenciado Gustavo Díaz Ordaz, en su discurso pronunciado en Hermosillo, Sonora, en 1964, y publicado en el semanario político *Destino de México*, número 35 de fecha mayo 22 de 1964, y que a la letra dice así:

"El nombre de Plutarco Elías Calles evoca a uno de los más macizos estadistas que haya tenido México en toda su historia. La revolución desemboca en Calles, cuando se convierte, de simple empirismo generoso, en un plan calculado de creación, de dominio de nuestros recursos naturales, de rescate del suelo que usufructuaban los latifundistas nacionales y extranjeros. Calles está presente en todas las imágenes modernas de México, lo mismo en la que va a comunicarlo, es decir a vertebrarlo, por una suficiente red de carreteras, que la de dar agua a la tierra que, sin agua no es más que vacía y estéril superficie, de la que responde a la fundación del sistema crediticio que nos rige y aquella otra, augusta, del respeto que impuso a la soberanía nacional en horas aciagas de cerrado imperialismo colonialista. Calles es una de las pirámides de México. Dio músculos a la patria y los puso a funcionar. Hombre poseído por la más ardiente pasión mexicana, se consagró ansiosamente a fincar instituciones inconmovibles, las instituciones que madurarían lozanamente, como prueba de su acierto genial y que, al cabo de tres décadas y media, culminan en la marca ilustre del sexenio en que ha impreso definitivamente su nombre Adolfo López Mateos."

Pero como juzgo que el cincuentenario de nuestro partido debemos de celebrarlo como un triunfo de la revolución, y que debe de prestarse para buscar la unificación de los revolucionarios y no para dividirlos, me voy a permitir añadir incidentes que en la historia de la celebración de este triunfo de nuestro Partido Revolucionario Institucional, significan unificación superando los personalismos y pasiones sectarias en favor de la gran causa revolucionaria.

En el periódico *El Nacional*, de julio 18 de 1964, leemos estas palabras de Aurelio Manrique:

"Nuestra vida actual es producto de la revolución, producto del esfuerzo de Madero, del esfuerzo de Carranza, del esfuerzo de Obregón, del esfuerzo de Calles, del esfuerzo de todos y cada uno de los revolucionarios que pusieron lo mejor de su criterio en el movimiento; de Obregón valiente, de Obregón esforzado campeón por la justicia en que creía; de Calles... capaz de comprensión y amor por algo más grande que su pasión misma que era la salud y la dicha de la patria. Calles... tiene también, como Carranza el constitucionalista, como Obregón el unificador, derecho al título de la revolución, al título de reconstructor y de hombre que merece el respeto de la Revolución Mexicana."

Y no puedo menos que recordar con emoción la lección de civismo que me dio mi antiguo y brillante jefe, allá en Toluca, durante su campaña electoral en 1923. Muy temprano en la mañana le llevé a su cuarto del hotel, el periódico llegado de México que anunciaba a ocho columnas que su gran amigo Adolfo de la Huerta había aceptado la candidatura a la presidencia de la

República y era su contrincante. En la excitación de la campaña política, yo le declaraba entusiasmado que aquel acontecimiento nos era favorable: "Ya tenemos una situación definida —le decía—: más vale tener concretamente con quién pelear y no pelear contra fantasmas."

El general Calles meditó largos minutos y me dijo: "Iremos a la lucha; pero este día no es un día de fiesta para mí, es más bien un día de luto, porque siento como si hubiera perdido un hermano. Nunca nos debemos alegrar de la división de los revolucionarios, eso sólo puede alegrar a la reacción. Daremos la batalla con toda decisión, hasta el final; pero no me pidan que vaya contento a ese combate."

Y quiero terminar esta ya larga exposición mencionando que la primera división de nuestro partido en la convención de Querétaro, con motivo de las candidaturas y personalismos, sirvió al final para fortalecernos porque volvieron al seno de la convención los grupos que se habían separado de Jalisco, Guanajuato y San Luis Potosí, y esto debido a la patriótica invitación del general Aarón Sáenz, que tan pronto como supo de la división de los revolucionarios del norte, encabezada por los generales Manzo, Topete, Caraveo y Escobar, el propio general Sáenz, que tiene una muy brillante hoja de servicios como militar, reprobó la rebelión y aconsejó a todos sus partidarios que regresaran a la convención a unificar el Partido Nacional Revolucionario y a sostener con toda lealtad al candidato que resultara electo por el mismo, luchando siempre por la unificación revolucionaria.

Y como ya digo que este cincuentenario de la formación del partido, que le ha dado a México estabilidad política por cincuenta años y que debemos de considerar como un triunfo nacional de unificación y no de división personalista, quiero además, dar a conocer aquí una opinión que demuestra que debemos de unificarnos y no dividirnos y que es como sigue:

En una entrevista que el periodista Roberto Blanco Moheno hizo al general Lázaro Cárdenas, y que se publicó en la revista *Siempre!*, número 590, de fecha 14 de octubre de 1964, dijo el general Cárdenas lo siguiente:

"El señor general Calles ha sido uno de los más grandes mexicanos. Como jefe militar no fue ni remotamente mediocre, sino que tuvo ocasiones numerosas de probar su valía... En Naco y en Agua Prieta, donde yo me incorporé a su mando, demostró cualidades militares indudables. Pero lo esencial en él era el sentido social tan profundo, tan revolucionario. Fue un mexicano, te repito, y un estadista. Si has hecho maliciosa la pregunta, la contesto de todos modos: los problemas entre los hombres son hijos de las circunstancias. Pero Plutarco Elías Calles merece la gratitud de todos nosotros los mexicanos."

Y aquí quiero recordar las palabras con que terminé mi alocución en otro festejo de la formación de nuestro partido:

Aquí mismo en Querétaro, cuando le expresé a Portes Gil, presidente de la República en aquel entonces, y ahora, en esta hora cero de nuestro régimen, quiero decirle al actual señor presidente, licenciado José López Portillo, con todo respeto, por boca de la reunión de este Teatro de la República, que es la voz de bronce del México revolucionario, que le grita al oído el mandato del filósofo: "Encienda la antorcha y levántela en alto: con tal que ilumine y alumbre, qué importa que se arda la mano."

Aquí terminan lo que podríamos llamar *Mis memorias*, y que, como dije al inicio de estos escritos, empecé muy tarde a escribirlas, creyendo que no las podría terminar, pero pudo más mi decisión y mi fuerza de voluntad que el natural y adverso esfuerzo de mis destructores 89 años.

Ojalá y contengan datos que interesen a quienes deseen conocer el desarrollo de la revolución en los tiempos de dureza y violencia que me tocó vivir. Así quedarían satisfechas todas mis ilusiones.

ÍNDICE

Prólogo   7

Las maniobras y los actos   7

I. "...el bloque incondicional y personalista del señor Carranza..."   13

II. "...el señor De la Huerta nos declaraba que él no sería candidato..." 137

III. "...recias y claras verdades en contra de los malos ministros del Señor 237

IV. "...el lodo de la calumnia y de la infamia en contra del general Calles..." 377

V. "...gran actividad para desarrollar la agricultura técnicamente..." 425

Este libro se terminó de imprimir el
23 de enero de 1987 en los talleres
de La Impresora Azteca, S. de R. L.,
Poniente 140, 681; 02300 México,
D. F. En la composición se usó tipo
Textipe de 9/10 y 10/11 puntos.
La edición consta de 3 000 ejemplares.

Luis L. León

CRÓNICA DEL PODER
EN LOS RECUERDOS DE UN POLÍTICO EN EL MÉXICO REVOLUCIONARIO

Cuando la mañana del 10 de abril de 1936 el general Plutarco Elías Calles era conducido al avión que lo llevaría al exilio, la política mexicana posrevolucionaria parecía dar un vuelco: de los dos proyectos que habían dividido durante años a las principales fuerzas sociales, el cardenismo emergía triunfante, abriendo la vía de una política nacionalista, de reformas y de apoyo a la organización de los campesinos y trabajadores.

Aquella mañana de 1936, Calles iba acompañado por sus amigos Luis L. León, Melchor Ortega y Luis N. Morones. Político característico del régimen de Calles, Luis L. León (1890-1981) conoció detallada e íntimamente la realidad del poder mexicano desde el triunfo obregonista, en 1920, hasta el exilio de su sucesor. Por ello, más allá de afinidades o discordias, esta *Crónica* contribuye a esclarecer no pocos acontecimientos de aquellos días y a mostrarnos, en ocasiones de manera transparente, una de las personalidades más destacadas de esa corriente que dominó el país durante más de diez años.

Esta edición de la obra de Luis L. León, prologada por Luis Javier Garrido, contribuirá, por lo tanto, al conocimiento de la herencia del callismo en el Estado mexicano moderno. Pues, como afirma Garrido, "los callistas, aparentemente vencidos en la lucha por el poder, cuatro décadas después sabían que, en buena medida, su proyecto de Estado había prevalecido. La lectura de estas páginas es la mejor explicación".

Diseño: Carlos Haces/Fotografía: Rosa Lilia Martínez